Ulrich Klug

Skeptische Rechtsphilosophie und humanes Strafrecht

Band 2

Materielle und formelle Strafrechtsprobleme

Springer-Verlag Berlin Heidelberg GmbH

Professor Dr. jur. Professor h.c. *Ulrich Klug*
Justizsenator a.D.
Kriminalwissenschaftliches Institut der Universität
Albertus Magnus-Platz, 5000 Köln 41

ISBN 978-3-642-68281-0 ISBN 978-3-642-68280-3 (eBook)
DOI 10.1007/978-3-642-68280-3

CIP-Kurztitelaufnahme der Deutschen Bibliothek
Klug, Ulrich: Skeptische Rechtsphilosophie und humanes Strafrecht / Ulrich Klug. -
Berlin ; Heidelberg ; New York : Springer
Bd. 2. Materielle und formelle Strafrechtsprobleme. - 1981

2143/3130-543210

Für Karl Engisch

Vorwort

In diesem zweibändigen Werk werden Arbeiten veröffentlicht, die zu sehr unterschiedlichen Zeiten an den verschiedensten Stellen publiziert wurden, und von denen die meisten heute nur unter Schwierigkeiten beschafft werden könnten. Der Autor folgt damit mehrfach geäußerten Empfehlungen.

Gegliedert ist der Inhalt nicht nach den Erscheinungsdaten der einzelnen Arbeiten, sondern nach systematischen Gesichtspunkten. Dabei wurde versucht, ein rechtsphilosophisches und ein strafrechtswissenschaftliches Grundkonzept erkennbar zu machen, allerdings ohne systematische Geschlossenheit in Anspruch zu nehmen.

Ein Quellenverzeichnis steht am Schluß jedes Bandes.

Köln, im September 1981 *Ulrich Klug*

Inhaltsverzeichnis

Materielles Strafrecht

Grundlagenprobleme

Probleme des Allgemeinen Teils

Probleme des Besonderen Teils und des Nebenstrafrechts

Formelles Strafrecht

Inhaltsverzeichnis Band 1

Materielles Strafrecht

Grundlagenprobleme

Rechtfertigung oder Abschaffung des Strafrechts?

Rechtfertigung oder Abschaffung des Strafrechts? Das Thema ist im Grunde ein uraltes Thema aus der Entwicklung des menschlichen Geistes. Schon Plato reflektierte über die Rechtfertigung des Strafens und des dieses Strafen regelnden Strafrechts. Schon er entdeckte die Grundformel für die zwei großen Perspektiven, die es hier gibt, für die zwei Standpunkte, die man hier einnehmen kann. Von diesen beiden Positionen wird der eine später im Laufe der Geschichte der Strafrechtstheorie genannt: der Standpunkt der absoluten Strafrechtstheorie und der andere, der der relativen Strafrechtstheorie. Schon in einem seiner Dialoge läßt Plato, wenn ich mich nicht irre, den Gorgias, sagen: Niemand wird doch wohl so unvernünftig sein, nur deshalb zu strafen, weil jemand eine Straftat begangen hat, sondern doch höchstens deshalb, weil er verhüten möchte, daß dieser Täter künftig erneut Straftaten begeht. Man hat später dafür eine knappe lateinische Formel gefunden; lassen Sie mich sie nennen. (Die Kollegen, die anwesend sind, bitte ich um Entschuldigung, wenn ich hier Dinge sage, die dem Kenner altbekannt sind, aber dem, der diesem Stoff zum erstenmal begegnet, sollten diese klassischen Formulierungen doch genannt werden, weil sie, wie ich meine, recht einprägsam sind.) Man hat also gesagt: Es gibt entweder die Auffassung, es würde gestraft: »quia peccatum est«, weil eine Straftat begangen wurde, oder »ne peccetur«. Dies sind die beiden Positionen; die eine ist rückwärts gewandt und knüpft an das Faktum der begangenen Tat an.

Die andere schaut vorwärts und bedenkt, was wird aus dem Täter. Für die erste, die sogenannte Strafrechtstheorie, genügt es zur Rechtfertigung des Strafens, daß ein Rechtsbruch begangen worden ist, und, wie man sich bei Plato ausdrückt, die Gerechtigkeitsidee die Bestrafung des Übeltäters fordert. Spätere Formulierungen lauten dann zum Teil etwas anders. In unserem heutigen Sprachbereich spricht man bei den absoluten Straftheorien davon, daß die Strafe Sühne und Vergeltung bezwecke und aus diesen Zwecken ihre Rechtfertigung empfange. Die klassischen Theoretiker wiesen in diesem Zusammenhang noch auf das Talionsprinzip hin, jenem alttestamentarischen Satz von der Strafe, die aufgefaßt werden müßte als eine Maßnahme, bei der es nach dem Prinzip »Auge um Auge und Zahn um Zahn« ginge. In der Gegenwart wird das Talionsprinzip von den Vertretern der absoluten Strafrechtstheorie nicht mehr gerne genannt, obwohl es noch bei dem Philosophen, auf den man sich hier zu berufen pflegt, nämlich bei Kant, durchaus genannt wird, den Vorwurf der Übernahme einer uralten, möglicherweise problematischen Tradition nicht scheuend.

Kant ist in der Begründung der absoluten Strafrechtstheoretiker noch heute einer der Kronzeugen, ein anderer ist Hegel. Kant spricht noch von der Bestrafung als einer Forderung der Gerechtigkeit, und wenn die Gerechtigkeit unterginge, dann hätte es keinen Sinn mehr zu leben. Wenn aber nicht bestraft würde, ginge die Gerechtigkeit unter. Das Prinzip der Strafe sei das Talionsprinzip, und Kant führt hierfür Beispiele an; so muß zum Beispiel der Beleidiger sich nicht nur beim Beleidigten entschuldigen, das würde insbesondere dann, wenn der Beleidiger höhergestellt ist, nicht genügend sein. Der Beleidiger muß nach Kant dem Beleidigten die Hand küssen, erst dann sei das Talionsprinzip erfüllt, und hierbei am besten noch niederknien und sich entschuldigen. Der Täter, der einen anderen Menschen getötet hat, muß aus der Sicht Kants nach dem Vergeltungs- und Sühneprinzip die Todesstrafe erleiden, denn ein noch so kummervolles Leben sei nicht mit dem Tode zu vergleichen. Eine sehr eigenartige These, weil wir aus der Praxis von zu lebenslänglicher Freiheitsstrafe Verurteilten wissen, die gesagt haben, ihnen wäre eine Verurteilung zum Tode lieber gewesen.

Eine merkwürdige logische Unkorrektheit unterläuft Kant bei der Begründung seiner absoluten Theorie. Er knüpft dabei an einen eigenartig konstruierten Fall an und führt aus, man stelle sich ein eine Insel bewohnendes Volk vor. Dieses beschlösse, auseinanderzugehen und sich für immer aufzulösen. Nun gäbe es aber bei jenem Volk im Gefängnis noch einen wegen Mordes Verurteilten. Jetzt müßte, so schreibt Kant in seiner Metaphysik der Sitten, dieser Mörder noch hingerichtet werden, bevor jenes Volk sich in alle Himmelsrichtungen verteile. Man fragt sich, warum das eigentlich so sein solle. Kant meint, weil verhindert werden müsse, daß auf dem Volk eine Blutschuld haften bleibe. Ich erwähne dieses Beispiel deshalb so ausführlich, weil es die absolute Position, wie mir scheint, ganz besonders deutlich charakterisiert, einmal weil hier, was den

Täter anlangt, gar nicht mehr an eine Beeinflussung für die Zukunft gedacht ist, und dann, weil ein mystischer Begriff auftaucht, der deutlich zeigt, daß wir uns hier in einem irrationalen Bereich befinden. Ich meine damit den Begriff der Blutschuld. Rational, nach den Gesetzen der Logik, ist nicht einzusehen, wo eigentlich diese Blutschuld haften soll, wenn ja gerade nach der Prämisse Kants dieses Volk zu existieren aufhört.
Der andere Kronzeuge der absoluten Strafrechtstheoretiker ist Hegel. Seine Formulierung ist bekannt und berühmt. Er sagt, die Strafe sei Negation der Negation – eine Formulierung aus dem dialektischen Denken, bei der sich Hegel darüber klar ist, daß diese nur eine andere Formel für das uralte Vergeltungsprinzip ist. Allerdings räumt er ein, daß es mit dem Talionsprinzip nicht immer so recht klappe, und schon bei ihm findet sich jenes Beispiel von dem einäugigen Täter, der einem Zweiäugigen ein Auge ausgestochen hat. Das Talionsprinzip »Auge um Auge und Zahn um Zahn« läßt sich in diesem Fall als echte Gleichung nicht mehr aufrechterhalten, denn der Einäugige, dem das Auge genommen würde, wäre geblendet. Dies aber wäre viel mehr als das, was er dem Zweiäugigen angetan hat. Im übrigen ist Hegel entgegenzuhalten, was heißt eigentlich Negation der Negation? Diese Formel ist dann – scheinbar! – plausibel, wenn in der Bestrafung nur eine Übelszufügung gesehen wird. Dann geschieht in der Tat etwas Negatives als Reaktion auf etwas anderes Negatives. Und so ist es denn auch nach den absoluten Theorien, denn nach der Vergeltungs- und Sühnetheorie muß die Strafe Übelszufügung sein, ohne daß irgend ein sonstiger Zweck angestrebt wird. Kant hatte schon gesagt, man hüte sich, den »Schlangenwindungen irgendeiner Glückseligkeitslehre« zu folgen, um einen Zweck zu finden im Strafen, der ein anderer sei als der, eine Straftat zu vergelten. Aber wird denn, um auf Hegel zurückzukommen, das erste Negative – die Tat – durch das zweite Negative – die Strafe – aufgehoben und in Positives verwandelt, wie man aus der logisch-mathematischen Formel folgern müßte?

Soviel zur absoluten Theorie in ihren rechtshistorischen Grundlagen. Sie ist immer noch eine Theorie, die in der Praxis der Strafjustiz, wie Gespräche mit Richtern und Staatsanwälten sehr schnell erkennen lassen, vertreten wird, obwohl, wie die Vertreter einer solchen Vergeltungs- und Sühnetheorie zugeben, dieser Gesichts-

punkt für das Strafmaß schwer auswertbar ist, denn Tat und Strafe sind nun einmal schwer oder überhaupt nicht zu vergleichen. Man frage sich zum Beispiel, um einen Fall aus der Gegenwart zu nennen, wie sieht es eigentlich mit der Bestrafung von Rudolf Heß aus? Gewiß ist er verantwortlich für Millionen Tötungen. Wie kann man Millionen Tötungen vergelten? Kann man das überhaupt mit einem Leben ausschöpfen? Welchen Sinn auf der anderen Seite hat es, daß ein 80jähriger Mann, von dem berichtet wird, er sei krank, noch immer in einer Freiheitsstrafe gehalten wird? Nun, ich will dieses konkrete Problem nicht weiter verfolgen. Die Schwierigkeiten, in die eine Vergeltungstheorie hineingerät, werden in diesem, aber auch in vielen anderen Fällen erkennbar.
Kein Gegenargument hat man allerdings gegen denjenigen, der eine Vergeltungstheorie religiös begründet. Hier gibt es keine Möglichkeiten der rationalen Argumentation. Hier werden Glaubensprämissen benutzt. Das ist für den religiös Engagierten sicherlich legitim, indessen kann eine Gesellschaft mit dieser Begründung dann nicht reagieren, wenn nicht alle ihre Mitglieder die gleiche religiöse Auffassung vertreten und sogar viele möglicherweise gar keine religiösen Positionen einnehmen, also entweder Agnostiker oder Atheisten sind. Dann muß sich die Gesellschaft in diesem Bereich neutral halten.

Schließlich sei noch an eines erinnert: Eine absolute Strafrechtstheorie gibt mit der Bestrafung, oder genauer gesagt, mit dem Urteil, in dem die Bestrafung angedroht wird, gleichzeitig ein moralisches Urteil ab. Eine solche Straftheorie geht davon aus, daß der Täter bestraft wird, weil er eigentlich hätte anders handeln können. Eine solche Straftheorie setzt infolgedessen eine Freiheitsprämisse voraus, die nur metaphysisch ableitbar, aber letztlich nicht beweisbar ist. Eine absolute Strafrechtstheorie macht sich also abhängig von einer philosophisch nicht lösbaren Frage und ihren Beantwortungsversuchen.

Die relativen Theorien, bei denen also bestraft wird »ne peccetur«, das heißt, weil nicht mehr neue Straftaten begangen werden sollen, suchen ihre Rechtfertigung jedoch in ganz anderen Erwägungen. Sie gehen zunächst davon aus, daß der Schutz der Friedensordnung ein legitimes gesellschaftliches Anliegen ist. Natürlich kann man immer nach der Rechtfertigung einer solchen Prämisse fragen. Ich mache indessen an dieser Stelle halt und setze voraus, daß dieses als Axiom akzeptiert wird. Die Friedensordnung kann nun aber, wenn irgendwo das diese Friedensordnung regelnde Recht schwerwiegend gebrochen wird, nur so geschützt werden, daß neue Straftaten nach Möglichkeit verhindert werden. Bei dem, der Straftäter geworden ist, muß also der Rückfall verhindert werden. Die beste Rückfallverhinderung ist aber gewiß die Resozialisierung des Täters, das heißt, die Wiedereingliederung in die gesellschaftliche Friedensordnung. Wenn diese Eingliederung gelingt, und gewiß gelingt sie leider nicht immer und teilweise allenfalls schrittweise –, wenn also diese Wiedereingliederung in die Gesellschaft gelingt, dann kann die Gesellschaft erwarten, daß dieser Bürger den Frieden künftig wahren wird. Natürlich gibt es nicht selten den tragischen Fall, daß von Resozialisierung, von Wiedereingliederung, überhaupt nicht die Rede sein kann, weil der Betreffende überhaupt noch nicht integriert war. Das kann möglicherweise ohne seine Schuld so sein. Man hat hier zu denken an die tragischen Lebensläufe, die mit der Kleinkinderzeit im Heim beginnen, die fortgesetzt werden in der Fürsorgeerziehung, die im Jugendstrafvollzug weitergeführt werden und schließlich dann in den Erwachsenen-Strafvollzug hineingeraten. Hier in diesen Fällen, die sicher eine wichtige Rolle in unserer Gesellschaft spielen, kann dann nur noch davon gesprochen werden, es müsse die Eingliederung, die Sozialisation, erst einmal versucht werden. Die Resozialisation ist hier der falsche Begriff.

Wenn aber die Resozialisierung, oder in besonderen Fällen die Sozialisation, der Zweck der Strafe ist, und diese Zwecksetzung die Strafe im Sinne der relativen Strafrechtstheorie rechtfertigt, so muß man fragen, wie sich denn jetzt hier die Strafmaßfrage entscheiden läßt. Nun, das Strafmaß ist aus dieser Sicht nicht von irgendeinem Talionsprinzip, von irgendeinem Grundsatz »Auge um Auge, Zahn um Zahn« abhängig, sondern von der Prognose für das künftige Verhalten des Täters in der Gesellschaft. Was kommen dann für Strafmaße in Frage? Bei der Vergeltungstheorie kann von der dogmatischen Konzeption her eigentlich immer nur eine und eine einzige Strafe die angemessene sein. Nur dann kann in einem echten Sinne von der Verwirklichung des Talionsprinzipes gesprochen werden. Nicht so bei der relativen Theorie. Hier, wo es um Resozialisation oder um Sozialisation geht, ist die Prognose entscheidend, und diese Prognose kann unterschiedlich sein für die

einzelnen Personen, für die die Prognose gestellt wird, selbst wenn sie die gleiche Straftat begangen haben. Man hat deshalb, übrigens schon im vorigen Jahrhundert, gesagt, richtigerweise dürfte es überhaupt keine Strafmaße geben, sondern es sei die Dauer der Behandlung des Delinquenten allein abhängig von dem Erfolg der Behandlung. Als Anknüpfungspunkt braucht man also nur Normen, in denen Tatbestände formuliert werden, die ein strafjustizielles Einschreiten verlangen. Strafrahmen wären überflüssig. Derjenige, der als Täter überführt ist, wird dann laufend behandelt, und zwar von einer Expertenkommission, die ihn ständig beobachtet und dann eines Tages sagt, es sei anzunehmen, daß jetzt die Prognose günstig und der Betreffende wieder eingegliedert sei. Es würde sich also hier eine absolute Unbestimmtheit des Strafmaßes als Konsequenz ergeben.
Eine relative Unbestimmtheit würde anders aussehen. Wir kennen sie aus dem Jugendstrafrecht. Dort wird im Gerichtsurteil lediglich die untere Grenze der Freiheitsstrafe – im folgenden wird stets von der Freiheitsstrafe gesprochen, wenn dem Ausdruck »Strafe« nichts besonderes hinzugefügt ist – und die obere Begrenzung festgesetzt. Die Entlassung richtet sich nach der jeweiligen Prognose.
Eine absolute Unbestimmtheit würde gewiß rechtsstaatlich nicht vertretbar sein. Auch die Behandlung eines straffällig Gewordenen bleibt Menschenwerk mit allen Fehlerquellen, mit allen Irrtumsquellen und auch mit all denjenigen Faktoren, die letztlich nicht genau analysiert werden können. Es muß mit sehr vielen Unbekannten in jeder individuellen Person gerechnet werden, und deshalb fordern die Grundsätze der Zumutbarkeit und der Verhältnismäßigkeit, daß keine Manipulation des Menschen zugelassen wird, daß also der Ungenauigkeitsfaktor beim Strafmaß, der in jeder Prognose enthalten ist, eingegrenzt wird, beispielsweise so, wie wir das beim Jugendstrafrecht mit den Ober- und Untergrenzen haben. Das ist die Form der Umsetzung der relativen Theorie in die Praxis, die sich rechtsstaatlich rechtfertigen läßt.

Man hat auch sogenannte Vereinigungstheorien vertreten, indem man sagt, die Strafe bezwecke gleichzeitig Vergeltung und Wiedereingliederung. Hier wird jedoch der Vergeltungsbegriff zu einem reinen Formalbegriff. Er besagt dann nämlich nichts weiter als dieses: Die Strafe ist Reaktion auf eine Tat. Das ist sie allerdings immer, denn es kann die Frage der Bestrafung überhaupt erst akut werden, wenn eine Straftat begangen ist. Strafrechtsphilosophisch kann man sich allerdings auch eine Rechtsregelung vorstellen, die nicht einmal auf diesen Anknüpfungspunkt wartet, sondern die Strafe schon verhängt, wenn jemand durch Experten für gefährlich erklärt wird. Eine solche Strafrechtstheorie wäre selbst äußerst gefährlich, und deshalb ist sie auch nie ernsthaft vertreten worden. Aber es bleibt dabei, die relative Theorie ist diejenige Theorie, die die Grundlage bietet, wenn man vom Resozialisierungsgedanken ausgeht. Und diese Position möchte ich nun hier vertreten und dazu noch einige Überlegungen vortragen.

Ich hatte schon darauf hingewiesen, daß ja das Willensfreiheitsproblem unlösbar ist und schon aus diesem Grunde die Auffassung, Strafe bezwecke Vergeltung und Sühne, nicht eingenommen werden kann. Es kommt noch hinzu, daß sich eine Definition dieser Begriffe nicht geben läßt. Man versuche einmal, den Begriff der Sühne zu definieren. Ich meine, man kann hier, ohne deshalb eine bösartige Akzentuierung vornehmen zu wollen, sagen, dies ist eben Gedankenlyrik, allerdings, wie ich meine, am falschen Platze. Das Problem der Kriminalität ist ein viel zu ernstes und schwieriges in unserer Gesellschaft, als daß wir hier bei der Grundlegung der Lösungsbemühungen in diesem Problembereich mit gedankenlyrischen Positionen arbeiten könnten.

Zunächst ist nunmehr zu fragen, welche Folgerungen sich aus der Resozialisierungsaufgabe der Strafe und des Strafrechts ergeben. Zur Vereinfachung der Sprachregelung darf ich, immer wenn ich im folgenden von Resozialisierung spreche, voraussetzen, daß damit auch die Sozialisation in dem vorhin geschilderten besonderen Bereich mitgemeint ist. Als erstes wird man wohl auf den Gedanken kommen, daß der Strafbegriff überflüssig wird, wenn man nämlich Strafe als bloße Übelszufügung definiert. Ob die Resozialisierung Übelszufügung erforderlich macht, das ist sicherlich noch die Frage, und wir werden gewiß zugeben müssen, daß die Therapie, das heißt die Behandlung zur Verhinderung des Rückfalls und zur Herbeiführung der Wiedereingliederung eine sehr einschneidende Therapie sein wird und daß sie deshalb auch de facto vielfach als Übel empfunden wird, so zum Beispiel in sozialtherapeutischen Anstalten, die durchaus von den Inhaftierten nicht als ein paradiesischer Zustand empfunden werden, auch nicht bei bestem Willen der

Therapeuten. Gewiß wird man also die Strafe auch in dieser Form als ein Übel empfinden und erkennen können, aber dies ist nicht ein konstituierendes Merkmal für den Strafbegriff. Deshalb ist man auch frühzeitig schon auf den Gedanken gekommen, diese Terminologie zu verlassen, weil sie immer wieder zurückführt zum Vergeltungs- und Sühnegedanken, und eben dies möchte man nicht.

Das ist leicht begründbar, denn bei nüchterner Analyse muß zugegeben werden, daß hinter den Vergeltungs- und Sühne-Ideen uralte Rachevorstellungen stehen. Dies sei mit allem Ernst gesagt, denn das Racheverlangen ist ein natürliches psychisches Phänomen beim Menschen, das nicht weggeleugnet werden kann und das auch verständlich und erklärbar ist. Man braucht sich nur in die Lage eines Angehörigen des Opfers einer Mordtat zu versetzen, um mitempfinden zu können, was das ist, ein Racheverlangen. Nur darf ein solches Gefühl nicht die Grundlage gesellschaftlicher Reaktion sein. Die Gesellschaft in ihren Institutionen muß kühl bleiben. Sie darf dieser aggressiven und gefährlichen Einstellung keinesfalls in irgendeiner Weise Rechnung tragen.

Wenn nun also der Strafbegriff zu diesen Hintergründen immer wieder zurückführt, so hat man schon im vorigen Jahrhundert gesagt, müsse man ihn ersetzen. Man müsse etwa einfach von Sanktionen sprechen oder auch von Maßnahmen. Wir wollen heute wohl am besten von therapeutischen Maßnahmen sprechen. Aus dem Strafrecht wird dann ein Maßnahmerecht.

Wie verhält es sich bei dieser Sicht mit dem Strafmaß oder richtiger: mit den Maßnahmebegrenzungen, so wird man weiterfragen müssen. Eine gewisse Unbestimmtheit kommt in die Maßnahmekonsequenzen hinein. Aus rechtsstaatlichen Gründen kann das jedoch nur eine relative Unbestimmtheit sein, keine absolute. Jedenfalls grundsätzlich nicht. Die Gefahr der Manipulation hatte ich schon anklingen lassen. Um die rechtsstaatliche Einbindung deutlich zu machen, könnte man von einem *normativen Maßnahmerecht* sprechen.

Zu überlegen wäre noch, ob man die Maßnahmen, die zur Resozialisierung ergriffen werden, doch noch Strafe nennen möchte, weil dieser Begriff noch der Inhalt eines weitverbreiteten Denkens ist, und weil man mit diesem Terminus den Täter vielleicht noch ansprechen kann, weil man also den Ausdruck Strafe geradezu als

therapeutisches Instrument benutzen kann. Dies wäre dann vom Standpunkt der hier vertretenen Auffassung die einzige Rechtfertigung, bei der traditionellen Terminologie zu bleiben. Ich möchte diese Frage im Augenblick noch einmal offen lassen und nur als Konsequenz jetzt hier noch weiter erwähnen, daß selbstverständlich die Todesstrafe a limine unzulässig ist, denn bei ihr kann ja von Resozialisierung »in den Sarg hinein« gewiß nicht die Rede sein.
Aber auch die lebenslängliche Freiheitsstrafe läßt sich als Resozialisierungsmaßnahme nicht mehr rechtfertigen, denn Resozialisierung bedeutet ja Wiedereingliederung, und Wiedereingliederung ist erst dann erreicht, wenn der Betreffende in Freiheit in unserer Friedensordnung als den Frieden wahrender Bürger lebt.
Dies wären einige Konsequenzen, die sich aus dem Ersatz des Strafrechts durch ein Maßnahmerecht ergeben würden. Im einzelnen hört sich das zunächst sehr provozierend an, und wenn ich jetzt schließen würde, dann würde sich möglicherweise eine sehr temperamentvolle Gegenposition hier bei manchen Diskutanten entwikkeln. Lassen Sie mich deshalb zum Schluß noch versuchen, einen Blick auf die Praxis zu werfen.

Versetzen Sie sich bitte in jemanden, der von einem anderen Fixstern zu uns kommt und sich über Strafe und Strafvollzug in unserem Lande zu informieren wünscht. Was würde er zunächst einmal feststellen? Nun, er würde feststellen, daß da therapiert wird im Vollzug, daß man aber merkwürdigerweise einen eigentümlichen Unterschied macht. Bei einer Gruppe von therapeutischen Maßnahmen spricht man von Strafe, bei einer anderen Gruppe spricht man von Maßnahmen oder Maßregeln. Er würde also eine Zweispurigkeit feststellen, die aus so neutralisierter Sicht zunächst einmal kaum verständlich ist, die übrigens aber auch aus einer ganz anderen Sicht, nämlich aus der des Betroffenen, ernstlich kaum verstanden wird, wie man aus der Praxis weiß. Der Betreffende sieht sich nur seiner Freiheit beraubt und intensiver Behandlung ausgesetzt, gleichgültig, ob er sich im Vollzug der Freiheitsstrafe befindet oder in der Sicherungsverwahrung. Die Sicherungsverwahrung ist aber keine Strafe im Rechtssinne, sondern eine Maßnahme, wie Sie wissen. Zuzugeben ist, daß man in der Vollzugspraxis versucht, hier keinem Etikettenschwindel zum Opfer zu fallen und die Sicherungsverwahrung anders als die Freiheitsstrafe zu gestalten. Aber in dem Kern dieser Maßnahme liegt ja doch dasselbe wie in der Strafe, und in vielen Gesprächen mit Sicherungsverwahrten habe ich es immer wieder erlebt, daß die Betroffenen die Sicherungsverwahrung selbstverständlich als Strafe empfinden werden.

Unser neutraler Beobachter aus einem anderen Sonnensystem würde dann weiter noch feststellen, daß eine weitgehende Unbestimmtheit bei der tatsächlichen Strafmaßbestimmung zu erkennen ist. Denn die Anwendung der Strafe enthält hohe Unbestimmtheitskoeffizienten durch zwei Institute, nämlich durch die Aussetzung zur Bewährung und durch das Gnadenrecht. Wer zu einer bestimmten Strafe, etwa sechs Jahren Freiheitsstrafe verurteilt ist, der weiß durchaus nicht, wann er entlassen wird. Er weiß zwar, daß er nach sechs Jahren entlassen werden muß, aber er weiß ebenso, daß er in der Regel früher entlassen wird. Wann, das läßt sich kaum vorausberechnen. Abhängig ist der Entlassungszeitpunkt von Prognoseüberlegungen. Wir haben also in der Praxis die relative Unbestimmtheit, obwohl das im Gesetz nicht so formuliert ist, abgesehen vom Jugendstrafrecht, wo in der Tat dieses Institut der relativ unbestimmten Verurteilung ausdrücklich genannt ist.

Wie würde unser Beobachter die lebenslängliche Freiheitsstrafe beurteilen? Nun, er würde feststellen, es gibt sie de facto gar nicht. Nur in ganz seltenen Ausnahmefällen bleibt jemand, der gesund ist, bis an sein Lebensende im Freiheitsstrafvollzug. In der Regel wird vorher begnadigt, und jeder, der zu lebenslänglicher Freiheitsstrafe verurteilt ist, rechnet mit einer Begnadigung. Er befindet sich exakt in der Situation des zu einer absolut unbestimmten Freiheitsstrafe Verurteilten. Es gibt aber, wie unser Beobachter weiter feststellen wird, noch ein anderes Institut neben der lebenslänglichen Freiheitsstrafe, das eine Strafe mit absolutem Unbestimmtheitsgrad ist, nämlich die Sicherungsverwahrung. Der zur Sicherungsverwahrung Verurteilte weiß ebenfalls nicht, wann er entlassen wird, und es kann sein, daß er nie entlassen wird.

Schließlich wird der neutrale Beobachter aber, der lediglich die Fakten aufnimmt und nicht ihre normative Wertung, feststellen: es gibt im Rahmen dessen, was da Strafjustiz genannt wird, noch eine dritte Maßnahme von absolutem Unbestimmtheitsgrad, nämlich die Unterbringung in einer Heil- und Pflegeanstalt desjenigen, der bei der Begehung seines Rechtsbruchs nicht oder nur beschränkt schuldfähig war.

Welche Konsequenzen sollte man jetzt rückkoppelnd von dieser Analyse der Praxis eigentlich ziehen, wird man sich fragen müssen. Zunächst einmal sollte man die Einspurigkeit der Reaktionen anstreben. Es wäre ehrlicher, wenn nicht unterschieden würde zwischen einer freiheitsentziehenden Maßnahme, die angeblich gleichzeitig irgendeinen merkwürdigen Sühneeffekt hat, und einer anderen, die diesen Effekt nicht hat. Rational einsichtig ist es nicht, daß es einen Sinn haben soll, wenn man sagt: Erst wird gesühnt (Strafe), und dann wird gesichert (Sicherungsverwahrung). Gesichert wird die Gesellschaft natürlich von Anfang an, und behandelt (therapiert) wird der Verurteilte selbstverständlich ebenfalls vom ersten Tage des Freiheitsentzuges – von der Untersuchungshaft abgesehen – an, und zwar immer mit dem Ziel der Wiedereingliederung, der Resozialisierung, gleichgültig, ob es sich um Freiheitsstrafe oder um Sicherungsverwahrung handelt.

Weiter sollte gestrichen werden die lebenslängliche Freiheitsstrafe, weil sie sich mit dem Resozialisierungsgedanken überhaupt nicht rechtfertigen läßt. Die Analyse der Fakten, die ich soeben versuchte vorzuführen, zeigt ja, daß das im Grunde gar nichts Neues war. Das merkwürdige ist nur, dies ist nicht im Bewußtsein unserer Gesellschaft: daß wir uns eigentlich schon heute in einer Situation befinden, in der es keine lebenslängliche Freiheitsstrafe, jedenfalls grundsätzlich nicht, gibt. Natürlich gibt es daneben noch die äußersten Grenzfälle, wo die Aggressionen und etwa auch die triebtäterschaftlichen Komponenten so stark sind, daß man den Betreffenden niemals in die Freiheit entlassen kann, aller Voraussicht nach, obwohl man das auch nicht mit absoluter Sicherheit von vornherein feststellen kann. Für diese Fälle bliebe dann bei einer Streichung der lebenslänglichen Freiheitsstrafe die Sicherungsverwahrung übrig, allerdings mit dem ganz erheblichen rechtsstaatlichen Vorteil, daß in verhältnismäßig kurzen Zeitabständen, also etwa alle zwei Jahre, geprüft werden muß, ob nicht inzwischen die Prognose günstiger geworden ist und der Betreffende entlassen werden kann.

Allerdings würde heute – wenn man ganz konkret und direkt sagen würde: wir müssen die lebenslängliche Freiheitsstrafe aus unserem Gesetzbuch streichen – ein Entsetzensschrei durch unsere Gesellschaft gehen, und es würde natürlich gesagt werden, der will wohl die gefährlichsten Kriminellen frei herumlaufen lassen. Es sind deshalb die

Verfasser des Alternativentwurfs für ein neues Strafgesetzbuch, zu denen ich gehöre, auf den Gedanken gekommen – weil dieses eben das gesellschaftliche Bewußtsein ist, von dem wir ausgehen müssen –, einen Kompromiß vorzuschlagen, den übrigens inzwischen die Bundesregierung aufgegriffen hat. Es ist zur Zeit eine entsprechende Gesetzesvorlage im Gesetzgebungsgang. Dieser Kompromißvorschlag sieht so aus: Man räumt durch das Gesetz auch bei zu lebenslänglicher Freiheitsstrafe Verurteilten die Möglichkeit der bedingten Entlassung zur Bewährung ein und sieht vor, daß – so haben wir das jedenfalls im Alternativvorschlag damals vorgeschlagen – auf jeden Fall nach 15 Jahren Freiheitsstrafe diese Möglichkeit einer bedingten Entlassung durch einen Vollstreckungsbericht geprüft werden muß. Man braucht natürlich eine solche Prüfung, weil ja immer noch der Rest von Fällen übrigbleibt, mit denen wir nicht fertig werden, weil wir noch keine für alle Fälle wirksame Therapie haben. Und wenn bei jener Prüfung die Prognose günstig ist, kann der zu lebenslänglicher Freiheitsstrafe Verurteilte bedingt entlassen werden. Auch dieses wäre ja überhaupt keine Sensation, weil es weitgehend der Gnadenpraxis entspräche. Übrigens nicht bei allen Bundesländern: Es gibt Länder, wo in der Regel erst nach 20 Jahren die Gandenfrage geprüft wird. Es gibt aber auch Bundesländer, bei denen man die Gnadenfrage schon früher aufwirft. Ähnliche Unterschiede gibt es im Ausland. In England werden »Lebenslängliche« im Schnitt schon nach zwölf Jahren entlassen. Die Bundesrepublik ist insoweit ein besonders strenges Land.

Auf das Problem des Schuldstrafrechts kann hier und heute nicht mehr eingegangen werden. Ich darf aber meine Auffassung wenigstens als kurze These formulieren. Sie lautet: Ich habe keine Bedenken, auch von einem Schuldmaßnahmerecht zu sprechen, weil ich in dem Schuldbegriff einen psychologischen Terminus sehe, der eine solche Möglichkeit offenläßt.

Wenn ich jetzt abschließend die im Thema gestellte Frage beantworten soll, so muß ich sagen: Radbruch hat recht gehabt, als er schrieb, die Geschichte des Strafrechts ist die Geschichte seiner Abschaffung. Der Weg führt zu einem Maßnahmerecht, bei dem sich die Gesellschaft moralischer Wertungen enthält, nur Gefährlichkeiten und Aggressionen beurteilt und behandelnde, das heißt sozialtherapeutische Maßnahmen ergreift, um die Kriminalität durch

Resozialisierung des Täters zu bekämpfen. Der Bürger würde durch ein solches Maßnahmerecht vor der ihn gefährdenden Kriminalität besser geschützt und der Täter sinnvoller und humaner behandelt.

Die zentrale Bedeutung des Schutzgedankens für den Zweck der Strafe

Inhalt

„Man hält den Verbrecher solange im Gefängnis, bis seine Strafzeit abgelaufen. Absurd! Bis er der Gesellschaft nicht mehr feindlich gesinnt ist!"

Nietzsche,
Menschliches, Allzumenschliches,
II. Band, S. 385.

Einleitung

Gegenstand der folgenden Untersuchung ist nicht der Begriff der Strafe, sondern ihre Idee, und zwar der Kriminalstrafe, nicht der Strafe überhaupt. Es wird also nicht eine Antwort auf die Frage, was die Strafe ist — obwohl es an einer eingehenden Erörterung des logischen „Orts" des Strafbegriffs bisher fehlt [1]) —, sondern vielmehr auf die Frage, wie die Strafe sein soll, versucht werden. Es geht um das Problem der „richtigen" Strafe. Das Prinzip für die „Richtigkeit" der Strafe ist der mit ihr verfolgte Zweck.

Über den Zweck der Strafe gibt es eine kaum übersehbare Fülle des Schrifttums. Seit überhaupt Geisteswissenschaft betrieben wird, angefangen mit der Antike, hat die Diskussion über dieses Thema wohl niemals aufgehört. Und doch bedarf es dafür, daß dies Problem „wieder einmal" behandelt wird, sicherlich keiner besonderen Rechtfertigung.

Denn erstens ist es Aufgabe jeder Zeit, zu den „alten" Problemen Stellung zu nehmen. Und das gilt besonders für das Problem des Strafzwecks; denn es läßt sich, wie Emge bereits bemerkt hat, gar nicht ein absoluter Strafzweck ausfindig machen. Der Akt der Strafandrohung und Bestrafung ist vielmehr im Hinblick auf die geschichtsphilosophisch zu verstehende historische Situation zu rechtfertigen oder nicht [2]). Daher soll diese Abhandlung versuchen, den heute richtigen Strafzweck aufzuzeigen.

Zweitens aber erlebt das Strafrecht z. Z. eine grundlegende Erneuerung, die eine Entscheidung über den Strafzweck besonders erforderlich erscheinen läßt, weil eine derartige Entscheidung von maßgeblicher Bedeutung für die Gestaltung des positiven Strafrechts ist. Die praktische Strafrechtsgestaltung ist ohne Stellungnahme zu dieser Grundfrage gar nicht denkbar, wie sich schon zu Beginn unseres Jahrhunderts bei den Strafgesetz-

[1]) Vgl. zum Problem der Definition C. A. Emge, Gesch. der Rechtsphil., S. 1 ff.

[2]) Vgl. Emge, a. a. O. S. 64.

entwürfen zeigte, die auf eine Entscheidung glaubten verzichten zu können und daher den Charakter einer gewissen Uneinheitlichkeit nicht verleugnen konnten [1]). So wird denn auch heute bei der Erörterung der Strafrechtsreform diesem Problem ein breiter Raum gewährt, sowohl in der ersten Veröffentlichung nach dem Umbruch — in der Denkschrift des Preußischen Justizministers im Jahre 1933 [2]) — als auch in den jüngsten Veröffentlichungen der amtlichen Strafrechtskommission [3]).

Die Beantwortung dieser Grundfrage beeinflußt fast alle wichtigeren Fragen der Ausgestaltung des Strafrechts, wie etwa die Fragen des Strafmaßstabes, der Zurechnungsfähigkeit, der Schuld, der Strafgestaltung [4]) usw. Die vorliegende Untersuchung beschränkt sich im wesentlichen darauf, nach vorangegangener Feststellung des Strafzwecks dessen Auswirkungen auf die Formung des positiven Rechts unter dem Gesichtspunkt der Behandlung gefährlicher Gewohnheitsverbrecher zu prüfen. Dabei handelt es sich darum, ob de lege ferenda zu empfehlen ist, die Strafe von der sichernden Maßnahme streng zu scheiden, wie es im geltenden Recht (§§ 42 a ff. StGB.) der Fall ist, oder ob es zweckmäßiger ist, das Gewohnheitsverbrechertum mit einer einheitlichen „Sicherungsstrafe“ zu bekämpfen; m. a. W., ob die sog. Zweispurigkeit (auch Dualismus genannt) [5]) oder die Einspurigkeit (Monismus) vorzuziehen ist. Diese Streitfrage taucht bei jedem neueren Strafrechtsreformversuch auf [6]) und steht auch heute im Mittelpunkt des fachwissenschaftlichen Interesses. Sie kann z. Z. keineswegs als entschieden gelten. Während von Klee [7]), einigen anderen Autoren und der bereits erwähnten preußischen Denkschrift die Einspurigkeit vertreten wird, steht der Bericht über die Arbeiten der amtlichen Strafrechtskommission und mit ihm z. B. Freisler [8]), Barth [9]) u. a. auf dem Boden des Zweispurigkeitsgedankens. Einen Beitrag zu

[1]) Darauf machte u. a. aufmerksam: Kohlrausch, Sollen u. Können..., S. 6. — A. M. z. B. Rosenfeld, Die richterliche Strafzumessung in Birkmeyer, v. Calker u. a. Vergleichende Darstellung des deutschen und ausländischen Strafrechts Bd. III, S. 105.

[2]) Vgl. S. 9 und 138.

[3]) Gürtner-Freisler, Das neue Strafrecht, S. 36 ff.

[4]) Vgl. z. B. § 27 b StGB.

[5]) Mezger, Deutsches Strafrecht, S. 56.

[6]) Vgl. z. B. Kohlrausch Z. 44, 21 ff. u. Graf Dohna Z. 44, 39 ff.

[7]) Das Problem der Sicherungsstrafe, im Arch. f. Rechtsphil. Bd. 28, S. 485 ff.

[8]) Das neue Strafrecht als nat.soz. Bekenntnis, in Gürtner-Freisler d.n.St.R., S. 146.

[9]) In Dt.R. 1935, S. 523 ff.

dieser Kontroverse zu geben, ist Aufgabe der anschließenden Untersuchungen, die versuchen, vor allem in zwei Punkten neue Gedankengänge, die bisher wohl noch nicht im Strafrechtsschriftum berücksichtigt sind, heranzuziehen. Und zwar handelt es sich hierbei einmal um die Erörterung der Auffassungen über den Strafzweck in der ausländischen Literatur und zum anderen um die Betrachtung der Ergebnisse der modernen Philosophie zum Willensfreiheitsproblem.

I. Kapitel

Die Strafrechtstheorien

Die Frage nach dem Strafzweck suchen die sog. Strafrechtstheorien zu lösen. Um später klare Folgerungen ziehen zu können, ist zunächst kurz auf die verschiedenen Theorien einzugehen, wobei sich zeigen wird, daß trotz der Fülle des Schrifttums über diesen Gegenstand keine Einigkeit über die Einordnung der verschiedenen Ansichten herrscht. Trotzdem aber ist es möglich, alle Theorien unter einem Gesichtspunkt zu betrachten und danach in zwei Gruppen zu scheiden. Es ist dies der bekannte, auf Protagoras zurückgehende und seit Hugo Grotius gebräuchliche Gedanke, die Straftheorien danach zu trennen, ob gestraft wird, weil ein Delikt begangen wurde (quia peccatum et), oder damit künftig keine Delikte mehr begangen werden (ne peccetur).

Obwohl gelegentlich bestritten worden ist, daß eine hiernach vorgenommene Einteilung richtig ist, bleibt diese übliche Abgrenzung die begrifflich richtige, weil in diese Systematik alle bisherigen Theorien, auch wenn sie von sich selbst meinen, sie stünden außerhalb dieser Kontroverse, oder sie vereinigen beide Gesichtspunkte, eingegliedert werden können, wenn sie nur richtig betrachtet werden.

Hiernach scheidet man die absoluten oder Vergeltungstheorien und die relativen oder Nützlichkeitstheorien. Bei den ersten ist für die Bestrafung allein die begangene Tat maßgeblich (quia peccatum est). Diese soll in irgendeiner Weise aus der Welt geschafft werden. Sei es, daß damit einem religiösen, sei es daß damit einem anderen nicht-empirischen, irrealen Zweck gedient werden soll. Vielfach hat man gesagt, weil die Strafe nach diesen Theorien kein diesseitiges kriminalpolitisches Ziel verfolge, bezwecke sie sich selbst und sei daher „absolut" zu begründen. Demzufolge werden diese Theorien auch „absolute" genannt. Der Begriff des „Selbstzwecks" ist allerdings ein nach logischen Kriterien verfehlter Begriff. Man wird daher besser dann von einer echt absoluten Theorie sprechen, wenn die Strafe keinen realen Zweck hat. Bei den meisten Theorien dieser Art soll das durch die Straftat hervorgarufene Übel durch das Strafübel am Täter „vergolten" werden, weshalb man auch von Vergeltungstheorien spricht. Auf die Verhinderung künftiger Verbrechen kommt es nicht an. Hat die Strafe dennoch vorbeugende (präventive) Wirkung, so ist das eine erfreuliche Nebenwirkung, die aber keineswegs den Zweck der Strafe darstellt.

In scharfem Gegensatz zur Vergeltungsstrafe steht die Zweckstrafe. Wie im folgenden bei Behandlung der sog. Vereinigungstheorien noch zu besprechen sein wird, ist der Gegensatz zwischen der Vergeltungs- und der Zweckstrafe vielfach bestritten worden. Das ist insofern richtig, als auch die Vergeltungsstrafe etwas bezweckt, nur nichts Reales, und insbesondere nicht die Verbrechensprävention. Versteht man aber unter Zweck, wie das in diesem Zusammenhang üblich ist, nur die Prävention, dann besteht der Gegensatz zu Recht, wenn nicht der Vergeltungsbegriff einen völlig neuen Gehalt bekommen soll, der den klassischen Formulierungen der Vergeltungstheorie widerspricht. Denn die vier richtunggebenden Gestaltungen der absoluten Theorie enthalten einen von jedem realen Zweck losgelösten Vergeltungsbegriff.

Das ist erstens der Fall bei der Strafrechtstheorie von Kant. Die Strafe ist nach seiner Lehre eine Forderung des kategorischen Imperativs. Sie ist nicht Mittel für nützliche Zwecke, „sondern muß jederzeit nur darum wider ihn (sc. den Verbrecher) verhängt werden, weil er verbrochen hat" [1]). Der etwaige Nutzen der Strafe ist eine Nebenwirkung. Der Verbrecher „muß vorher strafbar befunden sein, ehe noch daran gedacht wird, aus dieser Strafe einigen Nutzen für ihn selbst oder seine Mitbürger zu ziehen. Das Strafgesetz ist ein kategorischer Imperativ, und wehe dem, welcher die Schlangenwindungen der Glückseligkeitslehre durchkriecht, um etwas auszufinden, was durch den Vorteil, den es verspricht, ihn von der Strafe oder auch einem Grade derselben entbinde", polemisiert Kant gegen die utilitaristische Lehre Benthams [2]). Besonders klar läßt sich das Losgelöstsein der Strafe von jeglichem realen Zweck nach der Kantschen Theorie ferner an folgendem Beispiel Kants zeigen: „Selbst wenn sich die bürgerliche Gesellschaft mit aller Glieder Einstimmung auflöste (z. B. das eine Insel bewohnende Volk beschlösse, auseinanderzugehen und sich in alle Welt zu zerstreuen), müßte der letzte im Gefängnis befindliche Mörder vorher hingerichtet werden, damit jedermann das widerfahre, was seine

1) Metaphysik der Sitten, S. 158.

2) Kant, a. a. O. S. 159.

Taten wert sind" [1]). Hier kann in der Tat von keinem diesseitigen Zweck mehr gesprochen werden, wenn sich die Gesellschaft auflöst, denn alle denkbaren realen Strafzwecke haben letztlich das Wohl einer Gemeinschaft zum Ziel. Das Beispiel Kants geht aber davon aus, daß eben dies Ziel hinfällig wird, und dann trotzdem noch gestraft werden muß. Einen religiösen, mystischen Zweck hat diese Bestrafung; denn sie soll nach Kant in dem Beispiel vorgenommen werden, damit „die Blutschuld nicht auf dem Volke hafte, das auf diese Bestrafung nicht gedrungen: weil es als Teilnehmer an dieser öffentlichen Verletzung der Gerechtigkeit betrachtet werden kann". Einen derartigen „Zweck" meinen jedoch diejenigen nicht, die der Ansicht sind, Vergeltungs- und Zweckstrafe widersprächen sich nicht. — Was Kant mit dem Gesagten eigentlich meint, und auf welchem Volk die Blutschuld haften soll, ist nicht klar ersichtlich, da sein Beispiel ja gerade die Auflösung des Volkes voraussetzt. — Ist also die Strafe nach dieser Theorie „zwecklos", so wird der Strafmaßstab dem Talionsgedanken entnommen: „Welche Art aber und welcher Grad der Bestrafung ist es, welche die öffentliche Gerechtigkeit sich zum Prinzip und Richtmaße macht? Kein anderes als das Prinzip der Gleichheit (im Stande des Züngleins an der Waage der Gerechtigkeit), sich nicht mehr auf die eine als auf die andere Seite hinzuneigen. Also: was für unverschuldetes Übel du einem anderen im Volke zufügst, das tust du dir selbst an. ... Nur das Wiedervergeltungsrecht (ius talionis) ... kann die Qualität und Quantität der Strafe bestimmt angeben" [2]). In der folgerichtigen Durchführung des Talionsgedankens geht Kant außerordentlich weit. So findet er z. B., daß die Geldstrafe für eine Verbalinjurie in gar keinem Verhältnis zur Beleidigung steht, zumal wenn jemand reich ist. Dem Talionsgedanken zufolge entspricht nun der Ehrenkränkung nur das „Wehtun des Hochmuts" des Beleidigers. Daher schlägt Kant vor, der Beleidiger solle verurteilt werden, dem Beleidigten öffentlich abzubitten und ihm die Hand zu küssen [3]). — Aus dem Gesagten ergibt sich sonach, daß der Strafrechtstheorie Kants der Gedanke der nichts empirisches bezweckenden, auf der Talionsidee beruhenden Vergeltungsstrafe zugrundeliegt, und daß diese in scharfem Gegensatz zu der nach Kant abzulehnenden Zweckstrafe im Sinne einer Nützlichkeitsstrafe steht.

Ebenso verhält es sich mit der zweiten wichtigen Ausgestaltung, welche die Gruppe der absoluten Theorien durch Hegel erfahren

[1]) Kant, a. a. O. S. 161.
[2]) Kant, a. a. O. S. 159.
[3]) Kant, a. a. O. S 160.

hat. Danach ist die Strafe eine logisch-dialektische Notwendigkeit [1]); d. h., „daß die Strafe nur Negation der Negation ist“ [2]). Und zwar Negation der Negation der Rechtsordnung durch den Rechtsbrecher. Wirkungen der Strafe, die dem Gemeinschaftswohl zugute kommen, sind lediglich Nebenwirkungen, aber nicht Zweck der Strafe; denn diese ist nur Negation und bezweckt nichts Reales. Die „Verhütungs-, Abschreckungs- und Androhungs-, Besserungs- usw. Theorien“ werden von Hegel als „oberflächlich“ abgelehnt [3]). Der Hegelschüler Lasson sagt ausdrücklich, daß die Strafe als solche überhaupt keinen Zweck habe [4]). Die Theorie Hegels wird auch im neuesten Schrifttum vertreten, und zwar von Binder [5]); nach dieser Ansicht kann die Strafe „für das reflektierende Bewußtsein des Philosophen in der Tat gar nicht anders begründet werden als durch ihren dialektischen Charakter“ [6]). — Wie Binder an dieser Stelle ausführt, soll dieser dialektische Charakter weder in der Wiedervergeltung, noch überhaupt in der Vergeltung zum Ausdruck kommen. Das kann jedoch nicht richtig sein, denn die Hegelsche Theorie ist gerade eine Ausgestaltung des Vergeltungsgedankens, allerdings im weiteren Sinne, wie Hegel auch selbst sagt [7]). — Aus dem dialektischen Charakter der Strafe folgert Binder im Anschluß an Hegel und Lasson, daß die Strafe nicht die Prävention zum Zwecke habe [8]). Auch die auf der logisch-dialektischen Notwendigkeit gegründete Strafe ist demnach durch eine echte absolute Theorie begründet.

Die dritte typische absolute Begründung des Strafrechts ist die religiöse, wie sie etwa von Stahl angeblich auf der Grundlage christlicher Weltanschauung versucht worden ist [9]). Danach ist die Strafe durch göttliches Gebot gefordert und dient der Verwirklichung des Reiches Gottes, also einem „jenseitigen“ Zweck, der auch hier wieder nicht als „Strafzweck“ im engeren Sinne an-

---

1) Grundlinien der Philosophie des Rechts, S. 88 ff.

2) Hegel, a. a. O. S. 309.

3) Hegel, a. a. O. S. 88; vgl. auch S. 310.

4) System der Rechtsphilosophie, S. 533. Gemeint ist natürlich wieder der diesseitige, kriminalpolitische Zweck.

5) System der Rechtsphilosophie, S. 355 ff.

6) Binder, a. a. O. S. 372.

7) Hegel, a. a. O. S. 90.

8) Binder, a. a. O. S. 358.

9) Die Philosophie des Rechts, II. Band 1. Teil, insbesondere S. 165 ff. — Inwiefern christliche Auffassung richtigerweise zur Schutzstrafentheorie führt, darüber vgl. das unten S. 67, über Luther, Melanchthon und Schleiermacher Gesagte.

gesprochen werden kann, weil Zweckhaftigkeit in diesem Zusammenhange nur das Hinzielen auf einen „diesseitigen" Nutzen bedeuten kann, wenn von der Zweckstrafe gesprochen wird. Es liegt hier auch nicht so, wie bei den sakralen Strafen der ältesten und der mittelalterlichen Strafrechtsperioden, wo man berechtigt ist, zu sagen, daß ein „diesseitiger" Zweck erstrebt war, nämlich die Sicherung der Gemeinschaft vor der Rache des Gottes [1]). Denn nach christlicher Auffassung, auf der die Stahlsche Theorie angeblich aufbaut, ist Gott kein rächender Gott. Es darf also gesagt werden, daß auch die theokratisch begründete Strafe eine „zwecklose" absolute ist, weil sie ebenso, wie die aus dem kategorischen Imperativ abgeleitete und die als logisch-dialektische Notwendigkeit angesehene Strafe keinen realen Zweck verfolgt. Denn Stahl stellt ausdrücklich fest, daß der Staat strafen dürfe, weil dies „seine von Gott ihm gesetzte Bestimmung und erteilte Vollmacht" sei. „Als menschliche Verbindung für menschliche Zwecke dürfte der Staat nimmermehr Strafe üben [2])." Die Strafe diene der „größeren Verherrlichung Gottes (ad majorem Dei gloriam)" [3]). Wenn das Übel, das der Verbrecher im Staate leide, etwas anderes sein solle — etwa Abschreckung oder Notwehr —, dann dürfe es nicht mehr Strafe genannt sein [4]). Diesen Zwecken könne die Strafe höchstens nebenher dienen. Das dürfe nicht das Prinzip der Strafe, sondern nur ein Moment derselben ausmachen [5]). Die Strafe selbst ist eben nach dieser Theorie „zwecklos", wobei es unklar bleibt, wie sich Stahl eine praktische Strafrechtspflege nach diesen Grundsätzen vorstellt [6]).

Das gleiche läßt sich nun auch für die vierte Form der absoluten Theorien sagen, wie sie unter Verwendung von Gedankengängen Herbarts durch Geyer geprägt worden ist. Die Strafe entspringt nach dieser Meinung einer ästhetischen Notwendigkeit. „Das Prinzip der Strafe ist Vergeltung; die Strafzwecke werden bestimmt

---

[1]) Vgl. Klee, Das Problem der Sicherungsstrafe, Arch. f. Rechtsphil. Bd. 28, S. 487. — In dieser Beziehung kann das älteste Strafrecht mit dem mittelalterlichen auf eine Stufe gestellt werden, weil trotz des Christentums im Mittelalter in der Volksauffassung der alttestamentarische Begriff des rächenden Gottes vorherrschte.

[2]) Stahl, a. a. O. II. Bd. 2. Teil, S. 682.

[3]) Stahl, a. a. O. II, 2, S. 683.

[4]) Stahl, a. a. O. II, 1, S. 167.

[5]) Stahl, a. a. O. II. 2, S. 686.

[6]) Vgl. die treffende Kritik von Stooß, Lehrbuch des Österreichischen Strafrechts, S. 113.

durch die Idee der Vollkommenheit [1]).“ Die Strafe ist Ausgleichung und Herstellung des gestörten Gleichgewichts und dient insofern dem „Wohlgefallen an Vermeidung des Streites“ [2]). Von einer Zweckstrafe im heutigen Sinn kann demzufolge auch hier nicht gesprochen werden. Nur die begangene Straftat bestimmt das Strafmaß (Quia peccatum est). „Das Quantum der Strafe muß stets möglichst genau entsprechen dem Quantum des zu bestrafenden Übels [3]).“ Und erst wenn etwa dieser Forderung des Gesetzes der Vollkommenheit, der Ästhetik, zwei Strafmöglichkeiten genügen, darf diejenige Strafe gewählt werden, die der Prävention dient.

Aus diesen vier erörterten Thesen, die die Grundlage der absoluten Theorien bilden, folgt, daß es nicht richtig ist, wenn Mezger [4]) die Meinung vertritt, die absoluten Theorien leugneten nicht den Strafzweck, wie er heute aufgefaßt wird, als Verbrechensverhütung. Richtig ist zwar, daß fast alle Vertreter der sog. klassischen Strafrechtsschule (Beling, Kohler u. a.), die an sich die Vergeltungsstrafe fordern, und die sich zu den Vertretern der absoluten Theorien rechnen, durchaus keine „zwecklose“, absolute Strafe für die richtige halten. Aber insofern können diese Theorien nicht absolut genannt werden; denn „absolut“ ist nur diejenige Strafauffassung, die der Strafe keinen realen Zweck zubilligt, wie das die genannten vier Theorien tun, welche die absolute Strafrechtstheorie in ihrer heutigen Form begründet haben. Und wenn der Begriff der absoluten Vergeltungstheorie überhaupt verwandt werden soll, dann kann es nur in diesem Sinne geschehen, wenn nicht der Bedeutungsgehalt umgebogen werden soll.

Den absoluten Theorien stehen die relativen Strafrechtstheorien gegenüber. Nach ihnen ist es Zweck der Strafe, künftigen Straftaten vorzubeugen, sie nach Möglichkeit zu verhüten. Diese Theorien denken also vorausschauend, prospektiv. Punitur ne peccetur. Die Erreichung dieses Zieles wird auf verschiedenen Wegen versucht.

Erstens durch die sog. Generalprävention. Bei ihr ist es Zweck der Strafe, sozialpsychologisch und sozialpädagogisch auf die Gesamtheit zu wirken, um durch Bestrafung des Rechtsbrechers andere

[1]) August Geyer, Geschichte u. System der Rechtsphilosophie in Grundzügen, S. 130.

[2]) Herbart, Allgemeine praktische Philosophie, zitiert bei A. Geyer, Übersicht über die Geschichte der Rechts- und Staatsphilosophie, in Holtzendorff, Enzyklopädie der Rechtswissenschaft, S. 86.

[3]) Geyer, Gesch. u. System der Rechtsphil. i. Grundzügen, S. 130.

[4]) Strafrecht, Lehrbuch, S. 503, Anmerk. 1.

von Verbrechen abzuhalten. Hierher gehört vor allem die Abschreckungstheorie, nach der das Strafübel in der Masse der übrigen Rechtsgenossen Gegenmotive gegen die Verlockung zur Straftat erzeugen soll (A. v. Feuerbach, Hold-Ferneck u. a.).

Der zweite Weg, künftige Straftaten zu verhüten, ist die Spezialprävention. Sie ist körperliche und seelische, individualpsychologische Einwirkung auf den Täter selbst, um ihn von Rückfällen abzuhalten. Dies bezwecken vor allem die Besserungstheorien (Ahrens, Kraepelin usw.), aber auch die Abschreckungstheorie, insoweit als sie den Täter selbst durch Abschreckung vor dem Rückfall bewahren will.

Die meisten relativen Theorien wollen jedoch sowohl die general- als auch die spezialpräventive Möglichkeit der Verbrechensbekämpfung benutzen. So insbesondere die sog. soziologische Schule (auch „moderne" im Gegensatz zur oben erwähnten absoluten „klassischen" genannt), die v. Liszt begründete. Unterschiede ergeben sich nur daraus, daß sich eine völlige Übereinstimmung der general- und der spezialpräventiven Prinzipien nicht erzielen läßt, und daß demzufolge bald der Generalpräventionsgedanke und bald der Gedanke der Spezialprävention mehr betont wird. Denn es leuchtet ein, daß die Betonung eines Prinzips allein zu ganz anderen Folgerungen führt, als sie sich bei alleiniger Berücksichtigung des anderen Prinzips ergeben würden. — Hierher gehört z. B. das Problem des sog. Überzeugungsverbrechers, der bei Berücksichtigung der Spezialprävention unter Umständen nur gering bestraft zu werden braucht und über den zugleich aus generalpräventiven Gründen unter gegebenen Umständen eine besonders strenge Strafe zu verhängen ist. — Auch im geltenden Recht sind stets beide Gesichtspunkte gemischt, und es wird sich kaum irgendeine Bestimmung finden lassen, bei welcher nur der eine berücksichtigt ist, abgesehen allerdings von denjenigen Bestimmungen, welche die Todesstrafe absolut androhen. Denn diese kann allerdings nur generalpräventiv wirken. Auch die Erziehungsmaßregeln des § 7 des Jugendgerichtsgesetzes, das in besonders starkem Maße die Spezialprävention in den Vordergrund stellt, entbehren durchaus nicht des generalpräventiven Akzents. — So ist es nicht angängig, wenn Knoth, der den Strafzweck im Militärstrafrecht hinsichtlich der Bedeutung der beiden Präventionsarten untersucht, z. B. meint die „Dienstverrichtung außer der Reihe" und die reinen Vermögensstrafen wirken „ausschließlich" spezialpräventiv [1]). Daß das nicht

---

[1]) Der Strafzweck im Militärstrafrecht, S. 47.

richtig sein kann, leuchtet ein, wenn man allein die abschreckende Wirkung der genannten Strafen bedenkt. —

Davon, daß eine der beiden Strafrechtstheorien, die absolute oder die relative, älter sei als die andere, kann keine Rede sein. Keinem Zweifel unterliegt, daß die absolute Theorie, zumal in ihrer religiösen Begründung, sehr alt ist. Ebenso verhält es sich aber auch mit dem Gedanken der Zweckstrafe, worauf weiter unten (im III. Kapitel) zurückzukommen sein wird; zudem ist schon darauf hingewiesen worden, daß die sakrale Strafe sicherlich häufig eine Zweckstrafe war [1]). Ihre wohl älteste genaue Formulierung hat die relative Theorie in jener berühmten Stelle in Platons Dialog Protagoras gefunden: „Niemand, der einen bestraft, welcher Unrecht getan hat, sieht bloß darauf und tut es deshalb, weil jener eben Unrecht getan hat, es müßte sich denn einer ganz vernunftlos wie ein Tier nur rächen. Wer aber sich vornimmt, mit Vernunft einen zu strafen, der bestraft nicht um des begangenen Unrechts willen; denn er kann ja doch das Geschehene nicht ungeschehen machen, sondern der Zukunft wegen, damit nicht ein anderes Mal wieder, weder derselbe, noch einer, der dessen Bestrafung gesehen hat, dasselbe Unrecht begehe [2])". Hier sind auch schon die beiden möglichen Gesichtspunkte, General- und Spezialprävention, in aller Schärfe gesehen.

Die jüngste ausführliche Ausgestaltung hat die relative Theorie durch v. Hentig erfahren. Dieser verwendet die Darwinsche Forschungshypothese über die leistungssteigernde Funktion der natürlichen Auslese (den Selektionsgedanken) als „Dachgedanken" für die einzelnen Strafzwecke Abschreckung, Besserung, Sicherung und Heilung [3]). Dieser schon von dem italienischen Strafrechtler Garofalo [4]) gesehene Gedanke faßt in der Tat den Grundgedanken, der allen einzelnen Arten der relativen Theorie zugrunde liegt, treffend zusammen und charakterisiert die Strafrechtsauffassung bei den Anhängern der Zweckstrafe. Das Strafrecht treibt danach negative Auslese. Denn damit, daß sich jemand nicht strafbar macht, ist noch nicht sein Wert für die Gemeinschaft erwiesen. Die positive Auslese kann nicht Sache der Strafjustiz sein. Sie ist Aufgabe anderer staatlicher Einrichtungen. Damit hat v. Hentig die Folgerung aus der Erkenntnis der allgemeinen Bedeutung des

---

[1]) Vgl. oben S. 24.

[2]) Platon, Protagoras, 13. Kapitel.

[3]) Die Strafe (Ursprung, Zweck, Psychologie), S. 165 ff.

[4]) La Criminologie (= von Garofalo selbst besorgte Übersetzung seiner Criminologia), S. 237 ff.

Selektionsprinzips gezogen, das nämlich in weit größerem Umfange Geltung hat, als es ursprünglich angenommen wurde; ebenso wie es für soziale Erscheinungen gilt, so gilt es auch für Produkte des Geistes und der Kultur [1]).

Stellt man nun die absoluten und die relativen Strafrechtstheorien einander gegenüber, so ergibt sich aus dem bisher Dargelegten der scharfe Gegensatz beider Anschauungen; denn, während die relativen die Verbrechensvorbeugung als Strafzweck bestimmen, ist die Vorbeugung bei den absoluten allenfalls eine erfreuliche Nebenwirkung, aber niemals Strafzweck.

Anlaß der Strafverhängung ist bei den relativen Theorien natürlich ebenfalls die begangene Tat. Insofern wird auch nach den relativen Theorien bestraft, quia peccatum est. Aber es wird um eines künftigen realen Zweckes willen bestraft (ne peccetur), während nach den absoluten Theorien nur wegen der Tat bestraft wird, ohne einen Zweck im engeren Sinne. Bei ihnen kommt also zu dem „Quia peccatum est" nicht das „Ne peccetur" der relativen Theorien hinzu, sondern nur ein „Ut Punitum sit" aus religiösen, logischen, ästhetischen oder ähnlichen Gründen.

Handelt es sich bei dem Gesagten zum Teil auch um „altbekannte" Dinge, so war eine Klärung des Gegensatzes in seiner ganzen Deutlichkeit doch erforderlich, damit bei der entscheidenden Stellungnahme zu dem Streitpunkt, der Gegenstand dieser Erörterungen bildet, Klarheit über den Inhalt der verwendeten Begriffe herrscht. Aus diesem Grunde ist auch noch auf diejenigen Theorien einzugehen, die zwischen den beiden bisher erwähnten vermitteln wollen. Es bleibt nämlich die Frage offen, ob der Gegensatz der absoluten und der relativen Standpunkte ein unüberbrückbarer ist, und ob demnach nur zwischen ihnen gewählt werden kann. — Solcher Theorien gibt es eine ganze Anzahl unter den verschiedensten Bezeichnungen, von denen die Benennung als „Vereinigungstheorien" am geläufigsten ist; daneben werden diese Theorien auch „gemischte", „synkretistische" und „eklektizistische" (so besonders in der französischen Literatur; vgl. unten II. Kapitel) genannt.

Alle diese Theorien sind sich über den Hauptzweck der Strafe einig, den sie im Schutz der Gemeinschaft (oder Gesellschaft) erblicken. Insofern sind diese Theorien alle Nützlichkeitstheorien und stimmen in dieser Beziehung mit den relativen Theorien überein. Die Vereinigung relativer Gedankengänge mit absoluten wird durch

[1]) Vgl. hierzu H. Schmidt, Philosophisches Wörterbuch, S. 598.

die Verwendung des Vergeltungsgedankens trotz der Anerkennung der Zweckstrafe versucht. Dies scheint in dreierlei Weise möglich zu sein: Entweder sagt man, die Strafe ist Vergeltung, oder man sagt, immer unter Beibehaltung des genannten Hauptzwecks der Strafe, die Strafe bezweckt Vergeltung; und schließlich kann noch die Ansicht vertreten werden, daß die Strafe Vergeltung ist und diese zugleich bezweckt. Es würde zu weit führen, alle jemals aufgetauchten Vereinigungstheorien zu behandeln und zu prüfen, ob ihnen eine „Einigung" zwischen den beiden konträren Gesichtspunkten gelungen ist, zumal sich die Begründungen der einzelnen Theorien vielfach wiederholen. Deshalb werden im folgenden nur einige bezeichnende Beispiele für die drei Arten herausgegriffen.

Grundlegend für die Vereinigungstheorien überhaupt und bezeichnend für die erste Möglichkeit ist der Gedankengang von Merkel. Nach seiner Meinung ist die Strafe Vergeltung. Letzte definiert er ganz allgemein als „Gegenwirkung gegen Übeltaten oder Wohltaten, welche gegen die Urheber dieser Taten gerichtet, die Ausgleichung eines durch sie erzeugten Mißverhältnisses zwischen den aktiv und passiv bei ihnen beteiligten Personen bezweckt" [1]. Vergeltung und Zweck schließen sich nicht aus. Denn die Vergeltung ist eine Eigenschaft der Strafe; diese Eigenschaft steht nicht im Gegensatz zu der anderen Eigenschaft der Strafe, ein Mittel für staatliche Zwecke zu sein. „In Wahrheit stellen solche Gegenwirkungen gegen feindliche Eingriffe eine Form der Selbstbejahung gegenüber irgendeiner Verneinung unseres Willens, unserer individuellen und speziellen Interessen dar [2]". „Die Vergeltungsstrafe ist „Zweckstrafe" und mißt sich an den Bedingungen ihres Zwecks [3]." Als „Selbstzweck", vor allem als notwendige Folge des „kategorischen Imperativs", wird die Vergeltung von Merkel abgelehnt [4]. Mit dieser Fassung des Vergeltungsbegriffes soll der Gegensatz der absoluten und der relativen Theorien überbrückt werden. Sieht man jedoch genauer hin, so zeigt sich, daß dieser Vergeltungsbegriff ein völlig anderer ist als derjenige der absoluten Theorien, ja daß dieser Begriff hier fast inhaltslos ist. Während nämlich die Vergeltung als Folge des kategorischen Imperativs, des göttlichen Gebots usw. einen eigenen Wertgehalt besitzt, ist das hier nicht mehr der Fall; denn das Strafmaß bestimmt sich, wie Merkel an der zitierten Stelle hervorhebt, nach dem verfolgten Zweck. Dieser

[1]) Die Lehre von Verbrechen und Strafe, hrsg. v. M. Liepmann, S. 209.
[2]) Merkel, a. a. O. S. 210.
[3]) Merkel, a. a. O. S. 212.
[4]) Merkel, a. a. O. S. 216.

ist die „Bejahung der individuellen und sozialen Interessen"; das kann aber nichts anderes heißen als Prävention, Verbrechensverhütung; denn nur durch sie werden die genannten Interessen geschützt. Wenn also nach Merkel die Strafe Vergeltung ist und Interessenschutz bezweckt, so bedeutet dann Vergeltung nichts weiter als rechtliche Reaktion, „Gegenwirkung" und Beantwortung der Straftat durch die Strafe, wobei es auf ein „gerechtes" Verhältnis zwischen Tat und Strafe ankommt. Damit ist indessen nichts Neues festgestellt. Denn Bestrafungsanlaß ist für die relativen Theorien ebenfalls die begangene Tat. Auch bei ihnen ist also die Strafe Beantwortung der Tat und insofern „Vergeltung". Wie Kohlrausch gesagt hat, stehe nichts entgegen, eine „jede Übelszufügung, die wegen einer mißbilligten Tat erfolgt, Vergeltung zu nennen" [1]). Dieser Vergeltungsbegriff ist dann allerdings rein deskriptiv. Soll Vergeltung indessen noch einen eigenen Sinn behalten, dann darf sie nur in der Fassung der absoluten Theorien, wie sie oben skizziert wurden, verstanden werden. Die Merkelsche Theorie ist unter diesem Aspekt aber keine Vergeltungstheorie im echten Sinne, sondern eine reine relative Straftheorie, weil sie nicht am Vergeltungsbegriff in dem Sinne, daß Vergeltung nichts Reales bezweckt, festhält. Seine Theorie „vereinigt" daher nicht, sondern geht in der Gruppe der relativen Theorien auf. — Im Verlauf der Ausführungen Merkels zeigt sich, warum er am Vergeltungsbegriff festhalten möchte, obwohl er ihn in seiner absoluten Form ablehnt. Infolge seiner rechtsstaatlichen Grundeinstellung befürchtet er, die Strafen würden bei folgerichtiger Durchführung der relativen Theorien zufolge des sie beherrschenden Schutzgedankens weniger scharf umgrenzt werden können, das Verhältnis zwischen Tat und Strafhöhe würde lockerer werden und nicht im voraus berechenbar sein, wie etwa beim Talionsprinzip; und das würde sich gegen den „Bestand der bürgerlichen Freiheit" auswirken [2]). Diese „Furcht" ist in der Tat berechtigt, weil die Zweckstraftheorien eben den gemeinen Nutzen dem individuellen vorgehen lassen. —

Den Gedanken, daß die Vergeltung eine Eigenschaft der Strafe sei, vertreten auch neuere Autoren [3]); insbesondere, im Hinblick auf das neue Strafrecht, Oetker und H. Mayer. Begrifflich ist

[1]) Sollen und Können als Grundlagen der strafrechtlichen Zurechnung, S. 18.

[2]) Merkel, a. a. O. S. 222.

[3]) Für die ältere Literatur vgl. auch Nagler, Die Strafe, S. 662 ff., wo es dem Verfasser nicht gelingt nachzuweisen, daß die rechtliche, also nicht irreale, Vergeltung etwas anderes als rechtliche Reaktion sei.

nach Ansicht des ersten die Strafe Vergeltung [1]. Ihr Zweck dagegen ist die Wahrung des Gemeinwohls. „Der Nationalsozialismus übt Vergeltung nicht um ihrer selbst willen, sondern zum Zwecke des Rechtsgüterschutzes in Wahrung der Staatsautorität [2].“ Diesem Hauptzweck dienen die General- und die Spezialprävention [3]. Auch H. Mayer meint, die Strafe sei Vergeltung [4]. Als solche bezwecke die Strafe den Schutz vor dem Verbrechertum, wobei er den rechtspolitischen Zweck der Strafe vor allem in der Generalprävention sehen will, welche der Spezialprävention grundsätzlich vorzugehen habe [5]. Über die Motive, die ihn veranlassen, für die Beibehaltung des Vergeltungsgedankens einzutreten, führt er aus: „Wir behalten also das Vergeltungsstrafrecht als einzige wirkliche Waffe gegen das Verbrechen in der Hand, nicht deshalb, weil uns der Gedanke des Vergeltungsstrafrechts, gegen den unser Zeitalter ja so unendlich viel Hemmungen weltanschaulicher Art hat, so besonders sympathisch ist, sondern weil uns nichts anderes übrig bleibt.“ Diesen beiden Meinungen ist die gleiche Kritik entgegenzuhalten, wie sie an Merkels Theorie geübt worden war. Der Vergeltungsbegriff ist auch hier gänzlich entleert. Denn diese Vergeltung bezweckt, wie ausdrücklich hervorgehoben wird, den Schutz vor der Kriminalität, also etwas ganz Reales. Damit bedeutet Vergeltung aber, wie schon festgestellt wurde, nichts anderes als Reaktion, Gegenwirkung und Beantwortung auf die gemißbilligte Tat. Auch diese beiden Ansichten umfassen sonach nicht absolute und relative Theorie, sondern gehören zur letzteren. Von einer „Vereinigung“ kann daher nicht gesprochen werden. — Beide Autoren nennen ihre Theorie allerdings auch nicht Vereinigungstheorie, sondern rechnen sich eher zur Gruppe der absoluten Theorien, was aber nach dem Dargelegten noch weniger zutrifft. Vielmehr handelt es sich in beiden Fällen um echte Zweckstrafentheorien, wobei es auffällt, daß H. Mayer die Sicherungsverwahrung des geltenden Strafrechts „Zweckstrafe“ nennt, während er die eigentliche Strafe des geltenden Rechts als „Vergeltungsstrafe“ bezeichnet, eine Unterscheidung, die folglich so nicht vorgenommen werden darf [6].

[1] Grundprobleme der nationalsozialistischen Strafrechtsreform, in Frank Handb., S. 1320.

[2] Oetker, a. a. O. S. 1322.

[3] Oetker, a. a. O. S. 1321.

[4] Das Strafrecht des deutschen Volkes, S. 49 ff.; vgl. auch Schoetensack, Strafe u. sichernde Maßnahmen, in Freisler-Luetgebrune, Denkschrift, S. 91.

[5] H. Mayer, a. a. O. S. 26.

[6] Vgl. weiter unten auf S. 130.

Die zweite Art und Weise, den Vergeltungsgedanken in einer Vereinigungstheorie zu verwenden, besteht darin, die Vergeltung als Strafzweck verwenden zu wollen. Folgerichtigster Vertreter dieser Meinung ist R. Schmidt. Die Strafe wird von ihm als Rechtszwang aufgefaßt. Sie ist Repression. Ihr Zweck ist die Niederdrückung und Unterdrückung des Verbrechens [1]); m. a. W. sie erstrebt Prävention mittels Repression; sie unterdrückt, um vorzubeugen [2]). Ihre Rechtfertigung erfährt sie durch ihre Notwendigkeit für die staatlichen, sozialen Zwecke. Jede zweck- und nutzlose Strafe ist unberechtigt [3]). Der Hauptzweck der Strafe kann in die beiden Strafzwecke der Generalprävention und Spezialprävention untergeteilt werden. Dem Zweck der Generalprävention dienen erstens die Abschreckung zur Unterdrückung des Verbrechenstriebes und zweitens die „Erfüllung oder Befriedigung gewisser seelischer Erwartungen, die durch Anschaun oder Miterleben fremder Verbrechenstaten wachgerufen werden, und beim Unbestraftbleiben einer solchen Tat enttäuscht werden (bald als Genugtuung, bald als Sühne, bald als Vergeltung bezeichnet)" [4]). So widersprechen sich Vergeltungs- und Zweckstrafe nicht; denn Vergeltung ist dann ein Unterzweck der Strafe, welcher der Generalprävention dient, die ihrerseits wiederum ein Teil des Gesamtzwecks darstellt. Der Unterschied zwischen Abschreckung und Vergeltung als generalpräventive Zwecke liegt darin, daß die Abschreckung Unterdrückung eines bereits vorhandenen Verbrechenstriebes bewirkt, während die Vergeltung diesen Trieb gar nicht erst aufkommen läßt [5]). — Es ist leicht zu zeigen, daß auch diese Theorie keineswegs die Gegensätze zwischen den absoluten und den relativen Theorien beseitigt, um sie in einer beide Theorien umfassenden dritten Theorie untergehen zu lassen; denn es liegt eine echte relative Nützlichkeitstheorie vor. „Zwecklose", absolute Vergeltung wird strikt abgelehnt. Und was die Vergeltung als generalpräventiven Zweck angeht, so wäre es besser, man ließe diese Bezeichnung für eine sozialpsychologische und -pädagogische Beeinflussung durch die Strafe fallen, weil der Vergeltungsbegriff mit den Gedankengehalten der absoluten Theorien (Nicht-Nützlichkeit, kategorischer Imperativ, göttliches Gebot usw.) behaftet ist und nicht ohne weiteres für die Bezeichnung eines ganz anderen Tatbestandes verwandt werden

---

[1]) Grundriß des deutschen Strafrechts, S. 31, 32.

[2]) R. Schmidt, a. a. O. S. 5.

[3]) R. Schmidt, a. a. O. S. 40.

[4]) R. Schmidt, a. a. O. S. 5.

[5]) R. Schmidt, a. a. O. S. 46.

kann. Denn das ist schon mehrmals betont worden, daß die absolute Vergeltung in keinem Zusammenhang mit empirischen, psychologischen Tatsachen steht und etwa um ihretwillen verlangt werden müsse. Das Hauptcharakteristikum der echten Vergeltung bestand im Gegenteil in ihrer Loslösung von der Empirie, in ihrer entweder metaphysischen (kategorischer Imperativ, göttliches Gebot, ästhetische Forderung) oder logischen (dialektische Notwendigkeit) Begründung. Zuzugeben ist allerdings, daß im alltäglichen Leben in der Tat von Vergeltung als Bezeichnung einer psychischen Einwirkung gesprochen wird. Korrekter wäre es aber, diesen Sprachgebrauch bei Behandlung der Problematik der Straftheorien nicht mitzumachen. Die Theorie R. Schmidts erweist sich also als echte Zweckstrafentheorie und nicht als „Vereinigungstheorie".

Einen eigenartigen Gedankengang hat Stock zur Verwendung der Vergeltung als Strafzweck entworfen. Der Vergeltungsgedanke wird als rechtliche Ausgleichung des Verbrechens aufgefaßt [1]. Für diese Ausgleichung stellt Stock eine Gleichung auf, deren Erreichung von der Strafe bezweckt werden soll, damit die erstrebte Vergeltung bewirkt wird. Dem Verbrechen als sozialschädliches Verhalten wird die Strafe (genauer: die Strafverbüßung) als sozialnützliches Verhalten gegenübergestellt [2]. Die Ausgleichung (d. i. Vergeltung im Sinne Stocks) zwischen diesen Verhaltensarten findet nur statt, wenn die Gleichung gilt: „$+ x - a = 0$", wobei „$-a$" den Minuswert des verbrecherischen Verhaltens und „$+x$" den Pluswert des Ausgleichungsverhaltens bei der Strafverbüßung bedeutet. Diese Gleichung soll aufgelöst lauten: „$+ (sntz + vdst) - (ssch + vf) = 0$" [3]. Hier bedeuten: sntz = Sozialnützlichkeit; vdst = Verdienstlichkeit (psychisch); ssch = Sozialschädlichkeit; vf = Vorwerfbarkeit (psychisch). Da Stock zur Ausgleichung auch eine positive seelische Einstellung des Rechtsbrechers (vdst) fordert, kommt er zu der stark „theoretisch" anmutenden Schlußfolgerung: „Nicht der Strafvollzugsbeamte, nicht der Staat trägt die Verantwortung für das Gelingen des Erziehungswerks im Strafvollzug in erster Linie, sondern der Rechtsbrecher selbst" [4]. — Obwohl es beim ersten Blick fast so scheinen möchte, als ob wir es hier mit einem modernen Anwendungsfall der Herbart-Geyerschen Theorie der ästhetischen Notwendigkeit der Strafe zu tun hätten, mit der zugleich ein Nützlichkeitszweck verbunden wäre, weil einerseits

[1] Die Strafe als Dienst am Volke, S. 3.
[2] Stock, a. a. O. S. 4.
[3] Stock, a. a. O. S. 48.
[4] Stock, a. a. O. S. 85.

eine strenge „Gleichung" zwischen Tat und Strafe gefordert wird, in dieser aber andererseits gleichzeitig die Sozialnützlichkeit als Koeffizient erscheint, liegt doch keineswegs eine die Gegensätze überbrückende Vereinigungstheorie vor. Denn Stock faßt die Strafe als „Dienst am Volke" auf — sie ist also real gesehen — und führt u. a. aus: „Wir verlangen vom Strafrecht in erster Linie, daß es seine Funktion des Gesellschafts-, bzw. Rechtsgüterschutzes zuverlässig erfülle" [1]). Diese Theorie verteidigt also eine reine Zweckstrafe. Und die von der Strafe bezweckte Vergeltung („Ausgleichung") geht in dem Hauptzweck des Gesellschaftsschutzes, der Spezialnützlichkeit auf. Das beweist das Erscheinen von Sozialnützlichkeit und -schädlichkeit als Koeffizienten in der Gleichung. Das bedeutet nämlich, daß diese bei der Frage, welches die zum Zwecke der Vergeltung (Ausgleichung) richtige Strafe ist, die bestimmenden Faktoren sind. Das heißt aber, daß die Prävention die Strafe bestimmt und folglich ihr Zweck ist. Denn die Gleichung verlangte ja, daß der Minuswert des verbrecherischen Verhaltens durch den Pluswert der Strafe aufgehoben werde. Der Minuswert, die Sozialschädlichkeit bestimmt sich aber danach, welche Prävention notwendig ist, um künftig einen derartigen Sozialschaden zu verhüten. Die Bezeichnung „Vergeltung" ist hier irreführend. Denn es ist gerade ein Verlangen der relativen Theorien, daß die Strafe so sein soll, daß die Sozialschädlichkeit der Übeltat aufgehoben wird, und daß diese Aufhebung und Beseitigung des Sozialschadens ihr Zweck ist.

Die Vergeltung als Strafzweck verwendet ferner noch Siegert in seiner Straftheorie. Auch er sagt, daß gestraft wird, „weil das Volk und seine Lebensordnung des Schutzes bedarf" [2]). Drei Zwecke verfolge die Strafe: Integration, Generalprävention und Spezialprävention. Unter „Integration" versteht er Vergeltung im „modernen Sinne". Durch die Strafe soll die Gemeinschaft „gestärkt, integriert" werden [3]). Oder wie Siegert ähnlich an anderer Stelle sagt: Durch die Strafe als Integration „soll die Volksgesamtheit in ihrem Gemeinschaftsbewußtsein gestärkt werden", und es soll „das erschütterte Rechtsbewußtsein der Volksgenossen wiederaufgerichtet werden" [4]). Unter Integration versteht Siegert danach das gleiche wie R. Schmidt unter Vergeltung. Letzter

---

[1]) Stock, a. a. O. S. 112 Anm. 3.

[2]) Grundzüge des Strafrechts im neuen Staate, S. 12.

[3]) Siegert, a. a. O. S. 13.

[4]) Der Einfluß der Strafzwecke auf Schuld und Strafmaß, in Z. Bd. 54, S. 419.

geht aber richtiger vor, indem er diesen Strafzweck unter die Generalprävention einordnet. Denn die Einwirkung auf das „erschütterte Rechtsbewußtsein" und die Stärkung des Gemeinschaftsbewußtseins sind sozialpsychologische und sozialpädagogische Beeinflussungen. Diese Art der Einwirkung ist aber bereits als die typisch generalpräventive gekennzeichnet worden. Sozialpsychologische und -pädagogische Einwirkung durch die Strafe ist eben gerade Generalprävention. Siegert versucht einen Unterschied finden zu können, indem er sagt: „Neben der Volksgemeinschaft als solcher müssen nun noch deren Glieder, die mit der Gemeinschaft eine untrennbare Einheit bilden, gestärkt werden [1])." Und das letzte soll Aufgabe der Generalprävention sein. In diesem Gedanken kann aber kein Unterschied gefunden werden. Eine Stärkung der Volksgemeinschaft als Ganzes kann nur in ihren Gliedern stattfinden, zumal diese, wie Siegert selbst sagt, mit der Gemeinschaft „eine untrennbare Einheit bilden". Die Integration ist demnach, ebenso wie die Vergeltung in der Strafrechtstheorie R. Schmidts, neben dem Unterzweck der Abschreckung ein anderer Unterzweck innerhalb des Generalpräventionszweckes. Gegen den Gedanken, die Integration als „Vergeltung im modernen Sinne" zu verstehen, müssen daher die gleichen Bedenken erhoben werden. Das jedoch nur, solange die Integration mit dem Vergeltungsbegriff in Verbindung gesetzt wird. Geschähe das nicht mehr, dann würde diese Theorie ihrem wahren Charakter als relative Straftheorie entsprechen. Weshalb Siegert noch an der Bezeichnung „Vergeltung im modernen Sinne" festhalten will, leuchtet nicht ein, zumal er ausdrücklich hervorhebt, daß der Integrationszweck „nicht mit dem Vergeltungszweck alter Prägung gleichbedeutend sein kann" [2]). Vor allem weil die Integration „keine tatgemäße Übelzufügung" sei [3]). Denn es ist nun einmal nicht möglich, den Vergeltungsbegriff, soll er überhaupt einen Eigenwert besitzen, anders als im oben dargestellten Sinne der reinen absoluten Theorien zu gebrauchen, weil deren Vorstellungsgehalt sich stets, wenn auch unbewußt, mit ihm verbinden wird.

Innerhalb der Behandlung der Vereinigungstheorien bleiben nunmehr nur noch diejenigen Theorien zu prüfen, die neben dem Gedanken, daß die Strafe Zweckstrafe im Sinne der relativen Theorien sei, auch noch den Vergeltungsgedanken derart ver-

---

[1]) Siegert, Grundzüge usw., S. 13.
[2]) Siegert, Der Einfluß der Strafzwecke usw., S. 420.
[3]) Siegert, a. a. O. S. 420.

wenden, daß sie behaupten, die Strafe sei Vergeltung und sie bezwecke zugleich Vergeltung [1]).

Diese Ansicht vertritt seit langem v. Hippel und bezeichnet sie selbst als Vereinigungstheorie [2]). Danach ist die Strafe, die zur Wahrung der Rechtsordnung erforderlich ist, Vergeltung. Diese stellt das „Gleichgewicht der Kräfte im sozialen Organismus" wieder her [3]). Sie ist das „Pflaster auf die Wunde, die das Verbrechen geschlagen hat"; und zwar als notwendiger Ausfluß des menschlichen Selbsterhaltungstriebes [4]). Während die Strafe solchermaßen als Vergeltung definiert wird, wird ferner gesagt, daß sie die Vergeltung auch bezwecke, und zwar derart, daß Vergeltung und Generalprävention die „konstanten Strafzwecke" bilden, neben denen die Spezialprävention erst in zweiter Linie zu berücksichtigen ist [5]). Die Tatsache, daß bei dieser Ansicht die Strafe sowohl Vergeltung ist als auch Vergeltung bezweckt, scheint zunächst auf eine echte absolute Theorie hinzudeuten; denn es sieht so aus, als ob hier die Idee der Vergeltungsstrafe, die Irreales bezweckt, gemeint sei. Das ist jedoch keineswegs der Fall. Die Strafe wird vielmehr durchaus als Zweckstrafe aufgefaßt, die der Selbsterhaltung des sozialen Organismus dient, was z. B. Kant strikt abgelehnt hatte.

Es bleibt die Frage offen, was in der vorliegenden Theorie unter Vergeltung verstanden wird, und ob es zweckmäßig ist, diesen Begriff bei der dieser Theorie zugrunde liegenden Ansicht beizubehalten. Bezüglich der Definition der Strafe als Vergeltung ist hier zu wiederholen, was bereits zu den Theorien Merkels, Oetkers und H. Mayers gesagt worden war. In dieser Verwendung ist der Vergeltungsbegriff völlig entleert und mit dem Begriff der rechtlichen Reaktion im oben dargelegten Sinne identisch [6]). Was die Vergeltung als Strafzweck anbelangt, so ist die Erkenntnis von R. Schmidt [7]) richtig, daß sie unter den Oberbegriff der Generalprävention fällt. Was anderes sollte die „Wiederherstellung

---

[1]) Daß in dieser Auffassung von vornherein ein logischer Widerspruch liegt, kann hier zunächst außer Acht gelassen werden. — Der Widerspruch liegt darin, daß ein und derselbe Begriff nicht gleichzeitig ein ontischer und ein direktiver sein kann.

[2]) Lehrbuch des Strafrechts, S. 58.

[3]) v. Hippel, a. a. O. S. 95; vgl. auch: Ders., Deutsches Strafrecht Band I, S. 496.

[4]) v. Hippel, a. a. O. S. 60.

[5]) v. Hippel, a. a. O. S. 64 und Ders., Deutsches Strafrecht, S. 496.

[6]) Vgl. oben S. 30 u. 31.

[7]) Vgl. oben S. 32.

des Gleichgewichts der Kräfte im sozialen Organismus“ bedeuten, als daß im Volk durch die sozialpsychologische und -pädagogische Wirkung der Strafe die verbrecherische Elementen zugunsten der gemeinschaftswilligen unterdrückt und von Straftaten abgehalten werden, und daß — um bei dem Bild der Waage zu bleiben — das Übergewicht der Gemeinschaftswilligen durch Beseitigung des Gefühls der Rechtsunsicherheit und der Schutzlosigkeit, welches nach Bestrafung ruft, wiederhergestellt wird.

Gegen diese Meinung versucht v. Hippel mehrere Gegengründe anzuführen [1]). Erstens seien Vergeltung und Generalprävention zu scheiden, weil sich letztere gegen Dritte richte, während „vergolten“ nur dem Täter werde. Dieses Argument kann nicht durchgreifen. Selbstverständlich richtet sich die rechtliche Gegenwirkung auf die Straftat durch das Strafübel auch bei der Generalprävention nur gegen den Täter selbst. Bei dieser Gegenüberstellung liegt also gar kein Gegensatz vor. — Zweitens liege ein Unterschied darin, daß die Vergeltung die bösen Wirkungen in der Gegenwart ausgleichen soll, während die Generalprävention Straftaten in der Zukunft verhüten soll. Dazu ist zu bemerken: Auch das Ausgleichen der bösen Gegenwartswirkung kann nichts anderes heißen als künftige Verbrechensverhütung. Das Geschehene als solches kann nicht rückgängig gemacht werden. Wenn Vergeltung aber ein Ausfluß des menschlichen Selbsterhaltungstriebes ist, dann muß die Ausgleichung der schädlichen Gegenwartswirkungen der Selbsterhaltung dienen. Dies tut sie, wenn sie den gestörten Rechtsfrieden, d. h. das Gefühl der Unsicherheit im Volke, wiederherstellt. Dies Ziel wird indessen nur dann vollkommen erreicht, wenn eine Gewähr für eine gewisse Dauer des Friedenszustandes gegeben ist. Diese wiederum liegt nur vor, wenn Rechtsbrüchen in der Zukunft vorgebeugt wird. Die Ausgleichung böser Gegenwartswirkungen kann demnach gar nicht anders gedacht werden als durch die Zukunft zweckbestimmt, wie dies bei der Generalprävention der Fall ist, weil eben jede Schadensbeseitigung eine solche nur ist, wenn sie auch künftigen Schäden vorbeugt. — Drittens soll ein Unterschied zwischen Vergeltung und Generalprävention darin zu erblicken sein, daß die erste den Strafmaßstab aus dem nimmt, was geschehen ist, während die letzte sich danach richtet, was verhütet werden soll. Auch diese Begründung widerspricht der von v. Hippel selbst gegebenen Begriffsbestimmung der Vergeltung als Ausfluß des Selbsterhaltungstriebes. Der Selbsterhaltung wird nämlich nur

[1]) v. Hippel, Deutsches Strafrecht, I. Bd., S. 498.

gedient, wenn der Maßstab der Größe des Strafübels dem entnommen wird, was zur Verhinderung kommender Verbrechen erforderlich ist. — Auch bei dieser Theorie ist klar geworden, daß sie keine Vereinigung der absoluten und der relativen Theorien darstellt, sondern eine Zweckstrafentheorie ist. Ferner hat sich gezeigt, daß auch hier der Vergeltungsbegriff in einer seinem ursprünglichen Sinne widersprechenden Bedeutung gebraucht wird, was wegen dieser seiner „Vorbelastung" zu Fehlschlüssen der dargestellten Art geführt hat.

Ganz ebenso liegt es mit der Verwendung des Vergeltungsbegriffs bei Mezger, der ihn gleichfalls für das, was die Strafe ist, und für das, was sie bezweckt, verwendet. Einerseits ist also nach seiner Meinung die Strafe Vergeltung, d. h. tatgemäße Übelszufügung[1]) und andererseits bezweckt sie diese [2]). Eine absolute Rechtfertigung des Vergeltungszweckes, etwa aus dem „kategorischen Imperativ" wird von Mezger ausdrücklich abgelehnt. Aber er hält die Vergeltung als Unterzweck für ein „unentbehrliches Mittel" zu den „Zwecken der Aufrechterhaltung der Rechtsordnung, d. i. zur Verhütung künftiger Verbrechen" [3]). Die Vergeltung wirke nämlich sozialpädagogisch. Durch die öffentliche Mißbilligung der Straftat werde ein Motiv, das von ihrer Begehung abhalte, geschaffen [4]). Zur Kritik dieses Gedankenganges bedarf es, um nicht zu wiederholen, nur einer kurzen Andeutung des bereits Gesagten. Hier wird wieder besonders deutlich, daß die Verwertung des Vergeltungsgedankens bei der Definition der Strafe diesen gänzlich farblos macht, und daß er als Strafzweck in dem Gedanken der Generalprävention aufgeht, welche gerade bei Mezger als „sozialpädagogische Einwirkung" bestimmt wird. Auch diese Theorie ist sonach eine echte relative. Der eigentliche Grund für die Beibehaltung des Vergeltungsgedankens ist bei Mezger ebenso wie bei Merkel [5]) die rechtsstaatliche Erwägung, den Einzelnen möglichst zu schützen. Der Vergeltungsgedanke bildet, wie er schreibt, „das feste Bollwerk gegen ungerechtfertigte Eingriffe in die Rechtssphäre des Einzelnen" [6]).

Abschließend sei zu der Frage, ob es nur die beiden Möglichkeiten des absoluten oder des relativen Standpunktes gibt, noch die An-

---

[1]) Strafrecht (Ein Lehrbuch), S. 483.
[2]) Mezger, a. a. O. S. 515.
[3]) Mezger, a. a. O. S. 515.
[4]) Mezger, a. a. O. S. 516.
[5]) Vgl. oben S. 30.
[6]) a. a. O., S. 512.

sicht von Allfeld herangezogen, die auf den ersten Blick ganz aus der Reihe zu fallen scheint. Allfeld lehnt die bisher erwähnten Theoriengruppen sämtlich ab [1]). Die absoluten Theorien verwirft er, weil sie als Strafzweck nur die Vergeltung anerkennen; die relativen, weil sie die Beziehung zum begangenen Verbrechen fallen gelassen haben; und auch die Vereinigungstheorien, weil sie genauerer Prüfung nicht standhalten. Vielmehr ist nach seiner Meinung folgendermaßen zu unterscheiden: „Die Strafe ist begrifflich ihrem Wesen nach, Vergeltung" [2]). So ist zwar das Wesen der Strafe Vergeltung, nicht aber ihr Zweck [3]). Zweck der Strafe ist die Bewährung der Rechtsordnung [4]). Aufgabe der Strafe ist es, Schutzmittel der Gesellschaft zu sein [5]). Ihr Grund ist ihre Notwendigkeit zur Selbsterhaltung [6]). — Inwiefern diese Theorie keine Nützlichkeitstheorie sein soll, erhellt nicht aus ihrer Begründung. Mit Recht lehnt Allfeld von seinem Standpunkt aus die absoluten Theorien ab. Daß er jedoch die relativen Theorien verwirft, weil sie keine Verknüpfung mit den begangenen Verbrechen aufweisen, kann nicht als gerechtfertigt angesehen werden. Schon oben wurde gezeigt, daß auch diese Theorien die Strafe in Beziehung zur begangenen Tat verhängen wollen, daß auch sie strafen, „quia pecatum est". Daß diese Verbindung keine strenge, dem Talionsgedanken entsprechende ist, hängt eben damit zusammen, daß ein realer Zweck mit der Strafe verfolgt wird. Die Tat, an die die Bestrafung anknüpft, ist für die relative Theorie lediglich Symptom für die Schutzbedürftigkeit der Gemeinschaft, nicht absoluter Strafmaßstab. Und wenn Allfeld sagt, die Strafe sei ein Schutzmittel der Gesellschaft, und sie diene der Selbsterhaltung, dann folgt daraus, daß auch er nicht die talionsmäßige Beziehung der Strafe zum Verbrechen meinen kann. Als Unterschied zu den relativen Theorien bleibt nur noch die Begriffs- und Wesensbestimmung der Strafe mittels des Vergeltungsgedankens. Daß dieser „Unterschied" wegen der rein deskriptiven Natur dieses Vergeltungsbegriffes keine Trennung bedeutet, ist bereits mehrmals betont worden, so daß Allfelds Theorie ebenfalls zur Gruppe der Zweckstrafentheorien gerechnet werden kann, wie sie hier in der Art und Weise, die allein klare Unterscheidungen ermöglicht, verstanden wird.

---

[1]) Lehrbuch des deutschen Strafrechts, Allg. Teil, S. 6 ff.
[2]) Allfeld, a. a. O. S. 4.
[3]) Allfeld, a. a. O. S. 5.
[4]) Allfeld, a. a. O. S. 10.
[5]) Allfeld, a. a. O. S. 11.
[6]) Allfeld, a. a. O. S. 13.

Die Betrachtung der verschiedenen Ansichten, die sich nicht zu den beiden gegensätzlichen rechnen und eine Überbrückung versuchen wollen, führt folglich zu dem Ergebnis, daß ihnen allen eine Vermittlung nicht geglückt ist. Statt dessen ist es bei näherem Zusehen möglich, sie den relativen Theorien zuzuordnen. Was von dem Vergeltungsgedanken bei den Vereinigungstheorien übriggeblieben ist, geht, soweit es den Strafzweck betrifft, in dem Schutzgedanken — und zwar in der Generalprävention — auf [1]), und, insoweit es sich auf den Strafbegriff bezieht, geht es in dem nur beschreibenden Begriff der rechtlichen Gegenwirkung auf.

Eine Entscheidung zwischen den beiden gegensätzlichen Standpunkten kann demnach nicht umgangen werden, und es fragt sich, welche Stellungnahme für das kommende deutsche Strafrecht die richtige sein wird. Hiermit ist jedoch nicht gesagt, daß der alte „Schulenstreit" seinen Fortgang finden müsse. Dazu sind die Gesichtspunkte, die heute herangezogen werden müssen, zu neu. Insofern kann man Rauch zustimmen, wenn er feststellt, daß der „Schulenstreit" zu Ende ist, ohne daß eine Schule „gesiegt" hätte [2]). Andererseits darf aber auch der „Gefahr" eines wissenschaftlichen „Streites" über die Strafzwecke nicht aus dem Wege gegangen werden, wie dies offenbar von manchen Autoren gewünscht wird [3]). Denn von jeder Zeit wird eine erneute Stellungnahme zu den wichtigen Problemen verlangt.

Nach dem neuesten zusammenfassenden Bericht der amtlichen Strafrechtskommission über die Grundgedanken des kommenden Strafrechts [4]) ist der Zweck des Strafrechts (und damit zugleich der Strafe) ein dreifacher:

„a) die Sicherung und Stärkung der Blutseinheit des deutschen Volkes und seiner Lebenskraft in ihrem Wesen wie in allen ihren Lebensäußerungen;

b) die Erfüllung der Forderung nach Sühne für Schuld, die sich für deutsche Lebensauffassung unausweichlich aus dem sittlichen Selbstreinigungsbedürfnis des Volkes, wie aus der Auffassung ergibt, daß Treue zur Volksgemeinschaft die Ehre, und Ehre der Kern der Persönlichkeit ist;

c) die Stärkung der freudigen Bereitschaft der Volksgenossen, an artgemäßer Aufbauarbeit am Volke mitzuwirken, dadurch, daß

---

1) So schon Klee, in Dt. Str. 1936, S. 373.

2) Die klassische Strafrechtslehre in ihrer politischen Bedeutung, S. 1.

3) Vgl. Siegert, Der Einfluß der Strafzwecke auf Schuld und Strafmaß, in Z. Band 54, S. 418.

4) Gürtner-Freisler, Das neue Strafrecht.

es jedem Volksglied die Gewißheit gibt, daß der Staat in der Front des Volkes zur Sicherung des Volksganzen und zur Erfüllung des sittlichen Sühneverlangens gerecht und hart in vorderster Front mitkämpft [1]).“

Oder wie es in dem geplanten Vorspruch zu einem neuen deutschen Strafgesetzbuch heißt: „Sühne für Unrecht, Schutz des Volkes, Festigung des Willens zur Gemeinschaft sind Sinn und Zweck des Strafrechts“ [2]). Zwei Gedanken stehen sich bei dieser Zweckbestimmung gegenüber: Der Sühne- und der Schutzgedanke. — Unter den letzten fällt nämlich auch die Idee, das Strafrecht solle auch der Festigung des Gemeinschaftswillens dienen, weil das ein typisch generalpräventiver Strafzweck ist. Besonders deutlich geht das aus der treffenden Formulierung Freislers hervor, wonach es sich bei dieser „Festigung“ um eine „psychische Stütze“ handelt [3]). Derartige psychische Einwirkungen auf die Gesamtheit des Volkes charakterisieren die Generalprävention. — Zwei Hauptzwecke soll also das künftige Strafrecht verfolgen: Sühnung und Schutz. Damit scheinen dem Strafrecht zwei einander widersprechende Ziele gesteckt zu sein. Für das Gebiet des Strafproblems können Sühne und Vergeltung als identische Begriffe aufgefaßt werden [4]). So gebrauchen z. B. Thierack und Schoetensack statt des Sühnebegriffs häufig den Vergeltungsbegriff [5]). Das bedeutet, daß sowohl ein absoluter wie ein relativer Zweck verfolgt wird, eine Kombination, um die sich die Vereinigungstheorien vergeblich gemüht haben. Deshalb bleiben nur zwei Möglichkeiten, entweder ist die Sühne oder der Schutz der Hauptzweck, dem der andere Zweck untergeordnet werden muß. Welche dieser Möglichkeiten die Theorie des amtlichen Berichts gewählt hat, ist nicht klar ersichtlich. Zieht man jedoch den Entwurf zur Regelung der Frage nach der Behandlung gefährlicher Gewohnheitsverbrecher heran, so scheint es, als sei die Sühne der einzige Zweck der Strafe und der Volksschutz nur eine erwünschte Nebenfolge. Denn der Entwurf schlägt vor, bei der sog. Zweispurigkeit zu bleiben, die eine folgerichtige Auswertung des Sühnegedankens darstellt [6]). Als

[1]) Freisler, Das neue Strafrecht als nationalsozialistisches Bekenntnis, in Gürtner-Freisler, Das neue Strafrecht, S. 40.

[2]) Gürtner-Freisler, a. a. O. S. 32.

[3]) Willensstrafrecht, in Gürtner, Das kommende deutsche Strafrecht I, S. 18.

[4]) So auch Clauberg und Dubislav, Systematisches Wörterbuch der Philosophie, Art. Vergeltung.

[5]) In Freisler-Luetgebrune, Denkschrift S. 25 ff. u. S. 90 ff.

[6]) Freisler, Das neue Strafrecht als nationalsozialistisches Bekenntnis, in Gürtner-Freisler, Das neue Strafrecht, S. 146. — Vgl. auch Rietzsch,

absoluter Maßstab ist die Strafe danach losgelöst von der Frage, welcher Gefährlichkeitsgrad bei dem einzelnen Verbrecher vorliegt, und wie stark der Schutz des Volkes ausgestaltet sein muß. Reicht nun das sich aus der Sühneidee ergebende absolute Strafmaß zur Sicherung der Gemeinschaft nicht aus, so ist an die Strafe noch eine Sicherungsverwahrung anzuschließen. Durch die Strafe wird das Verbrechen „gesühnt", während durch die Sicherungsverwahrung dem Schutzbedürfnis entsprochen wird. Auf diesem Standpunkt steht bereits das geltende Recht. § 48 der Verordnung über den Vollzug von Freiheitsstrafen und von Maßregeln der Sicherung und Besserung, die mit Freiheitsentziehung verbunden sind (vom 14. Mai 1934) [1]), bestimmt [ebenso wie vorher schon § 6 des Preußischen Gesetzes über das Strafvollstreckungs- und Gnadenrecht (vom 1. August 1933) [2])]: „Durch Verbüßung der Freiheitsstrafe sollen die Gefangenen das begangene Unrecht sühnen." Während § 16 der gleichen Verordnung sagt: „Die Sicherungsverwahrung hat den Zweck, den Verurteilten, nachdem er durch die Verbüßung der Freiheitsstrafe seine Tat *gesühnt* hat, durch die Verwahrung unschädlich zu machen, so daß die Volksgemeinschaft vor weiteren strafbaren Handlungen *geschützt* wird." Daraus, daß dort, wo nur noch der Schutzgedanke im Vordergrund steht, nicht mehr von Strafe, sondern nur von Sicherungsverwahrung gesprochen wird, und daß die Sühnung als Aufgabe des *Strafvollzugs* genannt wird, kann geschlossen werden, daß die Theorie das Hauptgewicht auf den Gedanken der Sühne legt und insofern eine echte absolute ist, weil die Sühne kein empirischer Strafzweck ist.

Hieraus ergibt sich die Frage, ob heute noch eine derartige Sühnetheorie gerechtfertigt werden kann. Aufschlußreich für das Problem des Schutz- und des Sühnegedankens im Strafrecht ist ein Vergleich mit den ausländischen Gedanken und Theorien zu diesem Fragenkomplex. Denn gerade auf dem Gebiet des Strafrechts ist ein internationaler Meinungsaustausch stets fruchtbar gewesen. Es braucht für die jüngste Zeit nur an den großen internationalen Gefängniskongreß in Berlin erinnert zu werden. Vorweg jedoch ist zu bemerken, daß eine erschöpfende Darstellung ausländischer Theorien bei der fast unübersehbaren Menge des Schrifttums kaum möglich ist. Es werden daher nur die charakteristischsten Beispiele herangezogen werden.

---

in *Gürtner*, Das kommende deutsche Strafrecht I, S. 118 ff. und das unten auf S. 127 ff. Gesagte.

[1]) RGBl. I, S. 383 ff.

[2]) Preußische Gesetzessammlung, S. 293 ff.

II. Kapitel

Die Auffassungen über den Zweck der Strafe im ausländischen Recht

Bei einer Gegenüberstellung der Ansichten über den Strafzweck fällt es auf, daß es eine Gruppe von Staaten gibt — und zwar sind dies die angelsächsischen —, bei denen es zu keiner Zeit zu einem nennenswerten Streit über diese Frage gekommen ist, sondern bei denen vielmehr eine einheitliche allgemein anerkannte Grundeinstellung vorherrschte und noch vorherrscht. In den meisten Staaten allerdings hat die Kontroverse der Strafrechtstheorien eine ähnliche Bedeutung gehabt wie in Deutschland. Auffallend ist indessen, daß der Streit im vergangenen Jahrzehnt merklich abgeklungen ist, ohne zu einer wirklichen Lösung geführt zu haben.

1. In der englischen Rechtswissenschaft sind Strafrechtstheorien von nennenswertem Umfang kaum entwickelt worden. Man darf sagen, daß es überhaupt nur eine gibt, und das ist die von Bentham zum erstenmal systematisch aufgebaute „utilitaristische" Theorie, die offenbar der nüchternen, realistischen und klaren Grundhaltung der Mehrheit des englischen Volkes auf dem Gebiet des Rechtes am besten entspricht, und demgemäß noch heute die unbestrittene Grundlage darstellt. Hervorstechend ist die Ähnlichkeit dieser Anschauung mit der heutigen deutschen in der Betonung der sozialen, gemeinschaftsbetonenden Ausrichtung des Gesetzes. Das zeigt folgende entscheidende Stelle bei Bentham[1]): „Das Glück des Ganzen muß sich der Gesetzgeber zum Ziel seiner Bestrebungen setzen, der allgemeine Nutzen das entscheidende Prinzip für die Gesetzgebung sein. Die Erkenntnis des Wohles der Gemeinschaft, um deren Interesse es sich handelt, macht die Wissenschaft, die Auffindung der Mittel zu dessen Verwirklichung, die Praxis des Gesetzgebers aus." Aus diesem Gedanken leitet dann Bentham sein berühmt gewordenes Prinzip der „Maximation des Glückes" (great happiness-principle) ab, wonach es, weil der Nutzen des Gemeinwesens als „Totalsumme des Wohlseins

[1]) Grundsätze der Zivil- und Kriminalgesetzgebung, übers. von F. E. Beneke. Band I, S. 35.

aller Individuen, aus welchen es besteht“ [1]), definiert wird, auf die Vermehrung dieser Summe ankommt, wenn etwas dem Nutzen des Gemeinwesens dienen soll. Ausgangspunkt ist die Erkenntnis des englischen Philosophen: „Indem wir das Wohl der Gemeinschaft fördern, fördern wir uns selbst“ [2]). Dieser Gedankengang führt dann dazu, daß die Richtschnur für das Strafrecht die Kriminalpolitik ist. Der Sühne- und Vergeltungsgedanke (atonement, expiation) wird überhaupt nicht erwähnt.

Die utilitaristische Theorie ist später noch weiter ausgebaut worden durch die englischen Philosophen J. St. Mill, Sidgwick u. a., und herrscht bezeichnenderweise noch heute, wie Inhulsen neuestens wieder festgestellt hat [3]). Halsbury lehrt z. B., Zweck der Bestrafung sei die Verhütung von strafbaren Handlungen. Jede Bestrafung sollte zwei Wirkungen haben, sie sollte den Rechtsbrecher an der Wiederbegehung und andere Bürger an der Begehung gleicher Handlungen behindern [4]). Hier beruft sich Halsbury ausdrücklich auf die sich schon bei Bentham findende Scheidung des Präventionszweckes des Strafe in die Spezial- und die Generalprävention. In schärfsten Gegensatz zu der echt absoluten Theorie Kants setzt sich die englische Auffassung, wenn sie eine Bestrafung für nutzlos und daher überflüssig hält, im Falle, daß es feststünde, irgendein Delikt wäre eine alleinstehende Tatsache, von einer Art wie es nie wieder vorkommen würde, während Kant gerade an dem eingangs [5]) erwähnten Beispiel eines von einer Insel fortwandernden Volkes gezeigt hatte, daß auch in einem derartigen Falle um der Bestrafung selbst willen bestraft werden müsse. Der englische Strafrichter denkt wirklichkeitsnäher.

Die gleiche Auffassung wie bei Halsbury findet sich auch bei den anderen englischen Autoren. Alle gehen sie einheitlich vom Schutzstrafengedanken aus. So sagt Wilshere, daß dem Täter das Strafübel nicht auferlegt wird, um der Einzelperson eine Wiedergutmachung zu gewähren, sondern im Interesse und für den Schutz des Staates [6]). Deshalb ist für die Frage, ob eine Handlung strafbar ist, nicht die Natur der Handlung, wie bei den echt absoluten Theo-

---

[1]) Bentham, a. a. O. S. 37.

[2]) Vgl. H. Schmidt, Philosophisches Wörterbuch, Art. Utilitarismus, S. 692.

[3]) C. H. P. Inhulsen, Das englische Strafverfahren, S. 128 — vgl. dazu Klee, Vom englischen Strafverfahren, in Dt. Str. 1937, S. 43.

[4]) Vgl. Inhulsen, a. a. O.

[5]) S. 21/22

[6]) The Elements of Criminal Law and Procedure, 4. Aufl., S. 1: „... not for the purpose of affording any redress to a person ... but in the interests and for the protection of the State.“

rien, der Prüfstein, sondern ihre Folgen. Eine Tat von alltäglichstem Charakter, der keinerlei moralischer Tadel anhaftet, kann ein Delikt sein, während eine moralisch verwerfliche Tat, „die den größten Moralskandal heraufbeschwört", noch keineswegs eine strafbare Handlung zu sein braucht. Recht und Moral sind nicht dasselbe [1]). Potter definiert Delikte als rechtswidrige Handlungen, die als solche vom Staat bezeichnet werden, erstlich zum Schutz der Gemeinschaft als Ganzes und damit zweitens zugleich zum Schutze des Einzelnen. Die Erhaltung der Gemeinschaft bezeichnet Potter als das erste Interesse der Regierung [2]). Ebenso wie die genannten Autoren gar nicht auf den Gedanken kommen, eine Handlung müsse bestraft werden, weil sie der Sühnung bedürfe, genau so bestimmt auch Disney das Delikt ganz einfach als eine Handlung oder Unterlassung, die das Gesetz im Interesse der Allgemeinheit verbietet [3]). Hauptzweck der Bestrafung für ein Delikt ist, die zu einem Rechtsbruch Geneigten abzuschrecken und so die Gemeinschaft zu schützen [4]). Schließlich sei noch Byrne erwähnt, um die Einheitlichkeit der englischen Auffassung zu zeigen, der ebenfalls vom sozialen Nutzen als Grundlage ausgeht [5]).

Die Geschlossenheit der englischen Einstellung zum Problem der Strafrechtstheorien hat zur Folge, daß die genannten Schriftsteller diese Frage nur sehr knapp behandeln. Im Gegensatz zum deutschen Schrifttum nimmt ihre Behandlung in den englischen Lehrbüchern nur einen sehr geringen Raum ein, sodaß Schuster nicht ohne Grund diesen Problemkomplex in seiner grundrißartigen Darstellung des englischen Rechts einfach weglassen konnte [6]). In der Denk-

[1]) A. M. Wilshere, a. a. O. S. 2: „The test is not the nature of the act, but its consequences. An offence of the most trivial character, to which no moral blame can attach, may be a criminal offence if punishable in criminal proceedings. Conversely, an act involving the greatest moral scandal may not be a criminal offence, for law and morality are not the same, and many things may be immoral which are not neccessarily criminal or even illegal."

[2]) An Historical Introduction to English Law and its Institutions, S. 295: „Crimes are wrongs which are recognised as such by the State, primarily for the protection of the community as a whole, although this recognition may result secondarily in the protection of the Government."

[3]) Henry, W. Disney, The Criminal Law, 2. Aufl., S. 1: „A crime is an act or omission which the law forbids in the interest of the public."

[4]) Disney, a. a. O. S. 22: „The principal object of punishment for crime is to deter would—be offenders, and so to protect society." — Ähnlich auch W. M. Geldart, Grundzüge des englischen Rechts, S. 173.

[5]) W. J. Byrne, A Dictionary of English Law, Art. crimes: „Crimes are violations of public rights and duties due to the whole community, considered as a community, in its social aggregate capacity."

[6]) Ernst Schuster, Das Strafrecht Großbritanniens.

schrift über die Behandlung hartnäckiger Verbrecher (Report of the Departmental Committee on Persistent Offenders, May 1932) fehlt denn auch jegliches Eingehen hierauf, weil das Problem für die englische Wissenschaft entschieden ist [1]). Allein die Frage, welches die beste, den Schutz vor den Gemeinschaftsschädlingen am sichersten gewährleistende Kriminalpolitik ist, bildet den Gegenstand der Denkschrift.

Daß diese Haltung keineswegs oberflächlich ist, sondern einer sehr ernsten Einstellung entspringt, die — und darin ist sie ebenfalls typisch englisch — in enger Berührung mit dem christlichen Glaubenssatz, „die Rache ist mein", steht, beweist die seit 1903 gültige Formel für die richterliche Verkündung des Todesurteils, in der die scharfe Trennung realistischer, unromantischer Strafrechtspflege von der Sphäre des Religiösen deutlich zum Ausdruck kommt. In seinem Brief vom 10. Juni 1903 hat Lord Alverstone das Ministerium des Innern darüber unterrichtet, daß sich die Richter auf die folgende Form des Todesurteils, die in allen Fällen verwendet werden solle, festgelegt hätten; „Das Urteil des Gerichts über Sie ist, daß Sie von hier in ein rechtmäßiges Gefängnis und von dort zu einem Exekutionsplatz gebracht werden, und daß Sie dort am Halse aufgehängt werden bis Sie tot sind; und daß Ihr Körper danach vergraben werden soll innerhalb des Gefängnisses, in dem sie vor Ihrer Exekution eingeschlossen sein werden." Nach diesen fast brutal sachlichen Sätzen, folgen dann unmittelbar die Worte, „und möge der Herr Ihrer Seele gnädig sein" (And may the Lord have mercy on your soul) [2]), in denen die Kompetenzenscheidung deutlich ausgesprochen ist: Das Strafrecht als solches befindet sich außerhalb der religiösen Sphäre.

Es sollte zu denken geben, daß ein dem unsrigen so nah verwandtes Volk wie das englische eine derartig klare und eindeutige Auffassung des Strafzwecks als Gemeinschaftsschutz besitzt.

2. Im Gegensatz zur englischen Strafrechtswissenschaft ist in der französischen ebenso wie in der deutschen und derjenigen der meisten Staaten über das Strafproblem lebhaft diskutiert worden. Den Höhepunkt erlebte dieser Streit aber bereits um die Jahrhundertwende, und seit dem letzten Kriege ist er mehr und mehr im Abklingen [3]). Es läßt sich nunmehr sogar eine gewisse einheitliche Haltung in der französischen Literatur feststellen. Grund-

---

[1]) Vgl. hierzu Rudolf Sieverts, in Z. Band 53, S. 677.

[2]) Archbold's Pleading, Evidence & Practice in Criminal Cases, S. 233.

[3]) Vgl. Mittermaier, Die Entwicklung im Strafrecht und Strafprozeßrecht Frankreichs seit dem Krieg, in Z. Band 54, S. 68.

lage, auch der z. Zt. herrschenden Ansicht, sind die ausführlichen Werke der Philosophen Franck und Tarde, die bereits 1880 und 1890 geschrieben wurden. Nach diesen sind ausführliche Abhandlungen zum Problem der Strafrechtstheorie nicht mehr erschienen. Von großem Einfluß waren daneben noch die Italiener Ferri und Garofalo, die ihre Werke selbst ins Französische übersetzten, und außerdem der Engländer Bentham. Noch heute gibt das große Handbuch der Rechtswissenschaft von Dalloz fast allein diese Autoren, eingeschlossen die Italiener und den Engländer Bentham, im Literaturverzeichnis zur Frage der Strafrechtsgrundlegung an [1]).

Franck behandelt in seiner Philosophie des Strafrechts [2]) zunächst die verschiedenen Möglichkeiten der Ableitung des Strafrechts und lehnt hierbei unter anderem die Auffassung ab, daß das Strafrecht ein mystisches „direkt vom Himmel gekommenes" Recht oder eine Delegation der Göttlichkeit sei, wie Joseph de Maistre meinte [3]). Die Strafe sei auch nicht — i. S. der Vergeltung — Übelslohn für ein Übel (Cousin, Guizot, de Broglie, Rossi) [4]). Das Recht zu strafen sei vielmehr aus dem Recht der Selbsterhaltung (Conservation de soi-même), das ebenso für die Gesellschaft, wie für den Einzelnen gelte, abzuleiten [5]). Es ist das Verteidigungsrecht der Gesellschaft (Droit de défense de la société). Hieraus folgt, daß Strafzweck der Schutz der Gesellschaft ist. Bemerkenswert ist, daß Franck im Gegensatz zu den englischen Autoren immerhin auf die Idee der Sühne (expiation, conciliation) eingeht. Er lehnt den Sühnegedanken auf dem Gebiet des Strafrechts entsprechend dem eben Gesagten natürlich ab. Hierbei weist er vor allem auf die Tatsache hin, daß Schuld und Sühne inkommensurabel sind, und ein Sühnestrafrecht daher notwendigerweise willkürlich ist [6]). Jedoch liegt ihm die Sühneidee offenbar so fern, daß sie nur sehr knapp in einigen Sätzen abgetan wird. — Eine Feststellung, die überhaupt auch für die noch im folgenden zu behandelnde ausländische Lite-

1) Dalloz, Répertoire pratique de législation de doctrine et de jurisprudence, Band VIII, S. 710 (Art. peine).

2) Ad. Franck, Philosophie du droit pénal, 2. éd.

3) Franck, a. a. O. S. 27 ff.

4) Franck, a. a. O. S. 56 ff.

5) Franck, a. a. O. S. 84.

6) Franck, a. a. O. S. 90: „Nous avons démontré qu'avec le principe de l'expiation il n'y a aucun rapport déterminé entre le châtiment et la faute; car nous ne savons pas quelle espèce de souffrance est l'expiation naturelle d'une faute déterminée. Une loi pénale, fondée sur ce principe, est donc nécessairement arbitraire."

ratur vorweggenommen werden kann. Wenn überhaupt die Sühneidee berücksichtigt wird, dann doch nur in kurzer Erwähnung. — Schließlich widerlegt Franck noch einen oft erhobenen Scheineinwand, indem er feststellt, daß ein Strafrecht nach dem Selbsterhaltungsprinzip keineswegs fahrlässig milde ist, wenn es dem Prinzip genau entsprechen soll [1]).

Noch umfassender und für die heute aktuelle Frage der Verwertung des Sühnegedankens im Strafrecht aufschlußreicher ist die Philosophie der Strafe von Tarde. Er erkennt die Bedeutung des Freiheitsproblems für diese Frage und erörtert dieses daher zunächst sehr eingehend [2]). Allerdings vermag er sich nicht endgültig zu entscheiden und verweist das Problem in das Gebiet der Metaphysik [4]). Denn eine Verantwortlichkeit läßt sich auch ohne seine Entscheidung begründen. Auch der deterministischste Ehemann, so schreibt er, überhäuft seine ungetreue Frau mit seiner Verachtung und seiner Wut, obgleich er weiß, daß sie nicht anders konnte, als ihn betrügen! [3]) Daß indessen zwischen ethisch-moralischer und sozialer d. h. also hier strafrechtlicher — Verantwortlichkeit geschieden werden muß, wobei das Freiheitsproblem nur für die zweite Art unbeachtlich ist, kommt bei Tarde noch nicht klar zum Ausdruck [5]).

Den Strafzweck formuliert er ganz realistisch als Verminderung der Delikte, die als ein soziales Übel aufzufassen und soziologisch erklärbar sind (Le crime un phénomène social) [6]). Die Strafe ist seiner Meinung nach stets dem Prinzip der sozialen Nützlichkeit unterworfen gewesen, und zwar auch zu der Zeit, als sie als Sühne empfunden wurde [7]). Die Sühne ist die erste Form gewesen, die der strafrechtliche Utilitarismus angenommen hat [8]). Mit der weiter unten (S. 70 ff.) noch zu erörternden Ansicht, daß es nötig ist, das Sühne- und Vergeltungsverlangen aus generalpräventiven Gründen

[1]) Franck, a. a. O. S. 92.

[2]) G. Tarde, La philosophie pénale, S. 12 ff.

[3]) Tarde, a. a. O. S. 22.

[4]) Tarde, a. a. O. S. 498: „... et, pareillement, le mari le plus déterministe accable de son mépris et de sa fureur sa femme infidèle, quoiqu'il sache q'elle n'a pu ne pas le tromper."

[5]) Vgl. das weiter unten auf S. 110–112 Gesagte.

[6]) Tarde, a. a. O. S. 494 ff.

[7]) Tarde, a. a. O. S. 144: „C'est une erreur historique, on le voit, d'opposer le principe de l'expiation, en pénalité, au principe de l'utilité sociale ... La peine n'a pu avoir de plus grande utilité que d'être expiatoire, c'est-à-dire, purificatrice."

[8]) Tarde, a. a. O. S. 145: „L'expiation a donc été la principale forme que l'utilitarisme pénal a d'abord revêtue."

zu berücksichtigen, berührt sich die Feststellung von Tarde, daß der Gesetzgeber auf die „öffentliche Meinung“ — gemeint ist offenbar das Sühneverlangen — Rücksicht nehmen müsse, weil das gerade unter dem Gesichtspunkt der sozialen Nützlichkeit besser sei [1]. Im übrigen bemerkt Tarde, daß es wichtiger ist, die Kriminalität durch vorbeugende Maßnahmen zu bekämpfen. Er geht hierbei von dem durch ihn entdeckten soziologischen Gesetz der Nachahmung (Loi de l'imitation) [2] aus, demzufolge es vor allem auf die Hebung der sozialen Moral ankommt, wenn die Zahl der Delikte vermindert werden soll [3].

Trotz der Neigung, die Strafe allein aus dem Schutzgedanken die sich bei den vorstehenden beiden maßgeblichen Strafrechtstheoretikern erkennen läßt, kam es doch in der französischen Literatur zum gleichen Schulenstreit wie in Deutschland. Auch hier unterschied man die sog. klassische und die sog. moderne Schule [4]. In Richtung der Auffassung der Modernen machte sich der bereits erwähnte Einfluß der italienischen Positivisten (Lombroso, Ferri, Garofalo) geltend. Allerdings wird von den französischen Strafrechtlern betont, daß die moderne Schule in Frankreich älter sei. Man beruft sich auf den Begründer der Phrenologie, den Arzt Franz Joseph Gall (1758—1828), der als einer der ersten Mediziner die Lokalisation der Geistesfunktionen im Gehirn feststellte [5], und von dieser Erkenntnis ausgehend, ebenso wie später ähnlich Lombroso und Kraepelin, das Strafrecht als einen Teil der medizinischen Wissenschaft auffaßte [6]. Entscheidend war in diesem Schulstreit — ebenfalls genau so wie in Deutschland — die Stellungnahme zum Problem der Willensfreiheit.

Heute, nachdem der Streit eingeschlafen ist, läßt sich an Hand der bedeutendsten Lehrbücher in ihren neuesten Auflagen eine einheitliche Auffassung feststellen, die viele Berührungspunkte mit den eingangs erwähnten sog. Vereinigungstheorien hat. Man spricht hier von der „Ecole néo-classique“ oder häufiger noch von der „Ecole éclectique“, zu der sich Cuche, Garson, Garraud, Roux,

[1]) Tarde, a. a. O. S. 494.

[2]) G. Tarde, Les lois de l'imitation, 2. éd. — Vgl. auch: Gabriel Tarde, Introduction et pages choisies par ses fils. Préface de H. Bergson.

[3]) Tarde, La philosophie pénale, S. 497.

[4]) Vgl. z. B. Roux, Le droit criminel français, S. 10 und 11.

[5]) Anatomie et physiologie du système nerveux en général et du cerveau en particulier avec des observations sur la possibilité de reconnaître plusieurs dispositions intellectuelles et morales de l'homme et des animaux par la configuration de leurs têtes, 4 Bände, 1810—1819.

[6]) Vgl. Roux, a. a. O. und Franck, Philosophie du droit pénal, S. 45 ff.

3

Saleilles und Vidal rechnen [1]). Nach dieser Theorie steht die Strafe hauptsächlich und in erster Linie unter dem Gedanken des sozialen Schutzes. Daher faßt Garraud z. B. die Strafe als soziale Reaktion gegen einen asozialen Akt auf, eine Reaktion der Lebenskräfte gegen die Kräfte des Todes, wie sie sich in der gesamten Natur feststellen läßt [2]). Ähnlich bestimmt auch Cuche die Strafe als „réaction sociale“ [3]). Fern jeglicher Romantik stellt Roux fest: Da die Gesellschaft innerhalb ihrer selbst Delinquenten aufweist, hat sie die Verpflichtung, sich zu verteidigen. Die Kriminalität ist eine Tatsache und stellt eine Gefahr dar. Die Gesellschaft hat nicht des längeren zu untersuchen, ob das Recht zu strafen gerechtfertigt ist, und woher ihr dieses Recht kommt. Eine Gefahr bedroht sie, und wenn sie darin nicht zugrunde gehen will, muß sie dagegen Stellung nehmen [4]).

Die absolute Strafe, die keinen realen Zweck verfolgt, wird abgelehnt. Die Strafe fügt nicht das Übel um des Übels willen zu, sondern um den Kriminellen zu entwaffnen und ohnmächtig zu machen. Die Leidenszufügung ist nicht Zweck, sondern Folge der Strafe [5]). Als soziale Reaktion dient die Strafe der künstlichen Auslese (sélection artificielle) [6]). Die Verwendung des Selektionsgedankens zeigt deutlich den Einfluß der italienischen Literatur; denn dieser Gedanke findet sich, wie bereits bemerkt, zum ersten Male bei Garofalo [7]). — Nach der metaphysischen Rechtfertigung, so lehrt Garraud, braucht nicht gesucht zu werden, ganz abgesehen davon, daß das Freiheitsproblem für unlösbar gehalten wird [8]). Das Strafrecht bedarf nicht des Nachweises des Bestehens

[1]) Roux, a. a. O.

[2]) R. Garraud, Précis de droit criminel, S. 19: La pénalité „se manifeste comme une réaction sociale contre des actes antisociaux. Cette réaction des forces de vie contre les forces de mort se constate dans chaque phénomène de la nature“. Und ebenso Ders., Traité théorique et pratique du droit pénal français, S. 37.

[3]) Paul Cuche, Précis de droit criminel, S. 8.

[4]) Roux, a. a. O. S. 8: „Par la présence de délinquents dans son sein la société a l’obligation de se défendre. La criminalité est un fait et constitue un danger. La société n’a pas à chercher longuement si le droit de punir est légitime, et d’où lui vient ce droit Un péril la menace auquel elle doit répondre, si elle ne veut pas périr.“

[5]) Garraud, Traité usw., S. 39: Le but de la peine „n’est pas le malum passionis propter malum actionis, le mal pour le mal, c’est le mal pour désarmer et rendre impuissant le criminel.“ — S. 38: „Faire souffrir le coupable, est le résultat mais non le but de la peine.“

[6]) Garraud, Traité usw., S. 39.

[7]) Vgl. S. 27 und 54.

[8]) Garraud, Traité usw., S. 64 Anm. 2, und Ders., Précis usw., S. 26; ebenso Cuche, a. a. O. S. 15.

der moralischen Verantwortlichkeit. Es genügt der Nachweis, daß die Strafe zur Behauptung der öffentlichen Ordnung unter dem Gesichtspunkt der sozialen Verantwortlichkeit notwendig ist [1]). Die Strafe nach der moralischen Verantwortlichkeit des Verbrechers zu bemessen, wäre ein Werk, das die Zuständigkeit der menschlichen Justiz überschreiten und außerdem das soziale und nützliche Ziel, das es zu erreichen gilt, außer Acht lassen würde [2]).

Nach dem bisher Gesagten scheint es, als wäre die in Frankreich herrschende Straftheorie eine reine Schutzstrafentheorie. Aber das ist nicht der Fall, und sie nennt sich mit Recht eine „doctrine éclectique". Denn abgesehen von den eben genannten Ideen, die diese Doktrin der modernen Schule entnommen hat, verwertet sie auch andere, die der klassischen Schule entstammen, und versucht, beide zu vereinen. Das Bestehen eines Rache- und Sühneverlangens — beide Verlangen werden unbedenklich nebeneinandergestellt — wird berücksichtigt und soll durch das in der Strafe liegende Übel befriedigt werden [3]). Man ist der Überzeugung, daß die Strafe im Volk durchaus als Sühne empfunden wird und nicht nur als ein Akt der Gemeinschaftsverteidigung [4]). Und so kommt denn diese Theorie zu der gleichen Zweiheit des Strafzwecks wie die heutige deutsche Sühnetheorie [5]). Die im folgenden noch darzulegende und im vorangegangenen Kapitel bezüglich der Vereinigungstheorien bereits dargestellte Kritik einer derartigen Theorie trifft demnach auch für die französische herrschende Lehrmeinung zu. Indessen wird auch von einem Vertreter der Ecole éclectique das Mißliche eines derartigen Zwiespalts erkannt. Cuche spricht hier von einer

---

[1]) Garraud, Traité usw., S. 90: „Le droit pénal n'a, ni à rechercher, ni à démontrer, ni à mesurer la responsabilité morale pour construire ses prescriptions et ses sanctions: elle insiste seulement sur la nécessité de la peine au point de vue du maintien de l'ordre public sur la responsabilité sociale."

[2]) Garraud, Précis usw., S. 26: „Vouloir distribuer la pénalité, en mesurant la responsabilité morale du criminel, est une œuvre qui dépasse la compétence de la justice humaine et qui lui fait perdre vue le but sociale et utilitaire qu'elle doit atteindre."

[3]) Garraud, Traité usw., S. 38: „Il (sc. le crime) provoque des sentiments de vengeance, des désirs d'expiation: il semble que le mal causé par le crime doit avoir sa contrepartie dans le mal causé par la peine." Ebenso Ders., Précis usw., S. 26.

[4]) Cuche, a. a. O. S. 15, 16: „C'est qu'elle est ressentie dans la masse comme une expiation du crime et non pas seulement comme un geste de défense de la société."

[5]) Garraud, Precis usw., S. 25: „On punit en vue de la justice absolue, mais dans la mesure de l'utilité sociale, pas plus qu'il n'est juste, ‚pas plus qu'il n'est utile'."

„faiblesse doctrinale“ [1]). Die logische Konsequenz, daß die Existenz des Sühneverlangens als psychologische Tatsache unter dem Gesichtspunkt des Sozialschutzes zu berücksichtigen ist, daß diese Berücksichtigung nur ein dem Hauptzweck dienender Unterzweck ist, wird nicht gezogen. Wie weit allerdings die Erkenntnis der wirklichen Zusammenhänge geht, zeigt folgende zutreffende Beobachtung von Cuche: Der Richter, welcher die moralische Verantwortung glaubt wägen zu können — (und das ist ja notwendig, wenn die erforderliche Sühne bestimmt werden soll) —, was für einen Menschen unmöglich ist, paßt die Strafe in Wirklichkeit der Schadenskraft des Delinquenten an, unter Berücksichtigung seiner Vergangenheit und der mehr oder weniger antisozialen Motive, die ihn zum Verbrechen getrieben haben [2]).

Daß sich der Sühnegedanke auch nach seiner Auslegung in der französischen Philosophie für das Strafproblem schlecht verwerten läßt, erhellt deutlich aus der Bestimmung des Sühnebegriffs bei Lalande, wo festgestellt wird, daß die freiwillige Übernahme des Leidens zu seinen wesentlichen Merkmalen gehört [3]).

Auch der Entwurf eines neuen französischen Code pénal von 1934 ist vom Gedanken des sozialen Schutzes beherrscht. „Ein code pénal“, sagt Matter, Generalstaatsanwalt und Vorsitzender der Reformkommission, „muß notwendigerweise den Schutz der Gesellschaft zum Hauptgegenstand haben“ [4]). So läßt sich heute also doch in der französischen Strafrechtswissenschaft eine einheitliche Tendenz zur Theorie der Schutzstrafe feststellen, ein Ergebnis, das in Anbetracht des Rationalismus der im französischen Geistesleben eine führende Rolle spielt, kaum anders erwartet werden konnte. — Sehr bezeichnend für diesen Rationalismus auf dem Gebiet der Rechtswissenschaft ist z. B. die auch die Sühneidee treffende Forderung des Staats- und Verwaltungsrechtlers Duguit[5]),

---

[1]) Cuche, a. a. O. S. 10.

[2]) Cuche, a. a. O. S. 15: „... croyant peser des responsabilités morales (ce qui est humainement impossible), proportionne en réalité la peine à la puissance de nuire du délinquant, appréciée d'après son passé et d'après les motifs plus ou moins antisociaux qui l'ont poussé au crime.“

[3]) André Lalande, Vocabulaire téchnique et critique de la philosophie, Art. Expiation.

[4]) Matter, Zum Entwurf eines neuen französischen Code pénal, übers. von Kruckow, in Z. Band 54, S. 251. — Vgl. auch Mittermaier, Die Entwicklung im Strafrecht und Strafprozeßrecht Frankreichs seit dem Krieg, in Z. Band 54, S. 66.

[5]) Léon Duguit, Traite de droit constitutionel, 1. Band, S. 179.

es müsse die Rechtswissenschaft vom ererbten theologischen Denken befreit werden. —

3. Von größtem Einfluß auf die Lehre von den Strafrechtstheorien fast aller zivilisierter Völker war die italienische Doktrin. Hier wurden die ersten konsequenten und umfassenden Schutzstrafentheorien der Neuzeit entwickelt, wenn man von dem oben erwähnten Franzosen Gall absieht, dessen tatsächlicher Einfluß auf die Strafrechtswissenschaft jedoch nicht annähernd so nachhaltig gewesen ist, wie derjenige der italienischen Strafrechtler. Gegen Ende des 19. Jahrhunderts spielte der „Schulenstreit" eine große Rolle. Den „Klassikern" unter der Führung von Carrara und Carmignani standen die „Modernen" Lombroso, Ferri und Garofalo gegenüber, von denen wiederum Ferri — ursprünglich Lombroso-Schüler — den bedeutendsten Einfluß gewann. Dieser Einfluß erreichte in dem viel umstrittenen Entwurf Ferri aus dem Jahre 1921 seinen Höhepunkt.

Nach Ferris Lehre [1]) ist das Verbrechen eine soziale Erscheinung, auf welche die Strafe die soziale Reaktion darstellt. Als solche ist die Strafe reine Schutzstrafe. Diese Auffassung der Strafe ist die der Neuzeit allein gemäße [2]). Die Entwicklung der Strafe hat sich nach Ferri in fünf Phasen vollzogen [3]). In der ersten, der „natürlichen Phase", hat die Strafe eine teils abwehrende, teils rächende Funktion. In der zweiten sog. „religiösen Phase" ist sie göttliche Rache. Die dritte Phase, die „ethische", wird durch die mittelalterliche Sühneidee beherrscht, während die vierte Phase, als sog. „juristische", die Zeit der klassischen, „abstrakten" Strafrechtsschulen ist. Aufgabe unserer Zeit jedoch ist es, die „soziale Phase" zu verwirklichen. Für diese moderne Auffassung der Strafe ist dann, wie Ferri richtig erkennt, das Willens-Freiheitsproblem unbeachtlich. Die Freiheitshypothese ist entbehrlich [4]). — Von Belang für die vorstehende Untersuchung ist Ferris Ansicht zur Genesis der sühnenden Strafe. „Die Priester, diese in allen primitiven Zuständen aller Rassen dominierenden Machthaber", so schreibt Ferri, „haben für sich erst die Repression antireligiöser, später aber auch antisozialer, d. h. krimineller Handlungen beansprucht. In ihren Händen nahm die ursprünglich individuelle oder Stammesrache den Charakter einer göttlichen Rache an und wurde aus einer

[1]) Enrico Ferri, Das Verbrechen als soziale Erscheinung, übers. v. Kurella; Ders., Sociologia criminale und La Sociologie Criminelle.

[2]) Ferri, Das Verbrechen als soziale Erscheinung, S. 258.

[3]) Ferri, a. a. O. S. 257 ff.

[4]) Ferri, a. a. O. S. 246 ff. — Vgl. auch weiter unten S. 92.

rein defensiven Funktion eine moralische und religiöse; die Folge davon war, daß sich, wie bei allen priesterlich religiösen Gestaltungen, ein strenger Formalismus und ein mystischer Sühnebegriff geltend machte" [1]).

Die Straftheorie Garofalos ist ähnlich [2]). Auch er lehrt, daß die Strafe soziale Reaktion sein solle. Sie entspringt dem Selbsterhaltungstrieb. In Analogie zur Lehre Darwins wird das Strafrecht als ein Mittel der natürlichen Auslese aufgefaßt [3]). Die sühnende Strafe ist seiner Meinung nach ein historisch überholter Strafbegriff, der lediglich bei den alten Semiten, den Indern und im kirchlichen Recht während des Mittelalters vorherrschte [4]).

Einen Versuch, diese Theorien in der Praxis zu verwirklichen, stellt der Entwurf zu einem italienischen Strafgesetzbuch aus dem Jahre 1921 dar, der unter der Leitung Ferris zustande kam [5]). Hier ist an die Stelle des Terminus „Strafe" der Ausdruck Sanktionen (Sanzioni) getreten, um zum Ausdruck zu bringen, daß es sich nicht um eine Vergeltungs- oder Sühnestrafe handelt. Die Bemessung der Sanktionen — der Maßnahmen zum Gesellschaftsschutz gegen die Kriminalität — richtet sich daher nicht nach der größeren oder geringeren „objektiven" Schwere des Verbrechens, sondern nach der größeren oder geringeren Gefährlichkeit des Verbrechers (Pericolosità del delinquente) [6]). Die Kompetenzen werden ebenso wie bei der englischen Strafrechtsauffassung streng geschieden: Bei der Strafverhängung ist „jedweder Anspruch auf Bemessung und Bestrafung der moralischen Schuld" auszuscheiden [7]). Darum kann sich bei den Gläubigen die religiöse Autorität bekümmern. Denn „kein menschlicher Richter kann die sittliche Schuld eines menschlichen Geschöpfes ermessen" [8]).

Diese an sich folgerichtigen Gedanken vermochten sich in Italien allerdings nicht ganz durchzusetzen. Innerhalb der modernen Schule bildete sich unter Führung von Alimena eine besondere, sich

---

[1]) Ferri, a. a. O. S. 256. — Vgl. auch Ders., La Sociologie Criminelle, S. 303, 304.

[2]) R. Garofalo, La Criminologie, S. 237 ff.

[3]) Vgl. das Motto auf S. 237 bei Garofalo, a. a. O.

[4]) Garofalo, a. a. O. S. 252/253.

[5]) Relazione sul progretto preliminare di codice penale italiano (Libro I), übers. von H. Kahn. — Vgl. auch zu dieser Denkschrift H. Gretener, Die neuen Horizonte usw., im Gerichtssaal, Bd. 90.

[6]) Relazione usw., S. 184.

[7]) Relazione usw., a. a. O. S. 190/191.

[8]) Relazione usw., a. a. O. S. 14: „Nessum giudice umano può misurare la colpa morale di una umana creature."

ablösende Gruppe, die „Terza Scuola" („dritte Schule"), welche wieder mehr vermitteln sollte [1]). Als der Faschismus an die Macht gelangte, wurde die Strafrechtsreform wieder angegriffen. Es entstand ein neuer Codice Penale, der sog. „Codice Rocco". Dieses Gesetz, das nach seinem Urheber, dem Justizminister Rocco, Gesetz Rocco genannt wird, ist seit dem 1. Juli 1931 in Kraft. Es lehnt sich ausdrücklich an keine Lehrmeinung an. Allerdings entspricht es faschistischer Auffassung, „daß die Grundsätze der individualistischen Philosophie, soweit dies zur Erhaltung und zur Existenz des Staates als notwendig erscheint, geopfert werden sollen [2]). Aus dieser den Gemeinschaftsgedanken in den Vordergrund stellenden Einstellung folgt dann, daß trotz der Absicht, sich an keine Theorie anzuschließen, der Schutzstrafengedanke vorherrscht. „Die faschistische Doktrin betrachtet das Recht zu strafen als ein Recht, das notwendig ist zur Erhaltung und zur Verteidigung des Staates, das mit dem Staat selbst entsteht, analog aber inhaltlich verschieden dem Selbstverteidigungsrecht des einzelnen Individuums," schreibt Corrado [3]) — eine Satz, der sich ebensogut bei Ferri finden ließe. Nach Corrado besteht bei einem Strafrecht nach der positivistischen Theorie Ferris jedoch die Gefahr, daß das hierbei notwendig sehr weitgehende freie Ermessen des Richters zur Uneinheitlichkeit der Rechtsanwendung führt. „Diesem Mangel ist das Gesetz Rocco dadurch begegnet, daß im Gesetz selbst die Voraussetzungen erwähnt sind, bei deren Vorhandensein ein Individuum als gefährlich anzusehen ist. [4])" Auch die italienisch-faschistische Auffassung ist hiernach also weit davon entfernt, in der Strafe eine Sühne oder etwas ähnliches zu sehen. Vielmehr wird die Strafe ganz realistisch als eine notwendige Maßnahme zur Wahrung der Existenz des Staates aufgefaßt. Das Strafmaß bemißt sich daher nicht nach irgendeinem objektiven Sühneverlangen, sondern nach der Sozialgefährlichkeit des Täters. Die Sühneidee, bzw. etwas ihr ähnliches, wird bei Corrado überhaupt nicht erwähnt.

4. Die österreichische Literatur unterscheidet sich, soweit es um das Problem der Strafrechtstheorien geht, kaum von der

[1]) Vgl. E. Hafter, Lehrbuch des Schweizerischen Strafrechts, Allgem. Teil, S. 96, Anm. 2.

[2]) Arturo Corrado, Die sichernden Maßnahmen im Gesetz Rocco, S. 1.

[3]) Ebenda.

[4]) Corrado, a. a. O. S. 2. — Zum Gesetz selbst vgl. Kuttner, Das neue italienische Strafgesetzbuch, in Z. Band 51, S. 329 ff.

deutschen. Der Streit der Schulen spielte eine bedeutende Rolle [1]), ist aber ebenfalls im Abklingen. Der Schutzstrafengedanke herrscht vor. Nach Gampp sind die Strafzwecke General- und Spezialprävention [2]). Auch Lammasch-Rittler lehnen die absolute Theorie in ihrer echten Formulierung ab. „Als ein Übel kann die Strafe niemals Selbstzweck sein [3]).“ Die Ansicht Kants wird demnach für nicht richtig gehalten [4]). Der Sühnegedanke wird nicht einmal erwähnt. Der Grund, weshalb bestimmte Handlungen und Unterlassungen mit Strafe bedroht sind, „liegt in den schädlichen, physischen und psychischen Wirkungen, die sie nicht nur auf einzelne Individuen, sondern auf die Gesellschaft im ganzen üben oder doch wenigstens üben können“ [5]). Der § 1 des Strafgesetzes — es gilt noch das Gesetz von 1852! — spricht von „bösem Vorsatz“. Hierzu bemerkt Gampp, daß „böse“ nicht eigentlich Bosheit, d. h. Übelwollen oder Schadenfreude, bedeutet, sondern daß das Wort gleichbedeutend ist mit „verbrecherisch“ oder „strafgesetzwidrig“; in dieser Deutung drückt sich klar die Präventionsidee aus. Auf die Existenz eines Vergeltungsverlangens nehmen beide Autoren Rücksicht. Und zwar soll die Strafe dadurch, daß sie diesem Verlangen in irgendeiner Weise entspricht, verhindern, daß es zur „Lynchjustiz“ oder Privatrache mit ihren die öffentliche Ordnung bedrohenden Konsequenzen kommt [6]). Es wird jedoch nicht deutlich erkannt, daß damit der Vergeltungszweck, der eben nicht mehr der gleiche ist, wie ihn die echten absoluten Theorien formulierten, unter den Hauptzweck der Sozialprävention fällt, weil bestimmte den Sozialfrieden bedrohende Ereignisse, nämlich die „Lynchjustiz“ und die Privatrache, verhütet werden sollen. Am ehesten scheint diese logische Folgerung noch bei Gampp gezogen zu werden, obwohl es so aussieht, als wolle er diesen Zweck der Spezialprävention eingliedern [7]). Wie das jedoch möglich sein soll, ist nicht recht ersichtlich.

5. Eine Sonderstellung nimmt das russische Strafrecht ein. Hier ist versucht worden, eine reine Schutzstrafentheorie im positiven Recht zu verwirklichen. — Inwieweit allerdings die

---

[1]) Vgl. die älteren Lehrbücher von Stooß, S. 2 ff., und Finger I, S. 13 ff.

[2]) Friedrich Gampp, Lehrbuch des österreichischen Strafrechts, S. 3.

[3]) H. Lammasch-Th. Rittler, Grundriß des österreichischen Strafrechts, S. 2.

[4]) Lammasch-Rittler, a. a. O. S. 3.

[5]) Lammasch-Rittler, a. a. O. S. 1.

[6]) Lammasch-Rittler, a. a. O. S. 10 und Gampp, a. a. O. S. 3.

[7]) Gampp ebenda.

Praxis dem Gesetzesrecht entspricht, und ob diese nicht entscheidend durch die formlose Gerichtsbarkeit der GPU. beeinflußt wird [1]), kann nicht geprüft werden, zumal es sich in diesem Zusammenhange lediglich um eine theoretische Würdigung der russischen Strafrechtslehre handelt. — Die strafrechtliche Entwicklung in Sowjetrußland beruht auf dauernden Bemühungen, das Strafrecht aus seiner zwar stets, bald mehr, bald weniger, bekämpften, aber sich immer wieder zäh behauptenden Verknüpfung mit der Vergeltungsidee zu lösen [2]).

Ebenso wie die Theorie von Ferri stellt die russische Theorie den Sicherungszweck an die Spitze des Systems. Einziger Zweck der Strafe ist die Gewährleistung des Gesellschaftsschutzes, die Prävention. Der § 5 des Gesetzes vom 1. Juni 1922 stellte fest: „Das Strafgesetzbuch der USSR. hat zur Aufgabe die rechtliche Verteidigung des Staates der Werktätigen gegen Delikte und gegen gemeingefährliche Elemente. Es verwirklicht diesen Schutz im Wege der Anwendung der Strafe oder anderer Maßregeln des sozialen Schutzes gegen die Verletzer der revolutionären Rechtsordnung [3]).“ In dieser Formulierung kommt klar zum Ausdruck, daß die Strafe als eine Unterart der sozialen Schutzmaßnahmen betrachtet wird. Ferri hatte bekanntlich den Ausdruck „Strafe“ ganz vermieden und nur von Sanktionen gesprochen. Geleitet offenbar von dem Bedürfnis, den Strafzweck deutlich zu dokumentieren, damit sich nur ja nicht irgendwelche Reste der alten Vergeltungsidee wieder einschleichen, geht das geltende russische Strafgesetz, das seit dem 1. 1. 1927 in Kraft ist, von dem Sprachgebrauch des Gesetzes von 1922 ab und folgt dem Gedankengang Ferris. „Die Strafgesetzgebung der R.S.F.S.R.“, bestimmt § 1, „hat zur Aufgabe die Sicherung des sozialistischen Staates der Arbeiter und Bauern und der in seinem Bereich geltenden Rechtsordnung vor gemeingefährlichen Handlungen (Verbrechen) durch Anwendung der in diesem Gesetz bezeichneten Maßnahmen des sozialen Schutzes auf die Täter“ [4]). Hatte das Gesetz von 1922

---

[1]) Vgl. Wilhelm Gallas, Kriminalpolitik u. Strafrechtssystematik unter besonderer Berücksichtigung des sowjetrussischen Rechts, S. 57.

[2]) Vgl. Heinrich Freund, Strafrechtsform im Zeichen der marxistischen Theorie, in Z. Band 51, S. 305.

[3]) Heinrich Freund, Strafgesetzbuch, Gerichtsverfassungsgesetz und Strafprozeßordnung Sowjetrußlands, S. 101.

[4]) Wilhelm Gallas, Strafgesetzbuch (Ugolownyj Kodex) der Russischen Sozialistischen Föderativen Sowjet-Republik, S. 9. — Darüber, daß gerade die Vermeidung des Ausdrucks „Strafe“ dem Präventionszweck, und zwar aus generalpräventiven Gründen, widerspricht, vgl. unten S. 140. — Vgl. im übrigen zum

dadurch, daß es in § 8 bei der Definition des Strafzwecks als Verhinderung neuer Verletzungen die Vergeltung nicht nannte, sich von dieser Idee getrennt, so wird in der ausführlichen Bestimmung des Zweckes der „Maßnahmen des sozialen Schutzes" in § 9 des geltenden Gesetzes ausdrücklich von dem Vergeltungsgedanken Abstand genommen: „Maßnahmen des sozialen Schutzes werden angewandt zum Zwecke:

a) der Vorbeugung gegen die Begehung neuer Verbrechen durch Personen, die solche begangen haben;
b) der Einwirkung auf andere unlautere Glieder der Gesellschaft und
c) der Anpassung der Personen, die verbrecherische Taten begangen haben, an die Bedingungen des Gemeinschaftslebens im Staat der Werktätigen.

Maßnahmen des sozialen Schutzes können die Zufügung physischer Leiden oder die Verletzung der Menschenwürde nicht zum Ziele haben; sie machen sich Vergeltung und Strafe nicht zur Aufgabe [1])."

In dieser Bestimmung wird der Präventionszweck der Strafe richtig in Spezial (a.) und Generalprävention (b.) geteilt. Nicht einleuchtend ist indessen die besondere Betonung des Wiederanpassungszweckes (c.), denn das ist ein typischer Unterzweck der Spezialprävention. Die Spezialprävention wird natürlich dann am besten erreicht, wenn es gelingt, den Täter in das soziale Lebensgefüge wieder einzuordnen. Dann ist der Wiederbegehung neuer Verbrechen am sichersten vorgebeugt.

Um den Schutzgedanken ganz klar zum Ausdruck zu bringen, heißt es in § 47: „Die grundlegende Frage, die in jedem Einzelfall zu unterscheiden ist, ist die Frage nach der Gemeingefährlichkeit des zu beurteilenden Verbrechens" [2]), nicht also nach einem etwaigen Vergeltungs- oder Sühnebedürfnis. Auch die Erlaubnis der analogen Anwendung des Strafgesetzes in § 16, die sich auch schon im Gesetz von 1922 in § 10 fand [3]), stellt eine richtige Folgerung aus der Schutzidee dar. Denn die Sicherheit des Gemeinwesens wäre gefährdet, wenn zufolge eines Analogieverbotes gegen einen Verbrecher nicht vorgegangen werden könnte [4]).

---

geltenden Recht die neuere Übersetzung von Jules Patouillet, Code pénal de la R.S.F.S.R.

[1]) Gallas, Strafgesetzbuch usw., S. 10.

[2]) Gallas, Strafgesetzbuch usw., S. 21.

[3]) Freund, Strafgesetzbuch usw., S. 103 und Gallas, a. a. O. S. 12.

[4]) Vgl. auch das weiter unten auf S. 126 Gesagte.

Trotz dieses deutlichen Abstandnehmens von der Idee der vergeltenden Strafe sind in der russischen Literatur mehrfach Stimmen laut geworden, die auch in diesem Strafgesetz noch den Einfluß des Vergeltungsgedankens erkennen wollen. Angriffspunkt ist die sog. „Dosierung" der Strafe; d. h. es wird in der gesetzlichen Bestimmung des Strafrahmens für jedes einzelne Delikt ein Wiedereinschlüpfen der Vergeltungsidee gesehen. Diesen Fehler wollen zwei der Öffentlichkeit im Jahr 1930 vorgelegte Entwürfe von Krylenko und Schirwindt vermeiden. Aber auch diese kommen naturgemäß um eine „Dosierung" nicht ganz herum [1]). In der Tat ist auch nicht einzusehen, weshalb ein der Schutzidee folgerichtig entsprechendes Strafrecht keine Strafrahmen für die einzelnen Delikte festlegen sollte. Denn sicherlich ist die Tat ein Symptom der Sozialgefährlichkeit des Täters und deshalb maßgebend für den Grad seiner Behandlungsbedürftigkeit. Es leuchtet ein, daß ein Mord auf eine stärkere Asozialität als ein Hausfriedensbruch, ein Einbruchsdiebstahl auf eine größere kriminelle Veranlagung als ein einfacher Diebstahl hinweist. Aus diesem Grunde bedeutet es kein Haftenbleiben am Vergeltungsstrafrecht, wenn der Gesetzgeber Strafrahmen fixiert und das freie Ermessen des Richters auf Grund umfassenderer kriminalpolitischer Erfahrung einschränkt [2]).

6. Ähnlich wie die österreichische stand und steht auch die schweizerische Strafrechtswissenschaft stets mit der deutschen in regem Gedankenaustausch. Allerdings hat der Schulenstreit nie die scharfen Formen angenommen, wie es in Deutschland oder Italien der Fall war. Der Grund hierfür liegt darin, daß die Schweiz kein einheitliches Strafgesetzbuch besitzt. Die Gesetze der Kantone sind stark verschieden, und der jeweilige Gesetzgeber sah kaum über sein kleines Land hinaus. Grundlage dieses, systematisch jedoch wenig ergiebigen, positiven Rechts ist der Vergeltungsgedanke [3]). Das Bundesgericht hat in verschiedenen Entscheidungen ausgesprochen, die Strafe sei „Moyen de répression" (E 3, 459), „Genugtuung" (E 9, 24), „Sühne einer bestimmten Straftat" (E 11, 28) und „Vergeltung" (E 12, 527).

Ein genaues Bild über die schweizerischen Ansichten zum Problem der Strafrechtstheorie kommt aber erst zustande, wenn die wissenschaftliche Literatur betrachtet wird, insbesondere die-

---

[1]) Vgl. hierzu Gallas, Kriminalpolitik usw., S. 67 ff. und Freund, Strafrechtreform usw. in Z. Bd. 51, S. 312 ff.

[2]) Vgl. allerdings das unten auf S. 136 Gesagte.

[3]) E. Hafter, Lehrbuch des Schweizerischen Strafrechts, Allgemeiner Teil, S. 244 ff.

jenige, die sich im Anschluß an den unter dem maßgeblichen Einfluß von Stooß zustandegekommenen eidgenössischen Entwurf vom 23. Juli 1918 gebildet hat. Während früher Pfenninger und in jüngerer Vergangenheit noch Huber ein reines Vergeltungsstrafrecht vertreten [1]), ist nunmehr der Gedanke der Zweckstrafe vorherrschend. Schon Stooß sagte, Zweck der Strafe sei es, Verbrechen hintanzuhalten, und Schädlichkeit sowie Gefährlichkeit bestimmen das Strafmaß [2]). Ähnlich formuliert auch Hafter den Strafzweck: „Um ihrer selbst willen kann die Übelszufügung nicht erfolgen [3]).“ Was den Vergeltungsbegriff anlangt, so kommt Hafter zu dem gleichen Ergebnis, wie es unten für den Sühnebegriff noch darzulegen sein wird; denn er schreibt von ihm, der ethische und religiöse Zweckmomente enthalte, er verliere dadurch „die Tauglichkeit, gleichsam den Mittelpunkt eines großen wissenschaftlichen und gesetzgeberischen Systems, des gesamten Strafrechts, zu bilden“ [4]).

Daran, daß der Schutzgedanke bei näherem Zusehen durchaus beherrschend ist, ändert auch nichts die Tatsache, daß der Vergeltungsgedanke von Stooß und Hafter für die Wesensbestimmung der Strafe benutzt wird. Nicht Zweck, sondern Wesen der Strafe soll die Vergeltung sein [5]). Hier wird, wie bei den „Vereinigungstheorien“ der deutschen Literatur, übersehen, daß damit der Vergeltungsgedanke seines ursprünglichen Gehaltes völlig entleert ist und dasselbe besagt wie Reaktion. Im übrigen wird eine Sühnetheorie in der Schweiz nirgends vertreten. Auch der Gebrauch des Wortes Sühne in der vorerwähnten Entscheidung des Bundesgerichts ist mehr ein einmaliger zufälliger Sprachgebrauch als eine beabsichtigte Festlegung der Grundauffassung. In dem ausführlichen Lehrbuch Hafters wird der Sühnegedanke, abgesehen von einer ganz knappen Bemerkung im ablehnenden Sinne [6]), nirgends erwähnt, weil er heutigem schweizerischen Denken im Zusammenhang mit dem Strafproblem ganz fern liegt. Auch das neue Strafgesetzbuch, das am 21. Dezember 1937 mit großer Mehrheit von den beiden Häusern des Bundesparlaments — dem Nationalrat und dem Ständerat — angenommen wurde, und das wohl in naher Zeit in Kraft treten wird, nachdem es vorher noch einer Volks-

---

[1]) Vgl. Hafter, a. a. O. S. 246, Anm. 1.

[2]) Carl Stooß, Lehrbuch des österreichischen Strafrechts, S. 188/189.

[3]) Hafter, a. a. O. S. 248.

[4]) Hafter, a. a. O. S. 252. — Vgl. unten S. 76 ff.

[5]) Stooß, a. a. O. S. 189 und Hafter, a. a. O. S. 251/252.

[6]) Hafter, a. a. O. S. 260.

abstimmung unterworfen werden muß, steht ganz unter dem Zeichen des Schutzgedankens, wie die Bemerkungen Hafters, die sich an dieses neue Gesetz knüpfen, dartun [1]).

7. Auch in der tschechoslowakischen Literatur findet sich keine Sühnetheorie. Die Strafe wird als Zweckstrafe aufgefaßt, und der Vergeltungsgedanke wird nur beibehalten, weil er eine Schutzfunktion zu erfüllen hat [2]). Noch eindeutiger wird das Strafrecht in den Reformbestrebungen nach der Schutzidee ausgerichtet [3]). Milota kommt zu dem Ergebnis, daß die Strafe allein Zweckreaktion ist, und der Idealzustand wäre es, wenn der Richter frei nach seiner Überzeugung dort strafen könnte, wo der Schutz der Gesellschaft dies erfordere und er den ohne Strafe lassen könnte, der nicht gesellschaftsgefährlich ist. Aber mit Rücksicht auf die Ansichten in der Bevölkerung sei eine Durchführung eines konsequenten Schutzstrafrechts vorläufig nicht möglich [4]). Dieser Gedankengang wird in der deutschen und ausländischen Literatur des öfteren angetroffen. Er geht jedoch fehl. Denn bei dieser Argumentation wird eben übersehen, daß ein gut ausgebautes Präventionsstrafrecht diese Auffassungen aus generalpräventiven Gründen berücksichtigen wird [5]).

8. In engem Zusammenhang mit der englischen Strafrechtswissenschaft steht diejenige der Vereinigten Staaten von Amerika. Es findet sich die gleiche Grundhaltung wie in England, deren erster Systematiker Bentham war. Auch der Amerikaner sieht im Strafrecht fern jeglicher Romantik eine nüchterne Notwendigkeit zur Verteidigung der Gesellschaft gegen den Gesellschaftsangriff [6]). Das, was oben „Kompetenzentrennung“ für die Scheidung von religiös-ethischer und praktisch-strafrechtlicher Sphäre genannt wurde, läßt sich deutlich feststellen. „Das amerikanische materielle Strafrecht“, stellt Hartmann fest, „zeigt sich, wenn man seine originalsten Eigenschaften zu erfassen sucht, als beinahe entfernt

[1]) Hafter, Schweizerisches Strafrecht, Besonderer Teil, 1. Hälfte, Berlin 1937, S. 1, 2, 7 u. 8.

[2]) Vgl. Edgar M. Foltin, Grundzüge des tschechoslowakischen Strafrechts, Allgemeiner Teil, S. 20 und Hellmuth von Weber, Grundriß des tschechosl. Strafrechts, S. 7.

[3]) Vgl. Max Lorenz, Zur Reform des tschechoslowakischen Strafgesetzes in Z. Band 54, S. 717 ff.

[4]) Albert Milota, Reforma trestniho zakona v Československu, besprochen bei Lorenz a. a. O.

[5]) Zur deutschsprachigen tschechoslowakischen Literatur vgl. Foltin, Das Strafrecht der tschechoslowakischen Republik, in Z. Band 53, S. 92 ff.

[6]) Vgl. Harry Best, Crime and the criminal law in the United States, S. 1.

vom ethischen Schuldbegriff. Es hat ihn nahezu ausgeschaltet. Gerade hierdurch aber ist es zu einem, wahrscheinlich richtigeren Verhältnis zur Ethik gelangt.“ „Die Gründe der Strafe liegen stets oder fast stets in gesellschaftlichen Zwecken [1]).“ Auf Grund dieser einheitlichen Stellung — im Lehrbuch von Best werden z. B. die Strafrechtstheorien gar nicht behandelt, so selbstverständlich ist diese Auffassung — konnte sich die amerikanische Wissenschaft vielmehr der Ausgestaltung der Strafe und ihres Vollzuges widmen. Auf diesem Gebiet kam es dann zu den bekannten bahnbrechenden Reformen (Relativ unbestimmte Verurteilung usw.).

Immerhin wird die Problematik der Strafrechtstheorien durchaus erkannt. Abgesehen von dem das Strafproblem behandelnden Roman „Ann Vickers“ von Sinclair Lewis, der viel Beachtung gefunden hat, beweist dies für die letzte Zeit die ausführliche Abhandlung von Mabel A. Elliot [2]). Die bekannten Strafmotive expiation (Sühne), retribution (Vergeltung), deterrence (Abschrekkung), reformation (Besserung) und social utility (Sozialnützlichkeit) werden behandelt, wobei eigenartigerweise Kant als Beispiel eines Vertreters der Sühnetheorie genannt wird [3]). Obwohl nun das Wort „Sühne“ in Kants Erörterung der Straftheorie nicht an einer einzigen Stelle gebraucht wird, scheint die Heranziehung Kants durchaus richtig zu sein. Es hängt dies mit der Erkenntnis zusammen, daß der Sühnegedanke nur in der Loslösung von sozialen Zweckgedanken einen wirklichen Sinn hat; nur als echt absoluter mit dem ius talionis verknüpfter religiöser Begriff ist er sinnvoll. — Eine Sühnetheorie oder etwas ähnliches wird jedoch in Amerika an keiner Stelle vertreten. Und auch der Schulenstreit hat kaum eine Bedeutung erlangt. Charakteristisch ist folgende Zusammenfassung bei Mabel A. Elliot: „Allerletzten Endes würden die Anhänger beider Standpunkte (sc. des klassischen und modernen) darin übereinstimmen, daß das soziale Wohl das endgültige Ziel der Strafgesetzgebung ist. So viel ist augenfällig [4]).“ Ein derartig extremer Standpunkt, wie ihn die echt absoluten Theorien einnehmen, liegt amerikanischem Denken offenbar völlig fern. Daß aber keineswegs ein gefährliches, wie man sagt: humanitäres Zurückweichen im Kampf gegen die Kriminalität gewollt ist, sondern vielmehr ein

[1]) Adolf Hartmann, Die Strafrechtspflege in Amerika, S. 305.

[2]) Conflicting penal theories in statutory criminal law.

[3]) Elliot, a. a. O. S. 18 ff.

[4]) Elliot, a. a. O. S. 239: „In final analysis partisans to both points of view would agree that social welfare is the ultimate goal of penal legislation. That much is obvious.“

wirklich sachlicher Standpunkt gewonnen ist, zeigt eine treffende Bemerkung von Sinclair Lewis über den nicht mehr zu bessernden Gewohnheitsverbrecher in dem bereits erwähnten Roman: „Er muß für immer eingesperrt werden, nicht aus Rachsucht, sondern aus denselben Gründen, aus denen wir unheilbare Typhusbazillenträger isolieren [1]).“

Sieht man ebenso wie der realistisch denkende Amerikaner im Strafrecht nichts anderes als eine unumgängliche Sicherheitsinstitution, dann steht man ihr auch mit der notwendigen Skepsis gegenüber, die zum dauernden Versuch der Vervollkommnung des Strafrechts anhält. „Der Staat erleidet eine Niederlage, wenn jemand eines Verbrechens überführt wird“, hat einmal ein amerikanischer Richter gesagt. „Es liegt darin kein Sieg für den Staat als Staat. Der wirkliche Triumph des Staates ist erreicht, wenn eine Person, die des Gesetzbruchs schuldig befunden wurde, durch den Einfluß anständiger Menschen in völlige Übereinstimmung mit dem Gesetz gebracht wird, wiederhergestellt für eine gute soziale Stellung, zurückgekehrt in die Reihen der ehrbaren Arbeiter und zurückgewonnen für die Ehre der Menschheit [2]).“

Überblickt man die Strafauffassungen der behandelten Länder, so zeigt sich auch bei vorsichtiger Beurteilung dessen, was vorherrschend ist, weil Vollständigkeit und erschöpfende Heranziehung des Schrifttums auf diesem Gebiete fast ausgeschlossen sind, daß der Gedanke der Schutzstrafe überwiegend und der historischen Situation gemäß ist. Bedenkt man, daß ein Sühnestrafrecht nirgends vertreten wird, dann drängt sich der Gedanke auf, ob nicht die neueste Betonung der Sühneidee in Deutschland ein Rückfall in ein überwundenes Denken darstellt, das noch dazu einer echt sozialistischen Gemeinschaftsform sehr wenig entspricht.

Der Kuriosität halber sei als Abschluß des Überblicks über ausländische Strafauffasungen nocht eine Einrichtung des heute noch geltenden islamischen Strafrechts erwähnt, die beweist, daß auch ein primitives, streng religiös gebundenes Strafrecht Strafen kennt, die auf keinen Fall unter der Sühneidee stehen,

[1]) Sinclair Lewis, Ann Vickers, S. 364 (Deutsch von Franz Fein).

[2]) William Mc.Adoo zitiert bei Elliot, a. a. O. S. 240: „The State suffers a defeat when someone is convicted of a crime. There is not victory in it for the State as a State. The real triumph of the State is achieved when a person found guilty of lawbreaking is by the influence of good people brought into entire agreement with the law, restored to good social standing, returned to the ranks of honorable workers and redeemed for the honour of mankind and womankind (Frontispiece, Proceedings of National Probation Association, 1922).“

sondern allein unter dem Gedanken der Sicherung. Nach islamischem Recht ist der Ehebruch ein besonders schweres Delikt, das schwer bestraft wird. Um es nun gar nicht erst zu einem derartigen Delikt kommen zu lassen, kennt das Gesetz die vorbeugende „Gefangensetzung eines schönen Jünglings" [1]). Von Sühnung kann hier keine Rede sein. Etwas zu Sühnendes ist noch nicht geschehen.

---

[1]) Joseph Schacht, G. Bergsträssers Grundzüge des islamischen Rechts, S. 107.

III. Kapitel

Der Strafzweck: nicht Sühne, sondern Gemeinschaftsschutz

Der Hinweis, den die Betrachtung des ausländischen Strafrechts ergab, daß nämlich ein auf der Höhe seiner Zeit stehendes Strafrecht heute nur ein Strafrecht unter der Schutzstrafenidee sein kann, bewährt sich bei seiner Anwendung auf das deutsche Strafrecht. Der Gedanke der echten Vergeltung und damit zugleich der Sühnegedanke als oberster nichtempirischer Strafzweck kann nicht gehalten werden. Gedankengut vergangener Zeiten muß der Erkenntnis weichen, daß heutiger Strafzweck nur der Schutz der Gemeinschaft sein kann. — Darauf, daß die Sühneidee innerhalb der Zweckstrafe zu verwerten ist, wird weiter unten noch zurückzukommen sein. — Die Gemeinschaftsidee verlangt es, „daß die staatliche Strafe einzig und allein als Maßstab die Notwendigkeit des Schutzes der Lebensbedingungen des Volkes zugrunde legt“ [1]). Erst wenn die Strafe den Erfordernissen des Gemeinschaftsschutzes entspricht, ist sie „richtige“ Strafe; denn das ist der heute tragende allgemeine Rechtsgedanke, wie er sich etwa in dem vielgebrauchten Worte ausdrückt: „Recht ist, was dem Volke nützt“, oder wie sich Freisler ausdrückt, und was dasselbe bedeutet: „Recht ist, was dem Deutschen Volke frommt [2]).“ Diesem Gemeinschaftsschutz hat die Strafe in zweierlei Weise zu dienen, einmal — und hauptsächlich — indem sie den Schutz der Volksgemeinschaft und zum anderen, indem sie den Schutz der übervölkischen menschlichen Lebensgemeinschaft überhaupt gewährleistet. Letzteres zum Beispiel durch Bestrafung von strafwürdigen Handlungen, die im Auslande begangen wurden [3]).

Die Notwendigkeit der Ablehnung der Sühne als Strafzweck, und damit der modernen Sühnetheorie ergibt sich aus nachfolgenden Überlegungen:

---

[1]) Klee, Das Problem der Sicherungsstrafe, in Arch. f. Rechtsphil., Bd. 28, S, 497.

[2]) In Gürtner-Freisler, D.n.St.R., S. 40.

[3]) Freisler, a. a. O. S. 42.

1. Es läßt sich zeigen, daß zu allen Zeiten der Schutzgedanke die deutschen Strafauffassungen beherrschte. Selbst in ihrer ältesten Form, als Rache, ist die Strafe von der Idee des Gemeinschaftsschutzes beherrscht, worauf schon Merkel aufmerksam machte [1]). Denn auch die Rache ist wesentlich präventiv. Sie war notwendig, um sich vor künftigen Angriffen zu schützen. Daß sie aber auch durch andere asoziale Komponenten mitbestimmt wurde, führte später zu ihrer Ablösung durch die staatliche Strafe. Wie alt der Sicherungsgedanke ist, und daß er wahrscheinlich sogar früher als die Vergeltungsidee die Strafe beherrschte, zeigt neuerdings wieder die Untersuchung P. Fischers über „Strafen und sichernde Maßnahmen gegen Tote im germanischen und deutschen Recht". Diese Sicherung galt dem Selbsterhaltungstrieb; denn die Toten und die Götter gehörten zu den gefährlichen Erscheinungen. Erste wegen ihres „Umgehens", und letzte wegen der Gefahr, daß ihr Zorn erregt würde. Die Entwicklung verlief so, daß erst später neben dem Sicherungsgedanken die Vergeltungsidee eine Rolle spielte [2]). Das war wahrscheinlich nicht nur im Falle der Strafen gegen Tote, sondern überhaupt im germanischen Strafrecht so. Selbst die sogenannten „spiegelnden Strafen" beruhen nicht auf dem Talionsgedanken [3]). Die echte Vergeltung, die Talion, wie sie z. B. Kant in seiner absoluten Strafrechtstheorie vertritt (vgl. oben S. 6), findet in germanischen Rechten erst unter dem Einfluß des mosaischen, alttestamentarischen Rechts Eingang [4]). Aber selbst die im Mittelalter vielfach vorherrschende theokratische Strafauffassung, die vor allem von Thomas v. Aquin ausgebildet wurde, ist nicht gänzlich vom Schutzgedanken losgelöst. Thomas v. Aquin sagt im Gegenteil, daß die menschlichen und diesseitigen Strafen mehr „medizinische" (d. h. also: die als Krankheit aufgefaßte Kriminalität bekämpfende) als vergeltende Strafen seien. „Poenae huius magis sunt medicinales, quam retributivae [5])." Im deutschen Recht zeigt sich das Vorherrschen des Schutzprinzips besonders deutlich an der Carolina [6]). „Auß lieb der gerechtigkeit, und umb gemeynes nutz willen" ist nach Art. 104 zu strafen.

[1]) Die Lehre von Verbrechen und Strafe, S. 212.

[2]) Fischer, a. a. O. S. 66.

[3]) Vgl. Brunner-Schwerin, Rechtsgeschichte II, S. 767/768.

[4]) Vgl. v. Schwerin, in Hoops Reallexikon der Germ. Altertumskunde, Art. Talion.

[5]) Zitiert bei Brugger, Schuld und Strafe, S. 121.

[6]) Vgl. Klee, Die Strafrechtstheorien der Carolina und des Carpzow, in Zeitsch. f. vgl. RWiss., Band 15, S. 220 ff.

Daran, daß sich fast alle Mittel der Schutzstrafentheorie in diesem Gesetz finden, zeigt sich, daß der Gemeinnutz als Strafzweck im Vordergrund steht: Die Abschreckung wird durch die grausamen Strafvollzugsarten bezweckt (vgl. Art. 137). Die Besserung berücksichtigt Art. 158, die Sicherung Art. 176, und den Strafvollzug soll gemäß Art. 218 Abs. VII die Prävention („Verwarnung") beherrschen, um nur einige Beispiele zu nennen. Aber auch dort, wo sich die Idee der Gottesstrafe — aus dem kanonischen Recht übernommen — findet (Art. 109), liegt die Berücksichtigung des Schutzzwecks vor; denn die Gemeinschaft sollte vor Gottes Zorn geschützt werden — ein Beispiel für die bereits erwähnte Tatsache, daß auch die sakrale Strafe letztlich der Schutzidee dient. Die zur Zeit des Erlasses der Carolina (Reichsabschied vom 27. 7. 1532) herrschende Strafauffassung kommt sehr charakteristisch bei den Reformatoren Luther und Melanchthon zum Ausdruck [1]. Beide legen Nachdruck auf den realen Zweck der Strafe, auf ihren Nutzen. Sie vertreten keine theokratische Vergeltungstheorie. Sehr drastisch spricht das Luther aus: „Gleich wie man ein wild bös Tier mit Ketten und Banden fasset, daß es nicht beißen und reißen kann nach seiner Art, wie es gern wollte", so strafe man [2]. Diese Strafrechtstheorie, die bei beiden Reformatoren mit dem christlichen Liebesgebot verknüpft wird [3], ist also eine echt utilitaristische. Demnach ist es nicht ganz zutreffend, wenn häufig behauptet wird, Hugo Grotius habe den Begriff der utilitas zum erstenmal in die Strafproblematik eingeführt [4]. Allerdings erklärt er mit besonderer Schärfe, daß die Vergeltungsstrafe nach seiner Meinung keine Rechtsstrafe, sondern lediglich ein feindseliger Akt sei. „Poena non est, sed factum hostile [5]." Ebenso wie Luther und Melanchthon folgert später auch Schleiermacher im Gegensatz zu Stahl aus der protestantischen Lehre eine echte Schutzstrafentheorie. Er faßt die Strafrechtspflege als eine Staatsverteidigung auf, die er dem Militärwesen gegenüberstellt, weil dieses den Feind von außen abwehrt, während jene gegen den inneren Feind kämpft [6].

---

[1] Vgl. Helmuth Mayer, Die Strafrechtstheorie bei Luther und Melanchthon, in Binder-Festschrift, S. 77 ff.

[2] Luther, Über die Grenzen der weltlichen Obrigkeit, zitiert bei Mayer, a. a. O. S. 79.

[3] Vgl. Mayer, a. a. O. S. 88.

[4] Z. B. von Hentig, Die Strafe, S. 161.

[5] De iure belli ac pacis, lib. II, cap. XX de poenis.

[6] Schleiermacher, Die Lehre vom Staate, zitiert bei Stahl, Die Philosophie des Rechts, II, 1, S. 172/173. — Vgl. auch das oben S. 23/24 Gesagte.

Eine Geschichte der Strafrechtstheorien zu geben, würde über den Rahmen dieser Untersuchung hinausgehen. Es sollten nur einige bemerkenswerte Ansichten zu diesem Problem genannt werden, damit erkannt wird, wie der Schutzstrafengedanke zu allen Zeiten lebendig war. Als Abschluß dieser historischen Randbemerkung seien noch die Äußerungen zweier Deutscher zitiert, deren Ideen und Taten die Gestaltung unserer Zeit wesentlich vorbereiteten, und die daher eine gewisse Autorität beanspruchen dürften, obwohl sie in der bisherigen Literatur zu dem hier behandelten Problem kaum berücksichtigt sind. — Vielfach hat sich Nietzsche mit dem Strafzweck in seiner aphoristischen, treffenden Weise befaßt. Die Strafe als Vergeltung und Rache lehnt er ab [1]). „Die Strafe sühnt nicht, die Vergeltung löscht nicht aus, Getanes wird nicht ungetan gemacht [2]).“ Insofern meint er: „Zürnen und Strafen ist unser Angebinde von der Tierheit her. Der Mensch wird erst mündig, wenn er dies Wiegengeschenk den Tieren zurückgibt. — Hier liegt einer der größten Gedanken vergraben, welche Menschen haben können, der Gedanke an einen Fortschritt aller Fortschritte. — Gehen wir einige Jahrtausende miteinander vorwärts, meine Freunde [3])!“ Positiv schreibt Nietzsche: „Man soll den Begriff der ‚Strafe‘ reduzieren auf den Begriff: Niederwerfung eines Aufstandes, Sicherheitsmaßregel gegen den Niedergeworfenen [4]).“ Ebenso klar vertritt Bismarck den reinen Schutzgedanken. Er sagte einmal: „Es ist ein großer Fehler unserer Richter, daß sie sich anmaßen, gerecht sein zu wollen; gerecht ist nur der allwissende Gott. Um jede Strafe wirklich ‚gerecht‘ abmessen zu können, müßte man in jedem Fall die weitestgehenden Untersuchungen anstellen über das Vorleben des Verbrechers, seine Erziehung, seinen Umgang, seine natürlichen Anlagen und die seiner Vorfahren, sein körperliches und geistiges Befinden ... Die Richter haben einfach als Vertreter der Gesellschaft das Notwehrrecht anzuwenden [5]).“ „Notwehrrecht“ der Gesellschaft, das ist der Gedanke, daß das Strafrecht notwendig ist, um die Gesellschaft — wir sagen heute besser: die Gemeinschaft — zu schützen und ihre Lebensordnung zu sichern.

---

[1]) Studien aus der Umwertungszeit, S. 223.

[2]) Der Wille zur Macht, S. 99.

[3]) Menschliches, Allzumenschliches, II. Band, S. 278.

[4]) Der Wille zu Macht, 3. Buch, S. 172. — Vgl. auch das Zitat am Eingang dieser Untersuchung.

[5]) Zitiert bei Erich Marcks, Erinnerungen an Bismarck, S. 55; vgl. auch Jung, Leerlauf und Nutzeffekt im Wissenschaftsbetrieb, in Arch. f. Rechtsphil., XXX. Band, S. 356.

Fast wörtlich findet sich dieser Gedanke im nationalsozialistischen Schrifttum wieder. „Ziel des Strafrechts", führt Nicolai aus, „ist die Sicherung des Rechts gegenüber dem Rechtsbrecher. Es ist Notwehr der Gemeinschaft gegen den, der den Rechtsfrieden stört und das Leben der Gemeinschaft bedroht, indem er die Rechtsordnung umstößt [1])". „Der Staat straft nicht, weil ihm von oben her das Recht zur Strafe verliehen wurde, auch nicht, weil er sich willkürlich dieses Recht nimmt, sondern um die Gesamtheit zu schützen [2])." Ebenso wie von Hentig (vgl. oben S. 11) faßt Nicolai — allerdings unter stärkerer Betonung des rassetheoretischen Standpunktes — das Strafrecht als Auslese auf, um das Leben der Gemeinschaft zu garantieren. Damit berührt sich die Auffassung Nicolais mit derjenigen von Rosenberg, der ebenfalls die Schutzidee als die das Strafrecht beherrschende Idee anspricht. „Strafe ist einfach Aussonderung fremder Typen und artfremden Wesens [3])." Daß der Gedanke einer sühnenden Strafe von Staemmler und anderen Rassebiologen abgelehnt wird, versteht sich fast von selbst, und bedarf daher keiner näheren Erörterung [4]).

Auf dem Boden der reinen Schutzstrafentheorien steht auch die Denkschrift des Preußischen Justizministers „Nationalsozialistisches Strafrecht". „Das Strafrecht muß den Schutz des Volkes in den Mittelpunkt stellen", heißt es dort [5]). Oder an anderer Stelle: „Für ein nationalsozialistisches Strafrecht handelt es sich in erster Linie um den Schutz der Daseinsbedingungen der deutschen Volksgemeinschaft [6])." Auch Wolf geht davon aus, daß es darauf ankommt, die Volksgemeinschaft zu schützen, und meint, der „liberalistische Gedanke des bloßen Vergeltungs- und Genugtuungsstrafrechts" sollte überwunden sein" [7]).

Aber selbst die modernen Sühnetheorien betonen stets auch den Schutzgedanken. Eine echte absolute Theorie wird von fast niemanden mehr vertreten (vgl. oben S. 12 ff.). So wird von Freisler immer neben dem Strafzweck der Sühne auch der Sicherungs-

---

[1]) Die rassengesetzliche Rechtslehrer, S. 44.

[2]) Nicolai, a. a. O. S. 46.

[3]) Der Mythus des 20. Jahrhunderts, S. 580.

[4]) Vgl. u. a. Martin Staemmler, Rassenpflege im völkischen Staat S. 104 ff. (insbesondere S. 105/106).

[5]) a. a. O. S. 9.

[6]) a. a. O. S. 123; vgl. hierzu auch Klee, Nationalsozialistisches Strafrecht, in Arch. f. St.R. 1933, S. 321.

[7]) Das künftige Strafensystem u. die Zumessungsgrundsätze, in Z., Bd. 54, S. 545.

und Schutzzweck betont. Denn, daß das Strafrecht den ganz realen kriminalpolitischen Zweck der Verbrechensbekämpfung hat, wird selbstverständlich nirgends verkannt [1]). Fast sieht es aus, als ob Gürtner den Sühnezweck der Strafe dem Schutzzweck unterordnet, wenn er sagt, das Strafrecht solle die „Sühne für ein Unrecht an der Gesamtheit darstellen und so die Volksgemeinschaft gegen Schädlinge verteidigen und vor ihnen schützen“ [2]). Vielfach wird der Gedanke einer „Reinigung“ mit dem Sühnegedanken in Zusammenhang gebracht. So fordert z. B. Höhn, daß das Strafverfahren die Züge eines „Reinigungsverfahrens“ annehmen müsse. „Es wird entweder die Gemeinschaft von dem entarteten Genossen gereinigt, oder es wird dem Beschuldigten Gelegenheit gegeben, sich von dem ihm entgegengebrachten Vorwurf zu reinigen [3]).“ Die früher von Kohler [4]) vertretene Auffassung enthält als Kern ebenfalls den Schutzgedanken; denn sie bedeutet doch offenbar nur die in etwas poetische Form gebrachte Ansicht, daß ein Schaden, eine „Verunreinigung“ durch die Strafe beseitigt werden soll, ebenso wie der Arzt eine Krankheit bekämpft, damit die Gesundheit künftig gesichert ist. Damit ist aber auch bei der Sühne der Blick in die Zukunft gerichtet, und die Prävention ist das Wesentliche [5]). Auch Karl Peters, um noch ein weiteres Beispiel eines Vertreters der Sühnetheorie zu nennen, stellt ausdrücklich fest, daß bei der Strafzumessung Sozialschädlichkeit und Sozialgefährlichkeit Berücksichtigung finden müssen [6]). Die einzige echte Sühnetheorie im Sinne der reinen absoluten Strafrechtstheorien vertritt Binder, der sich eng an die Hegelsche Strafauffassung anlehnt, wie schon eingangs bemerkt worden war (vgl. oben S. 7). Nach dieser Meinung soll die Strafe so beschaffen sein, daß sie „einen Bruch der Friedens-

[1]) Vgl. Freisler: Gedanken zur Strafrechtserneuerung, in Kerrl, Preuß. Denkschr., S. 9; Deutsches Strafrecht, Vermächtnis und Aufggbe, in Dt.Str. 1934, S. 1 ff.; Ergebnisse der Beratungen, in Freisler-Luetgebrune, Denkschr., S. 19; Der Wandel der politischen Grundanschauungen usw., in DJZ. 1935, S. 1250; Willensstrafrecht, in Gürtner, Das kommende Strafrecht, S. 18; Der Treuegedanke im neuen Strafrecht, in Dt.Str. 1936, S. 209; Das neue Strafrecht als nat.soz. Bekenntnis, in Gürtner-Freisler, Das neue Strafrecht, S. 36, 38, 40, 61, 111, 120, 134, 141. Und neuestens in D. Just. 1938, S. 365 ff.

[2]) Der Gedanke der Gerechtigkeit in der Dtsch. Strafrechtserneuerung, in Gürtner-Freisler, Das neue Strafrecht, S. 30.

[3]) Staatsbegriff, Strafrecht u. Strafprozeß in Dt.R. 1935, S. 268; auch Freisler vielfach a. a. O.

[4]) Das Wesen der Strafe, S. 6.

[5]) So Klee, Das Verbrechen als Rechtsguts- u. als Pflichtverletzung, in Dt.Str., 1936, S. 15.

[6]) Strafzumessung, in Handwörterbuch der Kriminologie, II. Band, S. 740.

ordnung sühnt und diese bewährt und verbürgt", aber „nicht im Sinne der Lehre von der Prävention" [1]). Wird die Strafe wie bei Hegel allein aus ihrer dialektischen Notwendigkeit begründet — und das will die Theorie von Binder —, dann ist die Ablehnung der Prävention an sich ganz konsequent. Allein in der zitierten Formulierung liegt ein Widerspruch, der sich bei Hegel nicht findet. Wenn nämlich neben der Sühnung die Friedensordnung gleichzeitig „bewährt und verbürgt" werden soll, dann wird durch diesen Gedanken die Schutzidee, die Prävention gerade wieder in den Strafzweck miteinbezogen. Denn „bewähren und verbürgen" kann doch nur heißen, die Friedensordnung vor künftigen Brüchen zu schützen, zu „bewahren". Das aber ist typische Prävention. Sieht man hiervon ab, so stellt allerdings diese Theorie, die den Strafzweck in der Sühne unter Ablehnung der Prävention sieht, eine echte Sühnetheorie dar. Mit Ausnahme dieses Einzelfalles betonen jedoch alle Sühnetheorien auch noch den Schutzgedanken.

Das kommt ebenso im geltenden Recht, daß durch die Novellengesetzgebung schon stark durch die Sühnetheorie beeinflußt ist, an verschiedenen Stellen deutlich zum Ausdruck [2]). Die Möglichkeit der Wahlfeststellung des § 2 b StGB. [3]) widerspricht z. B. in gewisser Weise dem Sühneprinzip. Denn „gesühnt" kann nur werden, wenn genau feststeht, was gesühnt werden soll. Wenn das Gesetz aber in dieser Bestimmung eine Bestrafung erlaubt ohne eine derartige genaue Feststellung, dann berücksichtigt es die Tatsache, daß es für die Frage nach der Sozialgefährlichkeit eines Täters genügt, wenn festgestellt wird, daß der Betreffende gegen eines von mehreren Strafgesetzen verstoßen hat. Gegen welches von diesen er im einzelnen verstoßen hat, ist belanglos. Wenn er nur überhaupt das Recht verletzt hat, bedarf die Gemeinschaft des Schutzes vor ihm. — Vor allem aber hat die Bestimmung des § 20 a StGB. [4]) nichts mehr mit der Sühne für eine Tat zu tun. Wenn nach dieser Bestimmung die Strafe erheblich verschärft werden kann bei jemandem, der schon mehrmals verurteilt worden ist und der bei Gesamtwürdigung seiner Taten als ein gefährlicher Gewohnheitsverbrecher

[1]) System der Rechtsphilosophie, S. 358.

[2]) Vgl. hierzu Kohlrausch, Art. Kriminalpolitik u. Strafrecht, in die Rechtsentwicklung der Jahre 1933 bis 1935/36 (= Zusatzband zum Handwörterbuch der Rechtswissenschaft). — Neben den im Folgenden genannten Bestimmungen vgl. auch § 154 b StPO.

[3]) Diese Bestimmung ist durch das Gesetz vom 28. Juni 1935 eingeführt worden.

[4]) Dieser Paragraph ist durch das Gesetz v. 24. 11. 1933 eingefügt worden.

erscheint, dann bedeutet dies eine reine Präventionsmaßnahme. Maßgebend für die Strafzumessung ist allein die „Gefährlichkeit" des Delinquenten, d. h. die Frage, in welchem Maße die Volksgemeinschaft in Zukunft vor ihm geschützt werden muß, um die Heraufbeschwörung neuer Sozialschäden zu vermeiden. Es kommt nicht auf das Sühnebedürfnis, das die Tat als solche auslöst, an, sondern auf das Schutzbedürfnis, das wegen der Persönlichkeit des Täters besteht. Die Strafverschärfung knüpft zwar an die Vergangenheit an, aber sie tritt nicht ein, quia peccatum est, sondern ne peccetur. — In § 48 Abs. I der Verordnung über den Vollzug von Freiheitsstrafen und von Maßregeln der Sicherung und Besserung, die mit Freiheitsentziehung verbunden sind — vom 14. Mai 1934 —, hat die Sühnetheorie ihren gesetzlichen Niederschlag gefunden. Dort heißt es, wie bereits erwähnt worden ist: „Durch die Verbüßung der Freiheitsstrafe sollen die Gefangenen das begangene Unrecht sühnen." Charakteristischerweise fährt diese Bestimmung aber in Absatz II fort: „Die Freiheitsentziehung ist so zu gestalten, daß sie für die Gefangenen ein empfindliches Übel ist und auch bei denen, die einer inneren Erziehung nicht zugänglich sind, nachhaltige Hemmungen gegenüber der Versuchung, neue strafbare Handlungen zu begehen, erzeugt." Damit ist der Sühnegedanke fast völlig in den Hintergrund getreten, um der Prävention zum Schutze der Gemeinschaft Platz zu machen. Denn in Absatz II drückt sich klar aus, daß der Strafvollzug im Hinblick auf die Zukunft und nicht auf die Vergangenheit auszugestalten ist.

So kommt die Schutzidee überall zum Durchbruch, weil der Gemeinschaftsschutz eben der natürliche Strafzweck ist. — Nebenbei sei bemerkt, daß es auffällig und bezeichnend ist, daß der Kommentar des Strafgesetzbuches von Dalcke [1]), der in der Praxis am meisten benutzt wird, zu § 27 b nichts von der Sühne als Strafzweck erwähnt, obwohl diese Bestimmung ausdrücklich vom Zweck der Strafe handelt.

Daß zu den Strafzwecken stets der Schutzgedanke gehörte, zeigt auch die Etymologie der Worte „Sühne" und „Vergeltung" [2]). Nicht ergiebig ist die Entwicklungsgeschichte des Wortes „Strafe", denn eigenartigerweise taucht dieses erst um 1200 als mittelhochdeutsches „strafen" ganz unvermittelt auf. — Überhaupt ist die Beweiskraft der wortgeschichtlichen Forschung für die heutige Auf-

[1]) 27. Aufl. 1936.

[2]) Vgl. die entsprechenden Artikel (statt „vergelten" s. aber „gelten") in F. Kluge, Etymologisches Wörterbuch der deutschen Sprache; und H. Paul, Deutsches Wörterbuch.

fassung des Wortsinnes natürlich keineswegs bindend [1]), aber immerhin gibt sie wichtige Fingerzeige. — Das von den Sühnetheorien mit ethisch-romantischem Gehalt ausgefüllte Wort „Sühne", das von dem altdeutschen „suona" über das mittelhochdeutsche „suene" oder „suone" abstammt, hat ursprünglich einen ganz nüchternen, realistischen Inhalt. Es bedeutet: Gericht, Vertrag, Friedensschluß, Urteil, Versöhnung. Das von „Sühne" abgeleitete „sühnen" stammt von dem althochdeutschen „suonen" ab und bedeutet ebenfalls ganz unromantisch: „richten, beilegen, Ersatz zahlen (!), aussöhnen, u. ä." „Vergelten" ist eine Variation von „gelten", welches seinerseits von dem althochdeutschen „geltan" abstammt, was „zurückzahlen", „entschädigen" bedeutet. Im Gotischen wird das Substantivum „gilstr" dazu gebildet und bezeichnete die „Steuer". Also auch hier findet sich nicht die erwartete eindeutige Sinnbezogenheit auf ethische Werte. Allerdings wird es auch im vorchristlichen germanischen Stadium auf religiöse Opfer angewandt.

Soviel dürfte jedoch nach dem bisherigen klar sein, daß der Gedanke der Schutzstrafe zumindest nirgends ganz gefehlt, meist aber vorgeherrscht hat, und daß dieser Gedanke, abgesehen davon, daß er sich wahrscheinlich in allen Strafrechten der Erde auffinden lassen wird, vor allem ein dem deutschen Denken über das Strafproblem naheliegender Gedanke ist.

2. Abgesehen davon, daß es gegen die Sühnetheorie spricht, wenn die Strafe nach deutscher Rechtsauffassung seit altersher mit dem Schutzgedanken verbunden ist, folgt die Ablehnung der Sühnetheorie auch aus der Unbrauchbarkeit des Sühnebegriffs. Durch die verschiedensten Überlegungen läßt sich nämlich zeigen, daß der Sühnegedanke praktisch wenig verwendbar ist.

a) Sühne und Vergeltung bezeichnen das gleiche und sind daher identische Begriffe. Das zeigt sich in dem wechselnden Gebrauch der beiden Worte für denselben Inhalt, wie man ihn bei fast allen Sühnetheoretikern beobachten kann. Als besonders deutliches Beispiel sei hier Peters genannt, der geradezu schreibt, „Vergeltung bedeutet Sühne für das begangene Unrecht" [2]). Aber auch in der Denkschrift der Akademie für deutsches Recht, zur Strafrechtsreform läßt sich z. B. ebenso wie an vielen anderen Stellen im modernen Schrifttum zum Strafproblem die wechselnde Benutzung der beiden Worte bei gleichbleibendem Sinn feststellen (vgl. die oben S. 25 zitierten Stellen). Dieser Sprachgebrauch ist durchaus

[1]) So auch Nagler, Die Strafe, S. 29 ff.

[2]) Art. Strafzumessung, in Handwörterbuch der Kriminologie II. Band, S. 739.

gerechtfertigt und entspricht der feststehenden Auffassung dieser Begriffe, wie sie sich etwa im Systematischen Wörterbuch der Philosophie von Clauberg und Dubislav ausdrückt, wo definiert wird, die Vergeltung sei die „Strafe als Sühne“ [1]). Hieraus folgt, daß alles das, was über die modernen Vergeltungstheorien gesagt worden war, gleichzeitig für die neuen Sühnetheorien gilt; d. h. daß diese keine echt absoluten Theorien sind, weil auch sie die Zweckstrafe anerkennen, und damit, je nach dem, ob sie die Strafe als Sühne definieren, ob sie die Sühne als Strafzweck auffassen oder ob sie beides vereinen, den Sühnebegriff einerseits völlig entleeren und andererseits in der Generalprävention aufgehen lassen [2]).

b) Läßt man jedoch diese Relativierung des ursprünglich absoluten Begriffs der Sühne außer Acht, so erweist sich die geringe Verwendbarkeit des Begriffs immer noch aus der Schwierigkeit, seinen Inhalt klar zu umschreiben, ohne im Gefühlsmäßigen und Verschwommenen stecken zu bleiben [3]). Die Definition der Sühne wäre aber ein wissenschaftliches Erfordernis. Tatsächlich findet man nirgends eine saubere Begriffsbestimmung der Sühne. Sie fehlt auch bei älteren Sühnetheoretikern. Man trifft sie weder bei Kohler [4]) noch bei Foerster [5]) an. Vielleicht wird man dem Gesagten dasselbe entgegenhalten, was M. E. Mayer von dem Vergeltungsbegriff gesagt hat: „Wer der Meinung ist, der Begriff der Vergeltung bedürfe einer Definition, sollte ihn lieber nicht gebrauchen. Das Wesen der Vergeltung muß erlebt werden und ist von den meisten Menschen irgendwann mal erlebt worden. Denn wer von sich behaupten darf, der brennende Wunsch, Vergeltung zu üben, sei niemals in ihm erwacht, dem blieb die tiefe Kränkung erspart, die nach Vergeltung ruft, oder die Fähigkeit versagt, irgend etwas tief zu empfinden; so glücklich oder so unglücklich sind nur wenig Menschen [6]).“ Wollte man sich indessen auf das Erlebnis des Sühneverlangens verlassen, dann würde, auch wenn man die wissenschaftlichen Bedenken gegen einen derartigen nur in Umrissen bekannten strafrechtlichen Grundbegriff beiseite läßt, die Einheitlichkeit der Rechtsprechung erheblich gefährdet werden. Denn Gefühle sind individuell gebunden und demgemäß sehr verschieden. Schon der juristische Sprachgebrauch beweist, was für verschieden-

[1]) a. a. O., Art. Vergeltung.

[2]) Vgl. Klee, in Dt. Str. 1936, S. 373.

[3]) Klee, a. a. O. S. 371 ff.

[4]) Das Wesen der Strafe; vgl. insbesondere S. 9.

[5]) Schuld und Sühne; vgl. insbesondere S. 20.

[6]) Der allgemeine Teil des deutschen Strafrechts, S. 422.

artige Dinge mit dem Sühnebegriff in Zusammenhang gebracht werden. § 380 der Strafprozeßordnung schreibt vor, daß bei bestimmten leichteren Delikten (Hausfriedensbruch, Beleidigung, Sachbeschädigung usw.) vor der Klageerhebung des Privatklägers ein „Sühneversuch" stattzufinden habe. In diesem Falle kann man fast sagen, daß hier der Sühnegedanke im umgekehrten Sinne entgegen seiner Verwendung als Strafzweck gebracht wird; denn hier soll ja gerade versucht werden, es gar nicht erst zu einem Strafverfahren, also auch nicht zu einer „sühnenden" Strafe kommen zu lassen. Es darf dem nicht entgegengehalten werden, daß die Fälle, in denen § 380 StPO. eingreift, meist solche sein werden, bei welchen ein Sühneverlangen im Sinne eines Verlangens, das Bestrafung erstrebt, nicht besteht. Denn um so auffälliger wäre es, wenn auch ein derartiges Verfahren „Sühneversuch" genannt wird. Schließlich wird der Sühnegedanke sogar auf nichtstrafrechtlichem Gebiet verwandt: Die Anberaumung eines Termins zur mündlichen Verhandlung über eine Ehescheidungsklage ist erst nach voraufgegangenem „Sühneverfahren" zulässig (§ 1571 BGB. und §§ 608 bis 611 ZPO.). Die Verwendung des Sühnebegriffs in diesem Zusammenhang ist deshalb besonders bemerkenswert, weil man gerade bemüht ist, daß im Scheidungsrecht an keiner Stelle irgendeine gesetzliche Regelung einen Strafcharakter erhält. So stellt z. B. die Begründung des Entwurfs eines neuen Ehescheidungsrechts, der vom Nationalsozialistischen Rechtswahrerbund fertiggestellt wurde, fest, daß bei der Regelung der Sorge für die Person der Kinder nicht das Verschulden der geschiedenen Eltern die ausschlaggebende Rolle spielen darf, damit eine „ungerechtfertigte Rückkehr zu dem Straf- und Vergeltungsgedanken, der die heutige Gesetzesregelung beherrscht", vermieden wird. Will man nun diesen Sprachgebrauch trotzdem zumindest für das geltende Recht für gerechtfertigt halten, weil eben unbewußt im Scheidungsrecht doch ein Strafgedanke wirksam wird — ein gekünstelter Gedanke, der im Falle des beiderseitigen Verschuldens ohnehin entfällt —, so kann aber bei dem Gebrauch des Sühnebegriffs in § 296 der Zivilprozeßordnung, wo ein „Sühneversuch" für zivilrechtliche Prozesse aller Art ohne Einschränkung geregelt wird, in gar keinem Falle von einem Zusammenhang mit dem Strafbegriff die Rede sein. Die Tatsache, daß selbst auf rechtlichem Gebiet dort von „Sühne" gesprochen wird, wo keinerlei Beziehung zur Strafe und zum Strafrecht besteht, beweist genügend, wie unklar und unbestimmt das ist, was eigentlich unter „Sühne" verstanden wird, und wie bedenklich es deshalb ist, diesen Begriff zur Strafrechtsgrundlegung zu benutzen.

c) Ferner darf nicht vergessen werden, daß die Sühneidee stark religiös gefärbt ist. Das drückt sich in dem engen Zusammenhang von „Sühne“ und „Sünde“ deutlich aus [1]). Das in wohl allen Kulturen bekannte Sühne- oder Sündopfer sollte die Beleidigung der Gottheit, die in einer sündhaften Tat liegen soll, wieder gutmachen. Der erzürnte Gott sollte wieder „versöhnt“ werden. Dieser religiöse Gehalt des Sühnegedankens findet sich auch in der Sühnetheorie von Kohler. „Die Bedeutung der Sühne“, so schreibt er, „besteht in der Läuterung und Reinigung; und zwar ist die Läuterung nicht bloß eine Läuterung des Einzelnen — sie ist eine Läuterung der ganzen Menschheit.“ „Die Menschheit erseufzt unter einer furchtbaren Tat — sie lebt wieder auf, wenn das Haupt des Übeltäters gefallen ist [2]).“ In der Menschheit waltet die „im Menschengeiste versenkte Allseele“ [3]). Damit geht diese Theorie von religiösen Vorstellungen aus. Und in der Tat wird man die Sühneidee nicht von ihren religiösen Inhalten trennen können, und dies vor allem nicht im abendländischen Kulturkreis, weil die Sühne in der christlichen Lehre eine hervorragende Rolle spielt.

Dieser religiöse, insbesondere christliche Gehalt macht den Sühnegedanken für die Grundlegung einer empirischen Wissenschaft, wie sie die Strafrechtswissenschaft nun einmal ist, weil es bei ihr ganz einfach auf die zweckmäßige Bekämpfung der Kriminalität ankommt, unbrauchbar. Denn in der religiösen, christlichen Dogmatik werden Sühne und Strafe sogar streng geschieden. Das Hauptcharakteristikum der Sühne im Gegensatz zur Strafe ist die Freiwilligkeit der ersteren [4]). Die Sühne gilt der in der Übeltat liegenden persönlichen Kränkung der verletzten Autorität. Sie geht darauf aus, durch eine „gesteigerte Huldigungsleistung diese Beleidigung auszugleichen“ [5]). Hierbei kommt es aber gerade auf die Freiwilligkeit der Genugtuung an, sonst ist die Beleidigung nach dieser christlichen Auffassung nicht wieder gut gemacht. Die Sühne soll aber nicht etwa die weltliche Autorität versöhnen. „Sühne tilgt die Schuld vor Gott [6]).“ Es leuchtet ein, daß sich

---

[1]) Vgl. die Artikel „Sühne“ und „Sünde“ in W. T. Krug, Allgemeines Handwörterbuch der philosophischen Wissenschaften.

[2]) Das Wesen der Strafe, S. 9.

[3]) Kohler, a. a. O., S. 2.

[4]) Vgl. Brugger, Schuld und Strafe, S. 137; Hürth, Schuld und Sühne vom psychologischen und fürsorgerischen Standpunkt, S. 91; F. J. Stahl, Die Philosophie des Rechts, II. Band, S. 176.

[5]) Hürth, a. a. O. S. 90.

[6]) Brugger, a. a. O. S. 142.

die Sühneidee vermöge dieser Bedeutungsgehalte schwerlich mit der Idee der staatlichen Strafe in Einklang bringen läßt, zumal der Gedanke der Freiwilligkeit der Sühne in striktem Gegensatz zur Kriminalstrafe steht. Noch deutlicher und unüberbrückbarer wird dieser Gegensatz, wenn der Begriff der Sühne an dem Opfertod Christi exemplifiziert wird. Danach bezweckt die Sühne, „durch Übernahme eines endlichen Leidens eine unendliche Strafe abzuwenden“ [1]). Zur Sühne gehören dann neben der Freiwilligkeit noch die Unschuld des Sühnenden und die Charakterisierung des Leidens als eines stellvertretenden. Wahrhafte Sühne liegt nach dieser Lehre nur bei Christus vor [2]).

Auch abgesehen von der Tatsache, daß sich der Sühnegedanke zur Verwendung bei der Strafrechtsgrundlegung wegen seiner religiösen Färbung nicht eignet, ist die Basierung des Strafrechts in der religiösen Sphäre überhaupt gefährlich, weil sie zu den eigenartigsten Folgerungen und Übertreibungen führen kann. Als Beispiel mag hier die in der strafrechtlichen Fachliteratur bisher noch gar nicht berücksichtigte Straftheorie der sog. Anthroposophie mit ihrer Verbindung buddhistischer und christlicher Ideen herangezogen werden und die jüngste katholisch-christliche Theorie von Brugger. Die von Rudolf Steiner im Jahre 1912 gegründete Anthroposophie — eine Abart der Theosophie — vertritt das Dogma von der Wiedergeburt und Wiederverkörperung der menschlichen Seele in verschiedenen Leben („Reinkarnation“). Jedes neue Sein der Seele wird bestimmt durch den Schatz der guten und bösen Taten, den sie im vorigen Leben erwarb („Karma“). Die Reinkarnations- und die Karmaidee bestimmen die anthroposophische Straftheorie [3]). Nach dieser besteht ein Recht auf Strafe für den Verbrecher [4]). Denn durch sie allein ist es dem Täter möglich, sich im nächsten Leben ein günstiges Schicksal zu erwerben; denn nach dem Karmagedanken würde die Übeltat, wenn sie nicht durch Strafe wieder gutgemacht würde, ein ungünstiges Sein im kommenden Leben verursachen. „Nicht eine transsubjektive, überindividuelle Macht fordert die Bestrafung einer Missetat, sondern die ewige durch die wiederholten Erdenleben wandernde Individualität des Täters selbst [5]).“ Die Strafe steht so unter der „Idee der Hilfe“

---

[1]) Stahl, a. a. O. S. 177.

[2]) Stahl, a. a. O. S. 178.

[3]) F. O. Hörler, Das Wesen der Strafe, und L. Thieben, Strafrecht, Mensch und Schicksal.

[4]) Hörler, a. a. O. S. 211ff.

[5]) Thieben, a. a. O. S. 37.

für die Schicksalsgestaltung. Sie dient der „Bloßlegung und Inbetriebsetzung der seelischen Kräfte“ [1]). Hierzu bedarf es aber einer ganz neuen Strafrechtsausgestaltung. „Von Moses zu Christus ging der Weg der Menschheit. Eben diesen Schritt vom Richter zum Heiler und Erlöser hat die Strafrechtswissenschaft und Strafrechtspraxis noch zu tun. Freilich darf die therapeutische Zielsetzung nicht dazu führen, daß sich die Kriminalistik den Lehrmeinungen der heutigen Schulmedizin ausliefert, statt die spirituellen Heilkräfte des menschlichen Wesens zu suchen [2]).“ Schließlich versteigt sich diese Meinung zu dem denn doch reichlich merkwürdigen Satz: „Karmaerkenntnis und Karmavertrauen werden einer Justizpflege der Zukunft das Gepräge zu geben haben [3]).“ Die praktischen Vorschläge dieser Auffassung sind dementsprechend. Es sollen für bestimmte Bezirke Laienrichter ernannt werden. Und jeder wählt im voraus einen Richter, zu dem er Vertrauen hat. Voraussetzung hierfür ist allerdings der völlige soziale Umbau der Gesellschaft im Sinne der Anthroposophie [4]).

Dieser utopistische Vorschlag erinnert stark an die optimistische Sühnetheorie Walter Rathenaus [5]), welcher meint, in Zukunft werde es „freie Genossenschaften der Sühnenden“ geben, zu denen sich „freie, unbelastete Menschen gesellen, um zu dienen, zu helfen, zu lehren und zu führen“. Zu den Sühnenden werden sich andere begeben, die ihr Gewissen belastet haben, ohne ein geschriebenes Staatsgesetz zu übertreten. Eines Strafgesetzbuches soll es nicht bedürfen. Es genüge das Gesetz: „Jedes Unrecht soll nach freiem Entschluß des Täters und nach Ermessen des gerechten und weisen Richters nach dem Maße der zutage getretenen Gesinnung und der Verantwortungsfähigkeit des Täters gesühnt oder gebüßt werden.“

Ein anderes Beispiel dafür, wohin die strafrechtswissenschaftliche Erörterung bei religiöser Grundlegung des Strafrechts führt, liefert die Straftheorie von Brugger. Dort wird — 1933! — ganz ernsthaft untersucht, ob die „Höllenstrafe“ eine echte Strafe sei. Der Autor kommt zu dem kuriosen Ergebnis, daß er diese Frage bejaht: „Bei der Höllenstrafe ist überdies jede Besserung von vornherein ausgeschlossen, und trotzdem ist ihr der Charakter der eigentlichen Strafe keineswegs abzusprechen [6]).“

---

[1]) Hörler, a. a. O. S. 244.
[2]) Thieben, a. a. O. S. 27.
[3]) Thieben, a. a. O. S. 38.
[4]) Karl Heyer, Der Weg zur Strafrechtserneuerung, in Thieben, a. a. O.
[5]) In Fritz Dehnow, Die Zukunft des Strafrechts, S. 37 ff.
[6]) Brugger, Schuld und Strafe, S. 108.

Die grundsätzliche Unmöglichkeit einer religiösen Begründung des Strafrechts ergibt sich ganz einfach aus der prinzipiellen Unfähigkeit menschlichen Erkenntnisvermögens über das, was ein Gott will, „orientiert" zu sein. In der religiösen Straftheorie wird aber ganz folgerichtig von dem Vorhandensein eines derartigen „Orientierungsvermögens" ausgegangen. Daher nimmt es nicht Wunder, wenn man etwa bei Brugger ganz naiv festgestellt findet: „Von Ewigkeit her erkannte Gott ..." oder: „Er sah genau, wie ..." oder auch: „Allerdings hätte Gott die gestörte Ordnung noch durch andere Mittel als durch die Strafe sanieren können, er hat es aber nicht getan" [1]). Aus diesem Grunde muß eine religiöse Straftheorie stets unwissenschaftlich sein. Das aber prägt sich auch dem Sühnebegriff wegen seiner engen Berührung mit der religiösen Sphäre ein.

d) Die Sühnetheorie trägt ferner zwei miteinander zusammenhängende Gedanken in das Strafproblem, die sich mit einem modernen Strafrecht nicht vereinbaren lassen. Erstens bezweckt die Sühne, Vergangenes auszugleichen, als ob sich jemals Geschehenes ungeschehen machen ließe, wie schon Nietzsche diese Auffassung kritisierte [2]). Zudem weist auch der Wortsinn des Wortes „Richter" und „richten" mehr in die Zukunft als in die Vergangenheit. Der Richter verhängt die Strafe, um das Künftige zu bestimmen; denn „richten" heißt soviel wie lenken, Ziel setzen. Von dieser Vergangenheitsbezogenheit der Sühne aus betrachtet, kann sie ferner ihre Verwurzelung in der Rache nicht verleugnen. Das geben auch die Sühnetheoretiker zu, behaupten indessen, die Sühne enthalte nur den „berechtigten Kern" der Rache [3]). Das Strafrecht soll allerdings, wie Freisler betont, kein „Racherecht im primitiven Sinne" sein [4]). Damit ist der Zusammenhang der Sühne mit der Rache jedoch anerkannt, wenn auch mit einer Art verfeinerter Rache im Gegensatz zur primitiven. Ob es aber überhaupt eine verfeinerte, nicht primitive und berechtigte Rache geben kann und ob überhaupt der Staat und nicht vielmehr nur der einzelne Mensch Rache ausüben kann, muß entschieden bezweifelt werden, wenn man die psychologischen Grundlagen des Racheverlangens und -ausübens bedenkt. Rache kann als die aus verletztem Ich- und Selbstgefühl entspringende, auf Beantwortung einer Übeltat zielende

[1]) Brugger, a. a. O. S. 41 und 42.

[2]) Vgl. das Zitat oben S. 68.

[3]) Freisler, Willensstrafrecht, in Gürtner, Das kommende Strafrecht, I, S. 16.

[4]) Das neue Strafrecht als nationalsozialistisches Bekenntnis, in Gürtner-Freisler, Das neue Strafrecht, S. 118.

affektmäßige Reaktion des Willens definiert werden. Durch die Verletzung entstand ein Gegengefühl („Ressentiment"), das Entspannung verlangt, damit es nicht nach der Lehre der modernen Psychologie zu einer „Verdrängung" kommt. Diese Entspannung wird so dringend gefordert, daß der Wille vom Affekt beherrscht wird [1]). Auf diese Tatsache kommt es in diesem Zusammenhang entscheidend an. Denn aus der Affektmäßigkeit der Rache folgt ihre Unbrauchbarkeit zur Grundlegung der staatlichen Strafe. Affekt ist nach C. G. Jung ein Gefühlsverlauf, der einerseits durch eine merkbare Nervenerregung, und andererseits durch eine eigentümliche Störung des Vorstellungsablaufs gekennzeichnet ist. Häufig ist dieser Gefühlsablauf sogar von einer Trübung der Verstandestätigkeit begleitet [2]). Dieser Erkenntnis zufolge fordert Kant, daß der Weise, wie es schon die stoische Schule lehrte, niemals im Affekt sein dürfe, selbst nicht in dem des Mitleids mit den Übeln seines besten Freundes; „denn der Affekt macht (mehr oder weniger) blind" [3]). Aus dem Gesagten folgt, daß die Verbindung der staatlichen Strafe mit dem Rachegedanken aus zwei Gründen zu verwerfen ist: Erstens will und soll der Staat bei Verhängung der Strafe keineswegs im Affekt und „blind", sondern ruhig und überlegend vorgehen [4]). Das allein ist auch volkstümlich; denn nichts zerstört die Rechtsautorität des Staates mehr als ein Richter, der in der Gerichtsverhandlung an Stelle von unberührter Überparteilichkeit ein affektives Verhalten bemerken läßt. Zweitens ist der Rachegedanke in der Strafrechtsordnung nicht verwertbar, weil die Rache asozial ist. Denn lediglich die Entspannung eines Gefühls ist ihr Ziel, eine Tatsache, die auch von den Sühnetheorien nicht verkannt wird [5]). Selbst wenn einmal durch eine Rachehandlung ein sozialer Erfolg herbeigeführt wird — wenn z. B. durch sie die Beseitigung eines kriminellen Elements gelingt —, dann ist das eine Nebenerscheinung, die nichts mit dem Wesen der Rache als Reaktion zur Entladung eines individuellen Gefühls zu tun hat.

e) Wenig geeignet erscheint der Sühnegedanke auch deshalb, weil er keineswegs sehr volkstümlich ist. Nicht bestreitbar mag zwar sein, daß es eine Sühnevorstellung seit altersher gegeben hat.

---

[1]) Vgl. Eisler, Wörterbuch der philosophischen Begriffe, Art. Rache, Band II, S. 577.

[2]) Jung, zitiert bei H. Schmidt, Philosophisches Wörterbuch, S. 6.

[3]) Kant, Anthropologie, § 75.

[4]) Darauf hat schon Nietzsche hingewiesen (Studien aus der Umwertungszeit, S. 223).

[5]) Vgl. Kohler, Das Wesen der Strafe, S. 15.

Aber es hat sie sicherlich, abgesehen von dem rein religiösen Vorstellungskreis, nicht in der breiten Menge des Volkes gegeben [1]). Dies legt für unsere Zeit eine statistische Untersuchung von Mathilde Kelchner mit bewerkenswertem Zahlenmaterial dar [2]). Die Verfasserin hat ihren Untersuchungen Aufsätze zugrunde gelegt, die auf ihre Veranlassung in Gemeinde- und Berufsschulen von jugendlichen Arbeitern und Arbeiterinnen geschrieben wurde, und zwar über die Themen „Was ist Schuld", „Sinn der Strafe" und „Schuld und Sühne". Hierbei hat sie festgestellt, daß der Sühnegedanke der Mehrzahl fern liegt. Es gibt sogar solche, die nicht einmal das Wort „Sühne" kennen. Eine jugendliche Arbeiterin schreibt: „Sühne, das Wort ist in unserer Familie noch nicht vorgekommen." Eine andere sagt: „Über Sühne kann ich keine Auskunft geben; denn dieses Wort habe ich noch nie vernommen und auch nicht gelesen. In meiner Gemeindeschule haben wir keinen Aufsatz über Sühne geschrieben." Ein junger Arbeiter meint, „er habe, so was noch nicht erlebt" [3]). Der Schutzgedanke überwiegt. Die strafrechtliche Schuld wird z. B. von der Mehrzahl nicht irrational-moralisch, sondern rational-sozial formuliert [4]). Die Haupteinstellung zum Strafproblem wird charakterisiert durch das Vorliegen: 1. eines Mißtrauens gegen die menschliche Natur — ein für die Psychologie des Jugendlichen auffallendes Ergebnis —, 2. eines starken Schutzbedürfnisses und 3. — damit zusammenhängend — einer Bereitschaft zu geordneter Lebensführung [5]). Aus dem Milieu, dem die Jugendlichen entstammen, kann gefolgert werden, daß irgendeine Beeinflussung der Meinungen durch Kenntnis irgendwelcher Straftheorien kaum in Betracht kommt, so daß angenommen werden kann, das in den untersuchten Aufsätzen volkstümliche Rechtsanschauungen unverfälscht zum Ausdruck gekommen sind. Infolgedessen darf geschlossen werden, daß die Auffassung, die Strafe habe eine soziale Funktion und nicht eine mystische oder religiöse zu erfüllen, zumindest die volkstümlichste, wenn nicht überhaupt die natürlichste

[1]) Übrigens heißt der Titel des bekannten Romans von Dostojewski, den Freisler (in Gürtner-Freisler, Das neue Strafrecht, S. 134) zitiert, um die Geläufigkeit des Sühnegedankens zu unterstreichen, genau übersetzt nicht „Schuld und Sühne", sondern „Verbrechen und Strafe" (Prestuplenie i nakazanie); der Sühnegedanke als solcher spielt in diesem Roman auch gar keine Rolle. — Richtig übersetzt z. B. Gregor Jarcho, „Fedor Michailowitsch Dostojewski, Verbrechen und Strafe", Berlin 1924.

[2]) Schuld und Sühne im Urteil jugendlicher Arbeiter u. Arbeiterinnen.

[3]) Kelchner, a. a. O. S. 67.

[4]) Kelchner, a. a. O. S. 20ff.

[5]) Kelchner, a. a. O. S. 80ff.

ist. — Leider scheinen weitere ähnliche Untersuchungen bisher noch nicht vorgenommen zu sein. Immerhin dürfte dieses eine Experiment, das sich auf eine große Anzahl Jugendlicher erstreckt, den Sühnetheoretikern doch zu denken geben.

f) Schon häufig ist darauf hingewiesen worden, daß es unmöglich ist, die Strafe in ihrem Maß nach der einzelnen Tat zu bestimmen. Das würde eine ganz losgelöste Tatbetrachtung erfordern, ohne Berücksichtigung der Frage, ob der Delinquent als solcher sozialgefährlich ist oder nicht. In Wirklichkeit ist auch dort, wo der Richter ein Anhänger der Vergeltungstheorie war, niemals die Schwere der Tat allein maßgebend für die Strafhöhe gewesen. Sicherlich ist überall, und wenn vielleicht manchmal auch nur unbewußt, neben der Tat der Grad krimineller Veranlagung der Täterpersönlichkeit mitbestimmend gewesen für die Strafzumessung. Der Grund hierfür liegt in der Unmöglichkeit, die Schwere der Tat mit der Schwere der Strafe zu vergleichen und in Einklang zu bringen, während es sehr wohl möglich ist, den Grad der Asozialität einer Persönlichkeit mit den Mitteln der Psychologie, der Erbforschung usw. annähernd genau zu bestimmen und nach ihm die Strafe zu bemessen. Klee weist zutreffend darauf hin, daß bereits Merkel, Wach und Dohna den Satz verworfen haben, „daß die Schwere der Strafe der Schwere der Einzeltat entsprechen müsse, weil beide eben inkommensurabel sind“ [1]. Auch Anhänger der Sühnetheorie müssen das zugeben, wie etwa Schoetensack, der ebenso feststellt, daß Delikt und Strafe „an sich inkommensurable Größen“ sind [2]. Diese Inkommensurabilität rührt von der Schwierigkeit, den genauen Inhalt des Sühnebegriffs klar zu umschreiben, her (vgl. oben S. 58 ff.). Denn um etwas zu einem anderen in ein bestimmtes Verhältnis zu bringen, muß vorher erkannt sein, was einander gegenübergestellt wird. Bei der Sühne tritt aber an die Stelle der Erkenntnis das Gefühl, das „Verlangen“. Und dieses soll zu einer ganz realen Tatsache in Beziehung gesetzt werden. Das ist jedoch nicht möglich. In Wirklichkeit wird stets der Gefährlichkeitsgrad zum Maßstab genommen. Sicherlich wird z. B. derjenige, der aus an sich ehrenhaften Motiven einen Meineid schwört — etwa um den Ruf einer Frau zu schützen —, milder bestraft werden, als jemand, der das gleiche Delikt aus Gewinnsucht begeht.

[1] Klee, Das Problem der Sicherungsstrafe, in Arch. f. Rechtsphil., Band 28, S. 496.

[2] Strafe und sichernde Maßnahmen, in Freisler-Luetgebrune, Denkschrift der Akademie für deutsches Recht, S. 95.

Aus dem Sühnegedanken läßt sich diese unterschiedliche Behandlung nur schwer ableiten. Denn in beiden Fällen liegt die gleiche Tat — der Meineid — vor. Hält man die Begriffe Tat und Sühne für kommensurabel, so kommt man zu dem kriminalpolitisch unhaltbaren Ergebnis, daß beide Delinquenten mit derselben Strafe zu belegen sind. Dieses Ergebnis, das auch der konsequenteste Sühnetheoretiker nicht befürworten wird, folgt aber mit Notwendigkeit aus der Sühneidee; denn das Faktum, das der sühnenden Strafe die Grundlage geben soll, ist dasselbe. Wenn indessen die beiden Fälle verschieden behandelt werden, dann beruht das eben darauf, daß die hinter der Tat stehende Persönlichkeit bezüglich ihrer Gemeingefährlichkeit bewertet wird. Der Meineidige des ersten Falles ist kein asozialer Typ. Ein Schutzbedürfnis besteht daher nur in geringem Umfang. Und deshalb wird er milder bestraft. Es kann nicht eingewandt werden, der Betreffende müsse nach der hier vertretenen Ansicht überhaupt freigesprochen werden, weil er nicht gemeinschaftsgefährdend ist. Das ist nicht richtig. Denn gemeinschaftsgefährdend bleibt auch ein solcher Meineid. Eine Bestrafung ist hier aus generalpräventiven Gründen nicht zu umgehen. Behauptet nun ein Vertreter der Sühnetheorie, auch nach dieser müsse der erste Delinquent in dem genannten Meineidsbeispiel anders beurteilt werden, weil die Gesinnung des Täters der Tat den Stempel aufdrücke, und ein Meineid aus den erwähnten Motiven sei eben verschieden von einem in gewinnsüchtiger Absicht geschworenen, dann folgt daraus ein kriminalpolitisch ebenso verfehltes Strafurteil mit Notwendigkeit. Wenn nämlich diese Auffassung der Sühneidee die richtige ist, dann muß ein Freispruch erfolgen, weil nicht einzusehen ist, inwiefern diese durch die ehrenhafte Gesinnung des Täters charakterisierte Tat noch irgendeine Sühne erheischen soll. Allerdings würde wahrscheinlich auch ein Sühnetheoretiker trotzdem bestrafen, weil sich die Gesinnung immerhin doch auch gegen die Rechtsordnung richtet, wenn der Täter einen Meineid in Kauf nimmt. Ganz folgerichtig wäre das indessen nicht; denn wenn man sagt, eine derartige Tat sei ehrenhaft, dann wird dieser Vorwurf eigentlich damit konsumiert. Es bricht eben auch hier die Schutztendenz durch.

An diesem Beispiel zeigt sich also, daß Sühne und Tat inkommensurable Begriffe sind, weil das, was unter Sühne zu verstehen ist, gar nicht näher umrissen werden kann. Bei der einen Auffassung führt die Verwendung des Sühnegedankens zur Strafmaßbestimmung zu einem kriminalpolitisch zu scharfen und bei der anderen Auffassung zu einem zu milden Urteil.

g) Die meisten Sühnetheorien leiten das Sühneverlangen aus dem Gedanken ab, jedes Verbrechen sei eine Treueverletzung und verlange als solche nach Sühne [1]). Ebensowenig wie sich der Sühnegedanke selbst als praktisch verwendbar erweist, so wenig ist auch diese seine Grundlage praktisch brauchbar. Der Gedanke ist viel zu weit. Die Weite dieses Begriffs kann man sich dadurch vergegenwärtigen, daß man bedenkt, wie dieser sowohl im Privatrecht eine grundlegende Rolle spielt — vgl. die §§ 157, 242 BGB. — als auch im Völkerrecht, wo sich die Verbindlichkeit der Völkerrechtssätze nur auf den Satz ‚pacta sunt servanda', dessen Grundlage der Treuegedanke ist, zurückführen läßt. Letzten Endes ist eben jeder Rechtsbruch ein Treuebruch. Daher kann auch jedes Verbrechen als Treueverletzung aufgefaßt werden. Damit ist aber nichts für die praktische Strafrechtsgestaltung gewonnen. Denn es ist nicht ersichtlich, inwiefern bei dieser Weite des Begriffs eine Richtschnur für die Strafmaßbestimmung gegeben sein soll [2]). Auch kann andererseits die Konstruktion eines jeden Deliktes als Treueverletzung in einem engeren Sinn und damit als Verrat, wie Freisler zugibt, leicht gekünstelt wirken und birgt zudem die Gafahr einer Banalisierung der Ideen Treue und Verrat [3]). Sollte wirklich jemand, der sich z. B. wegen Kuppelei strafbar gemacht hat, eine „Treuepflicht" verletzt haben?

Problematisch wird diese Strafrechtsgrundlegung vor allem bei der Frage der strafrechtlichen Behandlung von Gewohnheitsverbrechern. Hier wird sich der Treuegedanke in den meisten Fällen garnicht verwenden lassen. Mit Recht stellen die nationalsozialistischen Leitsätze für ein deutsches Strafrecht fest, daß der wirksamste Schutz gegen Verbrecher und Verbrechen die „Wiedererweckung des deutschen Treuegedankens im Herzen aller Volksgenossen" ist [4]). Daß hier von einer „Wiedererweckung" gesprochen wird, trägt der Tatsache Rechnung, daß man sich nicht der Täuschung hingeben darf, es bestünden zwischen der Gemeinschaft und den Einzelnen überall „Treueverhältnisse". Auf das Bestehen konkreter Treuebindungen kommt es an. Eine bestimmte Gesinnung

[1]) Frank, Nationalsozialistische Leitsätze für ein deutsches Strafrecht I, S. 12; Barth, Völkische Treuepflicht und nationalsozialistisches Strafrecht, in Dt. R. 1935, S. 523; Freisler, Das neue Strafrecht als nationalsozialistisches Bekenntnis, in Gürtner-Freisler, Das neue Strafrecht, S. 60.

[2]) So auch Klee, Das Verbrechen als Rechtsguts- und als Pflichtverletzung, in Dt.R. 1936, S. 5; a. M. Barth, a. a. O. S. 527.

[3]) Freisler, Der Treuegedanke im neuen Strafrecht, in Dt.St.R. 1936, S. 201 u. 204.

[4]) Frank, I, S. 18.

in dieser Beziehung muß bestehen. Denn ein Treueverhältnis, in das man geboren würde, das ohne Aktivität entstünde, wäre ein leeres Schemen. An einem derartigen konkreten Treueverhältnis fehlt es aber offenbar gerade bei den meisten Gewohnheitsverbrechern. Ihre kriminelle Veranlagung macht sich fast stets schon in der Jugend bemerkbar, so daß ihre Entwicklung, die im Zuchthaus endet, mit der Fürsorgeerziehung beginnt. Von der Entstehung eines Treueverhältnisses kann hier keine Rede sein. Der Treuegedanke wird in diesen Fällen in bezug auf die Gemeinschaft kaum je bewußt geworden sein. Die strafbaren Handlungen dieser Rechtsbrecher dürfen daher nicht als Treuepflichtverletzungen aufgefaßt werden, wenn man den Treuegedanken nicht seines lebendigen Inhalts entleeren will. Und doch besteht gerade in diesen Fällen ein starkes Strafbedürfnis, das sich aber nicht mit dem Gedanken der Treuepflichtverletzung und des daraus folgenden Sühnegedankens begründen läßt, sondern vielmehr einzig und allein mit der Notwendigkeit des Gemeinschaftsschutzes [1]).

h) Gänzlich versagt die Bestimmung des Strafzwecks aus der Sühneidee, um an einem besonders deutlichen Beispiel den wirklichen Strafzweck aufzuweisen, im Falle der Spionage zugunsten des eigenen Heimatstaates. Es war oben gezeigt worden, daß die sühnende Strafe immer eine ethisch-wertende Strafe ist. Die Bestrafung eines ausländischen Offiziers, der versucht, für sein Land in Deutschland militärische Geheimnisse auszuspähen, kann unmöglich zum Zwecke der Sühne erfolgen. Denn eine moralische Mißwertung der Tat kann in der Verurteilung des Täters nicht liegen, wenn nicht der Vorwurf einer doppelten Moral in Kauf genommen werden soll. Der den Spion bestrafende Staat sendet ja auch seinerseits Spione aus, deren Tätigkeit nicht nur nicht verworfen, sondern gelegentlich sogar verherrlicht wird. Daß andererseits eine Notwendigkeit besteht, in diesen Fällen zu strafen, ist überall anerkannt und für den Kriegsfall sogar völkerrechtlich geregelt. Diese Notwendigkeit ergibt sich indessen nicht daraus, daß hier „gesühnt" werden muß, sondern lediglich aus dem Bedürfnis, die Gemeinschaft vor dieser realen — nicht moralischen — Bedrohung zu schützen. Niemand wird bestreiten wollen, daß hier eine echte Strafe vorliegt, abgesehen davon, daß im Kriegsrecht selbstverständlich von der „Bestrafung" des Spions gesprochen wird. Damit ist aber auch an Hand eines praktischen Beispiels

---

[1]) Ähnlich Aschaffenburg, Das Verbrechen und seine Bekämpfung, S. 283: „Am traurigsten schneidet der Sühnebegriff bei dem Gewohnheitsverbrecher ab."

bewiesen, daß die Strafe zu ihrer Konstituierung keineswegs des Sühnegedankens bedarf, sondern daß vielmehr auch dort eine „Strafe" gegeben ist, wo allein der Gemeinschaftsschutz bezweckt ist und von Sühne überhaupt nicht die Rede ist. Umgekehrt ist hiermit aber auch die Untauglichkeit des Sühnegedankens zur Bestimmung des letzten und höchsten Strafzwecks bewiesen. Während der Schutzgedanke sich bei allen modernen Strafandrohungen nachweisen läßt, gibt es Fälle, wo die Sühneidee auch nicht andeutungsweise zum Ausdruck kommt.

3. Aus allen bisher angestellten Erwägungen folgt also die Ablehnung der Sühnetheorie. Das Ziel des Strafrechts ist ein kriminalpolitisches. Es kommt auf die Verminderung der Straftaten zum Schutze der Gemeinschaft an. Die Strafe bemißt sich nach dem Grad der Schutzbedürftigkeit, und dieser wiederum nach der Sozialgefährlichkeit des Delinquenten [1]).

Es soll jedoch nicht bestritten werden, daß eine Straftat unter Umständen in der Bevölkerung einen psychischen Tatbestand hervorruft, den man vielleicht als eine Art Sühne- oder Vergeltungsverlangen bezeichnen kann. Die Tat hat in solchen Fällen eine seelische Erschütterung in der Menge derer, die sie mitansahen oder von ihr hörten, verursacht. Diese Erschütterung des seelischen Gleichgewichts verlangt nach Ausgleichung durch Bestrafung des Täters. Dieses Gefühl werden die Betreffenden gelegentlich selbst ein Sühnebedürfnis nennen, das sich nicht näher umschreiben läßt — obwohl es sich in vielen Fällen, wenn nicht sogar immer, auf ein Schutzverlangen zurückführen läßt, als Folge des durch die Tat ins Wanken geratenen Sicherheitsgefühls [2]). Ein auf dem Schutzgedanken aufbauendes Strafrecht würde jedoch seinen Zweck schlecht erfüllen und seinem Grundgedanken widersprechen, wenn es nicht auf diese psychologische Tatsache Rücksicht nähme, und zwar aus generalpräventiven Gründen. Würde diesem Sühneverlangen in keiner Weise entsprochen werden, dann würde das Vertrauen in die Staatsautorität und die Güte des Strafrechts gelockert werden. Die Folge wäre die Abnahme der Hemmungen vor dem Begehen von Straftaten und damit eine Zunahme der letzten. Das wäre dann das Gegenteil einer Verbrechensprävention. Richtigerweise wird vielmehr das Strafrecht aus Präventions-

[1]) Über den Strafzweck der Ehrenstrafen in der ständischen Ehrengerichtsbarkeit vgl. Giesebrecht, das Verfahren vor Ehrengerichten, § 3 und das dort angeführte Schrifttum.

[2])Vgl. hierzu Klee, Das Problem der Sicherungsstrafe, in Arch. f. Rechtsphil., Band 28, S. 487.

gründen auch das Sühnebedürfnis berücksichtigen. Durch eine derartige sozialpsychologische, und daher generalpräventive Tendenz des Strafrechts werden ebenso wie bei der Abschreckung Hemmungen vor künftigen Taten geschaffen. Aber diese Hemmungen entstehen hier durch Stärkung des Gemeinschaftsbewußtseins (Integration) [1]), nicht wie bei der generalpräventiven Abschreckung durch Furcht vor Bestrafung. Diese Integration wird von der Bestrafung, die dem Sühne- oder Vergeltungsverlangen entspricht, dadurch bewirkt, daß die Tatsache der Strafverhängung die Existenz der Gemienschaftsautorität, die durch die Straftat in Frage gestellt schien, wieder unter Beweis stellt.

Die hier vertretene Strafrechtstheorie läßt sich in folgendes Schema zusammenfassen: Hauptzweck, dem sich alle anderen Zwecke unterordnen lassen, ist der Gemeinschaftsschutz, die „Sozialprävention" [2]). Der Sozialprävention dienen einerseits die General- und andererseits die Spezialprävention. Den Generalpräventionszweck verfolgen: erstens die Abschreckung derjenigen Elemente im Volk, die zur Deliktsbegehung hinneigen, und zweitens die Stärkung derjenigen, deren Vertrauen in den Rechtsfrieden gestört wurde. (Hier empfiehlt es sich, den Siegertschen Gedanken in etwas veränderter Form aufzugreifen und von dem Unterzweck der Integration zu sprechen.) Dieser sozial-psychologischen und -pädagogischen Tendenz der Generalprävention mit ihren beiden Unterarten entspricht auf der anderen Seite die individualpsychologische und -pädagogische Tendenz der Spezialprävention, welche die bekannten Unterzwecke der Heilung, Besserung, Abschreckung (hier des Täters, im Gegensatz zur generalpräventiven Abschreckung) und Sicherung verfolgt. — Vgl. folgende Skizze:

Zweck der Strafe: Sozialprävention	1. Spezialprävention	a) Heilung b) Besserung c) Abschreckung d) Sicherung
	2. Generalprävention	a) Abschreckung b) Integration („Sühne", „Vergeltung").

Ob die Generalprävention, wie heute von den meisten Autoren angenommen wird, oder ob die Spezialprävention bei der Strafgestaltung überwiegen soll, ist eine Frage der Kriminalpolitik, d. h.

[1]) Vgl. oben S. 34/35.

[2]) Vgl. E. Wolf, Das künftige Strafensystem und die Zukunftsgrundsätze, in Z. Band 54, S. 544.

entscheidend ist allein, auf welche Weise künftige Verbrechen besser verhütet werden. Hierbei wird man der Überbetonung der Generalprävention [1]) entgegenhalten müssen, daß die Strafe nicht die einzige Maßnahme generalpräventiven Charakters ist, daß vielmehr in weit größerem Umfange die allgemeine Volkserziehung und -schulung durch Hebung des sozialen Verantwortungsbewußtseins asozialen Handlungen vorbeugt. Die generalpräventive Wirkung der Strafe darf nicht überschätzt werden, dazu ist ihre Wirkungsweise viel zu summarisch. Ein Eingehen auf die verschiedenen Charaktere der Vielzahl von Individuen, die generalpräventiv beeinflußt werden sollen, ist hier naturgemäß nicht möglich.

4. Als Kernpunkt der hier vertretenen Theorie, die den Strafzweck allein in dem Gemeinschaftsschutz sieht, darf der Gedanke bezeichnet werden, daß das Sühne- und Vergeltungsverlangen als psychologische Tatsache unter dem Gesichtspunkt der Generalprävention zu berücksichtigen ist. Damit ist ein Gedankengang aufgegriffen worden, den ähnlich bereits Welcker in seiner Theorie des sog. idealen Schadens [2]) vertrat, nach welcher es Zweck der Strafe ist, das durch das Verbrechen zerstörte Gefühl der Rechtssicherheit wiederherzustellen. „Wiederaufhebung des materiellen Schadens, sagt Welcker [3]), ist Gegenstand des Zivilrechts, die des intellektuellen ... Gegenstand des Kriminalrechts."

Dieser „intellektuelle" oder „ideale" Schaden, der in der Zerstörung des Rechtssicherheitsgefühls liegt, ist es, der das Sühne- und Vergeltungsverlangen hervorruft, und dem die Strafe aus Gründen der Prävention (um weiteren „Schaden" zu verhüten) entsprechen muß. Eine gewisse Einseitigkeit Welckers liegt allerdings darin, daß er dies als einzigen Strafzweck ansieht.

Aber auch der Grundgedanke der meisten sog. Vereinigungstheorien (Merkel, v. Hippel u. a.) [4]) und modernen Vergeltungstheorien führt folgerichtig durchdacht zu dem hier vertretenen Ergebnis; denn der Gedanke der zweckgebundenen Vergeltung führt zur Unterordnung unter den Präventionsgedanken und damit zur Einordnung in die Generalprävention. Darin unterscheiden sich jedoch die genannten Theorien von der hiesigen Ansicht, daß bei ihnen noch der Gedanke einer absoluten Vergeltung, wenn auch in ganz abgeschwächter Form — wie bei Siegert, der den neutralen

[1]) Vgl. etwa neuestens Hellmuth Mayer, Das Strafrecht des deutschen Volkes, S. 26.

[2]) Vgl. Allfeld, Lehrbuch des deutschen Strafrechts, Allg. Teil, S. 8.

[3]) Die letzten Gründe von Recht, Staat und Strafe, S. 251.

[4]) Vgl. oben S. 28 ff.

Begriff der Integration einführt —, eine Rolle spielt, während hier lediglich mit der Existenz von Sühne- und Vergeltungsgefühlen als einer empirischen, psychologischen Tatsache gerechnet wird. In aller Schärfe hat diesen Gedanken vor allem Richard Schmidt entwickelt [1]). Allerdings verkennt er, daß seine Straftheorie damit eine reine Schutzstrafentheorie, d. h. echte relative Theorie geworden ist. Aber gerade dieses Schwanken zwischen dem absoluten und dem relativen Gedankengang beweist, daß auch bei seiner generalpräventiven Berücksichtigung der Sühne und Vergeltung Gedanken der absoluten Theorie in einer Weise eine Rolle mitspielen, wie es für ein modernes Strafrecht nicht mehr angängig ist [2]). Um einen klaren Trennungsstrich von veralteten und unklaren mystischen Vorstellungen zu ziehen, empfiehlt es sich, wie gesagt, hier in etwas abgewandelter Verwendung der Siegertschen Terminologie von Integration als einem neutralen und die Sache treffenden Ausdruck zu sprechen.

Nur in dieser generalpräventiven Weise darf ein Strafrecht, das auf der Höhe seiner Zeit steht, ein „sühnendes" und „vergeltendes" Strafrecht sein. Nur so kann heute von der Sühne als einem Strafzweck gesprochen werden. Eine Andeutung in dieser Richtung findet sich auch auf Seiten der modernen Sühnetheoretiker. Gürtner sagt einmal, wie bereits in anderem Zusammenhange erwähnt wurde, das Strafrecht solle die „Sühne für ein Unrecht an der Gesamtheit darstellen und so die Volksgemeinschaft gegen Schädlinge verteidigen und vor ihnen schützen [3]).

5. Eine Schutzstrafentheorie im hier erläuterten Sinne bedeutet keineswegs einen „Einbruch des Utilitarismus" in das Strafrecht. Dieser häufig gegen relative Theorien erhobene Einwand [4]) ist leicht zu widerlegen, und zwar ganz einfach deshalb, weil die Charakterisierung von irgendwelchen Handlungen — in diesem Zusammenhang die Charakterisierung der Strafverhängung nach den Maximen der hier vertretenen Theorie — als utilitaristische noch gar keine Bewertung darstellen kann. Das folgt aus dem Begriff des Utilitaris-

---

[1]) Vgl. das Zitat oben S. 32.

[2]) Im neueren Schrifttum hat auch Gallas den Gedanken „Generalprävention durch Vergeltung" ausgesprochen; vgl. die Krise des Strafrechts und ihre Überwindung im Staatsgedanken, in Z. Band 53, S. 22.

[3]) Der Gedanke der Gerechtigkeit in der deutschen Strafrechtserneuerung, in Gürtner-Freisler, Das neue Strafrecht, S. 30.

[4]) Vgl. z. B. Schoetensack, Strafe und sichernde Maßnahmen, in Freisler-Luetgebrune, Denkschr. der Akademie f. Dt.R., S. 93.

mus [1]). Jede Handlung, die unter dem Prinzip der Utilität steht, die also nützlich sein will, ist eine „utilitaristische". Als solche ist die betreffende Handlung aber weder gut noch böse, weder idealistisch noch materialistisch. Ist eine Handlung utilitaristisch, so besagt das lediglich, daß sie Mittel zur Verwirklichung eines Zweckes ist. Ihren Wert erhält die Handlung aber nach dem Wert des Zweckes und nicht danach, ob sie Mittel ist oder nicht. Denn es ist ein großer Unterschied, ob der Nutzen, den eine utilitaristische Handlung verfolgt, etwa Annehmlichkeit und Bequemlichkeit oder Bildung und Geistesentfaltung ist. Die Nützlichkeit als solche ist überall die gleiche. Sie ist eine allgemeine Kategorie der Praxis.

Meistens wird allerdings an die englischen Theorien der Ethik (Bentham, J. St. Mill, Sidgwick u. a.) [2]) gedacht, wenn von Utilitarismus gesprochen wird. Aber auch darin kann keine Bewertung, z. B. hinsichtlich materialistischer oder idealistischer Grundhaltung, liegen. Denn wenn Bentham lehrt, daß diejenige Handlung gut ist, welche die Gesamtsumme des Glücks vermehrt („Maximation des Glückes"), dann ist damit noch kein Wertmaßstab gegeben. Es fehlt noch die Definition dessen, was unter Glück verstanden wird. Erst daraus würde sich die Wertbestimmung ableiten lassen.

Mit der Behauptung, eine Straftheorie sei utilitaristisch, ist folglich nur etwas Selbstverständliches und für alle sinnvollen Straftheorien Zutreffendes festgestellt worden. Denn nach allen, auch den absoluten Theorien, verfolgt die Strafe einen Nutzen [3]). Maßgebend für den Wert eines Strafrechts ist nicht die Tatsache, daß dieses einen Zweck, einen Nutzen verfolgt, sondern vielmehr die Frage, welchen Nutzen es zu erreichen strebt, ob es einen sittlichen oder einen nichtsittlichen beabsichtigt. Es kommt demnach darauf an, in welchem Sinne das Strafrecht „utilitaristisch" ist. Das „utilitaristische" Ziel eines Strafrechts nach der hier vertretenen Theorie ist der Schutz des Gemeinschaftsfriedens. Dieser geschützte Wert bestimmt den Wert eines derartigen Strafrechts. Daß dieser Wert ein sehr hoher ist, folgt daraus, daß es hier um Sein oder Nichtsein, um die Lebensbedingungen der Gemeinschaft geht. Dem Gedanken der Schutzstrafe liegt der gleiche „Utilitarismus" zugrunde, der sich in den Sätzen, „Recht ist, was dem deutschen

---

[1]) Vgl. hierzu Nicolai Hartmann, Ethik, S. 79ff., und ähnlich Giorgio Del Vecchio, Lehrbuch der Rechtsphilosophie, S. 442.

[2]) Vgl. oben S. 43 ff.

[3]) Nutzen im weiteren Sinne. Der Nutzen der Strafe nach der Theorie Kants wäre z. B. die Erfüllung des kategorischen Imperativs.

Volke frommt" [1]), und „Unrecht ist, was den Bedürfnissen der Allgemeinheit schadet" [2]), ausprägt.

Der Vergleich eines Strafrechts nach den Prinzipien des Gemeinschaftsschutzes mit der medizinischen Wissenschaft liegt nahe. Auch bei ihm geht es um die Gesundheit, und zwar um die soziale Gesunderhaltung des Gemeinschaftsorganismus. Die Krankheit, die bekämpft wird, ist die Kriminalität, oder besser die Asozialität. Die Strafrechtswissenschaft ist demnach eine empirische Wissenschaft, die sich mit klaren empirischen Problemen ohne Rücksicht auf mystische, undeutliche Begriffe zu befassen hat. Eine Degradierung der Strafrechtswissenschaft kann darin ebensowenig gesehen werden, wie man etwa die ärztliche oder eine andere Naturwissenschaft minder bewerten kann.

6. Mit der Feststellung, daß die Strafrechtswissenschaft eine empirische Wissenschaft ist, gelangt die Untersuchung über den Strafzweck zu einem Problem, dessen Beachtung neben den bereits erörterten Gründen, die zur Ablehnung der Sühnetheorie führen, ebenfalls gegen diese spricht.

In der Verhängung der Strafe liegt sowohl für die Schutzstrafentheorie wie für die Sühnetheorie ein Werturteil über den Täter. Soll die Strafe die Gemeinschaft schützen, dann wird der Täter danach bewertet, ob er ein gemeinschaftsnützliches oder ein gemeinschaftsschädliches Glied des Volkes ist. Soll hingegen die Strafe sühnen, dann wird durch die Strafverhängung ein ethisches Urteil gefällt. Die Handlung des Täters wird unter dem Gesichtspunkt bewertet, ob sie gut oder böse war. Im ersten Fall gleicht das Urteil demjenigen eines Arztes, im zweiten demjenigen eines Priesters. Zwar wird auch das sittliche Urteil auf den Wert des Beurteilten für die Gemeinschaft bezogen, allein es bleibt deshalb doch ein spezifisch sittliches Urteil, was einen grundlegenden Unterschied ausmacht. Daß die Sühnetheorie zu dieser Konsequenz führt, wird von ihren Vertretern anerkannt. So stellt Dahm von diesem Standpunkt aus folgerichtig fest, daß das Strafurteil ein sittliches Werturteil über den Einzelnen und sein Verhältnis zur Gemeinschaft enthält [3]).

---

[1]) Freisler, Das neue Strafrecht als nat.soz. Bekenntnis, in Gürtner-Freisler, Das neue Strafrecht, S. 40.

[2]) Gürtner, Der Gedanke der Gerechtigkeit in der deutschen Strafrechtserneuerung, in Gürtner-Freisler, Das neue Strafrecht, S. 28. — Ebenso auch neuestens wieder Noack, Volk, Gesetz und Recht, in Dt.R. 1938, Heft 1/2, S. 3.

[3]) Die Erneuerung der Ehrenstrafe, in DJZ. 1934, Sp. 830.

Ein sittliches Werturteil muß jedoch auf sittlicher Verantwortung gegründet sein. Das heißt, es kann nur abgegeben werden, wenn dem Sollen des sittlichen Gebots auch ein Können des dem Gebot Unterworfenen entspricht. Das bedeutet anders ausgedrückt, daß der Verurteilte auch anders gekonnt haben mußte, sonst dürfte sein Tun nicht ethisch bewertet werden. Er hätte aber nur dann „anders gekonnt", d. h. von seiner Tat Abstand nehmen können, wenn sein das Tun motivierender Wille „frei" war, sich auch für ein anderes Tun zu entscheiden. Daraus folgt, daß die Sühnetheorie in engstem Zusammenhang mit dem Problem der Willensfreiheit steht. Sie setzt das Bestehen dieser Freiheit voraus [1]). Nicht so die Schutzstrafenidee. „Das Problem der Willensfreiheit ist für ein in der Hauptsache auf dem Schutzgedanken beruhendes Strafrecht kein Problem" [2]). Denn für die Frage, ob die Gemeinschaft vor einem ihrer Glieder durch Bestrafung dieses geschützt werden muß, ist allein die Tatsache, ob Asozialität vorliegt oder nicht, maßgebend, wobei es unbeachtlich ist, ob der Betreffende auch „anders gekonnt" hätte. — Das Problem der strafrechtlichen Schuld, welches für die Abgrenzung von Strafe und anderen gemeinschaftsschützenden Maßnahmen (z. B. gegen Geisteskranke) auch für die Schutzstrafentheorie von Bedeutung ist, und das seit den Arbeiten Merkels [3]) ebenfalls vom Freiheitsproblem zu trennen ist, braucht in diesem Zusammenhange nicht erörtert zu werden. Hier genügt die Feststellung, daß die Idee der Schutzstrafe nicht mit dem Problem der sittlichen Freiheit verknüpft ist, während umgekehrt die Idee der sühnenden Strafe nicht ohne die Annahme dieser Freiheit gedacht werden kann und mit dieser steht und fällt. — Die aufgeworfene Frage, ob sich eine Sühnetheorie heute noch rechtfertigen kann, führt daher zu einer Behandlung des Freiheitsproblems. Allerdings gebietet der strafrechtliche Rahmen dieser Untersuchung der Betrachtung des Freiheitsproblems gewisse Grenzen, wenn nicht der Eindruck einer Grenzüberschreitung aus dem Gebiet der Strafrechtswissenschaft in das der Philosophie erweckt werden soll. Es wird sich daher im folgenden Kapitel mehr darum handeln, die bisherigen Ergebnisse der philosophischen Diskussion dieses Problems aufzuzeigen, als eine eigene Theorie zu entwickeln.

---

[1]) Vgl. Klee, Das Problem der Sicherungsstrafe, im Arch. f. Rechtsphil., Band 28, S. 491; Freisler, in Gürtner, Das kommende deutsche Strafrecht I, S. 15, und Graf Gleispach, Grundsätzliches zum kommenden deutschen Strafrecht, in DJZ. 1935, Sp. 6.

[2]) Klee, Zum kommenden deutschen Strafrecht, in DJZ. 1934, Sp. 1305.

[3]) Die Lehre von Verbrechen und Strafe, S. 89 ff.

IV. Kapitel

Der heutige Stand des Willensfreiheitsproblems

Um das Problem klar herausstellen zu können, ist zunächst eine Bestimmung der Begriffe Freiheit und Wille erforderlich. Der erste ist geschichtlich außerordentlich „vorbelastet", und zwar nicht nur in der Geschichte der Philosophie. Diese Belastung ist so stark, daß Bauch meint, man könne fast daran denken, das Wort „Freiheit" in philosophischen Untersuchungen ganz zu vermeiden. Aber es zeigt sich schließlich doch, daß es Problemverhalte gibt, bei deren Erörterung ohne seine Verwendung nicht auszukommen ist [1]. Jedenfalls ist es nötig, zumindest alles, was an Romantik in dem Wort „Freiheit" liegt, beiseite zu lassen.

Der Begriff der Freiheit ist nicht absolut bestimmbar; bei seiner Definition sind vielmehr stets zwei Fragen zu beantworten: Erstens Freiheit wovon und zweitens Freiheit wozu. So läßt sich Freiheit negativ und positiv bestimmen. Im negativen Sinne ist ein Geschehen dann frei zu nennen, wenn es durch nichts bestimmt ist, wenn es durch kein vorangegangenes Geschehen bedingt ist, m. a. W. wenn es außerhalb der Kausalität steht. — Das Kausalgesetz, das Gesetz des ursächlichen Zusammenhangs, besagt, daß jedes Geschehen eine Ursache hat. Ohne Ursache keine Wirkung. Da jede Ursache auch ein Geschehen ist, ist sie selbst gleichzeitig Wirkung einer vorhergehenden Ursache. Die zusammenhängende Kette von Ursachen und Wirkungen — der Kausalzusammenhang — ist, wie aus der Definition des Kausalgesetzes folgt, unendlich. Jede Ursache bedingt die auf sie folgende Wirkung und determiniert sie dadurch mit Notwendigkeit, während sie selbst ebenfalls wieder bedingt ist. Da innerhalb des Kausalnexus jedes Geschehen kraft seiner ursächlichen Bedingtheit zwangsläufig erfolgt, kann von einem freien Geschehen nur dort gesprochen werden, wo dieser Zwang abwesend ist; d. h. das Geschehen ist nur dann frei, wenn es außerhalb der Kausalität sich verwirklicht. — Umgekehrt ist positiv Freiheit das Vermögen, „eine Reihe von Erscheinungen, die nach Natur-

[1] Grundzüge der Ethik, S. 259.

gesetzen läuft, von selbst anzufangen" [1]), d. h. das Vermögen, eine Kausalreihe beginnen zu lassen, wobei dann „frei" die erste Ursache ist, die zwar Wirkungen hervorruft, aber selbst nicht Wirkung ist.

Der „Wille" ist ein Gattungsbegriff für eine Art psychischer Tätigkeiten. Und zwar handelt es sich bei ihm nicht um ein dauerndes seelisches Etwas. Unter diesem Namen werden vielmehr die einzelnen psychischen Vorgänge, bei denen eine Willensbildung vorliegt, die „Wollungen" zusammengefaßt.

Betrachtet man einen Willensvorgang im weitesten Sinne von der Willensbildung bis zur Umsetzung in die willentliche Tat, so kann man drei Hauptstadien unterscheiden [2]): Das erste Stadium ist das Entstehen der einzelnen Begehrungen (Wollen im engeren Sinne), das zweite ist die Hemmung und der Ausgleich der Begehrungen (Wählen) und das dritte ist der Willensimpuls, mit dem sich die Begehrung in das körperliche Tun umsetzt (Handeln im engeren Sinne). Für diese drei Phasen bedeutet der auf sie angewandte Freiheitsbegriff verschiedenes. Die Freiheit des Handelns besagt, daß man tun kann, was man will. Grenzfälle innerhalb dieses Stadiums wären Leibesbewegungen ohne vorangehende Willensimpulse (Reflexbewegungen) einerseits, und Willensimpulse, denen der Körper die handelnde Reaktion versagt, andererseits. Wenn von dieser Freiheit gesprochen wird, so ist von vornherein an die Begrenzung durch die menschliche physische Kraft gedacht, so daß insofern schon kein echter Freiheitsbegriff vorliegt. Hier ist nur die Abwesenheit von äußerem, physischem Zwang gemeint. Es liegt also nur das Fehlen bestimmter Arten von Kausalitäten vor, nicht gänzliche Unbedingtheit, denn als bestimmend, determinierend ist neben anderem der Willensimpuls vorausgesetzt. Aber auch bei der Freiheit des Wählens liegt kein echter Freiheitsbegriff vor. Die Wahl zwischen den Motiven folgt jedesmal dem stärkeren Wollen, ist also durch dieses determiniert. Eine Gleichheit der Motivkräfte gibt es bei menschlichen Begehrungen nicht. Wo das so scheint — Ein Spaziergänger z. B. kommt vor eine runde Rasenfläche, um die er sowohl links wie rechts herumgehen kann, ohne daß er auf die eine Weise schneller zum Ziele käme als auf die andere — dort liegt in Wahrheit keine „Wahl" vor, sondern es entscheidet der psycho-physische Mechanismus, wie das etwa beim Greifen nach einem Gegenstand der Fall ist, wo nicht die einzelnen Finger „ge-

[1]) Kant, Kritik der reinen Vernunft, S. 404 u. 406.

[2]) Windelband, Über Willensfreiheit, S. 15.

wählt" werden[1]). Eine motivlose Wahlentscheidung, ein sog. liberum arbitrium indifferentiae gibt es demnach nicht. Damit ist der berühmte Buridanische Esel, der zwischen zwei ihn gleichmäßig motivierenden Heubündeln hungert, unmöglich. — Das bei der Wahl zur Geltung kommende stärkere Wollen ist Ausfluß des Charakters des Wählenden; man kann hier von einer Kausalität der Persönlichkeit sprechen. Sehr treffend führt Heinrich Maier aus: „Die Willensentscheidungen in den überlegten Willenshandlungen sind Aktionen des Ichwillens, die mit personal-kausaler Notwendigkeit aus dem Überlegungsprozeß erwachsen, und der Schein der „Kausalfreiheit" rührt lediglich daher, daß der Übergang von dem aus der Überlegung siegreich hervorgegangenen Motiv zur Handlung nicht durch ein passives Geschehen, sondern eben durch eine Betätigung des Ichwillens vermittelt ist. Damit ist bereits die Theorie der Wahlfreiheit in allen ihren Formen endgültig beseitigt[2])." Bei dem Problem der „Willensfreiheit" handelt es sich folglich bei genauerem Zusehen nicht um die Frage, ob der „Wille" frei ist, sondern ob die den Willen bedingende Persönlichkeit frei ist. Zieht man nun die obige Begriffsbestimmung der Freiheit als Kausalitätslosigkeit heran, dann lautet das Problem: Ist das wollende Ich nicht dem Kausalgesetz unterworfen, derart daß es zwar selbst Ursache, nicht aber Wirkung ist. Ein Freiheitsbegriff als Ursachlosigkeit des einzelnen Wollens läßt sich auf keinen Fall halten; denn er würde auf Zufälligkeit des Geschehens hinauslaufen, und damit wäre die Möglichkeit der Verantwortung, um derentwillen die Freiheit behauptet wird, hinfällig geworden. Verantwortlichmachen heißt vielmehr, den Willen auf die Persönlichkeit zurückführen. Bei einem derartigen Freiheitsbegriff würden statt dessen Wille und Persönlichkeit in unzulässiger Weise getrennt. Das Problem läuft demnach darauf hinaus, ob sich für das Wesen der Persönlichkeit der Charakter der sog. Aseität, d. h. der unverursachten Realität, oder, wie man auch gesagt hat, der Spontaneität, d. h. der Fähigkeit sich aus eigenem Antrieb aktiv zu betätigen, beweisen läßt. Hierbei erwächst die Problematik dieser Frage daraus, daß Kant das Kausalitätsprinzip als eine apriorische Erkenntnis nachgewiesen hat; d. h. daß das in der gesamten empirischen Welt geltende Kausalitätsgesetz unabhängig von aller Erfahrung gilt und diese vielmehr überhaupt erst ermöglicht, also eine Kategorie im Sinne Kants darstellt. Die wollende Persönlichkeit muß demnach

[1]) Vgl. Windelband, a. a. O. S. 37ff.

[2]) Philosophie der Wirklichkeit, 3. Bd.: Die psychisch-geistige Wirklichkeit, S. 486.

als außerhalb des die gesamte Erfahrungswelt beherrschenden Kausalnexus stehend nachgewiesen werden, wenn sie frei sein soll.

Hier scheiden sich nun die Meinungen. Der Indeterminist behauptet die Freiheit von der Kausalität, während der Determinist sie leugnet. Der Skeptiker schließlich zweifelt an der Lösbarkeit des Problems. — Bevor auf die heutige Problemlage eingegangen wird, sei auf zweierlei hingewiesen, um die gefühlsmäßige Beeinflussung der Stellungnahme zum Problem möglichst auszuschalten:

Erstens ist die verschiedene Bewertung beider Standpunkte, die sie erfahren haben, bemerkenswert. Während Indeterministen meinen, die Leugnung der Freiheit vertrüge sich nicht mit der Würde des Menschen, behaupten Deterministen, daß es Tapferkeit brauche, um ihre Lehre auszuhalten, und daß „Herzensfeigheit" bei denen vorliegt, die die deterministische These abzulehnen versuchen und sich die Willkür, das Auch-anders-Können loben [1]. Noch einen anderen Wertakzent verleiht Schopenhauer der deterministischen Lehre: „Alles was geschieht, vom Größten bis zum Kleinsten, geschieht notwendig. Quidquid fit, necessario fit. Wer bei diesen Sätzen erschrickt, hat noch einiges zu lernen und anderes zu verlernen: Danach aber wird er erkennen, daß sie die ergiebigste Quelle des Trostes und der Beruhigung sind [2]."

Ferner ist vorwegzuschicken, daß sich aus der nationalsozialistischen Weltanschauung, wie das gelegentlich versucht wird, keine eindeutige Stellungnahme ableiten läßt. Dafür spricht schon die Tatsache, daß sämtliche drei Auffassungen von zur Stellungnahme im nationalsozialistischen Sinne legitimierten Autoren vertreten werden. Zur indeterministischen Lehre bekennen sich unter anderen Freisler und Graf Gleispach. „Für eine heroische Stellungnahme zum Leben, seinen Aufgaben und Erscheinungen, wie sie dem Nationalsozialismus eigen ist, gibt es eine Frage der Willensfreiheit nicht. Er hört den nicht, der da sagt: ich kann nicht anders. Er ruft in jeder Lage des Lebens: Ich soll, ich will, ich kann!", betont Freisler [3]. Auch an anderer Stelle bemerkt er, daß für den Nationalsozialismus ein Streit über die Willensfreiheit nicht vorhanden ist, womit gesagt sein soll, daß das Bestehen der Freiheit für erwiesen erachtet wird [4].

---

[1]) Liebmann zitiert bei Medicus, Die Freiheit des Willens und ihre Grenzen, S. 8.

[2]) Aus „Über die Freiheit des menschlichen Willens", zitiert bei Medicus, a. a. O. S. 9.

[3]) In Gürtner, Das kommende deutsche Strafrecht I, S. 15.

[4]) Ergebnisse der Beratungen, in Freisler-Luetgebrune, Denkschrift der Akademie für deutsches Recht, S. 15.

Und auch neuestens spricht Freisler von einem „Bekenntnis zur Willensfreiheit“ durch die nationalsozialistische Rechtsführung [1]). Ähnlich führt Graf Gleispach zum Freiheitsproblem aus: „Für ein weltanschaulich begründetes Strafrecht ist es schlechthin unmöglich, diese Frage ‚offen zu lassen‘ oder an ihr vorbeizugehen, weil sie in den Bereich der Philosophie und nicht in den der Rechtswissenschaft gehöre. Der Nationalsozialismus muß seinem Wesen und seiner Geschichte nach die Freiheit des Willens bejahen [2]).“ Dieser indeterministischen Einstellung steht die streng deterministische von Nicolai gegenüber, welche dieser in seiner rassengesetzlichen Strafrechtstheorie begründet. „Das Wunder einer Erscheinung, die keine Ursache hat, ist der Feind der Wissenschaft. Aus diesem Grunde vermag ich die Theorie der Willensfreiheit nicht anzuerkennen. Mag sie im Glauben ihren Platz behalten, wie sie will. Das irdische Leben aber steht unter dem Gesetz von Ursache und Wirkung [3]).“ Außerdem macht er geltend: „Die Annahme der Willensfreiheit ist ungermanisch, sie ist orientalisch-jüdischen Ursprungs [4]).“ Diese Festellung trifft auch der für die Grundlegung der nationalsozialistischen Weltanschauung so bedeutsame Chamberlain. „Das liberum arbitrium“, schreibt er, „ist entschieden eine semitische, und in seiner vollen Ausbildung speziell eine jüdische Vorstellung [5]).“ Überall, wo der Freiheitsbegriff eingeschränkt wird, dort handelt es sich um eine „indoeuropäische Reaktion gegen den semitischen Geist“. Bei den indoeuropäischen Rassen ist der Begriff der Notwendigkeit stark ausgeprägt, und dieser „deutet auf hohe leidenschaftslose Erkenntniskraft“. Dagegen ist der Begriff „einer unbeschränkten Herrschaft des Willens für den Juden spezifisch charakteristisch“ [6]). Diesen beiden Ansichten steht diejenige von Rosenberg gegenüber, der zwar in einer sich an Ekkehart anschließenden Auffassung eine mystische Erfassung der Freiheit für möglich hält, nicht aber auf dem Gebiet der Wissenschaftlichkeit [7]). Nur in einer mystischen Einheit können Freiheit und Naturgesetzlichkeit nebeneinander bestehen, „ohne daß sich dieses Rätsel weiter lösen ließe“ [8]). Damit wird der denkmäßigen

[1]) In Gürtner-Freisler, Das neue Strafrecht, S. 72.

[2]) Willensstrafrecht, in Handwörterbuch der Kriminologie, II. Bd., S. 1069.

[3]) Die rassengesetzliche Rechtslehre, S. 45.

[4]) a. a. O. S. 46.

[5]) H. St. Chamberlain, Die Grundlagen des neunzehnten Jahrhunderts, S. 286.

[7]) Chamberlain, a. a. O. S. 287.

[6]) Mythus des 20. Jahrhunders, S. 135.

[8]) Rosenberg, a. a. O. S. 532.

Lösung, wie sie Indeterminismus und Determinismus geben wollen, die Skepsis entgegengehalten. Aber auch abgesehen davon, daß hier alle drei Ansichten vertreten werden, kann ein wissenschaftlich-philosophisches Problem nicht von einer Weltanschauung aus gelöst werden. Es liegt hier ebenso wie etwa bei der Mathematik. Die Lösung eines mathematischen Problems ist entweder geglückt oder nicht. Sie ist logisch nachprüfbar, und die Richtigkeit eines logischen Beweises ist unabhängig von Weltanschauungen.

Die Lösung des Freiheitsproblems kann auf verschiedenen Wegen versucht werden: Einmal durch Heranziehung der Phänomenologie des Willensaktes. Ferner durch Verwertung der Ergebnisse, die die Psychologie des Wollens zeitigt. Führen diese Mittel dem Ziel nicht näher, dann bleiben noch die beiden Möglichkeiten, entweder den kategorialen Charakter des Kausalgesetzes und damit seine prinzipielle Gültigkeit zu bestreiten, oder die Freiheit mit dem Kausalgesetz zu vereinen, ohne daß letztes durchbrochen wird.

Die Phänomenologie oder Erscheinungslehre befaßt sich mit der standpunktfreien Beschreibung und Aufzeigung des Gegebenen (der Phänomene). Bei der Phänomenologie psychischer Vorgänge, wie des Willensaktes, wird nach der Erlebtheits- oder Bewußtseinsform dieser Vorgänge geforscht, weil fast nur dies als „gegeben" vorgefunden wird. Die Phänomenologie des Wollens lehrt die außerordentliche Kompliziertheit dessen, was als Willensvorgänge empfunden werden [1]). Für das hier behandelte Problem sind diese Feststellungen bis auf die eine, was die Phänomenologie des Wollens über die Freiheit des Wollens aussagt, ohne erhebliche Bedeutung. Was die Frage nach der Freiheit anlangt, so zeigt die Betrachtung des Willensphänomens, daß ein Freiheitsbewußtsein besteht. Dieses Gefühl der Freiheit kann in drei verschiedenen Arten festgestellt werden, die den oben erwähnten drei Arten des Gebrauchs des Wortes „Freiheit" entsprechen. Erstens kann sich das Freiheitsgefühl auf die Handlungsfähigkeit beziehen. Das ist hier indessen unbeachtlich, da dieses Gefühl die Determiniertheit des Handels durch das Wollen mitempfindet. Nur das Freisein von äußerem Zwang — etwa durch Fesselung oder Einschließung („Freiheitsentziehung"!) — wird in diesem Fall empfunden. Zweitens kann sich das Freiheitsbewußtsein auf die Möglichkeit, zwischen verschiedenen Begehrungen wählen zu können, beziehen. Allein auch dies ist kein echtes Freiheitsgefühl, denn das Ich, die Individual-

[1]) Vgl. **Driesch**, Das Problem der Freiheit, S. 7 ff. und die dort angegebene Literatur.

persönlichkeit, wird durchaus als ursächlich für die Wahl empfunden. Von Wichtigkeit für die behandelte Frage ist aber das Freiseinsgefühl der dritten möglichen Art und Weise. Hier liegt eine Empfindung vor, bei welcher sich das Ich frei fühlt zum Wollen. Das Wollen wird allein auf das Ich (Persönlichkeit, Charakter) zurückgeführt, welches als „spontan", d. h. nicht mehr weiter determiniert, gefühlt wird. Dieser Bewußtseinsinhalt ist die Grundlage der Tatsache, daß man sich für einen getroffenen Entschluß verantwortlich fühlt, daß man sich die Willensentscheidung anrechnet, sich Vorwürfe macht oder sich befriedigt fühlt. Gewissen und Reue gehören hierher. Im Zusammenhang mit dem Ich-Bewußtsein liegt hier das Bewußtsein einer echten Freiheit, als Ursachlosigkeit und Unbestimmtheit vor. Mit dieser Feststellung ist aber für die Problemlösung noch nichts gewonnen. Denn die Existenz des Gefühls beweist nichts für das Bestehen dessen, was gefühlt wird. Lediglich eine Vermutung läßt sich durch ein Gefühl begründen. Und auch das noch nicht einmal gut. Denn mit gleichem Recht kann die Behauptung aufgestellt werden, das Freiheitsbewußtsein beruhe auf einer Selbsttäuschung, auf mangelnder Selbsterkenntnis, wie dies Spinoza in seinem bekannten Beispiel des in die Luft geworfenen Steins dartut. Er schreibt in einem Brief: „Stellen Sie sich nun gefälligst weiter vor, daß der Stein, während er fortfährt, sich zu bewegen, denke und wisse, daß er seine Bewegung fortzusetzen strebt. Sicherlich würde dieser Stein, da er sich nur seines Strebens bewußt und keineswegs indifferent ist, glauben, er wäre ganz frei und verharre in der Bewegung aus keiner anderen Ursache, als weil er will. Und das eben ist die menschliche Freiheit, die alle zu besitzen behaupten, und die doch darin allein besteht, daß die Menschen ihrer Begierden sich bewußt sind, aber die Ursachen, von denen sie dazu bestimmt werden, nicht kennen. So glaubt der Säugling, daß er die Milch frei begehrt, der zornige Knabe, daß er die Rache, und der Furchtsame, daß er die Flucht freiwillig will. Der Betrunkene glaubt, er rede aus freien Stücken, was er, wenn er nicht betrunken geworden, verschwiegen haben möchte. Der Fiebernde, der Schwätzer und die meisten dieses Schlages glauben aus freier Entschließung zu handeln, nicht von blinden Trieben bewogen. Und weil dieses Vorurteil allen Menschen angeboren ist, werden sie nicht so leicht davon befreit [1])." Sarkastisch bemerkt Schopenhauer: „Mancher würde sich wundern, wenn er sähe, woraus sein Gewissen, das ihm ganz stattlich vorkommt, eigentlich zusammengesetzt ist: etwa

[1]) Spinoza, zitiert bei Thięben, Strafrecht, Mensch und Schicksal, S. 16.

$^1/_5$ Menschenfurcht, $^1/_5$ Deisidämonie, $^1/_5$ Vorurteil, $^1/_5$ Eitelkeit, $^1/_5$ Gewohnheit, so daß er im Grunde nicht besser ist, als jener Engländer, der geradezu sagte: I can not afford to keep a conscience (ein Gewissen zu halten, ist für mich zu kostspielig) [1]." Logische Beweiskraft kann die Feststellung, daß es ein Freiheitbewußtsein gibt, also nicht haben. Hinzu kommt, daß die phänomenologische Betrachtung auch ein Gefühl der Unfreiheit nachzuweisen vermag, wie es sich besonders charakteristisch bei gewissen Äußerungen christlicher Religiosität zeigt. So z. B. bei dem Glauben an eine Erbsünde und an Prädestination. Allein auch dieser Beobachtung kann naturgemäß irgendeine Beweiskraft nicht zugesprochen werden. Denn auch bei ihr ließe sich die Behauptung der Selbsttäuschung aufstellen, ohne daß durch die eine wie durch die andere Meinung etwas bewiesen wäre.

Versagt solchermaßen die Phänomenologie bei Betrachtung des Freiheitsproblems, so liegt es nahe, von der Psychologie eine Antwort zu erwarten, da sie die Wissenschaft von den seelischen Vorgängen ist, zu denen das Wollen gehört. Die Psychologie ist zufolge ihres Wissenschaftscharakters bestrebt, die Frage nach dem „Warum" psychischer Ereignisse durch Aufstellung von Gesetzen für diese zu beantworten. Um solche Gesetze bilden zu können, setzt die Psychologie die Ursächlichkeit, d. h. eindeutige Bestimmtheit der psychischen Veränderungen voraus. Denn nur wenn es ihr gelingt, psychisches Geschehen kausal zu erfassen, ist sie in der Lage, Gesetzlichkeiten dafür aufzufinden. Die Psychologie setzt also die Geltung des Kausalgesetzes für die Sphäre des Psychischen und damit die Unfreiheit des Wollens voraus. Sie entscheidet das Freiheitsproblem kurzerhand durch Ablehnung der Willensfreiheit. Sie würde sich als Wissenschaft selbst aufgeben, entschiede sie anders. So kann z. B. von psychologischer Behandlung auf Grund vorher gewonnener psychologischer Erkenntnisse nur die Rede sein, wenn die Determinierbarkeit künftiger Willensentscheidungen und anderer seelischer Vorgänge vorausgesetzt wird. Hierauf beruht überhaupt die Erziehung. Denn Erziehung bedeutet Schaffung von Motiven zur Beeinflussung künftigen Verhaltens. Die Annahme, daß auch das Seelenleben im Kausalnexus steht, ist daher ein Axiom der Psychologie. Es läßt sich also nachweisen, daß die Psychologie dieser Annahme als Grundlage bedarf. Aber die Psychologie kann nicht den Beweis für die Richtigkeit dieser Annahme selbst erbringen. Sie kann lediglich behaupten, daß wegen der empirisch aufweis-

---

[1] Schopenhauer, Die beiden Grundprobleme der Ethik, S. 192.

baren Erfolge, die sie zeitigt, die Wahrscheinlichkeit besteht, daß auch das psychische Geschehen unter der Kausalgesetzlichkeit steht. Einen exakten bündigen Beweis liefert die Psychologie jedoch nicht.

So wenig wie Phänomenologie und Psychologie eine Lösung der Frage zuwege bringen, so wenig gelingt es ihnen, auch nur Hinweise für eine solche zu geben. Allerdings bei gesonderter Betrachtung der beiden Methoden sieht es fast so aus, als ob sich Anhaltspunkte für eine Lösung vorfänden. Zusammen betrachtet ist das indessen keineswegs der Fall, denn die Ergebnisse widersprechen sich, wie die vorangegangene Darstellung zeigt. Die phänomenologische Untersuchung deutet auf ein Bestehen der Freiheit hin, während die psychologische auf strikten Determinismus hindeutet. Weil auf diesem Wege ein Vorwärtskommen nicht möglich ist, hat man es auf andere Weise versucht, eine Problemlösung zu erreichen. Von verschiedenen Seiten ist die unbedingte Gültigkeit des Kausalgesetzes bestritten worden. Eine Tatsache, auf die Graf Gleispach[1]) gelegentlich der Erörterung grundsätzlicher Strafrechtsfragen hingewiesen hat. Diese Auffassung hat an die neuesten Ergebnisse physikalischer Forschungen angeknüpft, vor allem an die von Planck ausgegangenen sog. Quantentheorie. Diese hat nämlich gezeigt, daß bei bestimmten kleinsten physikalischen Einheiten Voraussagen über künftige Ereignisse nicht möglich sind, daß bei ihnen bis zu einem gewissen Grade Zufälligkeit angenommen wird. Da es bei diesen Untersuchungen und Experimenten nicht gelungen ist, strenge Kausalgesetze aufzufinden, hat man sich begnügt, statistische Regelmäßigkeiten festzustellen. Hieraus ist gefolgert worden, daß das Kausalgesetz mit seiner vollkommenen Bedingtheit der kommenden Erscheinungen durch die gegenwärtigen und vergangenen in Frage gestellt sei, woraus dann wiederum geschlossen worden ist, daß damit eine Grundlage für die Beweisbarkeit des Indeterminismus geschaffen sei[2]). Diese sog. „Krisis des Kausalproblems" beruht jedoch auf einem falsch bestimmten Kausalbegriff. Mit Recht sagt Bauch: „Diese Krisis, nicht, wie man meint, und was ein Unsinn ist, die Kausalität ist falsch. Falsch

---

[1]) Grundsätzliches zum kommenden deutschen Strafrecht, in DJZ. 1935, Sp. 6.

[2]) Vgl. Medicus, Die Freiheit des Willens und ihre Grenzen, S. 84 ff. — Roeder, Willensfreiheit und Strafrecht, S. 92 ff. — v. Juhos, Über „juristische" und „ethische" Freiheit, in Arch. f. Rechtsphil. Bd. XXIX, S. 407 und Ders., Der Indeterminismus als Voraussetzung der Methode der idiographischen Wissenschaften, in Arch. f. Rechtsphil. Bd. XXX, S. 241.

ist vielmehr die von den Vertretern der „Krisis" selbst vertretene Kausalauffassung, weil sie auf einer falschen Voraussetzung beruht. Und darum befindet sich deren Kausalauffassung selbst in der Krisis [1])." Von Kausalität wird bei den Vertretern dieser Meinung nur dort gesprochen, wo vorausgesagt und berechnet werden kann, welches Ereignis auf ein bestimmtes anderes Ereignis folgen wird. So sagt z. B. v. Juhos, daß die Möglichkeit von Prophezeihungen ein „notwendiges Kriterium" der Kausalität sei [2]). Das ist jedoch nur dann richtig, wenn man damit feststellen will, daß sich theoretisch, wenn man sich einen idealen Beobachter vorstellt, alle im Kausalnexus befindlichen Geschehnisse voraussagen lassen müßten. Sobald jedoch damit gemeint ist, die praktische Voraussehbarkeit sei das Kriterium für das Vorliegen eines Kausalzusammenhanges, geht man fehl. Dieser Fehler wird gemacht, wenn aus den Ergebnissen der Quantentheorie die Zweifelhaftigkeit des Kausalgesetzes gefolgert wird. Der Fehler leuchtet sofort ein, wenn man bedenkt, daß die Tatsache der Unmöglichkeit von Vorausberechnungen einfach an einer unbehebbaren Mangelhaftigkeit in der Art menschlichen Messens liegen kann. Die Wahrscheinlichkeitsrechnung in der Quantentheorie bedeutet nicht den Verzicht auf die theoretische Möglichkeit der Verifizierung der strengen Kausalität durch das Experiment, sondern nur auf die praktische Möglichkeit. Daß bei den der Quantentheorie zugrundeliegenden Experimenten Kausalitäten nicht mehr exakt feststellbar sind, „widerlegt" das Kausalgesetz daher nicht, zumal es sich um Mikrovorgänge handelt, bei denen naturgemäß die Schwierigkeiten, die sich genauen Messungen entgegenstellen, besonders groß sind [3]). Hinzu kommt, daß das Kausalgesetz als apriorische Erkenntnis nicht von der Erfahrung abhängig ist, sondern umgekehrt, diese überhaupt erst ermöglicht, wie oben (S. 79) bereits erwähnt wurde. Klar spricht das — um einen Autoren der neuesten Philosophie zu nennen — Heinrich Maier aus, daß nämlich der Satz vom zureichenden Realgrund „nicht etwa bloß die Bedeutung einer allgemeinen Hypothese, die eben, wenn ihrer Durchführung Hindernisse in den Weg treten, durch eine andere ersetzt werden müßte, sondern das volle Gewicht eines Erkenntnispostulats hat" [4]).

[1]) Grundzüge der Ethik, S. 266.

[2]) Über „juristische" und „ethische" Freiheit, in Arch. f. Rechtsphil. Band XXIX, S. 407.

[3]) Vgl. E. Seelig, Persönlichkeit und Verantwortung, in Monatsschr. f. Krim.Psych., 1936, S. 39.

[4]) Philosophie der Wirklichkeit, 3. Bd.: Die psychisch-geistige Wirklichkeit, S. 485.

Hält man sich dies vor Augen, dann nimmt es nicht Wunder, daß gerade der Begründer der Quantentheorie, Planck, an der systematischen Idee des geschlossenen genetischen Seinszusammenhangs, des kausalen Kosmos festhält. „Wir sehen“, schreibt er, „in dem Weltbild der Quantenphysik herrscht der Determinismus ebenso streng wie in dem der klassischen Physik, nur sind die benutzten Symbole andere, und es wird mit anderen Rechnungsvorschriften operiert“[1]). Und zwar soweit, daß er in einem Vortrag an der Berliner Universität die Meinung vertrat, daß die gedankliche Einführung eines Beobachters mit beliebiger Verstandes- und Erkenntnisschärfe die Möglichkeit gäbe, die Kausalität der Willensentscheidungen eines anderen zu erfassen; denn „bei alledem bleibt doch unser Wille ebenso wie unser Charakter streng kausal bedingt“ [2]). Damit, daß sich also gezeigt hat, daß das Kausalprinzip durch die moderne Physik nicht in Frage gestellt ist und durch empirische Ergebnisse auch nicht in Frage gestellt werden kann, ist den Freiheitstheorien von Medicus, Roeder und v. Juhos die Basis entzogen. Im übrigen zeigt sich, daß es sich bei den genannten Schriftstellern mehr um persönliche Bekenntnisse als um exakte Theorien handelt. Während Medicus sich letzten Endes auf das Gebiet der Poesie begibt, wenn er etwa sagt, „die Natur ist Sehnsucht nach Freiheit“ [3]), führen die Gedankengänge Roeders in den Bereich der Mystik mit der Behauptung, den Grundzug jeder „Ganzheit“ bilde die „lebendige Einheit von Freiheit und Notwendigkeit“ [4]) — eine offenbar bewußte Verwendung mystischer Ideen [5]). Daß die Theorie v. Juhos, welche im Hinblick auf das Kriterium der Voraussagbarkeit dem theoretischen Determinismus einen praktischen Indeterminismus gegenüberstellt, deren Vereinbarkeit für möglich gehalten wird, keine Lösung, sondern lediglich einen Kompromiß darstellt, wird vom Verfasser offensichtlich selbst erkannt, wenn er ausführt: „Mag nun der theoretische Determinismus darin Recht behalten, daß unsere Entschlüsse zumindest in der Theorie durch Naturgesetze beschreibbar und dement-

[1]) Max Planck, Der Kausalbegriff in der Physik, S. 15. — Vgl. ferner Positivismus und reale Außenwelt, S. 27 ff., zitiert bei Helmuth Mayer, Das Strafrecht des deutschen Volkes, S. 276.

[2]) Max Planck, Vom Wesen der Willensfreiheit, S. 20. — Vgl. auch S. 23ff., 30, 41. — Gegen Planck: Haedicke, Des Menschen Wille ist frei! S. 3 ff. u. 23.

[3]) Die Freiheit des Willens und ihre Grenzen, S. 100.

[4]) Willensfreiheit und Strafrecht, S. 136.

[5]) Vgl. z. B. a. a. O. S. 134; vgl. im übrigen die zutreffende Kritik der Ausführungen Roeders von M. Beth in Zeitschr. f. Rechtsphil., 6. Bd., S. 281 ff. und E. Seelig, a. a. O. S. 38 ff.

sprechend berechenbar sind, in der Praxis jedenfalls, im Augenblick der Entscheidung, sind bestimmt in einer Unzahl von Fällen bezüglich unserer Handlungen und Entschlüsse keine Voraussagen möglich." „Und dieser praktische Indeterminismus bildet die Voraussetzung des ethischen Freiheitsbegriffs [1])." „Die Annahme der durchgängigen prinzipiellen Berechenbarkeit unseres Verhaltens mag für die Wissenschaft sehr förderlich und somit berechtigt sein, trotzdem könnte es sein, daß wir in zahllosen praktischen Fällen, d. h. im Augenblick des Handelns aus irgendwelchen Gründen (z. B. Unkenntnis, Vergeßlichkeit usw.) nicht voraussagen können, wie wir uns verhalten werden [2])."

Die meisten Freiheitstheorien, und mit ihnen auch die neuesten, versuchen aber das Kausalprinzip mit der Freiheit zu vereinen, weil sie anerkennen, daß eine Aufgabe des Kausalprinzips zu einer Aufgabe der Verständigungsmöglichkeit führen würde. Sie versuchen also nachzuweisen, daß Freiheit und Notwendigkeit beim Menschen nicht im Widerspruch zueinander stehen. Das Mittel hierzu wird von allen diesen Theorien gemeinsam, wenn auch in verschiedener Weise, in einer Trennung von zwei Sphären gesehen, wobei das Kausalgesetz in der einen unbeschränkt gilt, während die sittliche Freiheit einer anderen Sphäre zuzuordnen ist. — Bemerkenswert ist, daß sich dieser Gedanke, allerdings ohne nähere philosophische Ausgestaltung bereits bei dem deutschen Mystiker Ekkehart findet, eine Tatsache, auf die Rosenberg aufmerksam macht [3]).

An erster Stelle ist hier die Lehre Kants zu nennen. Kant hat zum erstenmal die Antinomie von Naturnotwendigkeit und Freiheit in ihrer ganzen Schärfe formuliert. Deshalb kann eine Erörterung des Freiheitsproblems an dem Gedankengang Kants nicht vorbeigehen. Die Antinomie formuliert Kant in der Weise, daß er der These, „die Kausalität nach Gesetzen der Natur ist nicht die einzige, aus welcher die Erscheinungen der Welt insgesamt abgeleitet werden können. Es ist noch eine Kausalität durch Freiheit zur Erklärung derselben anzunehmen notwendig", die Antithese, „es ist keine Freiheit, sondern alles in der Welt geschieht lediglich nach Gesetzen der Natur" [4]), entgegenstellt. Diese Antinomie hat

---

[1]) Über „juristische" und „ethische" Freiheit, in Arch. f. Rechtsphil., Bd. XXIX, S. 421.

[2]) a. a. O. S. 422.

[3]) Der Mythus des 20. Jahrhunderts, S. 224; vgl. auch daselbst S. 131, 135, 217 ff.

[4]) Kritik der reinen Vernunft, S. 402 und 403.

Kant zu lösen versucht durch Aufstellung seiner Theorie der „Möglichkeit der Kausalität durch Freiheit in Vereinigung mit dem allgemeinen Gesetze der Naturnotwendigkeit“ [1]). Dieser Lösungsversuch beruht auf der Kantischen Unterscheidung zwischen dem Ding in der Erscheinung und dem Ding an sich. Entsprechend scheidet er zwischen dem „empirischen“ Charakter eines Gegenstandes, soweit er ein Ding in der Erscheinung ist, und dem „intelligibelen“ Charakter, insoweit er „Ding an sich“ ist [2]). Er geht hierbei davon aus, daß jedes Ding, sowie es dem Menschen in der realen, empirischen Welt erscheint (gesehen, gefühlt, usw. wird), eben nur „Erscheinung“ ist; die Erscheinung muß sich aber auf ein Wirkliches, das nicht mehr „Erscheinung“ ist, zurückführen lassen auf das „Ding an sich“. Diesen Wirklichkeitscharakter, der nicht erfahrbar (i. S. von empirisch) ist, nennt Kant den intelligibelen. Da das Ding der Sinnenwelt Erscheinung des Dinges an sich ist, folgt das Ding in der Erscheinung dem Ding an sich. Der empirische Charakter ist also dem intelligibelen unterworfen. In der empirischen Welt gilt das Gesetz des Kausalzusammenhangs. Vermöge seines empirischen Charakters steht ein jedes Ding unter dem Gesetz der Naturnotwendigkeit, dem Kausalgesetz. Nicht so bezüglich seines intelligibelen Charakters. Denn der intelligibele Charakter steht unter keinen Zeitbedingungen, da die Zeit nur Bedingung der Erscheinungen ist, nicht aber der Dinge an sich [3]). Das Kausalgesetz kann jedoch nur unter den Voraussetzungen der Zeitbedingungen bestehen. In der Sphäre der Dinge an sich hat das Kausalgesetz demnach keine Gültigkeit. Andererseits ist aber das Ding in der Erscheinung, das im Kausalnexus steht, vom Ding an sich abhängig, wie gezeigt worden war. Daraus folgt, daß zu den das Ding in der Erscheinung bestimmenden Kausaldeterminanten der intelligibele Charakter des Dinges als weitere Determinante hinzukommt und damit den Verlauf der Kausalreihe maßgeblich mitbestimmt. Verfolgt man die Kausalreihe zurück, dann zeigt sich, daß alle das Ding in der Erscheinung bestimmenden vorhergehenden Ursachen, soweit sie sich selbst in der empirischen Welt befinden, dem Kausalgesetz unterliegen und daher auch ihrerseits durch andere Ursachen bedingt sind, daß sich aber für den intelligibelen Charakter die Kausalkette nicht weiter zurückverfolgen läßt, weil in der intelligibelen Sphäre das Kausalgesetz nicht mehr gilt. Hier liegt dann echte Freiheit im Sinne von absoluter Spontaneität vor, weil eine

[1]) a. a. O. S. 473 ff.

[2]) a. a. O. S. 473, 474.

[3]) Kant, a. a. O. S. 474.

Kausalreihe von selbst (ursachlos) anfängt. (Vgl. die positive Definition der Freiheit oben S. 77/78.) So läßt sich nach Kant die Freiheit mit der Naturnotwendigkeit vereinen, ohne daß der Kausalzusammenhang durchbrochen würde; denn es besteht eine „Kausalität durch Freiheit". — Auf die menschlichen Handlungen angewandt bedeutet diese Theorie, wenn sie unanfechtbar wäre, eine Bestätigung der Freiheit des Willens. Zwar steht der Mensch als Erscheinung in der empirischen Welt unter dem Kausalgesetz. Seine empirischen Handlungen lassen sich also, wie Kant einmal sagt, wie „Sonnen- und Mondfinsternisse" genau vorausberechnen, vorausgesetzt, daß es dem Berechnenden möglich ist, alle mitwirkenden Ursachen zu erkennen. Das den Willen bestimmende Ich in der Sinnenwelt ist aber „Erscheinung" des intelligibelen Ichs, welches dem Zwang der Naturnotwendigkeit nicht unterworfen ist. Auch hier liegt demnach eine „Kausalität" durch „Freiheit" vor [1]). Eine Darstellung der Kausalreihe, die zu einer menschlichen Handlung führt, würde hiernach folgendermaßen aussehen, wobei „a ⤜→ b" bedeuten soll, daß „a" die Ursache (genauer: die unendliche Anzahl der Ursachen, wie aus der Definition des Kausalprinzips folgt) der Wirkung „b" ist, „J" den intelligibelen Charakter und „i" den empirischen Charakter des Ichs darstellen soll:

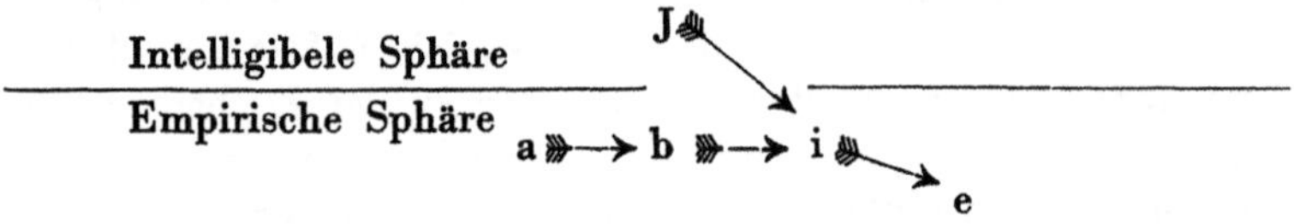

An der Stelle, wo die Kausalkette durch den Menschen hindurchgeht, greift als neu hinzukommende Ursache der intelligibele Charakter des Ichs ein und bestimmt zusammen mit den empirischen Determinanten den weiteren Verlauf der Kette der Kausalitäten.

So bestechend diese Theorie auch auf den ersten Blick zu sein scheint, so zeigt sich doch bei genauerer Betrachtung, daß sie eine Konstruktion ist, der eine wirkliche Problemlösung nicht geglückt ist. Erstens liegt eine echte Freiheit doch nicht vor, denn es erhebt sich die Frage nach dem Woher des intelligibelen Charakters und der Einwand, daß der Mensch für seinen intelligibelen Charakter ja nichts kann, eine Verantwortlichkeit daher auf diese Weise nicht zu begründen ist [2]). Zweitens stellt die „Kausalität durch Freiheit"

[1]) Vgl. ferner Kant, a. a. O. S. 35.

[2]) Vgl. Driesch, Das Problem der Freiheit, S. 38.

— darauf weist Heinrich Maier hin [1]) — eine unzulässige Beschränkung des Prinzips vom Realgrund dar, denn der empirische Charakter wird der genetischen (kausalen) Betrachtung in gewisser Weise doch durch die Theorie Kants entzogen. Aber selbst wenn man dem Gedankengang soweit folgt, taucht eine Schwierigkeit auf, die Windelband bereits sah [2]). Die Zeitlosigkeit, die dem intelligibelen Charakter zugeschrieben wird, schließt jedes Geschehen und jede Veränderung dieses Charakters aus. Damit aber ist jegliche Geschichte und Entwicklung auf den empirischen Charakter beschränkt und würde nicht weiter sein als ein mechanischer, maschineller Ablauf der Ereignisse, in den „Persönlichkeiten" („Männer machen die Geschichte") keineswegs frei eingreifen könnten.

Obwohl sich demnach Kants Theorie letztlich als nicht stichhaltig erweist, hat sie doch vermöge ihrer, trotz der Einwände bewundernswert bleibenden Scharfsinnigkeit großen Einfluß auf nachfolgende Denker ausgeübt, von denen vor allem Schopenhauer hervorzuheben ist. Aber auch in der jüngsten Philosophie ist der Grundgedanke dieser Theorie aufgegriffen und verwandt worden, insbesondere in der ausführlichen Erörterung des Freiheitsproblems bei Nicolai Hartmann [3]). Allerdings schickt Hartmann seinem Versuch, das Bestehen der Freiheit als möglich zu erweisen, die Bemerkung voraus, „daß wir es — sowie die Problemlage heute ist — zu einer wirklich vollwertigen Lösung der Freiheitsfrage nicht bringen können" [4]). Hartmann unterscheidet ausgehend von Kant ontologisch eine Sphäre, in der das Kausalprinzip gilt, und darüber eine andere Sphäre, in der die sittliche Freiheit herrscht. Und kommt so zu dem Ergebnis, das er folgendermaßen zusammenfaßt: „Die Freiheit der sittlichen Person ist erstens ethisch notwendig und zweitens ontologisch möglich. Das erstere besagt, daß die Tatsachenkomplexe des sittlichen Lebens nur unter ihrer Voraussetzung bestehen können; das letztere, daß die ganze Reihe allgemeinerer und elementarerer Grundfragen, wie sie im Erkenntnis- und Seinsproblem zusammengefaßt sind, in ihrem weitesten Umfange nichts enthalten, was dieser vom ethischen Problem geforderten Freiheit im Ernst widerspräche. Mehr läßt sich im Freiheitsproblem nicht ausmachen [5])." Die durchgehende deter-

[1]) Philosophie der Wirklichkeit, III. Band: Die psychisch-geistige Wirklichkeit, S. 483.

[2]) Über Willensfreiheit, S. 168/169.

[3]) Ethik, S. 571 ff.

[4]) a. a. O. S. 579.

[5]) a. a. O. S. 727.

ministische Notwendigkeit bedeutet im Hinblick auf die zu scheidenden Sphären nur ein „Gebundensein nach unten“, nicht aber ein „Gefangensein in der Bedingtheit“. Auf den Gedankengang im einzelnen einzugehen, erübrigt sich in diesem Zusammenhang, weil Hartmann selbst zugibt, einen geschlossenen Beweis nicht erbracht zu haben, sondern nur behauptet, daß die Freiheit möglich sei. Hartmann weist ferner darauf hin, daß man bei Annahme der Freiheit auch verschiedene Grade von Freiheit unterscheiden muß, wobei die Schwierigkeit auftaucht, daß es keinen Maßstab der ethischen Freiheit gibt; deshalb hat der christliche Satz „richtet nicht, auf daß ihr nicht gerichtet werdet“ [1]) seinen Sinn keineswegs bloß in der populären Abwehr von Lieblosigkeit oder von tugendstolzer Genugtuung im Aburteilen. „Er gibt auch der Unmöglichkeit Ausdruck, zu wissen, ob Schuld vorliegt oder nicht, d. h. ob ‚frei‘ gewollt wurde oder nicht. Gerade der sittlich Feinfühlende ist sich dieser Unmöglichkeit immer dunkel bewußt. Er weiß, daß er kein untrügliches Kennzeichen der Freiheit hat. Darum behält ihm jedes Zurechnen und jedes sittlich kategorische Urteil etwas vom Charakter des Wagnisses [2]).“

Eine ganz andere Theorie hat Windelband aufgestellt, die ebenfalls in der Philosophie der Gegenwart eine starke Bedeutung gewonnen hat. Er verwirft grundsätzlich jede Einschränkung der kausalen Betrachtung und damit auch die Hypothese von der intelligibelen Freiheit. Auch das Wollen des Menschen ordnet sich den allgemeinen gesetzesmäßigen Kausalzusammenhängen ein [3]). Insofern ist Windelband reiner Determinist und bezeichnet sich auch als solchen [4]). Den Gedanken der sittlichen Freiheit will er jedoch dadurch retten, daß er zwischen den „kausalwissenschaftlichen“ [5]) und den „wertbestimmenden“ Betrachtungsweisen unterscheidet. Die letztgenannten verfahren so, „als ob die Gegenstände der Kausalität überhaupt nicht unterworfen wären, sie betrachten sie als kausalitätslos, d. h. als frei“ [6]). Die Wertbetrachtung abstrahiert von der kausalen Einsicht, ohne diese im mindesten leugnen zu wollen; und zwar abstrahiert sie, „geradeso wie andererseits die Kausalbetrachtung der Wissenschaft bei ihrer Begriffsbildung gänzlich von den Werten der Gegenstände abstrahiert, mit

[1]) Matth. VII, 1.
[2]) a. a. O. S. 731.
[3]) Windelband, Über Willensfreiheit, S. 174.
[4]) z. B. a. a. O. S. 70.
[5]) a. a. O. S. 174.
[6]) a. a. O. S. 175.

denen sie sich beschäftigt" [1]). Bei dieser wertenden Betrachtungsweise soll es sich aber keineswegs um eine Fiktion handeln, die zwar erforderlich, aber den Tatsachen nicht entsprechend sei. Das verneint Windelband ausdrücklich. Vielmehr sollen beide Betrachtungsweisen verschiedenen „Sphären der Betätigung unserer Vernunft" angehören [2]). „Jede hat auf ihrem Gebiet ihr von der anderen nicht anzutastenden das Recht, und eben deshalb stehen sie nicht im Widerspruch miteinander. Die Verantwortung in der Form der sittlichen Beurteilung hat mit der Frage nach der Verursachung des Wollens, das ihren Gegenstand bildet, nichts zu tun, und nur in diesem Sinne behandelt sie ihn als frei [3])." — Diese Theorie ist von Heinrich Maier einer sehr treffenden Kritik unterzogen worden [4]). Wenn Windelband auch die wertende Betrachtung für eine „Betätigung der Vernunft" hält, so kann er damit nur meinen, daß auch diese Betrachtungsweise ein Erkennen ist. Das ist jedoch nicht richtig. „Wertung ist überhaupt kein Erkennen." „Die Wertungsprinzipien sind keine ontologischen Kategorien, die zum Aufbau der Wirklichkeit dienen würden [5])." Aber selbst, wenn man den Gedankengang Windelbands mitmachte, so wäre das Problem doch nicht gelöst; denn die Antinomie würde dann in der Vernunft liegen, es wäre also nichts gewonnen. Das Beispiel Windelbands, an dem er seine Ansicht erläutert, zeigt m. E. besonders klar, daß dieser Weg zu keiner Problemlösung führen kann. Windelband meint, daß die genetische Frage bei der ethischen Beurteilung nicht in Betracht komme, lasse sich daran erkennen, daß wir einen edlen Menschen unsere Achtung zuwenden, weil er so ist, ohne weiter zu untersuchen, auf wie verschlungenen Wegen er sich wohl dazu entwickelt haben mag. „Aber der Lump bleibt uns ein Lump, selbst wenn wir mit aller mitleidsvollen Einsicht zu verstehen glauben, wie er dazu geworden ist [6])." Das ist offenbar nicht richtig, denn die Verurteilungen und Anerkennungen des alltäglichen Lebens beruhen wohl meist auf der Überzeugung des „Auch-anders-Können". Wo diese Überzeugung nicht vorhanden ist, scheidet die Wertung sofort aus, wie z. B. bei Kranken oder beim kleinen Kinde [7]). — Auch

[1]) a. a. O. S. 175.

[2]) a. a. O. S. 179.

[3]) Ebendort.

[4]) Philosophie der Wirklichkeit, 3. Band, Die psychisch-geistige Wirklichkeit, S. 483/84.

[5]) Heinrich Maier, a. a. O. S. 484.

[6]) Windelband, Über Willensfreiheit, S. 178.

[7]) Vgl. auch die Kritik bei Medicus, Die Freiheit des Willens und ihre Grenzen, S. 61—64.

die Theorie Windelbands vermag daher eine befriedigende Lösung nicht zu geben.

Im Anhang zur Erörterung dieser Theorie sei erwähnt, daß bereits von strafrechtswissenschaftlicher Seite her der Gedanke geäußert wurde, daß wertende Betrachtung von der Freiheitsfrage zu trennen sei. Diese Überlegung findet sich bei Adolf Merkel bei Gelegenheit der Behandlung des strafrechtlichen Schuldproblems [1]). Er bekennt sich zur deterministischen Auffassung und will trotzdem den Gedanken der Wertung aufrecht erhalten. In dieser allgemeinen Fassung, daß Freiheit und Wertung stets zu scheiden seien, dürfte dieser Gedanke nicht richtig sein. Man wird vielmehr auseinanderhalten müssen die ethische Bewertung und andere Bewertungsarten. Die erstere kann vom Freiheitsgedanken in keiner Weise gelöst werden. Die Freiheit ist ein Postulat der Ethik; oder wie Nicolai Hartmann sich in dem oben (S. 91) wiedergegebenen Zitat ausdrückt: die Tatsachenkomplexe des sittlichen Lebens können nur unter der Voraussetzung der Freiheit bestehen. Merkel führt als Beispiel die Achtung an, die Luthers Haltung auf dem Reichstag zu Worms, wo er den berühmten Ausspruch tat, „Hier stehe ich, ich kann nicht anders", gezollt wird. Allein gerade dies Beispiel muß hier versagen; denn die Anerkennung von Luthers Standhaftigkeit beruht auf der Überzeugung, daß er auch anders hätte handeln können und sein Ausspruch dokumentierte nur seinen festen Willen. Die gleiche Äußerung in gleicher Situation von einem Schizophrenen getan, würde wohl kaum dieselbe Bewertung erfahren. Insofern hat Kohler sicherlich recht, wenn er Merkels Vermittlungsversuch zwischen den Deterministen und den Indeterministen ablehnt [2]).

Die Ansicht Merkels ist neuestens wieder von Seelig aufgegriffen worden [3]). Richtig ist es, wenn er betont, indem er sich Merkel anschließt, daß es für das Verantwortlichmachen eines Menschen für seine Tat der Determiniertheit seiner Willensakte insofern bedarf, als ohne ihre Kausalverknüpfung mit der Persönlichkeit des Menschen der Vorwurf gegen diese Persönlichkeit gar nicht erhoben werden kann. Allein für diese Persönlichkeit selbst hinwiederum muß ein Losgelöstsein aus dem Kausalnexus, eine Spontaneität angenommen werden, um ein ethisches Werturteil zu fällen. Es ist daher nicht richtig, wenn Seelig ebenso wie

[1]) Die Lehre von Verbrechen und Strafe, S. 89 ff.

[2]) Lehrbuch der Rechtsphilosophie, S. 194.

[3]) Ernst Seelig, Persönlichkeit und Verantwortung, in Monatsschr. f. Krim Psych. 1936, S. 34 ff.

Merkel meint, ethische Schuld und die Annahme des Determinismus stünden nicht im Widersprnch zueinander, und das bewiesen die Urteile des Alltags. Eine Uhr — um ein Beispiel Kohlers zu gebrauchen — wird von niemandem für ihr pünktliches Funktionieren ethisch positiv bewertet werden. Der Grund dafür liegt in der Erkenntnis, daß sie in lückenlosem Kausalzusammenhang steht; ob sie nun geht oder ob sie stehen bleibt, man weiß, daß sie „nicht anders kann". Ein Mensch, dessen Handlungen durch Determination genau bestimmt wären, wie das Arbeiten einer Maschine, könnte nicht mehr ethisch bewertet werden. Das zeigt sich vor allem beim Gewissen, als einem Zentralbegriff der Ethik. Denn die Vorwürfe des Gewissens haben es geradezu zum Inhalt, daß man „auch anders gekonnt hätte". Bei lückenloser Determination bleibt für die Annahme eines Gewissens und damit für ethische Bewertung kein Raum mehr [1]).

Für andere Bewertungsgesichtspunkte trifft die Merkelsche These indessen zu; denn für die Frage etwa, ob ein bestimmtes menschliches Verhalten gemeinschaftschädlich oder nützlich, sozial oder asozial ist, ist die Tatsache, ob das betreffende Verhalten „frei" war oder nicht, völlig belanglos, denn — um bei dem Beispiel des Geisteskranken zu bleiben — eine derartige Bewertung wird auch für das Verhalten vorgenommen, bei dem von vornherein feststeht, daß es „unfrei" war. So z. B. wenn ein „gemeingefährlicher" Geisteskranker zwangsweise in einer Heil- und Pflegeanstalt untergebracht wird. Infolgedessen sagt v. Liszt z. B., in der Strafverhängung liege ein gesellschaftliches (sc. nichtethisches) Unwerturteil über Tat und Täter [2]). — Eine ähnliche von dem Problem der sittlichen Freiheit unabhängige Wertung liegt bei der Feststellung strafrechtlicher Schuld vor, wenn es sich nicht um ein Strafrecht nach den Maximen der echten absoluten Theorien handelt. Daß

---

[1]) Die Schwierigkeit, die für den Determinismus im Hinblick auf das dem „Können" gegenüberstehende „Sollen" besteht, will Seelig durch Verwendung von Gedankengängen der Philosophie Meinongs überwinden (Seelig, a. a. O. S. 41/42). Danach sollen die Subjekte des Könnens und Sollens nicht vollständig bestimmt sein. „In jeder konkreten Roulettekugel steckt z. B. der unvollständige Gegenstand ‚Roulettekugel'." Jeder unvollständige Gegenstand ist noch hinsichtlich zahlreicher möglicher Bestimmungen unbestimmt. Darum kann ‚die Roulettekugel' gleichmöglich auf rouge oder noir fallen. In diesem Sinne kann auch ‚der Mensch' so oder anders handeln. Dieser Gedankengang ist an sich richtig, versagt aber für den vorliegenden Fall. Denn ein konkreter Mensch hic et nunc ist nicht ‚unbestimmt'. Und nur der wird bewertet; nicht der in ihm enthaltene unvollständige Gegenstand ‚Mensch'.

[2]) v. Liszt-Schmidt, Lehrbuch des deutschen Strafrechts, S. 364.

auch bei dieser von ethischen Wertmaßstäben losgelösten Auffassung die Schuldfeststellung erforderlich bleibt, folgt daraus, daß natürlich ein Geisteskranker nicht „bestraft" werden soll. Aber strafrechtliche Schuld ist hierbei nicht ethische Schuld. Nur die Art und Weise der Willensbestimmung wird bewertet, ganz gleich, ob das den Willen determinierende Ich „frei" war oder nicht; und zwar wird die Bewertung danach getroffen, ob z. B. bei der Frage der Schuldausschließung durch mangelnde Zurechnungsfähigkeit (§ 51 StGB.) der Motivationsprozeß beim Täter normal oder anormal war [1]). Oder ob die an sich normale Folge der Motive durch eine von außen hereinbrechende Determination abgelenkt wurde oder nicht, wie beim Nötigungsnotstand des § 52 und beim einfachen Notstand des § 54 des Strafgesetzbuches. So läßt sich der Schuldbegriff im Strafrecht gänzlich loslösen von der Frage der ethischen Vorwerfbarkeit [2]). Ganz deutlich hat dies neuerdings wieder der schwedische Rechtslehrer Lundstedt ausgesprochen. „Das z. B. das, was man Zurechnungsfähigkeit, Vorsatz und Fahrlässigkeit nennt, vernünftigerweise, d. h. unter Absehung von allen scholastischen Gesichtspunkten, als Voraussetzung der Strafbarkeit zu betrachten ist, hat nicht das Mindeste mit einer Schuld (sc. einer ethischen Schuld) des Täters zu tun, sondern erklärt sich einzig und allein daraus, daß das Strafrecht ohne diese Voraussetzungen für den Bestand der Gesellschaft nicht dieselbe nützliche Bedeutung hätte [3])." Auf die Ausgestaltung dieses rein strafrechtlichen Schuldbegriffs im Einzelnen braucht in diesem Zusammenhang nicht eingegangen zu werden [4]). Die strafrechtliche Schuldlehre sollte nur als ein Beispiel dafür dienen, daß es sehr wohl möglich ist, wertende Betrachtung vom Freiheitsproblem zu trennen. Das gilt aber, wie gesagt, nicht für die ethisch wertende Betrachtung. Hier behält die Feststellung ihre Richtigkeit, daß die Trennung der bewertenden und der kausalen Betrachtungsweise nicht geeignet ist, eine Lösung des Problems der Willensfreiheit herbeizuführen.

Zu den Vertretern der von Windelband und Rickert ausgehenden südwestdeutschen Philosophenschule, nach deren Auffassung die Philosophie Wertwissenschaft ist, ist auch Bruno Bauch

[1]) So v. Liszt-Schmidt, § 37 (insbesondere S. 241).

[2]) Vgl. Frank, Das Strafgesetzbuch für das Deutsche Reich, S. 138, und Klee, Arch. f. Strafrecht- u. Strafprozeßrecht, Bd. 69, S. 162; vgl. ferner das unten auf S. 137 ff. Gesagte.

[3]) A. V. Lundstedt, Die Unwissenschaftlichkeit in der Rechtswissenschaft, 2. Bd., 1. Teil, S. 60.

[4]) Vgl. hierzu Mezger, Strafrecht (Ein Lehrbuch), S. 247 ff.

zu zählen, der in seiner Ethik das Freiheitsproblem entwickelt, indem er den Windelbandschen Gedanken aufgreift und weiter ausbaut [1]). Freiheit bedeutet nach Bauch keineswegs Freisein von der Kausalität. Denn das Verantwortlichmachen ist nur in einer kausalen Welt denkbar. „Die Beziehung von ‚Täter' und ‚Tat', von ‚Werkmeister' und ‚Werk' ist ja gerade die Kausalbeziehung [2])." Jede Wertverwirklichung ist von der Kausalrelation unabtrennbar. Aber es muß zwischen Kausalbestimmtheit und Zweckbestimmtheit unterschieden werden. Sowohl das bloße Naturgeschehen wie das einer Person zurechenbare Handeln sind kausalbestimmt. „Aber die Kausalbestimmtheit des Handelns der Person ist dadurch spezifisch charakterisiert, daß sie zugleich auf Werte bezogen ist." So ist Freiheit nicht ein Freisein von der Kausalität, sondern ein Freisein zu Aufgaben, Zielen, Werten. „Sie kann nicht außerhalb oder neben der Kausalität bestehen, sondern muß gerade die Kausalität im spezifischen Sinne der Spontaneität charakterisieren [3])." Bauch sieht sich also genötigt, dem handelnden Subjekt den Charakter der Spontaneität zuzubilligen, um die Möglichkeit eines teleologischen Verhältnisses zwischen Tat und Täter zu retten. Diese Spontaneität der Person begründet Bauch folgendermaßen: Die Person wirkt durch einen organischen Körper. Dieser ist als bloßer Organismus, als Naturwesen nicht frei. Aber es ist eben so, daß nicht der Organismus die Person „hat", vielmehr „hat die Person einen Organismus" [4]). Insofern dient der Organismus der Person zur Wertverwirklichung. — An dieser entscheidenden Stelle, die auf nicht mehr und nicht weniger als auf eine Ausnahme von Kausalprinzip im Wirklichen hinausläuft, gibt Bauch indessen keine Begründung für seine Annahme, daß die Persönlichkeit dem Organismus gegenüber frei sei, diesen zum „Wirken nach Werten" zu bestimmen. Damit bleibt seine Synthese des Nicht-Freiseins von der Kausalbestimmtheit und des Freiseins zu Aufgaben und Zielen ein Lösungsversuch, aber keine Lösung des Problems. Eine Beseitigung des Widerspruchs zwischen Kausalität und Finalität ist nicht geglückt. Eine Antwort auf die Frage, wie eine konkrete Handlung gleichzeitig in dem unlöslichen, nirgends auch nur die kleinste Ausnahme duldenden, Kausalnexus der Naturnotwendigkeit stehen und Ausfluß eines „selbst" (spontan) gewählten Zweckes sein könne, ist nicht gegeben. Denn die Annahme

[1]) Grundzüge der Ethik, S. 259 ff.

[2]) Bauch, a. a. O. S. 264.

[3]) a. a. O. S. 271.

[4]) Bauch, a. a. O. S. 276.

der spontan wirkenden Persönlichkeit ist eine Durchbrechung des Kausalprinzips, weil sich das „Wirken" eben in der Wirklichkeit, in der Welt der Erscheinungen vollzieht.

Eine Freiheitstheorie besonderer Art versucht Heinrich Maier zu begründen [1]). Sie ist die jüngste gründliche Erörterung des Problems. Dieses formuliert er dahin, daß er fragt, ob sich „Notwendigkeit" und „Tatsächlichkeit" verneinen lassen, wobei er Tatsächlichkeit als Nicht-Notwendigkeit versteht. — „Die Tatsächlichkeit fängt da an, wo die Notwendigkeit aufhört [2])." — Er baut auf seiner Scheidung von zwei Arten der Kausalität, der personalen [3]) und der transeunten [4]) Kausalität, auf. — Die letzte gilt in der Welt der Erscheinungen, sie bestimmt die physischen Geschehnisse, während die erste in der psychischen Sphäre Gültigkeit hat. Nun ist nach Maier zwar nicht zu verkennen, daß eine Reihe von seelischen Erlebnissen transeunte Ursachen hat, d. h. daß sich physische Einflüsse geltend machen. Im wesentlichen sind aber die psychischen Erlebnisse auf die „immanente Kausalität des Personalsubjekts" zurückzuführen [5]). Während also die transeunte Kausalreihe durch ein einzelnes Glied naturgemäß „hindurchgeht" (transire), insofern nämlich die Ursache dieses Gliedes und seine Wirkungen, da es ja selbst auch Ursache ist, außerhalb liegen, besteht die personale Kausalität nur innerhalb des Ichs und stellt das notwendige Verknüpftsein zwischen voraufgehendem und folgendem Ichzustand dar [6]). „Der Anfang der personal-kausalen Entwicklung fällt mit dem Anfang der Ichexistenz zusammen [7])." Das Einzel-Ich faßt Maier nun als ein „Teilsubjekt" eines „universalen Subjekts" auf und dementsprechend den „Einzel-Ichwillen" als „partielle Erscheinungsform des Gesamtwillens". Die Betätigung des Einzel-Ichwillens ist „eine Episode der Entwicklung, in der der Gesamtwille seine schlechthin freie Entfaltung findet [8])." Zur Annahme eines derartigen Universalsubjekts gelangt Maier, weil sich der Seins- und Geschehniszusammenhang dem reflektierenden Ich gegenüber als eine „umfassende Individualität"

---

[1]) Philosophie der Wirklichkeit, 3. Band: Die psychisch-geistige Wirklichkeit, S. 481 ff.

[2]) a. a. O. S. 329.

[3]) a. a. O. S. 200 ff. — Ähnlich auch Haedicke, Des Menschen Wille ist frei! S. 20, 53 u. 54.

[4]) a. a. O. S. 234 ff.

[5]) a. a. O. S. 201.

[6]) Vgl. a. a. O. S. 206.

[7]) a. a. O. S. 487.

[8]) a. a. O. S. 500.

darstellt [1]). Mit diesen Gedankengängen begibt sich Maier auf das Gebiet metaphysischer Konstruktionen, denen als solche logische Beweiskraft nicht zugesprochen werden kann. Es wirkt deshalb paradox, wenn er von dem metaphysischen Beweis der metaphysischen Freiheit spricht [2]). Schließlich meint er selbst: „Der Einsicht können wir uns nicht verschließen: völlig zu Ende denken läßt sich der Gedanke der Freiheit auch innerhalb des subjektischen Gesamtzusammenhangs nicht [3]).“

Damit ist die Erörterung an einen entscheidenden Punkt gelangt. Als Ergebnis darf festgehalten werden, daß allen herangezogenen Theorien ein Beweis im Sinne einer echten Verifikation nicht geglückt ist. Bedenkt man, daß die erwähnten Ansichten in der Hauptsache sehr jungen Datums sind, und daß sie die wesentlichsten Richtungen charakterisieren, in denen sich das Denken über die Freiheit bewegt, dann kann wohl gesagt werden, daß die Philosophie einen exakten Freiheitsbeweis bis heute nicht zur Hand hat. Dieser Meinung sind denn auch die meisten neueren Philosophen, und zwar auch solche, die an sich die Entwicklung einer Freiheitstheorie versucht haben. Die Antinomie zwischen Freiheit und Notwendigkeit ist noch nicht gelöst worden trotz des großen Scharfsinns, mit dem das philosophische Denken mit diesem Problem seit über zwei Jahrtausenden ringt. Es bleibt eben unerklärlich, wie das handelnde Ich gleichzeitig ‚frei‘, d. h. nicht determiniert, sein soll, damit eine sittliche Bewertung möglich ist, und gleichzeitig das Kausalgesetz in der empirischen Welt nirgends eine Durchbrechung erfahren soll; denn die bewertete Ich-Handlung ist ja ein Geschehnis in der Welt der Erscheinungen und unterliegt als solche dem Kausalgesetz. Wie man das Problem auch wendet, stets zeigt sich sein antinomialer Charakter.

Sieht man einmal davon ab, daß die Anerkennung einer spontanen Ursache, auf die alle Theorien letztlich hinauslaufen, eine dem Kausalprinzip widersprechende Annahme ist, dann taucht doch wieder eine Schwierigkeit auf, die zu den Antinomien auf religiösem Gebiet führt. Als spontane und „letzte“ Ursache wäre das Ich, die Persönlichkeit, der Charakter anzunehmen. Allein nun taucht die Frage auf, wer denn diese Ursache gesetzt hat. Die Antwort „niemand“ wäre keine Antwort. Will man indessen bei der Verantwortlichkeit des Menschen

[1]) a. a. O. S. 496.

[2]) a. a. O. S. 494.

[3]) a. a. O. S. 514. — Vgl. auch Haedicke, a. a. O. S. 9, 27 ff., 53 u. 54, dessen Theorie letztlich ebenfalls auf eine deterministische Deutung hinausläuft.

bleiben, so muß man antworten: Der Mensch, das Ich selbst. Damit würde die eingangs erwähnte Aseität (S. 79) behauptet sein. Soll sich jedoch das Ich selbst bestimmt haben, dann ist man zur Annahme eines Über-Ichs genötigt, welches das „erste“ Ich bestimmt hat. Sofort zeigt sich die unbehebbare Schwierigkeit dieser Konstruktion bei der weiteren Frage, wie denn ein Mensch verantwortlich gemacht werden kann, wenn er nicht selbst für das „Über-Ich“ verantwortlich ist, d. h. auch dieses durch ein „Über-Über-Ich“ bestimmt hat, und so fort ins Unendliche. Die Schwierigkeit liegt in der Paradoxie des Aseitätsbegriffs, über den Nietzsche spottet: „Die causa sui ist der beste Selbst-Widerspruch, der bisher ausgedacht worden ist, eine Art logischer Notzucht und Unnatur.“ Das Verlangen nach Freiheit des Willens sei nichts Geringeres als „causa sui zu sein und, mit einer mehr als Münchhausenschen Verwegenheit, sich selbst aus dem Sumpf des Nichts an den Haaren ins Dasein zu ziehen“ [1]). — Die begriffliche Schwierigkeit, die sich aus der „Selbstbestimmung“ ergibt, ist schon häufig erkannt worden. Allerdings ist sie bisher immer auf den Willen bezogen worden, indem man gefragt hat, ob man auch wollen könne, was man will, und so gleichfalls zu einer unendlichen Reihe von einander bestimmenden Willen kommt [2]). Hier wird übersehen, daß für die ethische Zurechnung die Spontaneität des Willens nicht ausreicht, wie oben (S. 79) bereits gezeigt wurde, sondern daß für den Willen das Ich, der Charakter kausal sein muß, um dieses Ich verantwortlich machen zu können. — Die Annahme der Aseität führt bei folgerichtiger Anwendung zur Annahme des Atheismus. Denn wer etwa fortfährt, das spontane Ich, das Ich in seiner Aseität sei von Gott gesetzt, hebt damit den Charakter der Aseität als Selbstbestimmung wieder auf; denn „bestimmend“ ist dann Gott und nicht das Ich. Damit entfällt aber die Möglichkeit sittlicher Bewertung des Menschen. Die Kausalreihe geht durch ihn hindurch zu Gott, der allein „verantwortlich“ gemacht werden kann. So kommt man zu dem eigenartig anmutenden, aber durchaus konsequenten Ergebnis, daß Ethik und Atheismus sich gegenseitig bedingen, während sich Ethik und Religion widersprechen. Eine Folgerung, auf die bereits Nicolai Hartmann hingewiesen hat [3]). Für die Ethik ist der Mensch, für die Religion Gott oberstes Wertsubstrat [4]).

[1]) Nietzsche, Jenseits von Gut und Böse, S. 29.

[2]) Vgl. z. B. Ruesch, zitiert bei Medicus, a. a. O. S. 64 u. von Hentig, Die Strafe, S. 185.

[3]) Ethik, S. 735 ff.

[4]) Nicolai Hartmann, a. a. O. S. 738.

Gelegentlich ist das Bestehen der Antinomie deshalb bestritten worden, weil man gar nicht nach der Freiheit des wollenden Ichs fragen dürfe. „Die Wahrheit ist aber", sagt Binder [1]), „daß es überhaupt unsinnig ist, die Frage nach der kausalen Bestimmtheit oder Unbestimmtheit des Willens zu stellen, da solche Frage nur in bezug auf Gegenstände der Natur einen Sinn hat. So wenig ich fragen kann, ob irgendwelche Gebilde der Geometrie nach Kategorien der Ethik beurteilt werden können (‚das Dreieck ist tugendhaft'), so wenig kann ich überhaupt sinnvoll fragen, ob der Wille kausal bedingt oder unbedingt ist." Diese Argumentation ist jedoch nicht stichhaltig. Die ethisch bewertete Handlung eines Menschen ist ja gerade eine Handlung „in der Natur". Infolgedessen muß man die Kausalitätsreihe dieser Handlung zum Ich hin zurückverfolgen; anders kommt man gar nicht zu einer Verantwortlichkeit. Und die Frage ist nun, inwiefern man berechtigt ist, diese Kausalkette, die über den Willen zum Charakter führt, dort plötzlich abbrechen zu lassen. Die Antinomie zwischen der durchgängigen Determination der Natur, und also auch des Menschen mit allen seinen Handlungen als Glied in der Natur, als Postulat der genetischen Erkenntnis und der Freiheit des Ichs als ethisches Postulat bleibt demnach bestehen. Anders ausgedrückt, liegt die Antinomie darin, daß einerseits die kausale Zurückführbarkeit einer menschlichen Handlung erst ihre Bewertung ermöglicht, denn wenn sie nicht genetisch auf das beurteilte Ich zurückgeführt werden kann, entfällt eben die Möglichkeit der Bewertung, wie überhaupt ohne Annahme des Kausalgesetzes in der empirischen Welt jede Verständigung unmöglich wird („Postulat der genetischen Erkenntnis"), und daß andererseits die ethische Bewertung nur bei Annahme der Freiheit eines Kausalgliedes — nämlich des zur Verantwortung herangezogenen Ichs — denkbar ist („Postulat der Ethik"), denn, nur wenn es „auch anders gekonnt hätte", ist die Handlung sittlich wertvoll oder nicht; diese Freiheit als Kausalitätslosigkeit widerspricht aber dem ersten Erfordernis der kausalen Zurückführbarkeit zum Zwecke ethischer Bewertung, weil das Kausalgesetz ex definitione keine Durchbrechung duldet [2]).

---

[1]) Grundlegnng zur Rechtsphilosophie, S. 77.

[2]) Es sei in diesem Zusammenhang noch auf die bemerkenswerten Ausführungen von Welzel zu diesem Problem hingewiesen. Allein auch ihm gelingt es nicht, den bündigen Nachweis zu führen, daß die Antinomie etwa dadurch lösbar sei, daß „das Geschehen, das vom Entschluß über die Willensimpulse zum Erfolg führt, eine gesetzte Sinneinheit ist, die sich durch das Moment der Sinngesetztheit aus dem übrigen kausalen Geschehen heraushebt". — Vgl. Welzel, Kausalität

Dieser erkenntnistheoretischen Antinomie entsprechen die Antinomien auf religiösem und rassetheoretischem Gebiet, die hier nur kurz genannt seien, um die Freiheitsproblematik noch von anderer Seite zu beleuchten. Auf religiösem Gebiet entsteht die sog. Antinomie der Vorsehung. Sie folgt daraus, daß sich die freie Selbstbestimmungsbefugnis des Menschen nicht mit dem Dogma der göttlichen Vorsehung verträgt. Denn einmal kann nur von Sünden und Bösem die Rede sein, wenn die Möglichkeit menschlicher Selbstbestimmung zum Guten oder Bösen besteht, d. h. wenn die menschlichen Handlungen nicht determiniert sind, und zum anderen kann Vorsehung nur dann angenommen werden, wenn alle Handlungen vorausbestimmt, determiniert sind. Und nur wenn es eine göttliche Vorsehung gibt, besteht göttliche Allmacht. Dieser unlösbare Widerspruch, der sich eng mit dem Theodizee-Problem berührt, führt zu einem fortwährenden Schwanken religiöser Lehren. So finden sich innerhalb der christlichen Lehre gleichzeitig nebeneinander die Dogmen von der Erbsünde, der Erlösung und der Prädestination, die eine strenge Determination des Menschen voraussetzen [1]) — insofern ist die Wortbildung „Erbsünde" höchst paradox —, und die Forderung, gute Werke zu vollbringen; eine Forderung, die ihrerseits Indetermination voraussetzt. — Auf rassetheoretischem Gebiet entspringt die Antinomie daraus, daß einerseits die strenge Abhängigkeit des Psychischen von Bedingungen des Charakters der Rassen, von der Typenbildung durch die Rasse gelehrt wird. — Daher schreibt Nicolai in seiner lebensgesetzlichen (biologischen) Begründung des Strafrechts ganz folgerichtig: „Danach kann der Verbrecher tatsächlich nichts dafür, daß er eine Straftat begeht [2])." — Andererseits werden jedoch die Glieder einer Rasse ethisch bewertet, womit gerade wieder ein Freisein von den rassischen Einflüssen vorausgesetzt wird. Dort allerdings, wo die rassegesetzliche Erkenntnis zur Annahme des Determinismus führt, wie bei Nicolai [3]), und eine Möglichkeit ethischer Bewertung damit verneint wird, entsteht diese Antinomie naturgemäß nicht.

Der Grund für die Unlösbarkeit des Problems liegt einmal in seinem metaphysischen Charakter und zum anderen in der Aporetik,

---

und Handlung, in Z. Band 51, S. 703 ff. Und auch von demselben Verfasser, Naturalismus und Wertphilosophie im Strafrecht, Mannheim-Berlin-Leipzig 1935, S. 22 ff. und S. 79 ff.

[1]) Vgl. u. a. Matth. 7, 17—18.

[2]) Die rassengesetzliche Rechtslehre, S. 46.

[3]) a. a. O. S. 45, 46.

in der Zweifelhaftigkeit der Erkenntnis überhaupt. Damit soll darauf hingewiesen sein, daß erstens jedes metaphysische Problem irrationale Restbestandteile behält, und daß zweitens eine Verifizierung des Satzes „Es gibt Erkenntnis" nicht möglich ist; denn er kann auf keinen anderen Satz zurückgeführt werden und ist daher Axiom der Erkenntnis, das sich als solches weiterer Beweisbarkeit entzieht. Darin liegt der „letzte unausscheidbare Erdenrest" [1]). Das Erkenntnisproblem ist eben schließlich selbst ein metaphysisches, von denen man sagen kann: „Man löst sie nicht, man behandelt sie nur [2])."

Ebenso wie Kant bei der Behandlung der Freiheitstheorien nicht übergangen werden kann, ebenso bleibt er für die Erkenntnis der letzten Schwierigkeiten dieses Problems das klassische Beispiel. In seiner humoristisch-sarkastischen, im Grunde aber tief ernsten Schrift „Träume eines Geistersehers" schreibt er, vor allem in bezug auf die drei „Postulate der praktischen Vernunft" (Gott, Freiheit und Unsterblichkeit): „Man wird künftig in Fragen der Metaphysik vielleicht mancherlei meinen, niemals etwas wissen können [3])." Diese Erkenntnis wird auch in der neueren und neuesten Philosophie ganz überwiegend vertreten. So sagt auch Windelband: „Die Tatsache des Bösen und des Normwidrigen in der Welt bleibt gegenüber dem Gedanken einer einheitlichen vernünftigen Welt-ursache, insbesondere also dem der göttlichen Weltschöpfung, ein undurchdringliches Geheimnis, ein niemals durch Menschenwitz zu lösendes Rätsel. Man kann es nicht durch das Wort „Freiheit" aus der Welt schaffen; denn eben diese bildet selbst das mit der Idee der kausalen Welteinheit unvereinbare Problem. In diesem Sinne bleibt alle menschliche Untersuchung bei dem Worte von Malebranche stehen: ‚La liberté c'est un mystère' [4])." Ähnlich schließt Driesch seine Erörterung des Freiheitsproblems. Gefühlsmäßig könne jeder die Freiheitsfrage entscheiden, wie es ihm dünke. Aber es darf dabei nicht vergessen werden, daß diese Entscheidung keine eigentliche Wissensentscheidung ist. „Denn eine Wissensentscheidung in Sachen des Freiheitsproblems ist grundsätzlich unmöglich [5])." Auch Messer stellt fest, daß eine Lösung nicht gegeben werden kann [6]).

---

[1]) C. A. Emge, Philosophie und Recht, in Philos. u. R., Band 1, S. 3.

[2]) Nicolai Hartmann, Grundzüge einer Metaphysik der Erkenntnis, S. 122.

[3]) S. 367.

[4]) Über Willensfreiheit, S. 151.

[5]) Das Problem der Freiheit, S. 51.

[6]) Das Problem der Willensfreiheit, S. 93; vgl. auch das Vorwort.

Nach der Als-Ob-Philosophie Vaihingers ist die metaphysische Freiheit eine Fiktion — ein Gedanke, den Vaihinger im Anschluß an Fr. A. Lange entwickelt hat. — Weil die Freiheit unumgängliche Voraussetzung für sittliches Streben ist, wird sie angenommen, obgleich man sich klar ist, daß sie an sich ein widerspruchsvoller Begriff ist [1]). Aber die Fiktion ist sittlich förderlich, denn der Mensch kann dann leben und handeln, „als ob" der Wille frei sei. Auch die Theorie des Fiktionalismus hält sonach eine Lösung für nicht möglich. Nicolai Hartmann kommt zu dem Ergebnis, daß die Theorie der Freiheit nirgend so weit kommt, „die Skepsis wirklich aus den Angeln zu heben — genau so wenig wie beim Erkenntnisproblem, wo auch der Einschlag der Skepsis nirgends ganz vernichtet wird" [2]). „Wir können die Aporien der Freiheit nicht zu voll befriedigender Lösung bringen, können den Widerstreit der geschichtlichen Antinomien nicht eigentlich schlichten. Wir können also nicht, was dem philosophisch-ethischen Bewußtsein immer als Ziel vorschwebt, können die Willensfreiheit nicht eigentlich ‚beweisen'." „Willensfreiheit ist ein metaphysischer Gegenstand. Von allen metaphysischen Gegenständen gilt der Satz: sie sind im strengen Sinne weder beweisbar noch widerlegbar." „Metaphysische Probleme sind überhaupt solche, die einen unauflösbar irrationalen Restbestand enthalten [3])." Es war oben schon (S. 92) gesagt worden, daß Nicolai Hartmann das Bestehen der Freiheit für ontologisch möglich hält. Aber „erst mit dem Beweis ontologischer Notwendigkeit wäre das reale Bestehen der Freiheit erwiesen. Hier liegt die Problemgrenze, über die keine menschliche Einsicht hinausführt" [4]). „Der ethischen Skepsis bleibt nach wie vor die Tür offen [5])." Schließlich sei noch Heinrich Maier zitiert, der u. a. auf die unlösbare Schwierigkeit hinweist, die dadurch entsteht, daß das Ich in der empirischen Welt handelt. In dieser ist die Tatsächlichkeit (in der Terminologie Maiers als Nicht-Notwendigkeit verstanden), „die dem Bestehen des physischen Ichkorrelats zukommt, gleichfalls nicht vorstellbar, weil weder das Ganze des physischen Kausalzusammenhangs, in welchen das physische Ich mit dem physischen Ichgeschehen als Einzelglied hereingehört, gefaßt, noch dieses Einzelglied selbst als diskrete Einheit aus dem kontinuierlichen Geschehen isoliert werden kann. Das eben ist

---

[1]) Die Philosophie des Als Ob, S. 59.

[2]) Ethik, S. 580.

[3]) a. a. O. S. 648.

[4]) a. a. O. S. 727.

[5]) a. a. O. S. 728.

jenes letzte Bedenken, das sich aus der Naturnotwendigkeit gegen die Freiheit erhebt. Ausgleichen nun lassen sich die Antinomien, die die Vorstellbarkeit der metaphysischen Freiheit hindern, allerdings nicht [1]."

Eine Lösung des Freiheitsproblems vermag die Philosophie — so kann das Ergebnis dieses Kapitels zusammengefaßt werden — nicht zu geben. Eins muß indessen festgestellt werden, daß nämlich aus der Tatsache, daß es keinen Freiheitsbeweis gibt, noch nicht der Gegenbeweis des Nichtbestehens der Freiheit gefolgert werden kann, ähnlich wie die Kantische Widerlegung der „Gottesbeweise" nicht zum Beweis der Nichtexistenz Gottes führt. Wenn entweder a oder b gilt, dann folgt aus der Tatsache, daß die Geltung von a nicht verifiziert ist, noch keineswegs die Geltung von b. Das wäre erst der Fall, wenn die Nichtgeltung von a verifiziert wäre. Immerhin bleibt der Problemkomplex der sittlichen Freiheit bis in seine tiefsten Grundlagen hinein fragwürdig. Ob er jemals einer Lösung zugeführt werden wird, erscheint — abgesehen von den grundsätzlichen Schwierigkeiten, die aus dem metaphysischen Charakter des Problems stammen — sehr unwahrscheinlich. Man vergleiche nur die große jahrtausendelange vergebliche Mühe, die der menschliche Geist mit dieser „verfluchten Frage", wie Dostojewski einmal sagt, gehabt hat, etwa an der schier unübersehbaren Fülle des Schrifttums, das bei Eisler angegeben ist [2]. „Nichts ist so viel und so hartnäckig ‚bewiesen' worden, wie die Willensfreiheit", stellt Nicolai Hartmann fest, um dann sehr bezeichnend fortzufahren: „Man behauptet nicht zu viel, wenn man sagt: alle Beweise der Willensfreiheit, die aufgestellt worden, sind falsch [3]."

Diese Feststellung auf das Problem des Strafzwecks angewendet, ergibt folgendes: Vergeltung und Sühne basieren, wie gezeigt wurde, auf der Annahme der Willensfreiheit. Auf so schwankendem Boden ist aber eine Strafrechtsgrundlegung, wie sie die Feststellung des Strafzwecks darstellt, nicht zulässig. Die einzige Möglichkeit, um diese Schwierigkeit herumzukommen, die sich anbietet, bliebe die Stützung entweder auf den Vaihingerschen Fiktionalismus [4])

---

[1]) Philosophie der Wirklichkeit, 3. Teil: Die psychisch-geistige Wirklichkeit, S. 515.

[2]) Wörterbuch der philosophischen Begriffe, S. 571 ff.

[3]) Ethik, S. 631.

[4]) Der Gedanke eines Strafrechts, das vorgeht, „als ob" der Indeterminismus beweisbar wäre, findet sich in der tschechoslowakischen Literatur: v. Weber, Grundriß des tschechoslowakischen Strafrechts, S. 29 u. Foltin, Grundzüge des tschechoslowakischen Strafrechts, S. 60/61.

oder auf den Pragmatismus, wie ihn amerikanische und englische Philosophen — Peirce, James, Dewey und F. C. S. Schiller — vertreten. Aber auch diese Möglichkeit muß hier versagen. Die fiktive Annahme eines Tatbestandes ist bewußte Selbsttäuschung, die zwar bei mancher wissenschaftlichen Erörterung ihren Sinn haben mag und nützlich sein kann, nicht aber beim Problem der sittlichen Freiheit. Ebenso steht es mit der Verwendung der pragmatischen Theorie für das Freiheitsproblem, nach welcher das wahr ist, was sich durch seine praktischen Konsequenzen bewährt. Danach wäre der Freiheitsglaube deshalb für wahr zu halten, weil er für das gesamte sittliche Leben von grundlegender Bedeutung ist. Daß dieser Gedankengang verfehlt ist, leuchtet sofort ein, denn unmöglich kann die faktische Nützlichkeit eines Gedankens gleichzeitig sein logisches Kriterium sein. — Es zeigt sich somit, auf wie unsicherer Grundlage jedes Vergeltungs- oder Sühnestrafrecht aufbaut. Die Fragwürdigkeit der Willensfreiheit drückt ihnen den Stempel auf.

Hinzu kommt, daß zwar nicht jedes Strafrecht das Bestehen der Freiheit voraussetzt, wohl aber jedes die Gültigkeit des Kausalgesetzes. Denn das Strafrecht hat es mit Geschehnissen in der Welt der Erscheinung zu tun. Die Strafrechtswissenschaft ist eine empirische Wissenschaft [1]). Sie hat es mit „Faktischem" zu tun. Die „Tatbestände" bezeichnen Ereignisse in der erfahrbaren Welt. Insofern wird die Geltung des Kausalgesetzes vorausgesetzt. Ohne diese wäre ein Strafrecht undenkbar. Nur wenn eine Tat kausal auf einen Täter zurückführbar ist, kann überhaupt gestraft werden [2]). Vertritt man nun ein Sühnestrafrecht, so führt man noch eine zweite Voraussetzung neben dieser ersten ein, nämlich das Bestehen der Willensfreiheit. Damit tritt aber die Antinomie zwischen Notwendigkeit und Freiheit gerade beim Strafrecht, das ja kausale Betrachtung erfordert, in ihrer ganzen Schärfe hervor. Die Folge ist, daß gerade das Sühnestrafrecht das Strafrecht selbst ins Schwanken bringt.

Es bleibt eben dabei: „Mit der metaphysischen Willensfreiheit läßt sich in der realen Welt, in der nun einmal durchgängig das Kausalgesetz gilt, wenig anfangen [3])." Die Folgerung hieraus kann

---

[1]) Vgl. Kohlrausch, Sollen und Können als Grundlagen der strafrechtlichen Zurechnung, S. 10/11 u. 23.

[2]) So auch v. Liszt-Schmidt, Lehrbuch des deutschen Strafrechts, S. 30.

[3]) Klee, Das Problem der Sicherungsstrafe in Arch. f. Rechtsphil. Bd. 28, S. 491.

nur die sein, die Nicolai klar und deutlich ausspricht: „Man kann die Willensfreiheit nicht deshalb annehmen, weil es sonst keine zureichende Strafrechtstheorie gäbe, sondern man muß die auf der Willensfreiheit fußende Strafrechtstheorie fallen lassen, wenn man die Willensfreiheit nicht begründen kann [1]).“

[1]) Die rassengesetzliche Rechtslehre, S. 45.

V. Kapitel

Folgerungen für das kommende Strafrecht

Das bisherige Ergebnis der Untersuchung läßt sich nunmehr folgendermaßen zusammenfassen: Die Sühnetheorie ist als eine echt absolute Theorie abzulehnen, weil erstens der Schutzstrafengedanke der deutschen Auffassung seit langem gemäß ist, weil zweitens sich der Sühnebegriff bei näherem Zusehen als unzulänglich zur Verwendung in der Strafrechtstheorie erweist, und weil die Sühnetheorie drittens auf der nicht verifizierbaren Annahme der Willensfreiheit beruht. An die Stelle der Sühnetheorie hat vielmehr die Schutzstrafentheorie zu treten, der sich die genannten Schwierigkeiten nicht entgegenstellen.

Abschließend bleibt noch zu untersuchen, wie sich die Auffassung, daß die Strafe den Schutz der Volksgemeinschaft[1]) bezweckt, für die praktische Strafrechtsgestaltung auswirkt. Hierbei seien einige besonders wichtige und aktuelle Fragenkomplexe herausgegriffen, denn Vollständigkeit würde den Rahmen dieser Abhandlung überschreiten. Zunächst seien drei Probleme erörtert, die sich so, wie sie im kommenden Recht nach den amtlichen Berichten geregelt werden sollen, dem Schutzgedanken zwanglos, ja sogar besser als dem Sühnegedanken, unterordnen lassen.

1. Das kommende Strafrecht ist als ein sog. Willensstrafrecht geplant, das im Gegensatz zum sog. Erfolgsstrafrecht steht; das bedeutet, daß nicht der eingetretene Erfolg, sondern der verbrecherische Wille als Anlaß und Grund der Bestrafung das Strafmaß bestimmt. — Eine wichtige Folgerung dieser Ansicht ist die Gleichstellung von Versuch und Vollendung, wie sie für das künftige Recht vorgesehen ist. — Das Willensstrafrecht entspricht nun dem Gedanken der Schutzstrafe in besonderem Maße. Zwar ist des öfteren die Ansicht vertreten worden, daß gerade die Sühneidee

[1]) Daß die Strafe darüber hinaus auch den Schutz menschlicher Gemeinschaft überhaupt bezweckt, wie z. B. bei Bekämpfung des internationalen Verbrechertums kann hier außer acht gelassen werden wegen der verhältnismäßig geringfügigen praktischen Auswirkung dieses Gesichtspunktes.

ein Willensstrafrecht fordere [1]), das ist indessen nicht richtig. Es ist vielmehr das Erfordernis einer folgerichtigen Schutzstrafentheorie, ein Willensstrafrecht zu schaffen. Denn das kriminalpolitische Ziel, die Sicherung des Gemeinschaftslebens, wird besser erreicht, wenn der Kampf gegen die Asozialität möglichst früh einsetzt. Zu diesem Zwecke ist es notwendig, in die Kausalreihe, die zum Erfolge führt, schon vorher einzugreifen. Die Verteidigungslinie der Gemeinschaft wird „vorverlegt". Ein gutes Schutzstrafrecht muß daher stets ein Willensstrafrecht sein. Darauf, daß dieser kriminalpolitische Gesichtspunkt die Grundlage des Willensstrafrechts bildet, hat bereits Klee hingewiesen [2]). Aber auch einige Sühnetheoretiker bestreiten das letzten Endes nicht. Z. B. betont Freisler neuestens: „Vom Schutzzweck des Strafrechts aus gesehen muß also das neue Strafrecht sich gegen den rechtsbrecherischen Willen des Täters richten und in diesem Sinne kämpferisch und Willenstrafrecht sein [3])." Ein ideales Schutzstrafrecht müßte daher eigentlich völlig vom Erfolge absehen und nur noch die asozialen Willensenergien messen. Da das naturgemäß unmöglich ist, wird der Erfolg auch vom Willensstrafrecht berücksichtigt werden müssen, aber nur als Symptom für die Stärke des kriminellen Willens.

Es zeigt sich demnach, daß das Willensstrafrecht sich besonders gut der Schutzidee unterordnet. Vom Gedanken der sühnenden Strafe könnte man fast das Gegenteil sagen. Denn es liegt im Begriff der Sühne, daß diese Tat-, nicht Willenssühne ist. Grewe, ein Vertreter der Sühnetheorie, schreibt ausdrücklich, daß „im Grunde nur eine Tat, nicht eine Gesinnung ‚gesühnt' werden kann" [4]). Aber selbst wenn man annimmt, daß eine Gesinnung, ein Wille gesühnt wird, folgt doch aus dem Begriff der Sühne, daß die Sühnestrafe stets eine fest abgegrenzte Strafe ist. Zu einer derartigen genauen Abgrenzung, wenn sie nicht in Anbetracht der Inkommensurabilität von Tat und Strafe überhaupt unmöglich ist, knüpft sie notwendig an den Erfolg; denn die Intensität des verbrecherischen Willens läßt sich nicht im voraus exakt messen. Es läßt sich nicht genau vorhersagen, welche Strafe ihm entspricht. (Vgl. das weiter unten zum Problem der sog. Einspurigkeit und der relativ unbestimmten Verurteilung Gesagte [5]).) Aus diesem Grunde führt

---

[1]) Vgl. Freisler in Gürtner, Das kommende Strafrecht, S. 17.

[2]) Vgl. u. a. Das Verbrechen als Rechtsgut- und als Pflichtverletzung, in Dt.St.R. 1936, S. 4.

[3]) Freisler in Gürtner-Freisler, Das neue Strafrecht, S. 134.

[4]) Wilhelm Grewe, Gnade und Recht, S. 111.

[5]) S. 127 ff. und 135 ff.

die Sühnestrafe also wieder zum Erfolgsstrafrecht, da sie eines wenigstens einigermaßen festen Anhaltspunktes bedarf.

Schließlich ist noch der Einwand erhoben worden, daß ein Willensstrafrecht die Lösung des Freiheitsproblems im Sinne des Indeterminismus voraussetze [1]). Das ist jedoch nicht der Fall. Die Frage des Willensstrafrechts wird von der Lösung der Frage nach der Willensfreiheit überhaupt nicht berührt. Denn bei der Entscheidung, ob ein Strafrecht als Willens- oder als Erfolgsstrafrecht ausgebaut werden soll, geht es lediglich darum, bei welchem Glied einer Kausalreihe am zweckmäßigsten der Kampf gegen das Verbrechertum einsetzen soll. Ob diese Kausalreihe einmal spontan begonnen worden ist, ist hierbei nicht beachtlich. Auch vom deterministischen Standpunkt läßt sich ein Willensstrafrecht begründen. Es liegt hier ebenso, wie wenn ein Arzt erwägt, an welcher Stelle der eine Krankheit zur Folge habenden Ursachenreihe die Heilbehandlung am besten beginnt. — In gewissen Fällen der Eugenik kann man sogar davon sprechen, daß die Bekämpfung der Kriminalität an einem noch früheren Punkt des Kausalnexus einsetzt, wenn man nämlich durch Sterilisation schon das Entstehen eines asozialen Menschen verhindert.

2. Wenn im kommenden Strafrecht ebenso wie im geltenden die analoge Anwendung von Strafgesetzen auch zuungunsten des Täters erlaubt sein wird, dann ist damit vor allem auch einer Forderung, die sich aus dem Gedanken der Schutzstrafe ergibt, entsprochen. Kommt es nämlich allein darauf an, die Gemeinschaft zu sichern, dann muß es gleichgültig sein, ob eine asoziale Tat vom Gesetzgeber im geltenden Recht schon ausdrücklich berücksichtigt ist oder nicht [2]). Der asoziale Charakter einer Tat macht diese bereits strafwürdig, wenn ein Schutzbedürfnis besteht. Das ist selbstverständlich nicht bei jeder asozialen Handlung der Fall. Maßstab bleibt das Gesetz. Aus dem Ähnlichkeitsgrad ergeben sich die Beschränkungen. Auch diese Beschränkungen sind ein kriminalpolitisches Bedürfnis und entsprechen daher dem Schutzgedanken. Denn es spricht eine Vermutung dafür, daß der Gesetzgeber kraft seiner umfassenderen Erfahrung grundsätzlich das Sicherungsbedürfnis am besten beurteilen wird, zumal beachtet werden muß, daß ein zu strenges Strafrecht, wenn es in einen Gegensatz zur Volksmeinung gerät, Autorität verliert und somit dem Präventionszweck nicht genügt.

---

[1]) Graf Gleispach, Willensstrafrecht, in Handwörterbuch der Kriminologie II. Band, S. 1069.

[2]) Nullum crimen sine poena!

3. Auch die Regelung der Verjährung im kommenden Strafrecht trägt der Schutzidee Rechnung. Auf den ersten Blick möchte es zwar anders erscheinen, wenn gesagt wird, „daß hinsichtlich der Verfolgbarkeit strafbarer Handlungen und der Vollziehbarkeit rechtskräftig erkannter Strafen der Zeitablauf grundsätzlich ohne Bedeutung ist" [1]). Dies scheint dem Sühnegedanken zu entsprechen; denn, daß der gewöhnliche Zeitablauf keine „sühnende Kraft" haben kann, leuchtet ein. Aber trotz der genannten grundsätzlichen Verneinung des Strafanspruchuntergang es durch Zeitablauf folgt die vorgesehene Regelung der Verjährung dem Schutzgedanken. Nach Ablauf einer gewissen Zeit wird das Sicherungsbedürfnis geringer, um schließlich ganz aufzuhören. Dieser Tatsache entspricht der Entwurf und schlägt für eine gewisse Zeitspanne Verfolgungszwang, für eine darauf folgende Verfolgungsmöglichkeit und dann ein Verfolgungsverbot vor [2]). Dieses Vorgehen entspricht kriminalpolitischen Belangen und widerspricht dem Sühnegedanken. Denn die dogmatische Rettung des Sühnestrafrechts durch theoretische Aufrechterhaltung des Strafanspruchs macht einen stark gekünstelten Eindruck und steht in Widerspruch zur tatsächlichen Regelung.

Während die geplante Gestaltung des neuen Strafrechts in bezug auf die behandelten Probleme des Willensstrafrechts, der Analogieerlaubnis und der Verjährung den Folgerungen aus der Schutzstrafentheorie entspricht, ist das für die folgenden drei Punkte nicht der Fall.

4. Sehr umstritten ist die Frage der Behandlung gemeingefährlicher Gewohnheitsverbrecher [3]). Einigkeit herrscht darüber, daß hier ein erhöhtes Sicherheitsbedürfnis der Gemeinschaft vorliegt. Meinungsverschiedenheit besteht aber über die Frage, auf welche Art und Weise diesem Bedürfnis entsprochen werden soll. Drei Systeme bieten sich an [4]). Entweder die Strafe wird verlängert. Diese Regelung sehen das Norwegische StGB. von 1902 und der Dänische Entwurf von 1912 vor. Oder es tritt an die Stelle der Strafe die Sicherungsverwahrung (Vicariieren), wie die Schweizer Entwürfe von 1893 es vorsehen. Oder es wird neben der Strafe noch die Sicherungsverwahrung angeordnet, die nach Ab-

---

[1]) Reimer in Gürtner, Das kommende deutsche Strafrecht, Allgemeiner Teil, S. 252.

[2]) Reimer a. a. O. S. 249.

[3]) Vgl. die Literaturangabe bei Mezger, Deutsches Strafrecht (Ein Leitfaden), S. 58.

[4]) Vgl. Mezger, Die Behandlung der gefährlichen Gewohnheitsverbrecher, in Monatsschr. f. Krim. Psych. 1923, S. 161 ff.

büßung der ersten vollzogen wird. So geht u. a. das geltende deutsche Recht nach dem Gesetz von 1933 vor. Unter dem Gesichtspunkt, ob eine einheitliche Maßnahme vorgenommen wird oder ob mehrere gehäuft werden, können die obigen drei zu zwei Systemen zusammengefaßt werden, wobei das Norwegische und das Schweizerische als eins erscheinen. Die Bezeichnungen der Ein- und Zweispurigkeit (Monismus und Dualismus) haben sich hierfür eingebürgert.

Die Entscheidung zwischen diesen beiden Möglichkeiten ist von grundsätzlicher Bedeutung und hat erhebliche praktische Konsequenzen. Sie hängt von der Stellungnahme zum Problem der Strafrechtstheorie ab. Sieht man den Strafzweck im Schutz der Gemeinschaft, dann kann nur die Einspurigkeit in Betracht kommen. Für eine besondere Sicherungsverwahrung im Anschluß an die Strafe ist kein Platz mehr, weil auch die Strafe keinem anderen Zweck als dem der Sicherung dient. Eine einheitliche Schutz- oder Sicherungsstrafe ist die Konsequenz [1]). Sollen jedoch Sühne oder Vergeltung der Zweck der Strafe sein, dann ist neben der Strafe, durch die der Verbrecher seine Tat sühnt, noch eine Sicherungsverwahrung erforderlich. Denn der Sühne- oder Vergeltungsgedanke ergibt einen festen Strafrahmen, der ohne Rücksicht auf das Schutzbedürfnis der Gemeinschaft festzulegen ist. Da hierbei an die einmalige Tat, die gesühnt und vergolten werden soll, angeknüpft wird, liegt die Sühnestrafe bei Gewohnheitsverbrechern regelmäßig unter dem Maß, das ihre Gefährlichkeit für die Gemeinschaft auf Grund ihrer asozialen Veranlagung ergibt. — Hier zeigt sich, daß es richtig war, wenn oben festgestellt wurde, daß das Sühnestrafrecht mehr dem Erfolgsstrafrecht als dem Willensstrafrecht entspricht. Denn hätte die Sühnestrafe nicht an die Tat, sondern an den Willen angeknüpft, dann wäre es nicht nötig, neben der Strafe noch eine weitere Maßnahme zur Sicherung der Gemeinschaft anzuordnen. — Weil nun die Notwendigkeit eines weiteren Schutzes wegen des kriminellen Willens des Täters erkannt wird, muß an die Strafe noch eine Sicherungsverwahrung angehängt werden, die nicht den Charakter einer Strafe haben soll. Daher kommt die Sühne- oder Vergeltungstheorie zur Zweispurigkeit [2]). Beide Richtungen sind in der deutschen Strafrechtswissenschaft nicht neu. Die Einspurigkeit führte schon unter dem Beifall

[1]) Vgl. Klee, Das Problem der Sicherungsstrafe, in Arch. f. Rechtsphil., Band 28, S. 485 ff. — Ebenso die Preuß. Denkschrift Nationalsozialistisches Strafrecht, S. 138; Kohlrausch, Sicherungshaft, in Z. Band 44, S. 21. — v. Liszt, Das gewerbsmäßige Verbrechen, in Z. Band 21, S. 139/140.

[2]) Freisler in Gürtner-Freisler, Das neue Strafrecht, S. 146 u. a.

E. F. Kleins eine Preußische Cirkularverordnung vom 21. 2. 1799 im Anschluß an die Carolina ein; sie scheiterte allerdings an dem damaligen unzureichenden Strafvollzug [1]). Auf der anderen Seite hat u. a. bereits Kohler in folgerichtiger Anwendung seiner Sühnetheorie die Zweispurigkeit gefordert und scharfe Trennung der Strafe von den übrigen Folgen der Übeltat verlangt [2]). Wenn nun, insbesondere im Zusammenhang mit dem Freiheitsproblem, hier dargelegt wurde, daß sich heute allein eine Schutzstrafentheorie aufrecht erhalten läßt, dann ist damit zugleich gesagt, daß ein modernes zeitgemäßes Strafsystem „einspurig" sein muß.

Gegen die Einspurigkeit spreche der Gedanke des Willensstrafrechts, hat man eingewandt [3]). Dieser verlange die Zweispurigkeit. Das kann nach dem, was über den Zusammenhang zwischen der Auffassung über den Strafzweck und der Willensstrafrechtsidee bereits gesagt wurde, keinesfalls richtig sein. Das Problem der Ein- oder Zweispurigkeit steht in keinem Abhängigkeitsverhältnis zum Problem des Erfolgs- oder Willensstrafrechts. — Eher könnte man nach dem Gesagten auch hier wieder sagen, daß das Willensstrafrecht sich mehr mit dem einspurigen Strafsystem verträgt. — Die Entscheidung hängt lediglich von der Ansicht über den Zweck der Strafe ab.

Gelegentlich ist versucht worden, aus den Theorien der Schutzstrafe und der sühnenden oder vergeltenden Strafe andere Folgerungen bezüglich der Behandlung von Gewohnheitsverbrechern zu ziehen. Goldschmidt wollte die Zweispurigkeit aus der Präventionstheorie ableiten. Aus generalpräventiven Gründen müsse eine genau fixierte Strafe an Verbrechenstatbestände knüpfen. Der verschiedenen Schwere der Tatbestände müsse eine abgestufte, generell gleiche Gegenwirkung entgegenstehen, während Sicherungsmaßnahmen an gemeingefährliche Zustände knüpfen [4]). Dieser Gedankengang geht schon deshalb fehl, weil er voraussetzt, daß die Sicherungsmaßnahmen keine generalpräventive Wirkung ausüben.

---

[1]) Helmut Mumme, E. F. Kleins Auffassung von der Strafe und den sichernden Maßnahmen, S. 54. Und dazu die Besprechung von Klee, in Dt.St.R. 1937, S. 71.

[2]) Lehrbuch der Rechtsphilosophie, S. 197 (zur Sühnetheorie, ebenda S. 184).

[3]) Rietzsch, Die Strafen und Maßregeln der Sicherung, Besserung und Heilung, in Gürtner, Das kommende Strafrecht I, S. 151. — Ebenso G. Dahm, Die Erneuerung der Ehrenstrafe in DJZ. 1934, Sp. 829.

[4]) Goldschmidt, Strafen und verwandte Maßnahmen usw., in Birkmeyer, v. Calker u. a., Vergleichende Darstellung des deutschen und ausländischen Strafrechts, Band IV, S. 317. —Ähnlich Mezger, a. a. O., in Monatsschr. f. Krim.-Psych. 1923, S. 172.

Wie die Praxis lehrt, wirken sie aber in sehr hohem Maße generalpräventiv. — Umgekehrt kommt Mayer, obwohl er Anhänger eines Vergeltungsstrafrechts ist, theoretisch zu einer Art Einspurigkeit. Er bezeichnet die Sicherungsverwahrung als „Zweckstrafe" im Gegensatz zu der ihr vorausgeschickten „Vergeltungsstrafe" [1]). Beide Staatsakte sind nach dieser Auffassung begrifflich Strafen. Ein Unterschied zwischen ihnen besteht jedoch bei näherem Zusehen nicht. Denn nach Mayer ist auch die „Vergeltungsstrafe" eine Waffe gegen das Verbrechen, sie dient also der Prävention und ist ebenfalls Zweckstrafe [2]). Die Sicherungsverwahrung ist dann aber nichts weiter als eine Strafverlängerung. Mayer müßte daher eigentlich für die Einspurigkeit eintreten. Hier würde dann eine Vergeltungstheorie scheinbar zur Einspurigkeit führen, wenn die richtigen Folgerungen gezogen worden wären. Damit ist aber nichts gegen die eben aufgestellte Behauptung, jede Vergeltungs- oder Sühnetheorie müsse zur Zweispurigkeit führen, gesagt; denn der Grund dafür, daß Mayers Theorie eigentlich zur Einspurigkeit führen müßte, ist ganz einfach der, daß hier die Vergeltung nicht Zweck, sondern Mittel zum Zweck der Prävention ist [3]). — Andererseits stellt sich der auf Einspurigkeit hinauslaufende § 20a des geltenden deutschen Strafgesetzes, wenn man den erwähnten Zusammenhang der Frage der Behandlung von gefährlichen Gewohnheitsverbrechern mit der Frage nach dem Strafzweck beachtet, als Inkonsequenz dar, weil die Gesetzesnovelle, die ihn einführte, auf dem Boden der Sühnetheorie stand [4]).

Deutlich zeigt sich die Relation zwischen der Auffassung des Strafzweckes und der Behandlung des Gewohnheitsverbrechertums auch in der Art und Weise, wie sich ausländische Gesetzgeber zur Frage, wie gefährliche Gewohnheitsverbrecher zu behandeln sind, stellen. Entspricht die Strafauffassung der reinen Schutzstrafentheorie, dann wird das einspurige System angewandt. Leben indessen neben dem Schutzgedanken noch Vergeltungsideen in irgendeiner Form, dann findet sich in dem betreffenden Strafrecht das zweispurige System. — Daß fast kein Strafrecht der kulturell be-

[1]) Hellmuth Mayer, Das Strafrecht des deutschen Volkes, S. 136.

[2]) Mayer, a. a. O. S. 49.

[3]) Vgl. das oben auf S. 31 Gesagte. — Da Vergeltung hier nichts weiter als rechtliche Reaktion ist, erscheint es folgerichtiger, wenn auch nicht billigenswert wegen der völligen Entleerung des Vergeltungsbegriffes, wenn der Schweizer Strafrechtler Hafter (Lehrbuch des schweizer. Strafrechts, Allg. Teil S. 252) schreibt, auch die sichernde Maßnahme sei ihrem Wesen — nicht Zweck! — nach Vergeltung.

[4]) Vgl. das oben auf S. 71 Gesagte.

deutenden Staaten die Verwendung von Sicherheitsmaßnahmen ablehnt, ist noch ein Beweis mehr dafür, daß die Besinnung auf die klare kriminalpolitische Aufgabe der Strafe, auf den Schutzgedanken, überall durchgedrungen ist. Aufgabe unserer Zeit ist es nur, hieraus die letzten Folgerungen zu ziehen. — Entsprechend den Ergebnissen, die bei der vorangegangenen Betrachtung ausländischer Ansichten über den Strafzweck gewonnen wurden, verwenden das dualistische System die Strafgesetze von Frankreich [1]), Italien (Codice Rocco) [2]), Österreich [3]) und der Tschechoslowakei [4]). Genannt seien ferner noch: China [5]), Holland [6]), Polen [7]), Rumänien [8]), Spanien [9]) und Uruguay [10]). Das monistische System schlägt für das italienische Strafrecht selbstverständlich der Entwurf Ferri vor [11]). Ebenso schlagen es die Entwürfe für die Schweiz und Dänemark [12]) vor. — Der ältere Schweizer Entwurf von 1893, der unter maßgeblichem Einfluß von Carl Stooß entstand, verdient besondere Erwähnung, weil er zum erstenmal in neuerer Zeit in umfassender Weise zum Problem der besonderen Behandlung gefährlicher Gewohnheitsverbrecher Stellung nimmt und charakteristischerweise zur monistischen Lösung kommt, obwohl in der Schweizer Strafrechtslehre durchaus noch Vergeltungsideen vertreten werden.

---

[1]) Roux, Le droit criminel français, S. 382 ff. Hier findet sich der auch sonst häufig anzutreffende Irrtum, die Sicherungsmaßnahme wirke nur spezialpräventiv. — Im übrigen wird S. 454 a. a. O. zugegeben, daß letztlich jede Strafe eine Sicherungsmaßregel ist. („Bien que toute peine puisse être considerée comme une mesure de sûreté.") — Vgl. auch Donnedieu de Vabres, in Z. Band 55, S. 375.

[2]) Weil dieses Gesetz mit Absicht zwischen den Theorien stehen will, Corrado, Die sichernden Maßnahmen im Gesetz Rocco, S. 5 ff., 21 ff.

[3]) Lammasch-Rittler, Grundriß des österreichischen Strafrechts, S. 4.

[4]) Foltin, Grundzüge des tschechoslowakischen Strafrechts I, S. 20.

[5]) Entwurf von 1934. Teilweise ist auch Vicariieren vorgesehen. Chi Tai Chang, Der neue Entwurf eines chinesischen Strafgesetzbuches, in Z. Band 54, S. 501.

[6]) J. M. van Bemmelen, Individuum und Gemeinschaft im holländischen Strafrecht, in Z. Band 55, S. 433/434.

[7]) Z. Papierkowski, Bericht über die strafrechtliche Entwicklung Polens, in Z. Band 55, S. 440/441, und Busch, Kritische Bemerkungen zum polnischen Strafgesetzbuch, ebenda S. 638, 639.

[8]) Adolf Schönke, Neues aus dem ausländischen Strafrecht, in Z. Band 55, S. 473.

[9]) Cuello Calón, Spanien, in Z. Band 55, S. 466.

[10]) Schönke, a. a. O. S. 479/480.

[11]) Relazione sul progretto preliminare di codice penale italiano, Libro I, S. 15 u. 194.

[12]) Mezger, Die Behandlung der gefährlichen Gewohnheitsverbrecher, in Monatsschr. f. Krim.Psych., 14. Jahrg., S. 161.

Gelegentlich wird allerdings der Schweizer Entwurf von 1893 zu der Gruppe der dualistischen Systeme gerechnet [1]. Damit wird indessen sein Wesen verkannt. Denn nach diesem Entwurf soll der Gewohnheitsverbrecher nicht zwei Maßnahmen (Strafe mit anschließender Sicherungsverwahrung) unterworfen werden, sondern lediglich einer. An die Stelle der Strafe tritt die Verwahrung [2]. Ebenso ging der Schweizer Entwurf von 1903 vor [3]. Verwendet man die Bezeichnungen Ein- und Zweispurigkeit sinnvoll, so müssen diese Entwürfe daher zu den einspurigen gezählt werden. — Geltendes Recht ist die Einspurigkeit in Rußland [4], Ungarn [5] und den Vereinigten Staaten von Amerika [6]. Auffällig und dem Gesagten auf den ersten Blick widersprechend scheint es zu sein, daß in England nach der „Prevention of Crime Act" von 1908 das dualistische System Verwendung findet [7]; denn gerade England war als typisches Beispiel eines Landes mit einem Strafrecht genannt worden, das in unbestrittener Weise vom Schutzprinzip beherrscht wird. In der Tat ist dies ein Widerspruch, der von den Engländern selbst erkannt worden ist. Die Denkschrift „Report of the Departmental Committee on Persistent Offenders" vom Mai 1932 schlägt daher nunmehr auch für das englische Recht die Einspurigkeit vor [8].

Überall zeigt sich demnach die Verbindung der grundlegenden Strafauffassung mit dem Problem der Ein- oder Zweispurigkeit. Aber neben dem systematischen Gesichtspunkt, daß man dann, wenn der Zweck der Strafe allein im Schutz der Volksgemeinschaft gesehen wird, notwendig zur Einspurigkeit kommt, weil das stark doktrinär anmutende Bedürfnis nach Scheidung zwischen sühnender Strafe und sichernder, nicht mehr sühnender Sicherungsverwahrung entfällt, spricht auch eine praktische Erwägung, welche vor allem auch die eben erwähnte englische Denkschrift maßgeblich beein-

[1] Mezger, Lehrbuch § 76.

[2] Carl Stooß, Motive zu dem Vorentwurf eines Schweizerischen Strafgesetzbuches, Allgem. Teil, S. 49.

[3] Eduard Wüst, Die sichernden Maßnahmen im Entwurf zu einem Schweizer. Strafgesetzbuch, S. 87.

[4] Gallas, Übersetzung des Ugolownyj Kodex, S. 10.

[5] Georg Auer, Neues Ungarisches Strafrecht, in Z. Band 51, S. 992.

[6] Franz Exner, Kriminalistischer Bericht über eine Reise nach Amerika, in Z. Band 57, S. 345 ff., und Klee, Das Problem der Sicherungsstrafe, in Arch. f. Rechtsphil. Band 28, S. 495.

[7] A. M. Wilshere, The Elements of Criminal Law and Procedure, S. 41. — Vgl. auch Klee, Vom englischen Strafverfahren, in Dt.St.R. 1937, S. 37.

[8] Klee, Das Problem der Sicherungsstrafe, in Arch. d. Rechtsphil., Bd. 28, S. 489, und Sieverts, Die englische Denkschrift über die Behandlung hartnäckiger Verbrecher, in Z. Band 53, S. 676 ff.

flußte, für den Monismus. Bei der Unterscheidung von Strafe und Sicherungsverwahrung, wie sie die Sühnetheorie vornimmt, darf die Sicherungsverwahrung keinen Strafcharakter tragen; denn die Tat ist bereits durch die vorangegangene Strafe gesühnt. Das bedeutet insbesondere, daß die Sicherungsverwahrung den Charakter eines Übels in möglichst geringem Umfange nur haben soll, ohne allerdings dabei die Sicherheit der Isolierung des Verbrechers zu gefährden. Die amtliche Begründung des Gesetzes gegen gefährliche Gewohnheitsverbrecher und über Maßregeln der Sicherung und Besserung vom 24. 11. 1933, das in seinem wesentlichen Inhalt auch in das neue Strafrecht eingehen soll [1]), weist ausdrücklich darauf hin, daß beim Vollzug der Sicherungsverwahrung der Gesichtspunkt der Sühne und Vergeltung auszuscheiden habe. Die Verwahrung solle sich unbeschadet der Gewöhnung des Verwahrten an Zucht und Ordnung auf eine mit Arbeitszwang verbundene Freiheitsentziehung, bei der die Verhütung des Entweichens im Vordergrund stehe, beschränken. „Soweit es mit diesem Ziel vereinbar ist, können den Verwahrten Vergünstigungen gewährt werden, die bei dem Vollzug der Zuchthausstrafe um der Sühne und Vergeltung willen ausgeschlossen sind [2]).“

Hier ergeben sich in der Praxis die größten Schwierigkeiten. Unterschiede zur Strafe finden sich kaum. Schon die starke generalpräventive Wirkung der Sicherungsverwahrung, die sich meist vor Gericht in der Hauptverhandlung an der Furcht des Angeklagten vor Anordnung dieser schwerwiegenden Maßnahme deutlich erkennen läßt, deutet darauf hin, daß die beabsichtigte Zweispurigkeit in Wirklichkeit auf die Einspurigkeit hinausläuft. Aber auch von seiten der Praktiker des Straf- und Sicherungsverwahrungsvollzuges wird auf diese Tatsache hingewiesen. Georgi führt an, daß bezeichnenderweise die Sicherungsverwahrten einfach in besonderen Abteilungen von Strafanstalten untergebracht werden [3]). Für diese Tatsache wurde in der Diskussion früher, ebenfalls von einem Praktiker, das Schlagwort vom „Etikettenschwindel“, das etwas Wahres enthält, geprägt.

---

[1]) Vgl. Rietzsch, Die Strafen und Maßregeln der Sicherung, Besserung und Heilung, in Gürtner, Das kommende Strafrecht I, S. 150 ff.

[2]) Amtliche Begründung im Reichsanzeiger, 1933 Nr. 277, S. 3. — Vgl. auch die oben S. 42 zitierten §§ 48 und 16 der Verordnung über den Vollzug von Freiheitsstrafen und von Maßregeln der Sicherung und Besserung, die mit Freiheitsentziehung verbunden sind v. 1934.

[3]) Hermann Georgi, Zum Vollzug der Sicherungsverwahrung in Deutschland, in Z. Band 55, S. 613 ff. — Ebenso Klee, Eineinhalb Jahre Gewohnheitsverbrechergesetz, in Dt.St.R. 1935, S. 373 ff., und Eyner, Sicherungsverwahrung und Freiheitsstrafe, in DJZ. 1934, S. 1402 ff.

Jedenfalls betont Georgi, daß sich die Sicherungshaft „kaum von der Strafhaft unterscheidet". Die Klagen der Häftlinge hierüber seien verständlich. Die wenigen Vergünstigungen durch Zusatznahrungsmittel, Zeitungen, Radio, und ähnliches ändern hieran wenig [1]). Wenn Rietzsch demgegenüber bemerkt, daß die Durchführung der Reformen im Vollzug diese Tatsache ändern wird [2]), so ist das nicht durchschlagend. Denn die Frage ist ja eben die, ob das überhaupt möglich ist, da in jeder Sicherungsverwahrung notwendig der Übelscharakter enthalten ist. Auch der Hinweis auf künftigen Kolonialbesitz ändert hieran nichts. Das Umgekehrte könnte man im Hinblick auf die französische Deportationspraxis eher vermuten. Wenn indessen kein Unterschied besteht, dann fordert, abgesehen von der logisch-systematischen Konsequenz, auch die Ehrlichkeit ein Abgehen von der Zweispurigkeit. Mezgers entgegengesetzter Ansicht [3]), die allenfalls für den Entwurf Ferri und die sowjetrussische Regelung zutreffen mag, kann nicht gefolgt werden; denn die Sicherungs- oder Schutzstrafe verleugnet, wie schon die Terminologie zeigt, keineswegs ihren Charakter [4]). Und eine Strafe, die dem hohen Ethos des Gemeinschaftsschutzes dient, braucht auch nicht zu besorgen, sie werde „an ihrem ethischen Gehalt Einbuße erleiden" [5]). Im übrigen kann auch Mezger nicht leugnen, daß die Zweispurigkeit im Urteil zu weitgehender Einspurigkeit im Vollzuge führt [6]).

Wie künstlich die Zweispurigkeit im einzelnen wirkt, zeigt Klee an dem Beispiel des § 42 d StGB. In der Tat mutet es eigenartig an, wenn Landstreicher, Bettler, Dirnen, Arbeitsscheue und schuldhaft Obdachlose zunächst einige Tage oder Wochen gemäß § 361 StGB. „sühnen" müssen, um dann im Arbeitshaus an Zucht und ordentliche Arbeit gewöhnt zu werden. „Denn es kann doch ernstlich nicht behauptet werden, daß der Sühnezweck es verlange, daß der wirksamen Arbeitshausstrafe noch ein paar Tage oder Wochen erfahrungsmäßig gänzlich unwirksamer Haft vorausgehen [7])." In der Zwei-

[1]) Vgl. Hans Mayr, Die Sicherungsverwahrung in Süddeutschland, in Monatsschrift f. Krim.Psych. 1936, S. 209 ff. — Vgl. auch Mezger, Deutsches Strafrecht (Ein Leitfaden), S. 62.

[2]) Die Strafen und Maßregeln der Sicherung, Besserung und Heilung, in Gürtner, Das kommende Strafrecht I, S. 151 ff.

[3]) Deutsches Strafrecht (ein Leitfaden), S. 58.

[4]) Vgl. auch das unten S. 140 Gesagte.

[5]) Mezger, a. a. O. S. 57.

[6]) Mezger, a. a. O. S. 58.

[7]) Klee, Das Problem der Sicherungsstrafe, in Arch. f. Rechtsphil. Bd. 28, S. 491. — Auch Mezger gibt zu, daß diese Regelung widerspruchsvoll erscheint. Vgl. Deutsches Strafrecht (Ein Leitfaden), S. 61.

spurigkeit drückt sich eben letztlich die Unzulänglichkeit unseres bisherigen Strafvollzugs aus.

Wenn nun auch der amtliche Entwurf eines kommenden Strafrechts der Sühnetheorie gemäß dem zweispurigen System folgt, so beweisen doch die geplanten Bestimmungen über die Möglichkeit zu vikariieren, daß nicht in allen Fällen am starren zweispurigen Prinzip (erst Strafe, dann Präventionsmaßnahmen) festgehalten werden soll [1]). — Es zeigt sich auch hier die in der Zeit liegende Tendenz zum Schutzstrafrecht. — Schon das geltende Recht bestimmte in § 456 b STPO., daß die Maßnahme der Unterbringung in einer Heil- oder Pflegeanstalt, einer Trinkerheilanstalt oder einer Entziehungsanstalt ganz oder teilweise vor der Freiheitsstrafe vollzogen werden kann. Diese Bestimmung soll in das neue StGB. übernommen werden. Ein derartiges Verfahren widerspricht dem Sühnegedanken; denn hierbei ist offensichtlich nicht mehr die Sühnung, sondern der Gemeinschaftsschutz der maßgebende Gesichtspunkt. Von einem echten zweispurigen System kann hier nicht mehr gesprochen werden; denn das setzt folgerichtig voraus, daß zunächst die sühnende Maßnahme vollzogen wird, und dann erst die sichernde, nicht umgekehrt. Der Entwurf verwendet die Möglichkeit des Vikariierens aber sogar noch weitergehender. Es soll künftig auch möglich sein, zwischen Sicherungsverwahrung und Unterbringung in einer Heil- und Pflegeanstalt zu wechseln, und je nach dem Bedürfnis erst die eine und dann die andere Maßnahme vorzunehmen. Alle diese Regelungen weisen auf eine einheitliche Ausrichtung hin, die sie bestimmt, und das ist der gegen die Zweispurigkeit sprechende Schutzgedanke.

5. Um den Gedanken der Gemeinschaftssicherung durch die Schutzstrafe folgerichtig durchzuführen, bedarf es noch einer Ergänzung der Einspurigkeit. Es ist augenscheinlich, daß der aburteilende Richter im Augenblick der Urteilsfällung den Grad der Asozialität des Täters nur in Umrissen bemessen kann. An welchem Tage der Delinquent freigelassen werden kann, ohne daß der Gemeinschaftsfrieden gefährdet ist, kann nicht im voraus genau bestimmt werden. Soll demnach der Schutz der Gemeinschaft wirklich gewährleistet werden, dann ist die Einführung der unbestimmten Verurteilung erforderlich [2]). Um aber gewisse Grenzen zu setzen, empfiehlt sich die Einführung der sog. relativ unbestimmten Verurteilung, wie sie schon 1922 auf der Göttinger Tagung der Inter-

---

[1]) Vgl. zum folgenden Rietzsch, in Gürtner Bericht I, S. 152 ff.

[2]) Vgl. hierzu das dieser Untersuchung vorangeschickte Zitat von Nietzsche.

nationalen Kriminalistischen Vereinigung von Graf zu Dohna und Kohlrausch gefordert worden war [1]). Das bedeutet, daß der Richter nur die Strafart und deren Höchst- und Mindestmaß im Urteil festsetzt. Wann der Verbrecher wirklich entlassen wird, wird im Strafvollzug auf Grund sorgfältiger, lange währender Beobachtung innerhalb der festgesetzten Grenzen bestimmt. Diese Behandlung gefährlicher Gewohnheitsverbrecher durch die einspurige Sicherungsstrafe mit relativ unbestimmter Verurteilung wäre, wie Klee feststellt, am konsequentesten [2]). Denn wenn es um die Frage der Sicherheit geht, kann nicht mit einer genau fixierten Strafe gearbeitet werden. So führt der Gedanke eines dem Schutz der Gemeinschaft dienenden Strafrechts zwangsläufig zur unbestimmten Verurteilung.

Dieser Gedanke ist an sich nicht neu. Bereits die durch die oben genannte Preußische Circularverordnung aus dem Jahre 1799 angeordnete einheitliche, dem einspurigen System entsprechende, Sicherungsstrafe wurde zweckvoll durch die unbestimmte Verurteilung ergänzt [3]). Dort, wo im Ausland schon heute das monistische System gilt, ist auch die relativ unbestimmte Verurteilung eingeführt. Die umfassendste Praxis auf diesem Gebiet mit bestem Erfolge nach den bisherigen Berichten haben die Vereinigten Staaten von Amerika [4]). Allerdings weicht die Regelung in den einzelnen Bundesstaaten voneinander ab. Vor allem sind die Spannen zwischen dem Höchst- und Mindestmaß verschieden. Das ist erklärlich. Letztlich ist das eine Frage der Güte des Vollzuges. Je besser dieser ist, desto größer kann die Spanne bemessen sein. Bei idealem Vollzuge wäre es sogar denkbar, daß die Verurteilung nicht nur relativ, sondern absolut unbestimmt sein könnte [5]). Auch das Ungarische Strafrecht ergänzt sein einspuriges System durch die Einführung der unbestimmten Verurteilung [6]). Und schließlich sei noch erwähnt, daß ebenfalls die Englische Denkschrift von 1932 (Report of the Departmental Committee on Persistent Offenders) in richtiger Konsequenz die relativ unbestimmte Verurteilung vorschlägt [7]).

---

[1]) Alexander Graf zu Dohna, Die Sicherungsstrafe, in Z. Bd. 44, S. 39 ff., und Kohlrausch, Sicherungshaft, ebenda S. 21 ff.

[2]) Karl Klee, Eineinhalb Jahre Gewohnheitsverbrechergesetz, in Dt.St.R. 1935, S. 382.

[3]) Helmut Mumme, a. a. O. S. 53 ff.

[4]) Vgl. Franz Exner, Kriminalistischer Bericht über eine Reise nach Amerika, in Z. Band 54, S. 362 ff.

[5]) Für völlige Abschaffung des Strafmaßes im Anschluß an Kraepelin: Aschaffenburg, Das Verbrechen und seine Bekämpfung, S. 335 ff.

[6]) Georg Auer, Neues ungarisches Strafrecht, in Z. Band 51, S. 992.

[7]) Rudolf Sieverts, Die englische Denkschrift usw., in Z. Bd. 53, S. 687.

In der deutschen Literatur werden, abgesehen davon, daß natürlich die Sühnetheorie die unbestimmte Verurteilung ebenso wie die Einspurigkeit strikt ablehnen muß, einige Bedenken geltend gemacht. Erstens wird angeführt, daß die Richter vor der Anwendung eine gewisse Furcht haben werden [1]). Diese Befürchtung dürfte heute unbegründet sein [2]). Soweit sie aber zu Recht bestehen sollte, ist die Überwindung dieser Hemmung eine Frage der Zeit und der Schulung. Kaum haltbar ist es aber, wenn gesagt wird, daß der Richter aus Gründen der „Gerechtigkeit" die unbestimmte Verurteilung ablehnen wird [3]). Wäre ein Richter wirklich so eingestellt, dann unterläge er einer Selbsttäuschung. Denn wenn er nach der Verhängung einer genau fixierten Strafe noch die Sicherungsverwahrung anordnet, dann tut er praktisch gerade das, was er vermeiden wollte, weil ja die Dauer der Sicherungsverwahrung unbestimmt ist [4]).

Damit ist eine zweite Frage zum Problem der unbestimmten Verurteilung angeschnitten. Es wird gesagt, die Volksmeinung würde sich gegen eine derartige Strafrechtsinstitution erheben. Daß dieser Einwand nicht richtig ist, beweist einmal die Beobachtung, daß die unbestimmte Dauer der Sicherungsverwahrung des geltenden Rechts in der allgemeinen Meinung längst als richtig und sinnvoll empfunden wird, zum anderen aber die Tatsache, daß niemand etwas dabei findet, wenn bestimmte Zwangsmaßnahmen gegen gewisse Kranke vorgenommen werden [5]). Auch dabei kann es sich nämlich um erzwungene langfristige, oft lebenslängliche Freiheitsentziehungen, wie z. B. bei Lepra, Typhus und Geisteskrankheiten, handeln, die mit Rücksicht auf den Schutz der Gemeinschaft angeordnet werden. Mit dieser harten Notwendigkeit hat sich jedermann abgefunden. Dasselbe würde aber auch bei Einführung der relativ unbestimmten Verurteilung der Fall sein. Verkannt wird indessen nicht, daß damit an den Strafvollzug hohe Anforderungen gestellt werden. Denn auf ihn überträgt sich hierbei ein großer Teil der Verantwortung.

6. Eine andere Folgerung aus der hier vertretenen Theorie bedarf noch der Erwähnung, wenn auch nur kurz, um den Rahmen dieser

---

[1]) Rietzsch, a. a. O. S. 151 ff.

[2]) Karl Klee, Das Problem der Sicherungsstrafe, Arch. f. Rechtsphil., Bd. 28, S. 497.

[3]) Rietzsch a. a. O.

[4]) § 42f. des geltenden Gesetzes.

[5]) Vgl. Gustav Aschaffenburg, Neue Horizonte? in Monatsschr. f. Krim.-Psych. 1933, S. 158.

Abhandlung nicht zu überschreiten. Nach dem bisher Gesagten möchte es fast so scheinen, als ob der geisteskranke und der geistesgesunde Kriminelle theoretisch gleich zu behandeln wären, da beide asoziale Elemente darstellen, vor denen die Gemeinschaft zu schützen ist. Mit anderen Worten, es sieht so aus, als entstünden auf der subjektiven Seite des Tatbestandes, beim Schuldbegriff Schwierigkeiten. Übereilt könnte sogar gefolgert werden, ein Strafrecht unter der Idee des Gemeinschaftsschutzes könne und müsse sogar auf den Schuldbegriff verzichten, es brauche ihn nicht.

Das ist jedoch nicht der Fall, wie schon eine ganz allgemeine Erörterung dieses Problems zeigt. Es leuchtet ohne weiteres ein, daß der geisteskranke nicht ebenso wie der geistesgesunde Täter behandelt werden darf, wenn beiden den gleichen objektiven Tatbestand eines Delikts verwirklicht haben. Um hier trennen zu können, bedarf auch ein unter dem Schutzgedanken stehendes Strafrecht des Schuldbegriffs. Das Strafrecht nimmt in einem derartigen Falle stufenweise folgende Bewertungen vor: Die erste erstreckt sich auf die objektive Verwicklichung einer Handlung. Ist diese nicht als gemeinschaftsschädlich zu bewerten, dann greift das Strafrecht nicht ein. Eine Prüfung des subjektiven Tatbestands ist nicht mehr erforderlich. — Das ist z. B. beim Vorliegen von Notwehr der Fall. Denn die Handlung, die aus Notwehr vorgenommen wird, ist nicht asozial, vielmehr verhindert sie einen anderen asozialen Akt. Deshalb ist die Notwehr Rechtfertigungs- und nicht Entschuldigungsgrund. — Ist festgestellt, daß eine asoziale Tat begangen wurde, dann ist zweitens zu prüfen, ob zu ihrer künftigen Verhinderung soziale Sanktionen anzuwenden sind. Das hängt davon ab, ob beim Täter ein Willensfehler vorlag; d. h. ob der Wille des Täters derart ist, daß er sich mit dem Gemeinschaftsleben nicht verträgt. Das ist nicht der Fall z. B. bei Notstandshandlungen [1]). Bei ihnen ist zwar die Tat als solche asozial, nicht aber der Wille. Deshalb ist der Notstand ein Entschuldigungsgrund. — Liegt ein Willensfehler vor, dann ist weiter zu fragen, ob er „zurechenbar" ist oder nicht. Ist er zurechenbar, dann liegt strafrechtliche Schuld vor. Entscheidend dafür, ob er zugerechnet werden kann, ist es, ob der Motivierungsprozeß krankhaft oder normal war. Pathologisch ist er bei Geisteskranken. Hier sind soziale Schutzmaßnahmen zwar erforderlich. Die Schutzmaßnahme ist aber nicht die Strafverhängung, sondern die Anordnung der Unterbringung in

[1]) Oder, entsprechend der gesetzlichen Vermutung, bei Jugendlichen unter 14 Jahren.

Heil- und Pflegeanstalten. Verlief die Willensbildung als solche trotz ihres asozialen Gehalts normal, dann wird der durch sie verwirklichte Tatbestand strafrechtlich zugerechnet. Es liegt strafrechtliche Schuld vor, und es wird demgemäß Strafe verhängt. Bestimmt man also die Zurechenbarkeit mit v. Liszt als normale Determinierbarkeit [1]), dann ist unter Schuld im Sinne der Schutzstrafentheorie ein asozial charakterisierter (d. h. den Frieden der Volksgemeinschaft bedrohender), in an sich normaler Determination zustande gekommener Willensfehler zu verstehen. Einen derartigen Schuldbegriff braucht ein nach der Schutzstrafentheorie aufgebautes Strafrecht zur unterschiedlichen Behandlung von geisteskranken und normalen Delinquenten. Auch für ein Strafrecht unter der Schutzidee gilt daher der Satz: „Strafe setzt Schuld voraus" [2]).

Dieser Schuldbegriff, der keineswegs nicht-sittlich genannt werden darf; denn für ihn gilt das gleiche, was vorhin für den Begriff der Schutzstrafe gesagt wurde, daß er nämlich das Ethos von der ihn bestimmenden Gemeinschaftsidee empfängt, ist unabhängig von der Entscheidung des Freiheitsproblems [3]). Das erhellt aus der Überlegung, daß die Beantwortung der Frage, ob ein Verhalten strafrechtlich schuldhaft zu nennen ist, lediglich zweier empirischer Untersuchungen bedarf. Die erste ist soziologischer Natur (Gemeinschaftsschädlichkeit des Willens) und die zweite psychologischer Natur (Normale Determinierbarkeit des Willens). Der empirische Charakter der Untersuchung ist selbstverständlich für die soziologische Untersuchung, versteht sich aber auch für die psychologische, weil die Tatsache, daß ein Motivationsvorgang normal ist, nicht voraussetzt, daß er spontan begonnen hat, sondern lediglich, daß er normal, d. h. ohne determinierenden Eingriff krankhafter Motive, verläuft [4]).

7. Abschließend sei noch zu einer terminologischen Frage Stellung genommen. Ist der Schutz der Volksgemeinschaft der alleinige Strafzweck, dann ergeben sich für den Sprachgebrauch zur Be-

---

[1]) F. v. Liszt-E. Schmidt, Lehrbuch des deutschen Strafrechts, 1. Band, S. 241.

[2]) Freisler, in Gürtner-Freisler, D.n.St.R., S. 72.

[3]) Anderer Ansicht, weil von der Sühnetheorie ausgehend, ist Frank, Nat.soz. Leitsätze für ein deutsches Strafrecht, 1. Teil, S. 15. — Ähnlich Hellmuth Mayer, Das Strafrecht des deutschen Volkes, S. 283. — Der gleichen Ansicht wie hier sind: E. Schäfer, Die Schuldlehre, in Gürtner, Das kommende Strafrecht I, S. 50. Vgl. auch Mezger, Strafrecht, ein Lehrbuch, S. 247 ff. u. a.

[4]) Vgl. auch das oben S. 112 Gesagte. — Einen ähnlichen Schuldbegriff fordert neuestens auch Noack, Volk, Gesetz und Recht, in Dt.R. 1938, Heft 1/2, S. 3, 4.

zeichnung der strafrechtlichen Zwangsmaßnahme folgende Möglichkeiten:

Entweder man nennt die sichernde Behandlung des Geisteskranken ebenfalls Strafe. Der Schuldbegriff diente dann nur der Scheidung zweier Strafarten.

Oder aber man meint der religiös-mystische Gefühlsgehalt, der auf Sühne- und Vergeltungsideen hinweist, lasse sich nicht von dem Worte „Strafe" trennen, und gebraucht in allen Fällen — beim geisteskranken wie beim geistesgesunden Rechtsbrecher — nur noch die Bezeichnung „Sanktion" [1]) oder „Gemeinschaftsschützende Zwangsmaßnahme".

Schließlich ist es noch denkbar, bei der bisherigen Terminologie zu bleiben, und mit „Strafe" eine Unterart der verschiedenen staatlichen Schutzeingriffe zu bezeichnen, die selbständig neben den anderen Unterarten, der Unterbringung in Heil- und Pflegeanstalten und ähnlichen, besteht. Diese letzte Möglichkeit wird vorzuziehen sein, und zwar gerade entsprechend der Schutzidee. Bedenkt man die Volksauffassung, dann ist es aus generalpräventiven Gründen richtiger zu sagen, ein Geisteskranker werde „untergebracht", wenn er das Gemeinschaftsleben bedroht, und ein geistesgesunder Verbrecher werde „bestraft".

---

[1]) So seinerzeit Ferri. Vgl. oben S. 54.

Schrifttum

Philipp Allfeld, Lehrbuch des deutschen Strafrechts, Allgem. Teil, 9. Aufl.. Leipzig 1934.

Archbold, Archbold's Pleading, Evidence & Practice in Criminal Cases, 29. Aufl., London 1934.

Gustav Aschaffenburg, Neue Horizonte?, in Monatsschrift f. Krim.Psych. u. Strafrechtsreform, 24. Jahrg., S. 158 ff.

— Das Verbrechen und seine Bekämpfung, 3. Aufl., Heidelberg 1933.

Georg Auer, Neues ungarisches Strafrecht, in Z, Bd. 51, S. 991 ff., Berlin 1931.

Heinrich Barth, Völkische Treuepflicht und nationalsozialistisches Strafrecht, in Dt. R. 1935, S. 523 ff.

Bruno Bauch, Grundzüge der Ethik, Stuttgart 1935.

Erich Becher, Erkenntnistheorie und Metaphysik, in Lehrbuch der Philosophie, hrsg. v. M. Dessoir, Berlin 1925.

J. M. van Bemmelen, Individuum und Gemeinschaft im holländischen Strafrecht, in Z, Bd. 55, S. 426 ff., Berlin 1936.

Jeremias Bentham, Grundsätze der Zivil- und Kriminalgesetzgebung, übers. von Friedrich Eduard Beneke, Berlin 1830.

Harry Best, Crime and the criminal law in the United States, New York 1930.

Julius Binder, Grundlegung zur Rechtsphilosophie, Tübingen 1935.

— System der Rechtsphilosophie, 2. Aufl., Berlin 1937.

Karl Birkmeyer u. a., Vergleichende Darstellung des deutschen und ausländischen Strafrechts, Berlin 1905—09.

Maurus Brugger, Schuld und Strafe, ein philosophisch-theologischer Beitrag zum Strafproblem, Paderborn 1933.

Heinrich Brunner, Deutsche Rechtsgeschichte, II. Bd., 2. Aufl., bearb. von Claudius Freiherrn von Schwerin, München und Leipzig 1928.

Richard Busch, Kritische Bemerkungen zum polnischen Strafgesetzbuch, in Z. Bd. 55, S. 638 ff.

Chi Tai Chang, Der neue Entwurf eines chinesischen Strafgesetzbuches, in Z, Bd. 54, S. 498, Berlin 1935.

Clauberg u. Dubislav, Systematisches Wörterbuch der Philosophie, Leipzig 1923.

Arturo Corrado, Die sichernden Maßnahmen im Gesetz Rocco, Bern 1935.

Paul Cuche, Précis de droit criminel, 2. éd., Paris 1927.

Cuello Calón, Spanien, in Z, Bd. 55, S. 465 ff., Berlin 1936.

Georg Dahm, Die Erneuerung der Ehrenstrafe, in Deutsche Juristenzeitung 1934, Sp. 821 ff.

Dalloz, Répertoire pratique de législation, de doctrine et de jurisprudence, Paris 1910—31.

Fritz Dehnow, Die Zukunft des Strafrechts, Berlin u. Leipzig 1920.

Giorgio Del Vecchio, Lehrbuch der Rechtsphilosophie, Berlin 1937.

Henry W. Disney, The Criminal Law, 2. Aufl., London 1926.
H. Donnedieu de Vabres, Les Médecins et la réforme du Code penal, in Z, Bd. 55, S. 364 ff., Berlin 1936.
Fedor Michajlovič Dostoevskij, Polnoe sobranie sočinenij, Bd. 5, 1 u. 2, Prestuplenie i nakazanie, S.-Petersburg 1894.
Hans Driesch, Das Problem der Freiheit, 2. Aufl., Darmstadt 1920.
Léon Duguit, Traité de droit constitutionnel, 2. éd., Paris 1921 (Tome premier).
Rudolf Eisler — (Karl Roretz), Wörterbuch der philosophischen Begriffe, 4. Aufl., Berlin 1927—30.
Mabel A. Elliot, Conflicting penal theories in statutory criminal law, Chicago 1931.
C. A. Emge, Vorschule der Rechtsphilosophie, Berlin 1925.
— Philosophie und Recht, in Philosophie u. Recht, 1. Jahrg., S. 1 ff.
— Geschichte der Rechtsphilosophie, Berlin 1931.
Franz Exner, Kriminalistischer Bericht über eine Reise nach Amerika, in Zeitschr. f. d. ges. StrWiss., Bd. 54, S. 345 ff.
— Sicherungsverwahrung u. Freiheitsstrafe, in Deutsche Justiz 1934, S. 1402 ff.
Enrico Ferri, Sociologia criminale, 5. Aufl. (hrsg. von A. Santoro), Turin 1929/30.
— La sociologie criminelle, übers. v. Verf., Paris 1893.
— Das Verbrechen als soziale Erscheinung, übers. von H. Kurella, Leipzig 1896.
August Finger, Das Strafrecht, 3. Aufl., Berlin 1913, 1914 (Compendien des österreichischen Rechts).
Paul Fischer, Strafen und sichernde Maßnahmen gegen Tote im germanischen und deutschen Recht, Düsseldorf 1936.
Edgar M. Foltin, Das Strafrecht der tschechoslowakischen Republik, in ZStW, Bd. 53, S. 92 ff., Berlin 1934.
— Grundzüge des tschechoslowakischen Strafrechts, I. Allgemeiner Teil, Prag 1936.
F. W. Foerster, Schuld und Sühne, München 1911.
Adolphe Franck, Philosophie du droit pénal, 2. éd., Paris 1880.
Hans Frank, Nationalsozialistische Leitsätze für ein neues deutsches Strafrecht, 1. u. 2. Teil, Berlin 1935 u. 1936.
Reinhard Frank, Das Strafgesetzbuch für das deutsche Reich, 18. Aufl., Tüb. 1931.
Roland Freisler, Ergebnisse der Beratungen des Zentralausschusses der Strafrechtsabteilung der Akademie für deutsches Recht, in Denkschrift der Akademie für deutsches Recht, Berlin 1934, S. 7 ff.
— Der Wandel der politischen Grundanschauungen in Deutschland und sein Einfluß auf die Erneuerung von Strafrecht, Strafprozeß und Strafvollzug, in Deutsche Justiz 1935, S. 1247 ff.
— Das neue Strafrecht als nationalsozialistisches Bekenntnis, Berlin 1936 (in Gürtner-Freisler, Das neue Strafrecht).
— Der Treuegedanke im neuen Strafrecht, in Deutsches Strafrecht 1936, S. 193 ff.
— Willensstrafrecht in „Das kommende Strafrecht" (Gürtner) I, S. 11 ff., 2. Aufl., Berlin 1935.
— Deutsches Strafrecht, Vermächtnis und Aufgabe, in Deutsches Strafrecht 1934, S. 1 ff.
— Vom Schutzzweck der Strafrechtspflege gegenüber Volksschädlingen, D. Just. 1938, S. 365 ff.

Heinrich Freund, Strafgesetzbuch, Gerichtsverfassungsgesetz und Strafprozeßordnung Sowjetrußlands, Mannheim-Berlin-Leipzig 1925.
— Strafrechtsreform im Zeichen der marxistischen Theorie, in Z. Bd. 51, S. 301 ff.
Wilhelm Gallas, Die Krise des Strafrechts und ihre Überwindung im Staatsgedanken, in Zeitschr. f. d. ges. StrRWiss., Bd. 53, S. 11 ff., Berlin 1934.
— Kriminalpolitik und Strafrechtssystematik unter besonderer Berücksichtigung des sowjetrussischen Rechts, Berlin u. Leipzig 1931.
— Strafgesetzbuch (Ugolownyj Kodex) der Russischen Sozialistischen Föderation Sowjet-Republik (R.S.F.S.R.) v. 22. 11. 1926. Übersetzt von ..., Berlin u. Leipzig 1933.
Friedrich Gampp, Lehrbuch des österreichischen Strafrechts, 5. Aufl., Wien u. Leipzig 1935.
R. Garofalo, La Criminologie, 5. éd., Paris 1905.
— Criminologia, Rom-Turin-Florenz 1885.
R. Garraud, Précis de droit criminel, 15. éd. par Pierre Garraud, Paris 1934.
— Traité théorique et pratique du droit pénal français, 3. éd., Paris 1913.
Karl Gelbert, Der politische Gestaltwandel des Strafrechts, in Deutsches Strafrecht 1937, S. 19 ff. u. S. 91 ff.
William Martin Geldart, Grundzüge des englischen Rechts, übers. v. A. W. Regendanz, Berlin 1929.
August Geyer, Geschichte und System der Rechtsphilosophie in Grundzügen, Innsbruck 1863.
— Übersicht über die Geschichte der Rechts- und Staatsphilosophie, in Holtzendorff, Enzyklopädie der Rechtswissenschaft, 5. Aufl., Leipzig 1890, S. 45 ff.
Helmut Giesebrecht, Das Verfahren vor Ehrengerichten, Diss. Berlin 1938.
Graf W. Gleispach, Willensstrafrecht, in Handwörterbuch der Kriminologie, II. Bd., Berlin u. Leipzig 1936, S. 1067 ff.
— Grundsätzliches zum kommenden deutschen Strafrecht, in Deutsche Juristen-Zeitung 1935, Sp. 5 ff.
R. Gretener, Die neuen Horizonte im Strafrecht u. die Strafgesetzgebung mit besonderer Rücks. auf das Progretto Preliminare di Codice Penale Italiano, Libro I, Roma 1921, in Der Gerichtssaal, Bd. 90, Stuttgart 1924.
Wilhelm Grewe, Gnade und Recht, Hamburg 1936.
Hugo Grotius, De iure belli ac pacis libri tres, Amsterdam 1632.
Franz Gürtner, Der Gedanke der Gerechtigkeit in der deutschen Strafrechtserneuerung, in Gürtner-Freisler, Das neue Strafrecht, S. 19 ff., Berlin 1936.
Johannes Haedicke, Des Menschen Wille ist frei! Leipzig 1937.
Ernst Hafter, Lehrbuch des schweizerischen Strafrechts, Allg. Teil, Berlin 1926.
— Schweizerisches Strafrecht, Besonderer Teil, 1. Hälfte, Berlin 1937.
Adolf Hartmann, Die Strafrechtspflege in Amerika, Berlin 1906.
Nicolai Hartmann, Ethik, Berlin u. Leipzig 1926.
— Grundzüge einer Metaphysik der Erkenntnis, 2. Aufl., Berlin u. Leipzig 1925.
Georg Wilhelm, Friedrich Hegel, Grundlinien der Philosophie des Rechts, hrsg. v. Georg Lasson, 2. Aufl., Leipzig 1921.
Hans von Hentig, Die Strafe (Ursprung, Zweck, Psychologie), Stuttgart u. Berlin 1932.
Robert v. Hippel, Lehrbuch des Strafrechts, Berlin 1932.
Reinhard Höhn, Staatsbegriff, Strafrecht u. Strafprozeß, in Deutsches Recht 1935, S. 266.
Franz Otto Hörler, Das Wesen der Strafe, Basel 1927.

Johannes Hoops, Reallexikon der Germanischen Altertumskunde, Straßburg 1918—1919.
Franz Hürth S. J., Schuld und Sühne vom psychologischen Standpunkt, Köln 1931.
C. H. P. Inhulsen, Das englische Strafverfahren, Berlin 1936.
Gregor Jarcho, Fedor Michailowitsch Dostojewski, Verbrechen u. Strafe, Berlin 1924.
B. von Juhos, Der Indeterminismus als Voraussetzung der Methode der idiographischen Wissenschaften, in Arch. f. Rechts- u. Sozialphilosophie, Berlin 1937, S. 238.
— Über „juristische" und „ethische" Freiheit, in Arch. f. Rechts- u. Sozialphilosophie, Berlin 1936, S. 406 ff.
Erich Jung, Leerlauf und Nutzeffekt im Wissenschaftsbetrieb, in Arch. f. Rechts- u. Sozialphilosophie XXX. Bd., S. 321 ff.
Harry Kahn, Relazione sul progretto prelimmare di codice penale italiano (Libro I). Deutsche Übersetzung, Rom 1921.
Immanuel Kant, Metaphysik der Sitten, hrsg. v. K. Vorländer, 3. Aufl., Leipzig 1919.
— Kritik der reinen Vernunft, hrsg. v. Th. Valentiner, 11. Aufl., Leipzig 1919.
— Anthropologie, hrsg. v. O. Schöndörffer, Berlin 1923.
— Träume eines Geistersehers, Bd. II der sämtlichen Werke hrsg. v. Cassirer, Berlin 1922.
Mathilde Kelchner, Schuld und Sühne im Urteil jugendlicher Arbeiter und Arbeiterinnen, Leipzig 1932.
Hanns Kerrl, Nationalsozialistisches Strafrecht (Denkschrift des Preuß. Justizministers), Berlin 1933.
Karl Klee, Das Problem der Sicherungsstrafe, in Arch. f. Rechtsphil., Bd. 28, S. 485 ff.
— Vom englischen Strafverfahren, in Deutsches Strafrecht, Jahrg. 1937, Heft 1/2, S. 35 ff.
— Zum kommenden deutschen Strafrecht, in Deutsche Juristen-Zeitung 1934, S. 1303 ff.
— Das Verbrechen als Rechtsgut- und als Pflichtverletzung, in Deutsches Strafrecht 1936, S. 1 ff.
— Eineinhalb Jahre Gewohnheitsverbrechergesetz, in Deutsches Strafrecht, Berlin 1935, S. 373 ff.
— Nationalsozialistisches Strafrecht, in Arch. f. Strafrecht u. Strafprozeß 1933, S. 321 ff.
— Die Strafrechtstheorie der Carolina und des Carpzow, in Zeitschrift für vergleichende Rechtswissenschaft, Bd. 15, S. 220 ff.
— Vorsatz und Pflichtwidrigkeit, in Arch. f. Strafrecht u. Strafprozeß, 69. Bd., S. 162 ff.
Friedrich Kluge, Etymologisches Wörterbuch der deutschen Sprache, 11. Aufl., Berlin und Leipzig, 1934.
Johannes Paul Knoth, Der Strafzweck im Militärstrafrecht, Dresden 1935.
Josef Kohler, Lehrbuch der Rechtsphilosophie, Berlin und Leipzig 1909.
— Moderne Rechtsprobleme, Berlin und Leipzig 1907.
— Das Wesen der Strafe, Würzburg 1888.
Eduard Kohlrausch, Sollen und Können als Grundlagen der strafrechtlichen Zurechnung, Berlin 1910.

Eduard Kohlrausch, Sicherungshaft, in Zeitschr. f. d. ges. Strafrechtswissenschaft, Bd. 44, S. 21 ff.
— Kriminalpolitik u. Strafrecht, in Die Rechtsentwicklung der Jahre 1933 bis 1935/36 (zugl. Handw. d. Rechtswiss., Bd. VIII). S. 353 ff.
Wilhelm Traugott Krug, Allgemeines Handwörterbuch der philosophischen Wissenschaften, 2. Aufl., Leipzig 1832—1838.
Stephan Kuttner, Das neue italienische Strafgesetzbuch, in Z. Bd. 51, S. 329 ff.
André Lalande, Vocabulaire technique et critique de la philosophie, 4. éd., Paris 1932.
Heinrich Lammasch (— Theodor Rittler), Grundriß des österreichischen Strafrechts, 5. Aufl., Wien 1926.
Adolf Lasson, System der Rechtsphilosophie, Berlin u. Leipzig 1882.
Sinclair Lewis, Ann Vickers, deutsch von Franz Fein, Berlin 1933.
F. v. Liszt — E. Schmidt, Lehrbuch des deutschen Strafrechts, 1. Bd., 26. Aufl., Berlin u. Leipzig 1932.
F. v. Liszt, Das gewerbsmäßige Verbrechen, in Z. Band 21, S. 121 ff.
Max Lorenz, Zur Reform des tschechoslowakischen Strafgesetzes, in ZStW, Bd. 54, S. 717, Berlin 1935.
Anders Wilhelm Lundstedt, Die Unwissenschaftlichkeit der Rechtswissenschaft, 2. Bd., 1. Teil, Strafrecht u. a., Berlin u. Leipzig 1936.
Heinrich Maier, Philosophie der Wirklichkeit, III. Teil: Die psychisch-geistige Wirklichkeit, hrsg. von Anneliese Maier, Tübingen 1935.
Paul Matter, Zum Entwurf eines neuen Code pénal, übers. von Kruckow, in Zeitschr. f. d. ges. Str.Wiss., Bd. 54, S. 250, Berlin 1935.
Hellmuth Mayer, Das Strafrecht des deutschen Volkes, Stuttgart 1936.
— Die Strafrechtstheorie bei Luther und Melanchthon, in Binder-Festschrift, S. 77 ff., Berlin 1930.
Max Ernst Mayer, Der allgemeine Teil des deutschen Strafrechts, 2. Aufl., Heidelberg 1923.
Hans Mayr, Die Sicherungsverwahrung in Süddeutschland, in Monatsschr. f. Krim.Psych. und Strafrechtsreform, 27. Jahrg., S. 209 ff.
Fritz Medicus, Die Freiheit des Willens und ihre Grenzen, Tübingen 1926.
Adolf Merkel, Die Lehre von Verbrechen und Strafe, hrsg. v. M. Liepmann, Stuttgart 1912.
August Messer, Das Problem der Willensfreiheit, 3. Aufl., Göttingen 1922.
Edmund Mezger, Strafrecht. Ein Lehrbuch, 2. Aufl., München und Leipzig 1933.
— Deutsches Strafrecht. Ein Leitfaden, Berlin 1936.
— Die Behandlung der gefährlichen Gewohnheitsverbrecher, in Monatsschrift f. Krim.-Psych. u. Strafrechtsreform, 14. Jahrg., S. 135 ff.
Wolfgang Mittermaier, Die Entwicklung im Strafrecht und Strafprozeßrecht Frankreichs seit dem Krieg, in Zeitschr. f. d. ges. StrWiss., Bd. 54, S. 66, Berlin 1935.
Helmut Mumme, Ernst Ferdinand Kleins Auffassung von der Strafe und den sichernden Maßnahmen, Hamburg 1936.
Joh. Nagler, Die Strafe, 1. Hälfte, Leipzig 1918.
Helmut Nicolai, Die rassengesetzliche Rechtslehre, Grundzüge einer nationalsozialistischen Rechtsphilosophie, 3. Aufl., München 1934.
Friedrich Nietzsche, Gesammelte Werke (Musarionausgabe), München 1922 bis 1929.
Erwin Noack, Volk, Gesetz und Recht, in DtR. 1938, Heft 1/2, S. 3 ff.

Friedrich Oetker, Grundprobleme der natioanlsozialistischen Strafrechtsreform, in H. Frank Nat.soz. Handbuch für Recht- u. Gesetzgebung, 2. Aufl., München 1935, S. 1319 ff.

Jules Patouillet, Code pénal de la R.S.F.S.R., traduits par ..., Paris 1935.

Hermann Paul, Deutsches Wörterbuch, 4. Aufl., Halle (Saale) 1935.

Karl Peters, Art. Strafzumessung, in Handwörterbuch der Kriminologie, II. Bd., S. 737, Berlin 1936.

Max Planck, Der Kausalbegriff in der Physik, Leipzig 1932.

— Vom Wesen der Willensfreiheit, Leipzig 1937.

Harold Potter, An Historical Introduction to English Law and its Institutions, London 1932.

Herbert Rauch, Die klassische Strafrechtslehre in ihrer politischen Bedeutung, Leipzig 1936.

Reimer, Verjährung, in Gürtner, Das kommende deutsche Strafrecht I, S. 246 ff., 2. Aufl., Berlin 1935.

Rietzsch, Die Strafen und Maßregeln der Sicherung, Besserung und Heilung, in Gürtner, Das kommende deutsche Strafrecht I, S. 118 ff., 2. Aufl. 1935.

Hermann Roeder, Willensfreiheit und Strafrecht, Leipzig und Wien 1932.

Alfred Rosenberg, Der Mythus des 20. Jahrhunderts, 21./22. Aufl., München 1934.

J.-A. Roux, Le droit criminel français, 2. Aufl., Paris 1927.

Joseph Schacht, G. Bergsträssers Grundzüge des islamischen Rechts, Berlin und Leipzig 1935.

Ernst Schäfer, Die Schuldlehre, in Gürtner, Das kommende deutsche Strafrecht I, S. 49 ff., 2. Aufl., Berlin 1935.

Friedrich Schaffstein, Das Verbrechen als Pflichtwidrigkeit, in Grundfragen der neuen Rechtswissenschaft, Berlin 1935, S. 108 ff.

— Nationalsozialistisches Strafrecht, in Zeitschr. f. d. ges. StrWiss., Bd. 53, S. 603 ff., Berlin 1934.

Heinrich Schmidt, Philosophisches Wörterbuch, 9. Aufl., Leipzig 1934.

Adolf Schönke, Neues aus dem ausländischen Strafrecht, in ZStW., Bd. 55, S. 472 ff., Berlin 1936.

August Schoetensack, Strafe und sichernde Maßnahme, in Denkschrift der Akademie für Deutsches Recht, Berlin 1934, S. 90 ff.

Arthur Schopenhauer, Die beiden Grundprobleme der Ethik, in sämtliche Werke, hrsg. v. J. Frauenstädt, Bd. IV, Leipzig 1916.

Ernst Schuster, Das Strafrecht Großbritanniens, Berlin 1894.

Ernst Seelig, Persönlichkeit und Verantwortung, in Monatsschr. f. Krim.Psych., 27. Jahrg., S. 34 ff.

Karl Siegert, Grundzüge des Strafrechts im neuen Staate, Tübingen 1934.

— Der Einfluß der Strafzwecke auf Schuld und Strafmaß, in Zeitschr. f. d. ges. StrWiss., Bd. 54, S. 418 ff., Berlin 1935.

Rudolf Siewerts, Die englische Denkschrift über die Behandlung hartnäckiger Verbrecher, in Zeitschr. f. d. ges. StrWiss., Bd. 53, S. 676 ff., Berlin 1934.

Martin Staemmler, Rassenpflege im völkischen Staat, 69.—73. Tausend, München-Berlin 1937.

Friedrich Julius Stahl, Die Philosophie des Rechts, 2. Bd., 5. Aufl., Tübingen u. Leipzig 1878.

Ulrich Stock, Die Strafe als Dienst am Volke, Tübingen 1933.

Carl Stooß, Lehrbuch des Österreichischen Strafrechts, 2. Aufl., Wien und Leipzig 1913.
— Motive zu dem Vorentwurf eines Schweizerischen Strafgesetzbuches, Allgemeiner Teil, Basel und Genf 1893.
Gabriel Tarde, Les lois de l'imitation, 2. Aufl., Paris 1895.
— Introduction et pages choisies par ses fils. Préface de H. Bergson. Paris 1909.
— La philosophie pénale, Lyon u. Paris 1890.
Ludwig Thieben, Strafrecht, Mensch u. Schicksal, Basel 1930.
Georg Thierack, Sinn und Bedeutung der Richtlinien für die Strafrechtsreform, in Denkschrift der Akademie für Deutsches Recht, Berlin 1934, S. 25 ff.
Hans Vaihinger, Die Philosophie des Als Ob, 7. u. 8. Aufl., Leipzig 1922.
Hellmuth von Weber, Grundriß des tschechoslowakischen Strafrechts, Reichenberg 1929.
Carl Theodor Welcker, Die letzten Gründe von Recht, Staat und Strafe, Gießen 1813.
Hans Welzel, Kausalität und Handlung, in Z. Bd. 51, S. 703 ff.
— Naturalismus und Wertphilosophie im Strafrecht, Mannheim-Berlin-Leipzig 1935.
A. M. Wilshere, The Elemente of Criminal Law and Procedure, 4. Aufl., London 1935.
Wilhelm Windelband, Über Willensfreiheit, 4. Aufl., Tübingen 1923.
Erik Wolf, Das künftige Strafensystem und die Zumessungsgrundsätze, in ZStW., Bd. 54, S. 544, Berlin 1935.
Eduard Wüst, Die sichernden Maßnahmen im Entwurf zu einem Schweizer. StGB., Zürich 1905.

Abkürzungen

Arch. f. Rechtsphil.	= Archiv für Rechts- und Sozialphilosophie.
Arch. f. St.R.	= Archiv für Strafrecht und Strafprozeß.
D.J.Z.	= Deutsche Juristenzeitung.
D.Just.	= Deutsche Justiz.
Dt.R.	= Deutsches Recht.
Dt.Str.	= Deutsches Strafrecht.
Frank Handb.	= Nationalsozialistisches Handbuch für Recht und Gesetzgebung.
Freisler-Luetgebrune, Denkschrift	= Freisler-Luetgebrune, Denkschrift der Akademie für deutsches Recht.
Gürtner Bericht I	= Gürtner, Das kommende deutsche Strafrecht, Allgemeiner Teil.
Gürtner-Freisler, D. n. St.R.	= Gürtner-Freisler, Das neue Strafrecht.
Monatsschr. f. Krim.Psych.	= Monatsschrift für Kriminalpsychologie (jetzt „Kriminalbiologie“) und Strafrechtsreform.
Philos. u. R.	= Philosophie und Recht, Zeitschrift für Philosophie und Rechtswissenschaft, Rechtsphilosophie, Philosophische Parteilehre, Juristische Erkenntnistheorie (Rechtsfindung) und Pädagogik.
RGBl.	= Reichsgesetzblatt.
Z.	= Zeitschrift für die gesamte Strafrechtswissenschaft.
Zeitschr. f. Rechtsphil.	= Zeitschrift für Rechtsphilosophie in Lehre und Praxis.
Zeitschr. f. vergl. RWiss.	= Zeitschrift für vergleichende Rechtswissenschaft.

Abschied von Kant und Hegel

Die Strafgerichte der Bundesrepublik Deutschland, vom Amtsgericht bis zum Bundesgerichtshof, haben nahezu täglich Gelegenheit, sich über ihre Auffassung vom Sinn der Strafe zu äußern. Sie tun dies, wenn sie die Strafzumessung begründen, oft und gern. Fast in jedem Urteil, das einen Schuldspruch enthält, wird davon gesprochen, daß die verhängte Strafe eine ›angemessene Sühne‹ sei. Gleichzeitig wird fast immer, sei es unmittelbar oder sei es mittelbar, zum Ausdruck gebracht, daß der Sinn der Strafe in der Vergeltung des durch die Straftat angerichteten Schadens zu sehen sei. Der Schutz der Friedensordnung der Gesellschaft und die diesem Schutz dienende Wiedereingliederung des Täters, seine Resozialisierung, werden nur als ein Nebensinn der Strafe angesehen, der erfreulich sein mag, von dem man aber nicht sagen dürfe, daß er im Mittelpunkt der Sinngebung der staatlichen Strafe stehe. Die Autoren des Alternativ-Entwurfs sind anderer Meinung. Sie halten es nicht für sinnvoll, den Sinn der Strafe in Sühne und Vergeltung sehen zu wollen. Allerdings sind sie sich darüber im klaren, daß es nicht leicht sein wird, sich mit dieser Auffassung beim Strafgesetzgeber und in der Strafjustiz durchzusetzen. Das hängt – wie könnte es unter deutschen Juristen anders sein? – mit metaphysischen Positionen zusammen.

Leidenschaftlich pflegen die Verteidiger des Vergeltungsgedankens, für den die Sühneidee nur ein anderer, romantisierender Ausdruck ist, zur Begründung ihrer Ansicht auf die philosophischen Thesen von Kant (1724–1804) und Hegel (1770–1831) hinzuweisen. Fast scheint es, als rühre man an ein Tabu, wenn man die Argumente dieser beiden angesehenen Denker für unzureichend und verfehlt erklärt. Und doch gilt es – wie eine genauere Analyse zeigt –, im Bereich der Straftheorien von Kant und Hegel Abschied zu nehmen. Das bedeutet keine Trennung vom übrigen Werk der beiden. Indessen, so wesentlich und sogar gegenwartsnah manche ihrer anderen Leistungen sein mögen – man denke nur an Kants philosophischen Entwurf ›Zum ewigen Frieden‹ –, zur Philosophie der Strafe haben Kant und Hegel einer Zeit, die exakter und nüchterner zu reflektieren und zu handeln wünscht, nichts oder doch fast nichts mehr zu sagen.

Kants heller Geist scheint in seiner Straftheorie durch depressive Visionen verdunkelt. Schon die ersten Sätze seiner Gedanken zum Sinn der Strafe, die sich in der 1797 erschienenen ›Metaphysik der Sitten‹ finden, sind ein zeitgebundener, hoffnungslos resignieren-

der Auftakt: »Das Strafrecht ist das Recht des Befehlshabers gegen den Unterwürfigen, ihn wegen seines Verbrechens mit einem Schmerz zu belegen. Der Oberste im Staate kann also nicht bestraft werden, sondern man kann sich nur seiner Herrschaft entziehen.« Strafe darf nach Kant niemals »bloß als Mittel, ein anderes Gute zu befördern«, sei es für den Verbrecher selbst, sei es für die Gesellschaft, eingesetzt werden. Vielmehr darf sie in jedem Falle »nur darum wider ihn verhängt werden, weil er verbrochen hat«. Denn der Mensch darf niemals als Mittel zu den Absichten eines anderen gehandhabt werden. Bei der Bestrafung darf nicht daran gedacht werden, ob aus der Strafe einiger Nutzen für den Verurteilten oder seine Mitbürger gezogen werden kann. »Das Strafgesetz ist ein kategorischer Imperativ, und wehe dem, welcher die Schlangenwindungen der Glückseligkeitslehre durchkriecht, um etwas auszufinden, was durch den Vorteil, den es verspricht, ihn von der Strafe oder auch nur einem Grade derselben entbinde.« Wird dies nicht beachtet, dann wird die Gerechtigkeit verletzt, und »wenn die Gerechtigkeit untergeht, so hat es keinen Wert mehr, daß Menschen auf Erden leben«.
Auf die sich selbst gestellte Frage, welche Art und welcher Grad der Bestrafung es sei, den sich die öffentliche Gerechtigkeit zum Prinzip und Richtmaß machen solle, antwortet Kant, nur das Wiedervergeltungsrecht (*ius talionis*) könne die Qualität und Quantität der Strafe bestimmt angeben. Alle anderen Maßstäbe seien »hin und her schwankend«. Schwierigkeiten bereiten die Standesunterschiede der damaligen Zeit. Wie ist es, wenn ein Vornehmer einen unter ihm stehenden beleidigt? Nach dem Talionsrecht steht die Geldstrafe in keinem Verhältnis zur Beleidigung, zumal, wenn der Beleidiger reich ist. Dagegen ist es erforderlich, dem Hochmut des Täters weh zu tun. Deshalb soll der Beleidiger durch Urteil und Recht genötigt werden, nicht nur öffentlich abzubitten, sondern außerdem dem Beleidigten, »ob er zwar niedriger ist, etwa zugleich die Hand zu küssen«.
Das Prinzip der Wiedervergeltung fordert nach Kant für den Mord die Todesstrafe, denn »es ist keine Gleichartigkeit zwischen einem noch so kummervollen Leben und dem Tode«. In diesem Zusammenhang folgt dann jenes im strafrechtswissenschaftlichen Schrifttum immer wieder neu erzählte Beispiel: »Selbst wenn sich die bürgerliche Gesellschaft mit aller Glieder Einstimmung auflöste (z. B. das eine Insel bewohnende Volk beschlösse, auseinander zu gehen und sich in alle Welt zu zerstreuen), müßte der letzte im Gefängnis befindliche Mörder vorher hingerichtet werden, damit jedermann das widerfahre, was seine Taten wert sind und die Blutschuld nicht auf dem Volke hafte, das auf diese Bestrafung nicht gedrungen hat, weil es als Teilnehmer an dieser öffentlichen Verletzung der Gerechtigkeit betrachtet werden kann.«
Fast zwei Jahrhunderte schon wirken diese Gedanken von Kant

auf die deutsche Strafrechtstheorie und Strafrechtspraxis. Ähnlich wirkungsvoll war Hegels Argumentation. Wie man weiß, vertritt Hegel eine Auffassung über den Sinn der Strafe, die zwar grundsätzlich mit derjenigen von Kant übereinstimmt. Im einzelnen sind aber einige Abweichungen festzustellen. Dargestellt hat Hegel die Theorie von der Strafe in seiner in Berlin 1821, also erst zehn Jahre vor seinem Tode, erschienenen Schrift ›Grundlinien der Philosophie des Rechts‹.

Die Strafe ist auch nach Hegel Wiedervergeltung. Das ist der Ausgangspunkt. Die Frage, was denn Wiedervergeltung sei, beantwortet Hegel, indem er sagt, Wiedervergeltung sei »Verletzung der Verletzung«. Diese eigentümliche Formulierung ist folgendermaßen zu erklären: Das Verbrechen ist nach Hegel eine Verletzung von Rechten, und diese Verletzung wird durch die in der Bestrafung ihrerseits wieder liegende Verletzung der Rechte des Verbrechers — insbesondere seiner Freiheitsrechte — aufgehoben. Denn Hegel geht von der Ansicht aus, »daß Zwang durch Zwang aufgehoben wird«.

Für diese Straftheorie hat Hegel eine berühmte Formulierung gefunden. Er bezeichnet die Strafe als »Negation der Negation«. Diese oft zitierte Formel kann man allerdings nicht in dem bereits erwähnten Werk ›Grundlinien der Philosophie des Rechts‹ antreffen. Sie ist durch die von dem Hegel-Schüler Eduard Gans zusammengestellten ›Zusätze aus Hegels Vorlesungen‹ überliefert.

Aus dem so charakterisierten Wiedervergeltungsgedanken folgert Hegel indessen nicht, daß die Strafe sich nach dem Talionsprinzip ›Aug' um Aug', Zahn um Zahn‹ bestimme. Das wäre, wie Hegel ausdrücklich hervorhebt, absurd, wie sich leicht erkennen lasse, wenn man sich »den Täter als einäugig oder zahnlos« vorstelle. Die aus dem Wiedervergeltungsprinzip sich ergebende Forderung nach Gleichheit von Tat und Strafe sei nicht in diesem Sinne zu verstehen. Es sei nur erforderlich, daß Tat und Strafe ihrem Wert nach gleich seien. Hegel erläutert das an dem Verhältnis zwischen Diebstahl und Gefängnisstrafe. Diese seien nach »ihrem Wert, ihrer allgemeinen Eigenschaft, Verletzungen zu sein«, vergleichbar. Da das Verbrechen einen bestimmten qualitativen und quantitativen Umfang habe, müsse die Strafe als die Negation des Verbrechens einen »ebensolchen« Umfang haben. Diese »auf dem Begriffe beruhende Identität« ist die Gleichheit »nach dem Wert derselben«, das heißt nach dem Wert des Verbrechens als einer Negation des Rechts und dem Wert der Strafe in ihrer Aufgabe als Negation dieser Negation.

Der Verbrecher hat nach Hegel ein Recht auf Strafe. »Darin wird der Verbrecher als Vernünftiges geehrt.« Jedoch würde ihm diese Ehre, wie Hegel betont, nicht zuteil, wenn der Maßstab seiner Strafe nicht aus seiner Tat genommen worden wäre, sondern etwa zum Zwecke der Abschreckung oder Besserung gestraft würde.

Kritik an den Gedanken von Kant und Hegel ist unter den verschiedensten Gesichtspunkten möglich. Hier seien nur einige herausgegriffen:

Zunächst kann man fragen, ob sich die in Rede stehenden Ansichten der beiden Philosophen erkenntnistheoretisch halten lassen. Das ist, wenn man sich nicht in den Bereich des Irrationalen begeben will, sicher nicht der Fall. Daß der Sinn der Strafe die Wiedervergeltung sei, wird nicht bewiesen, sondern schlicht verkündet. Es wird keine Erkenntnis vorgetragen, sondern ein Bekenntnis bekannt gegeben. Niemand ist verpflichtet, sich das gleiche Bekenntnis zueigen zu machen. Hinzukommt, daß es keineswegs zwingend ist, wenn Kant meint, die Gerechtigkeit werde verletzt, falls man nicht allein um der Vergeltung willen strafe. Warum sollte eine resozialisierende Strafe, die auf Vergeltung keine Rücksicht nimmt, ungerecht sein? Wer weiß präzis, was eine gerechte Strafe ist? Daß außerdem Tat und Strafe, wie immer man sich dreht und wendet, keine vergleichbaren Größen sind, ist ein alter Einwand gegen die Vergeltungs- und Sühnetheorie, der durch sein Alter nichts an seiner durchschlagenden Frische verloren hat. Das gilt sowohl für das Talionsprinzip bei Kant als auch für den Wertgesichtspunkt bei Hegel.

Was aber soll man davon halten, daß es zwischen dem Tod und einem »noch so kummervollen Leben« keine Gleichartigkeit gäbe? Das ist, wenn der Begriff der Gleichartigkeit im strengen Sinne verstanden wird, trivial. Aber dann gibt es zwischen einem Mord und dem Vollzug der Todesstrafe ebenfalls keine Gleichartigkeit, und Kants Argumentation verliert ihre Basis. Im übrigen kann die Gleichartigkeit in jenem strengen Sinne auch in der Weise fehlen, daß es Lebensformen von so unmenschlicher Art gibt, daß der Tod als das geringere Übel erscheint.

Mit dieser Kritik am Gleichartigkeitsbegriff ist der Bereich der Kritik unter dem Aspekt der Logik erreicht. Die Schlüssigkeit nach den Gesetzen der Logik fehlt an mehreren Stellen der Gedankenführung bei Kant und Hegel.

Zunächst ist in diesem Zusammenhang daran zu erinnern, daß der kategorische Imperativ eine Leerformel ist, aus der sich keine inhaltlichen Schlüsse ziehen lassen. An der von Kant stammenden Kurzformel des kategorischen Imperativs »Handle nach einer Maxime, welche zugleich als ein allgemeines Gesetz gelten kann!« (›Metaphysik der Sitten‹, Einleitung IV) läßt sich die Inhaltlosigkeit leicht erkennen, denn die Frage, welcher Art das allgemeine Gesetz sein soll, bleibt offen. Der kategorische Imperativ könnte in einem Gangster-Kollektiv ebenfalls gelten. Aus einem leeren Prinzip, aus dem nichts Inhaltliches gefolgert werden kann, läßt sich nicht der Vergeltungsgrundsatz ableiten.

Erstaunlich ist die Widersprüchlichkeit des berühmten Insel-Beispiels von Kant. Noch befremdlicher aber ist es, daß dies so selten

erkannt worden ist. Indessen braucht man nur zu fragen, auf wem eigentlich jene mystische »Blutschuld« haften solle, wenn es doch gerade die Voraussetzung der Test-Überlegung von Kant war, daß *kein* Volk mehr existiere.
Nicht besser bestellt ist es mit der Pseudo-Logik der Anwendung eines Begriffes auf sich selbst, die sich mehrfach bei Hegel befindet. Daß »Zwang durch Zwang aufgehoben wird«, ist in keiner Weise zwingend. Man könnte auch die Thesen vertreten: Zwang wird durch Zwang gesteigert. Zwang wird durch Nicht-Zwang aufgehoben. Was jedoch soll eine »Verletzung der Verletzung« sein? Die Heilung einer Verletzung wäre ein sinnvolles Phänomen. Und die »Negation der Negation« ist nichts als ein Bild und noch dazu ein verwirrendes. Die formallogische Parallele ist unstimmig. Die Beseitigung des durch das Verbrechen hervorgerufenen Schadens für die Friedensordnung der Gesellschaft setzt eine heilende, positive Aktion voraus. Die Negation der Negation ist eine sprachliche Struktur und keine gegenständlich-sachliche.
Ein einfacher Denkfehler ist die bis auf den heutigen Tag oft wiederholte Argumentation gegen die Zweckmäßigkeits- und Nützlichkeitsbegründung. Wer gegenüber einer Auffassung über den Sinn der Strafe — etwa als einer Schutzmaßnahme der Gesellschaft — geltend macht, die Rechtfertigung staatlichen Strafens werde durch die betreffende Sinngebung zu einem bloßen Zweckmäßigkeitsproblem erniedrigt, sollte erkennen, daß er damit eine simple Leeraussage macht. Ihren Inhalt würde diese Aussage erst durch Koppelung mit einem Zweck erhalten. Erst dann ließe sich eine Wertung rechtfertigen. Beispielsweise sind der Schutz der Friedensordnung und die Resozialisierung zweifellos hohe moralische Werte. Der hier zutagetretende logische Fehler unterlief auch Kant, wenn er von den »Schlangenwindungen der Glückseligkeitslehre« schrieb. Es wäre denkpsychologisch interessant, einmal zu untersuchen, warum — damals wie heute — immer dann, wenn vom Nutzen, vom Zweck oder vom Glück der Menschen die Rede ist, materialistischer Nutzen, niedrige Zwecke und billiges Glück assoziiert werden. Das ist ebenso falsch, als wollte man unter den geometrischen Figuren das Achteck *a priori* für böse erklären, während es sich doch nur um einen Formalbegriff handelt.
Schließlich mag noch auf Möglichkeiten einer moralischen Kritik hingewiesen werden. Die zwecklose Wiedervergeltung, mit der nichts Gutes — weder für den Täter selbst, noch für die Gesellschaft — angestrebt werden darf, verletzt die Menschenwürde, und zwar nicht nur im Sinne anerkannter Moralnormen, sondern — übertragen auf die Gegenwart — zugleich im Sinne der Verfassung. Daß der Täter niemals bloß als Mittel für einen außer ihm liegenden Zweck benutzt werden darf, wie Kant betont, ist im Rechtsstaat eine Selbstverständlichkeit. Für die Resozialisierung ist der Täter im Zentrum der Bemühungen. Er ist es, der möglichst

gebessert werden soll. Und nur, wenn keine soziale Therapie verfängt, entsteht das Notrecht der Gesellschaft mit der Folge der Freiheitsentziehung oder sonstiger Sanktionen. Das ist ebensowenig unmoralisch wie die Einschließung des ansteckenden oder in anderer Weise gemeingefährlichen Kranken. Hegel aber ist entgegenzuhalten, daß es ein metaphysischer Traum ist, in der nur vergeltenden Bestrafung des Verbrechers eine Ehrung zu sehen. Gerade die Achtung vor der Menschenwürde gebietet es der Gesellschaft, nicht einfach zwecklos vergeltend zurückzuschlagen, sondern die Resozialisierung zu versuchen. Erst dann wird der Täter »als Vernünftiges geehrt«.

Es ist hohe Zeit, die Straftheorien von Kant und Hegel mit ihren irrationalen gedankenlyrischen Exzessen in all ihrer erkenntnistheoretischen, logischen und moralischen Fragwürdigkeit endgültig zu verabschieden.

Der Handlungsbegriff des Finalismus als methodologisches Problem

– Prolegomena zu einem axiomatischen Handlungsbegriff –

1.

Bei der in der deutschen Strafrechtswissenschaft seit längerem im Gang befindlichen Diskussion über den Handlungsbegriff geht es bekanntlich um die Frage, ob ein Verhalten nur dann eine Handlung ist, wenn das Verhalten bewußt auf einen gesetzten Zweck hin gesteuert ist, wobei es auf den Erfolg dieser Steuerung grundsätzlich nicht ankommt. Nach der Ansicht des Finalismus muß diese Frage bejaht werden. Die Finalität, d. h. das bewußte Ausgerichtetsein auf einen Zweck, ist danach notwendiges Begriffsmerkmal der Handlung. Im Rahmen des Aufbaus des Strafrechtssystems wirkt sich diese Auffassung durch die These aus, daß der Vorsatz Element des Tatbestandes sei und nicht, wie die traditionelle Theorie es bisher lehrte, Element der Schuld.

Wer etwa, um sich zu üben, in der Dämmerung auf einen Gegenstand schießt, den er für einen Baumstumpf hält, der aber ein sitzender Mensch ist, gibt zwar — wie WELZEL bemerkt [1] — einen finalen Übungsschuß ab, nimmt aber keine finale Tötungshandlung vor. Für einen ähnlich gelagerten Fall formuliert NIESE die gleiche finalistische Ansicht folgendermaßen: Wer ein Gewehr reinigen will, von dem er nicht weiß, daß es geladen ist, und dabei versehentlich einen Schuß löst, der einen Menschen tödlich trifft, hat dessen Tod lediglich verursacht. Dieser unfinal verursachte Erfolg macht das versehentliche Lösen des Schusses nicht zu einer Tötungshandlung, als finales Verhalten bleibt das Hantieren mit dem Gewehr eine Reinigungshandlung [2].

[1] Das Deutsche Strafrecht, 6. Aufl. 1958, S. 30.

[2] Die moderne Strafrechtsdogmatik und das Zivilrecht, JZ 1956 S. 458. — Zur augenblicklichen Situation in der Finalismusdebatte vgl. GALLAS, Zum gegenwärtigen Stand der Lehre vom Verbrechen, ZStW 67, 1 ff., und MAURACH, Deutsches Strafrecht, Allgemeiner Teil, 2. Aufl., 1958, § 16.

Demgegenüber sind die Nicht-Finalisten der Meinung, daß in einem derartigen Falle zwar eine Tötungshandlung gegeben ist, daß aber die Tötung keine vorsätzliche, und somit keine schuldhafte war. Innerhalb der finalistischen Theorie ist eine unvorsätzliche Handlung eine contradictio in adjecto. Zur Begründung dieser Ansicht berufen sich die Vertreter des Finalismus auf die Ontologie im allgemeinen sowie auf die Ontologie von Nicolai HARTMANN im besonderen. Der Vorsatz gehört, wie die Finalisten erklären, aus sachlogischen Gründen zu den notwendigen Merkmalen des Handlungsbegriffs, wenn dieser dem Sein der Handlung entsprechen soll. Da zu den Begriffsmerkmalen des Vorsatzes das Bewußthaben dessen, was im Vorsatz vorgesetzt wird, gehört, und unvorsätzliche Handlungen nicht denkbar sind, ist es nach dieser Theorie auch widerspruchsvoll und daher unzulässig, von unbewußten Handlungen zu sprechen, obwohl nicht geleugnet werden kann, daß dieser Begriff der Umgangssprache und der Terminologie der Psychologie nicht fremd ist.

Es liegt nahe, einmal näher zu untersuchen, ob und wie weit sich die Thesen des strafrechtlichen Finalismus aus der Philosophie von Nicolai HARTMANN herleiten lassen, und dann, da es hier um eine Begriffsbestimmung geht, das Ergebnis mit der in der Logik entwickelten Definitionslehre zu überprüfen.

2.

Die Vertreter des Finalismus im Strafrecht pflegen sich bei der Bezugnahme auf Nicolai HARTMANN damit zu begnügen, auf die einschlägigen Stellen in seiner „Ethik" — 3. Aufl. 1949 S. 191 ff. — hinzuweisen [3]. Eine Behandlung des Finalitätsbegriffs findet sich jedoch auch an folgenden wichtigen Stellen: „Möglichkeit und Wirklichkeit" 1938 S. 250; „Der Aufbau der realen Welt" 1940 S. 567 ff.; „Das Problem des geistigen Seins" 2. Aufl. 1949 S. 153. Die ausführlichste Darstellung ist indessen die im strafrechtswissenschaftlichen Schrifttum noch nicht genügend berücksichtigte „Kategorialanalyse des Finalnexus" in der aus dem Nachlaß herausgegebenen Schrift „Teleologisches Denken" 1951 S. 64 ff. [4]. Schon im Vorwort weist Nicolai HARTMANN daraufhin, daß der zentrale Gedanke dieser Arbeit in der erwähnten Kategorialanalyse der Finalität liege. Das Ergebnis der gegenüber den Bemühungen von

[3] Vgl. z. B. WELZEL, Das neue Bild des Strafrechtssystems, 3 Aufl., 1957, S. 3.

[4] WÜRTENBERGER, Die geistige Situation der deutschen Strafrechtswissenschaft, 1957, S. 16/17, erwähnt diese Schrift, allerdings unter anderem Aspekt.

Aristoteles — wie Nicolai HARTMANN schreibt — vervollständigten Kategorialanalyse des Finalnexus wird dort in folgenden Überlegungen zusammengefaßt:

Beim Finalnexus liege ein Aktgefüge vor, das sich aus drei „Stufen oder Phasen" zusammensetze. Diese drei Stufen oder Phasen, die man ohne weiteres auch Akte nennen dürfe, da es sich bei ihnen um echte Vollzüge handle, und die man andererseits aber nicht isolieren dürfe, seien diese:

„1. Akt: Setzung des Zweckes im Bewußtsein mit Überspringung des Zeitflusses, als Antizipation des Künftigen;

2. Akt: Selektion der Mittel vom gesetzten Zweck aus im Bewußtsein (rückläufige Determination);

3. Akt: Realisation durch die Reihe der selegierten Mittel; rechtläufiger Realprozeß außerhalb des Bewußtseins."

Bei diesen drei Akten — Zwecksetzung, Selektion der Mittel und Realisation — komme, wie Nicolai HARTMANN weiter hervorhebt, gegenüber der Analyse von Aristoteles im 7. Kapitel des Buches Z der „Metaphysik" neu hinzu, daß das Bewußtsein zweimal eingeschaltet sei, zuerst als zwecksetzendes und sodann als realisierendes Bewußtsein, denn im 1. und 3. Akt gehe die Bewegung direkt von ihm aus. Der 2. Akt schließe sich so an den ersten an, daß er der Realisierung gegenüber mit ihm eine engere Einheit bilde. „Man könnte also die beiden Hauptfunktionen des Bewußtseins im Finalgefüge auch als die des wollenden und des handelnden Bewußtseins bezeichnen." Allerdings treffe das nur halb zu. Den Grund dafür, daß diese Bezeichnung der beiden Hauptfunktionen des Bewußtseins nur halb zutrifft, gibt HARTMANN nicht ausdrücklich an. Aus dem Zusammenhang seiner Argumente läßt sich indessen unschwer schließen, daß durch diese Einschränkung darauf hingewiesen werden soll, daß man erstens die einzelnen Akte nicht voneinander lösen darf, weil es sich bei ihnen um einen einheitlichen Vorgang handelt, und daß zweitens die Bewußtseinsvorgänge des Zwecksetzens, der Mittelauswahl und des Realisierens eine kompliziertere Struktur haben, als dies in der genannten vereinfachenden Bezeichnung zum Ausdruck kommt. Das Modell berücksichtigt zum Beispiel nicht die Rückwirkung der zur Auswahl gegebenen Mittel auf den Zweck, die teleologische Bindung des gesetzten Zweckes an vorgeordnete höhere Zwecke und dergleichen mehr. Diese Überlegungen, die bei HARTMANN zum Teil nur indirekt anklingen, ändern aber jedenfalls nichts daran, daß die kategorialanalytisch erarbeitete Unterscheidung zwischen dem wollenden und dem handelnden Bewußtsein von HARTMANN grundsätzlich für zulässig erklärt wird.

3.

Betrachtet man die Ergebnisse dieser ontologischen Untersuchung, so fällt auf, daß sie mit der traditionellen Analyse des Tatbestands- und des Schuldbegriffs weitgehend im Einklang stehen, denn die Tatbestandsverwirklichung entspricht der Realisation, dem 3. Akt des Finalnexus, und die dem Vorsatzbegriff als Schuldelement zugrunde liegenden ontologischen Phänomene sind die beiden ersten Akte. Zumindest wird man zugeben müssen, daß die ontologischen Thesen von HARTMANN der traditionellen strafrechtsdogmatischen Auffassung nicht widersprechen. Im einzelnen läßt sich dies noch durch einige weitere Überlegungen stützen:

a) Bei der Prüfung der Frage, ob sich jemand strafbar gemacht hat, ist der Finalzusammenhang nebst dem von ihm überformten Kausalnexus in umgekehrter Richtung — also vom eingetretenen Erfolg her — zu untersuchen. Da das Strafrecht an ein Ereignis in der Außenwelt — genauer: in der raumzeitlichen Realität — anknüpft, ist also zunächst retroperspektiv zu fragen, ob das betreffende Ereignis das Ergebnis einer Realisation im Sinne von Nicolai HARTMANN ist. Zu diesem Zweck ist zu prüfen, ob ein Kausalnexus vorliegt, der sich zurück vom Erfolg — etwa dem Tod eines Menschen A — bis zum auslösenden Bewußtsein eines anderen Menschen B verfolgen läßt. Ist dem so, dann ist ermittelt, daß ein gewillkürtes, d. h. auf einen Willensimpuls als auslösende Ursache zurückführbares Verhalten des B vorliegt, das in dem herangezogenen Beispiel den Tod des A verursacht hat. Der Tatbestand ist realisiert. Der 3. Akt im Sinne der HARTMANNschen Aufgliederung des ontologischen Sachverhalts ist gegeben. Vom Vorsatz ist hier noch nicht die Rede. Die Finalität spielt nur insoweit bei dieser Phase eine Rolle, als die Feststellung erforderlich ist, daß die Realisation durch ein Bewußtsein ausgelöst wurde. Genau das aber meint die traditionelle Strafrechtslehre, wenn sie ein gewillkürtes Verhalten erfordert. Im Gegensatz zum strafrechtlichen Finalismus betont HARTMANN an der oben behandelten Stelle, daß in dieser Stufe das handelnde, nicht das wollende Bewußtsein eingeschaltet ist. Im „Aufbau der realen Welt" heißt es deshalb S. 567: „Dieser dritte Akt des Finalnexus ist die eigentliche Handlung". Die ontologische Basis für den Vorsatz geben die beiden ersten Phasen. Seine Einordnung in den dritten Akt erscheint hiernach unzulässig. Das wird sehr deutlich bei dem von HARTMANN selbst herangezogenen Beispiel aus dem Strafrecht („Teleologisches Denken" S. 74). Es handelt sich ebenfalls um einen Tötungsfall, bei dem die entscheidende Frage „Hat der Angeklagte töten wollen?" gestellt wird. Der Akzent liegt hier auf dem Wort „wollen".

Hartmann trennt also zwischen der Tötungshandlung als solcher im Sinne der 3. Phase und dem Wollen der 1. und 2. Phase. Nach finalistischer Auffassung hätte nur gefragt werden dürfen, ob der Angeklagte den Tod verursachen wollte. Man wird nicht einwenden können, es heiße Hartmann überfordern, wenn man diese terminologischen Unterscheidungen von ihm verlange, denn gerade er hat in seiner Kategorialanalyse höchst genau differenziert.

b) Nach der Feststellung, daß der 3. Akt des Finalnexus vorliegt, ist dann vom Strafrechtler weiter zu prüfen, ob auch die Akte 1 und 2 gegeben sind. Hier handelt es sich um jene Phase, die in den strafrechtlichen Finaltheorien seit Welzel sehr einleuchtend als finale Steuerung gekennzeichnet wird. Die Akte 1 und 2 charakterisieren Merkmale des Vorsatzes, nämlich das im wörtlichen Sinne Vorsetzen des Zweckes und die Selektion der erforderlichen Mittel. Hier tritt das Bewußtsein als wollendes Bewußtsein in Funktion, wobei es als Bewußtsein zugleich das Wissen um das Gewollte ist.

c) Da die Phasen 1 und 2 nicht zur eigentlichen Handlung gehören, wie Hartmann hervorhebt, und der Vorsatz somit nicht Element des Tatbestandsbegriffes sein kann, kommt nur noch seine Eingliederung als Schuldmerkmal in Betracht. Dies steht im Einklang mit zwei weiteren Thesen der Philosophie von Hartmann: Nach der inzwischen zum Allgemeingut moderner Ontologien gewordenen Schichtentheorie ist die Sphäre des geistigen Seins als eigengesetzlicher ontologischer Bereich von den Schichten des seelischen Seins, des organischen Seins und des physisch-materiellen Seins deutlich abzuheben [5]. Sowohl die Handlung als auch die Schuld sind mehrschichtige ontologische Phänomene. Wie immer man die Einordnung vornehmen mag, es leuchtet ein, daß die Handlung als Realisationsakt im wesentlichen den Schichten des physisch-materiellen und des organischen Seins einzugliedern ist, während Vorsatz und Schuld auch ohne ihr Verhältnis zueinander zu berücksichtigen jedenfalls dies gemeinsam haben, daß sie Phänomene des seelischen und des geistigen Seins sind. So ergibt sich auch aus der ontologischen Schichtentheorie, daß die Zuordnung des Vorsatzes zur Schuld das ontologisch Näherliegende ist. Hinzu kommt ferner, daß auch die Nicolai Hartmannsche Werttheorie für diese Lösung zu sprechen scheint. Die Tatbestandsmäßigkeit eines Verhaltens impliziert die Rechtswidrigkeit, und diese wiederum die Wertwidrigkeit des Verhaltens. Nach Nicolai Hartmann haben die Werte ein objektives Sein, das unabhängig vom Wertbewußtsein ist. Die Wertwidrigkeit ist daher ein objektives Phäno-

[5] Vgl. u. a. „Das Problem des geistigen Seins", S. 16 u. 66 ff.

men. Stimmt man dieser These zu, dann ist auch die Tatbestandsmäßigkeit ein objektives Phänomen, das von subjektiven Komponenten und also auch vom Vorsatz unabhängig ist. Auch im Hinblick auf die Wertphilosophie nimmt es daher nicht wunder, daß HARTMANN erklärt, die Realisation — der 3. Akt — sei die eigentliche Handlung.

4.

Die bisherigen Überlegungen sollten demonstrieren, daß es möglich ist, aus der Ontologie Nicolai HARTMANNs die These abzuleiten, der Vorsatz sei aus ontologischen Gründen kein Tatbestands- sondern ein Schuldelement. Dieser Auffassung steht die fast schon klassisch gewordene These des Finalismus entgegen, aus der Ontologie von HARTMANN folge, der Vorsatz sei Tatbestandselement.

Es ist zuzugeben, daß eine Entscheidung zwischen diesen gegensätzlichen Ansichten mit der Stringenz eines mathematischen Beweises nicht herbeigeführt werden kann, weil zahlreiche Formulierungen HARTMANNs nicht die erwünschte Eindeutigkeit besitzen. Es sei nur an das delphische Dunkel jener oben zitierten Äußerung von der halben Wahrheit erinnert. Ebenso liegen die Dinge an vielen anderen Stellen. Unter dieser Undeutlichkeit leiden aber b e i d e Thesen, sowohl die finalistische als auch ihre Gegenthese.

Aber selbst wenn man zugeben würde, daß die finalistische These aus der HARTMANNschen Ontologie folge, eine Konzession, die nach den bisherigen Überlegungen sicherlich falsch wäre, wird man andererseits nicht bestreiten wollen, daß es grundsätzlich möglich ist, die These aufzustellen, die ontologische Analyse bei HARTMANN gehe fehl, und nach richtiger ontologischer Einsicht gelte der Satz, daß der Vorsatz aus sachlogischen Gründen ein Schuldmerkmal sei. Dies ist offensichtlich der ontologische Kern des Hinweises von ENGISCH, daß der Schuldbegriff entleert sei, wenn der Vorsatz nicht als Schuld- sondern als Tatbestandselement angesehen werde [6].

Bei der sich nun aufdrängenden Frage, wie eigentlich zwischen zwei einander widersprechenden ontologischen Theorien zu entscheiden sei, dringt man zu den philosophischen Fundamenten der strafrechtswissenschaftlichen Diskussion vor. Die Problematik spitzt sich dann auf die Frage zu, wie werden ontologische Behauptungen verifiziert, — in der Tat eine Grundfrage, wenn man sich vergegenwärtigt, daß der Finalis-

[6] „Der finale Handlungsbegriff" in Kohlrausch-Festschrift 1944, S. 172; ontologisch argumentieren auch SCHÖNKE-SCHRÖDER, 9. Aufl., 1959, Vorbem. II, 4 vor § 1 StGB; vgl. ferner KOHLRAUSCH-LANGE, 42. Aufl., 1959, Vorbem. II B vor § 1 StGB.

mus die Meinung vertritt, die ontologischen Erkenntnisse seien für die Rechtswissenschaft schlechthin konstitutiv.

Um die Verifikationsfrage beantworten zu können, ist es erforderlich, sich klar zu machen, daß die Finalismusdebatte ihrer logischen Struktur nach eine Begriffsbestimmung betrifft. Es kann deshalb auf jeden Fall erwartet werden, daß mindestens die Definitionsregeln, wie sie in der Logik entwickelt werden, eingehalten sind. Eine Prüfung unter diesem Aspekt, wobei in erster Linie die Darstellungen von DUBISLAV, ROBINSON und BOCHENSKI zugrunde gelegt werden sollen, ist daher unerläßlich [7].

Mit DUBISLAV pflegt man drei Hauptarten von Definitionen zu unterscheiden, erstens die Regelungen (Vereinbarungen oder Festsetzungen) eines Sprachgebrauchs, zweitens Sacherklärungen und drittens die Behauptungen über das Bestehen eines Sprachgebrauchs. Bei diesen Unterscheidungen der modernen Logiktheorie entspricht die erste Gruppe den klassischen Nominaldefinitionen und die zweite den Realdefinitionen. Innerhalb der ersten Gruppe — also bei den Nominaldefinitionen oder Sprachgebrauchsregelungen — hat man zwischen *syntaktischen* und *semantischen* zu unterscheiden. Bei den syntaktischen Definitionen handelt es sich um eine Vereinbarung (oder Festsetzung) über die Zulässigkeit der Ersetzung eines Wortes — genauer: eines Zeichens, das u. a. auch ein Wort sein kann, aber nicht sein muß — durch ein anderes, gewöhnlich kürzeres. Durch die semantische Definition wird dagegen die Bedeutung eines Zeichens oder Wortes festgelegt. Hier handelt es sich mithin um die Vereinbarung oder Festsetzung von Vorschriften, durch die geregelt wird, in welcher Weise bestimmte Zeichen oder Worte bestimmten Gegenständen — im weitesten Sinne — zugeordnet werden. Soweit diese Regelung eine freie und willkürliche ist, spricht man hier auch von *synthetischen* oder *schöpferischen* Definitionen. Wird dagegen durch die Definition einem Zeichen eine, wie BOCHENSKI formuliert, ihm schon irgendwo zukommende Bedeutung ausdrücklich zugeordnet, nennt man diese Definitionen *analytische* oder *lexikalische* und ordnet sie neben den synthetischen den semantischen Definitionen als zweite Sondergruppe unter. Man muß sich indessen klarmachen, daß die analytischen oder lexikalischen Definitionen nicht in die Klasse der Nominaldefinitionen gehören, denn sie regeln keinen Sprachgebrauch, sondern stellen einen Sprachgebrauch fest. Sie zählen daher zur Gruppe der Behauptungen über das Bestehen eines Sprachgebrauchs, der letzten der drei oben genannten Hauptarten.

[7] Walter DUBISLAV, Die Definition, 3. Aufl., 1931; Richard ROBINSON, Definition, 1950 (in engl. Sprache); I. M. BOCHENSKI, Die zeitgenössischen Denkmethoden, 2. Aufl., 1959.

Aus dem Gesagten ergibt sich nunmehr das nachstehende Schema für Definitionsarten, von dem im folgenden ausgegangen werden soll:

Die Definitionen im weiteren Sinne sind entweder Regelungen (Vereinbarungen oder Festsetzungen) eines Sprachgebrauchs (Nominialdefinitionen, gelegentlich auch kurze Zeichenfestsetzungen genannt) oder Behauptungen über einen Sachverhalt. Diese Letztgenannten können Behauptungen sein, die der Erklärung eines Sachverhalts dienen (Realdefinitionen), oder sie können Behauptungen über das Bestehen eines Sprachgebrauchs (oft kurz Zeichenerklärungen genannt) sein. Unterarten der Nominaldefinition sind die syntaktischen und die semantischen Definitionen, — diese letzteren aber nur dann, wenn sie synthetische sind. Als analytische Definitionen sind die semantischen mit den Zeichenerklärungen identisch. Die semantischen Definitionen zählen also je nachdem zu den Nominaldefinitionen oder zu den Behauptungen über das Bestehen eines Sprachgebrauchs.

Auf die Unterarten der syntaktischen Definitionen — nach BOCHENSKI: direkte oder explizite Definitionen, implizite Definitionen, rekursive Definitionen und Definitionen durch ein axiomatisches System — und die Unterarten der Realdefinitionen — nach BOCHENSKI: a) Wesensbestimmung; b) Ursachenbestimmung oder genetische Definitionen; c) Sachverhaltsanalyse im Hinblick auf Aspekte und Teile des Definiendums; und d) Bestimmung der für ein Gebiet geltenden Gesetze — braucht in diesem Zusammenhang noch nicht näher eingegangen zu werden [8].

5.

Innerhalb des positiven Rechts kommen *Regelungen des Sprachgebrauchs* überall dort vor, wo Legaldefinitionen anzutreffen sind. Als Beispiele seien herausgegriffen: § 1113 BGB (Definition der Hypothek), § 53 II StGB (Definition der Notwehr), § 359 StGB (Definition des strafrechtlichen Beamtenbegriffs) und § 1 des Kreditwesengesetzes (zweistufige Definition des Kreditinstituts). In logischer Hinsicht unterscheiden sich derartige Festsetzungen in nichts von der Vereinbarung eines Elternpaares, daß ihre Tochter Angelika heißen solle, denn in allen diesen und gleichgelagerten Fällen handelt es sich um eine Namensgebung, eine „Taufe", für die der Terminus Nominaldefinition durchaus angemessen ist, denn er bringt deutlich zum Ausdruck, daß eine solche Definition unter keinen Wahrheitskriterien steht. Es ist offensichtlich nicht sinn-

[8] Vgl. BOCHENSKI. S. 90 ff.; ROBINSON, S. 149 ff.; KLUG, „Juristische Logik", 2. Aufl., 1958, § 8; vgl. ferner die Hinweise zur Problematik des gesamten „signitiven" Bereichs: EMGE, Einführung in die Rechtsphilosophie, 1955, S. 22—24.

voll, bei einer Sprachregelung dieser Art zu fragen, ob sie wahr oder falsch sei, sondern nur, ob sie zweckmäßig sei oder nicht. — Etwas anderes ist es natürlich, daß man nach der Wahrheit der Behauptung fragen kann, der Gesetzgeber habe in § 53 II StGB die Notwehr soundso definiert, oder die Eltern hätten ihrer Tochter den Namen X gegeben. Aber hier hat man es dann nicht mehr mit der Vereinbarung über einen Sprachgebrauch selbst zu tun, sondern mit einer Behauptung darüber, daß eine solche Vereinbarung bereits getroffen sei. Diese zuletzt genannte Behauptung kann wahr oder falsch sein, aber die ursprüngliche Festsetzung kann nur zweckmäßig oder nicht zweckmäßig sein.

Eine *Sacherklärung* oder Realdefinition liegt vor, wenn etwa definiert wird „Elektrizität ist ...“ Hier hat man es nicht mit einer Vereinbarung über den Gebrauch des Wortes Elektrizität, also nicht mit einer Namensgebung zu tun. Hier liegt vielmehr eine erklärende Behauptung vor, die wahr oder falsch sein kann. Dabei ist zu beachten, daß eine solche Sacherklärung natürlich nur möglich ist, wenn eine Nominaldefinition — in diesem Beispielsfalle also eine Vereinbarung über den Gebrauch der Bezeichnung Elektrizität — vorausgegangen ist, und zwar entweder ausdrücklich, wie zumeist bei den exakten Wissenschaften, oder stillschweigend, wie etwa in der Alltagssprache. Eine Sacherklärung unterscheidet sich in logischer Hinsicht durchaus nicht von anderen wissenschaftlichen Behauptungen, für die in Anspruch genommen wird, sie seien zumindest prinzipiell verifizierbar oder als falsch nachzuweisen. Insoweit besteht also z. B. kein Unterschied zwischen den Aussagen „Auf dem Mars gibt es organisches Leben“, „Nach deutschem Recht ist die Todesstrafe durch Artikel 102 des Bonner Grundgesetzes abgeschafft“ und der erwähnten Behauptung über die Elektrizität.

Es fragt sich nun, was liegt im Sinne der Definitionstheorie vor, wenn etwa in der deutschen höchstrichterlichen Rechtsprechung ein strafrechtlicher Begriff, wie der des sog. übergesetzlichen Notstandes, der vom Gesetzgeber nicht geregelt ist, „definiert“ wird. Bekanntlich haben das Reichsgericht und später auch der Bundesgerichtshof erklärt, daß ein sog. übergesetzlicher Notsand dann vorliege, wenn eine Handlung zwar den äußeren Tatbestand einer Straftat erfülle, sie aber das einzige Mittel sei, um ein höherwertiges Rechtsgut auf Kosten eines minderhohen zu schützen. (Vgl. RGSt. 61, 242; 62, 137; BGHSt. 2, 111; 2, 242.) Um hinter die logische Struktur dieser Begriffsbestimmung zu kommen, ist es erforderlich, zu überlegen, ob es sinnvoll wäre, nach der Wahrheit oder Falschheit dieser Definition zu fragen. Das scheint auf den ersten Blick nicht ganz zweifelsfrei zu sein. Indessen erkennt man bald, daß es zulässig sein muß, nach der Wahrheit oder Falschheit zu fragen, wenn man nämlich zunächst die Gegenfrage stellt, ob es sich bei dieser Definition um eine Festsetzung handelt, die als solche nur unter dem Kriterium der Zweckmäßigkeit steht. Das ist jedoch ganz offensichtlich nicht der Fall. Das Reichsgericht und der Bundesgerichtshof wären für Festsetzungen dieser Art nicht kompetent. Zuständig wäre allein der Gesetzgeber. Eine Festsetzung durch ein Gericht könnte allenfalls in Betracht kommen, wenn das Gesetz sie zuließe. So liegt es aber beim Beispiel des strafrechtlichen übergesetzlichen Notstandes nicht. Das ist sehr leicht daran zu erkennen, daß die gerichtliche Annahme dieses Rechtfertigungsgrundes auf keinen Fall dem Gesetz widersprechen darf.

Die Entscheidung aber, ob ein solcher Widerspruch vorliegt oder nicht, ist sicher kein Zweckmäßigkeitsproblem mehr, sondern eine echte Wahrheitsfrage, denn entweder ist es wahr oder es ist falsch, daß die Statuierung eines Rechtfertigungsgrundes durch ein Gericht dem Gesetz entspricht. Es zeigt sich also, daß die hier zur Diskussion gestellte Definition stillschweigend Kriterien voraussetzt, an Hand deren sie sich verifizieren läßt. Infolgedessen kann sie keine bloße Festsetzung im Sinne einer Vereinbarung über einen Sprachgebrauch sein. Der Begriff des übergesetzlichen Notstandes ist somit im deutschen Strafrecht etwas zu Findendes und nicht etwas zu Erfindendes.

Bei genauerem Zusehen erkennt man nun, daß eine derartige Begriffsbestimmung zwar nicht die Vereinbarung eines Sprachgebrauchs, wohl aber die Feststellung und Fixierung eines stillschweigend vorausgesetzten Sprachgebrauchs ist. In einer derartigen Feststellung wird behauptet, daß sich der betreffende Strafrechtsbegriff aus dem geltenden Strafrechtssystem logisch zwingend ergebe. Er sei stillschweigend schon immer vorausgesetzt. Eine solche Aussage kann naturgemäß wahr oder falsch sein. Sie ist eine semantische Definition, und zwar eine sog. analytische semantische Definition. Wer eine solche Definition gibt, behauptet im Rahmen des hier erörterten Beispiels: Bei Aufstellung des Strafrechtssystems durch den Gesetzgeber wurde stillschweigend und möglicherweise zugleich unbewußt zusammen mit den übrigen definitorischen Festsetzungen über die einschlägigen Rechtfertigungsgründe auch der Begriff des übergesetzlichen Notstandes mit festgesetzt. Während der Gesetzgeber andere Begriffe — wie etwa den Rechtfertigungsgrund der Notwehr — ausdrücklich definiert habe, sei dies beim übergesetzlichen Notstand zwar nicht ausdrücklich geschehen, jedoch als stillschweigend geschehen vorauszusetzen. Eine strafrechtsdogmatische Diskussion über den Begriff des übergesetzlichen Notstandes ist also sinnvoll, wenn sie sich auf die Frage erstreckt, ob dieser Begriff — präziser: ob die Behauptung, es gäbe den betreffenden Rechtfertigungsgrund — dem vorausgesetzten Strafrechtssystem entspricht, m. a. W. ob man eine entsprechende stillschweigende bewußte oder unbewußte Festsetzung des Gesetzgebers bezüglich der Rechtfertigungsgründe voraussetzen darf. Unzulässig wäre die Diskussion über die Zweckmäßigkeit dieses Begriffes, es sei denn, man wollte Möglichkeiten für eine künftige Gesetzesreform erörtern.

6.

Vielleicht wird man einwenden, die Statuierung des in Rede stehenden Begriffs des übergesetzlichen Notstandes durch die höchstrichterliche Rechtsprechung sei zwar keine Nominaldefinition, also keine Zeichen-*festsetzung*, aber sie sei auch keine Zeichen*erklärung*, sondern es liege der Fall einer *Realdefinition* vor, m. a. W. die Gerichte hätten eine *Sacherklärung* gegeben. Daß dieser Einwand nicht durchgreift, zeigt sich bei dem Versuch einer Verifizierung der beiden sich gegenüberstehenden Behauptungen.

Als Verifizierungsmethoden kommen bei Realdefinitionen sowohl als auch bei analytischen semantischen Definitionen grundsätzlich in Betracht: empirische (durch Beobachtung, wie etwa bei den Naturwissenschaften, der Psychologie und bei Teilen der Geschichtswissenschaften), logische (durch den Nachweis der widerspruchsfreien Ableitbarkeit aus Axiomen, wie etwa bei der Mathematik und bei Logikkalkülen), phänomenologische (durch Wesensschau wie bei einigen Richtungen der Philosophie) und transnatürliche (wie sie in manchen Religionen behauptet werden) [9].

Legt man die Definition des übergesetzlichen Notstandes als analytische semantische Definition (Zeichenerklärung) aus, so fallen die nur empirischen und die transnatürlichen Verfahren von vornherein weg. Für die Verifizierung der Behauptung eines stillschweigend vorausgesetzten Sprachgebrauchs kommt eine Kombination der empirischen mit der logischen Methode in Betracht. Es muß empirisch das Gegebensein eines positiven Rechtes (hier des deutschen Strafrechtes in der Fixierung durch das StGB) geprüft werden und zugleich — und hier liegt natürlich das Schwergewicht des Verifizierungsverfahrens — untersucht werden, ob die Behauptung, es gäbe den Begriff des übergesetzlichen Notstandes als Rechtfertigungsgrund, in der Tat aus logisch zwingenden Gründen aus dem vorausgesetzten Strafrechtssystem gefolgert werden muß.

Bei Realdefinitionen scheiden die nur empirischen und die transnatürlichen Verfahren hinsichtlich des hier erörterten Beispielsfalles

[9] Ähnlich BOCHENSKI, a. a. O. S. 63.

ebenso von vornherein aus. Aber auch die logische Methode kann nicht herangezogen werden, da es sonst wieder um die logisch zu rechtfertigende Systemgerechtheit der untersuchten Behauptung ginge, und dies dann wieder auf eine analytische semantische Definition im obigen Sinne hinausliefe, also auf die Behauptung eines schon bestehenden Sprachgebrauchs. In Frage scheint aber die phänomenologische Methode zu kommen. Es könnte nämlich etwa folgendermaßen argumentiert werden: Aus dem Wesen der strafrechtlichen Rechtswidrigkeit folge, daß es eine Rechtfertigung durch übergesetzlichen Notstand gäbe. Würde man dieses Wesensschau-Ergebnis akzeptieren, dann läge offensichtlich keine Behauptung über einen bestehenden Sprachgebrauch vor, sondern eine Behauptung über einen Gegenstand, der ontologisch der Sphäre des geistigen Seins zuzuordnen wäre. Diese Behauptung würde den Versuch darstellen, den Gegenstand in bestimmter Hinsicht zu erklären, und zwar ganz analog wie etwa die Realdefinition des Sternes Mars als eines Planeten mit organischem Leben. Die Verifikation ist aber problematisch. Während die Behauptung über den Mars durch empirische Methoden, wenn auch vorläufig noch nicht de facto, so doch prinzipiell nachprüfbar ist, entfällt diese Möglichkeit bei der phänomenologischen Wesensschau. Das wird besonders klar, wenn sich zwei Phänomenologen mit entgegengesetzten Wesensschau-Ergebnissen gegenüberstehen. Die Frage, wer das Wesen erschaut hat, muß dann offenbleiben, es sei denn, man erklärt, das Wesensschau-Ergebnis müsse aus der Systemgemäßheit der geprüften Behauptung hergeleitet werden. Dann ist man aber wieder bei der Behauptung über das Bestehen eines Sprachgebrauchs angelangt, und es zeigt sich infolgedessen, daß die ursprüngliche Ansicht, es liege eine Zeichen- und keine Sacherklärung vor, zutreffend war. Anders wäre es nur, würde man sich auf die sich selbst widersprechende These einlassen, daß nicht-verifizierbare Behauptungen als Begründungen zulässig wären. Man hätte es dann nur noch mit unverbindlichen Intuitionen zu tun. Auf einen derartigen Verzicht läuft die phänomenologische Methode zweifellos hinaus. Dies geht besonders deutlich aus verhältnismäßig späten Äußerungen von HUSSERL hervor, die sich in dem „Nachwort zu meinen Ideen zu einer Phänomenologie und phänomenologischen Philosophie" finden. Dort wird ausdrücklich von „wirklicher allgemeiner Wesensintuition" gesprochen und dabei betont, daß es sich hier nicht um Deduktionen handele, sondern um ein „durchaus intuitives" Verfahren [10].

[10] „Jahrbuch für Philosophie und Phänomenologische Forschung", Bd. XI (1930), S. 553.

7.

Zur Verdeutlichung des Gesagten sei ein weiteres Beispiel herangezogen, weil an ihm ganz besonders klar wird, daß derartige für die Rechtswissenschaft naturgemäß sehr bedeutsame Definitionen Zeichen- und nicht Sacherklärungen sind:

Bekanntlich hat der deutsche Gesetzgeber die Unternehmer von Eisenbahnbetrieben durch das *Reichshaftpflichtgesetz* vom 7. Juni 1871 und das *Gesetz über die Haftpflicht der Eisenbahnen und Straßenbahnen für Sachschäden* vom 29. April 1940 einer besonderen, gesteigerten Haftung unterworfen, ohne dabei den Begriff der Eisenbahn zu definieren. Demzufolge sah sich das Reichsgericht zu folgender Begriffsbestimmung gezwungen (RGZ 1, 252): „Eine Eisenbahn ist ein Unternehmen, gerichtet auf wiederholte Fortbewegung von Personen oder Sachen über nicht ganz unbedeutende Raumstrecken auf metallener Grundlage, welche durch ihre Konsistenz, Konstruktion und Glätte den Transport großer Gewichtsmassen bzw. die Erzielung einer verhältnismäßig bedeutenden Schnelligkeit der Transportbewegung zu ermöglichen bestimmt ist, und durch diese Eigenart in Verbindung mit den außerdem zur Erzeugung der Transportbewegung benutzten Naturkräften (Dampf, Elektrizität, tierischer oder menschlicher Muskeltätigkeit, bei geneigter Ebene der Bahn auch schon der eigenen Schwere der Transportgefäße und deren Ladung usw.) bei dem Betriebe des Unternehmens auf derselben eine verhältnismäßig gewaltige (je nach den Umständen nur in bezweckter Weise nützliche oder auch Menschenleben vernichtende und die menschliche Gesundheit verletztende) Wirkung zu erzeugen fähig ist.“

Diese unglückliche Definition ist im Schrifttum zum Eisenbahn- und zum Haftpflichtrecht — wie dies nicht anders zu erwarten war — modifiziert worden. Als zusätzliche Beispiele seien deshalb noch die nachstehenden jüngeren Begriffsbestimmungen aus dem Schrifttum herausgegriffen:

„Normalerweise wird unter Eisenbahn die öffentliche, d. h. jedem zugängliche und öffentlich-rechtlich geordnete Einrichtung verstanden, auf freier, also örtlich selbständiger Schienenbahn viel Menschen und Güter schnell, nämlich mittels starker maschineller Kraft, ihrem wirtschaftlichen Ziele zuzuführen und auf diese Weise die wesentlichen Grundlagen der Volkswirtschaft, den gegenseitigen menschlichen Verkehr und den Güteraustausch, im großen zu ermöglichen und allgemein, d. h. in weitester Auswirkung über das ganze Land zu verbreiten.“ (R. v. KIENITZ, Art. Eisenbahnrecht im Handwörterbuch der Rechtswissenschaft Bd. II 1927 S. 224). Und ferner: „Als Eisenbahn im Sinne dieses Gesetzes gilt danach jede Einrichtung, die sich mit dem Rollen von Beförderungsmitteln auf einer Spurunterlage — bisher normalerweise von „Eisen" — befaßt, gleichgültig ob auf fester Schiene oder auf schwebendem Drahtseil." (R. v. Kienitz, Art. Haftpflicht im Handwörterbuch der Rechtswissenschaft Bd. III 1928 S. 92.)

Diese Beispiele zeigen klar, daß durch die Definition ein stillschweigend vorgegebener Sprachgebrauch zum Ausdruck gebracht werden soll. Denn in der apodiktischen und die Grenze dessen, was man noch ernst nehmen kann, überschreitenden Formulierung des Reichsgerichts könnte man doch wohl kaum den Versuch erblicken, die „sachlogische" Struktur der Eisenbahn durch phänomenologische Wesensschau in den Griff zu bekommen, — ganz abgesehen von der Tatsache, daß Husserl die „Logischen Untersuchungen" (1901 f.) und die „Ideen zu einer reinen Phänomenologie und phänomenologischen Philosophie" (1913) noch nicht veröffentlicht hatte, als jenes Urteil erging. Aber im Grunde unterscheidet sich die Begriffsbestimmung des Reichsgerichts strukturell nicht von den beiden anderen zitierten Eisenbahn-Definitionen. Bei den Letztgenannten wird mit der erwünschten wissenschaftlichen Klarheit zweierlei gesagt: a) Dargestellt werden soll ein Sprachgebrauch. Vgl.: „Normalerweise wird unter Eisenbahn ... verstanden." — b) Gesucht wird dieser Sprachgebrauch in dem vom Gesetzgeber festgelegten positiv rechtlichen System. Vgl.: „Als Eisenbahn im Sinne dieses Gesetzes gilt ..." Man hat es also mit einem exemplarischen Fall einer Zeichenerklärung (analytischen semantischen Definition) zu tun.

8.

Das Beispiel der Eisenbahndefinition wurde vor allem deshalb herangezogen, weil es wohl am wenigsten mit unkontrollierbaren, nicht hierhergehörigen metaphysischen Assoziationen verknüpft ist, und weil es deshalb geeignet sein mag, die für die Betrachtung der nun anzuschließenden *Folgerungen für den Handlungsbegriff des Finalismus* erforderliche logische Neutralität vorzubereiten.

Die finalistische These, wonach der finale Wille als integrierender Faktor zur Handlung gehöre, und der Vorsatz infolgedessen nicht erst ein die Schuld, sondern bereits ein den Tatbestand konstituierendes Element sei (Welzel, Strafrecht, 6. Aufl. S. 29 und 59; Niese, Finalität, Vorsatz und Fahrlässigkeit, S. 9; Maurach a. a. O. § 15) nimmt für sich in Anspruch, daß sie auf Erfassung eines ontologischen Sachverhalts beruhe, und daß die finale Struktur menschlichen Handelns für die strafrechtlichen Normen daher schlechthin konstitutiv sei. Selbst wenn der Gesetzgeber es anders wollte, so müßte man hieraus weiterschließen, könnte er keinen anderen Handlungsbegriff zugrunde legen. Hierzu ergeben sich nun aus den vorangegangenen definitionslogischen Feststellungen die folgenden Konsequenzen:

1. Die Theorie des Finalismus setzt voraus, daß die Definition des Handlungsbegriffs eine *Realdefinition,* mithin keine Zeichenerklärung, sondern eine Sacherklärung sei.

2. Als Sacherklärung unterliegt die finalistische Bestimmung des Handlungsbegriffs dem *Verifikationszwang.*

3. Da ontologische Sachverhalte nicht durch Beobachtungen und dergleichen überprüfbar sind, entfält eine Verifikation mit *empirischen* Methoden.

4. Eine *logische* Verifikation nach Art des Beweisens von mathematischen Sätzen entfällt, da diese Verfahren nur innerhalb eines axiomatischen Systems — hier also eines Systems von Rechtssätzen mit den dazugehörigen Rechtsbegriffen — möglich wäre, wobei die Argumentation von irgendeiner Seinsweise irgendwelcher Gegenstände nur insoweit abhängig wäre, als bestimmte Zuordnungsregeln zwischen den benutzten Zeichen und den gemeinten Gegenständen vereinbart wären. Da diese Vereinbarungen aber frei wären, bestünde gerade kein ontologischer Zwang.

5. Die Erörterung einer *transnatürlichen* Verifikation verbietet sich in diesem Zusammenhang von selbst.

6. Die *phänomenologische* Verifikationsmethode schließlich ist jenes Verfahren, das bei ontologischen Behauptungen wie der hier zur Diskussion stehenden üblicherweise in Anspruch genommen wird. Indessen konnte der Beweis, daß es sich hier um ein kontrollierbares Mittel der Verifikation handelt, noch von keiner Seite erbracht werden. Insbesondere stehen keine hinreichenden Kriterien für den Fall zur Verfügung, daß sich, wie hier, die zwei schon erwähnten ontologischen — oft wird auch gesagt: sachlogischen — Behauptungen gegenüberstehen, nämlich die These „Aus ontologischen Gründen ist der Vorsatz ein Tatbestandselement“ einerseits und die Antithese „Aus ontologischen Gründen ist der Vorsatz ein Schuldelement“ andererseits. Diese Unmöglichkeit eindeutiger Entscheidbarkeit bei zwei sich widersprechenden als Wesensschau-Ergebnisse in Anspruch genommenen Behauptungen, hat auch dazu geführt, daß die phänomenologische Methode bisher in keinem Wissenschaftszweig als überprüfbares Verifikationsverfahren eingeführt werden konnte, es sei denn, man würde in die irreführende Ausdehnung des Sprachgebrauchs einwilligen, wonach man von Wissenschaft auch dort sprechen könne, wo es sich um den unkontrollierbaren Austausch

von, möglicherweise wertvollen, gedankenlyrischen Emotionen handelt, wie er in verbreiteten Moderichtungen der Gegenwartsphilosophie gepflegt wird. In den exakten Wissenschaften wird die Möglichkeit einer Wesensschau seit langem nicht mehr ernsthaft diskutiert [11].

7. Die Berufung des Finalismus auf *ontologische Bindungen* kann demnach wegen der *Nichtverifizierbarkeit* dieser Behauptung als wissenschaftlich zwingende Ansicht nicht aufrechterhalten bleiben [12]. Der Versuch, eine Realdefinition des Handlungsbegriffs zu geben, muß also als nicht geglückt angesehen werden. Da im übrigen in derartigen Fällen anscheinend nur die Verifikation durch angebliche phänomenologische Wesensschau in Betracht kommt, dürfte das gesteckte Ziel der ontologischen Fundamentierung strafrechtlicher Begriffe von vornherein zum Scheitern verurteilt sein, sofern man sich nicht mit subjektiven Ansichten begnügen will. Bemerkenswert ist es in diesem Zusammenhang, daß auch ein Vertreter des Finalismus wie GALLAS — wenn auch mit anderer Begründung — zum Verlassen der ontologischen Argumentation zu neigen scheint [13].

8. Dagegen folgt aus dem Gesagten durchaus nicht, daß die Bestimmung des Handlungsbegriffs im Sinne des Finalismus damit hinfällig würde. Mit einer Sacherklärung hat man es nach den obigen Feststellungen bei der Definition der Handlung zwar sicher nicht zu tun, wohl aber mit einer *analytischen semantischen Definition,* also mit einer Zeichenerklärung, die sich in ihrer definitionslogischen Struktur in nichts von den beiden Beispielsfällen, dem Begriff des übergesetzlichen Notstandes und dem Eisenbahnbegriff unterscheidet. Das wird sehr deutlich, wenn man die Beweisführung der Finalisten einer genaueren Betrachtung hinsichtlich der logischen Bedeutung der Argumente unterzieht. Diskutiert man etwa darüber, ob die Theorie des Finalismus der fahrlässigen Handlung und dem Dolus eventualis gerecht werden könne, so prüft man, ob die Thesen des Finalismus dem System, das dem geltenden Strafrecht zugrunde liegt und das die Begriffe der fahrlässigen Handlung und des Dolus eventualis enthält, entsprechen. Und dies eben bedeutet in logischer Hinsicht, daß man nach dem vorausgesetzten Sprachgebrauch fragt. Es

[11] Vgl. Rudolf CARNAP, Der logische Aufbau der Welt, 1928, § 161 und HERTZ in Einleitung zu „Die Prinzipien der Mechanik" in: Vorreden und Einleitungen zu klassischen Werken der Mechanik, hrsg. v. A. Höfler, 1899, S. 121 ff.; ferner I. M. BOCHENSKI, Die zeitgenössischen Denkmethoden, 2. Aufl., 1959, S. 95/96.

[12] Ebenso ENGISCH, Die Idee der Konkretisierung in Recht und Rechtswissenschaft unserer Zeit, 1953, S. 119; vgl. zum Grundsätzlichen auch schon ENGISCH, Wesensschau und konkretes Ordnungsdenken im Strafrecht, in Monatsschrift für Kriminalbiologie und Strafrechtsreform, 1938, Heft 3.

[13] GALLAS, a. a. O. S. 7 u. 32.

wird also gar nicht geprüft, ob der ontologische Sachverhalt richtig erkannt wurde, und wer das Wesen „tiefer" erschaut habe, sondern — prinzipiell — ob das vom Gesetzgeber statuierte Axiomensystem den Handlungsbegriff im Sinne der Finalisten oder im Sinne der Nicht-Finalisten enthält. Daß hierüber eine so ernsthafte Debatte überhaupt entstehen konnte, hängt mit der mangelnden wissenschaftlichen Exaktheit der Jurisprudenz zusammen, — ein Mangel, der allem Anschein nur ein tatsächlicher und kein grundsätzlicher ist [14].

9. Aus dem Gesagten folgt schließlich hinsichtlich der Finalismusdebatte ein *logischer Liberalisierungseffekt*. Der ontologische Sachverhalt — sei es in der Form des Nicolai HARTMANNschen Versuchs, sei es in einer anderen — muß dahingestellt bleiben. Offen bleibt vor allem aber die — bisher unentschiedene — Diskussion um die Systemgemäßheit, d. h. logisch um die Ermittlung des bestehenden oder stillschweigend vorausgesetzten Sprachgebrauchs. Diese Diskussion ließe sich durch eine echte, also über den in jeder Sprache und insbesondere über den in jeder Fachsprache gegebenen quasi-axomatischen Status hinausgehende Axiomatisierung des Strafrechts prinzipiell schlichten. Wissenschaftliche Zukunftsaufgabe wäre somit die Aufstellung eines *axiomatischen Handlungsbegriffes*. Die bisherigen Bemühungen, sowohl der Finalisten als auch ihrer Antipoden, sind — bewußt oder unbewußt — Schritte auf diesem Weg. Aus definitionslogischer Sicht zeichnen sich als Lösungsmöglichkeiten ab:

a) *Systemgerecht*, d. h. dem vom Gesetzgeber festgelegten Sprachgebrauch entsprechend, ist entweder der Handlungsbegriff der Finalisten oder möglicherweise auch ein anderer, also etwa ein Handlungsbegriff, wie ihn ENGISCH [15] oder Eberhard SCHMIDT [16] oder auch MAIHOFER [16a] formuliert haben.

b) Möglich wäre es aber auch, daß die fortschreitende Analyse zu der Erkenntnis führt, daß in dem System der gesetzgeberischen Zeichenfestsetzungen ein bestimmter Handlungsbegriff überhaupt nicht vorausgesetzt ist. — Dies wäre etwa die logische Struktur des Ergebnisses der Untersuchungen von Radbruch aus dem Jahre 1903 [17]. — Dabei wären wiederum zwei Untermöglichkeiten zu unterscheiden: Entweder ist der Handlungsbegriff ausgeschlossen, so daß seine Einführung in jeder Form systemwidrig — dem Sprachgebrauch widersprechend — wäre oder das

[14] Zum Problem der Axiomatisierung des Rechts vgl. KLUG, Juristische Logik, 2. Aufl., 1958, § 17.

[15] ENGISCH, a. a. O. S. 164.

[16] SCHMIDT, Der Arzt im Strafrecht, 1939, S. 75 ff.

[16a] MAIHOFER, Der Handlungsbegriff im Verbrechenssystem, 1953, S. 62 ff.

[17] RADBRUCH, Der Handlungsbegriff in seiner Bedeutung für das Strafrechtssystem, S. 141/142.

System — die Sprache — läßt zwei oder mehr Möglichkeiten für die Verwendung des Handlungsbegriffs zu. Hier würden dann die Bemühungen um die Zeichenerklärung zu der Konsequenz führen, daß eine Ergänzung des bestehenden Sprachgebrauchs durch eine neue *Zeichenfestsetzung*, also durch eine neue *synthetische semantische Definition*, möglich und vielleicht auch angezeigt wäre. Zuständig hierfür wäre der Gesetzgeber.

c) Wenn diese Zeichenfestsetzung in logischer Hinsicht auch frei wäre und somit willkürlich erfolgen könnte, so ergeben sich gleichwohl *teleologische Grenzen*. Die Definition müßte im Sinne der Strafrechtsziele, die wiederum in prinzipiellere teleologische Zusammenhänge eingefügt sind, erfolgen. Damit erweist sich die in der Rechtsphilosophie von EMGE eingehend analysierte Problematik der Teleologie als grundsätzlich bedeutsam auch in der Definitionslehre [18]. Die teleologische Entscheidung des Definierenden muß indessen unter Berücksichtigung des aktuell Gebotenen notwendig simplifizieren, um unter dem Gesichtspunkt der Praktikabilität — möglicherweise im sog. topischen Verfahren i. S. VIEHWEGS [19] — zu einem Ergebnis zu gelangen. Wie kompliziert die dabei zu beachtenden Zusammenhänge sind, das zeigt sich deutlich, wenn berücksichtigt wird, daß im direktiven Bereich der von EMGE herausgearbeitete Satz von der möglichen Richtigkeit der Befolgung unrichtiger Direktiven gilt [20]. Angewandt auf die hier diskutierte Frage bedeutet dies: Es kann unter einem Aspekt höherer Stufe zweckmäßig sein, „unzweckmäßige" Definitionen zu vereinbaren. Die sich an dieser Stelle ergebenden Komplikationen werden in der üblichen Methodenlehre übersehen. Der Rechtsphilosophie von EMGE können hier für die allgemeine Methodenlehre einerseits und für die korrekte Anwendung dieser allgemeinen Methodenlehre auf so spezielle Probleme wie das des Handlungsbegriffs im Strafrecht andererseits wichtige Anregungen entnommen werden.

[18] EMGE, Einführung in die Rechtsphilosophie, 1955, S. 93 ff., 192 ff.
[19] VIEHWEG, Topik und Jurisprudenz, 1953.
[20] Einf. in die Rechtsphilosophie, S. 107, 108, 188, 191, 192.

Rechtsphilosophische und rechtspolitische Probleme des Sexualstrafrechts

Etwas hausbacken und dennoch richtig heißt es schon in einem älteren rechtswissenschaftlichen Handbuch: »Das Sexualstrafrecht ist eines der ganz großen Rechtsprobleme.« Dieser Satz gilt vor allem, wenn man fragt, was der Gesetzgeber in diesem Bereich anordnen darf und wann er seine Befugnisse überschreitet. Diese Frage ist schon ganz allgemein als Frage nach der Rechtfertigung des Rechts – wie man sie in paradoxer, im Licht moderner Sprachstufentheorien aber logisch zulässiger Ausdrucksweise oft formuliert – ein schwerwiegendes Hauptproblem der Rechtsphilosophie. Indessen scheint die allgemeine Problematik in der besonderen Frage nach der Rechtfertigung der Regeln des Sexualstrafrechts besonders zugespitzt zu sein, weil hier das Recht stärker als auf anderen Gebieten in die Intimsphäre des einzelnen eindringt und deshalb in gesteigertem Maße der Rechtfertigung bedarf.
Gerechtfertigt ist eine rechtliche Regelung sicherlich dann, wenn der Gesetzgeber sich darauf berufen kann, es sei das, was er bestimmt habe, durch ein von der Erfahrung unabhängiges, höheres, absolutes Recht – ein göttliches Recht etwa oder ein Naturrecht oder ein sonstiges überpositives Recht –, von dem er nicht abweichen dürfe, legitimiert. Das ungeschriebene ewige Recht habe den Inhalt seines Gesetzes »vorgeschrieben«.
Eine Rechtfertigung dieser Art wird von denjenigen für unzulässig gehalten, die der Meinung sind, ein derartiges absolutes Recht sei nicht mit wissenschaftlichen Methoden nachweisbar, es lasse sich nicht erkennen, man könne sich allenfalls zu ihm bekennen. Infolgedessen kann es nach dieser Auffassung keine absolute Legitimation rechtlicher Regelungen geben, sondern nur eine relative, durch Änderung jenes Bekenntnisses jederzeit umzustoßende Rechtfertigung.
In diesen beiden Ansichten spiegelt sich der seit jeher diskutierte Streit zwischen dem Absolutismus und dem Relativismus in der Rechtsphilosophie. Diese Diskussion kann und soll hier nicht fortgesetzt werden. Es sei lediglich auf Folgerungen für das Sexualstrafrecht hingewiesen.
Von welchem Standpunkt auch immer der Gesetzgeber ausgeht, auf jeden Fall muß er sich entscheiden und diejenigen Grund-

sätze nennen, aus denen er die Richtlinien für seine rechtlichen Regelungen herleitet. Daß dabei im weiten Umfange nicht mit ausdrücklichen, sondern nur mit stillschweigend herangezogenen Voraussetzungen gearbeitet wird, erschwert hier, wie auch sonst im Bereich des Rechts, die genaue Analyse. Im übrigen wird man für den derzeitigen Gesetzgeber davon ausgehen können, daß er auf dem Boden des rechtsphilosophischen Absolutismus steht und von mehr oder weniger deutlich ausgesprochenen naturrechtlichen Grundannahmen ausgeht. Aber auch dann, wenn man es mit einem relativistischen Gesetzgeber zu tun hätte, müßten die maßgebenden, die Gesetzgebungsarbeit bindenden Grundsätze angegeben werden. Der Effekt wäre der gleiche. Der Unterschied wäre lediglich ein methodischer, weil die Hinnahme jener obersten Grundsätze hier nur auf einem Bekenntnis, einer Konvention beruhen würde.

Einen sehr allgemeinen Hinweis auf die Grundsätze, die bei der Regelung des Sexualstrafrechts vorausgesetzt werden, kann man aus der gesetzlichen Eingruppierung unter die Straftaten gegen die Sittenordnung herleiten. Unter dieser Abschnitts-Überschrift sind im Strafgesetz-Entwurf von 1962 im ersten Titel die Straftaten gegen den religiösen Frieden und die Totenruhe, im zweiten Titel die Straftaten gegen Ehe, Familie und Personenstand, im dritten Titel die Straftaten gegen die Sittlichkeit, im vierten Titel die Straftat der unterlassenen Hilfeleistung und im fünften Titel die Straftat der Tierquälerei geregelt. Zum Sexualstrafrecht gehören nur zwei der im zweiten Titel behandelten Delikte, die Blutschande und die künstliche Samenübertragung, sowie sämtliche der im dritten Titel zusammengestellten Straftaten, bei denen der Gesetzgeber nochmals unterteilt in die Gruppe der Unzuchtsdelikte und eine weitere Gruppe, in der die Tatbestände der Kuppelei, des Menschenhandels und der Zuhälterei zusammengefaßt sind.

Der Gesetzgeber geht also im Entwurf eines neuen Strafgesetzbuchs wie im geltenden Strafrecht davon aus, daß die Tatbestände des Sexualstrafrechts Verletzungen einer über oder doch mindestens neben dem Recht stehenden Sittenordnung sind. Wenn er dann die eigentlichen Unzuchtsdelikte als Straftaten gegen die Sittlichkeit bezeichnet, so ist damit im Grunde nichts Neues gesagt. Fragt man nach der Notwendigkeit und den Grenzen für den gesetzgeberischen Eingriff, so läßt sich aus derart allgemeinen Bezugnahmen auf Sittenordnung und Sittlichkeit kaum Eindeutiges herleiten. Infolgedessen wurde immer wieder nach Auswegen gesucht, um Entscheidungskriterien zu erhalten, nach denen die Frage beantwortet werden kann, was dem Gesetzgeber erlaubt und was ihm verboten ist, denn daß ihm nicht alles erlaubt sein soll, wurde stets als selbstverständlich vorausgesetzt.

Zu den typisch juristischen Denkformen, mit denen man hier weiterzukommen sucht, zählt vor allem der verführerische Hinweis auf die Natur der Sache. Die Notwendigkeit bestimmter rechtlicher Regelungen soll sich jeweils aus der »Natur« der geregelten »Sache« ergeben, wobei unter Sache jeder Gegenstand zu verstehen ist, der durch die betreffenden rechtlichen Bestimmungen geregelt wird. Bezogen auf das Sexualstrafrecht sagt man demgemäß, die jetzt gültigen oder für die Reform vorgeschlagenen Bestimmungen ergäben sich zwangsläufig aus der Natur des Menschen. Um diesem Begründungsversuch Nachdruck zu verleihen, spricht man oft statt von der Natur lieber vom Wesen des Menschen. Indessen sieht man bei genauer Betrachtung sehr schnell, daß derartige Ausdrucksweisen keine echten, logisch zwingenden Begründungen sind. Will man sich nicht damit begnügen, daß auf Grund solcher Argumente unter den Diskussionsbeteiligten lediglich ein leicht trügerisches und noch dazu meist unklares Gefühl der Übereinstimmung hervorgerufen wird, sondern fragt nach den dahinter stehenden Gründen, dann erkennt man unschwer die Unzulänglichkeit dieses Auswegs, denn hinter der Behauptung, ein rechtliches Gebot oder Verbot sei aus der Natur oder dem Wesen des Menschen zu rechtfertigen, steht entweder der Hinweis auf eine Selbstverständlichkeit oder der unzulässige Schluß von einem Sein auf ein Sollen. Der erste Fall ist im hiesigen Zusammenhang uninteressant, weil er die Frage nur verschiebt und die Rechtfertigung eben jener als selbstverständlich vorausgesetzten Regelungen erforderlich macht. Man steht damit vor der gleichen Problematik wie zuvor.

Von grundsätzlicher Bedeutung ist dagegen der Versuch, über den Hinweis auf die Natur und das Wesen des Menschen ohne weitere zusätzliche Annahmen zu Folgerungen für die Ausgestaltung der Rechtsordnung zu gelangen. Hier wird ein tiefverwurzelter, in der Geschichte der Rechtsphilosophie immer wieder eine verwirrende Rolle spielender logischer Fehler erneut aktuell. Es ist nun einmal ein Verstoß gegen die Gesetze der Logik, wenn man daraus, daß etwas so und so ist, folgert, daß es auch so und so sein soll. Auf die verhältnismäßig elementaren formallogischen Gründe für die Unzulässigkeit dieses Schlusses braucht in diesem Zusammenhang nicht eingegangen zu werden. Es mag genügen, das Gesagte durch ein Beispiel zu erläutern. Fragt man sich etwa, ob ein Gesetzgeber das Eherecht auf der Grundlage der Einehe oder der Mehrehe zu gestalten habe, dann sieht man, daß aus der Tatsache, daß es Gesellschaftsordnungen mit monogamer und solche mit polygamer Regelung gibt, nichts dafür gefolgert werden kann, welche Regelung die richtige ist. Der »Natur« oder dem »Wesen« des Menschen entsprechen offenbar beide Möglichkeiten. Es müssen also noch andere Voraussetzungen in den Ableitungszusammenhang eingeführt werden, wenn man zu dem Schluß kommen will, daß in einem bestimmten Gebiet und zu einer bestimmten Zeit die eine oder die andere Art der Regelung allein richtig sei.

Der Hinweis auf die sogenannte Natur der Sache und das Wesen des Menschen hilft also dem Gesetzgeber in Zweifelsfällen ebensowenig weiter wie die allgemeine Bezugnahme auf die Sittenordnung. Das gilt um so mehr, als eine gesetzliche Regelung nicht außeracht lassen darf, daß sich in einem modernen Millionenstaat die moralischen und religiösen Auffassungen durchaus nicht in so idealer Übereinstimmung befinden, daß es in Zweifels- und Grenzfällen möglich wäre, Entscheidungen zu treffen, die ohne weiteres auf eine allgemeine Zustimmung rechnen können. Ein Ausweg allerdings bietet sich insofern an, als die Gesetzgebung bei der Reform des Strafrechts in der Regel kein Neuland betritt, sondern an Traditionen anknüpfen kann. Für die Mehrzahl der in einer Reform zu regelnden Fälle wird die Berufung auf das bereits geltende Gesetz unter gleichzeitiger Beachtung der im Verfassungsrecht enthaltenen obersten Grundsätze genügen, wobei der Gesetzgeber es dahingestellt sein lassen kann — nicht muß —, ob die in Betracht kommenden verfassungsrechtlichen Grundsätze in positive Gesetze umgeformte überpositive Rechtssätze — also etwa Naturrechtssätze — sind, wie der Absolutist meint, oder ob sie nur der Begründung nicht weiter fähige Bekenntnisse zu bestimmten prinzipiellsten Regelungen sind, wie dies die relativistische Rechtsphilosophie lehrt. Daß diese Bezugnahme auf das geltende Sexualstrafrecht als Begründung praktisch ausreicht, zeigt sich bei den meisten und vor allem bei den schwersten Sittlichkeitsdelikten. So wird zum Beispiel niemand an der Rechtfertigung einer scharfen Strafdrohung für den Notzuchtstatbestand ernstlich zweifeln. Das gleiche mag heute für den Straftatbestand der Blutschande gelten, obwohl das historisch nicht immer so war, wie die Geschwisterehen altägyptischer Könige zeigen. Höchst problematisch wird die Rechtfertigung durch den Hinweis auf das geltende Recht jedoch dort, wo man es wie etwa bei der Homosexualität unter Volljährigen mit Tatbeständen zu tun hat, die seit langem der Kritik ausgesetzt sind. Es bleibt also die Frage offen, nach

welchen Grundsätzen sich die Entscheidung des Gesetzgebers in Grenzfällen des Sexualstrafrechts zu richten hat.
Anzuknüpfen ist an eine für den modernen Rechtsstaat charakteristische, aus dem Art. 1 Abs. I des Grundgesetzes herzuleitende sogenannte »Ausgangsvermutung zugunsten des Menschen«. Diese Vermutung hat die Annahme zum Inhalt, daß sich der dem Recht unterworfene Mensch in Freiheit aller Wahrscheinlichkeit nach rechtmäßig verhalten werde. Ergänzt wird diese Vermutung durch die vom Bundesverfassungsgericht auf Art. 2 Abs. II des Grundgesetzes gestützte »grundsätzliche Freiheitsvermutung«. Diese besagt, daß in allen Zweifelsfällen so lange der freiheitlichen Lösung der Vorzug zu geben ist, bis die Ausgangsvermutung widerlegt ist. Weil die Ausgangsvermutung gilt, gilt die Freiheitsvermutung, die man am einprägsamsten in der Formel »in dubio pro libertate« — d. h. »Im Zweifel für die Freiheit« — zum Ausdruck bringt. Diese Freiheitsvermutung und die ihr zugrunde liegende Ausgangsvermutung binden nicht nur die Verwaltung und die Gerichte, sondern zugleich den Gesetzgeber.
Daß diese Vermutungen der geltenden Rechtsordnung in der Tat zugrunde liegen, zeigt sich an verschiedenen Auswirkungen. In erster Linie ist hier zu erinnern an den das Strafprozeßrecht beherrschenden Grundsatz »in dubio pro reo«, der bekanntlich die an den Strafrichter gerichtete Anordnung enthält, in Zweifelsfällen zugunsten des Angeklagten zu entscheiden. Solange dem Angeklagten nicht die Schuld vom Gericht nachgewiesen wird, muß er freigesprochen werden, selbst wenn ein noch so dringlicher Tatverdacht besteht. Daß diese Prozeßrechtsmaxime eine Folgerung der Ausgangs- und Freiheitsvermutung ist, zeigt sich daran, daß sie offensichtlich auf dem Gedanken beruht, es sei besser, einen Schuldigen freizusprechen, als einen Unschuldigen zu verurteilen. Nichtfreiheitliche Gesetzgeber pflegen umgekehrt zu argumentieren und zu sagen, daß es wichtiger sei, möglichst keinen Schuldigen freizusprechen, und daß das Interesse an der Nichtverurteilung Unschuldiger hinter diesem Ziel zurückzustehen habe. Ein autoritäres Regime wird deshalb nach der Gegenmaxime »in dubio contra libertatem« — im Zweifel gegen die Freiheit — handeln. Hier scheiden sich die Geister.
Daß es sich aber bei der Freiheitsvermutung nicht nur um ein für den engen Bereich des Strafprozeßrechts geltendes Prinzip handelt, läßt sich an anderen Auswirkungen erkennen. Bezeichnend ist in diesem Zusammenhang beispielsweise der Gegensatz zwischen einer im Jahre 1914 ergangenen Entscheidung des Preußischen Oberverwaltungsgerichts und einem Urteil des Ba-

den-Württembergischen Verwaltungsgerichtshofs vom Jahre 1952. Gegenüber der Anfechtungsklage wegen eines polizeilichen Eingriffs hatte das Preußische Oberverwaltungsgericht erklärt, daß es Aufgabe des Anfechtenden sei, das Nichtvorliegen der Voraussetzungen für die Maßnahme der Polizei nachzuweisen. In bewußtem Gegensatz hierzu wurde in der Baden-Württembergischen Entscheidung gesagt, daß bei Eingriffen dieser Art nicht der Anfechtende, sondern die betreffende Polizeibehörde den Nachweis zu erbringen habe, daß die Voraussetzungen für ihr Eingreifen vorlägen. Es ist kaum überspitzt, wenn man sagt, daß sich hier staatsphilosophische Welten trennen. Ebenfalls eine Auswirkung der Freiheitsvermutung ist es, wenn im Einkommensteuerrecht — um noch ein ganz anderes Beispiel zu nennen — der Satz gilt, daß »nur« die im Gesetz aufgezählten Einkunftsarten für die Berechnung des Einkommens in Frage kommen. Alles andere bleibt einkommensteuerfrei. Bestehen Zweifel bei der Auslegung des Gesetzes, dann findet der Grundsatz »in dubio contra fiscum« — d. h. »Im Zweifel gegen den Fiskus« — Anwendung. Es ist dann also gegen die Steuerpflicht und für die Steuerfreiheit zu entscheiden.

Rechtstheoretisch parallel zu diesen Fällen liegt die Entscheidung der Frage, welchen der beiden bekannten Umkehrschlüsse man zulassen will, entweder den autoritären: »was der Gesetzgeber nicht ausdrücklich für erlaubt erklärt hat, ist verboten« oder den freiheitlichen: »was der Gesetzgeber nicht ausdrücklich für verboten erklärt hat, ist erlaubt«. Es sollte keinem Zweifel unterliegen, daß die zuletzt genannte Position dem geltenden Verfassungsrecht zugrunde liegt. Auf jeden Fall aber gilt dies für das Strafrecht, seit das Prinzip »nullum crimen et nulla poena sine lege« — kein Verbrechen und keine Strafe ohne (vorheriges) Gesetz — herrscht. Rechtsstaatliche Strafdrohungen haben stets die rechtslogische Form von Aussagen, in denen die Strafbarkeitsvoraussetzungen zur daraus folgenden Bestrafung in der »nur dann, wenn so«-Beziehung stehen. Daraus kann immer durch Umkehrschluß die Folge abgeleitet werden, daß eine Strafbarkeit stets dann entfällt, wenn der Täter durch sein Verhalten die im Gesetz beschriebenen Voraussetzungen nicht erfüllt. Dieser strafrechtliche Freiheitsumkehrschluß, wie man ihn nennen könnte, ist als tragendes Prinzip seit dem vorigen Jahrhundert anerkannt und führte zu jener bekannten paradoxen Formulierung, es sei das Strafgesetz die magna charta — d. h. das Freiheitsgesetz — des Verbrechers.

Fragt man nach den Gründen für die Bindung des Gesetzgebers an die Freiheitsvermutung, so genügt der Hinweis auf das geltende Verfassungsrecht und die erwähnte Ausgangsvermutung zugunsten des Menschen nicht allein, denn eine den Gesetzgeber belastende Beweislastregelung, wie sie in dem Satz »Im Zweifel für die Freiheit« enthalten ist, kann nur sinnvoll sein in einer Situation, die für Beweisführungen Raum läßt. Eine solche Situation müßte eine prozeßartige Struktur haben. Für die nähere Bestimmung dieser Situation bietet sich eine rechtsphilosophische Theorie an, für die hier die Bezeichnung Prozeßtheorie vorgeschlagen wird. Nach dieser Prozeßtheorie ist bei dem Streit um die Rechtfertigung des Gesetzgebers für seine Eingriffe in die Freiheitssphäre des einzelnen stets von der rechtstheoretischen Fiktion auszugehen, daß die durch den Gesetzgeber vertretene Gesellschaft und der einzelne in einem Rechtsstreit einander gegenüberstehen. Für diesen fiktiven Prozeß gilt dann die als Freiheitsvermutung gekennzeichnete Beweisregel. Die für die Entscheidung des Prozesses maßgebenden Normen sind diejenigen des Sittengesetzes, wobei es nicht darauf ankommt, ob diese Normen als relativ oder absolut verbindlich angesehen werden, denn es geht hier nur um die Verfahrensregelung, d. h. um die Methode der Rechtfertigung des Gesetzgebers. Rechtstheoretisch ist diese Prozeßtheorie scharf zu trennen von der Vertragstheorie, mit der Hobbes, Rousseau, Kant u. a. versuchten, ein Kriterium für die Rechtmäßigkeit von Staatsbildungen aufzustellen. Fiktiv ist der durch die Prozeßtheorie angenommene Rechtsstreit auch in denjenigen Rechtssystemen, die eine Verfassungsgerichtsbarkeit kennen, denn auch der Verfassungsgesetzgeber selbst und ein von ihm als Hüter der Verfassung eingesetzter Gerichtshof befinden sich als Parteien in diesem fingierten Rechtsstreit mit dem einzelnen. Ohne — soweit ersichtlich — je ausgesprochen zu sein, wird eine Prozeßtheorie dieser Art gleichwohl oft stillschweigend vorausgesetzt. Das zeigt die Anwendung der Freiheitsvermutung auf den Gesetzgeber und die mindestens theoretische Tendenz, ihn vor einem gedachten überpositiven Forum zur Verantwortung zu ziehen. Formulierungen wie »Rechtserkenntnisprozeß« oder »Kampf um das Recht« verweisen ebenfalls darauf, soweit sie sich nicht auf tatsächliche Prozesse beziehen.

Verlagert in diesem Prozeß der Rechtfertigung die Freiheitsvermutung die Beweislast auf den Gesetzgeber, dann muß die Vermeidung von Beweisfehlern bei Begründungen für die behauptete Notwendigkeit von Freiheitseinschränkungen durch den Gesetzgeber von entscheidender Bedeutung sein. »Gewinnen« und »Verlieren« jenes Prozesses hängen hiervon ab. Als solche Beweisfehler kommen vor allem die folgenden in Betracht: Systemwiderspruch, Unvollständigkeit der Prämissen, normative Isolierung und deplacierte Gedankenlyrik.

Ein Systemwiderspruch liegt vor, wenn die Einheit der Rechtsordnung dadurch in Frage gestellt wird, daß die Rechtmäßigkeit ein und desselben Verhaltens in verschiedenen Bereichen derselben Rechtsordnung verschieden beurteilt wird.

Bei der Unvollständigkeit der Prämissen handelt es sich darum, daß entweder die empirischen Grundlagen — die Erfahrungen der Rechtspraxis, die Rechts- und Kriminalstatistik usw. — unzureichend sind, oder daß die sittengesetzlichen oder rechtlichen Axiome die beabsichtigten Schlußfolgerungen nicht decken. Fälle der zuletzt genannten Art sind die sog. Sprungbeweise. Die sich immer wieder mehr oder weniger versteckt einstellenden unkontrollierbaren Allgemeinurteile zählen zu beiden Untergruppen des Beweisfehlers der Unvollständigkeit der Prämissen.

Von normativer Isolierung wird man dort zu sprechen haben, wo der Begründungszusammenhang vorzeitig in Richtung auf die zugrunde gelegten Wertungen abgeschlossen wird. So etwa, wenn man glaubt, auf sittengesetzliche oder rechtliche Anschauungen benachbarter Nationen keine Rücksicht nehmen zu müssen. Normative Isolierung wäre ferner das, was man »Juristenhybris« nennen könnte. Auch der Fall der fehlenden Niveaugleichheit, der vorliegt, wenn kriminalpolitische Belange gegen Moralauffassungen ausgespielt werden, zählt hierher.

Als deplacierte Gedankenlyrik sind Beweisversuche zu charakterisieren, die sich auf nicht verifizierbare Gefühlsrückgriffe wie »Wesensschau« und ähnliches stützen.

Freiheitsvermutung und Begründungszwang sind unter Berücksichtigung dieser Gesichtspunkte vor allem bei den Grenzfragen des Sexualstrafrechts ernst zu nehmen. Das hängt in erster Linie mit dem in diesem Zusammenhang besonders schwierigen Problem der Schuldfrage zusammen. Die Sexualstraftaten liegen vor allem bei den schweren Fällen so dicht am Pathologischen, daß die Vorwerfbarkeit des Tuns ganz besonderen Zweifeln unterliegt. Eine solche Einsicht braucht nichts mit einer Abkehr vom modernen Schuldstrafrecht zu tun zu haben. Es soll hier auf nichts anderes hingewiesen werden als auf ein besonders zu berücksichtigendes Achtungssignal.

Andererseits läßt sich eine Stellungnahme zur Frage, ob denn ein Strafrecht auf der Basis des Schuldvorwurfs heute überhaupt noch zu rechtfertigen ist, bei der Würdigung einer Reform des Sexualstrafrechts nicht umgehen. Wie man weiß, wird diese Frage von manchen psychologischen Richtungen verneint. Wie immer die Begründungen hierfür im einzelnen lauten, stets laufen diese Ansichten darauf hinaus, daß die Straftat die Gesellschaft nicht ermächtigt, dem Täter einen Vorwurf zu machen, sondern ihr allenfalls erlaubt, wertneutrale vorbeugende Maßnahmen zu ergreifen. Auch derjenige, der den Strafzweck nicht in einer »Sühne« sieht, weil es sich bei diesem Begriff um den Einbruch eines irrationalen, möglicherweise wesentlichen, aber jedenfalls doch typisch gedankenlyrischen Begriffs, der für eine rationale Strafrechtsphilosophie nicht geeignet ist, handelt, wird hiergegen neben anderem folgendes einzuwenden haben: Das Streichen des Satzes »Strafe setzt Schuld voraus« nivelliert Unterschiede, die auch in der modernen Psychologie anerkannt sind, und zwar Unterschiede, die von denjenigen ebenfalls anerkannt werden, die auf dem Standpunkt des Determinismus — der Lehre von der Unfreiheit des menschlichen Willens — stehen, denn zwischen normaler und nicht normaler, also pathologischer Determination kann und muß unterschieden werden. Außerdem kann auch der Psychologe nicht auf ethische Wertung verzichten, wie allein schon die Überlegung zeigt, daß er jedenfalls von der Voraussetzung ausgeht, es sei gut, Psychologie zu treiben und ihre Lehren anzuwenden. Wer aber in einem einzigen Fall eine Wertung zuläßt, befindet sich im gleichen Augenblick in einem Gesamtsystem von Werten, da jedes einzelne Werturteil mit anderen, grundsätzlicheren begründet werden muß. Es gibt infolgedessen keine wertneutrale Wissenschaft. Die Beseitigung des Schuldbegriffs und die Abschaffung des Strafrechts zugunsten der Einführung eines sogenannten reinen Maßnahmerechtes kann also im Grunde nur zu einer Änderung der Terminologie, nicht der Sache führen. Der Name Strafe und die Bezeichnung Schuld würden fallen, es blieben aber ein System von schweren und schwersten Eingriffen in die Freiheitssphäre und damit die Notwendigkeit genauer rechtlicher Regelung, weil die unkontrollierte Auslieferung des »Sozialpatienten« an das noch so gut gemeinte Ermessen der Ärzte und Psychologen am Ende Willkür wäre. Nach der Abschaffung des Strafrechts müßte also sofort ein neues Strafrecht — wenn auch unter anderem Etikett — geschaffen werden. Nach der Beseitigung des Schuldbegriffs würde sogleich die Einführung eines neuen Begriffs erforderlich für den Inbegriff derjenigen psychischen Tatvoraussetzungen, die u. a. den Unterschied zur Tat des Geisteskranken ausmachen. Im übrigen sind die Befürworter einer Abschaffung nicht konsequent, denn soweit ersichtlich hat niemand die These vertreten, die Konzentrationslager- und sonstigen Nazi-Verbrechen seien nicht strafwürdig. Der schwerstwiegende Einwand gegen eine Abschaffung des Schuldstrafrechts würde im übrigen wohl die

Einsicht sein, daß man damit in den Atavismus eines bloßen Erfolgsstrafrechts zurückgeworfen würde, dessen Überwindung in der Geschichte des Strafrechts lange genug gedauert hat.
Muß somit der Schuldvorwurf als notwendige Strafbarkeitsvoraussetzung aufrechterhalten bleiben, bedarf es auf der anderen Seite gerade bei den sexualstrafrechtlichen Eingriffen einer besonderen Rücksichtnahme auf die Grenzfälle. Für die Ausgliederung der bereits aus der Sicht des Gesetzgebers, also grundsätzlich zweifelhaften Grenzfälle ist eine Besinnung auf den mit der Bestrafung verfolgten Zweck unumgänglich. Eine ins einzelne gehende Diskussion des Streits zwischen der Sühne- und Vergeltungstheorie auf der einen und der Schutzstrafentheorie auf der anderen Seite ist hier gleichwohl nicht erforderlich, zumal dieser Streit nicht in jeder Beziehung auf einer echten Gegensätzlichkeit beruht. Bekanntlich hat man die Kontroverse meistens durch die Formel zum Ausdruck gebracht, in einem Sühne- und Vergeltungsstrafrecht würde gestraft, weil der Täter eine Straftat begangen habe, während die Strafe in einem Schutzstrafrecht verhängt würde, damit der Täter künftig keine neue Straftat begehe. Bei einem Strafrecht der ersten Art, so sagt man, schaue der Gesetzgeber zurück, bei einem solchen der zweiten Art dagegen in die Zukunft. Daß damit kein echter Gegensatz charakterisiert ist, erkennt man daran, daß sich beide Standpunkte nicht nur vereinen lassen, sondern geradezu vereint werden *müssen*, denn bei der Bestrafung knüpft man auf jeden Fall an ein zutage getretenes Verhalten — die versuchte oder die vollendete Straftat — an. Gleichzeitig aber will man durch die Strafe erreichen, daß die Gesellschaft vor einem erneuten Rechtsbruch geschützt wird. Das werden die Vertreter beider Richtungen zugeben. Anders sieht es allerdings aus, wenn die Meinung vertreten wird, Sühne und Vergeltung seien der Hauptzweck der Strafe, während die Verhütung neuerlicher Straftaten erst in zweiter Linie den Zweck der Strafverhängung ausmache. Indessen werden auch die Sühne- und Vergeltungstheoretiker zustimmen können, wenn man sagt, daß sich für die Beurteilung einer Reform des Sexualstrafrechts aus dem Sühne- und Vergeltungsgedanken nichts rational Faßbares herleiten läßt. Wenn man etwa darüber streitet, ob ein bestimmtes nicht normales Sexualverhalten strafwürdig ist, dann ist mit dem Argument, das betreffende Verhalten fordere Sühne und Vergeltung, nichts anzufangen, weil das denkbare Gegenargument, wonach gerade jenes Verhalten keine Sühne oder Vergeltung erheischt, immer möglich bleibt. Es stehen dann zwei Behauptungen über das Vorliegen und das Nichtvorliegen eines Sühne- und Ver-

geltungsverlangens unversöhnlich einander gegenüber, ohne daß es möglich wäre, objektive Maßstäbe für die Entscheidung der Frage, welche Ansicht richtig ist, anzugeben. Es versteht sich von selbst, daß man natürlich empirische Untersuchungen, etwa in der Form von demoskopischen Umfragen, darüber anstellen könnte, ob und inwieweit das seelische Faktum eines Sühne- und Vergeltungsverlangens in bezug auf einen bestimmten Sexualstraftatbestand tatsächlich anzutreffen ist. Indessen kann ein solches statistisches Ergebnis nur etwas über Tatsachen, nicht aber über die Frage nach der Berechtigung dieser Tatsache aussagen. Man wird also bei der Kritik des Reform-Entwurfs die Gesichtspunkte der Sühne oder Vergeltung beiseite lassen müssen, wenn man nicht in undurchsichtige Bereiche geraten will. Ein solcher Verzicht sollte auch den Vertretern eines Sühne- und Vergeltungsstrafrechts nicht schwer fallen, zumal die modernen Vertreter dieser Richtung durchaus der Meinung sind, es sei der Strafzweck auf jeden Fall auch der Schutz des Rechtsfriedens im weitesten Sinn.

Eine derartige Einschränkung zulässiger Fragestellungen bedeutet im Gegensatz zu einer weit verbreiteten Auffassung keinesfalls, daß auf ethische Wertung zugunsten eines, wie man zu sagen pflegt, »reinen Nützlichkeits- und Zweckdenkens« verzichtet wird. Hier liegt ein erstaunlicher Irrtum vor, bei dem sich die Irrenden allerdings in guter Gesellschaft, nämlich etwa in derjenigen des sonst so scharfsinnigen Kant, befinden. Man muß es einmal eingesehen haben, daß die Begriffe Zweck, Nützlichkeit und Utilität nur formale Kategorien sind. Ihre Anwendung kann infolgedessen zu keinerlei Wertung führen. Erst eine inhaltliche Ausfüllung jener Kategorien ermöglicht eine Bewertung. Daß eine Handlung zweckmäßig ist, besagt weder im positiven noch im negativen Sinn etwas über ihren moralischen Wert. Erst dann, wenn man angibt, welcher Zweck erstrebt wird, kann man entscheiden, ob die betreffende Handlung einen Wert hat oder ob das nicht der Fall ist. Zweckmäßigkeit und Nützlichkeit für sich genommen sind niemals gut oder böse. Auf diese im Grunde elementare Erkenntnis hat Nicolai Hartmann in seiner Ethik mit aller nur wünschenswerten Deutlichkeit hingewiesen. Die landläufige negative Bewertung des Zweck- und Nützlichkeitsdenkens — meist verbunden mit einer voreiligen Kritik der angelsächsischen, insbesondere von Bentham vertretenen Ethik des Utilitarismus und seiner modernen Varianten im amerikanischen Pragmatismus — hängt damit zusammen, daß man überall, wo von einem Zweck oder einer Nützlichkeit die Rede ist, sogleich an »niedrige«, meist bloße wirtschaftliche

Zwecke oder Nützlichkeiten zu denken pflegt. Das ist ein zu bedenklichen Fehlschlüssen verleitendes Vorurteil, denn erstrebte Zwecke und Nützlichkeiten können ebensogut von höchstem moralischem Wert sein. Man denke etwa daran, daß Zweckmäßigkeit und Nützlichkeit eines Verhaltens auf religiöse jenseitige Ziele und Belohnungen ausgerichtet sein können. Entsprechendes gilt aber auch für den nüchternen Bereich des Rechts, denn Zweckmäßigkeit und Nützlichkeit von Handlungen — zum Beispiel eines Gesetzgebers — für die Förderung und den Schutz einer rechtsstaatlichen Friedensordnung dürften unstreitig einen hohen sittlichen Wert haben.

Zieht man aus dem Gesagten das Fazit, dann ergibt sich, daß die gesetzliche Regelung des Sexualstrafrechts auf die extremen Fälle, deren Strafwürdigkeit nicht sinnvoll bezweifelt werden kann, beschränkt sein muß. Bestehen Zweifel, ob die Strafbarkeit gerechtfertigt ist, dann muß nach der Freiheitsvermutung, d. h. nach der Maxime »in dubio pro libertate«, ein gesetzlicher Eingriff unterbleiben. In dieser Lage des Schwankens wird also vom Gesetzgeber Mut zum Zurückstehen verlangt. Die Frage, wann solche den Gesetzgeber hindernden Zweifel bestehen, ist unter Berücksichtigung des Strafzwecks zu beantworten. Die Kritik an den Bemühungen des Gesetzgebers um eine Reform des Sexualstrafrechts wird unter Berücksichtigung dieser Grundsätze in erster Linie als Ergebnis Feststellungen zeitigen, die dem Gesetzgeber zeigen, was er *nicht* darf. Dieses in der Hauptsache also negative Ergebnis wird man kaum als einen Nachteil der hier entwickelten Gedankengänge ansehen können, weil die Kritiker der Entwürfe im allgemeinen an keine Erweiterung, sondern nur an eine Einschränkung des Strafbarkeitsbereichs denken.

Der sexualstrafrechtliche Hauptfall, in dem bezweifelt wird, ob ein Eingreifen der Strafjustiz gerechtfertigt werden kann, ist der Tatbestand der Homosexualität unter Erwachsenen. Die ins einzelne gehende Erörterung der entsprechenden Bestimmung des Entwurfs muß anderen vorbehalten bleiben. In bezug auf die rechtsphilosophische Ausgangsposition sind jedoch einige grundsätzliche Hinweise angebracht:

Daß Zweifel an der Strafwürdigkeit bestehen und daß der Gesetzgeber daher, falls er gleichwohl bei der Strafbarkeit dieses Tatbestands zu bleiben wünscht, einem gesteigerten Begründungszwang unterliegt, folgt schon allein daraus, daß andere Kulturnationen diesen Straftatbestand in ihren Gesetzen nicht mehr kennen. Da es sich hierbei u. a. um Rechtsordnungen der eng benachbarten Staaten Frankreich, Schweiz und Schweden, um Staaten also von höchstem kulturellen Niveau handelt, führt die aus der Freiheitsvermutung folgende Beweislast des deutschen Gesetzgebers zu einem Begründungszwang, dem, wenn überhaupt, so nur sehr schwer Genüge geleistet werden kann. Es muß nämlich der Beweis dafür erbracht werden, daß zwischen den genannten Ländern und der Bundesrepublik so markante Unterschiede hinsichtlich der soziologischen, psychologischen und biologischen Verhältnisse bestehen, daß das, was in Straßburg nicht bestraft wird, wenige Kilometer weiter in Kehl aus dringenden Gründen bestraft werden muß, wie man in Erinnerung an den bekannten Gedanken von Pascal über die Wahrheit diesseits und den Irrtum jenseits der Pyrenäen sagen kann. Es sieht nicht so aus, als könnte dieser Zwiespalt im einheitlichen europäischen Rechtskulturkreis gerechtfertigt werden, ohne daß man im Fehler normativer Isolierung verharren würde.

Vor allem läßt sich mit einiger Sicherheit sagen, welche Argumente nicht geeignet sind, die Beweislast des Gesetzgebers abzutragen:

Aus der Tatsache, daß der Straftatbestand der Homosexualität unter Erwachsenen durch ein neues Strafgesetzbuch nicht neu eingefügt würde, daß es also »schon immer so war«, ist in der Diskussion dieser Bestimmung ein Argument für die Beibehaltung hergeleitet worden. Man sagt, es mache einen Unterschied aus, ob man einen bestehenden Straftatbestand abschaffen oder einen noch nicht geltenden neu einführen wolle. Derjenige, der an sich gegen die Neueinführung wäre, könne gleichzeitig gegen die Abschaffung sein, weil die Abschaffung als Preisgabe nicht nur einer Rechts-, sondern auch einer Moralauffassung ausgelegt würde. Eine solche Argumentation kann gegenüber der Freiheitsvermutung nicht durchgreifen, da sie sich nicht auf die Strafwürdigkeit als solche bezieht. Sie verneint diese im Grunde sogar, denn sie geht davon aus, daß eine Neueinführung des Straftatbestandes gerade nicht richtig wäre.

Bedenklich ist es ferner, den Hinweis darauf leicht zu nehmen, es werde bei der Homosexualität kein Rechtsgut angegriffen und kein berechtigtes Interesse verletzt. In der amtlichen Begründung heißt es hierzu, daß es erlaubt sei, Fälle, bei denen der Schutz eines bestimmten Rechtsgutes nicht in Frage stehe, dann mit Strafe zu bedrohen, wenn es sich um Fälle eines »ethisch besonders verwerflichen und nach der allgemeinen Überzeugung schändlichen Verhaltens« handle, zumal wenn solches Verhalten seiner Natur nach die Tendenz in sich trage, auf Dritte überzugreifen und damit die Anfälligkeit dafür im Volke auszuweiten. Wäre das richtig, müßte der Anwendungsbereich des Strafrechts uferlos ausgeweitet werden. Man frage sich, wie viele weit verbreitete Handlungsweisen als ein ethisch besonders verwerfliches und schändliches Verhalten mit der Tendenz des Übergreifens auf Dritte charakterisiert werden müßten.

Insbesondere würde dies für manches zügellose, mit häufigem Partnerwechsel verbundene normalsexuelle Verhalten unverheirateter oder verheirateter Volljähriger zu gelten haben, zumal dann, wenn es mit Rücksichtslosigkeit und Bedenkenlosigkeit gegenüber außerehelichem Nachwuchs verbunden ist. Es läßt sich nicht erkennen, wo hier in kontrollierbarer Weise die Grenzen zwischen Strafwürdigkeit und Straffreiheit zu ziehen wären. Die Bezugnahme auf ein so weit gefaßtes moralisches Argument ist keine Begründung, sondern ein Rückgriff auf ein Gefühl.

Hinzu kommt noch, daß der Gesetzgeber, wenn er bei der Homosexualität die Strafwürdigkeit trotz Fehlens einer Rechtsgutsverletzung allein aus dem Verstoß gegen das sittliche Empfinden glaubt herleiten zu können, sich in einen auffälligen Widerspruch zur strafrechtlichen Behandlung anderer Sachverhalte setzt. Das gilt vor allem für die nicht-homosexuelle Prostitution, die im Normalfall straffrei ist und zwar selbst dann, wenn die Prostituierte noch nicht einmal volljährig ist. Wenn dies damit begründet wird, daß es hier keine Rechtsgutsverletzung gäbe, die den Gesetzgeber zum Erlaß einer Strafdrohung zwinge, so läßt sich gleichwohl darauf hinweisen, daß die Prostitution keinesfalls weniger gegen das allgemeine Sittlichkeitsempfinden, in manchen ihrer Formen sogar eher mehr dagegen verstößt als homosexuelles Verhalten. Der Vorwurf einer doppelten Moral liegt nahe. Jedenfalls aber ist hier ein auffälliger Systemwiderspruch zu erkennen. Bemerkenswert für die Psychologie des Entwurfs ist dabei die Beobachtung, daß Zweifel hinsichtlich der Nicht-Strafwürdigkeit der Prostitution in nennenswertem Umfang überhaupt nicht aufgetreten zu sein scheinen.

Daß es an sich nicht gegen die Zulässigkeit einer Strafdrohung spricht, wenn die Mehrzahl der Taten wie bei der Homosexualität Erwachsener unentdeckt und unverfolgt bleiben, ist grundsätzlich richtig. Indessen bekommt ein derartiges Faktum bei der Prüfung der Strafwürdigkeit eine andere Bedeutung, wenn diese Strafwürdigkeit schon aus anderen Gründen zweifelhaft ist.

Wenn in der Debatte gelegentlich darauf hingewiesen wird, daß es im Laufe der Geschichte hohe Kulturen gegeben habe, die eine Bestrafung der Homosexualität nicht kannten, so darf dies nicht mit dem bloßen Hinweis, es handle sich um eine »Zweckbehauptung«, abgetan werden. Die Tatsache, daß dem heutigen

Empfinden die Einstellung der Griechen zur Homosexualität fremdartig und kaum nachvollziehbar erscheint, ändert nichts an dem Faktum, daß es jedenfalls mindestens *eine* bekannte Hochkultur gegeben hat, die in diesem Sexualverhalten alles andere als ein ethisch besonders verwerfliches und nach der allgemeinen Überzeugung schändliches Verhalten gesehen hat.
Schon aus methodischen Gründen können ferner Behauptungen, die sich in unkontrollierbaren Allgemeinurteilen erschöpfen, dem Begründungszwang nicht Genüge leisten. Was soll man zum Beispiel davon halten, wenn es in der amtlichen Begründung zum Entwurf 1962 heißt, daß dort, wo die gleichgeschlechtliche Unzucht um sich gegriffen und großen Umfang angenommen habe, »die Entartung des Volkes« und »der Verfall seiner sittlichen Kräfte« die Folge gewesen seien? Man fragt sich vergeblich, welche historische Epoche hiermit gemeint sein soll. Ganz abgesehen davon, daß es gute Gründe sowohl biologischer als auch psychologischer und soziologischer Art dafür gibt, daß Homosexualität niemals einen großen Umfang annehmen kann, so daß ein »Umsichgreifen«, eine Epidemie wenig wahrscheinlich ist. Außerdem wäre zu fragen, wer über »Entartung« und »Verfall« zu entscheiden hätte. Derartige unkontrollierbare Allgemeinurteile sollten besser vermieden werden. Für exakte Begründungen kommen sie jedenfalls nicht in Betracht.
Ähnliche methodische Bedenken müssen hinsichtlich der Vermutungen geltend gemacht werden, die in der amtlichen Begründung bezüglich der zu erwartenden Nachteile einer Aufhebung der Strafbarkeit der Homosexualität unter Erwachsenen angeführt werden. Ohne genaue Belege werden zahlreiche Vermutungen in der Form des »könnten«, »würden«, »muß damit gerechnet werden«, »ist wahrscheinlich«, »würde wohl auch«, »aller Voraussicht nach« usw. geäußert. Es wird nicht einmal der Versuch gemacht, darauf einzugehen, daß die Abschaffung des Straftatbestandes in der Schweiz und in Schweden keine der geäußerten Vermutungen bisher bestätigt hat. Ganz abgesehen davon, daß man erwarten müßte, daß etwa in Frankreich seit vielen Jahren alle diese Nachteile in gefährlicher Form aufgetreten seien. Das ist aber offensichtlich nicht der Fall, denn sonst bliebe es ganz unverständlich, warum der französische Gesetzgeber keine Veranlassung gesehen hat, seine Auffassung zu ändern.
Von einem Bedenken, das immerhin dem Bundesverfassungsgericht Veranlassung zu ausführlichen Verhandlungen gab, in denen Sachverständige umfangreiche Gutachten zu erstatten hatten, zu sagen, es sei für die gesetzgeberische Entscheidung

»ohne jede Bedeutung«, geht nicht an. In der amtlichen Begründung wird gleichwohl in dieser Weise mit dem Argument verfahren, daß die Strafvorschriften gegen die Homosexualität wegen der Nichtbestrafung des entsprechenden Verhaltens von Frauen gegen das grundgesetzliche Prinzip der Gleichheit vor dem Gesetz verstoßen. Auch bei Anerkennung der Verschiedenheit des Sachverhalts läßt sich doch insoweit vieles für die Gleichheit anführen, als es sich um Merkmale des Verhaltens handelt, die gerade für die Frage der Strafwürdigkeit ausschlaggebend sind. Und wenn schon aus sonstigen Gründen berechtigte Zweifel an der Strafwürdigkeit der Homosexualität bestehen, dann kommt dem Argument, was für Frauen gilt, sollte auch für Männer gelten, erhöhtes Gewicht zu. Es kann mithin durchaus so sein, daß unter diesem Aspekt die Unterschiede erheblich an Bedeutung einbüßen. Da schon aus logischen Gründen Gleichheit und Verschiedenheit relative Begriffe sind, weil prinzipiell stets neben Ungleichheit in einer Hinsicht Gleichheit in einer anderen festgestellt werden kann, ist es erforderlich, bei der Erörterung des Gleichheitsarguments die jeweiligen Relationen zu beachten, auf die es in dem betreffenden Zusammenhang ankommt.

Anzuerkennen ist, daß die amtliche Begründung nicht verschweigt, wie »lebhaft umstritten« die dem Entwurf zugrunde liegende Auffassung ist. Nimmt man die Freiheitsvermutung so ernst, wie sie genommen werden muß, dann ist damit die Frage der Zulässigkeit einer Strafdrohung für den Fall der Homosexualität unter Volljährigen bereits eindeutig im ablehnenden Sinne entschieden. Der Gesetzgeber, der selbst zugibt, daß die gegen das geltende Recht vorgebrachten Gründe Gewicht haben, darf solange strafrechtlich nicht eingreifen, bis es ihm gelingt, diese Gegengründe mit zwingenden Argumenten zu widerlegen.

Grundsätzliche Einwände gegenüber der vorgeschlagenen Neuregelung des Sexualstrafrechts bestehen, abgesehen von dem Problem der Homosexualität Erwachsener, auch in bezug auf andere Tatbestände. Sie sind methodisch ähnlich gelagert. So kommt es zu einem deutlichen Fall eines Systemwiderspruchs bei dem neuen, erst im Entwurf 1962 enthaltenen Vorschlag, einen »Striptease«-Tatbestand einzuführen. Danach soll derjenige mit Gefängnis bis zu zwei Jahren oder mit Geldstrafe bestraft werden, der »öffentlich eine unzüchtige Schaustellung von Menschen veranstaltet oder eine solche Veranstaltung in seinen Räumen duldet«. Außerdem soll die öffentliche der nichtöffentlichen Veranstaltung gleichgestellt werden, wenn der Täter gegen

Entgelt oder in der Absicht handelt, sich oder einen anderen zu bereichern. Die Begründung ist überraschend. Im Entwurf 1960 fehlte ein solcher Straftatbestand, weil man der Meinung war, daß die gewerberechtlichen Bestimmungen ausreichend seien, um ohne Inanspruchnahme der Strafjustiz gegen Auswüchse einschreiten zu können. Man bezog sich dabei vor allem auf eine Bestimmung der geltenden Gewerbeordnung, wonach die gewerbsmäßige Veranstaltung von »Singspielen, Gesangs- und deklamatorischen Vorträgen, Schaustellungen von Personen oder theatralischen Vorstellungen« grundsätzlich der gewerberechtlichen Erlaubnis bedarf. Diese Erlaubnis ist nach der Gewerbeordnung zu versagen oder kann zurückgenommen werden, wenn »Tatsachen vorliegen, welche die Annahme rechtfertigen, daß die beabsichtigten Veranstaltungen den Gesetzen oder guten Sitten zuwiderlaufen werden«. In der amtlichen Begründung des Entwurfs 1962 heißt es dann weiter, daß sich in der Zwischenzeit — also in den letzten zwei Jahren — eine Zunahme unzüchtiger Tanzvorführungen vor allem in Großstädten gezeigt habe, und daß die gewerberechtliche Regelung nicht ausgereicht habe; der Entwurf versuche deshalb, der Ausbreitung dieser Verfallserscheinung mit einer Strafdrohung entgegenzutreten.

Eine Begründung dieser Art fordert mehrere Fragen heraus. Liegt exaktes Material über eine nennenswerte Zunahme derartiger Tanzvorführungen während des Zeitraumes von 1960 bis 1962 vor, oder verläßt man sich auf einen »allgemeinen Eindruck«? Ist die Bewertung als »Verfallserscheinung« nicht zu hoch oder, besser gesagt, zu tief gegriffen? Es gibt auch ein Pathos nach unten. Von einem Kultur- und Geisteszentrum mit weltweiter Ausstrahlung wie Paris hat man beispielsweise nicht den Eindruck, daß es durch derartige primitive Randerscheinungen zweifelhafter Unterhaltungs- und Fremdenverkehrsindustrie, die es dort sicherlich in größerem Umfange gibt als in deutschen Großstädten, in den Verfall getrieben würde. Die Strafjustiz ist zu ernst, um sie zur Korsettstange lahmer Verwaltungspraxis zu degradieren. Es ist vor allem aber grundsätzlich bedenklich, wenn die Einschaltung des Strafgesetzgebers damit begründet wird, daß die Handhabung gewerberechtlicher Möglichkeiten durch die Verwaltung offenbar nicht nachdrücklich genug sei. Der Staat setzt sich damit zu seinem eigenen vorangehenden Verhalten in Widerspruch. Während die eine Hand zurückgehalten wird, soll die andere zuschlagen. Das richtige Verfahren wäre erforderlichenfalls nicht das In-Stellung-Bringen des schweren Geschützes der Strafjustiz, sondern ein Intensivieren der Verwaltungsmaßnahmen. Und sollte das Gewerberecht in der seitherigen Fassung nicht genügen, dann müßte auf diesem Rechtsgebiet und nicht im Strafrecht der Gesetzgeber bemüht werden.

Klare Verstöße gegen die vorausgesetzten übergesetzlichen, den Gesetzgeber bindenden Begründungsprinzipien zeigen sich ferner bei der Behandlung des allerdings nur zum Teil zum Sexualstrafrecht gehörenden Straftatbestandes der Abtreibung. Bedenklich sind hier die Motive, mit denen eine ausnahmsweise Zulassung der Abtreibung bei solchen Schwangerschaften abgelehnt wird, die der Frau durch ein Sittlichkeitsverbrechen aufgezwungen worden sind. Der Entwurf von 1960 sah unter genau geregelten Bedingungen Straffreiheit für die Unterbrechung einer aufgezwungenen Schwangerschaft vor. In der Begründung wurde u. a. der Gedanke als zwingend angesehen, daß die Lage, in der sich die Schwangere befindet, so schwierig und so sehr mit den tiefsten Schichten ihres Seelenlebens verknüpft ist, daß ihr die Entscheidung, ob sie das Kind austragen und als Mutter annehmen will, nicht von außen her durch den Staat aufgezwungen, sondern ihrer höchstpersönlichen, freien Entscheidung, die sie sittlich allein zu verantworten hat, überlassen werden soll. Außerdem wird an der gleichen Stelle noch auf zweierlei hingewiesen: erstens darauf, daß der Entschluß, das Kind mit mütterlicher Liebe anzunehmen, der Schwangeren in vielen Fällen leichter werden wird, wenn es ihr freier Entschluß ist, zu dem keine staatliche Strafdrohung sie nötigt, und zweitens darauf, daß auch das ärztliche Berufsethos einer Unterbrechung der Schwangerschaft in diesen Fällen, wenn auch einzelne Ärzte anderer Auffassung sind, nicht grundsätzlich entgegensteht, wie die Stellungnahme der Bundesärztekammer und maßgebender ärztlicher Vereinigungen gezeigt hat.

Die Begründung des entgegengesetzten Standpunktes im Entwurf von 1962 ist dürftig. Es wird zunächst zugegeben, daß die Auffassungen über die Zulässigkeit einer Unterbrechung bei aufgezwungener Schwangerschaft weit auseinandergehen. Dann aber heißt es einfach, daß die hiergegen sprechenden sittlichen Erwägungen Gewicht hätten, denn niemand könne vorhersehen, wie das Kind sich entwickeln werde. Weitere sittliche Erwägungen werden nicht genannt. Stattdessen wird nur noch bemerkt, daß es kaum möglich sei, eine Regelung zu finden, die in zuverlässiger Weise der Gefahr des Mißbrauchs entgegenwirken könne. Aus diesen Gründen sehe der Entwurf davon ab, diese Fälle für nicht strafbar zu erklären.

Obwohl Zweifel bestehen, wie ausdrücklich zugegeben wird, entscheidet sich also der Gesetzgeber gegen die Freiheit zur

selbstverantwortlichen sittlichen Entscheidung des einzelnen und maßt sich in einem moralischen Bereich, wie er intimer nicht gedacht werden kann, eine Entscheidungsfähigkeit an, für die ihm, selbst wenn allein ein Frauenkollektiv die Auffassung des Gesetzgebers bestimmen würde, die Legitimation fehlt. Mit allen seinen erschreckenden Konsequenzen wird dieser Verstoß gegen die Freiheitsvermutung deutlich, zieht man die Begründung für die Straffreiheit aus dem Entwurf 1960 heran und sieht sie mit den Augen der Verfasser des Entwurfs von 1962, denn nun muß es mit dem entsprechenden umgekehrten Vorzeichen heißen: Obwohl die Lage, in der sich die Schwangere befindet, außerordentlich schwierig und mit den tiefsten Schichten ihres Seelenlebens verknüpft ist, ist der Gesetzgeber der Meinung, daß die Entscheidung, ob sie das Kind austragen und als Mutter annehmen will, ihr von außen her durch den Staat aufgezwungen werden muß und nicht ihrer höchstpersönlichen freien Entscheidung überlassen werden darf, da sie diese sittlich nicht allein zu verantworten hat.
Die Begründung für die Haltung des Entwurfs von 1962 enthält zudem noch einen weiteren Verstoß gegen die Freiheitsvermutung, denn es wird nicht nur die Freiheit der moralischen Entscheidung als solcher beseitigt, sondern außerdem nichts darüber gesagt, warum der Gesetzgeber gezwungen ist, trotz Bestehens einer unbestritten notstandsähnlichen Situation der Frau die vitale Entscheidungsfreiheit bei der Abwehr höchster Not zu nehmen. Der Hinweis darauf, daß ein werdendes Leben ein schutzwürdiges höheres Rechtsgut sei, reicht in diesem Zusammenhang — man denke an eine von einem schwer geisteskranken Delinquenten, dessen Leiden erblich ist, begangene Notzucht — nicht aus, denn das ist gerade das Typische für zahlreiche Notsituationen, daß Straffreiheit selbst dann eintritt, wenn das verletzte Rechtsgut von höherem Wert ist. Im übrigen: Hat man überhaupt die Frauen befragt?
Die Begründung endlich, es bestünde eine erhebliche Mißbrauchsgefahr, ist erstens eine Verletzung des Prinzips der Niveaugleichheit der Argumente. Kriminalpolitischen Erwägungen kann im Bereich eines Konflikts höchster moralischer Werte kein Gewicht beigemessen werden. Hier müssen kriminalpolitische Nachteile notfalls in Kauf genommen werden. Zweitens steht die Argumentation in einem Widerspruch zur strafrechtlichen Regelung anderer Notsituationen wie des Notstandes und der Notwehr, wo die Mißbrauchsgefahr unbedenklich in Kauf genommen wird. Drittens muß bis zum Beweis des Gegenteils vermutet werden, daß die Begründung mit der Mißbrauchsge-

fahr gegen Erfahrungsgesetze verstößt, denn es ist nicht einzusehen, inwiefern die Mißbrauchsgefahr bei den allgemeinen Notstands- und Notwehrfällen weniger groß sein sollte. Die Dunkelziffer der als Notwehrfälle erfolgreich maskierten vorsätzlichen Tötungen dürfte nicht unbeträchtlich sein.
Wenn die Verfasser des Entwurfs 1962 in den drei Fällen der Homosexualität Erwachsener, der unzüchtigen Schaustellungen und der ethischen Abtreibungsindikation glaubten, sich gegen die Freiheitsvermutung entscheiden zu sollen, ohne daß der Beweislast gegenüber den Zweifeln an der Zulässigkeit der Strafdrohungen Genüge geleistet worden ist, dann liegt die Frage nahe, ob nicht etwa schon die Grundeinstellung gegenüber der Problematik des gesamten Sexualstrafrechts Bedenken unterliegt. Sind die Entscheidungen in den genannten Sonderfällen bedingt durch eine allgemeine Einstellung gegenüber den Sittlichkeitsdelikten als solchen?
Dem ist in der Tat so. Die Entwurfsbegründung ist deutlich genug abgefaßt. Die ausschlaggebende Bedeutung der Freiheitsvermutung ist erkannt. In den die Begründung des Sittlichkeitsstrafrechts einleitenden Ausführungen sind die beiden einander gegenüberstehenden Grundhaltungen klar herausgearbeitet.
Von der einen heißt es, daß nach ihrer Meinung der Gesetzgeber sich bei den Straftaten gegen die Sittlichkeit die größte Zurückhaltung auferlegen müsse, und zwar aus den verschiedensten Gründen, insbesondere deshalb, weil es bedenklich sei, die persönliche Freiheit gerade auf diesem Gebiet über die Erfordernisse hinaus einzuschränken, die sich aus der Notwendigkeit ausreichenden Schutzes allgemein anerkannter Rechtsgüter ergeben. Der gegenteilige Standpunkt wird eindrucksvoll und treffend durch Formulierungen charakterisiert, die sich in der gleichen Weise überall dort antreffen lassen, wo man obrigkeitlich denkt und dem Kollektiv gegenüber dem einzelnen den Vorrang gibt — so etwa, wenn es u. a. heißt, daß die Reinheit und Gesundheit des Geschlechtslebens eine außerordentlich wichtige Voraussetzung für den Bestand des Volkes und die Bewahrung der natürlichen Lebensordnung sei. Als Folgerung hieraus wird dann für diese Grundauffassung die These hergeleitet, es sei unter diesen Umständen eine strenge Regelung und damit zugleich die Bereitschaft nahegelegt, »gewisse Unzuträglichkeiten in Kauf zu nehmen, die wegen der nur bedingten Eignung des Strafrechts zur Bekämpfung von Gefahren für die allgemeine Sittlichkeit unvermeidbar« seien.
Der Gesetzgeber hat richtig gesehen, daß einander hier zwei grundverschiedene rechtsphilosophische Auffassungen über die

Aufgaben des Staates und über das Maß der Freiheit, das der Einzelne beanspruchen kann, gegenüberstehen. Kritik hervorrufen muß aber das erstaunliche Ausweichen vor der Entscheidung. Wenn es in der Begründung heißt, für den Gesetzgeber könne es nicht in Frage kommen, sich grundsätzlich der einen oder anderen Anschauung anzuschließen und daraus in den einzelnen Vorschriften nur die Folgerungen zu ziehen, so muß dem entgegengehalten werden, daß jedenfalls die Freiheitsvermutung den rechtsstaatlichen Gesetzgeber unbezweifelbar zur Entscheidung im ersten Sinne zwingt. Wie überhaupt im Strafrecht, so darf der Gesetzgeber ganz besonders im Sexualstrafrecht nur dort mit Strafdrohungen einschreiten, wo dies zum Schutz allgemein anerkannter Rechtsgüter wie etwa bei dem so wichtigen Jugendschutz unerläßlich ist. Wo aber Zweifel bestehen, muß größte Zurückhaltung geübt werden, sonst macht sich der Gesetzgeber die unwürdige rechtsstaats- und freiheitswidrige Auffassung zu eigen, man solle lieber einige Unschuldige bestrafen als einige Schuldige unbestraft lassen, und man müsse lieber zu wenig als zu viel Freiheit geben — eine Haltung, die der Freiheitsvermutung widerspricht und deshalb im freiheitlichen Rechtsstaat zu verwerfen ist.

Sozialkongruenz und Sozialadäquanz im Strafrechtssystem

Obwohl es nicht immer so war, versteht es sich heute nahezu von selbst, daß für die Entscheidung der Frage, ob ein konkretes Verhalten eines bestimmten Täters strafbar ist, nicht nur die im Gesetz formulierten Rechtssätze, sondern außerdem auch übergesetzliche Grundsätze maßgebend sind. Zuerst wurde die Berücksichtigung überpositiver Prinzipien im deutschen Strafrecht bekanntlich bei den Rechtfertigungsgründen erforderlich. Grundlegend waren die bereits 1905 erschienenen Untersuchungen von *Graf zu Dohna*[1] und bahnbrechend dann später die immer wieder zitierte Entscheidung des 1. Starfsenats des Reichsgerichts vom 11.3.1927[2], in der bei § 218 StGB ein übergesetzlicher Unrechtsausschließungsgrund anerkannt wurde.

Hatte man einmal im Bereich der Lehre von der Rechtswidrigkeit „metajuristisch"[3] argumentiert, so lag eine entsprechende Ausdehnung dieser Gedanken auf die Schuldlehre nahe. Wenn sich auch die Idee eines allgemeinen übergesetzlichen Schuldausschließungsgrundes auf der Basis der Unzumutbarkeit rechtmäßigen Verhaltens etwa im Sinne *Freudenthals*[4] nicht durchsetzte, so hat man sich gleichwohl heute daran gewöhnt, jedenfalls in Teilbereichen der Schuldfrage — wie etwa beim unechten Unterlassungsdelikt — die Möglichkeit und Notwendigkeit eines übergesetzlichen Schuldausschließungsgrundes anzunehmen. *Welzel* spricht hier von der Unzumutbarkeit des Rechtsgehorsams und hat diejenigen Fälle im Auge, bei denen der Unterlassende einer Erfolgsabwendungspflicht nur unter der Voraussetzung genügen könnte, daß er gewillt wäre, billigenswerte eigene Interessen aufzuopfern[5].

Im Zusammenhang mit den Euthanasieprozessen erwähnt *Eberhard Schmidt* die sittliche Konfliktsituation und bejaht einen übergesetzlichen

---

[1] *Graf zu Dohna,* Die Rechtswidrigkeit als allgemein gültiges Merkmal im Tatbestand strafbarer Handlungen, 1905.

[2] RGSt. 61, 242.

[3] *v. Liszt-Schmidt,* Lehrbuch des Deutschen Strafrechts, 26. Aufl., 1932, Bd. I, S. 177.

[4] *Freudenthal,* Schuld und Vorwurf, 1922. — Freudenthal folgend: *Goldschmidt,* Normativer Schuldbegriff, S. 452 ff., und *v. Liszt-Schmidt,* a.a.O. S. 283.

[5] *Welzel,* Das Deutsche Strafrecht, 7. Aufl., 1960, S. 193.

Entschuldigungsgrund in Lagen schwerer seelischer Bedrängtheit wegen Fehlens des normativen Schuldelements der fehlerhaften Motivation. Wie überhaupt heute ganz allgemein, aufbauend auf Untersuchungen durch *v. Weber* und *Gallas*, ein übergesetzlicher Entschuldigungsgrund in bestimmten Fällen der Pflichtenkollision gesehen wird, soweit sich unter diesem Aspekt nicht schon eine übergesetzliche Rechtfertigung ergibt[6].

Bei nicht vollständigem Durchgreifen von Rechtfertigungsgründen hat *Noll*[7] übergesetzliche Milderungsgründe aus vermindertem Unrecht angenommen — eine Annahme, die einer unausgesprochenen, aber verbreiteten Strafzumessungspraxis die erforderliche theoretische Basis gibt.

Ein weiterer Schritt in der Entwicklung hatte schon vorher zur Erörterung eines übergesetzlichen persönlichen Strafausschließungsgrundes geführt. Der Oberste Gerichtshof für die Britische Zone hielt ihn anläßlich der sogenannten Ärzteprozesse dort für den „einzigen Ausweg", wo zwar einerseits die strafrechtliche Schuld mit der sittlichen Schuld nicht in eindeutigem Widerspruch stehe, sich aber andererseits sittliche und strafrechtliche Schuld auch nicht eindeutig decken[8].

Es liegt nahe, erneut zu überlegen, inwieweit es denkbar wäre, neben übergesetzlichen Rechtfertigungs-, Entschuldigungs-, Strafmilderungs- und Strafausschließungsgründen zugleich übergesetzliche Tatbestandsausschließungsgründe anzunehmen.

I.

Indessen fragt es sich zunächst einmal, ob einem derartigen Gedankengang etwa grundsätzliche rechtstheoretische, insbesondere rechtslogische Bedenken entgegenstehen. Vor allem ist zu bedenken, ob eine Fortsetzung dieser schrittweise sich vollziehenden strafrechtsdogmatischen Entwicklung nicht den Verlust wissenschaftlicher, für die Rechtssicherheit dringend erforderlicher Exaktheit und ein Abgleiten in unkontrollierbare Bereiche metaphysischer Irrationalismen bedeutet. Außerdem ist zu prüfen, ob nicht die Annahme überpositiver Grundsätze im positiven Strafrechtssystem Selbstwidersprüche enthält. Beides ist zu trennen.

---

[6] Vgl. *H. v. Weber*, Die Pflichtenkollision im Strafrecht, Festschrift für Kiesselbach, 1947, S. 249 ff., und *W. Gallas*, Pflichtenkollision als Schuldausschließungsgrund, Mezger-Festschrift, 1955, S. 311 ff.; vgl. ferner *J. Baumann*, Strafrecht, Allg. Teil, 1960, S. 367; *R. Maurach*, Deutsches Strafrecht, Allg. Teil, 2. Aufl., § 33 III 3; *E. Mezger*, Strafrecht, Allg. Teil, 9. Aufl., § 74 II.

[7] *Noll*, ZStW 68, 181 ff.

[8] OGHSt. 2, 126. — Vgl. ferner OGHSt. 1, 321. Zum ganzen die lesenswerte Diss. von *E. Scheel*: Die übergesetzlichen Unrechts-, Schuld- und Strafausschließungsgründe, Frankfurt a. M. 1957.

1. Was die mangelnde Exaktheit anlangt, so sind die Formulierungen übergesetzlicher Prinzipien — wie etwa bei der Rechtswidrigkeit, wo Rechtsgüterabwägungen und Analysen von Pflichtenkollisionen maßgebend sind — nicht weniger exakt als zahlreiche andere strafrechtliche Allgemeinbegriffe. Man vergleiche etwa die positiven auf einen ethischen Begriff wie den der Verwerflichkeit Bezug nehmenden Legaldefinitionen der Rechtswidrigkeit bei den Tatbeständen der Nötigung (§ 240 II) und der Erpressung (§ 253 II).

2. Hinsichtlich der Widerspruchsfreiheit zeigt sich bei genauerer Durchleuchtung der logischen Struktur übergesetzlicher Rechtssätze, daß die Bedenken ebenfalls nicht durchgreifen. Die Annahme überpositiver Prinzipien ist im Gegensatz zu einer nicht selten vertretenen Auffassung nicht einmal durch eine Stellungnahme zum Naturrechtsproblem oder zu einem sonstigen Rechts-Apriorismus präjudiziert. Das zeigt sich leicht, wenn man sich zwei positive Rechtssysteme verschiedener Stufenhöhe einander gegenüberstehend vorstellt und die Frage nach ihrer Verträglichkeit aufwirft. Geläufig ist diese Situation dort, wo z.B. untersucht wird, ob eine bestimmte gesetzliche Regelung verfassungskonform ist. Bei Überpositivität handelt es sich zunächst um nichts weiter als die Charakterisierung einer Rangordnung zwischen verschiedenen Systemen von Direktiven[9]. Die Frage nach dem jeweiligen Geltungsgrund — juristische oder moralische oder faktische Geltung — ist dabei offengelassen. Das bedarf besonderer Hervorhebung, weil der übliche Sprachgebrauch unklar ist. Positivität bedeutet in diesem Zusammenhang zwar, daß es sich um Bestimmungen eines konkreten Gesetzgebers handelt. Insofern besteht Einklang mit dem rechtstheoretischen Begriff des Rechtspositivismus. Verwirrung entsteht jedoch leicht, wenn Rechtssätze als überpositive Sätze gekennzeichnet werden, sofern man außer acht läßt, daß hier zunächst nichts weiter gemeint ist als ein Stufenverhältnis zwischen den Rechtssatzsystemen.

In der hier gemeinten Weise setzt — um ein weiteres Beispiel heranzuziehen — der Rechtssatz, sittenwidrige Gesetze seien nichtig, lediglich eine Rangordnung zwischen Sitten- und Rechtsgesetzen und ihre mögliche Divergenz voraus. Ebenso wie es hier dem Naturrechtler freisteht, das System der Sittengesetze als ein System apriorischer Normen zu deuten, bleibt es dem Positivisten unbenommen, beide Systeme in dem Sinne als positive Ordnungen zu interpretieren, wie *Kelsen* dies tut, wenn er von positiver Moral und ihrem Verhältnis zum positiven Recht spricht[10]. Es kommt somit hier nur auf die Relation zwischen den Syste-

[9] Der Ausdruck Direktive wird hier zur Beziehung einer Klasse von Sätzen benutzt, die sich aus den Teilklassen der Sollenssätze (Imperative, Normen), der Erlaubnissätze und der Verbotssätze zusammensetzt.

[10] *Kelsen*, Reine Rechtslehre, 2. Aufl., 1960, S. 64.

men an und darauf, daß die einen Direktiven an den anderen gemessen werden. Logisch zulässig ist eine derartige Rangordnung grundsätzlich stets. Sowohl für die positivistische wie für die naturrechtliche Position ist die Frage sinnvoll, ob bestimmte gegebene rechtliche Direktiven mit bestimmten gegebenen moralischen Direktiven übereinstimmen oder ob das nicht der Fall ist. Der logischen Struktur nach ist diese Fragestellung derjenigen isomorph, bei der man etwa nach der Übereinstimmung von Landesrecht mit Bundesrecht, von Vereinssatzung mit gesetzlichem Vereinsrecht usw. fragt. Immer handelt es sich um zwei Systeme von Direktiven, die miteinander verglichen werden, und bei denen vorausgesetzt ist, daß das eine aus irgendeinem Grunde dem anderen übergeordnet ist. Es ist also lediglich vorausgesetzt, daß es sich bei dem einen Satzsystem — dem sogenannten übergeordneten — um Sätze über Sätze handelt, und zwar im Rechtsbereich um Direktiven über Direktiven. Das Phänomen ist dem Juristen bewußt oder unbewußt durchaus geläufig.

Klarheit über die zugrunde liegende logische Struktur hat hier im Rahmen der modernen Logik vor allem die Semantik durch die Unterscheidung von Metatheorie und Objekttheorie geschaffen, eine Unterscheidung, die es — bei Einhaltung bestimmter semantischer Regeln — z. B. erlaubt, von einer Theorie der Theorie zu sprechen, wobei die letztgenannte die Objekttheorie ist, von der die erstgenannte, die Metatheorie, handelt. Zur Erläuterung könnte etwa an eine Theorie über mögliche Rechtstheorien gedacht werden. Weitere Steigerungen sind möglich. In einer Meta-Metatheorie wird die Metatheorie zur Objekttheorie der Meta-Metatheorie usw. Sinnvoll werden daher Ausdrücke wie der Begriff des Begriffes, das Sollen des Sollens, der Wert des Wertes, juristisch und metajuristisch u. a. Zur Vermeidung der bekannten sich hier leicht einschleichenden Paradoxien bedarf es allerdings der strikten Beachtung der Stufenunterschiede nach der sogenannten Typentheorie[10a]. Zulässig werden ferner Negationskombinationen wie z. B. das Nicht-Sollen des Sollens oder das Sollen des Nicht-Sollens, das rechtswidrige Recht usw. Juristische Beispiele lassen sich leicht finden, wenn man etwa an bundesrechtswidriges Landesrecht oder an völkerrechtswidriges Bundesrecht denkt. Selbst der Ausdruck des wertwidrigen Wertes ist dann logisch vollkommen korrekt, wenn man beachtet, daß der im terminus wertlos intendierte Wert zu einem höheren Wertsystemtyp gehört als der Wert, von dem ausgesagt wird, daß er wertwidrig sei[11].

[10a] Vgl. hierzu *R. Carnap*, Symbolische Logik, 2. Aufl., 1960, S. 82; *D. Hilbert* und *W. Ackermann*, Grundzüge der theoretischen Logik, 4. Aufl., 1959, S. 163, 164.

[11] Wäre dieser Unterschied der Typenstufe nicht vorausgesetzt, wäre vielmehr angenommen, es handle sich um den gleichen Typ, dann ist der Ausdruck „wertwidriger Wert" allerdings logisch unkorrekt. Das ist es wohl, was *Kelsen* in der „Reinen Rechtslehre" (2. Aufl., S. 359) im Auge hat, während derjenige, der unbe-

3. Es läßt sich mithin sagen:

a) Die Einführung überpositiver Prinzipien bedeutet keinen Einbruch unexakter Argumentationen in rechtliche Begründungszusammenhänge. Die rationale Kontrollierbarkeit wird durch sie nicht geringer als bei anderen juristischen Folgerungen.

b) Die Anwendung überpositiver Prinzipien setzt keine erkenntnistheoretische Präjudizierung voraus — weder in einem metaphysischen noch in einem antimetaphysischen, weder in einem aprioristischen noch in einem empiristischen, weder in einem naturrechtlichen noch in einem positivistischen Sinne.

c) Und schließlich ergeben sich bei der Anwendung überpositiver Prinzipien keine logischen Widersprüche, sofern Stufenvermischungen vermieden werden.

Einer Diskussion übergesetzlicher Tatbestandsausschließungsgründe stehen also keine prinzipiellen Hindernisse im Wege.

II.

Der Gedanke an überpositive Tatbestandsausschließungsgründe ist nicht neu.

1. Seit langem lag er — wenn auch nicht immer ausgesprochen — den Überlegungen über die fehlende Tatbestandsmäßigkeit der ärztlichen Heilbehandlung als Körperverletzung zugrunde[12]. Dem Problem wurde und wird eine so erhebliche Bedeutung beigemessen, daß der StGB-Entwurf 1960 in § 161 eine ausdrückliche Bestimmung hierüber enthält, in der das, was im Schrifttum — im Gegensatz zur Rechtsprechung[13] — herrschende Meinung war, nunmehr positiviert werden soll, wobei die amtliche Begründung (S. 274 u. 280) die Frage, ob es sich um einen Ausschluß der Tatbestandsmäßigkeit oder um einen Rechtfertigungsgrund handelt, allerdings offenläßt, weil dies eine „theoretische Rechtsfrage" ist, „die auch das Gesetz vielleicht nicht zu entscheiden vermag, zum mindesten aber nicht zu beantworten braucht". Die geplante Fassung zeigt im übrigen, daß die bisherige überpositive Struktur zum Teil erhalten bleibt. Denn, wenn dort von den „Grundsätzen eines gewissenhaften Arztes"

---

denklich nach dem Wert von Werten fragt, den Stufenunterschied stillschweigend voraussetzt und insofern seinerseits ebenfalls logisch korrekt vorgeht.

[12] *Eb. Schmidt*, Der Arzt im Strafrecht, 1939; *K. Engisch*, Ärztliche Eingriffe zu Heilzwecken und Einwilligung, ZStW 58, 1 ff.; zum älteren Schrifttum vgl. *v. Liszt-Schmidt*, Lehrbuch des deutschen Strafrechts, 26. Aufl., S. 214/215 Anm. 8.

[13] Vgl. u. a. BGHSt. 11, 111; BGHZ, NJW 1956, 1106; zum ganzen ausführlich *Kohlrausch-Lange*, 42. Aufl., Anm. III zu § 223 StGB und *Schönke-Schröder*, 9. Aufl., Anm. V zu § 223 StGB.

die Rede ist, so wird damit auf ein überpositives Direktivensystem Bezug genommen.

2. Eine weitere Vorwegnahme des Gedankens lag sodann im Begriff des erlaubten Risikos, wie er von *Eberhard Schmidt* bereits zum Tatbestand der aktienrechtlichen Untreue (ursprünglich § 312 HGB und seit 1937 § 294 AktG) erarbeitet wurde[14]. Es ging hier um die Frage, inwieweit Verwaltungsträger einer Aktiengesellschaft Geschäfte vornehmen dürfen, die mit einem möglicherweise erheblichen Risiko verbunden sind, deren Ausgang zunächst völlig offen ist und die dann für die Gesellschaft ungünstig ausgehen. Das Tatbestandsmerkmal des Handelns zum Nachteil der Gesellschaft ist, da die Gefährdung des Vermögens bereits ein Nachteil ist, schon durch das Eingehen des Risikos verwirklicht. Das aber ist offensichtlich ein unerwünschtes Ergebnis, da volkswirtschaftlich wertvolles Unternehmertum ohne Risikofreudigkeit gar nicht denkbar ist. *Eberhard Schmidt* kam deshalb unter Heranziehung der §§ 84, 99 und 209 Abs. III AktG für die Auslegung des § 294 AktG zu dem Ergebnis, daß schon ein tatbestandsmäßiges Handeln im Sinne einer aktienrechtlichen Untreue, selbst wenn eine Vermögensminderung eingetreten ist, nicht vorliegt, wenn das handelnde Mitglied des Vorstands oder des Aufsichtsrates — oder gegebenenfalls ein Abwickler — mit der Sorgfalt eines ordentlichen und gewissenhaften Geschäftsleiters zu Werke gegangen ist[15]. Damit sind überpositive, die Tatbestandsmäßigkeit ausschließende Prinzipien grundsätzlich anerkannt. Sie werden als Gesichtspunkte einer materiellen Rechtsfindung charakterisiert, die einer bloß formellen Auslegung regulierend gegenüberstehen. *Engisch,* der in anderem Zusammenhang früher in der erlaubten Gefährdung nur einen Unrechtsausschließungsgrund sah[16], erblickt hierin seit längerem ebenfalls einen Aspekt, unter dem die Tatbestandsmäßigkeit und nicht erst die Rechtswidrigkeit verneint werden muß[17].

3. Schließlich hat dann *Welzel* in der Sozialadäquanz von Verhaltensweisen eine die Tatbestandsmäßigkeit aufhebende Eigenschaft gesehen[18]. Zur Begründung wird darauf hingewiesen, daß der Unrechtscharakter der Tatbestände sich stets nur durch Bezugnahme auf die sittlichen Ordnun-

---

[14] *Eb. Schmidt* in *Gadow-Heinichen,* Komm. z. AktG, 1. Aufl., Anm. 20 und 21 zu § 294, und ders. schon in *Staub,* HGB, 14. Aufl., 1932, Anm. zu § 312; ferner RGSt. 69, 203, und *Mittasch,* in „Deutsche Rechtswissenschaft" 1943, S. 46 ff.

[15] *Eb. Schmidt,* a.a.O. Anm. 20 zu § 294 AktG.

[16] *Engisch,* Untersuchungen über Vorsatz und Fahrlässigkeit im Strafrecht, 1930, S. 286—290.

[17] *Engisch,* Die Idee der Konkretisierung in Recht und Rechtswissenschaft unserer Zeit, 1953, S. 278, und jetzt: Der Unrechtstatbestand im Strafrecht, in „Hundert Jahre Deutsches Rechtsleben", Festschrift zum hundertjährigen Bestehen des Deutschen Juristentages, 1960, S. 418.

[18] *Welzel,* ZStW 58 (1938) S. 515 ff.

gen des Zusammenlebens ergibt. „Handlungen, die sich innerhalb des Rahmens der sozialen Ordnungen bewegen, unterfallen niemals Deliktstatbeständen, auch wenn man sie dem Wortlaut nach einem Tatbestand subsumieren könnte."[19] Solche Handlungen nannte *Welzel* sozialadäquat. Zur Erläuterung führte er das oft diskutierte Beispiel von jenem Neffen an, der den Erbonkel zu Bahnfahrten überredet, damit er einmal bei einem Zugunglück umkomme. Verunglückt der Onkel wirklich, so war das Verhalten des Neffen schon objektiv keine tatbestandsmäßige Handlung. — In den späteren Auflagen seines Strafrechts-Lehrbuchs hat dann *Welzel* diesen Gedanken fallengelassen. An seine Stelle ist die These getreten, die soziale Adäquanz sei ein allgemeiner „in der sozialethischen Ordnung des Gemeinschaftslebens wurzelnder (gewohnheitsrechtlicher) Rechtfertigungsgrund tatbestandsmäßigen Verhaltens"[20]. Der unausgesprochene Grund für diesen Meinungswandel dürfte wohl in den Folgen zu sehen sein, die sich beim Irrtum des Täters ergeben. Schließt die Sozialadäquanz die Tatbestandsmäßigkeit aus, dann führt die irrige Annahme des Handelnden, Handlungen von der Art, wie er sie vornimmt, würden sich im Rahmen des sozial Adäquaten halten, zur Anwendung des § 59 StGB, so daß der Vorsatz entfällt[21]. Eine strafrechtliche Haftung kommt dann nur noch bei solchen Delikten, die eine Strafbarkeit auch bei fahrlässiger Begehung kennen, in Betracht. Ist die Sozialadäquanz hingegen nur ein Rechtfertigungsgrund, dann wäre der genannte Irrtum ein Verbotsirrtum, der an der Vorsätzlichkeit des Verhaltens nichts ändern würde.

III.

Die Fälle der ärztlichen Heilbehandlung, des erlaubten Risikos und der sozialen Adäquanz im ursprünglichen Sinne zeigen deutlich, daß die gesetzlichen Tatbestände unter bestimmten Voraussetzungen nach überpositiven Prinzipien einschränkend — im wörtlichen Sinne berichtigend — ausgelegt werden müssen. Daß eine solche Korrektur methodisch selbst vom Standpunkt des juristischen wie des philosophischen Positivismus nicht widerspruchsvoll ist, wurde bereits dargelegt. Klärungsbedürftig ist jedoch die Abgrenzung zwischen Tatbestandsausschließung und Rechtfertigung. Gerade die beiden zuletzt erwähnten Gesichtspunkte — das erlaubte Risiko und die Sozialadäquanz — beweisen diese Notwendigkeit, denn beide lassen sich sowohl als Tatbestands- wie auch als Unrechtsausschließungsgründe verwenden. Beide Auffassungen werden im Schrift-

---

19 *Welzel*, Das deutsche Strafrecht, 1947, S. 35/36.

20 *Welzel*, Das deutsche Strafrecht, 7. Aufl., 1960, S. 76.

21 So deutlich *Niese*, Streik und Strafrecht, 1954, S. 32.

tum vertreten. Die Ansichten derjenigen, die von der Alternative entweder nur Ausschließung des Tatbestandes oder nur Ausschließung der Rechtswidrigkeit ausgehen, wurden durch die Erwähnung der Thesen von *Eberhard Schmidt, Engisch* und *Welzel* bereits behandelt. Indessen muß noch ergänzend hervorgehoben werden, daß daneben auch die Meinung anzutreffen ist, es sei insbesondere der Begriff des erlaubten Risikos je nach Lage des konkreten Falles einmal als Rechtfertigungsgrund und ein anderes Mal als Tatbestandsausschließungs-Argument verwendbar. Dieser Auffassung scheint *Lange* zuzuneigen[22]. Und in der Tat braucht hierin nichts Systemwidriges zu liegen, sofern sich nur abgrenzen läßt, wann die eine und wann die andere Funktion in Betracht kommt. Insgesamt ergibt sich aber aus dem skizzierten Bild die Forderung, eine grundsätzliche Bereinigung zu versuchen.

1. Die einfachste Lösung wäre es naturgemäß, wenn es zulässig wäre, die Möglichkeit und Notwendigkeit von Tatbestandsausschließungsgründen einfach zu verneinen.

a) Daß die Möglichkeit von Tatbestandsausschließungsgründen aus logischen Gründen nicht abweisbar ist, weil zu jedem Satz und zu jedem Satzsystem stets ein Meta-Satz und ein Meta-Satzsystem gebildet werden kann, wurde unter I. schon ausgeführt.

b) Die Entscheidung der Frage, ob es notwendig ist, für das geltende deutsche Strafrecht Tatbestandsausschließungsgründe anzunehmen, ist von der Beantwortung teleologischer Vorfragen abhängig. Ist es sinnvoll, die Tatbestandsgrenzen nach überpositiven Direktiven zu korrigieren? Dies könnte nur verneinen, wer entweder glaubte, der Gesetzgeber könne fehlerfrei arbeiten, oder meinen würde, die hier auftauchenden Schwierigkeiten ließen sich sämtlich im Rahmen der Rechtswidrigkeitslehre lösen. Über die erstgenannte Ansicht ist kein Wort zu verlieren. Ernstzunehmen ist dagegen die zweite Auffassung. Ihr scheinen alle diejenigen folgen zu wollen, die den Deutungswandel bei der Sozialadäquanz vom Tatbestandsausschließungsgrund zum allgemeinen Rechtfertigungsprinzip mitmachen. Entgegenzuhalten ist dem jedoch, daß es zwar angemessen erscheint, die soziale Adäquanz als eine überpositive — möglicherweise als Gewohnheitsrecht inzwischen positivierte — Rechtfertigungsmaxime aufzufassen, daß es aber gleichwohl Fallgestaltungen gibt, die sich unter dem Gesichtspunkt bloßer Rechtfertigung nicht befriedigend lösen lassen. Die langjährige Diskussion über die ärztliche Heilbehandlung war bereits ein nicht zu übersehender Hinweis hierauf. Ebenso unübersehbar aber wurde die Notwendigkeit der überpositiven

---

[22] Vgl. *Kohlrausch-Lange*, 42. Aufl., Anm. V zu § 266 StGB. Dagegen sind *Maurach*, Deutsches Strafrecht, Bes. Teil, 3. Aufl., § 39 I B 2, und *Schönke-Schröder*, 9. Aufl., Anm. VI zu § 266 StGB, wiederum für alleinigen Tatbestandsausschluß.

Berichtigung gesetzlicher Unrechtstypisierung in den Tatbeständen aus dem Bereich moderner wirtschaftlicher Vorgänge, wie sie bei Anwendung der gesellschaftsrechtlichen Untreue-Spezialtatbestände zwangsläufig zur Sprache kommen. Es dürfte zweckmäßig sein, zur Klärung der allgemeinen Problematik zunächst von diesen Sonderfällen auszugehen, um konkrete Anknüpfungspunkte zu erhalten.

2. Hier bietet sich nun ein Aufgreifen der unter II, 2 erwähnten Gedankengänge *Eberhard Schmidts* zur Frage der strafrechtlichen Bedeutung gefährlicher geschäftlicher Unternehmungen an. Es war sicher richtig, wenn *Eberhard Schmidt* davon ausging, daß es bei der Leitung einer Aktiengesellschaft Fälle gibt, bei denen das Eingehen eines geschäftlichen Risikos auf jeden Fall außerhalb des Rahmens des Tatbestandes der aktienrechtlichen Untreue i. S. von § 294 AktG liegt. Das gleiche muß für den entsprechenden Tatbestand der GmbH-rechtlichen Untreue gemäß § 81 a GmbHG gelten[23]. Andererseits wäre es offensichtlich falsch, dies für jedes Eingehen eines Risikos durch die Geschäftsleitung anzunehmen, denn zweifellos gibt es einen Grad von „Risikofreudigkeit" und Draufgängertum, der ein Übermaß an Vermögensgefährdung enthält und infolgedessen das Tatbestandsmerkmal der Nachteilszufügung erfüllt, so daß eine Strafbarkeit allenfalls unter den Gesichtspunkten mangelnder Rechtswidrigkeit oder — in seltenen Fällen — wegen Fehlens der Schuldvoraussetzungen in Betracht kommt. Schwierigkeiten bereitet nur die Frage, wann das eine und wann das andere angenommen werden darf.

Indessen wäre es keine Lösung, wenn man das Problem in vollem Umfang zur Rechtswidrigkeitsfrage schlagen würde, zumal man davon ausgehen muß, daß es praktisch überhaupt keine nennenswerten geschäftlichen Unternehmungen ohne die Eingehung eines geschäftlichen Risikos gibt. Man müßte dann also in Kauf nehmen, daß die Leiter von Aktiengesellschaften und Gesellschaften mit beschränkter Haftung täglich bei ihren wichtigsten Dispositionen den Tatbestand der Untreue verwirklichen. Hiergegen kann man sich mit der gleichen Berechtigung sträuben, mit der man sich weigert, in dem kunstgerechten ärztlichen Heileingriff immer die Verwirklichung des Körperverletzungstatbestandes zu sehen.

Am deutlichsten wird die Sachlage im Rahmen der gesellschaftsrechtlichen Untreuetatbestände am Beispiel der Lagerhaltung, sofern es sich um Firmen handelt, die ohne ein Lager nicht zu arbeiten vermögen — man mag hierbei an Produktions- oder an Handelsunternehmen denken. Bei der Unterhaltung eines Lagers kann unschwer unterschieden werden zwischen einem Umfang, der im Rahmen des üblichen liegt, und einem solchen, der einen in die Augen fallenden spekulativen Charakter hat.

[23] Vgl. *Klug* in *Hachenburg*, GmbHG, 6. Aufl., 1959, Anm. 18 zu § 81 a.

Das, was jeweils üblich ist, wird in der Regel für die betreffende Branche durch einen Vergleich strukturähnlicher Unternehmen ermittelt werden können. Man kennt im allgemeinen die wirtschaftlich vernünftigen Relationen zwischen Auftragslage, Produktionsdauer bzw. — beim Handel — Durchlaufzeit usw. und der erforderlichen Lagerhaltung unter gleichzeitiger Berücksichtigung konjunktureller Tendenzen. Speziell bei der bankgeschäftlich erforderlichen Prüfung der Kreditwürdigkeit der betreffenden Gesellschaften sind derartige Analysen durchaus nicht ungewöhnlich.

3. Für die Auswertung dieser im allgemeinen wirtschaftlich klaren Situation kommt es nur noch darauf an, in einer strafrechtlich praktikablen Weise anzugeben, wo die Grenze zwischen Tatbestandsausschluß und bloßer Rechtfertigung liegt.

a) In der Rechtsprechung hat man seit langem versucht, den Anwendungsbereich des allgemeinen sowohl als auch des besonderen gesellschaftsrechtlichen Untreuetatbestands durch die Aufstellung des ungeschriebenen Tatmerkmales der Pflichtwidrigkeit des nachteiligen Handelns einzuschränken[24]. Im Rahmen des § 294 AktG kann in diesem Zusammenhang auf die §§ 84, 99 und 209 Abs. III Bezug genommen werden, die jedenfalls negativ sagen, daß alles das pflichtwidrig ist, was der „Sorgfalt eines ordentlichen Geschäftsleiters" nicht entspricht. In § 266 StGB ist das Tatbestandsmerkmal der Pflichtwidrigkeit beim Mißbrauchsfall zwar ebenso wie bei den §§ 81 a GmbHG und 294 AktG nicht genannt. Beim eigentlichen Treubruchtatbestand der zweiten Alternative ist jedoch in positiver Form von einer dem Handelnden obliegenden Pflicht die Rede. Infolgedessen wird beim Mißbrauchstatbestand der ersten Alternative üblicherweise ebenfalls angenommen, daß man von einer Tatbestandsverwirklichung immer nur dann sprechen kann, wenn eine Pflichtverletzung vorliegt. Der StGB-Entwurf 1960 hat im Hinblick hierauf in seinem § 263 den Gesichtspunkt der Pflichtwidrigkeit ausdrücklich zum Tatbestandsmerkmal erhoben. Es fragt sich jedoch, ob diese Lösung nicht insofern eine Systemwidrigkeit darstellt, als sie zu der Folgerung führt, daß sich der Vorsatz auf dieses Tatbestandsmerkmal erstrecken muß, so daß ein Irrtum über die Pflichtwidrigkeit zum Vorsatzausschluß führt und damit innerhalb eines Spezialbereichs die Vorsatztheorie und nicht die Schuldtheorie gelten würde. Man hätte dann die eigenartige Konsequenz, daß ein Irrtum über einen Teil der maßgebenden Normen zum Vorsatzausschluß und gleichzeitig ein Irrtum über den restlichen Teil der für das Verboten- oder Erlaubtsein des Verhaltens maßgebenden Normen auf Grund der Schuldtheorie nicht zum Vorsatzausschluß, sondern nur als Verbotsirrtum zum Fehlen des Unrechtsbewußt-

[24] Vgl. vor allem BGHSt. 3, 24.

seins führen würde. *Welzel* vertritt deshalb die Meinung, daß ein Irrtum über die Ordnungsmäßigkeit der Geschäftsführung ein den Vorsatz nicht berührender Verbotsirrtum ist[25].

Unter diesen Umständen erscheint es richtiger, das Tatbestandsmerkmal der Pflichtwidrigkeit — wie bei *Welzel* — vollkommen fallenzulassen und es demgemäß, sofern es im Gesetzestext vorkommt, in anderer Weise als bisher auszulegen. Für eine solche geänderte Auslegung bietet sich die Überlegung an, daß mit Pflichtwidrigkeit sicherlich nichts anderes gemeint ist als ein Sonderfall der allgemeinen Rechtswidrigkeit, deren gesetzliche Erwähnung im Grunde überflüssig ist. Kommt der Ausdruck Pflichtwidrigkeit gleichwohl im Gesetz vor, dann darf er bei dieser Auffassung mithin nicht als Tatbestandsmerkmal, sondern nur als Hinweis auf besondere Faktoren für die Bestimmung der Rechtswidrigkeit eines tatbestandsmäßigen Verhaltens gewertet werden.

Hierfür könnte sprechen, daß die Einführung der Pflichtwidrigkeit des Verhaltens als ungeschriebenes Tatbestandsmerkmal auch bei anderen Straftatbeständen denkbar wäre, dies aber gleichwohl bisher kaum vorgeschlagen wurde. Zu denken wäre etwa an den Tatbestand der Körperverletzung. Man hätte dann den Fall der ärztlichen Heilbehandlung als Tatbestandsproblem gelöst. Andererseits aber hätte dies eine zu starke Einschränkung des Tatbestandsbereichs zur Folge, so daß manche Entscheidungen, die unzweifelhaft in den Rechtswidrigkeitsbereich gehören, wie etwa die Rechtmäßigkeit der Einwilligung bei gewissen Kampfsportarten, zu früh kupiert würden.

Vor allem aber erweist sich der Begriff der Pflichtwidrigkeit für die Verwendung als Tatbestandsmerkmal deshalb als ungeeignet, weil er ohne besondere kennzeichnende Zusätze nicht erkennen läßt, ob er der Rechtswidrigkeits- oder Tatbestandsbestimmung dienen soll. Der Grund hierfür liegt darin, daß der Begriff der Pflichtwidrigkeit unabhängig von seinem jeweiligen Inhalt schon wegen seiner logischen Struktur mehrdeutig ist. Die Behauptung, jemand habe sich pflichtwidrig verhalten, kann zweierlei Bedeutungen haben: Sie kann einmal bedeuten, das betreffende Verhalten habe sich nicht im Rahmen des Erlaubten gehalten. Und sie kann zum anderen bedeuten, jenes Verhalten habe sich nicht im Rahmen des Gebotenen gehalten. Die Bereiche des Erlaubten und des Gebotenen decken sich nicht. Zwar ist im üblichen Sprachgebrauch alles, was geboten ist, zugleich erlaubt. Die Umkehrung aber gilt nicht, denn nicht alles, was erlaubt ist, ist zugleich geboten. Das, was man darf, ist nicht identisch mit dem, was man soll. Das Gesollte bezeichnet nur einen Ausschnitt aus dem Erlaubten. Die Entscheidung über die Pflichtwidrigkeit

[25] *Welzel*, Das deutsche Strafrecht, 7. Aufl., § 55 B 3 letzter Absatz vor C.

eines gegebenen Verhaltens kann also, je nachdem welche der genannten Deutungen zugrunde gelegt wird, sehr verschieden ausfallen.

c) Bei dem Versuch einer grundsätzlichen Klärung des Tatbestandsausschlusses sollte, wie gesagt, im Rahmen dieser Untersuchungen die Fallgestaltung beim Tatbestand der gesellschaftsrechtlichen Untreue zum Anknüpfungspunkt gewählt werden. Und in der Tat erweist sich vor allem der Fall der Eingehung eines riskanten Geschäfts als zur Klärung besonders geeignet, zumal dann, wenn die vorstehenden Überlegungen über die Auslegungsmöglichkeiten beim Begriff der Pflichtwidrigkeit herangezogen werden. Als konkretes Beispiel diene wiederum die Lagerhaltung eines Industrie- oder Handelsunternehmens in der Rechtsform der Aktiengesellschaft (§ 294 AktG) oder der GmbH (§ 81 a GmbHG)[26]. Es läßt sich dann sagen: Hielten sich die Einkäufe für das Lager, die später infolge eines Preissturzes auf dem Markt der eingekauften Waren zur Ursache von Verlusten wurden, im Rahmen des nach Maßgabe der verschiedenen oben kurz angedeuteten Faktoren kaufmännisch Gebotenen, dann war das beim Einkauf eingegangene Risiko nicht nur ein erlaubtes, sondern darüber hinaus ein *gebotenes Risiko*. Spekulierte der Unternehmensleiter bei seinen Einkäufen auf ein Anziehen der Preise und vergrößerte deshalb das Lager über das gebotene Maß hinaus, so war das eingegangene Risiko zwar kein gebotenes, wohl aber ein *erlaubtes Risiko*, sofern die Grenze dessen nicht überschritten wurde, was ein aktiver Unternehmensleiter, dem eine solche Spekulation nicht grundsätzlich verboten ist, zu verantworten vermag. Da die Grenze zwischen dem wirtschaftlich in derartigen Fällen Gebotenen und dem nicht mehr Gebotenen, aber noch Erlaubten einerseits und zwischen dem noch Erlaubten und dem nicht mehr Erlaubten — dem *verbotenen Risiko* — andererseits unter Berücksichtigung der volkswirtschaftlichen Gesetzlichkeiten deutlich bestimmt werden kann — jedenfalls nicht weniger exakt als etwa die Grenze zwischen den durch Notwehr gebotenen Handlungen und solchen, die durch Notwehr nicht mehr geboten sind—, bietet sich die Verwendung dieser Unterscheidungen für die Abgrenzung von Tatbestandsausschluß und Rechtfertigung an. Ein Unternehmensleiter, der nur das tut, was geboten ist, handelt trotz formaler Erfüllung der Tatbestandsmerkmale nicht tatbestandsmäßig. Die Eingehung eines gebotenen Risikos schließt den Tatbestand aus, die Eingehung eines nur erlaubten Risikos rechtfertigt lediglich. Bezeichnet man das Eingehen eines erlaubten Risikos als *sozialadäquat*, weil ein solches Verhalten *sozialethisch* erlaubt ist, dann kann das Eingehen des gebotenen Risikos

[26] Für die gleiche oder entsprechende Fallgestaltungen der wirtschaftlichen Praxis kommen noch weitere Untreue-Spezialtatbestände in Betracht; vgl. die Hinweise bei *Klug* in *Hachenburg*, GmbHG, 6. Aufl., 1959, Anm. 3 zu § 81 a.

im Hinblick auf die gesteigerte Strafrechtswirkung als *sozialkongruent*, d.h. als sozialethisch geboten, charakterisiert werden[27].

Ein Tatbestandsausschluß kommt unter dem Gesichtspunkt der Sozialkongruenz bei den genannten Untreuetatbeständen indessen nicht nur bei gefährlichen Geschäftshandlungen in Betracht. Auch andere Verhaltensweisen eines Unternehmensleiters, die das Tatbestandsmerkmal der Nachteilszufügung formell verwirklichen, können sozialkongruent sein. Hier wären zu nennen: hohe Akquisitionsausgaben zur Erweiterung des Kundenkreises, Stillegung einzelner Betriebszweige, umfangreiche Aufwendungen für Forschungsabteilungen, Ausgaben für Entwicklungen neuer Produkte, Investitionen aller Art u. a. m. Die jeweils gegebene Vermögensgefährdung darf nicht als tatbestandsmäßig angesehen werden, wenn die betreffende Maßnahme wirtschaftlich geboten und infolgedessen sozialkongruent ist.

d) Die gleiche Fallgruppe zeigt aber auch, daß der Begriff der Sozialkongruenz noch eines Ergänzungsmerkmals bedarf, denn gewissermaßen auf der anderen Seite der Skala riskanter Verhaltensweisen eines Vorstandsmitgliedes einer Aktiengesellschaft oder eines Geschäftsführers einer GmbH stehen diejenigen Maßnahmen, die eine so geringe Nachteilszufügung enthalten, daß sie für die sozialethische Bewertung irrelevant sind. Hierher wären etwa Pfennigdispositionen u. ä. zu zählen. Die Abweichung von den sozialethischen Geboten ist bei solchen Verhaltensweisen so geringfügig, daß sie fast nicht mehr feststellbar ist und infolgedessen als noch sozialkongruent, also den Tatbestand nicht erfüllend, angesehen werden kann. Auf diese Seite des Tatbestandsausschlusses hat bereits *Engisch* hingewiesen[28].

5. Die bei Behandlung der Untreuetatbestände der §§ 294 AktG und § 81 a GmbHG gewonnenen Ergebnisse lassen sich verallgemeinern. Überall dort, wo eine Einschränkung des formellen Anwendungsbereiches eines gesetzlichen Tatbestandes zur Debatte steht, kann der Gesichtspunkt der Sozialkongruenz herangezogen werden. Allerdings wird die Feststellung, daß ein an sich tatbestandsmäßiges Verhalten als sozialkongruent und deshalb als nicht mehr in den Tatbestandsbereich fallend anzusehen ist, grundsätzlich eine Ausnahme bleiben müssen. Im Zweifel wird nur rechtfertigende Sozialadäquanz vorliegen. Dies hängt damit zusammen, daß die Tatbestände der gesetzliche Niederschlag sozialethischer Prinzipien sind, so daß zunächst immer eine Vermutung gegen Sozialkongruenz spricht, wenn ein Verhalten sich als tatbestandsmäßig erweist. Andererseits ergibt sich umgekehrt aus diesem Zusammenhang zugleich

[27] So im Ergebnis schon *Klug* in *Hachenburg* a.a.O. Anm. 18 zu § 81 a.

[28] *Engisch*, Der Unrechtstatbestand im Strafrecht, a.a.O. S. 417, Anm. 42; vgl. ferner *Nipperdey*, NJW 1957, 1777 ff.

die Rechtfertigung des Tatbestandsauschlusses durch Sozialkongruenz, denn die metajuristische Kontrolle unter dem Aspekt der Sozialkongruenz ist die strafrechtliche Ergänzung des in § 138 BGB für das Zivilrecht ausgesprochenen allgemeinen Grundsatzes der Kontroll- und Begrenzungsfunktion des Sittengesetzes.

Unter *Sozialkongruenz* als einem für alle Strafrechtsbestände maßgeblichen Begriff ist demnach die Charakterisierung eines Verhaltens zu verstehen, das sozialethisch geboten oder wegen sozialer Irrelevanz sozialethisch erlaubt ist. *Sozialadäquat* ist demgegenüber ein Verhalten, das nicht nur wegen sozialer Irrelevanz sozialethisch erlaubt ist, ohne zugleich sozialethisch geboten zu sein. Die Sozialadäquanz ist daher ein allgemeines Rechtfertigungs-, die Sozialkongruenz ein allgemeines Tatbestandsausschließungsprinzip.

Aus der Zahl der möglichen Anwendungsfälle seien zur Erläuterung des Gesagten die folgenden herausgegriffen:

a) Sozialkongruenz unter dem Gesichtspunkt des Gebotenseins formal tatbestandsmäßigen Verhaltens ist anzunehmen:

aa) Abgesehen von dem schon behandelten Fall des gebotenen Risikos, vor allem bei der kunstgerechten ärztlichen Heilbehandlung. Die Begriffsbestimmung des § 161 im StGB-Entwurf 1960 stimmt mit der obigen Definition dem Sinne nach überein, denn es heißt dort, daß „Eingriffe und andere Behandlungen, die nach den Erkenntnissen und Erfahrungen der Heilkunde und den Grundsätzen eines gewissenhaften Arztes zu dem Zwecke *erforderlich* sind und vorgenommen werden, Krankheiten oder Leiden zu verhüten, zu erkennen, zu heilen oder zu lindern", nicht als Körperverletzung strafbar sind. Entscheidend ist also nach dem Text des Entwurfes das Gebotensein der an sich tatbestandsmäßigen Eingriffe und Behandlungen, denn genau dies ist der Sinn des Hinweises auf die Erforderlichkeit des ärztlichen Verhaltens. Ein bloßes Erlaubtsein, das nicht zugleich ein Gebotensein wäre, würde die Rechtswirkung des § 161 E 1960 nicht hervorrufen. Dies führt dazu, daß z. B. für kosmetische ärztliche Eingriffe die Strafbarkeit wegen Körperverletzung in der Regel nicht schon wegen fehlender Tatbestandsmäßigkeit, sondern erst unter den Gesichtspunkten der Sozialadäquanz und der Einwilligung wegen Fortfalls der Rechtswidrigkeit entfällt.

bb) Bei pädagogisch bedingten Züchtigungshandlungen der Eltern gegenüber kleinen Kindern gilt das Entsprechende. Wenn es in dem bekannten Ausspruch von *Kahl*, daß derartige handgreifliche pädagogische Maßnahmen zwar eine „Verletzung des Körpers aber keine Körperverletzung" seien, so ist darin genau das zum Ausdruck gebracht, was hier gemeint ist: daß nämlich ein Tatbestandsausschluß und keine Negation der Rechtswidrigkeit durch einen Rechtfertigungsgrund vorliegt. Das gleiche ist für pädagogisch bedingte „Freiheitsberaubungen" kleiner Kinder durch ihre Eltern anzunehmen.

cc) Auch die von *Bockelmann* so treffend zu § 164 StGB herausgearbeitete sog. Aufklärungsanzeige dürfte sich als ein Fall der Tatbestandsausschließung durch Sozialkongruenz erweisen[29].

b) Sozialkongruenz unter dem Gesichtspunkt sozialer Irrelevanz kommt, abgesehen von den bereits im Zusammenhang mit den Untreuetatbeständen besprochenen sog. Pfennigdispositionen, bei nachstehenden Fällen in Betracht:

aa) Überall dort, wo die Tatbestandsmäßigkeit allein unter der Voraussetzung einer gewissen Erheblichkeit des Verhaltens bejaht wird, liegt eine Einschränkung des Tatbestandsbereichs durch Sozialkongruenz vor. Dies gilt etwa für die Tatbestände der einfachen Freiheitsberaubung (§ 239 StGB) und des Glücksspiels (§ 284 StGB). Die geringfügige Freiheitsberaubung, ebenso wie das Glücksspiel mit ganz unbeträchtlichen Geldeinsätzen, sind wegen ihrer sozialen Harmlosigkeit als sozialkongruent und demgemäß nicht mehr als tatbestandsmäßig anzusehen.

bb) Unter dem Gesichtspunkt der Sozialkongruenz entfällt ferner die Tatbestandsmäßigkeit der Tiermißhandlung (§§ 1—9 Tierschutzges.) bei Insekten, obwohl gewissse chemisch-mechanische Bekämpfungsmethoden nicht selten dem genannten Tatbestand formal subsumiert werden könnten.

cc) Unter dem Gesichtspunkt der Sozialkongruenz wegen sozialer Irrelevanz des Verhaltens würde auch der früher erwähnte Neffe-Onkel-Fall, den *Welzel* mit Recht als einen Fall fehlender Tatbestandsmäßigkeit ursprünglich zitierte, seine angemessene Lösung finden, sofern hier überhaupt eine Tatbestandsmäßigkeit in Frage kommt, was immerhin unter dem Aspekt der mittelbaren Täterschaft mit dem Opfer als Werkzeug gegen sich selbst denkbar wäre.

dd) Sodann ist *Eb. Schmidt* zuzustimmen, wenn er in seiner Monographie über die Bestechungstatbestände (1960, S. 144 Anm. 327) bemerkt, daß ein Postbote, der ein Neujahrstrinkgeld annimmt, den Tatbestand des § 331 StGB nicht verwirklicht, weil sein Verhalten sozialkongruent ist. Das gleiche muß für Landesbeamte selbst dann gelten, wenn in einem Lande wie Hessen kein Dienst-

[29] *Bockelmann*, NJW 1959, 1849 ff. Dazu *O. H. Schmitt*, NJW 1960, 569.

vorgesetzter eine Geschenkannahme genehmigen darf[30]. Auch *Lange* kommt hier mit Recht zum Verneinen der Tatbestandsmäßigkeit, begründet dies aber mit dem Gesichtspunkt der sozialen Adäquanz, den er dabei im gleichen Sinne verwendet, in dem hier von Sozialkongruenz gesprochen wird[31].

c) Keine Tatbestandsausschließung durch Sozialkongruenz, sondern Rechtfertigung durch Sozialadäquanz dürfte bei den oft erwähnten Freiheitsbeschränkungen im modernen Verkehr, ferner bei verschiedenen Sportarten sowie bei den in den Bereich des Beleidigungstatbestandes (§ 185 StGB) fallenden, in Karneval- und Faschingssituationen üblich gewordenen Verhaltensweisen vorliegen, denn dort geht es in der Regel jeweils um ein Erlaubtsein eines sozial nicht irrelevanten Verhaltens, nicht aber um ein Gebotensein.

Schließlich gehört hierher auch noch der Fall des erlaubten Risikos, sofern man ihn im oben erörterten Sinne von dem tatbestandsausschließenden gebotenen Risiko unterscheidet.

Daß die Anwendung des Gedankens der Sozialkongruenz keinen unzulässigen Rekurs auf das bloße Rechtsgefühl darstellt, wird durch die Tatsache erhellt, daß die in Betracht kommenden Kriterien — man denke vor allem an die Heilbehandlung und die gefährliche Geschäftsgebarung — objektiv feststellbar sind. Nicht selten wird es gerade bei den zuletzt genannten Fallgruppen möglich und sinnvoll sein, ärztliche bzw. wirtschaftswissenschaftliche Sachverständigengutachten anzufordern.

6. Für die Irrtumslehre ergeben sich klare Konsequenzen, die das systematische Bild harmonisch abrunden[32]:

Der *Gebotsirrtum*, d. h. der Irrtum über die Reichweite des den gesetzlichen Tatbestand einschränkenden Gesichtspunktes der Sozialkongruenz, berührt den Vorsatz nicht, sondern wirkt sich nur auf das Unrechtsbewußtsein aus und führt je nach dem Grade seiner Vermeidbarkeit oder Unvermeidbarkeit zur Milderung oder Beseitigung des Schuldvorwurfs.

Der Irrtum über die tatsächlichen Voraussetzungen der sozialen Kongruenz im konkreten Fall ist ein *Gebotstatbestandsirrtum*, der in Analogie zu § 59 StGB den Vorsatz ausschließt.

Der Irrtum über die Reichweite des die Rechtswidrigkeit tatbestandsmäßigen Verhaltens ausschließenden Gesichtspunktes der Sozialadäquanz

---

[30] *Eb. Schmidt*, a.a.O. S. 144.

[31] *Kohlrausch-Lange*, StGB, 42. Aufl., Anm. VI zu § 331.

[32] Zur neueren Entwicklung der Irrtumslehre vgl. *Engisch*, ZStW 70, 566 ff.; *Dreher-Maassen*, StGB, 3. Aufl., Anm. I 6 c zu § 59; *Arthur Kaufmann*, JZ 1954, 653, JZ 1956, 353 u. 393; *Kohlrausch-Lange*, StGB, 42. Aufl., Anm. V 1 zu § 59; *Klug*, a.a.O. Anm. 26 a, 29 u. 30 zu § 81 a; a. M. *Maurach*, Deutsches Strafrecht, Allg. Tl., 2. Aufl., §§ 37 I E, 37 II, 38 II B 2; und *Welzel*, a.a.O. § 22 Nr. 3. — Und zum kommenden Recht: §§ 19—20 StGB-Entwurf 1960 mit Begründung.

läßt als *Erlaubnisirrtum* den Vorsatz ebenso wie der Gebotsirrtum unberührt und wirkt sich nur auf das Unrechtsbewußtsein aus.

Der Irrtum über die tatsächlichen Voraussetzungen der sozialen Adäquanz schließt als *Erlaubnistatbestandsirrtum* in analoger Anwendung des § 59 StGB den Vorsatz aus[33].

Genau Entsprechendes gilt schließlich für den *Verbotsirrtum,* d.h. den Irrtum über das aus dem gesetzlichen Tatbestand sich ergebende Verbotensein des betreffenden Verhaltens, einerseits und für den *Verbotstatbestandsirrtum,* den im § 59 StGB gesetzlich geregelten Irrtumsfall, andererseits.

---

[33] Vgl. auch § 20 StGB-Entwurf 1960, S. 14 u. 126.

Anarchistenterror gegen Strafrechtsreform

In „Bombenzeiten" können Menschen auf lebensgefährliche Weise in die Schlagzeilen geraten. Dr. Ulrich Klug, Justizsenator der Freien und Hansestadt Hamburg, hat in Wort und Schrift bemerkenswerte Ideen zu den Bemühungen um Reformen des Strafrechts und des Strafvollzugs beigesteuert. Damit hat er im inneren Kreis der Interessenten gewiß eine lebhafte Resonanz gefunden. Aber über Nacht wurde er landauf, landab bekannt, als er nur um Haaresbreite einem Bombenanschlag entging.

Professor Ulrich Klug trat, wie an jedem Tag, so auch an jenem Morgen im Oktober 1974, arglos vor die Tür seines Hamburger Bungalows, um die Morgenzeitung hereinzuholen. Neben dem Blatt entdeckte er ein Paket von der Größe eines Schuhkartons, unverschnürt. Als er den Deckel abhob, stieß er auf seltsame „Innereien". „Als ich das Ticken hörte, wußte ich, was los war", berichtete Ulrich Klug. Er alarmierte die Polizei; die wiederum evakuierte die umliegenden Häuser. Ein Sprengstoffexperte machte den Sprengsatz rechtzeitig unschädlich, zwei Minuten vor X-Zeit.

Die unangenehme Morgenüberraschung, die ihm dort am 4. Oktober 1974 bereitet wurde, ist in den Akten verzeichnet als „Sprengstoffanschlag durch unbekannte Täter zum Nachteil des Vorgenannten".

Der Mann, der mit soviel Glück und Verstand dem geplanten Bombenanschlag entgangen war, ist 1913 in Wuppertal-Barmen geboren. Schule, Studium, juristische Ausbildung und Examina (Referendar, Dr. jur., Assessor) absolvierte er in Berlin. 1950 wurde Ulrich Klug Privatdozent an der Universität Heidelberg. Nach einem Intermezzo als Bankdirektor setzte er seine akademische Karriere fort als Professor an den Universitäten Mainz und Köln (Strafrecht, Strafprozeßrecht, Rechtsphilosophie, Bankrecht). In Köln wurde er beurlaubt, um, von der FDP gestützt, 1971 Staatssekretär im Justizministerium von Nordrhein-Westfalen und – vier Jahre später – Justizsenator (im Ministerrang) in Hamburg zu werden. Ulrich Klug ist Mitverfasser des Alternativ-Entwurfs eines Strafgesetzbuches. Sein am meisten verbreiteter Beitrag zur Fachliteratur heißt „Juristische Logik".

Knast oder Galgen? Eine unerfreuliche Alternative! Das Mittelalter bringt sich in Erinnerung. Es kann doch wohl nicht wahr sein, daß Knast oder Galgen die beiden einzigen Reaktionsmöglichkeiten der modernen Gesellschaft auf Kapitalverbrechen sind, selbst wenn das „Volksempfinden" für Geiselmörder und Bombenleger mit Mehrheit den Galgen, das Schafott oder das Erschießungspeloton, mindestens aber lebenslangen, möglichst verschärften Knast nachdrücklich verlangt.

Fast immer werden Forderungen dieser Art mit dem Sühnebedürfnis und der Notwendigkeit der Vergeltung begründet. Von Rache wird allerdings ebenso wenig gesprochen wie von Angst, obwohl Rachetrieb und Angst sehr menschliche Reaktionen auf Morde und andere Taten aus dem Bereich der Schwerstkriminalität wären und sind. Die Frage bleibt nur, ob die Gesellschaft, ob der Staat, ob

Gesetzgeber und Justiz getragen von diesen heißen Emotionen reagieren dürfen.

Die Antwort wird für den, der nicht in die Nebel des Irrationalen geraten will, nur sein können, daß Gesellschaft, Staat, Gesetzgeber und Justiz einzig und allein kühl und nüchtern reagieren dürfen. Der noch so berechtigte individuelle Affekt bedarf der Neutralisierung durch die in kollektiven Institutionen wirksam werdende Ratio.

Um aber die weitere Frage, welches die aus rationaler Sicht zulässigen Reaktionen sind, beantworten zu können, ist eine Stellungnahme zu den Themen Todes- und Freiheitsstrafe erforderlich.

Zunächst wird man sagen können, daß der immer wiederkehrende und kaum je anders als erregt zum Ausdruck gebrachte Appell an den Gesetzgeber, die Todesstrafe wieder einzuführen, geeignet ist, Rückschlüsse auf die dunkelsten Tiefen der menschlichen Natur zuzulassen. Triebentladungen werden deutlich, zumal dann, wenn einem Justizminister oder Justizsenator anonyme, nicht selten mit roter Tinte geschriebene Briefe gesandt werden, in denen die allgemeine Forderung, Kriminelle köpfen, hängen oder erschießen zu lassen, mit dem konkreten Wunsch verbunden wird, der als Gegner der Wiedereinführung der Todesstrafe hervorgetretene Empfänger des Schreibens möge möglichst bald ermordet werden, damit er wenigstens in seiner letzten Minute einzusehen lerne, wie grundfalsch seine Gegnerschaft gewesen sei.

Manche Schreiber steigern sich noch. Sie kündigen dem Angeschriebenen an, seine letzte Stunde stünde unmittelbar bevor. Er werde schon sehen! Ein Anonymus hielt es bei einem solchen Brief für erforderlich, seinen nicht aufzuschlüsselnden, durch keine Absenderadresse ergänzten Initialen A. B. die dekorativen Buchstaben Dr. h. c. vorauszuschicken.

Die Texte sehen dann – unverändert zitiert, einschließlich der Schreibweise – beispielsweise so aus: „Sie sind gegen die Todesstrafe, Ich würde den Terroristen noch 1000 DM geben wenn Sie mahl gehohlt würden. Einer für Alle. Die Polizisten müssen soffort schiesen können. Wo bleibt das Gesetz. In der Bibel steht Aug um Aug Zahn um Zahn."

Ein anderer Schreiber meint: „Die ganze Welt lacht schon über das Wohlergehen der Mörder und Verbrecher in Deutschland. Habe hier eine ausländische Zeitung, Überschrift: Unfaßbar, kaum zu glauben, in Deutschland läßt die Justiz Mörder und Verbrecher frei herumlaufen meine Gratulation Herr Dr. Klug. Nur weiter so und vielleicht kommen Sie und alle die Verantwortlichen auch mal drann, dann werden wir ein Lob darauf singen, mit besonderer Hochachtung."

Aus Österreich schreibt ein ebenfalls Unbekannter: „Laßt das Volk die Urteile sprechen. Kopf ab oder sonstwie aus der Gemeinschaft entfernen."

In einem mit rotem Filzstift adressierten Umschlag ohne Absenderangabe befand sich der Ausschnitt eines Zeitungsartikels, der die Schlagzeilen trug „Bombenleger geschnappt – Kripo: Familienvater ist der Klug-Attentäter". Darüber hatte der Anonymus mit der Hand geschrieben: „Schade das es nicht geklabt hat. Vieleicht das nächste mal noch ist nichts verloren Staatsochse ohne Gehirn."

Aus Essen an der Ruhr tönt es kurz und knapp „Todesstrafe Ja oder Nein? Lösung: Bedingte Todesstrafe!! Die Strafe kann nur vollstreckt werden, wenn die zu dem Verurteilten gehörende Terrorgruppe gemordet hat. Damit hat der Staat die Terroristen in der Hand, nicht umgekehrt! Die Terroristen geben also selbst die Vollstreckung an dem Angehörigen ihrer Bande frei! Mit freundlichem Gruß."

Ein anderer Vorschlag lautet: „Vielen Verbrechern ist es aus verschiedenen Gründen gelungen, aus der Haftanstalt zu entfliehen. Ich nehme an, daß es die gestreifte Häftlingskleidung nicht mehr gibt, sondern daß die Häftlinge entsprechend der ihr zugemuteten oder angedichteten Menschenwürde einen hellgrauen Flanellanzug oder dunklen Anzug tragen. Um aber nach einer Flucht doch noch als Häftling erkannt zu werden, möchte ich Ihnen folgenden Vorschlag unterbreiten: Dem Häftling wird ein aus besonderem Stahl angefertigter Armreif über die Hand gezogen, der stark, verschließbar und hellrot geäzt ist. Wenn er sich nach seiner Flucht in der Gesellschaft, im Restaurant oder im Laden bewegt, wäre er an dem Armreif zu erkennen als Ausbrecher. Die Bevölkerung müßte über den Armreif aufgeklärt werden. Bei der Härte des Stahles und dem engen Anliegen an die Hand wäre es schwer, mit Hitze oder Zangen den Reifen durchzubrennen. Bei der Entlassung kann der Reifen nur durch Sonderbeamten geöffnet werden. Von einer gewissen Stufe ab an Verbrechen könnte diese Maßnahme eingeführt werden. Für Ihre Meinung über diesen Vorschlag wäre ich Ihnen dankbar."

Eigentümliche Widersprüche werden gelegentlich erkennbar. So meint ein Schreiber aus dem Schwarzwald einerseits, die unschuldig verbüßte lebenslange Freiheitsstrafe sei weitaus unmenschlicher, brutaler und skrupelloser als die Hinrichtung eines Unschuldigen. Wenige Sätze später heißt es dann aber: „Ist der Bürger für die Justiz Freiwild? Man konnte immer wieder den Ausspruch hören: Er entzog sich der irrdischen Gerechtigkeit. Gab es überhaupt schon irrdische Gerechtigkeit?"

Zynismus gibt es natürlich auch. Denn, in der Tat, es ist unbestreitbar, daß jede vollstreckte Todesstrafe der Kriminalpolizei und den sonstigen Strafverfolgungsbehörden Mühe und Arbeit erspart. Die Tötung ist das sicherste, nämlich ausnahmslos wirkende Mittel gegen den Rückfall des Delinquenten.

Die Gründe, die gegen eine Aufhebung des Verbotes der Todesstrafe sprechen, selbst wenn man einmal die Frage, ob eine solche Aufhebung nach dem Grundgesetz überhaupt zulässig wäre, offen läßt, sind von unterschiedlichem Gewicht. Daß der Abschreckungseffekt nicht hoch zu veranschlagen ist, weiß man seit langem. Schon im Mittelalter wurde beobachtet, daß die Zuschauer, die einer qualvollen, trickreich von den Henkern verlängerten öffentlichen Hinrichtung von Dieben durch Rädern beiwohnten und durch sadistische Faszination abgelenkt waren, nicht selten erfolgreich bestohlen worden sind.

Von den Terroristen der Gegenwart weiß man, daß sie zu einem Tätertyp zählen, der oft und nicht zuletzt bei Geiselnahmen, ohne Rücksicht auf das eigene Leben handelt. Daß dies insbesondere für politisch motivierte Täter gilt, ist mittlerweile eine Binsenwahrheit. Im übrigen aber mußten sich die Kriminologen mit dem Nihilistenproblem schon immer befassen. In diesem Bereich ist die Gegenmotivation durch die Androhung der Todesstrafe am wenigsten zu erwarten. Gleichzeitig hätte die Todesstrafe für Geiselnehmer die Folge, daß die Überlebenschance der Geisel verringert würde, da der Täter am „Weg zurück" kaum noch interessiert wäre.

Zu erwarten wäre ferner in vielen Fällen das Gegenteil der Abschreckung: die Triebentfaltung. Darauf wurde schon früher mit Nachdruck hingewiesen. Einen eindrucksvollen Fall berichtete der Strafrechtler Liepmann: Ein gewisser Mira kletterte 1894 trotz Polizeibewachung auf einen Baum, um eine Hinrichtung hinter der Anstaltsmauer sehen zu können. Ein Jahr später wurde Mira am gleichen Ort wegen einer ähnlichen Tat hingerichtet. Daß die Justiz diese Gefahr erkannte, beweist die Abkehr von öffentlicher Vollstreckung der Todesstrafe. Wer vom Abschreckungseffekt viel hält, müßte folgerichtig gegen die Intramuran-Hinrichtung (intra muros = innerhalb der Mauern) und für die öffentliche Exekution sein.

Vor allem ist der empirische Beweis für die Abschreckungswirkung der Todesstrafe bisher noch nirgends geglückt. Die Beweislast aber haben diejenigen, die sich für eine Wiedereinführung aussprechen. Aus der Fülle des Erfahrungsmaterials sei ein besonders wichtiges Phänomen herausgegriffen: Bekanntlich gibt es in den USA neben Bundesstaaten, in denen die Todesstrafe noch nicht abgeschafft wurde, solche, die keine Todesstrafe kennen. Bei gleicher gesellschaftlicher Struktur ist die Mordkriminalität in den Staaten mit Todesstrafe nicht geringer als in denjenigen ohne diese Sanktion.

Von hohem Rang ist die Frage nach der Verfassungskonformität der Todesstrafe. Eine genaue Prüfung erweist, daß die Todesstrafe in einem doppelten Sinne eine Verletzung des Grundgesetzes wäre, selbst wenn es die Abschaffung dieser Strafart in Art. 102 GG nicht gäbe: Im Exekutionsakt wird die Menschenwürde verletzt, sowohl des Verurteilten – auch der Schwerstkriminelle, auch der Mörder kann den Anspruch auf staatlichen Schutz der Menschenwürde (Art. 1 GG) niemals verlieren – als auch des Henkers, selbst und sogar gerade dann, wenn er freiwillig und gern tötet.

Im Reichsjustizministerium hat sich unter dem nationalsozialistischen Unrechtsregime, wie man erfuhr, die Anfertigung eines Formulars gelohnt, um die Anträge derjenigen abschlägig zu bescheiden, die sich zu dem Amt des Henkers drängten. Unter den Bewerbern hätten sich, wie der Reichsgerichtsrat Hartung berichtete*, auch Frauen be-

* Zitiert im Referat von Bockelmann in der 108. Sitzung der Großen Strafrechtskommission am 17. 10. 1958.

funden, sowie ein Theologe, der sich mit der Begründung empfohlen habe, daß er seiner geistlichen Ausbildung wegen besonders geeignet sei, weil er den Verurteilten selber den letzten Zuspruch geben könne.

Auf die Tatsache, daß der Henker ein menschenunwürdiges Gewerbe betreibt, und daß seine negative gesellschaftliche Einordnung seit altersher unbestritten ist, pflegen die Befürworter der Todesstrafe nicht einzugehen, obwohl die Übertragung des Amtes als Zumutung einer die Menschenwürde verletzenden Tätigkeit zugleich die Menschenwürde des Vollstreckers selbst verletzt, also auch insofern Verfassungswidrigkeit festzustellen ist.

Andererseits ist es offenbar sehr schwer, mit dem Artikel 1 des Grundgesetzes Ernst zu machen, wenn derjenige, dem der Schutz der Menschenwürde gewährt werden soll, ein Mörder ist. Indessen steht niemand außerhalb des Rechts und erst recht nicht außerhalb des Verfassungsrechts und – noch einmal gesteigert – erst recht nicht außerhalb des auch nicht mit verfassungsändernder Mehrheit abdingbaren Artikels 1 des Grundgesetzes.

Mit dem Vorwurf, die Todesstrafe sei ein Barbarismus, ist schließlich nicht nur die Verletzung der Menschenwürde des Delinquenten sowie die des Vollstreckers angesprochen. Letztlich ist durch ein so atavistisches Instrument, wie es die Todesstrafe darstellt, auch die Gesellschaft als Ganzes getroffen und damit die Menschenwürde aller ihrer Glieder verletzt. Alles dies war mit gemeint, als Thomas Mann auf eine Umfrage – veröffentlicht in „Forderung des Tages“ 1930, S. 385/386 – antwortete: „Wie immer es um die Todesstrafe ideell auch stehe, so haftet ihr praktisch, als Exekution, etwas so unverleugbar Ekelhaftes und entehrend Barbarisches an, daß meiner Überzeugung nach jedes Argument, das abstrakt kulturphilosophischerweise zu ihren Gunsten sprechen könnte, davor zunichte wird. Ich habe der atavistischen Zeremonie, bei der sogar auch noch gebetet wird, niemals beigewohnt, aber ich weiß, daß nicht nur im Augenblick meine Magennerven sich empören würden, sondern daß ich den Anblick und Eindruck als eine untilgbare Besudelung meines Lebens empfinden würde."

Nach einem bedenkenswerten Hinweis auf psychoanalytische Einsichten in die Situation bei den Vollstreckern faßt Thomas Mann zusammen, daß die „solenne Tötung ... in einem bestimmen Augenblick kultureller Reife und moralischer Empfindlichkeit zur schmutzigen Groteske und menschenunmöglich wird." In diesem Zusammenhang sollte man sich daran erinnern, daß, wie sich der Strafrechtler Bockelmann 1958 vor der Großen Strafrechtskommission auf Grund der Erfahrungen während des Zweiten Weltkrieges ausdrückte, „die Gewöhnung an das Gräßliche selbst bei jemandem, der für sich in Anspruch nimmt, noch einigermaßen differenziert zu sein, entsetzlich schnell gehe".

Das Hauptargument gegen die Todesstrafe, gegen das noch kein überzeugendes Gegenargument vorgebracht werden konnte, ist die absolute Irreparabilität der Vollstreckung. Ein Justizirrtum kann beim unschuldigen Hingerichteten nicht mehr gutgemacht werden. Gewiß gibt es auch irrtümlich vollstreckte Freiheitsstrafen. Auch dort ist manches irreparabel, aber eben doch nicht alles. Eine relative Wiedergutmachung bleibt möglich. Die Praxis bestätigt das. Dem Entlassenen kann viel gewährt werden. Immer wieder läßt sich beobachten, wie sehr das von den Betroffenen anerkannt wird. Dem Toten kann niemand eine neue Existenz einrichten. Über die Irreparabilität der Todesstrafe kommt man nur hinweg, wenn man entweder dem Wahn huldigt, der Irrtum ließe sich mit Sicherheit ausschalten, oder wenn man bereit ist, die These zu übernehmen, die Ahndung todeswürdiger Verbrechen durch die Todesstrafe sei so wichtig, daß man sogar tödliche Justizirrtümer in Kauf nehmen müsse. Das zuletzt Gesagte läuft auf die Formel hinaus: Lieber einen zuviel als gar keinen geköpft. Daß diese Auffassung rechtsstaatswidrig ist, bedarf keiner näheren Begründung.

Aber auch die Meinung, Justizirrtümer seien vermeidbar, ist nicht zu halten. Sie ist erkenntnistheoretisch verfehlt. Es gibt keine irrtumsfreie Erkenntnis der Wirklichkeit. Fast sieht es in der endlosen Debatte um die Todesstrafe so aus, als müßte man diese Trivialität, diese Selbstverständlichkeit immer wieder in die Erinnerung zurückrufen. Im übrigen vermögen selbst Änderungen der prozessualen Beweisregeln Irrtümer ebenso wenig mit absoluter Sicherheit zu verhindern, – ganz abgesehen davon, daß sie schwer realisierbar sind.

Von manchen Seiten wird vorgeschlagen, bei einer Wiedereinführung der Todesstrafe gleichzeitig das gesetzliche Verbot auszusprechen, auf der Grundlage von Indizienbeweisen zum Tode zu verurteilen. Eine solche Beweisregel wäre methodisch verfehlt und für die Praxis nicht sinnvoll.

Der Jurist pflegt zu definieren, ein Indizienbeweis sei ein Beweis, bei dem von einer mittelbar bedeutsamen Tatsache – dem Indiz – auf eine unmittelbar entscheidungserhebliche Tatsache – eine Haupttatsache – geschlossen wird. Beispielsweise könnte in dieser Terminologie der vom Angeklagten kurz vor der Tat vollzogene Abschluß einer Versicherung auf das Leben des Tatopfers ein Indiz für die Tötungsabsicht sein.

Das methodisch Bedenkliche bei der Annahme, man könne Todesurteile gegen Unschuldige dadurch verhindern, daß man es gesetzlich verbietet, Indizienbeweise für die Begründung von Todesurteilen zu verwenden, liegt in der irrigen Vorstellung, man könne Indizienbeweise von anderen scharf und eindeutig trennen. Das aber ist gerade nicht der Fall, weil es zwischen mittelbar und unmittelbar entscheidungserheblichen Tatsachen nur relative, jedoch keine absoluten Unterschiede gibt. Sogar die aus der Pistole des Angeklagten stammende Kugel, die im Herz des Opfers stecken blieb, ist nur ein Indiz. Der Tod könnte durch ein anderes Ereignis kurz zuvor verursacht sein. Selbst, wenn die Tat gefilmt wurde, können Versehen oder Manipulationen eine irreführende Rolle spielen. Auch das Auge der Kamera liefert nur Indizien.

Sogar das Geständnis kann nicht mehr als ein solches Indiz sein. Immer wieder sind in der Geschichte der Strafverfahren falsche Geständnisse vorgekommen, und dies selbst bei Taten, die mit der Todesstrafe bedroht waren. Als der Täter der im Jahre 1929 von dem Düsseldorfer Massenmörder Kürten begangenen Morde noch nicht bekannt war, meldeten sich nach und nach etwa 200 Personen bei der Polizei und stellten sich als der gesuchte Mörder. Vielen von ihnen mußte in umständlicher Weise nachgewiesen werden, daß sie als Mörder leider nicht in Frage kamen. Einige dieser falschen Geständnisse erforderten einen polizeilichen Arbeitsaufwand, der sich jeweils im einzelnen Fall in mehreren Aktenbänden niederschlug.*

Besonders deutlich wird der Indizcharakter des Geständnisses in dem spektakulären Fall Bratuscha. Wer über die Gefährlichkeit von Geständnissen reflektiert, sollte die Darstellung dieses Falles einmal gelesen haben. Max Hirschberg** schildert ihn auf der Grundlage des 1911 erschienen Werkes von Erich Sello „Die Irrtümer der Strafjustiz und ihre Ursachen“ so:

---

* O. Steiner und W. Gay, Der Fall Kürten, Hamburg, (ohne Jahresangabe; ca. 1960).

** Das Fehlurteil im Strafprozeß, Stuttgart 1960.

Die zwölfjährige Johanna Bratuscha, die bei ihrem Vater Franz Bratuscha – in Österreich – lebte, verschwand 1900 aus ihrem Heimatdorf. Der Vater meldete das Verschwinden der Polizei. Die Nachforschungen blieben ergebnislos. Einige Zeit danach wurde die Leiche eines Kindes gefunden. Bratuscha erkannte sie als die Leiche seiner Tochter an. Es wurde jedoch festgestellt, daß es sich um die Leiche eines anderen Mädchens handelte. Die Polizei schöpfte aber nun Verdacht. Bei einer Haussuchung fand man Kleider des Kindes, an denen man Blutspuren zu erkennen glaubte. Beim Verhör gestand Bratuscha, sein Kind erwürgt zu haben. Er wiederholte dieses Geständnis vor dem Bezirksgericht, dem Untersuchungsrichter und nach dem Todesurteil vor dem Präsidenten des Schwurgerichts. Vor dem Untersuchungsrichter erweiterte er sein Geständnis aus freien Stücken dahin, daß er auch Teile der Leiche gegessen habe. Er habe das Kind mit der Hand erwürgt und die Leiche dann versteckt. Abends habe er die Leiche heimgebracht, mit Hilfe seiner Frau zerstückelt und im Ofen verbrannt. Ein Stück aus dem Oberschenkel habe er auf einem irdenen Teller gebraten und dann gegessen. Er habe gelesen, daß wilde Völker Menschenfleisch äßen und daran nicht stürben. Die Knochen habe er auf den Mist geworfen. Dort wurden tatsächlich Knochen gefunden, aber als Tierknochen festgestellt. Bratuschas Frau gab die Mitwirkung bei der Zerstückelung der Leiche zu. Sie widerrief dann dieses Geständnis. Nach Ablegung der Beichte wiederholte sie ihr Geständnis.

Bratuscha wurde zum Tode verurteilt, jedoch zu lebenslänglichem Zuchthaus begnadigt. Seine Ehefrau erhielt drei Jahre schweren Kerker.

1903 wurde Johanna Bratuscha lebend aufgefunden. Als Bratuscha diese Nachricht erhielt, erklärte er dem Staatsanwalt, wenn das Gerücht sich bewahrheite, bitte er um Wiederaufnahme des Verfahrens, sonst solle alles beim alten bleiben. Seine Mitgefangenen versicherten, er habe bei der Nachricht keinerlei Gemütsbewegung gezeigt. Er habe nur gesagt: „Die Gendarmen haben mich hingebracht, sie sollen mich auch wieder fortbringen." Bratuscha wurde im Wiederaufnahmeverfahren freigesprochen. Er gab an, der Gendarm habe ihm das Geständnis abgepreßt, dann sei er nach dem Satz „ein Mann, ein Wort" dabei verblieben. Das Gericht hatte begreiflicherweise Zweifel an der Zurechnungsfähigkeit des Bratuscha gehabt. Es hatte einen Sachverständigen zugezogen. Dieser hatte Bratuscha für geistig völlig normal erklärt. Jetzt wurde festgestellt, daß er geisteskrank war. Seine Angaben waren keine bewußten Lügen, sondern Erinnerungsfälschungen.

Daß die Galgen-These nach alledem ernstlich in einer kritischen Gesellschaft nicht vertretbar bleiben kann, sollte einleuchten. Wie aber ist es mit der Knast-Alternative? Versteht man unter der Knast-Strafe eine Freiheitsstrafe, die unter dem Vergeltungsprinzip steht und die deshalb gezielte Übelszufügung ist, um Übeltaten zu sühnen, dann werden diejenigen, die den Strafzweck in der Resozialisierung oder, falls der Delinquent noch niemals in die Friedensordnung der Gesellschaft eingegliedert war, in der Sozialisation sehen, eine solche Alternative ablehnen müssen. Durch die Anarchisten- und Terroristenkriminalität kann sich hieran nichts ändern. Vergeltung und Sühne sind rational nicht faßbare, „nicht begreifliche Begriffe". Sie gehören zu Ausdrücken, die Gefühle akzentuieren und können allenfalls gedankenlyrische Relevanz beanspruchen. Für die Zielsetzung bei der Reaktion des Staates auf die Kriminalität sind sie untauglich. Demgegenüber bezeichnen Sozialisation und Resozialisierung – Eingliederung und Wiedereingliederung in die Friedensordnung der Gesellschaft – klare Aufgaben für den Strafvollzug.

Bei dieser Ausgangsbasis verbieten sich sowohl die Todesstrafe – ganz abgesehen von den bereits dargestellten Gründen –, als auch die lebenslängliche Freiheitsstrafe. Der Weg zum Schafott ist kein Weg in die Gesellschaft. Die Hinrichtung stößt den Getöteten aus der Gesellschaft. Für den Vollzug der lebenslangen Freiheitsstrafe gilt entsprechendes. Wer den lebenslangen Freiheitsentzug fordert, verzichtet in den hierfür in Betracht kommenden Fällen auf Sozialisation oder Resozialisierung. In den Sarg paßt auch der Körper des Nicht-Resozialisierten. Die am Ende des Vollzugs einer lebenslangen Freiheitsstrafe erreichte Einordnung in den Frieden des Friedhofs ist keine Eingliederung in die Friedensordnung der Gesellschaft, verstanden als lebendige Sozietät der Lebenden.

An die Stelle des Instituts der lebenslänglichen Freiheitsstrafe, die ohnehin praktisch nirgends – weder im Westen noch im Osten – bis zum Tode des Verurteilten durchgehalten wird, sollte die zeitlich begrenzte Freiheitsentziehung treten. Daneben müßte allerdings für Ausnahmefälle, in denen, wie etwa bei gefährlichen Triebtätern, eine unbegrenzte Freiheitsentziehung möglicherweise unerläßlich ist, die Sicherungsverwahrung vorgesehen werden, dies aber mit der Maßgabe, daß in bestimmten Zeitabständen – beispielsweise alle zwei Jahre – gerichtlich unter Hinzuziehung von Psychologen und Psychiatern geprüft wird, ob der Freiheitsentzug weiter andauern muß.

Die Anarchisten- und Terroristenkriminalität darf den Gesetzgeber nicht hindern, die Strafrechtsreform weiter zu fördern. Da aber der Fortfall der lebenslänglichen Freiheitsstrafe in der heutigen Situation vom Bürger ohnehin mißverstanden würde, sollte als erster Schritt in die angedeutete Richtung die bisher fehlende Möglichkeit der bedingten Entlassung zur Bewährung auch bei der lebenslänglichen Freiheitsstrafe in das Gesetz eingefügt werden.

Reformvorschläge wie diese und wie zahlreiche andere – zum Beispiel die Errichtung von sozialtherapeutischen Anstalten – sind nicht neu. Für die Bundesrepublik mag auf den „Alternativ-Entwurf eines Strafgesetzbuches" (1966 ff)* hingewiesen werden. Sie sind vom „Alltag der Kriminalität" und von neuen Formen des Verbrechens unabhängig. Es wäre deshalb schlimm, würde der Reform-Elan geschmälert.

Das Fernziel bleibt für eine kritische Gesellschaft unverrückbar die allmähliche Ablösung des klassischen Strafrechts durch ein modernes Maßnahmerecht in rechtsstaatlicher, vor allem vom Verhältnismäßigkeitsgrundsatz gekennzeichneter normativer Begrenzung. Die strafrechtsphilosophische Grundlage dieses Konzeps ist vor allem die Einsicht in die Unlösbarkeit des Problems der Willensfreiheit. Niemand kann wissen, ob der Beschuldigte so handeln mußte, wie er handelte, oder ob er hätte anders handeln können. Die Notwendigkeit des Schutzes der Friedensordnung entfällt mit dieser skeptischen Erkenntnis jedoch nicht. Die Justiz wird sich aber bei der Anordnung der für die Sozialisation oder Resozialisierung des Täters erforderlichen Maßnahmen von moralischer Wertung frei halten müssen.

* Vorgelegt von Jürgen Baumann, Anne-Eva Brauneck u. a.

Probleme des Allgemeinen Teils

Zum Begriff der Gesetzeskonkurrenz*

Über die Bedeutung des Begriffs der sogenannten Gesetzeskonkurrenz oder Gesetzeseinheit, wie manche statt dessen sagen, und die sich bei seiner Anwendung ergebenden praktischen Folgerungen gehen — wie ein Blick in das Schrifttum unschwer zeigt — die Meinungen auseinander[1]). Es scheint fast, als ob dies auf grundsätzlichen Schwierigkeiten beruht, die sich bei diesem Begriff zwangsläufig einstellen. Jedenfalls ist es auffallend, daß Schneidewin im Anschluß an die Untersuchung der Frage, inwieweit es möglich und empfehlenswert sei, die Art der Konkurrenz zwischen mehreren Straftatbeständen in einem neuen Strafgesetz auszudrücken, resignierend feststellt, daß auch für die Zukunft — abgesehen von einigen typischen und unbezweifelbaren Sonderfällen — kein anderer Weg zu sehen sei, als die Probleme der Gesetzeskonkurrenz der Klärung durch die Rechtsprechung der Revisionsgerichte zu überlassen[2]). Es fragt sich indessen, ob man nicht durch eine Analyse der zugrundeliegenden begriffslogischen Strukturen eine Aufhellung und Lösung der vorkommenden Widersprüche zu erreichen vermag ohne daß dabei die gerade in diesem Zusammenhang so bedeutsamen teleologischen Gesichtspunkte vernachlässigt werden.

I.

Es ist zweckmäßig, bei dem Versuch einer solchen Analyse von dem heutigen Stand der Theorien zur Gesetzeskonkurrenz und den sich hier zeigenden Divergenzen auszugehen.

1. Über den Grundbegriff herrscht weitgehend Einigkeit. Gesetzeskonkurrenz wird danach bekanntlich angenommen, wenn auf eine Handlung nach dem Wortlaut des Gesetzes mindestens zwei gesetzliche Tatbestände Anwendung finden könnten, sich jedoch

*) Dem Text liegt das Referat zugrunde, das der Verf. am 3. 6. 1955 auf der Tagung der deutschen Strafrechtslehrer in Kiel gehalten hat.

[1]) Vgl. statt vieler Schönke-Schröder, StGB, 7. Aufl. (1954), Vorbem. VII vor § 73 und die dort gegebenen Hinweise.

[2]) Schneidewin, Inwieweit ist es möglich und empfehlenswert, die Art der Konkurrenz zwischen mehreren Straftatbeständen im Gesetz auszudrücken? in Materialien zur Strafrechtsreform 1. Bd., Gutachten der Strafrechtslehrer (1954), S. 229.

aus dem Verhältnis der in Betracht kommenden gesetzlichen Bestimmungen, in denen die betreffenden Tatbestände fixiert sind, zueinander ergibt, daß nur ein gesetzlicher Tatbestand angewandt werden darf.

2. Als Zuordnungsgesichtspunkte die zur Ausschaltung des einen gesetzlichen Tatbestandes zugunsten eines anderen führen, werden üblicherweise Spezialität, Subsidiarität, Konsumtion und Alternativität genannt. Hinsichtlich der beiden ersten Begriffe stimmen die Ansichten wiederum im Großen und Ganzen überein.

a) Bei dem Verhältnis der Spezialität enthält der spezielle gesetzliche Tatbestand alle Merkmale des generellen und darüberhinaus noch mindestens ein Merkmal mehr. Durch das zusätzliche Merkmal oder die mehreren zusätzlichen Merkmale wird der spezielle Tatbestand der engere. Dabei kann es sich wie bei dem schweren Diebstahl (§ 243 StBG) gegenüber dem einfachen Diebstahl (§ 242 StGB) um eine Qualifizierung oder wie bei der Notentwendung (§ 248a StGB) gegenüber § 242 StGB um eine Privilegierung handeln. In beiden Fällen gilt der Satz, daß der spezielle Tatbestand den generellen ausschließt. Lex specialis derogat legi generali. Von Ausnahmesituationen, die etwa dann gegeben sind, wenn das spezielle Delikt nur versucht, das generelle aber vollendet ist, kann hier abgesehen werden[3]).

Obwohl die Grundfigur der Spezialität denkbar einfach ist, gehen die Meinungen sogleich auseinander, wenn es sich um den etwas komplizierter gelagerten Kombinationsfall der Spezialität eines gesetzlichen Tatbestandes gegenüber zwei anderen generellen wie beim Raub (§ 249 StGB) gegenüber dem Diebstahl (§ 242 StGB) und der Nötigung (§ 240 StGB), handelt. Hier nehmen etwa Nagler-Jagusch, Schönke-Schröder, von Weber und Welzel, sowie wohl auch Mezger, einen Fall der Spezialität, Dreher-Maaßen, Frank, Kohlrausch-Lange, Maurach, Schwarz und Wegner dagegen einen Konsumtionsfall an[4]).

---

[3]) Z. B. Konkurrenz zwischen versuchtem schweren und vollendetem einfachen Diebstahl. RG 15, 281.

[4]) Nagler-Jagusch, StGB (Leipziger Kommentar), 7. Aufl. (1954), Vorbem. III vor § 73; Schönke-Schröder a. a. O. Vorbem. VII 2 vor § 73; von Weber, Grundriß des Deutschen Strafrechts, 2. Aufl. (1948), S. 103; Welzel, Das Deutsche Strafrecht, 4. Aufl. (1954), S. 170; Mezger, Strafrecht II (Studienbuch), 4. Aufl. (1954), S. 138; Dreher-Maaßen, StGB, 2. Aufl. (1956), Vorbem. III 2 c vor § 73; Frank, StGB, 18. Aufl. (1931), Anm. VII 2 c zu § 73; Kohlrausch-Lange, StGB, 39./40. Aufl. (1950), Vorbem. II vor § 249 (vgl. allerdings auch Anm. V zu § 249 und Vorbem. III vor § 73); Maurach, Deutsches Strafrecht I (1954), S. 609; Schwarz, StGB, 16. Aufl. (1953), Vorbem. 2 A c; Wegner, Strafrecht, Allgemeiner Teil (1951), S. 259.

b) Bei dem Zuordnungsprinzip der Subsidiarität — Sauer schlägt den Terminus Eventualität vor[5]) — geht es darum daß bestimmte gesetzliche Tatbestände nur dann Anwendung finden sollen wenn nicht ein anderer — meist mit schwererer Strafdrohung verbundener — Tatbestand anwendbar ist. Der subsidiäre Tatbestand wird zum Auffangtatbestand und zwar entweder durch eine entsprechende ausdrückliche Anweisung des Gesetzgebers wie etwa beim Automatenmißbrauch und Erschleichen freien Eintritts (§ 265a StGB) gegenüber dem Betrug (§ 263 StGB) oder durch den stillschweigend vorausgesetzten und durch teleologische Interpretation zu ermittelnden Sinnzusammenhang wie zum Beispiel bei der Fälschungs vorbereitung (§ 151 StGB) gegenüber der Geldfälschung (§ 146 StGB), — ein Fall, bei dem man gelegentlich auch von strafloser Vortat spricht. Liegt Subsidiarität vor, so hat dies zur Folge, daß der subsidiäre Tatbestand nicht mehr berücksichtigt wird, wenn der andere zur Anwendung kommt. Lex primaria derogat legi subsidiariae. Aber selbst diese fast trivial anmutende Konsequenz wird als zwingende nicht allseitig anerkannt. Unter Hinweis auf OGHSt. 3, 111 erklären Schönke-Schröder, daß auch die ausdrückliche Subsidiaritätsklausel im Gesetz zwar regelmäßig, aber nicht ausnahmslos auf das Verhältnis der Subsidiarität hinweise[6]).

3. Kann man hinsichtlich der Begriffe Spezialität und Subsidiarität wenigstens noch von einer gewissen Einheitlichkeit der Auffassungen sprechen, so verwirrt sich das Bild bei Konsumtion und Alternativität vollends.

a) Bei der Konsumtion weichen schon die Definitionen nicht unbeträchtlich voneinander ab. Immerhin laufen sie in den meisten Fällen letztlich wohl auf die sehr allgemeine und vage Formel hinaus, daß bei der Konsumtion ein gesetzlicher Tatbestand als der umfassendere einen anderen verdrängt. Lex consumens derogat legi consumptae. Zur Verdeutlichung seien folgende charakteristische Begriffsbestimmungen herausgegriffen: Nach Mezger schließt aus wertenden Gründen ein Gesetz (das konsumierende), das den deliktischen Unwert eines anderen schon in sich enthält, dieses andere Gesetz (das konsumierte) aus[7]). Welzel unterscheidet zwischen Haupttat

[5]) Sauer, Allgemeine Strafrechtslehre, 3. Aufl. (1955), S. 231/232.

[6]) Schönke-Schröder a. a. O. Vorbem. VII 1 vor § 73. — Hirschberg, Zur Lehre von der Gesetzeskonkurrenz, ZStW 53 (1934) S. 50, sieht in der Subsidiarität einen Sonderfall der straflosen Vortat, die er zur scheinbaren Realkonkurrenz rechnet.

[7]) Mezger, Strafrecht I (Studienbuch), 6. Aufl. (1955), S. 252.

und Begleittat, wenn der Unrechtsgehalt eines Tatbestandes typischerweise den Unrechtsgehalt eines anderen umfaßt[8]). H. Mayer spricht davon, daß der konsumierte Tatbestand »gewöhnliches, wenn auch nicht unerläßliches Mittel der Ausführung« im Sinne des konsumierenden Tatbestandes sei[9]). Nagler-Jagusch charakterisieren die Begleittat als »typische Parelleltat«[10]). Bei dieser Konstellation soll dann durch die Bestrafung der (konsumierenden) Haupttat die Bestrafung der (konsumierten) Begleittat mit abgegolten sein. Als Beispielsfall wird meistens die schon vom Reichsgericht angenommene Konsumtion von Sachbeschädigung (§ 303 StGB) und einfachem Hausfriedensbruch (§ 123 StGB) durch den Einbruchsdiebstahl (§ 243 Nr. 2 StGB) erwähnt[11]). Indessen zeigen sich gerade hier die Divergenzen im Schrifttum besonders deutlich. Honig, Kohlrausch-Lange und Schönke-Schröder nehmen im gleichen Fall Spezialität und Frank sowie Maurach Idealkonkurrenz an[12]). Dabei ist allerdings zu berücksichtigen, daß die Spezialität bei Kohlrausch-Lange ein Unterfall der Konsumtion ist und die letztgenannte an die Stelle des abgelehnten Begriffs der Gesetzeskonkurrenz tritt.

b) Unter Alternativität verstehen v. Liszt-Schmidt das »Entweder-oder«-Verhältnis zwischen zwei gesetzlichen Tatbeständen[13]). Alternativität liegt sonach dann vor, wenn die beiden Tatbestände widerstreitende Merkmale enthalten, wie dies z. B. bei Diebstahl (§ 242 StGB) und Unterschlagung (§ 246 StGB) der Fall ist. Eine Gesetzeskonkurrenz kommt hier nicht in Betracht. In diesem, einem verbreiteten Sprachgebrauch der Logik genau entsprechenden Sinne wird der Terminus Alternativität im übrigen Schrifttum jedoch kaum gebraucht. Vielmehr ist mit Alternativität im Anschluß an Binding[14]) meist der Fall gemeint, bei dem »dieselbe Handlung

[8]) Welzel a. a. O. S. 171. Auch Sauer spricht a. a. O. S. 233 von typischer Begehungsweise.

[9]) Hellmuth Mayer, Strafrecht, Allgemeiner Teil (1953), S. 413.

[10]) Nagler-Jagusch a. a. O. Vorbem. III vor § 73.

[11]) RG 53, 279.

[12]) Honig, Straflose Vor- und Nachtat (1927), S. 4ff.; Kohlrausch-Lange a. a. O. Vorbem. III 1 vor § 73; Schönke-Schröder a. a. O. Vorbem. VII 2 vor § 73; Frank a. a. O. Anm. III zu § 243; Maurach a. a. O. S. 609. — Eine von den bisherigen Theorien abweichende Definition des Konsumtionsbegriffs versucht neuerdings Gerhart Maier, Die systematische Qualifikation des räuberischen Diebstahls nach dem StGB für das Deutsche Reich (Heidelberger Diss. 1955) § 13.

[13]) v. Liszt-Schmidt, Lehrbuch des deutschen Strafrechts, Allgemeiner Teil, 26. Aufl. (1932), S. 357; ebenso Honig a. a. O. S. 113 und Hirschberg a. a. O. S. 48.

[14]) Binding, Handbuch des Strafrechts (1885), S. 349.

von mehreren Gesetzen unter verschiedenen rechtlichen Gesichtspunkten mit verschiedener Strafe bedroht wird, wenn anzunehmen ist, daß jedes dieser Gesetze nur insoweit Anwendung finden will, als nicht das andere eine schwerere Strafdrohung enthäl« (Mezger[15]). Oder wie Welzel formuliert: Alternativität liegt vor, wenn eine Tat sich »in zwei gleichwertige Tatbestände einordnen« läßt, wobei nur das strengste Gesetz zur Anwendung kommt[16]). In dieser Weise sollen § 311 StGB (Zerstörung durch explodierende Stoffe) und § 5 Sprengstoffgesetz zueinander im Verhältnis der Alternativität stehen. Nach Schönke-Schröder ist dieser Begriff ebenso wie der Begriff der Konsumtion überflüssig. Alle Alternativitäts- und Konsumtionsfälle lassen sich nach dieser Ansicht entweder als Spezialitäts- oder Subsidiaritätsfälle systematisch erfassen[17]). Demgegenüber halten Frank und Hellmuth Mayer und Nagler-Jagusch die seit Binding als Fälle der Alternativität angesehenen Gesetzeskonkurrenzfälle für Fehler des Gesetzgebers[18]).

II.

Versucht man in dieses reichlich verworrene Bild, dessen Buntheit noch durch zahlreiche weitere Einzelheiten intensiviert werden könnte, etwas Klarheit zu bringen, so wird man zunächst überlegen müssen, welche Möglichkeiten für Beziehungen zwischen Begriffen der hier in Rede stehenden Art überhaupt grundsätzlich denkbar sind. Dabei stellt man rasch fest, daß es einen numerus clausus solcher Möglichkeiten gibt. Es kommen nämlich denknotwendig nur folgende Zuordnungskombinationen in Betracht:

1. Von Heterogenität (Getrenntsein) spricht man dann, wenn ein Gegenstand, der unter den Begriff A fällt, niemals unter den Begriff B fällt, und umgekehrt, wobei unter einem Gegenstand nicht nur ein raum-zeitliches Objekt, sondern — im weitesten ontologischen Sinne — jedes Objekt, also auch ein geistiger, irrealer oder sonstiger Gegenstand, zu verstehen ist. Handelt es sich bei derartigen Begriffen um gesetzliche Tatbestände, dann sind diese heterogen (disparat, unvereinbar, getrennt), wenn sich keine Tat gleichzeitig unter beide subsumieren läßt, wie dies etwa bei den Tatbeständen des Diebstahls

---

[15]) Mezger wie Anm. 7, S. 253.

[16]) Welzel wie Anm. 8.

[17]) Schönke-Schröder Vorbem. VII 4 vor § 73; auch Sauer (a. a. O. S. 232) hält den Begriff der Alternativität für entbehrlich.

[18]) Frank a. a. O. Anm. VII 3 zu § 73; Hellmuth Mayer a. a. O. S. 414; Nagler-Jagusch a. a. O. Vorbem. III vor § 73.

(§ 242 StGB) und der Unterschlagung (§ 246 StGB) der Fall ist. Dabei ist es für die Heterogenität als solche nicht entscheidend, ob die betreffenden Begriffe zueinander in konträrem oder in kontradiktorischem Gegensatz stehen.

2. Identität (Gleichheit, Deckung) zweier Begriffe liegt bekanntlich vor, wenn jeder unter den Begriff A fallende Gegenstand auch unter den Begriff B fällt und umgekehrt. Innerhalb eines Strafrechtssystems kommen naturgemäß identische (sich deckende, äquipollente) gesetzliche Tatbestände nicht vor. Dagegen spielt die Identität von Tatbeständen in der Strafrechtsvergleichung, im internationalen und interlokalen Strafrecht sowie im Auslieferungsrecht eine Rolle.

3. Stellten Heterogenität und Identität in dem hier interessierenden Zusammenhang seltene Grenzfälle für mögliche Begriffszuordnungen dar, so hat man es bei der Subordination und der Interferenz mit den häufig vorkommenden normalen Begriffsbeziehungsformen zu tun. Subordination (Einschließung, Inklusion) liegt vor, wenn jeder Gegenstand, der unter den Begriff A fällt, auch unter den Begriff B fällt, ohne daß zugleich das Umgekehrte gilt. Dabei wird der Begriff A in der traditionellen Terminologie der Logik der untergeordnete (subordinierte, eingeschlossene) und der Begriff B der allgemeinere (generellere, übergeordnete, dominante, einschließende) Begriff genannt. Dieses Verhältnis der Subordination besteht beispielsweise zwischen Mord (§ 211 StGB) und Totschlag (§ 212 StGB), da jede Tat, die unter den Begriff des Mordes fällt, zugleich unter den Totschlagsbegriff subsumiert werden kann, während das Umgekehrte nicht gilt. Der Totschlag ist demzufolge der generellere Begriff. — Diese Feststellung ist allerdings zunächst nichts anderes als die Ermittlung des begriffslogischen Verhältnisses zwischen den beiden Tatbeständen. Über das strittige hier nicht näher zu erörternde systematische Verhältnis, das nicht allein mittels begriffslogischer Prinzipien sondern nur unter gleichzeitiger Berücksichtigung teleologischer Gesichtspunkte bestimmt werden kann, ist damit noch nichts Endgültiges gesagt. — Ein anderes strafrechtliches Beispiel für die Subordination wäre das Verhältnis der Begriffe Haft (i. S. des § 1 Abs. 3 StGB) und Strafe (i. S. des § 2 Abs. 2 und des 1. Abschnitts des ersten Teils des StGB). Hier ist der Begriff der Haft der subordinierte.

4. Von Interferenz (Überschneidung, Kreuzung) schließlich spricht man dort, wo hinsichtlich zweier Begriffe A und B folgende Bedingungen erfüllt sind: Mindestens ein Gegenstand, der unter den Begriff A fällt, fällt auch unter den Begriff B, und mindestens ein

Gegenstand, der unter den Begriff A fällt, fällt nicht zugleich unter den Begriff B. Außerdem muß umgekehrt bezüglich der unter den Begriff B fallenden Gegenstände das Gleiche in bezug auf den Begriff A gelten. Ist das der Fall, dann sind A und B interferierende (sich kreuzende oder sich überschneidende) Begriffe. Man kann sich leicht davon überzeugen, daß zum Beispiel zwei gesetzliche Tatbestände, die weder heterogen, noch identisch, noch subordiniert sind, notwendig interferierende Tatbestände sein müssen. Dies gilt etwa hinsichtlich der Tatbestände des Betruges (§ 263 StGB) und des Meineids (§ 154 StGB). Weitere Zuordnungsmöglichkeiten — und das ist für die hier zur Sprache stehenden Probleme der Gesetzeskonkurrenz von entscheidender Bedeutung — sind unter den hier gegebenen Voraussetzungen nicht denkbar[19]).

III.

Es fragt sich nun, welche begrifflichen Zuordnungsmöglichkeiten den eingangs erwähnten Fallgruppen der Gesetzeskonkurrenz zugrunde liegen.

1. Die begriffslogische Struktur der Spezialität ist, wie man unschwer erkennt, die Subordination. So ist zum Beispiel jedes Verhalten, das den gesetzlichen Tatbestand des vollendeten schweren Diebstahls erfüllt, zugleich die Verwirklichung des vollendeten einfachen Diebstahls[20]). Das Umgekehrte gilt nicht. Der in der Lehre von der Gesetzeskonkurrenz umstrittene Fall der Spezialität gegen-

[19]) Mit den Mitteln des Klassenkalküls läßt sich in der modernen Logiktheorie der Beweis führen, daß es genau sieben — als Begriffszuordnungsformen deutbare — Klassenverhältnisse gibt, wenn die Klasse aller Gegenstände (die sog. Allklasse) und die Klasse keines Gegenstandes (die sog. Nullklasse) dem auch oben stillschweigend vorausgesetzten üblichen Gebrauch in der traditionellen aristotelischen Logik folgend nicht zugelassen werden. Den Nachweis hierfür erbrachte Menne in »Logik und Existenz« (1954) S. 45ff. und zuvor schon in »Zur Wahrheitswertstruktur des Urteils«, Methodos I/4 (1950) S. 390ff. Eines Eingehens auf dieses formallogische Problem bedarf es hier jedoch nicht, denn von den sieben, durch Berücksichtigung des mit jedem Begriff B zugleich gegebenen Komplementbegriffes Nicht-B sich ergebenden, grundsätzlichen Kombinationsmöglichkeiten kommen für die Analyse der Gesetzeskonkurrenz, wie ohne weiteres evident ist, nur die oben behandelten vier Fälle in Frage. Die allenfalls noch heranzuziehende Superordination (Überordnung) konnte unberücksichtigt bleiben, da bei der Systematik der Tatbestände die Superordinationsfälle lediglich anders betrachtete Fälle der Subordination sind. Die Formulierung, der Tatbestand A sei dem Tatbestand B subordiniert, ist der Ausdrucksweise, der Tatbestand B ist dem Tatbestand A superordiniert, offensichtlich äquivalent. Vgl. die Äquivalenzformel Nr. 13.66 bei Menne, »Logik und Existenz« S. 52.

[20]) Von den Komplikationen, die sich beim versuchten Diebstahl ergeben, sei hier wiederum abgesehen.

über mehr als einem generellen Tatbestand läßt sich bei genauer Berücksichtigung der Definition der Subordination eindeutig lösen. Da für die Subordination lediglich verlangt ist, daß jeder Gegenstand, der unter den Begriff A fällt, stets auch unter den Begriff B fällt, ohne daß umgekehrt auch jeder Gegenstand, der unter B fällt zugleich unter A fällt, steht dem nichts im Wege, daß ein Begriff gleichzeitig zu mehr als einem anderen Begriff im Verhältnis der Subordination steht. An dem oben erwähnten Fall des Raubes (§ 249 StGB) läßt sich das leicht zeigen. Da jede Tat, die ein Raub ist, stets auch ein Diebstahl (§ 242 StGB) ist, ohne daß zugleich das Umgekehrte gilt, sind die Voraussetzungen der Subordination erfüllt. Andererseits ist aber auch jedes Verhalten, das einen Raub darstellt, gleichzeitig eine Nötigung (§ 240 StGB), während die Umkehrung auch hier nicht zutrifft. Hinsichtlich des Verhältnisses von Raub und Nötigung sind also die Voraussetzungen für die Subordination ebenfalls gegeben. § 249 steht somit sowohl zu § 242 als auch zu § 240 im begriffslogischen Verhältnis der Subordination. Wenn aber dem strafrechtlichen Begriff der Spezialität die logische Struktur der Subordination zugrundeliegt, dann folgt aus dem Gesagten die Möglichkeit, daß ein und derselbe gesetzliche Tatbestand zugleich zu zwei oder mehreren anderen gesetzlichen Tatbeständen im Verhältnis der Spezialität zu stehen vermag.

2. Verhältnismäßig einfach ist ferner die Analyse der Subsidiarität bei strafrechtlichen Tatbeständen. Es liegt Interferenz vor, denn offensichtlich überschneiden sich der Auffangtatbestand und der jeweils in Betracht kommende andere Tatbestand. Bei dem Verhältnis zwischen Automatenmißbrauch und Erschleichen freien Eintritts (§ 265a StGB) einerseits und Betrug (§ 263 StGB) andererseits sind zum Beispiel die Voraussetzungen der Interferenz deutlich gegeben, denn es gibt Fälle, die zugleich unter § 265a und unter § 263 zu subsumieren sind, es gibt ferner Fälle, die nur unter § 265a fallen, und es gibt schließlich Fälle, die nur den Tatbestand des § 263 erfüllen. Die Tatbestände dieser beiden gesetzlichen Bestimmungen sind somit interferierende Begriffe.

Subordination kann als Struktur der Subsidiarität nicht angenommen werden, weil dann jeder Fall des subsidiären Tatbestandes zugleich ein Fall des Auffangtatbestandes wäre. Damit würde der subsidiäre Tatbestand niemals zur Anwendung kommen und wäre folglich überflüssig.

3. Komplizierter ist die Aufhellung der begriffslogischen Grundlagen der Konsumtion.

a) Den meisten Fällen, die üblicherweise als Konsumtionsfälle angesehen werden, ist nach der wohl herrschenden Meinung gemeinsam, daß sie zwar als spezialitäts-ähnlich erscheinen, aber doch nicht exakt in das Spezialitätsschema passen. Am besten läßt sich das an dem Beispiel des Verhältnisses zwischen Einbruchdiebstahl (§ 243 Nr. 2 StGB) einerseits und (einfachem) Hausfriedensbruch (§ 123 StGB) sowie Sachbeschädigung (§ 303 StGB) andererseits erkennen. Da nicht jeder Fall eines Einbruchdiebstahls zugleich ein Fall des Hausfriedensbruchs und auch nicht zugleich ein Sachbeschädigungsfall ist, fehlen die Spezialitätsvoraussetzungen. Die zugrundeliegende begriffslogische Struktur ist nicht die Subordination, sondern die Interferenz. Die Tatbestände der §§ 243, Nr. 2, 123 und 303 StGB überschneiden sich. Daraus haben dann auch Frank und Maurach in formallogisch unanfechtbarer Folgerichtigkeit den Schluß gezogen, daß Idealkonkurrenz (§ 73 StGB), und zwar in der Form der ungleichartigen Tateinheit, vorliegt[21]).

b) Diese Konsequenz wird oft sowohl im Hinblick auf den systematischen Ausgangspunkt als auch mit Rücksicht auf das Ergebnis für nicht bedenkenfrei gehalten[22]). Man gibt zwar zu, daß Spezialität nicht vorliegt, weil Einbruchdiebstahlsfälle denkbar sind, die kein Hausfriedensbruch oder keine Sachbeschädigung sind, glaubt aber davon ausgehen zu müssen, daß der Unrechtsgehalt des Einbruchdiebstahls den der anderen Delikte bereits in sich enthält, weil es für Einbruchdiebstähle typisch sei, daß sie von seltenen Ausnahmen abgesehen zugleich die Tatbestände des Hausfriedensbruchs und der Sachbeschädigung verwirklichen. Hieraus wird einerseits die derogierende Kraft des § 243 Nr. 2 gegenüber den §§ 123 und 303 StGB gefolgert. Andererseits sieht man sich gezwungen, hierfür die besondere systematische Figur der Konsumtion einzuführen, weil angeblich weder der Begriff der Spezialität noch derjenige der Subsidiarität zur begrifflichen Erfassung geeignet erscheint.

c) Bei dieser Argumentation wird leicht übersehen, daß die Logik der Begriffe, so wie sie in diesem Zusammenhang in Betracht kommt, neben den erörterten Begriffszuordnungsmöglichkeiten der Heterogenität, Identität, Subordination und Interferenz keine weiteren Möglichkeiten offen läßt. Nur unter diesen hat man die Wahl, wobei die engere Wahl offensichtlich nur zwischen den beiden zuletzt genannten

[21]) Vgl. oben Anm. 12.

[22]) Zum Folgenden vgl. u. a. Dreher-Maaßen a. a. O. Vorbem. III 2 c vor § 73, Mezger wie Anm. 7, Nagler-Jagusch a. a. O. Vorbem. III vor § 73, Sauer a. a. O. S. 233, Schwarz a. a. O. Vorbem. 2 A c vc 73 und Welzel a. a. O. S. 171.

Zuordnungsformen gegeben ist. Versucht man es zunächst mit der Subordination, so zeigt sich: Richtet man sich nach den Begriffsmerkmalen, wie der Gesetzgeber sie durch die betreffenden Tatbestände festgelegt hat, dann scheidet die Subordination und damit — wie bereits dargelegt wurde — die Spezialität aus. Lediglich durch eine besondere Gedankenoperation kann man die Konsumtion auf die Struktur der Subordination zurückführen und damit ihre Spezialitätsähnlichkeit retten. Man schränkt den Tatbestand des § 243 Nr. 2 StGB für diesen Zweck auf die typischen und gewöhnlichen Einbruchdiebstahlsfälle ein und erklärt, nur der in dieser Begrenzung verstandene Tatbestand sei für die Frage, ob Idealkonkurrenz in Betracht komme oder nicht, ausschlaggebend. Dieser engere Begriff steht dann in der Tat zu den §§ 123 und 303 StGB in dem begriffslogischen Verhältnis der Subordination, so daß man zu einem Sonderfall der Spezialität kommt, der terminologisch von der üblichen Spezialität durch die Bezeichnung Konsumtion abgehoben werden kann, und der es gestattet, die Idealkonkurrenz bei Konstellationen dieser Art zu verneinen[23]). Noch konsequenter ist es, wenn man mit v. Weber schon für den normalen Spezialitätsbegriff annimmt, daß für die Abgrenzung des Begriffsbereichs der gewöhnliche Hergang ausschlaggebend ist[24]). Dieser Ausweg dürfte aber nicht unbedenklich sein, weil er eine Einschränkung des Begriffsbereichs eines gesetzlichen Tatbestandes voraussetzt, für die der Gesetzgeber keine ausdrückliche Genehmigung ausgesprochen hat. Es läge die Gefahr einer Interpretation contra legem vor.

Hinzu kommt, daß alle Schwierigkeiten des Typus-Begriffs mit in Kauf genommen werden müßten. Mit Recht hat jedoch Engisch in prinzipiellerem Zusammenhang betont, daß der Strafgesetzgeber keine fließenden Übergänge, keine Qualifikation einer Tat als »mehr oder minder Mord« usw. zuläßt, sondern stets nur ein entweder-oder erlaubt, und daß infolgedessen genaue Definitionen gegeben werden müßten[25]). Bei den hier in Rede stehenden Konsumtionsfällen ergäben sich aber zwei Tatbestandsbegriffe, ein allgemeiner aus dem Gesetzestext definierter und ein spezieller aus der typischen Begehungsweise hergeleiteter. Da aber auch das Atypische einem gesetz-

[23]) So nehmen Spezialität im Verhältnis von § 243 Nr. 2 zu den §§ 123, 303 wie gesagt Honig, Kohlrausch-Lange und Schönke-Schröder an. Vgl. oben Anm. 12.

[24]) Vgl. von Weber a. a. O. S. 103ff.

[25]) Engisch, Die Idee der Konkretisierung in Recht und Rechtswissenschaft unserer Zeit (1953), S. 237ff., vor allem S. 277 u. 285. — Zu den Begriffen Tätertyp und Tattyp im Strafrecht vgl. Mezger, Gallas und Bockelmann in ZStW 60 S. 353ff., 374ff. u. 417ff.

lichen Tatbestand unterfallen kann[26]), würden sich bei diesem Vorgehen paradoxe Folgerungen ergeben, die dem Willen des Gesetzgebers sicher nicht entsprechen dürften.

d) Eine letzte Möglichkeit, den Begriff der Konsumtion exakter zu fassen, hat davon auszugehen, daß die Struktur der Interferenz, die Überschneidung der Tatbestände, bei den diskutierten Konsumtionsfällen nicht wegzuleugnen ist. Es muß dann aber eine Begründung für die Nichtanwendung der Grundsätze der Idealkonkurrenz gesucht werden. Diese kann durch die Heranziehung des Subsidiaritätsgedankens gefunden werden, denn Subsidiarität sowohl als auch Idealkonkurrenz bauen begriffslogisch auf der gleichen Konstellation auf. Der Unterschied liegt in den vom Gesetzgeber angeordneten Folgerungen für die Anwendung der zueinander im Verhältnis der Interferenz stehenden Tatbestände. Man kann insoweit die Konsumtion als einen Sonderfall der Subsidiarität ansehen, und zwar als einen Fall der stillschweigend vom Gesetz nach seinem Sinnzusammenhang vorausgesetzten Subsidiarität. Das ist zwar logisch korrekt, es müssen aber Schwierigkeiten bei der praktischen Anwendung in Kauf genommen werden, denn es fehlt an eindeutigen Richtlinien für die Abgrenzung zur Idealkonkurrenz. Diese Schwierigkeiten mögen bei den üblichen anerkannten Fällen der stillschweigenden Subsidiarität überwindbar sein, denn, daß die sog. straflose Vortat gegenüber der Haupttat subsidiär ist, wie etwa die Fälschungsvorbereitung (§ 151 StGB) gegenüber der Geldfälschung (§ 146 StGB) selbst, mag einleuchten. Es ist aber schlechterdings nicht einzusehen, welche zwingenden Gründe dazu führen sollen, daß etwa die Sachbeschädigung gegenüber dem Einbruchdiebstahl subsidiär ist, und daß keine Idealkonkurrenz besteht. Man denke z. B. an Einbruchdiebstahlsfälle, bei denen die Beschädigung von wertvollen Gegenständen so dominiert, daß der Tatbestand des § 243 Nr. 2 StGB demgegenüber vollkommen in den Hintergrund gedrängt ist.

4. Auch der Begriff der Alternativität läßt verschiedene Deutungen zu.

a) Verwendet man diesen Terminus wie v. Liszt-Schmidt dort, wo gesetzliche Tatbestände, wie etwa Diebstahl und Unterschlagung, einander widerstreitende Merkmale enthalten, dann liegt Heterogenität vor. Die Begriffsbereiche sind voneinander streng getrennt. Ein Sachverhalt, der unter den einen gesetzlichen Tatbestand fällt, kann niemals unter den anderen subsumiert werden. Da Gesetzeskonkurrenz mindestens eine Überschneidung der gesetzlichen Tat-

[26]) Engisch a. a. O. S. 283.

bestände — also Interferenz — voraussetzt, ist eine Alternativität dieser Art, die übrigens mit dem formallogischen Begriff der Alternativität genau übereinstimmt[27]), kein Unterfall der Gesetzeskonkurrenz. Sie scheidet somit in diesem Zusammenhang aus.

b) Die übliche Auslegung des Alternativitätsbegriffes steht zu der vorerwähnten Deutung in scharfem Gegensatz. Es fragt sich aber, welches begriffslogische Zuordnungsverhältnis eigentlich gemeint ist, wenn man mit der oft vertretenen Lehrmeinung sagt, eine Tat lasse sich in zwei gleichwertige Tatbestände einordnen, oder wenn man, ohne daß darin ein wesentlicher Unterschied liegt, formuliert, ein und dieselbe Handlung werde unter verschiedenen rechtlichen Gesichtspunkten mit verschiedener Strafe bedroht[28]). Eine Überschneidung der Tatbestände soll offensichtlich nicht gemeint sein, denn dann gäbe es keinen Unterschied zur Subsidiarität, da auch bei Alternativität nur das schwerere Gesetz zur Anwendung kommen soll. Ein Fall der Interferenz liegt somit nicht vor. Da auch Heterogenität wie sich zeigte nicht in Betracht kommt, bleiben als begriffslogische Konstellationen für die Alternativität nur noch Identität und Subordination übrig. Es fragt sich daher, welche dieser beiden verbleibenden Möglichkeiten hier anzuwenden ist.

Nach dem Strafgesetzbuch alter Fassung wurden zwischen Gesandtenbeleidigung (§ 104 a. F.) und Beleidigung im Sinne der §§ 185 ff. das Konkurrenzverhältnis der Alternativität angenommen[29]). Hinsichtlich der logischen Struktur des Verhältnisses dieser gesetzlichen Tatbestände zeigt sich auf den ersten Blick, daß keine Identität der Begriffe, sondern Subordination vorlag. Jeder Fall von Gesandtenbeleidigung war stets auch ein Fall der allgemeinen Beleidigung. Das Umgekehrte galt selbstverständlich nicht. Nun möchte man zunächst meinen, es läge somit strafrechtlich die Konkurrenzform der Spezialität vor. Damit würde man aber auf Schwierigkeiten stoßen, weil die Heraushebung des Begriffs der Gesandtenbeleidigung aus dem allgemeinen Tatbestand der Beleidigung hinsichtlich der unteren Strafgrenze eine Qualifizierung und bezüglich der oberen Grenze überraschenderweise nach dem Wortlaut des Gesetzes eine Privilegierung bedeutete. Bei Anwendung des Spezialitätsprinzips, wonach der spezielle

---

[27]) Vgl. Magni, Per i rapporti fra logica giuridica e moderna sintassi logica, in Rivista italiana per le scienze giuridiche 1953, S. 33 und Klug, Juristische Logik (1951), S. 30/31.

[28]) So Welzel und Mezger; vgl. oben Anm. 6 u. 11.

[29]) Frank a. a. O. Anm. VII 3 zu § 73 erwähnt diesen Fall im Anschluß an Binding als übliches Beispiel, lehnt den Begriff der Alternativität jedoch grundsätzlich ab.

Tatbestand den generellen derogiert, würde dies die eigenartige Folge gehabt haben, daß etwa die tätliche Beleidigung eines Gesandten milder zu bestrafen gewesen wäre, als das gleiche Verhalten gegenüber einem beliebigen Dritten. Um diese Konsequenz zu vermeiden nahm man an, daß keine Spezialität vorlag, sondern ein anderes Konkurrenzverhältnis kraft dessen es möglich wurde bei schwereren Fällen den Strafrahmen des generellen Tatbestandes maßgebend sein zu lassen. Es ergab sich daher für den Richter eine Art Wahlrecht zwischen dem subordinierten und dem dominanten Tatbestand, so daß man die Bezeichnung Alternativität glaubte einführen zu sollen. — Im geltenden Strafrecht ist diese Schwierigkeit ausgemerzt. Die Beleidigung ausländischer Staatsmänner (§ 103 StGB), die an die Stelle der Gesandtenbeleidigung (§ 104 a. F.) getreten ist, stellt eine echte Qualifizierung der §§ 185 ff. StGB dar, bei welcher gegenüber den §§ 185 und 186 sowohl die unteren als auch die oberen Strafgrenzen erhöht sind und gegenüber § 187 das Strafminimum verschärft ist. Der Annahme, daß hier Spezialität vorliegt, steht daher nichts im Wege[30]).

Der andere Paradefall der Alternativität soll die Konkurrenz zwischen Zerstörung durch explodierende Stoffe (§ 311 StGB) einerseits und § 5 des Gesetzes gegen den verbrecherischen und gemeingefährlichen Gebrauch von Sprengstoffen andererseits sein. Die Tatsache, daß der Tatbestand des § 311 StGB die gänzliche oder teilweise Zerstörung einer Sache fordert, während nach § 5 Sprengstoffgesetz bereits die Gefährdung genügt, zeigt, daß nicht jede Verwirklichung des § 5 Sprengstoffgesetz zugleich den Fatbestand des § 311 StGB erfüllen muß. Umgekehrt aber ist kein Fall des § 311 StGB denkbar der nicht zugleich auch den Tatbestand des § 5 Sprengstoffgesetz realisiert. Es liegt somit wiederum an sich das logische Verhältnis der Subordination zugrunde[31]). Allein auch hier ist die Anwendung des Spezialitätsprinzips aus ähnlichen Gründen wie beim vorangehenden Fall nicht möglich. Die speziellere Bestimmung ist § 311 StGB. In Verbindung mit § 308 StGB ergibt sich gegenüber der generellen Bestimmung des § 5 Sprengstoffgesetz eine Privilegierung. Aus dem Sinnzusammenhang geht indessen deutlich hervor, daß dies nicht der Wille des Gesetzgebers sein kann. Statt der bei Spezialität vorgeschriebenen Derogationswirkung wird deshalb auch hier Alternativität angenommen.

---

[30]) So auch Dreher-Maaßen a. a. O. Anm. 2 zu § 103 und Schönke-Schröder a. a. O. Anm. V zu § 103.

[31]) Überschneidung und damit Idealkonkurrenz nehmen dagegen an: Dreher-Maaßen a. a. O. Anm. 2 zu § 311 und Schönke-Schröder a. a. O. Anm. V zu § 311.

Dem strafrechtlichen Begriff der Alternativität als eines Sonderfalles der Gesetzeskonkurrenz liegt also das begriffslogische Zuordnungsverhältnis der Subordination zugrunde. Der Unterschied zur Spezialität besteht somit nicht in der logischen Struktur, sondern in den unterschiedlichen Folgerungen, die bei der Gesetzesanwendung aus der gleichen Konstellation der Begriffe gezogen werden.

5. Wie die vorstehenden Überlegungen zeigen, ergibt sich aus der begriffslogischen Analyse:

a) Als allgemeines Ergebnis: Die gesetzlichen Tatbestände eines Strafrechts können zueinander nur im Verhältnis der Interferenz oder der Subordination oder der Heterogenität stehen, wobei stets nur eine Form der Begriffszuordnung in Frage kommt und der Fall der Identität bereits durch die stillschweigende Voraussetzung als ausgeschaltet zu gelten hat, daß es sich selbstverständlich immer um voneinander verschiedene Tatbestände handeln muß, da es sinnlos wäre, in ein und demselben positiven Gesetzessystem identische Tatbestände zu formulieren.

b) Als besonderes Ergebnis für die Gesetzeskonkurrenz: Da bei Gesetzeskonkurrenz die Heterogenität nicht zugrundeliegen kann, denn sie besagt ja gerade, daß keine Konkurrenz der betreffenden Tatbestände möglich ist, bleiben nur Interferenz und Subordination als Möglichkeiten für die begriffslogische Struktur übrig.

IV.

Obwohl für die Gesetzeskonkurrenz nur diese zwei Grundformen zur Verfügung stehen, ist damit noch nichts Endgültiges über die Anzahl der möglichen Folgerungen für die Gesetzesanwendung bei derartigen Begriffskonstellationen ausgesagt. Vielmehr ist das jeweils als Interferenz oder Subordination ermittelte Verhältnis zwischen den in Frage kommenden Tatbeständen noch unter teleologischem Aspekt zu betrachten, denn es leuchtet ein, daß die Feststellung, zwei Tatbestände stehen zueinander im logischen Verhältnis der Interferenz oder der Subordination noch nichts darüber ergibt, was hieraus für die Anwendung dieser Tatbestände folgt. Erst wenn zusätzliche Direktiven zur Verfügung stehen, läßt sich erschließen, welche Folgen die Ermittlung des logischen Verhältnisses der Tatbestände zueinander für die Gesetzesanwendung hat. Derartige aus dem Gesetzeswerk abzuleitende teleologische Grundsätze können vom Gesetzgeber ausdrücklich genannt oder stillschweigend vorausgesetzt werden.

Ausdrücklich erwähnt sind sie vielfach bei den Fällen der Subsidiarität[32]). Dies empfiehlt sich für den Gesetzgeber, um die Abgrenzung von der Idealkonkurrenz sicherzustellen, da auch bei der letztgenannten das begriffslogische Verhältnis der Interferenz zugrundeliegt.

Stillschweigend vorausgesetzt sind die Anwendungsgrundsätze vor allem bei der Spezialität, aber — wie oben gezeigt wurde — auch nicht selten bei Subsidiarität und stets bei Konsumtion und Alternativität.

Es ist üblich, diesen teleologischen Prinzipien vor allem für die Fälle, wo sie stillschweigend vorausgesetzt werden, die bereits erwähnte lateinische Fassung zu geben: »Lex specialis derogat legi generali« bei Spezialität, »Lex primaria derogat legi subsidiariae« bei Subsidiarität und »Lex consumens derogat legi consumptae« bei Konsumtion. Für die Alternativität fehlt eine entsprechende Formel.

Daß es sich hierbei keineswegs um logische Gesetze, sondern um teleologische Anweisungen für die Gesetzesauslegung handelt, ist leicht zu erkennen, wenn man sich vergegenwärtigt, daß die gleiche logische Zuordnung unter verschiedenen teleologischen Aspekten zu unterschiedlichen Folgerungen führen kann. So führt etwa das Interferieren von gesetzlichen Tatbeständen unter dem Gesichtspunkt der Idealkonkurrenz zu anderen Konsequenzen als in den Fällen der Subsidiarität. Das rein logische Zuordnungsverhältnis der Begriffe ist als solches teleologisch neutral und deshalb für die hier in Rede stehenden Strafrechtsprobleme in der angegebenen Weise ergänzungsbedürftig. Es empfiehlt sich daher nicht, wie Mezger es vorschlägt, bei der Charakterisierung der Spezialität gegenüber anderen Arten der Gesetzeskonkurrenz zwischen logischen und wertenden Gründen in der Weise zu unterscheiden, daß sich bei der Spezialität die Derogation des generellen Tatbestandes durch den speziellen aus logischen Gründen ergibt, und erst bei den anderen Arten der Gesetzeskonkurrenz eine wertende Betrachtung einzuschalten ist[33]). Die Wertindifferenz des logischen Verhältnisses zeigt sich bei der Subordination besonders deutlich daran, daß etwa bei Naturgesetzen das Spezielle vom Generellen derogiert wird, also bei gleicher logischer Konstellation der umgekehrte Effekt eintritt.

[32]) Vgl. oben Abschnitt I Nr. 2 b dieser Untersuchung.

[33]) Mezger wie oben Anm. 7. Wie Mezger jetzt auch Jescheck, Die Konkurrenz, ZStW 67 (1955) S. 534/535.

V.

Als Ergebnis läßt sich nunmehr aus dem im Vorangehenden Gesagten folgendes ableiten:

1. Da für die Gesetzeskonkurrenz nur die zwei begriffslogischen Konstellationen Interferenz (Überschneidung) und Subordination (Einschließung) zur Verfügung stehen, sind grundsätzlich nur zwei Arten der Gesetzeskonkurrenz zulässig: Spezialität bei Subordination und Subsidiarität bei Interferenz der gesetzlichen Tatbestände[34]).

2. Bei der Spezialität ist der jeweilige teleologische Sinn stets so eindeutig erkennbar, daß es keines besonderen Hinweises des Gesetzgebers auf die derogierende Wirkung des speziellen Tatbestandes bedarf. Anders ist es bei der Subsidiarität, da hier die gleiche begriffslogische Lage — die Überschneidung — auch zur Idealkonkurrenz führen kann. Man darf deshalb die ausdrückliche Subsidiarität als die Normalform ansprechen. Hat der Gesetzgeber bei Interferenz der Tatbestände expressis verbis nichts über Subsidiarität angeordnet, ist prinzipiell davon auszugehen, daß die Voraussetzungen für Idealkonkurrenz gegeben sind. Soll gleichwohl Subsidiarität gelten, bedarf es einer zweifelsfreien teleologischen Begründung, die in Abweichung von dem vorgenannten Grundsatz die Annahme rechtfertigt, der Gesetzgeber habe an Stelle von Idealkonkurrenz stillschweigend Subsidiarität vorausgesetzt. Ein klarer Fall dieser Art ist etwa die schon mehrfach erwähnte Subsidiarität der Fälschungsvorbereitung (§ 151 StGB) gegenüber der Geldfälschung (§ 146 StGB) selbst.

3. Die Begriffe Alternativität und Konsumtion sind als Sonderformen der Gesetzeskonkurrenz überflüssig.

a) Der Alternativität liegt, wie sich zeigte die Subordination, also die gleiche logische Struktur wie bei der Spezialität, zugrunde. Sie stellt einen Gesetzgebungsfehler dar, der darauf beruht, daß entweder spezialisiert wurde bei gleichzeitiger Qualifizierung und Privilegierung (z. B. § 104 a. F. StGB), was im Rahmen ein und desselben Strafrechtssystems ein teleologischer Widerspruch ist, oder daß mit Privilegierungseffekt dort spezialisiert wurde, wo der teleologische Zusammenhang eindeutig ergibt, daß eine Privilegierung nicht gemeint sein kann (z. B. § 311 StGB gegenüber § 5 SprengstoffGes.). Der Ausdruck Alternativität mag allenfalls zur Kennzeichnung eines solchen fehlerhaften Verhältnisses zwischen Tatbeständen beibe-

[34]) Das Ergebnis trifft sich — wenn auch mit anderer Begründung — mit der Ansicht von Schönke-Schröder Vorbem. VII vor § 73.

halten werden. Indessen ist zu bedenken, daß dies leicht zu Mißverständnissen führen kann, weil der Richter in derartigen Fällen keineswegs vor eine echte Alternative gestellt ist, da er, wie die herrschende Meinung lehrt, das Gesetz mit der schwereren Strafdrohung anwenden soll[35]). Damit wird aber der spezielle Tatbestand praktisch überflüssig. Richtiger ist es daher, den Terminus Alternative aus der Lehre von der Gesetzeskonkurrenz ganz auszuschalten. Er kann dann im Sinne von Liszt-Schmidt zur Bezeichnung des Verhältnisses der Heterogenität von Tatbeständen verwandt werden[36]).

b) Der Konsumtion liegt ebenso wie der Subsidiarität das Begriffsverhältnis der Interferenz zugrunde. Sie kann ohne Schwierigkeiten als stillschweigende Subsidiarität verstanden werden und erweist sich damit in der Lehre von der Gesetzeskonkurrenz ebenfalls als überflüssig. So ist z. B. das als ein Fall der stillschweigenden Subsidiarität anerkannte Verhältnis zwischen § 151 und § 146 StGB durchaus gleich gelagert dem üblicherweise als Konsumtion angesehenen Verhältnis zwischen § 123 und § 243 Nr. 2 StGB. In beiden Fällen überschneiden sich die Tatbestände und jedesmal wird als stillschweigend vorausgesetzter Wille des Gesetzgebers, wie er sich bei teleologischer Auslegung ergibt, angenommen, daß der eine Tatbestand nicht zur Anwendung gelangt, wenn der andere anwendbar ist. — Entbehrlich ist der Begriff der Konsumtion ferner selbst dann, wenn auf die oben erörterte nicht unbedenkliche Argumentation aus der typischen Begehungsform eines Delikts nicht verzichtet werden soll, denn unter dieser Voraussetzung hat sich erwiesen, daß die logische Struktur der Subordination die Basis einer derartigen Schlußfolgerung bildet, und daß die so gedeutete Konsumtion ein Fall der Spezialität ist, dessen besondere Hervorhebung systematisch nicht erforderlich ist[37]).

4. Die mit dem speziellen Ziel einer systematischen Aufhellung des Begriffs der Gesetzeskonkurrenz durchgeführten Untersuchungen haben gleichzeitig noch als ein allgemeineres methodologisches Ergebnis die Erkenntnis erneut verdeutlicht, daß einem strafrechtlichen Begriff wie dem der Gesetzeskonkurrenz nicht allein mit den Mitteln der begriffslogischen Analyse beizukommen ist. Vielmehr muß darüber hinaus auch noch der teleologische Aspekt berücksichtigt werden[38]). Umgekehrt ergab sich aber zugleich, daß die alleinige Aus-

[35]) Vgl. oben Anm. 15 und 16.

[36]) Vgl. oben Anm. 13.

[37]) Vgl. oben Abschnitt III Nr. 3 b und c.

[38]) Vgl. u. a. hierzu schon Schwinge, Teleologische Begriffsbildung im Strafrecht (1930).

wertung teleologischer Gesichtspunkte ohne logische Klärung den Problemen ebensowenig gerecht wird. Dieses sich im Bereich der Strafrechtsdogmatik dokumentierende gegenseitige Abhängigkeitsverhältnis zwischen beiden Betrachtungsweisen weist auf das tieferliegende Phänomen, daß zwischen Logik und Teleologik ein funktionaler Zusammenhang besteht.

5. Im Hinblick auf die Arbeiten an der Reform des Strafrechts läßt sich für die künftige Behandlung der Gesetzeskonkurrenz aus den Ergebnissen dieser Untersuchung folgern:

Das Auftreten von Gesetzeskonkurrenz läßt sich kaum vermeiden, teils weil die Qualifizierung oder Privilegierung besonderer Deliktstypen (Fall der Spezialität) im Interesse einer besseren Anpassung des Gesetzes an kriminalpolitische Zielsetzungen wünschenswert erscheint, teils weil sich die Überschneidung von gesetzlichen Tatbeständen (Fall der Subsidiarität, soweit nicht Idealkonkurrenz in Betracht kommt) infolge der nicht überschaubaren Vielfalt der realisierbaren Sachverhalte nicht verhindern läßt. Eine besondere gesetzliche Bestimmung über die Gesetzeskonkurrenz dürfte jedoch nicht erforderlich sein[39]). Die Spezialitätsfälle bieten schon nach der bisherigen Technik der Gesetzesformulierung grundsätzlich keine Schwierigkeiten, und Gesetzgebungsfehler von der Art, wie sie dem Alternativitätsbegriff zugrunde lagen, sollten vermeidbar sein. Keine prinzipiellen Schwierigkeiten treten auch bei der ausdrücklichen Subsidiarität auf. Probleme ergeben sich nur bei der stillschweigenden Subsidiarität. Es wäre wünschenswert, diese Fälle durch sorgfältige Redaktion des Textes möglichst auszuschalten, so daß im Wesentlichen nur noch die ausdrückliche Subsidiarität vorkommt und bei allen anderen Interferenzfällen grundsätzlich davon auszugehen ist, daß die Bestimmungen über die Idealkonkurrenz Anwendung finden. Ein besonderer Hinweis darauf daß Subsidiarität nur dort angenommen werden darf, wo sie ausdrücklich erwähnt ist dürfte sich nicht empfehlen. Hier sollte es wie bisher Rechtsprechung und Lehre überlassen bleiben, die einzelnen Grundsätze zu erarbeiten, zumal nicht vorausgesehen werden kann, ob nicht in dem einen oder anderen Fall die Annahme einer stillschweigenden Subsidiarität erforderlich ist.

[39]) Im Ergebnis ebenso Jescheck a. a. O. S. 536/537 und Schneidewin a. a. O. S. 224/225 u. 229.

Die Verpflichtung des Rechtsstaats zur Verjährungsverlängerung*

I

In der bisherigen Diskussion um die Verjährung von NS-Verbrechen ist meistens übersehen worden, daß die Verlängerung der Verjährungsfrist für Mordtaten rechtsstaatlich und verfassungsrechtlich nicht nur erlaubt, sondern sogar geboten ist. Eine genaue Analyse zeigt, daß der Gesetzgeber aus rechtsstaatlichen und verfassungsrechtlichen Gründen verpflichtet ist, dafür Sorge zu tragen, daß die Verjährungsfrist entweder verlängert oder gänzlich aufgehoben wird. Hierfür sind vor allem drei Gründe maßgebend:

1. Die rechtsstaatliche Pflicht zur Verjährungsverlängerung folgt in erster Linie aus der gerade für den Rechtsstaat ausschlaggebenden Gerechtigkeitsidee[1]. Sie wäre verletzt, wenn die Rechtsordnung schwerste Kriminaltaten nur deshalb unbestraft ließe, weil es der Justiz lediglich aus technischen Gründen nicht möglich gewesen wäre, Straftaten zu verfolgen, die das Recht in einer Weise verletzt haben, die an Unmenschlichkeit nicht übertroffen werden kann.

2. Die Nichtverlängerung verstieße ferner gegen den rechtsstaatlichen Grundsatz der Gleichheit vor dem Gesetz, denn sie würde dazu führen, daß aus Gründen der Zufälligkeit eine Gruppe von Mördern frei ausginge, während andere bestraft wurden. Das Risiko, daß die Verjährungsregelung zur ungleichen Behandlung von Mördern führt, war in der bisherigen Praxis der Strafjustiz nahezu gleich null. Nennenswerte Fälle der üblichen Mordkriminalität außerhalb der NS-Verbrechen sind bisher in Deutschland *nach* Ablauf der jeweiligen Verjährungsfrist nicht bekannt geworden. Der Gesetzgeber konnte dieses Ungleichheitsrisiko deshalb in Kauf nehmen. Das aber hat sich bei den NS-Verbrechen gänzlich geändert. Der Ablauf der Verjährungsfrist würde deshalb zur Verletzung des Gleichheitsgrundsatzes führen.

3. Schließlich fordert aber auch das rechtsstaatliche Legalitätsprinzip, wonach die Strafjustiz zum Einschreiten bei allen bekannt werdenden strafbaren Handlungen ver-

---

* Diesem Aufsatz liegt ein Vortrag zugrunde, den der Verfasser am 9. Februar 1965 in der Universität zu Köln gehalten hat.

1 Daß der Rechtsstaat als Gerechtigkeitsstaat zu begreifen ist, betonen *Hamann*, Das Grundgesetz, 2. Aufl. 1961, Einf. I D 1, S. 21; *v. Mangoldt-Klein*, Das Bonner Grundgesetz, Bd. 1, 1957, Anm. VI 1 zu Art. 20; *Maunz-Dürig*, Grundgesetz, Kommentar, Anm. IV 3 zu Art. 20 GG.

pflichtet ist, eine Verjährungsverlängerung. Die üblichen Einschränkungen dieses Prinzips durch die Verjährung sind rechtsstaatlich unbedenklich, solange dadurch nicht eine große Anzahl von Mördern unbestraft bleibt. Ist dies letztere der Fall, dann kommt dem Legalitätsprinzip eine überwiegende Bedeutung zu.

II

Die Wahrung des Gerechtigkeits-, des Gleichheits- und des Legalitätsgrundsatzes ist zur Aufrechterhaltung des Rechtsstaats erforderlich. Das Grundgesetz dient der Verwirklichung der Idee des Rechtsstaats. Die Wahrung dieser Idee ist deshalb ein ständiger verfassungsrechtlicher Auftrag an den Gesetzgeber. Kann die Rechtsstaatsidee nur durch die Verlängerung einer Verjährungsfrist gewahrt werden, ist der Gesetzgeber infolgedessen zum Erlaß eines entsprechenden Gesetzes verfassungsrechtlich verpflichtet.

III

Dieser Pflicht steht das Rückwirkungsverbot des Art. 103 II GG nicht entgegen, weil die Regelung der Verjährungsfrist keine Änderung der Strafbarkeit als solcher und auch keine Änderung der Strafhöhe bedeutet[2]. Die Bestimmungen über die Verjährung haben, wie die Rechtsprechung der Strafgerichte einschließlich des *BGH*[3] seit vielen Jahren einheitlich festgestellt hat, nur das Verfahren bei der Ermittlung eines Verhaltens, dessen Strafbarkeit bereits vor der Tat gesetzlich bestimmt war, zum Gegenstand. Sie haben daher nur prozeßrechtlichen und keinen materiellrechtlichen Charakter[4].

---

2 *BVerfGE* 1, 418; *BGH* NJW 52, 271 = JZ 52, 183 (Leitsatz); *BGHSt* 2, 300 = JZ 52, 431. *Maunz-Dürig* aaO Anm. III 1 b zu Art. 103 GG; *Eb. Schmidt*, Lehrkommentar zur StPO und zum GVG, Teil I, 2. Aufl. 1964, S. 117, Fußn. 333. Vgl. zu diesem Fragenkreis auch *Naegele* u. a. in NJW 60, 889, 891; *Lackner* NJW 60, 1046 und *Arndt* NJW 61, 14.

3 Vgl. *RGSt* 76, 159; *BGHSt* 2, 300, 305 f. = JZ 52, 431; ferner *BGHSt* 4, 135, 137; 4, 379, 385; 8, 269, 270 = JZ 56, 417 mit Anm. v. *Jescheck*; 11, 393, 395 = JZ 58, 748; *BGH* NJW 52, 271 = JZ 52, 183 (Leitsatz). Der Rechtsansicht des *BGH* folgen die Oberlandesgerichte ausdrücklich oder stillschweigend; vgl. u. a. *OLG Köln* NJW 53, 756; *OLG Oldenburg* NdsRpfl. 53, 207, *BayObLG* 53, 97. Dieser Rechtsprechung ausdrücklich zustimmend *Jagusch* LM Nr. 1 zu § 231 StPO; *Dallinger* MDR 52, 407; ablehnend *Moser* GA 54, 301 ff.; kritisch *Niese* JZ 53, 219 unter B I 1.

4 Daß die Verjährung nur verfahrensrechtliche Bedeutung hat, vertreten heute im Schrifttum *Benda*, Verjährung und Rechtsstaat, 1965; *Calvelli-Adorno* NJW 65, 273 f.; *Hartung*, Steuerstrafrecht, Kommentar, 2. Aufl. 1956, Anm. I 2 b zu § 419 AbgO; *Henkel*, Strafverfahrensrecht, 1953, S. 281; *Henkel, Schmidthäuser, Sieverts* u. a. in „Die Zeit" Nr. 6 v. 5. 2. 65; *Jagusch* im Leipziger Kommentar, I. Bd., 8. Aufl. 1957, Anm. 1 zu § 66; *Kohlrausch-Lange*, Strafgesetzbuch, 43. Aufl. 1961,

IV

Daß die Verjährungsregelung nur verfahrensrechtliche Bedeutung haben kann, zei-en vor allem die folgenden Überlegungen:

1. Zunächst ist ganz grundsätzlich darauf hinzuweisen, daß der Zeitablauf an der trafbarkeit als solcher nichts zu ändern vermag. Schon *Kant* hat, wenn auch in ande-em Zusammenhang, bei der rechtsphilosophischen Erörterung des allgemeinen echtsinstituts der Verjährung bemerkt, es sei ein sich selbst widersprechender Be-riff, weil aus dem Nichtgebrauch eines Rechts nicht auf den Verzicht eben dieses echts geschlossen werden könne, denn der Verzicht auf ein Recht sei ein Gebrauch ieses Rechts. Es werde also aus dem Nichtgebrauch auf einen Gebrauch geschlossen. as sei jedoch widerspruchsvoll[5]. Diese Argumentation von *Kant* läßt sich unschwer uf den Sonderfall des staatlichen Bestrafungsrechts anwenden. Schon aus rechtslogi-chen Gründen kann die Verjährung deshalb nur verfahrensrechtliche Bedeutung aben.

2. Würde der Zeitablauf die Strafbarkeit beseitigen, dann dürfte es die im § 68 tGB geregelte Unterbrechung der Verjährung nicht geben, zumal die Unterbrechung is zum jeweiligen Ablauf der neuen durch die Unterbrechung in Gang gesetzten Ver-ährungsfrist beliebig oft wiederholt werden kann (*RGSt* 23, 184). Durch die fort-während Wiederholung der Verjährungsunterbrechung durch Handlungen eines ichters, welche wegen der begangenen Tat gegen den Täter gerichtet sind, kann raktisch die Verjährung bis zum Tode des Beschuldigten endgültig verhindert wer-len. Vergleicht man diese Möglichkeit mit der These, der Gesetzgeber könne keine Verjährungsverlängerung bei schon begangenen Taten anordnen, kommt man zu der

---

Anm. 1 zu § 67; *Maurach*, Deutsches Strafrecht, AT, 2. Aufl. 1958, S. 728, 729; *Sauer*, Allgemeine Strafrechtslehre, 3. Aufl. 1955, § 34, S. 267 f.; *Eb. Schmidt*, aaO S. 117, Rdnr. 189, 190; *Schneidewin*, Buchbesprechung in JR 56, 36; *Schönke-Schröder*, Kommentar zum StGB, 12. Aufl. 1965, Anm. II zu § 66; nach *Dreher*, Bericht in ZStW 68, 71, 100 f. auch *Bockelmann, Goßrau, Voll, Jescheck, Schafheutle, Krille* auf der 6. Arbeitstagung der Großen Strafrechtskommission 1955. – Demgegenüber nehmen *Baumann*, Strafrecht, AT, 3. Aufl. 1964, S. 430; *Metzger-Blei*, Strafrecht, I. Allgemeiner Teil, 10. Aufl. 1963, S. 286; *Peters*, Strafprozeß, S. 15; *Schwarz-Dreher*, Strafgesetzbuch, 26. Aufl. 1964, Anm. 1 zu § 66; *Welzel*, Das Deutsche Strafrecht, 8. Aufl. 1963, S. 229 einen gemischt strafrechtlich-verfahrensrechtlichen Charakter der Strafverfolgungsverjährung an. Für eine materiellrechtliche Struktur dieses Rechtsinstituts haben sich in neuerer Zeit nur *Lorenz*, Die Verjährung in der deutschen Strafgesetzgebung, 1955, passim, und: Die Regelung der Verjährung im Entwurf des Allgemeinen Teils eines Strafgesetzbuchs, 1959; *Kunisch*, Studie zur Strafverfolgungsverjährung und ihrer Aufhebung in der Nachkriegsgesetzgebung in Deutschland, Diss. Hamburg 1949, S. 41 ff. sowie *Gallas* und *Skott* (nach *Dreher* ZStW 68, 71, 104) ausgesprochen; ferner wohl auch *Rich. Schmid* in „Die Zeit“ Nr. 6 v. 5. 2. 65.

Kant, Metaphysik der Sitten, Erster Teil, Metaphysische Anfangsgründe der Rechtslehre, Anhang 6 (S. 198 der von *Vorländer* hrsg. Ausgabe, 1954).

paradoxen Feststellung, daß dem Gesetzgeber das versagt sein soll, was dem jüngsten Einzelrichter erlaubt ist.

3. Würde die Verjährung keine nur verfahrensrechtliche Regelung sein, sondern ein Rechtsinstitut mit materiellrechtlicher Wirkung, dann müßte ein Gericht, bei dem ein Täter wegen eines verjährten Delikts angeklagt wurde, bei der Feststellung, daß die Verjährungsfrist abgelaufen sei, freisprechen. Das aber wird von den Gerichten mit Recht abgelehnt. Sie stellen bei Verjährung das Verfahren lediglich ein[6].

4. Sieht man vor allem in der Rücksichtnahme auf Beweisschwierigkeiten den Grund für die rein prozeßrechtliche Natur der Verjährung, dann spricht, wie *Lange* zutreffend hervorhebt, auch Abs. V des § 67 StGB für die verfahrensrechtliche Auffassung, denn das Erlöschen der Befugnis, aufgrund der verjährten Tat Maßregeln der Sicherung und Besserung anzuordnen, läßt sich mit dem Fortfall des Strafbedürfnisses als solchem kaum begründen[7].

V

Hat aber die Verjährung nur verfahrensrechtliche Bedeutung, dann kann Art. 103 II GG einer gesetzlichen Verlängerung nicht im Wege stehen. Denn das Verfahrensrecht wird von dem Grundsatz beherrscht, daß immer dasjenige Prozeßrecht anzuwenden ist, das zur Zeit der Vornahme der jeweiligen Prozeßhandlung – Anklage, Eröffnungsbeschluß, Hauptverhandlung usw. – gilt. Etwas anderes würde zu sinnwidrigen Ergebnissen führen. Man denke etwa an eine Änderung der Schwurgerichtsverfassung, bei der ein Angeklagter verlangen würde, daß er wegen des angeblichen Eingreifens des Rückwirkungsverbots nur von einem Schwurgericht der vorherigen Art abgeurteilt sein möchte. Selbst wenn er nachweisen könnte, daß die inzwischen erfolgte Änderung für ihn nachteilig wäre, könnte er gleichwohl mit seiner Beanstandung niemals durchdringen. Es würden sich sonst die größten Schwierigkeiten bei der Ermittlung des gesetzlichen Richters ergeben.

Ein anderer Fall, an dem sich das in Rede stehende Verfahrensprinzip demonstrieren ließe, wäre eine gesetzliche Änderung der für den Einzelfall vorgesehenen Rechtsmittelinstanzen. Selbst wenn die Zahl der Rechtsmittelinstanzen zum Nachteil des Angeklagten verringert worden wäre, könnte sich dieser dennoch nicht mit der Begründung auf das Rückwirkungsverbot berufen, zur Zeit seiner Tat hätten ihm mehr Instanzen zur Verfügung gestanden.

Im übrigen entspricht die verfahrensrechtliche Funktion der Verjährung der strafrechtsdogmatischen Stellung des Strafantrags (§§ 61–65 StGB). Der Strafantrag ist weder Tatbestandsmerkmal noch Bedingung der Strafbarkeit. Er ist ebenfalls eine

6 *BGHSt* 8, 269 = JZ 56, 417 im Anschluß an *BGH* NJW 54, 1776 Nr. 21.
7 *Kohlrausch-Lange*, StGB, 43. Aufl. 1961, Anm. I zu § 67.

Prozeßvoraussetzung und hat keine materiellrechtliche Wirkung. Der Gesetzgeber kann infolgedessen über die Notwendigkeit oder Nichtnotwendigkeit des Strafantrags frei disponieren[8]. Das in Art. 103 II GG und in § 2 StGB enthaltene Rückwirkungsverbot gilt nicht für den Strafantrag. Ein Beschuldigter, der wegen eines Delikts verfolgt wird, das zur Zeit der Tat ein Antragsdelikt gewesen ist, kann sich infolgedessen dann, wenn das Antragserfordernis aufgrund eines Gesetzes später weggefallen ist, zu seiner Verteidigung nicht darauf berufen, daß zur Zeit seiner Tat ein Antrag für die Strafverfolgung erforderlich gewesen wäre.

Daß sich das Rückwirkungsverbot des Art. 103 II GG nicht auf das Verfahrensrecht erstreckt, läßt sich ferner an dem Beispiel des Gesetzes zur Änderung der StPO und des GVG vom 19. 12. 1964 (BGBl. I S.1067) zeigen. In dem neuen § 112 StPO ist im Abs. IV ein neuer Untersuchungshaft-Grund vorgesehen. Würde sich Art. 103 II GG auch auf das Verfahrensrecht erstrecken, müßte die Argumentation eines Beschuldigten, bei ihm könne dieser Haftgrund nicht angewandt werden, weil er erst nach der Begehung der Tat eingeführt worden sei, durchgreifen.

VI

Art. 103 II GG hat eine materiellrechtliche, aber keine verfahrensrechtliche Schutzfunktion. Der Sinn dieser Bestimmung und ebenso der des § 2 StGB ist es seit altersher, zu verhindern, daß der Gesetzgeber ein bisher erlaubtes Verhalten nachträglich für verboten erklärt und mit Strafe bedroht. Der einzelne soll von vornherein wissen können, was die Gesellschaft ihm verbietet und welche Strafe ihm für den Fall der Zuwiderhandlung gegen jenes Verbot droht. Diese Schutzfunktion bleibt unverändert und unberührt, wenn eine Verjährungsfrist vom Gesetzgeber verlängert wird. Denn diese Verlängerung ändert nichts daran, daß das betreffende Verhalten vorher als verboten erklärt und mit Strafe bedroht wurde. An dem Unwerturteil, das in der gesetzlichen Androhung der Strafbarkeit eines bestimmten Verhaltens enthalten ist, wird durch die Verlängerung der Verjährungsfrist nichts geändert. Unter Strafbarkeit i. S. des Art. 103 II GG ist der Inbegriff der Voraussetzungen für jenes Unwerturteil einschließlich der daraus resultierenden Strafart und -höhe zu verstehen. Das Verfahrensrecht dient der Regelung der Feststellung, *ob* ein bestimmtes konkretes Verhalten mit jenem Unwerturteil zu belegen ist. Es gehört daher selbst nicht zu den Voraussetzungen für das Unwerturteil. Oder anders gesagt: Zu jenen Voraussetzungen für das Unwerturteil gehört die Verfolgbarkeit nicht. Die Strafbarkeit ist Voraussetzung für die Verfolgbarkeit, nicht aber diese für die Strafbarkeit. Die entgegengesetzte Auffassung wäre ebenso verfehlt, als wollte man sagen, daß die Beweisbarkeit der Tatbege-

8 So *RGSt* 75, 306, 311 unter Bezugnahme auf *RG* DR 40, 1671. Daß der Strafantrag nicht die Beschränkungen des in § 2 StGB (entsprechend Art. 103 II GG) enthaltenen Rückwirkungsverbots teilt, wird von *Maurach* aaO S. 745 ausdrücklich hervorgehoben. Vgl. auch *Jagusch* in LK, Anm. II 5 a zu § 2 m. w. Nachw.

hung oder die in einem Kollegialgericht für die Verurteilung des Angeklagten erforderliche Stimmenmajorität innerhalb des Richtergremiums Voraussetzung für die Strafbarkeit wären.

Sollten die Verjährungsnormen von dem Begriff der Strafbarkeit im Art 103 II GG mit erfaßt werden, dann müßte man eine Bestimmung wie § 211 StGB folgendermaßen lesen:

„Mörder ist, wer aus Mordlust . . . einen Menschen tötet und sich vor dem Ablauf von zwanzig Jahren als Täter entdecken läßt."

Daß hier Dinge miteinander vermengt sind, die scharf getrennt werden müssen, bedarf keiner näheren Begründung. Das Entscheidende ist eben die Erkenntnis, daß es die Aufgabe des Art. 103 II GG ist, den einzelnen vor einer überraschenden, nicht vorhergesehenen Änderung in den Werturteilen der Gesellschaft zu schützen. Von einem Schutz hinsichtlich der Verfahren, die bei der Anwendung jener Werturteile benutzt werden, ist in dieser Verfassungsbestimmung nicht die Rede.

Außerdem kommt hinzu – wie *Calvelli-Adorno* zutreffend bemerkt –, daß die Kalkulation des Täters „Wenn ich drei, fünf, zehn, zwanzig Jahre untertauche oder außer Landes gehe, entwische ich der Strafe" keinesfalls den Vertrauensschutz der Verfassung verdient[9].

VII

Steht somit Art. 103 II GG einem Verjährungsverlängerungsgesetz für Straftaten, die mit lebenslänglichem Zuchthaus bedroht sind, nicht entgegen, so bleibt verfassungsrechtlich noch zu beachten, daß ein solches Gesetz nicht gegen das Verbot von Sondergesetzen verstoßen darf. Dies Hindernis wird aus dem Wege geräumt, wenn die Verjährungsverlängerung für alle und nicht nur für eine bestimmte Gruppe von Straftaten, die mit lebenslänglichem Zuchthaus bedroht sind, angeordnet wird.

VIII

Schließlich steht einer Verjährungsverlängerung auch die rechtspolitische Bedeutung der Verjährungsbestimmungen nicht im Wege. Bekanntlich wird zur Rechtfertigung der Verjährung üblicherweise darauf hingewiesen, daß ein längerer Zeitablauf nach der Tat allmählich zu einem Fortfall des Strafbedürfnisses und zu erhöhten, schließlich kaum noch zu überwindenden Beweisschwierigkeiten führe[10]. Beide Gesichtspunkte greifen hier nicht durch.

9 NJW 65, 273 (274).
10 Amtliche Begründung des E 1962, S. 257.

1. Daß nach wie vor ein ernstes Bedürfnis besteht, die von den Nationalsozialisten begangenen unmenschlichen Mordtaten zu ahnden, beweist die intensive Diskussion um die Verjährung dieser Kriminaltaten. Das Nichtbestrafen derartiger Kapitalverbrechen würde das Vertrauen in die Bewährung der Rechtsordnung und damit das Bewußtsein, unter dem Schutz der Strafjustiz zu stehen, erschüttern. Das Strafbedürfnis besteht sowohl nach der absoluten Vergeltungs- als auch nach den relativen Präventions-Straftheorien. Für die zuletztgenannte Auffassung von der Rechtfertigung der Strafe wird das zu Unrecht gelegentlich bestritten. Man braucht sich nur das von niemandem gewünschte Umschlagen der Situation des Kalten in die des Heißen Krieges vorzustellen, um zu erkennen, daß Massenmörder von der hier in Rede stehenden Art jederzeit rückfällig werden können. Diese Gefahr ist gesteigert, wenn die Betreffenden es an ihrer eigenen Person erlebt haben, daß selbst Mordfälle von nicht dagewesenem Ausmaß unbestraft geblieben sind. Von Tätern dieser Art kann in neuen Katastrophensituationen in der Regel nur das Schlimmste erwartet werden. Ein Eingreifen der Strafjustiz ist deshalb aus spezialpräventiven Gründen dringend erforderlich. Aber auch unter dem Gesichtspunkt der Generalprävention besteht ein Strafbedürfnis, denn Erschütterungen des Vertrauens in die Bewährung der Rechtsordnung wirken sich stets kriminalitätssteigernd aus.

2. Daß die Schwierigkeiten bei der Führung von Beweisen im Laufe der Zeit immer größer werden, ist richtig. Die seitherigen Erfahrungen zeigen jedoch trotz mancher Mißerfolge, daß in vielen wichtigen Fällen hinreichende Beweisunterlagen – insbesondere in der Form von Akten – vorliegen. Im übrigen kann der von *Arndt*[11] vorgetragenen These, das Rechtsinstitut der Verjährung diene in erster Linie der Verhinderung des Justizirrtums, nicht beigepflichtet werden. Diesem Ziel dienen vielmehr zahlreiche andere Verfahrensrechtsgrundsätze, unter ihnen vor allem das Prinzip „in dubio pro reo" sowie das Gebot, den Angeklagten nur dann zu verurteilen, wenn die Richter von seiner Schuld überzeugt sind und nicht nur annehmen, der Anklagte sei mit einer an Sicherheit grenzenden Wahrscheinlichkeit der Täter. Der Glaube, das anglo-amerikanische Strafverfahren schütze besser vor Rechtsirrtümern und deshalb könne dort das Fehlen der Verjährung in Kauf genommen werden, ist eine These, deren Beweiskraft bezweifelt werden muß. Wäre das so sicher, wie *Arndt* dies anzunehmen scheint, dann würde kein verantwortungsbewußter Strafjurist zögern, die Übernahme des angloamerikanischen Strafprozeßrechts mit allem Nachdruck zu fordern. Daß der Schutz vor dem Justizirrtum nicht die Funktion des Verjährungsrechts ist, beweisen die kurzen Verjährungsfristen bei der Bagatellkriminalität. Bei nüchterner Betrachtung zeigt sich vielmehr, daß die Verjährung in erster Linie ein prozeßökonomisches Rechtsinistitut ist. Durch die Verjährung sollen unerwünschte Folgen aus der endlosen Anwendung des Legalitätsprinzips abgewehrt werden. Hierbei wird das Risiko, daß zahlreiche Täter ohne die verdiente Strafe davonkommen, bewußt in Kauf genommen. Je schwerer die Straftat wiegt, desto später darf dieses Risiko außer acht gelassen werden. Dabei ist zu berücksichtigen, daß hier die Verhält-

11 *Arndt*, Zum Problem der strafrechtlichen Verjährung, JZ 65, S. 145 ff.

nisse mit den Augen des Gesetzgebers von 1871 gesehen werden. Die in der zwanzigjährigen Verjährungsfrist bei Taten, die mit lebenslangem Zuchthaus bedroht sind, enthaltene Kalkulation war bis zu den NS-Verbrechen gerechtfertigt. Von Fällen, in denen nach Ablauf der Verjährungsfrist ein bis dahin unbekannter Täter entdeckt wurde, ist soweit ersichtlich weder im Schrifttum noch in der Praxis berichtet worden. Hier andere Erfahrungen zu machen, blieb unserer Zeit vorbehalten. Da es eine unerträgliche Belastung des Gerechtigskeitsgefühls wäre, wenn nunmehr wegen jener Fehleinschätzung des Risikos durch den Gesetzgeber von 1871 eine nennenswerte Anzahl von Massenmördern straffrei ausginge, ist eine Neuabschätzung jenes Risikos und damit eine Verlängerung der Verjährungsfrist oder ihre gänzliche Beseitigung geboten.

IX

Daß die Verjährung von Straftaten, die mit lebenslangem Zuchthaus bedroht sind, bedenklich ist, zeigt sich nicht nur anhand der neuen Erfahrungen, sondern ergibt sich zugleich aus grundsätzlichen Erwägungen: Ein Täter, der in den Genuß des Ablaufs der Verjährungsfrist kommt, gewinnt, wenn man von gewissen zivilrechtlichen, vor allem schadensersatzrechtlichen Folgen absieht, seine volle, im wesentlichen uneingeschränkte Rechtsstellung in der Gesellschaft zurück. Bei demjenigen jedoch, der eine mit lebenslangem Zuchthaus bedrohte Strafe begeht, ist davon auszugehen, daß der Gesetzgeber eine solche Wiedereingliederung grundsätzlich für ausgeschlossen hält. Nur so kann eine lebenslange Zuchthausstrafe gerechtfertigt werden. Beachtet man dies, dann ist es aber ein unaufhebbarer Widerspruch, wenn es in der gleichen Rechtsordnung Täter geben kann, die bei gleicher Handlungsweise nach einem Zeitablauf von zwanzig Jahren ungehindert wieder in die freie Gesellschaft aufgenommen werden. Dieser innere Widerspruch ist umso größer, als man bedenken muß, daß selbst ein Zeitabschnitt von zwei Jahrzehnten hinter einem Zeitraum, der ein ganzes Leben umfaßt, wesentlich zurückbleibt. Und daß gerade diejenigen Täter, die geschickt genug waren, sich zwanzig Jahre erfolgreich zu verbergen, in den Genuß der Verjährung kommen, macht den in Rede stehenden Widerspruch nicht geringer. Diejenigen Rechtsordnungen, die wie in England, USA, Kanada, Italien, Dänemark[12] und jetzt auch Österreich eine Verjährung von Kapitalverbrechen überhaupt nicht vorsehen, vermeiden diesen Widerspruch und beweisen ein befriedigenderes Rechtsgefühl. In diesem Zusammenhang sollte außerdem die Überlegung eine Rolle spielen, daß es prinzipiell fraglich ist, ob eine nationale Rechtsordnung überhaupt berechtigt ist, über die Verjährung von Kriminaltaten zu disponieren, deren Strafbarkeit, wie etwa der Mord an Gefangenen und der Mord an feindlicher Zivil-

12 *Bräuel* in Materialien zur Strafrechtsreform, 2. Bd., 1954, S. 429, 430 und 432 ff.

bevölkerung, schon aus Normen des internationalen Rechts folgt[13], die keine Verjährung kennen.

X

Die hier vorgetragenen Argumente zeigen, daß eine allgemeine Verjährungsverlängerung für Straftaten, die mit lebenslangem Zuchthaus bedroht sind, auf keine verfassungsrechtlichen Schwierigkeiten stößt und rechtsstaatlich zulässig ist. Entgegengehalten werden dieser Auffassung gelegentlich zwei Argumentationen, die aus dem Bereich sachlicher juristischer Diskussion weitgehend herausfallen.

1. Von der *RG*-Entscheidung in Bd. 76, S. 159, auf die sich der *BGH* bezieht, und in der die rein prozeßrechtliche Verjährungstheorie vertreten wurde, wird gesagt, sie habe die Auffassung von der Verjährung als eines Instituts von sowohl prozessualem wie materiellem Charakter aufgegeben, „um die Anwendung eines nationalsozialistischen Gesetzes zu ermöglichen, dessen Anwendung den damaligen Richtern heute noch zum Vorwurf gemacht wird"[14]. Man muß sich fragen, ob der Autor dieser Urteilscharakterisierung die betreffende Entscheidung zur Hand hatte, als er den zitierten Satz niederschrieb. Die in jener Entscheidung behandelte Verjährungsproblematik betraf lediglich einen Übertretungsfall, bei dem also nur eine Haft- oder Geldstrafe zur Debatte stand. Es ging nämlich um eine unerlaubte Hausschlachtung, die als eine Zuwiderhandlung gegen den § 2 I Nr. 3 der Verbrauchsregelungsstrafverordnung i. d. F. vom 26. 11. 1941 (RGBl. I S. 734 f.) angesehen wurde. Inwiefern sich die Richter wegen der Behandlung dieses in den Bereich der Bagatellkriminalität fallenden Falles noch heute einen Vorwurf machen lassen müssen, bleibt unerfindlich. Die Richtigkeit der prozeßrechtlichen Interpretation der Verjährung wird jedenfalls von der in Rede stehenden Charakterisierung jener *RG*-Entscheidung nicht berührt.

---

13 Vgl. Art. 23 des Abkommens betr. die Gesetze und Gebräuche des Landkriegs v. 18. 10. 1907 (Haager Landkriegsordnung), wo es heißt:

„Abgesehen von den durch Sonderverträge aufgestellten Verboten, ist namentlich untersagt:

a) . . .

b) die meuchlerische Tötung oder Verwundung von Angehörigen des feindlichen Volkes oder Heeres.

Nach Art. 1 dieses Abkommens sind die Vertragsmächte – zu denen auch Deutschland gehört – verpflichtet, ihren Landheeren Verhaltungsmaßregeln zu geben, „welche der dem vorliegenden Abkommen beigefügten Ordnung der Gesetze und Gebräuche des Landkriegs entsprechen". Kommen sie der daraus folgenden Verpflichtung, ihre eigenen Wehrmachtsangehörigen und sonstige in Frage kommende Personen im Falle der Begehung von Kriegsverbrechen zu bestrafen, nicht nach, liegt ein völkerrechtliches Delikt vor, das u. U. Repressalien nach sich ziehen kann; vgl. *Berber*, Lehrbuch des Völkerrechts, 2. Bd., 1962, S. 241.

14 So *Pawlowski* in NJW 65, 287.

2. Noch abseitiger ist die These, eine Verjährungsverlängerung dürfe vom Gesetzgeber in der Bundesrepublik nicht angeordnet werden, weil in anderen Staaten Verbrechen von der gleichen Schwere wie die NS-Verbrechen nicht verfolgt werden. Selbstverständlich darf in einem modernen Rechtsstaat die Bestrafung eines Mörders nicht deshalb unterbleiben, weil ein anderer, der die gleiche Tat beging, nicht bestraft werden kann. Die Anwendung des Legalitätsprinzips ist unabhängig davon, inwieweit diesem Grundsatz in anderen Rechtsordnungen Rechnung getragen wird.

XI

Zusammenfassend kann festgestellt werden: Die Verjährungsverlängerung ist nicht nur rechtsstaatlich unbedenklich, sondern vom rechtsstaatlichen Denken sogar gefordert. Der Gesetzgeber ist folglich aus rechtsstaatlichen und damit verfassungsrechtlichen Gründen unter den obwaltenden Umständen zum Erlaß eines Verlängerungsgesetzes verpflichtet. Da keine Bestimmung des Grundgesetzes geändert zu werden braucht, genügt hierfür die einfache Mehrheit des Bundestags. Darüber hinaus besteht sogar eine sittengesetzliche, moralische Verpflichtung so zu handeln. Darauf mag in diesem Zusammenhang hingewiesen werden, weil es einen Widerspruch zwischen dem Sittengesetz und der Rechtsstaatlichkeit nicht geben kann und darf.

Probleme des Besonderen Teils und des Nebenstrafrechts

Der neue Straftatbestand des Friedensverrates*

Infolge der Unruhe des Kampfes für und gegen die Notstandsgesetzgebung wurde von der Öffentlichkeit fast völlig übersehen, daß sich auf dem Gebiet des politischen Strafrechts ein Ereignis von außerordentlicher Bedeutung abspielte: Am Tage nach der Verkündung der Notstandsänderungen des Grundgesetzes wurde in einem Strafrechtsänderungsgesetz der bisher im deutschen Strafrecht unbekannte Straftatbestand des Friedensverrats in das Strafgesetzbuch eingefügt. An der Spitze aller Tatbestände unseres Strafgesetzes und zugleich an erster Stelle in den Abschnitten, die das politische Strafrecht, also vor allem die Tatbestände des Hoch- und Landesverrats enthalten, heißt es jetzt: Wer einen Angriffskrieg, an dem die Bundesrepublik Deutschland beteiligt sein soll, vorbereitet und dadurch die Gefahr eines Krieges für die Bundesrepublik Deutschland herbeiführt, wird mit lebenslangem Zuchthaus oder mit Zuchthaus nicht unter zehn Jahren bestraft.

Zwanzig Jahre hat der Gesetzgeber gezögert, bis er diese Bestimmung erließ, — ein erstaunliches Zögern, wenn man sich daran erinnert, daß es im Grundgesetz schon 1948 ausdrücklich hieß und auch heute noch heißt, daß Handlungen, die geeignet sind und in der Absicht vorgenommen werden, das friedliche Zusammenleben der Völker zu stören, insbesondere die Führung eines Angriffskrieges vorzubereiten, verfassungswidrig und unter Strafe zu stellen sind. Und noch befremdlicher ist es, daß dieses klare und eindeutige Gebot unserer Verfassung im Regierungsentwurf für ein neues Strafgesetzbuch von 1962, der 1965 unverändert im Bundestag erneut eingebracht worden ist, nicht beachtet wurde. Der Artikel 26 des Grundgesetzes, in dem dieses Gebot ausgesprochen ist, und auf den der am 1. August in Kraft getretene Wortlaut des Friedensverratstatbestandes Bezug nimmt, wird in den gesamten Regierungsentwürfen nicht einmal in den Begründungen erwähnt. Allerdings, wie hätte man auch das Straffreilassen der Vorbereitung eines Angriffskrieges überzeugend begründen können!

Auch in den Beratungen des Bundestags-Sonderausschusses für die Strafrechtsreform wurde ein Friedensverratstatbestand nicht diskutiert, obwohl sich die Beratungen vom nicht mehr zeitgemäß erscheinenden Regierungsentwurf inzwischen recht weit entfernt hatten. Erst als die Verfasser des Alternativ-Entwurfs für ein neues Strafgesetzbuch[1] ankündigten, daß ihr Vorschlag für ein reformiertes politisches Strafrecht einen solchen Tatbestand enthalten werde, entschloß sich der Sonderausschuß, den Schreiber dieser Zeilen, auf dessen Anregung das Delikt des Friedensverrats in den Alternativ-Entwurf aufgenommen wurde, in einem Hearing über diesen neuen Tatbestand vortragen zu lassen. Von nun an erstreckten sich die Überlegungen zur Neuregelung des politischen Strafrechts auch auf den Friedensverrat und führten schließlich zu seiner Berücksichtigung im geänderten Strafgesetzbuch. Bezeichnet man die Reformvorschläge im Alternativ-Entwurf als Vorschläge einer außerparlamentarischen Opposition, dann kann man davon sprechen, daß die außerparlamentarische Opposition an dieser Stelle effektiv geworden ist, und zwar ebenso, wie mit manchen anderen Vorschlägen des Alternativ-Entwurfs, soweit sie sich auf eine Liberalisierung des politischen Strafrechts bezogen.

Dort wie hier hat der Gesetzgeber allerdings manches verwässert. Nach dem Alternativ-Entwurf begeht Friedensverrat, wer es unternimmt, Streitkräfte der Bundesrepublik Deutschland zu einem Angriffskrieg oder zu einem bewaffneten Überfall auf ein Gebiet außerhalb der Bundesrepublik Deutschland einzusetzen, oder wer einen solchen Einsatz vorbereitet. Diese Formulierung stellt zunächst einmal klar, daß nicht nur die Vorbereitung, sondern selbstverständlich auch die Führung eines Angriffskrieges strafbar sein soll. Die eingangs erwähnte Fassung, die durch das neue Strafrechtsänderungsgesetz Gesetzeskraft erlangt hat, ist insoweit undeutlich, denn, obwohl Vorbereitung und Führung eines Angriffskrieges zusammenhängen, sind doch Fälle denkbar, in denen der jetzt geltende Gesetzeswortlaut nicht ausreicht. So kommt denn auch beispielsweise *Dreher*[2] zu dem Ergebnis, daß der Angriffskrieg selbst nach § 80 StGB nicht strafbar sei, und zeigt damit, daß der Verfassungsauftrag in Art. 26 GG vom Gesetzgeber auch heute noch nicht korrekt erfüllt ist.

Sodann wird im Alternativ-Entwurf mit der Tatsache gerechnet, daß moderne Aggressoren ihre Angriffe als Maßnahmen anderer Art zu maskieren pflegen. Neben dem Angriffskrieg ist deshalb zusätzlich der bewaffnete Überfall auf ein Gebiet außerhalb der Bundesrepublik als Begehungsform des Friedensverrats genannt.

In der bereits erwähnten Anhörung durch den Sonderausschuß wurde erkennbar, daß die Ausschußmitglieder Zweifel hatten, ob das Tatbestandsmerkmal „Angriffskrieg“ hinreichend bestimmt genug sei. Es ist deshalb überraschend, daß der Gesetzgeber den Zusatz des Alternativ-Entwurfs nicht einmal in einer irgendwie entsprechenden Form berücksichtigt hat, denn jedenfalls ist die Einbeziehung des bewaffneten Überfalls eine deutliche Klarstellung, die zudem der Völkerrechtslage besser angepaßt ist. Schon Art. 2 Nr. 4 der Charta der Vereinten Nationen hat das im Kellog-Pakt von 1928 ausgesprochene Verbot des Angriffskrieges ausgedehnt und ganz allgemein die Androhung oder Anwendung von Gewalt im Bereich der internationalen Beziehungen verboten. Als Ausnahmen kommen nur individuelle oder kollektive Maßnahmen der Selbstverteidigung und bewaffnete Aktionen des Sicherheitsrates gegen einen Friedensbruch in Betracht. Das Grundgesetz beschränkt sich ebenfalls nicht nur auf den Angriffskrieg als solchen, sondern verlangt, wie gesagt, daß generell Handlungen, die geeignet sind, das friedliche Zusammenleben der Völker zu stören, unter Strafe gestellt werden müssen, sofern diese Handlungen in Friedensstörungsabsicht begangen werden. So mag man anerkennen, daß der Gesetzgeber dem Alternativ-Entwurf wenigstens insoweit gefolgt ist, als er sich zum Einbau eines Friedensverratstatbestandes in das Strafgesetzbuch entschloß. Leider war es nur ein halber Schritt.

Wie ist das Zögern zu erklären? Sowohl im Hearing als auch in der amtlichen Begründung des Strafrechtsänderungsgesetzes ist vorgetragen worden, daß im Grundgesetz selbst eine solche Einschränkung verlangt werde, weil Strafrechtsnormen dem verfassungsrechtlichen Bestimmtheitsgebot entsprechen müssen. Daran ist richtig, daß der Staatsbürger einen Anspruch darauf hat, daß die Strafbarkeitsvoraussetzungen im Gesetz so genau bestimmt sind, daß sich die Grenze zwischen strafbarem und nicht strafbarem Verhalten so deutlich wie möglich erkennen läßt. Die Frage, was nach dem Strafgesetz verboten und was nicht verboten ist, soll sich klar beantworten lassen. Das besagt das Bestimmtheitsgebot im Grundgesetz.

Gegner der Einfügung eines Friedensverratstatbestandes in das Strafgesetzbuch machen geltend, daß schon der Begriff des Angriffskrieges zu unbestimmt sei. Dies Argument hat sich der Gesetzgeber nicht zu eigen gemacht, obwohl zunächst ein anderer Eindruck entstand. Indessen hat man sich schließlich doch eines besseren besonnen. Gewiß kann das Tatbestandsmerkmal des Angriffskrieges zu Auslegungsschwierigkeiten führen, aber diese Schwierigkeiten sind keineswegs unüberwindlich. Schon der Verfassungsgesetzgeber geht davon aus, daß der Begriff justitiabel, also einer richterlichen Nachprüfung zugänglich ist. Das ist schon daraus zu ersehen, daß im Grundgesetz zunächst einmal die Verfassungswidrigkeit von Handlungen festgestellt wird, die geeignet sind und in der Absicht vorgenommen werden, das friedliche Zusammenleben der Völker zu stören, insbesondere die Führung eines Angriffskrieges vorzubereiten. Erst anschließend ist angeordnet, daß Handlungen dieser Art unter Strafe zu stellen sind. Wenn zuvor deren Verfassungswidrigkeit deklariert ist, so folgt hieraus, daß der Gesetzgeber von der Möglichkeit der Überprüfung durch das Bundesverfassungsgericht ausgeht, denn ohne richterliche Kontrollmöglichkeiten hätte die grundgesetzliche Erklärung über die Verfassungswidrigkeit der Friedensstörung keinen rechten Sinn. Und was in der Verfassungsgerichtsbarkeit möglich ist, kann bei den Strafgerichten nicht unmöglich sein. Wenn Verfassungsrichter mit dem Begriff des Angriffskrieges arbeiten können, dann muß dies auch dem Strafrichter möglich sein.

Im übrigen muß, wie oft bei juristischen Begriffen, unterschieden werden zwischen dem Begriffskern und dem Begriffshof. Wie sich an der Völkerrechtspraxis zeigen läßt, ist beim Merkmal des Angriffskrieges jedenfalls der Begriffskern im wesentlichen unbestritten und eindeutig. Beispielsweise zweifelt niemand ernsthaft daran, daß Hitler und Mussolini Aggressoren und ihre Kriege völkerrechtswidrige Angriffskriege waren, auch wenn die Angriffe zu Polizei- oder gar Verteidigungsaktionen gestempelt wurden. Daß es zweifelhafte Zwischenformen gibt, macht einen Rechtsbegriff in seinem Kern nicht unpraktikabel. Fließende Übergänge sind selbst in der Alltagspraxis des landläufigen Strafrechts nichts Ungewöhnliches. Man denke nur an bekannte Tatbestandsmerkmale, wie „niedrige Beweggründe“ oder „gefährliche Werkzeuge“; von „guten Sitten“, „berechtigtem Interesse“, „Verwerflichkeit“ und „Rechtsgüterabwägung“ ganz zu schweigen. Im Zweifelsfall muß im rechtsstaatlichen Strafrecht hier wie überall, wo es um die Begründung strafrechtlichen Unrechts geht, einschränkend, restriktiv ausgelegt werden. Absolute Bestimmtheit der Straftatbestände ist ohnehin nicht erreichbar. Außerdem würden ungerechte Bestrafungen durch die strafbefreiende Wirkung des Irrtums über Tatumstände verhindert.

Wenn ferner eingewandt wird, kein nationales Gericht könne entscheiden, was ein verbotener Angriffskrieg sei, hierfür würde allenfalls ein internationaler Gerichtshof kompetent sein, so ist dem entgegenzuhalten, daß diese Argumentation im Widerspruch zum Grundgesetz stünde. Schon heute hat der Gesetzgeber der Justiz die Aufgabe gestellt, Völkerrecht zu interpretieren und anzuwenden. Allgemeine Regeln des Völkerrechts hat das Grundgesetz, wie man weiß, ausdrücklich zu innerstaatlich geltenden, von den Gerichten anzuwendenden Normen erklärt. Sie gehen sogar den Gesetzen vor und erzeugen Rechte und Pflichten unmittelbar für die Bewohner des Bundesgebietes. Das Verbot des Angriffskrieges und der Gewaltanwendung gehört zu diesen allgemeinen Regeln des Völkerrechts. Es wird also schon seit dem Inkrafttreten des Grundgesetzes als justitiabel vorausgesetzt.

Ganz und gar neben der Sache liegt das Argument, nicht die Art und Weise, wie ein Krieg begonnen wurde, sondern der Ausgang des Krieges sei maßgebend für die Entscheidung der Frage, wer Aggressor sei. Das ist kein Rechtsargument, denn der effektive Ausgang eines Krieges mag allenfalls die echten oder die geheuchelten Meinungen über die Rechtslage beeinflussen. Die Rechtslage selbst ist unabhängig davon. Wäre die Durchsetzbarkeit des Rechts das Kriterium für die Grenzziehung zwischen Recht und Unrecht, dann könnte man auf viele Normen verzichten. So wäre zum Beispiel der Straftatbestand des Hochverrats aus dieser Sicht weitgehend überflüssig, da eine erfolgreiche Revolution die Anwendung der Strafrechtsnormen über den Hochverrat auf die Revolutionäre zwangsläufig unmöglich zu machen pflegt. Im übrigen haben die Verfasser des Grundgesetzes diese pseudorechtlichen und hintergründigen Bedenken von vornherein dadurch abgewehrt, daß sie in das Grundgesetz das zwingende und an keinerlei einschränkende Bedingungen geknüpfte Gebot, die Vorbereitung eines Angriffskrieges sowie sonstige Friedensstörungen unter Strafe zu stellen, einfügten. Über einen so klaren und mutigen Gesetzgebungsbefehl konnte man sich auf die Dauer nicht hinwegsetzen, es sei denn, das Grundgesetz wäre geändert worden. Indessen war die Streichung des Art. 26 praktisch unmöglich. Sie hätte sich ebensowenig rechtfertigen lassen wie die Nichtberücksichtigung dieses Artikels im seinerzeitigen Regierungsentwurf für ein neues Strafgesetzbuch. Jede Attacke gegen dieses Verfassungsgebot hätte sich mit Recht dem Verdacht bewußter oder unbewußter aggressiver Tendenzen aussetzen müssen. Das zwanzigjährige Schweigen des Gesetzgebers war schlimm genug. Opposition und Regierung haben in dieser langen Zeit nur einmal versucht, der Anordnung des Grundgesetzes Folge zu leisten. Jedoch scheiterte dieser Versuch aus dem Jahre 1950 sang- und klanglos. Das war kein gutes Zeichen.

Immerhin haben wir jetzt endlich den Straftatbestand des Friedensverrats im Gesetz und niemand wird den hohen moralischen Wert seiner Existenz bestreiten wollen. Wie aber, so wird man fragen, verhält es sich mit dem Wert dieser neuen Bestimmung für die Rechtspraxis? Die Antwort ist nicht schwer. Der rechtspraktische Wert ist erheblich.

Zunächst einmal übt die bloße Existenz dieser Strafnorm individual- und gruppenpsychologische Wirkungen aus. Hinzu kommen mittelbare rechtliche Wirkungen. Sie können weitreichend sein. Der Friedensverrat ist mit lebenslangem Zuchthaus oder mit Zuchthaus nicht unter zehn Jahren bedroht. Der Friedensverratstatbestand ist damit als ein schweres Verbrechen in das System des geltenden Strafrechts eingeordnet worden. Dies hat zur Folge, daß schon der Versuch seiner Begehung, und sogar der untaugliche Versuch, strafbar ist. Außerdem folgt aus der Verbrechensnatur des Delikts, daß selbst die erfolglos versuchte Anstiftung zum Friedensverrat strafbar macht. Weitere wichtige Konsequenzen ergeben sich u. a. für das militärische Befehlsrecht, insbesondere für die Befehlsverweigerung, für die Rechtfertigung von Widerstandshandlungen und für das Presserecht. Strafbar macht sich seit dem 1. 8. 1968 auch, wer von dem Vorhaben oder der Ausführung eines Friedensverrats zu einer Zeit, zu der die Ausführung oder der Erfolg noch abgewendet werden kann, glaubhaft erfährt und es unterläßt, der Behörde oder dem Bedrohten rechtzeitig Anzeige zu machen. Dies besagt die neugefaßte Strafbestimmung über die Nichtanzeige geplanter Delikte, in der außerdem angeordnet ist, daß bereits das unvorsätzliche aber leichtfertige Unterlassen der Anzeige mit Strafe bedroht ist.

Die Einführung des neuen Tatbestandes des Friedensverrats verlangt in mancher Hinsicht einen tiefgreifenden Wandel des nicht selten durch nationalistische Scheuklappen sichtbeengten juristischen Denkens, denn geschütztes Rechtsgut ist hier nicht nur die Bundesrepublik Deutschland in ihrer Friedenspolitik, sondern in erster Linie die Friedensordnung der Völker. Das führt zu praktischen Folgerungen, — etwa bei der Frage, welche Behörden für die Anzeige eines geplanten Friedensverrats zuständig sind, und wer als der Bedrohte anzusehen ist. Die Verwirklichung des Weltrechtsprinzips schreitet weiter voran. Das ist ein hoffnungsvolles Zeichen.

Eigenartig und unbefriedigend aber bleibt am neuen § 80 StGB, wie *F.-C. Schroeder* zutreffend gezeigt hat, daß diese

Bestimmung einerseits die Beteiligung der Bundesrepublik an einem Angriffskrieg und andererseits die Gefahr eines Krieges für die Bundesrepublik abwehren soll. Das läßt sich nicht für alle denkbaren Fallkonstellationen miteinander in Einklang bringen. Die Protokolle der Verhandlungen des Sonderausschusses des Bundestages lassen erkennen, daß man Hemmungen hatte, eine Schutzvorschrift zugunsten *anderer* Staaten zu erlassen[3].

Um so bedauerlicher ist es aber, daß der Gesetzgeber sich nicht entschließen konnte, die im Alternativ-Entwurf vorgeschlagenen beiden weiteren Straftatbestände der Aufforderung zum Friedensverrat und der Völkerverhetzung zu übernehmen. Im erstgenannten Sinne sollte sich nach dem Alternativ-Entwurf strafbar machen, wer den Einsatz von Streitkräften der Bundesrepublik Deutschland zu einem Angriffskrieg oder zu einem bewaffneten Überfall fordert und dadurch eine ernste Gefahr für das friedliche Zusammenleben der Völker herbeiführt. Und wegen Völkerverhetzung sollte nach dem Alternativ-Entwurf derjenige bestraft werden, der öffentlich in einer Weise, die das friedliche Zusammenleben der Völker stört, zum Haß gegen ein anderes Volk aufstachelt. Mit dem Tatbestand der Aufforderung zum Friedensverrat sollte darauf Rücksicht genommen werden, daß nach dem Grundgesetz nicht nur die Vorbereitung und Führung eines Angriffskrieges sondern auch sonstige Friedensstörungshandlungen unter Strafe gestellt werden müssen.

Diesem Zweck sollte der Tatbestand der Völkerverhetzung ebenfalls dienen, dabei aber gleichzeitig den bereits geltenden Straftatbestand der Volksverhetzung (§ 130 StGB) ergänzen. Nach der zuletzt genannten Bestimmung ist zu bestrafen, wer in einer Weise, die geeignet ist, den öffentlichen Frieden zu stören, die Menschenwürde anderer dadurch angreift, daß er zum Haß gegen Teile der Bevölkerung aufstachelt, zu Gewalt- oder Willkürmaßnahmen gegen sie auffordert oder sie beschimpft, böswillig verächtlich macht oder verleumdet. Diese Strafnorm soll innerstaatliche Gruppen, also Teile der Bevölkerung der Bundesrepublik schützen. Es ist ein schwerer Mangel, daß es einen analogen Schutz von Gruppen außerhalb der Bundesrepublik nicht gibt. Dem sollte nach den Vorstellungen der Verfasser des Alternativ-Entwurfs der Tatbestand der Völkerverhetzung abhelfen.

Der neue § 80 a des Strafgesetzbuchs ist demgegenüber ein Gemengsel aus diesen beiden Vorschlägen mit stark eingeschränkter Reichweite, denn hier heißt es, daß strafbar ist, wer öffentlich, in einer Versammlung oder durch Verbreiten von Schriften, Tonträgern, Abbildungen oder Darstellungen zum Angriffskrieg aufstachelt. Nicht erfaßt wird aber beispielsweise derjenige, der in einer Weise, die geeignet ist, den öffentlichen Frieden zu stören, die Menschenwürde anderer dadurch angreift, daß er zum Haß gegen ein anderes Volk aufstachelt. Und noch mehr: Sogar der Kriegshetzer wird hiernach nicht bestraft, wenn er zu einem Angriffskrieg aufstachelt, an dem die Bundesrepublik nicht beteiligt sein soll. Das sind Einschränkungen, die hinter dem, was das Grundgesetz unmißverständlich fordert, weit zurückbleiben, denn im Art. 26 ist erstens von Angriffskriegen jeder Art, nicht nur von etwaigen Angriffskriegen, an denen die Bundesrepublik beteiligt wäre, und zweitens vom friedlichen Zusammenleben der Völker und nicht nur vom friedlichen Zusammenleben der Völker mit der Bundesrepublik die Rede. In den Beratungen des Bundestags-Sonderausschusses für die Strafrechtsreform haben *Emmy Diemer-Nicolaus* und *F. Meyer* vergeblich darauf hingewiesen, daß die Fassung des Tatbestandes, die schließlich den Eingang in das Strafgesetzbuch gefunden hat, zu eng ist und den Auftrag der Verfassung aus Art. 26 GG nicht in vollem Umfang erfüllt[4]. Es blieb bei der resignierenden Einschränkung auf das friedliche Zusammenleben mit der Bundesrepublik.

Zur Begründung dieser Einschränkung heißt es im Regierungsentwurf, es könne nicht Aufgabe deutscher Strafgerichte sein, eine Art internationale Gerichtsbarkeit auszuüben. Diese Argumentation verschiebt die Akzente und geht deshalb fehl. Nicht um eine internationale Gerichtsbarkeit, ausgeübt durch die Strafgerichte der Bundesrepublik, geht es, — das verlangt niemand —, sondern um die Anwendung internationalen Rechts im Rahmen nationaler Gerichtsbarkeit. Dies aber ist nicht nur hier, sondern in vielen Bereichen des Zivil- und Strafrechts vom deutschen Richter gefordert.

Die Verfasser des Grundgesetzes hatten mit einem mutigeren, aus nationaler Enge hinausschauenden, die Weltfriedensordnung als Grundlage jeder Rechtsordnung kühn anstrebenden und energisch zupackenden Gesetzgeber gerechnet. Indessen kam es anders. Die Forderungen des Grundgesetzes wurden nur zum Teil erfüllt. Vom vorbildlichen Elan des Grundgesetzes ist nur noch wenig zu spüren. Die rechtspolitische Aufgabe der vollen Erfüllung des zwingenden verfassungsrechtlichen Gesetzgebungsgebotes bleibt bestehen.

Anmerkungen

* Der vorliegende Beitrag ist die überarbeitete Fassung eines Aufsatzes, der erstmals veröffentlicht wurde in: liberal 1968, S. 662 ff.

[1] Erschienen im Verlag J. C. B. Mohr (Siebeck), Tübingen 1968.
[2] Schwarz-Dreher, Strafgesetzbuch, 30. Aufl., München 1968, Anmerkung 5 zu § 80.
[3] F.-C. Schroeder, Der Schutz des äußeren Friedens in Strafrecht, JZ 1969, S. 41 ff. (47), mit Nachweisen. — Diese gründliche Abhandlung enthält auch sonst wertvolle Kritik, nicht nur an dem neuen § 80 StGB, sondern zugleich an den Vorschlägen des Alternativ-Entwurfs. Außerdem findet sich dort eine gute Übersicht über den rechtshistorischen Zusammenhang und die Rechtslage in der DDR.
[4] Protokolle der Sitzungen des Sonderausschusses für die Strafrechtsreform, Deutscher Bundestag, 5. Wahlperiode, Stenographischer Dienst, S. 1985 und 2027.

Ungeschriebene Tatbestandsmerkmale beim Staatsgeheimnisbegriff

Daß es erforderlich war, das in vielfacher Hinsicht mißglückte Staatsschutzstrafrecht zu reformieren, wurde während der letzten Jahre nicht mehr ernsthaft bezweifelt. Mit dem 8. Strafrechtsänderungsgesetz vom 25. Juli 1968 (BGBl I, 741) hat der Gesetzgeber bis auf weiteres einen Schlußpunkt gesetzt. Manche Streitfrage ist erledigt. Neue Zweifel sind entstanden.

Vor allem wird gefragt werden müssen, ob der Gesetzgeber den Staatsgeheimnisbegriff — bisher ein besonderer Stein des Anstoßes — jetzt soweit geklärt hat, daß die wichtigsten Auslegungsschwierigkeiten beseitigt sind. Um dies entscheiden zu können, bedarf es zunächst eines Rückblicks auf die bisherige gesetzliche Regelung und die durch sie hervorgerufenen Probleme[1]. Anschließend ist dann die neue Definition in § 93 StGB[2] zu untersuchen.

Methodologisch ist hierbei davon auszugehen, daß es sich um Probleme aus der Klasse der semantischen Definitionen handelt[3]. Bekanntlich wird bei einer semantischen Definition ein Ausdruck — hier der terminus „Staatsgeheimnis“ — mit einer bestimmten Bedeutung, also mit dem, was mit dem betreffenden Ausdruck gemeint ist, gekoppelt. Für diese Koppelung stehen dem Gesetzgeber in erster Linie zwei Arten der semantischen Definition zur Verfügung: die synthetische und die analytische Definition. Bei der synthetischen Definition, die gelegentlich auch schöpferische Definition genannt wird, setzt der Gesetzgeber die Bedeutung nach seinem freien Ermessen ohne Rücksicht auf irgendeinen etwa schon vorhandenen Sprachgebrauch fest. Eine solche synthetische Definition läge vor, wenn der Gesetzgeber angeordnet hätte, ein Staatsgeheimnis sei das, was von irgendeiner zuständigen Stelle zu einem Staatsgeheimnis erklärt worden ist — etwa durch einen Stempel

[1] Dazu ausführlich G. Kohlmann, Der Begriff des Staatsgeheimnisses (§ 99 Abs. 1 StGB a. F. / § 93 StGB) und das verfassungsrechtliche Gebot der Bestimmtheit von Strafvorschriften (Art. 103 Abs. 2 GG), Köln 1968.

[2] Zur Vorgeschichte dieser Norm Kohlmann, aaO, S. 120 ff.

[3] Zur modernen Definitionstheorie vgl. J. M. Bochenski, Die zeitgenössischen Denkmethoden, 2. Aufl., München 1959, IV, 15, und R. Robinson, Definition, Oxford 1954.

oder durch sonstige Kennzeichnungstechniken. Ob das, was in dieser Weise zum Staatsgeheimnis erklärt wurde, tatsächlich nur einem begrenzten Personenkreis bekannt ist, ob seine Abschirmung gegen ein Bekanntwerden bei Dritten wirklich staatswichtig ist usw., darauf käme es nicht an. Maßgebend wäre ausschließlich die formale Kennzeichnung. Dies ist der Grund dafür, daß dieser Begriff im strafrechtswissenschaftlichen Schrifttum seit jeher der formale Staatsgeheimnisbegriff genannt wird. Eine solche Definition wäre vom allgemeinen und vom bisherigen gesetzlichen Sprachgebrauch weit entfernt.

Geht der Gesetzgeber dagegen von einem bereits vorhandenen Sprachgebrauch aus, bedient er sich einer analytischen Definition. Er koppelt dann den zu definierenden Ausdruck mit vorgefundenen Bedeutungen, deren genauerer Inhalt durch Analyse des Sprachgebrauchs zu ermitteln ist. Ein Staatsgeheimnis ist bei Benutzung dieser Definitionstechnik nur das, was tatsächlich lediglich einem begrenzten Personenkreis bekannt und dessen Abschirmung gegen ein Bekanntwerden bei Dritten wirklich staatswichtig ist. Dies wäre dann, wie man zu sagen pflegt, ein materieller Staatsgeheimnisbegriff. Verlangt man zusätzlich zu den Merkmalen des materiellen Staatsgeheimnisbegriffs auch noch eine besondere Kennzeichnung, dann hat man es mit einem kombinierten, materiell-formellen Begriff zu tun.

Der deutsche Gesetzgeber hat den formellen Staatsgeheimnisbegriff aus guten Gründen weder im bisherigen, noch im neuen Staatsschutz-Strafrecht benutzt. Auf den formellen Staatsgeheimnisbegriff braucht daher weder bei der rückschauenden Kritik der bisherigen noch bei der Untersuchung der neuen Rechtslage eingegangen zu werden.

Immer wieder werden gegenüber Bemühungen um genaue juristische Definitionen Bedenken geltend gemacht. Man hält der „abstrakten" Begriffsbestimmung die Ganzheitsbetrachtung entgegen. Indessen darf man es hier mit *Engisch* halten, der in einem seiner bedeutendsten, in der Vielfalt der anregenden und erhellenden Gedanken noch längst nicht genügend ausgeschöpften rechtsphilosophischen Werk „Die Idee der Konkretisierung in Recht und Rechtswissenschaft unserer Zeit" erneut betont, daß Rechtsklarheit und die Sicherheit der Anwendung der Rechtsnormen an der Bestimmtheit der Tatbestands- und Rechtsfolgebegriffe hängen. Sie bedürfen der Definition durch „abstrakte" Merkmale[4]. „Definitionen beschreiben, aber zerreißen nicht"[5].

[4] 2. Aufl., Heidelberg 1968, S. 141.

[5] K. Engisch, in „Archiv für Rechts- und Soziolphilosophie" Bd. XXX, S. 147.

1. Die fehlerhafte Definition des Staatsgeheimnisbegriffs in § 99 Abs. 1 StGB a. F. und § 393 des Regierungsentwurfs von 1962/1965

Schon *Arndt*[6] hob mit Recht hervor, daß es drei Elemente seien, die das Tatbestandsmerkmal „Staatsgeheimnis" umfasse, nämlich die Geheimnis-Fähigkeit einer Tatsache, die Geheimnis-Wirklichkeit und die Geheimnis-Erforderlichkeit, die auch die Staatswohl-Bedeutung des Geheimnisses genannt werden kann. Von diesen drei Elementen wurde in § 99 StGB a. F. nur das dritte ausdrücklich behandelt. Die beiden anderen mußten aus dem Gesetzestext und seinem Sinnzusammenhang erschlossen werden. Bei der Erörterung der drei Elemente hätte *Arndt* noch etwas früher an einem vorgelagerten Problem ansetzen können, nämlich bei dem eigenartigen Phänomen, daß die Legaldefinition des § 99 Abs. 1 StGB a. F. einen schweren logischen Fehler enthielt. Dieser lag allerdings nicht, wie *Stratenwerth*[7] meint, in der Zirkelhaftigkeit der Definition. Denn § 99 Abs. 1 StGB a. F. enthält eine Definitionsgleichung, bei welcher der das definiendum „Staatsgeheimnis" abbildende Zeichenkomplex mit demjenigen, der das definiens „Tatsachen usw., deren Geheimhaltung für das Wohl der Bundesrepublik erforderlich ist" abbildet, nicht identisch ist. Daß auch der Ausdruck „geheim" im definiens vorkommt, macht die Definition nicht fehlerhaft. Sie ist insoweit nicht anders zu beurteilen, als es etwa die durchaus korrekte Definition der Zuchthausstrafe wäre, die lauten würde: „Zuchthausstrafe ist eine Srafe, die usw." Der Fehler in § 99 Abs. 1 StGB a. F., den erstaunlicherweise auch noch der Regierungsentwurf von 1962/1965 in seinem § 393 enthielt, liegt vielmehr darin, daß der Gesetzgeber im alten § 99 Abs. 1 StGB erklärt hatte, ein Staatsgeheimnis sei eine Tatsache, deren Geheimhaltung erforderlich sei. Es wird also, wenn man nur den Gesetzestext als solchen betrachtet, das normenlogische Kunststück gefordert, davon auszugehen, daß geheim ist, was geheim sein soll.

Der klare Wortlaut führte zwangsläufig zu diesem Ergebnis, das an die bekannte Sentenz von *Morgenstern* erinnert, wo von dem Nichtsein-Sollen auf das Nichtsein-Können geschlossen wird, nur daß hier — allerdings nicht weniger „messerscharf" — das Sein aus dem Sein-

[6] Adolf Arndt, Landesverrat, Berlin und Neuwied 1966, S. 27.
[7] G. Stratenwerth, Publizistischer Landesverrat, 1965.

Sollen abgeleitet wurde. Praxis und Schrifttum haben natürlich meistens berichtigend interpretiert und verlangt, daß es sich um Tatsachen usw. handeln muß, die zunächst einmal geheim sind, und für die erst dann, wenn diese Voraussetzung erfüllt ist, die Geheimhaltungsbedürftigkeit im Sinne des § 99 StGB a. F. als zusätzliches Tatbestandsmerkmal zu prüfen ist[8]. Der Regierungsentwurf von 1962/1965 definierte in seinem § 393 in Übereinstimmung mit § 99 StGB a. F. folgendermaßen: „Staatsgeheimnisse im Sinne dieses Titels sind Tatsachen, Gegenstände oder Erkenntnisse, namentlich Schriften, Zeichnungen, Modelle oder Formeln, oder Nachrichten darüber, deren Geheimhaltung vor einer fremden Regierung für das Wohl der Bundesrepublik Deutschland oder eines ihrer Länder erforderlich ist.“

2. Allgemeine Folgerungen aus dem Definitionsfehler

Diese Unzulänglichkeit des früheren Gesetzestextes und des Wortlauts des Regierungsentwurfs bedarf der besonderen Hervorhebung, weil ihre Nichtbeachtung, wie der Spiegel-Fall und andere Verfahren zeigten, leicht zu dem verhängnisvollen und gefährlichen Fehlschluß verleitete, diejenigen Tatsachen, deren Geheimhaltung den militärischen Ämtern oder anderen staatlichen Stellen wünschenswert erschien, seien damit auch ohne weiteres geheime Tatsachen.

Arndt ging sogar noch einen Schritt weiter[9]. Er meinte, der Gedanke, für die Geheimnisfähigkeit deren Wünschbarkeit genügen zu lassen, sei oft eine Folge des Ressortdenkens, das sehr viel weniger die Kenntnis einer fremden Regierung scheue, als begreiflicherweise darauf aus sei, möglichst lange möglichst ungestört von der Öffentlichkeit zu planen. Daran ist jedenfalls soviel richtig, daß der Gesetzestext dadurch, daß er das Tatbestandsmerkmal des Geheimseins nicht nennt, einem etwaigen Wunschdenken dieser Art Vorschub leistete.

[8] Kohlrausch-Lange, StGB, 43. Aufl., Berlin 1961, Anm. I zu § 99; Lackner-Maassen, StGB, 4. Aufl., München und Berlin 1967, Anm. 1a zu § 99; Schönke-Schröder, StGB, 13. Aufl., München und Berlin 1967, Rand-Nr. 3 zu § 99; Schwarz-Dreher, StGB, 28. Aufl., München und Berlin 1966, Anm. 2 B zu § 99; H. Welzel, Das deutsche Strafrecht, 10. Aufl., Berlin 1967, S. 464.

[9] AaO S. 30.

3. Die Mosaiktheorie und die notwendigen Merkmale des Geheimnisbegriffs

Zu den bizarrsten Blüten juristischer Auslegungskunst zählte in diesem Zusammenhang die sog. Mosaiktheorie. Wie man weiß, sollte es nach dieser in der Rechtsprechung des Reichsgerichts entwickelten Auffassung, die der Bundesgerichtshof bedauerlicherweise übernommen hatte[10], möglich sein, daß unbekannte Zusammenhänge bekannter und allgemein zugänglicher Tatsachen ein Geheimnis sind. Es ist *Arndt*[11] darin zuzustimmen, daß es nicht notwendig — und, wie man hinzufügen kann, auch nicht möglich — gewesen wäre, dem Unbekanntsein der Zusammenhänge entscheidende Bedeutung beizumessen und sich um die Schlußfolgerung zu mühen, daß aus Bekanntem und allgemein Zugänglichem durch Zusammenstellung etwas Geheimes entstehen könne, hätte man beachtet, daß die Geheimnis-Wirklichkeit ein unabdingbares Tatbestandsmerkmal des Landesverrats ist, da erst die Geheimnis-Wirklichkeit die Verratsfähigkeit der Tatsache ermöglicht.

Man hätte sich hierbei noch darauf berufen können, daß eben der Kern des Übels darin liegt, daß es der Gesetzgeber, wie oben dargelegt wurde, versäumt hatte, das Tatbestandsmerkmal des Geheimseins im alten § 99 Abs. 1 StGB besonders zu nennen. Die dadurch ermöglichte Verführung zum „Schluß" vom Geheimseinsollen auf das Geheimsein war die bewußte oder unbewußte Basis der Mosaiktheorie[12].

Hinzu kommt ein weiteres: Selbst wenn berücksichtigt wird, daß tatbestandsmäßig erst dann ein Staatsgeheimnis vorliegen kann, wenn die betreffende Tatsache geheim ist, wurden und werden Fehlschlüsse nicht selten dadurch veranlaßt, daß der Begriff des Geheimseins falsch interpretiert wird. Auch hierfür war die Mosaiktheorie ein deutliches Beispiel, denn sie beruhte ersichtlich auf der unzulässigen Identifizierung der allgemein unbekannten mit der geheimen Tatsache. Das allgemein Unbekanntsein ist notwendige, aber nicht hinreichende Bedingung für das Geheimsein. Nur die allgemein unbekannte Tatsache kann geheim

[10] RGSt 25, 45; RG DRiZ 24, 391; BGHSt 7, 234 und 15, 17.

[11] AaO S. 31.

[12] Das Denken im normativen Bereich scheint Fehlargumentationen bei den Beziehungen zwischen Sein und Sollen nahe zu legen. Zur Kritik vgl. U. Klug, Die Reine Rechtslehre von Hans Kelsen und die formallogische Rechtfertigung der Kritik an dem Pseudoschluß vom Sein auf das Sollen, in „Law State and International Legal Order: Essays in Honor of Hans Kelsen", Edited by S. Engel and A. Métall, Knoxville 1964, S. 154 ff.

sein. Sie muß es nicht. Von allgemeinem Unbekanntsein wird hier gesprochen, um zum Ausdruck zu bringen, daß die Kenntnis bei einem begrenzten Personenkreis die Tatsache noch nicht zu einer bekannten macht.

Es fragt sich nun, was zum allgemeinen Unbekanntsein im Sinne des höchstens einem begrenzten Personenkreis Bekanntseins hinzukommen muß, damit vom Geheimsein im Sinne des materiellen Geheimnisbegriffs gesprochen werden kann. Daß die in Rede stehende Tatsache nur einem begrenzten Personenkreis bekannt ist, kann nicht genügen, denn ein solcher Geheimnisbegriff wäre uferlos weit und widerspräche außerdem dem Bestimmtheitsgrundsatz des Art. 103 Abs. 2 GG[13]. Er entspräche auch keineswegs dem sprachlichen Sinn des terminus „geheim".

Zunächst muß hinzukommen, daß das Geheimnisobjekt nicht allgemein zugänglich ist. Wenn nur ein begrenzter Personenkreis Zugang hat, so steht dies dem Geheimsein nicht entgegen. Die Notwendigkeit dieses Merkmals folgt daraus, daß sich die Begriffe des Allgemein-Unbekanntseins und des Nicht-allgemein-Zugänglichseins keineswegs decken. Etwas, was allgemein unbekannt ist, kann sehr wohl allgemein zugänglich sein. Es müßte bei einer solchen Konstellation allerdings damit gerechnet werden, daß das allgemein unbekannte Objekt, weil es allgemein zugänglich ist, alsbald zu einem allgemein bekannten wird. Es muß aber nicht immer so sein, denn aus mangelndem Interesse könnte etwas, was allgemein unbekannt ist, trotz allgemeiner Zugänglichkeit allgemein unbekannt bleiben. Andererseits kann etwas, was nicht allgemein zugänglich ist, allgemein bekannt sein.

Ein Objekt kann also nur geheim sein, wenn es weder allgemein bekannt noch allgemein zugänglich ist. Indessen ist es evident, daß nicht alles, was weder allgemein bekannt noch allgemein zugänglich ist, — wie zum Beispiel die exakte Anzahl der Staatsangehörigen der Bundesrepublik am 1. Januar 1968 um 0.00 Uhr —, damit zugleich geheim ist. Es muß ein weiteres Merkmal hinzukommen. Vom Geheimsein kann sinnvoll nur gesprochen werden, wenn Maßnahmen ergriffen sind, die den Kreis der Mitwisser begrenzen. Hierher gehören das Verschließen von Urkunden, das Einzäunen und das Bewachen von Gegenständen, das Erlassen spezieller und vor allem kontrollierter Verbote usw. Auch die Sekretur, Stempel usw., kann hierbei eine Rolle spielen. Sie kann ebenso wie die anderen genannten Methoden der Be-

[13] Dazu ausführlich Kohlmann, aaO, passim.

grenzung des Mitwisserkreises dienen, setzt aber das allgemein Unbekanntsein und das nicht allgemein Zugänglichsein voraus, ist also für sich allein nicht in der Lage, das Geheimsein herbeizuführen. Das gleiche gilt selbstverständlich für die anderen Begrenzungsmethoden. Der Geheimnisbegriff des allgemeinen Sprachgebrauchs ist also ein materieller, kein formeller. Im Hinblick auf das Erfordernis der Begrenzungsmaßnahme, ohne den vom Geheimsein nicht die Rede sein kann, darf allenfalls gesagt werden, der Geheimnisbegriff habe eine kombinierte materiell-formelle Struktur. Damit ist dann zum Ausdruck gebracht, daß der Geheimnisbegriff neben dem materiellen auch ein formelles Merkmal hat.

Zu den objektiven Merkmalen des Geheimnisbegriffs muß jedoch noch ein subjektives hinzugenommen werden. Nicht alles, was weder allgemein bekannt, noch allgemein zugänglich ist, und was außerdem gegen ein Zugänglich- und Bekanntwerden durch eine Begrenzungsmaßnahme abgeschirmt wird, ist ein Geheimnis. Beispielsweise würde es nicht genügen, wenn eine Begrenzungsmaßnahme aus gesundheitspolizeilichen Gründen ergriffen wurde, wenn also die Abschirmung nicht den Zweck hätte, ein Bekanntwerden zu verhindern. Es muß als weiteres Merkmal ein die Begrenzungsmaßnahme tragender, objektiv in Erscheinung getretener Geheimhaltungswille hinzukommen. Für das soeben erwähnte Beispiel würde das bedeuten: Da ein Geheimhaltungswille bei der gesundheitspolizeilichen Begrenzung fehlt, wird kein Geheimnis konstituiert. Besteht dagegen ein solcher Geheimhaltungswille, etwa weil das Vorkommen einer Seuche zur Verhinderung von Panik nicht publik werden soll, dann ist, falls die angegebenen objektiven Merkmale vorliegen, in der Tat ein Geheimnis entstanden. Daß andererseits ein Geheimhaltungswille ohne Begrenzungsmaßnahmen nicht ausreichend ist, versteht sich nach dem Gesagten von selbst. Im Schrifttum ist die Erforderlichkeit einer von einem Geheimhaltungswillen getragenen Begrenzungsmaßnahme als konstituierendes Merkmal für den Geheimnisbegriff schon seit längerem von *Arndt, Kohlrausch-Lange, Maurach* und dem *Verfasser dieses Artikels* betont worden[14].

[14] Arndt, aaO S. 30; Kohlrausch-Lange, aaO Anm. I zu § 99; R. Maurach, Deutsches Strafrecht, Bes. Teil, 4. Aufl., Karlsruhe 1964, S. 548; U. Klug, Presseschutz im Strafprozeß, Berlin und Neuwied 1965, S. 119, 120; ders. in Protokoll der 72. Sitzung des Sonderausschusses für die Strafrechtsreform (18. 9. 1967), Deutscher Bundestag, 5. Wahlperiode, S. 1405. — Bedenken äußert Kohlmann, aaO, S. 93 ff.

Ohne die Merkmale der Begrenzungsmaßnahme und des Geheimhaltungswillens wäre im Sinne des allgemeinen Sprachgebrauchs kein Geheimnis denkbar, es sei denn in einer übertragenen Bedeutung, wie etwa beim Begriff des „Naturgeheimnisses", obwohl auch dort mit der Vorstellung gespielt wird, daß es jemanden gäbe, der das Bekanntwerden der Naturgesetze willentlich verhindere. Im Recht könnte der Gesetzgeber sich allerdings einen eigenen Sprachgebrauch zurechtlegen, der von der allgemeinen Auffassung abweicht. Das wäre dann eine synthetische Definition im bereits erwähnten Sinne. Der Gesetzgeber hätte beispielsweise rein rechtstechnisch die Möglichkeit, die Merkmale der Begrenzungsmaßnahme und des Geheimhaltungswillens fallen zu lassen. Dann hätte man es aber mit einem sehr unanschaulichen und zudem außerordentlich weiten, juristisch-fiktiven Geheimnisbegriff zu tun. Ein Geheimnis wäre dann beispielsweise auch der Speisezettel eines Offizierskasinos oder die geologische Struktur eines nur für geübte Bergsteiger erreichbaren Hochgebirgsgipfels. Eine geheime Tatsache im echten Sprachsinne ist weder das eine noch das andere, obwohl es denkbar ist, daß die Geheimhaltung der einen oder der anderen Tatsache aus irgendwelchen wichtigen militärischen Gründen wünschenswert wäre. Erst Begrenzungsmaßnahmen mit einem diese tragenden Geheimhaltungswillen würden jene Tatsachen zu geheimen Tatsachen im allgemeinen Sprachsinn machen.

Im § 99 StGB a. F. hatte der Gesetzgeber sich zum Geheimnisbegriff als solchem nicht geäußert. Es war also von dem Geheimnisbegriff im allgemeinen vorrechtlichen Sprachsinne auszugehen. Damit war die Mosaiktheorie schon nach dem damaligen Recht verfehlt, denn wenn zum Beispiel jemand Küstenfotos anfertigt, die jeder Wochenend-Segler aufnehmen kann, dann fehlt es, um mit *Arndt* zu sprechen, an jeder Geheimniswirklichkeit. Das Bild des einzelnen Küstenteilstücks — das „Mosaiksteinchen" — ist kein Geheimnis, weil es weder allgemein unbekannt noch allgemein unzugänglich ist. Das Gesamtbild der Küste mag zwar allgemein unbekannt sein, aber es ist nicht allgemein unzugänglich und kann deshalb kein Geheimnis sein. Anders wäre es erst, wenn ein überwachtes Fotografierverbot oder eine sonstige kontrollierte von einem Geheimhaltungswillen getragene Begrenzungsmaßnahme vorläge.

Man könnte in diesem Beispiel weiter fragen, ob die Gesamtheit der Reihenfotos der Küste in den Händen des Täters eine geheime Tatsache sein könnte. Das ist nicht der Fall, weil sie nur abbilden, was weder als

Teil noch als Ganzes ein Geheimnis ist. Allerdings mag das Gesamtbild zuvor noch niemals zusammengestellt worden sein. Es ist dann neu und vermittelt eine neue Erkenntnis. Aber selbstverständlich ist nicht jede neue Erkenntnis ein Geheimnis. Aus der Neuheit der Erkenntnis eines Einzelnen folgt zwar das allgemeine Unbekanntsein dieser Erkenntnis, jedoch genügt dieses Unbekanntsein nicht für das Geheimsein. Das Unbekannte und das Geheime sind keine sich deckenden, identischen Begriffe. Alles in der realen Wirklichkeit ist in jeder neuen Weltsekunde neu und daher mögliches Objekt neuer Erkenntnis von bis dahin Unbekanntem, weil die Realität in jeder neuen Weltsekunde auch eine andere sein könnte. Würden Neuheit und Unbekanntsein zur Konstituierung eines Geheimnisses genügen, dann müßte man sich fragen, was eigentlich kein Geheimnis wäre.

Arndt[15] meint, der Versuch von *Woesner*[16], die Mosaiktheorie darauf zu stützen, daß nicht nur Tatsachen, sondern auch Erkenntnisse ein Staatsgeheimnis sein könnten, ginge deshalb fehl, weil mit Erkenntnissen i. S. des § 99 Abs. 1 StGB a. F. nicht die Deutung von Tatsachen gemeint sei. Dem wird man nicht in jeder Hinsicht zustimmen können, denn sicherlich sind zahlreiche echte wissenschaftliche und sonstige Erkenntnisse neue Deutungen von Tatsachen. Der entscheidende Punkt ist, daß eine neue und noch nicht allgemein bekannte Erkenntnis kein Geheimnis ist, wenn nicht eine vom Geheimhaltungswillen getragene Begrenzungsmaßnahme hinzukommt. Gerade diese letztgenannte kommt aber in der Regel beim Täter, der das „Mosaik" zusammengefaßt hat, nicht in Betracht. Der die Erkenntnis gewinnende ist der Täter. Es ist s e i n e Erkenntnis, nicht die Erkenntnis einer staatlichen Dienststelle. Anders wäre es, wenn die Fotos aus der Verwahrung einer militärischen Stelle widerrechtlich entfernt worden wären und gleichzeitig für die betreffenden Küstenbereiche ein kontrolliertes Fotografierverbot bestünde.

4. Das Geheimnisobjekt

Objekt eines Geheimnisses kann alles sein, was real ist, wobei die Realität im weitesten Sinne von Wirklichsein gemeint ist. Es kommen physische und psychische Realität in Betracht. In manchen außerrechtlichen Zusammenhängen wird der Geheimnisbegriff auch auf irreale

[15] AaO S. 31.
[16] NJW 1964, S. 1879.

Objekte angewandt. Zu denken ist hier in erster Linie an Theologie und Metaphysik. Diese Ausweitung des Begriffsbereichs kann hier außer Betracht bleiben.

Eine andere Möglichkeit, den Begriff des Geheimnisobjekts zu bestimmen, besteht darin, ihn mit Hilfe des Aussagebegriffs zu definieren. Danach könnte alles, was zum Gegenstand einer Aussage gemacht werden kann, mit anderen Worten alles, worüber sich etwas aussagen läßt, Objekt eines Geheimnisses sein.

Auch der Erkenntnisbegriff ist zur Anknüpfung geeignet. Er erlaubt die Formulierung, Geheimnisobjekt kann alles sein, was erkennbar ist.

Inwieweit sich diese Begriffsbestimmungen decken, mag unerörtert bleiben. Der Gesetzgeber hat bei seinen Bemühungen, den Begriff des Geheimnisobjekts zu bestimmen, offensichtlich auf strenge Systematik verzichtet und sich in erster Linie Anschaulichkeit zum Ziel gesetzt. Im alten § 99 StGB heißt es ebenso wie im Regierungsentwurf 1962/1965, im SPD-Entwurf (BT-Drucksache V/102) und im neuen jetzt geltenden § 93 StGB, daß als Geheimnisobjekte „Tatsachen, Gegenstände oder Erkenntnisse" in Betracht zu ziehen seien. Unter systematischem Aspekt würde es genügen, nur den Begriff der Tatsache zu verwenden. Gegenstände und Erkenntnisse können lediglich, sofern sie Fakten sind, Objekte eines Geheimnisses sein. Das Merkmal Tatsache umfaßt Gegenstände und Erkenntnisse. Das ist für Gegenstände unmittelbar einleuchtend. Deshalb sind im § A 14 des Alternativ-Entwurfs[17] nur Tatsachen und Erkenntnisse als mögliche Objekte erwähnt. Nach der oben an erster Stelle angeführten Definition mit Hilfe des Realitätsbegriffs hätten die Erkenntnisse gleichfalls ungenannt bleiben können.

5. Zusammenfassung der Merkmale des Geheimnisbegriffs

Von einem Geheimnis, der Basis des Tatbestandsmerkmals Staatsgeheimnis, kann nur dann die Rede sein, wenn im konkreten Fall folgende Voraussetzungen erfüllt sind:

Erstens darf die Tatsache nicht allgemein, sondern nur einem begrenzten Personenkreis bekannt sein (Tatbestandsmerkmal des Unbekanntseins).

[17] Alternativ-Entwurf eines Strafgesetzbuches, Bes. Teil, Politisches Strafrecht, vorgelegt von J. Baumann, A.-E. Brauneck, G. Grünwald u. a., Tübingen 1968 (federführend für den 4. Titel, Landesverrat: W. Maihofer).

Zweitens darf die Tatsache nicht allgemein, sondern höchstens einem begrenzten Personenkreis zugänglich sein (Tatbestandsmerkmal der Unzugänglichkeit).

Drittens müssen das Unbekanntsein und die Unzugänglichkeit auf Begrenzungsmaßnahmen beruhen oder, falls die in Betracht kommenden Objekte bereits unbekannt und unzugänglich sind, durch sie aufrecht erhalten werden (Tatbestandsmerkmal der Begrenzungsmaßnahmen).

Viertens müssen die Begrenzungsmaßnahmen von einem Geheimhaltungswillen getragen sein (Tatbestandsmerkmal des Geheimhaltungswillens).

Diese vier Tatbestandsmerkmale sind notwendige Merkmale des Staatsgeheimnisbegriffs, weil sie notwendige Merkmale des Geheimnisbegriffs sind. Dies gilt unabhängig davon, ob der Gesetzgeber sie ausdrücklich nennt oder, ob er sie nicht erwähnt.

6. Relativität des Geheimnisbegriffs (Geheimniskenntnis und Bestätigung beim Nachrichtenempfänger)

Aus den angegebenen Tatbestandsmerkmalen für den ausdrücklich oder stillschweigend vorausgesetzten Geheimnisbegriff folgt nicht, daß der Geheimnischarakter einer Tatsache eine irgendwie absolute Eigenschaft ist. Was für den einen ein Geheimnis ist, braucht es für den anderen nicht zu sein. Der Geheimnisbegriff ist selbstverständlich relativ. Hat der Empfänger einer eine Geheimnisoffenbarung enthaltenden Nachricht — etwa eine fremde Regierung — bereits zweifelsfreie und zuverlässige Kenntnis von der mitgeteilten Tatsache, so ist die mitgeteilte Tatsache gegenüber dem Nachrichtenempfänger kein Geheimnis mehr. Sind alle sonstigen Merkmale eines Geheimnisverratstatbestands erfüllt, dann liegt ein Fall des untauglichen Versuchs vor, und es gelten die entsprechenden Strafbarkeitsgrundsätze. Die gleiche Tatsache kann indessen gegenüber einer anderen Regierung nach wie vor ein Geheimnis und daher ein Objekt einer Verratshandlung sein. Selbst gegenüber der erstgenannten Regierung ist die Tatsache doch noch ein Geheimnis, wenn die vorausgehende Kenntnis nur unzuverlässig und zweifelhaft war, so daß diese bisherige Kenntnis noch der Bestätigung bedarf.

7. Folgerungen für die gesetzliche Definition des Staatsgeheimnisbegriffs

§ 99 StGB a. F. und § 393 des Regierungsentwurfs von 1962/1965 bringen Legaldefinitionen des Staatsgeheimnisbegriffs, ohne gleichzeitig den Geheimnisbegriff als solchen zu definieren. Da von einem Staatsgeheimnis nur in bezug auf solche Objekte gesprochen werden kann, die ein Geheimnis sind, enthalten diese Bestimmungen die oben genannten vier Geheimnismerkmale als ungeschriebene Tatbestandsmerkmale.

Die jetzt geltende Legaldefinition des Staatsgeheimnisbegriffs in § 93 StGB bringt insofern eine Klärung gegenüber dem bisherigen Rechtszustand, als wenigstens eins der Geheimnismerkmale nunmehr ausdrücklich genannt wird. Es handelt sich hierbei um das Tatbestandsmerkmal der Unzugänglichkeit. Wenn es also jetzt im Gesetz heißt: „Staatsgeheimnisse sind Tatsachen, Gegenstände oder Erkenntnisse, die nur einem begrenzten Personenkreis zugänglich sind und vor einer fremden Macht geheimgehalten werden müssen, um die Gefahr eines schweren Nachteils für die äußere Sicherheit der Bundesrepublik Deutschland abzuwenden", so ist immerhin ein erster Schritt zur gesetzlichen Definition des Geheimnisbegriffs als des Oberbegriffs für den Staatsgeheimnisbegriff getan und insbesondere die verfehlte Mosaiktheorie beiseite geschafft.

Bei der Anwendung des Gesetzes werden aber die Tatbestandsmerkmale des Unbekanntseins, der Begrenzungsmaßnahmen und des Geheimhaltungswillens als zusätzliche ungeschriebene Tatbestandsmerkmale des § 93 StGB berücksichtigt werden müssen. Das sollte einleuchten, wenn man sich klar macht, wie wenig glücklich auch der neue Gesetzeswortlaut trotz allem ist. Beachtet man die genannten ungeschriebenen Tatbestandsmerkmale nicht, dann sieht es so aus, als sei für ein Staatsgeheimnis nur erforderlich, daß die betreffenden Tatsachen usw. nur einem begrenzten Personenkreis zugänglich sind und vor einer fremden Macht aus den bereits genannten Gründen geheimgehalten werden müssen. Man könnte dann das Gesetz so interpretieren, daß wiederum ähnlich wie bei § 99 StGB a. F. der fehlerhafte Schluß vom Sollen auf das Sein benutzt wird.

Dies sei an einem Beispiel dargelegt: Die Unterwasserstruktur eines Abschnitts der Meeresküste in etwa 300—500 Meter Tiefe ist zweifellos nur einem begrenzten Personenkreis zugänglich. Ihre Geheimhaltung vor einer fremden Macht kann wichtig sein, um die Gefahr eines schweren Nachteils für die äußere Sicherheit der Bundesrepublik abzuwenden. Fehlt es jedoch an Maßnahmen zur Sicherstellung der Unzugänglichkeit, dann ist die betreffende Meeresbodenstruktur zwar etwas, was nur einem begrenzten Personenkreis bekannt und zugänglich sein mag, sie ist aber kein Geheimnis. Und selbst wenn Begrenzungsmaßnahmen vorliegen, so folgt daraus immer noch nicht, daß ein Geheimnis vorliegt. Man denke etwa an den Fall, daß die Begrenzungsmaßnahmen lediglich im Interesse der Fischzucht ergriffen sind. Hier würde das Merkmal des Geheimhaltungswillens fehlen. Die Zwecksetzung wäre eine gänzlich andere.

Um es noch einmal zu sagen: Daraus, daß etwas nur einem begrenzten Personenkreis zugänglich ist, folgt nicht, daß es zugleich ein Geheimnis ist, denn die betreffenden Tatsachen, Gegenstände oder Erkenntnisse könnten gleichwohl allgemein bekannt sein. (Man denke an eine Fernsehsendung über wertvolle Objekte in einem Tresor). Ferner ist zu bedenken: Beruht die eingeschränkte Zugänglichkeit auf natürlichen Verhältnissen (so zum Beispiel bei einem unzugänglichen Hochgebirgsgipfel), so könnte man ebenfalls sagen, es handle sich um etwas, was nur einem begrenzten Personenkreis zugänglich ist, ohne daß man es mit einem Geheimnis zu tun hat, falls nicht die genannten ungeschriebenen Merkmale hinzukommen. Schließlich könnte es noch sein, daß die begrenzte Zugänglichkeit zwar auf Begrenzungsmaßnahmen beruht, diese aber nicht von einem Geheimhaltungswillen, sondern von irgendwelchen anderen Absichten (zum Beispiel Gesundheitsschutz, Verkehrssicherheit, Wirtschaftsschutz usw.) getragen sind. Bei der Anwendung des neuen § 93 StGB müssen also neben den vom Gesetz erwähnten Tatbestandsmerkmalen auch die drei ungeschriebenen Tatbestandsmerkmale des Unbekanntseins, der Begrenzungsmaßnahmen und des Geheimhaltungswillens berücksichtigt werden.

§ A 14 des Alternativentwurfs hatte dies deutlicher zum Ausdruck gebracht, denn er definierte: „Staatsgeheimnisse sind Tatsachen oder Erkenntnisse, deren Kenntnis durch Sicherungsmaßnahmen auf einen bestimmten Kreis von Geheimnisträgern beschränkt ist und deren Bekanntwerden bei einer fremden Macht den Umständen nach geeignet ist, einen schweren Nachteil für die Landesverteidigung der Bundesrepublik Deutschland herbeizuführen". Das Tatbestandsmerkmal des Unbekanntseins ist in dem Erfordernis enthalten, daß die Kenntnis auf einen bestimmten Kreis von Personen beschränkt ist. Das Tatbestandsmerkmal des Unzugänglichseins bringt der Begriff der Sicherungsmaßnahme zum Ausdruck. Gleichzeitig weist dieser Begriff auf das Tatbestandsmerkmal der Begrenzungsmaßnahme hin. Schließlich ist auch die Erforderlichkeit des Geheimhaltungswillens ausgesprochen, denn es ist von den Sicherungsmaßnahmen gesagt, daß mit ihnen der Zweck der Kenntnisbeschränkung erfolgt sein muß.

Strafrechtliche Abwehr des Neo-Nationalsozialismus

Es läßt sich nicht mehr bagatellisieren, der Neo-Nationalsozialismus rührt sich. Es gelingt ihm, wenn auch oft nur mit kurzen Schritten, Aufmerksamkeit in der Öffentlichkeit zu erregen. Man tritt immer ungenierter auf, benutzt nationalsozialistische Symbole, provoziert mit Hitler-Bildern und Hakenkreuzen oder solchen Zeichen, die das Hakenkreuz leicht verfremden, es gleichwohl aber optisch suggerieren.

Neben diesen Erscheinungen, die deutlich politisch gezielt und kriminell akzentuiert sind, lassen sich zunehmend auch andere beobachten, bei denen ungehemmtes Gewinnstreben auf der Grundlage politischen Schwachsinns die Zielsetzung bestimmt. Anders kann man es wohl nicht erklären, daß Kriegsspielzeuge mit Nazi-Emblemen ebenso auf die Verkaufstische und in die Schaufenster einschlägiger Geschäfte geraten, wie »Hitlers Testament« in Leder gebunden mit Goldschnitt oder Schallplatten mit Nazi-Liedern und Märschen der »Bewegung«.

Die Forderung, dergleichen möge durch die zuständigen staatlichen Stellen unterbunden werden, ist begreiflich. Politisch und moralisch ist die Verurteilung der beiden angesprochenen Gruppen von bedrohlichen Zeiterscheinungen – der politischen wie der kommerziellen neo-nazistischen Aktivitäten – sicherlich unproblematisch. Wie aber sieht es mit den gesetzlichen Möglichkeiten für ein strafrechtliches Einschreiten aus, und wie reagiert die Strafjustiz in der Praxis?

Das im geltenden Strafrecht zum Schutz gegen die skizzierten Entwicklungen zur Verfügung stehende Instrumentarium ist nicht gerade umfangreich. Die Frage drängt sich auf, ob es ausreicht und genügend differenziert ist. Es wird sich zeigen, daß das Netz nicht dicht ist. Es gibt Lücken über deren Ausfüllung nachgedacht werden muß.

Die umfassendste Bestimmung, die für den Abwehrkampf in Betracht kommt, ist der Tatbestand des Verbreitens von Propagandamitteln verfassungswidriger Organisationen. Er ist im § 86 StGB geregelt. Vier Unterfälle sind zu unterscheiden. Unter Strafdrohung ist zunächst einmal gestellt die Verbreitung von Propagandamitteln einer vom Bundesverfassungsgericht für verfassungswidrig erklärten Partei oder einer Partei oder Vereinigung, von der unanfechtbar festgestellt ist, daß sie Ersatzorganisation einer solchen Partei ist.

Der zweite Fall, den § 86 regelt, bezieht sich auf sonstige Vereinigungen, die also weder eine Partei, noch eine Ersatzorganisation einer Partei sind, und die infolgedessen auch nicht vom Bundesverfassungsgericht für verfassungswidrig erklärt werden konnten. Bei diesen Vereinigungen ist die Verbreitung von Propagandamitteln strafbar, wenn es sich um Propagandamittel einer Vereinigung handelt, die unanfechtbar verboten ist, weil sie sich gegen die verfassungsmäßige Ordnung oder gegen den Gedanken der Völkerverständigung richtet, oder von der unanfechtbar festgestellt ist, daß sie Ersatzorganisation einer solchen verbotenen Vereinigung ist. Verbotsgrundlage ist Art. 9 Absatz 2 des Grundgesetzes.

Der dritte Fall des § 86 betrifft die Verbreitung von Propagandamitteln einer Regierung, Vereinigung oder Einrichtung außerhalb der Bundesrepublik, die für die Zwecke einer der vorgenannten Parteien oder Vereinigungen tätig ist.

Man erkennt unschwer, daß die drei genannten Fallkonstellationen nicht die für den Neo-Nazismus typischen Fälle treffen. Der im hiesigen Zusammenhange wichtigste Unterfall ist vielmehr der unter § 86 Nr. 4 StGB geregelte. Hier ist gesagt, daß derjenige mit Freiheitsstrafe bis zu drei Jahren oder mit Geldstrafe bestraft wird, der Propagandamittel, »die nach ihrem Inhalt dazu bestimmt sind, Bestrebungen einer ehemaligen nationalsozialistischen Organisation fortzusetzen«, in der Bundesrepublik verbreitet oder zur Verbreitung herstellt, oder vorrätig hält, oder in die Bundesrepublik einführt.

Als Propagandamittel im Sinne des Gesetzes kommt nicht nur schriftliches Material in Frage. Schriften stehen vielmehr Ton- und Bildträger, Abbildungen und andere Darstellungen gleich. Zu den Propagandamitteln, die hier in Betracht kommen, zählen also etwa auch Filme, Schallplatten, Bilder, Plastiken, Symbole usw. Ob es, wie der Strafrechtler Kohlmann dies fordert, erforderlich ist, daß die Propagandamittel eine Werbewirkung bezwecken müssen, ist zweifelhaft. Der Gesetzgeber hat dies offenbar bewußt nicht angeordnet, denn sonst würden z. B. reine Reportagen mit nationalsozialistischem Inhalt möglicherweise nicht erfaßt werden.

Der nationalsozialistische Inhalt allein macht allerdings die betreffenden Propagandamittel noch nicht zu solchen im Sinne des § 86 StGB. Es muß noch hinzukommen, daß sich ihr Inhalt gegen die freiheitliche demokratische Grundordnung oder den Gedanken der Völkerverständigung richtet. Das ist vor allem dann der Fall, wenn sich die Aussage der Propagandamittel gegen die Achtung vor den im Grundgesetz geregelten Menschenrechten, gegen die Volkssouveränität. die Gewaltenteilung, die Verantwortlichkeit und Ablösbarkeit der Regierung, die Gesetzmäßigkeit der Verwaltung, die Unabhängigkeit der Gerichte, das Mehrparteienprinzip und die Chancengleichheit für alle politischen Parteien, insbesondere auch für die freie Opposition richtet. Beispiele hierfür wären antisemitische, ebenso wie antiparlamentarische Darstellungen.

Schwierigkeiten bei der Anwendung dieser gesetzlichen Regelung auf konkrete Fälle ergeben sich dadurch, daß im Gesetz verlangt wird, daß die betreffenden Propagandamittel nach ihrem Inhalt dazu bestimmt sein müssen, Bestrebungen einer ehemaligen nationalsozialistischen Organisation fortzusetzen. Die bloße Eignung des betreffenden Propagandamittels, Bestrebungen in dem genannten Sinne zu fördern, ist, wie der Bundesgerichtshof entschieden hat, alleine nicht ausreichend. Es kommt nach dieser höchstrichterlichen Entscheidung vielmehr auf die Zielrichtung der Darstellung an. Das Propagandamittel muß, wie im Urteil gesagt wird, eine »aktiv kämpferische, aggressive Tendenz in der von § 86 geforderten Richtung erkennen lassen«. Auf diese Problematik wird im folgenden noch zurückzukommen sein.

Nach dem Wortlaut des Gesetzes muß das Propagandamittel ferner die Zielrichtung erkennen lassen, die Bestrebung einer ganz bestimmten ehemaligen nationalsozialistischen Organisation fortzusetzen. Auch dies ist eine Regelung, die die Anwendung des § 86 Nr. 4 StGB in der Praxis schwierig macht, denn danach reicht es für die Strafbarkeit nicht aus, daß die als Propagandamittel verbreiteten Schriften nur nationalsozialistisches Gedankengut enthalten oder dessen Wiederbelebung fördern. Es müssen erkennbare Bestrebungen sein, deren Träger und Verfechter in der NS-Zeit die jeweiligen Organisationen waren. Wie der Strafrechtskommentator Willm ausführt, ist eine »Wahlfeststellung« derart, daß die Propagandaschrift jedenfalls auf die Fortsetzung der Bestrebung irgendeiner NS-Organisation abzielt, unzulässig, denn nach Wortlaut und Sinn des § 86 StGB muß stets eine bestimmte Organisation, wenn auch nicht namentlich, angesprochen sein.

Andererseits ist es nicht erforderlich, daß eine Vereinigung das betreffende Propagandamaterial herausgegeben hat. Darauf, ob ein einzelner oder eine Mehrheit von Personen oder eine Organisation Träger der NS-Propaganda ist, kommt es für die Strafbarkeit nicht an. Ist der Träger jedoch eine heute tätige politische Partei, so darf § 86 StGB nicht angewandt werden, bevor das Bundesverfassungsgericht die betreffende Partei für verfassungswidrig erklärt hat. Das Parteienprivileg des Grundgesetzes schaltet also die Anwendbarkeit des Tatbestandes auf neo-nationalsozialistische Organisationen aus. Dies geht eindeutig aus dem Gesetzestext hervor und ist daher unbestritten.

Daß eine Strafbarkeit entfällt, wenn das Verhalten des Täters der staatsbürgerlichen Aufklärung, der Abwehr verfassungswidriger Bestrebungen, der Kunst oder der Wissenschaft, der Forschung oder der Berichterstattung über Vorgänge des Zeitgeschehens oder der Geschichte oder ähnlichen Zwecken dient, versteht sich aus dem rechtlichen Gesamtzusammenhang der gesetzlichen Bestimmung eigentlich von selbst. Vorsorglich hat es der Gesetzgeber aber auch noch ausdrücklich im dritten Absatz des § 86 gesagt. Es ist üblich, diesen Hinweis als »Sozialadäquanzklausel« zu bezeichnen.

Diese Adäquanzklausel greift, wie der Bundesgerichtshof festgestellt hat, nur dann durch, wenn Handlungen vorliegen, die der Vermittlung von Wissen zur Anregung der politischen Willensbildung und Verantwortungsbereitschaft des Staatsbürgers und damit der Förderung seiner politischen Mündigkeit durch Information dienen. Es muß deshalb nach dieser Rechtsprechung eine auf die Stärkung und Verteidigung der freiheitlichen Demokratie abzielende Verwendung vorliegen. Zu dieser Zielsetzung steht aber die Handlung im Widerspruch, die gerade die Werbung für verfassungsfeindliche Bestrebungen zum Inhalt hat. Deshalb kommt die Anwendung der Klausel bei der strafrechtlichen Beurteilung der Tätigkeit von neo-nazistischen Gruppen nicht in Betracht.

Als eine, bei ihrer Anwendung weniger problematische Bestimmung, die für die Abwehr rechtsextremistischer, neo-nationalsozialistischer Aktivitäten eingesetzt werden kann, kommt der § 86 a StGB in Betracht. Dort ist die Verwendung von Kennzeichen verfassungswidriger Organisationen unter Strafdrohung gestellt. Mit Freiheitsstrafe bis zu drei Jahren oder mit Geldstrafe wird danach bestraft, wer in der Bundesrepublik u. a. Kennzeichen einer ehemaligen nationalsozialistischen Organisation öffentlich, in einer Versammlung oder in von ihm verbreiteten Schriften, Filmen, Tonträgern usw. verwendet oder wer solche Kennzeichen in der Bundesrepublik verbreitet. Zur näheren Konkretisierung dieser Regelung wird im Gesetz noch ausdrücklich gesagt, daß Kennzeichen im Sinne dieser Bestimmung namentlich Fahnen, Abzeichen, Uniformstücke, Parolen und Grußformen sind. Aus dieser Legaldefinition ergibt sich, daß nicht nur verkörperte Symbole gemeint sind, sondern beispielsweise auch NS-Lieder und ähnliches.

»Verwenden« im Sinne dieser gesetzlichen Bestimmung bedeutet nach der Auffassung des Bundesgerichtshofs, daß irgendein Gebrauch von dem betreffenden Kennzeichen gemacht wird, ohne daß es hierbei auf die damit verbundene Absicht des Benutzers ankommt. Im strafrechtswissenschaftlichen Schrifttum ist diese Gesetzesauslegung nicht unbestritten. So meinen z. B. Schönke-Schröder, es sei für die Tatbestandsmäßigkeit der Verwendung des betreffenden Kennzeichens erforderlich, daß aus den Umständen der

Benutzung erkennbar werde, daß diese als Bekenntnis zu den Zielen der fraglichen Organisation erfolgt sei. Dem gegenüber stellt der Bundesgerichtshof darauf ab, ob der Schutzzweck des § 86 a StGB verletzt worden ist. Schutzzweck sei einmal die Abwehr der Wiederbelebung der nationalsozialistischen Organisationen oder der von ihnen verfolgten verfassungsfeindlichen Bestrebungen, auf die das Kennzeichen symbolhaft hinweise. Zum anderen diene § 86 a StGB aber auch der Wahrung des politischen Friedens, und zwar dadurch, daß jeglicher Anschein einer solchen Wiederbelebung vermieden werde. Eine Strafbarkeit nach dieser Bestimmung sei deshalb in der Regel dann ausgeschlossen, wenn es sich nur um eine einmalige Verwendung derart handle, daß das Kennzeichen nur kurz in das äußere Erscheinungsbild getreten, und damit eine Nachwirkung auf Dritte in eine dem Symbolgehalt dieses Kennzeichens entsprechende Richtung von vornherein ausgeschlossen sei.

Von einem »Verbreiten« von Kennzeichen kann dann gesprochen werden, wenn diese einem größeren Personenkreis zugänglich gemacht werden. Die Aushändigung eines verkörperten Symbols an nur eine Person kann jedoch dann genügen, wenn mit der Weitergabe an andere gerechnet wird. Im übrigen gilt für alle Begehungsformen des in § 86 a StGB geregelten Tatbestandes der Verwendung von Kennzeichen verfassungswidriger Organisationen, daß eine Strafbarkeit dann entfällt, wenn die Voraussetzungen für die Anwendung der Sozialadäquanzklausel gegeben sind. Insoweit wird im § 86 a StGB auf die genauere Definition der Sozialadäquanz im § 86 StGB verwiesen.

Für das Einschreiten der Strafjustiz gegen neo-nationalsozialistische Aktivitäten kommen schließlich noch die Bestimmungen der §§ 130 und 131 StGB in Frage. In der erstgenannten Bestimmung ist der Straftatbestand der Volksverhetzung geregelt. Danach wird mit Freiheitsstrafe von drei Monaten bis zu fünf Jahren bestraft, wer in einer Weise die geeignet ist, den öffentlichen Frieden zu stören, die Menschenwürde anderer dadurch angreift, daß er zum Haß gegen Teile der Bevölkerung aufstachelt oder zu Gewalt- oder Willkürmaßnahmen gegen sie auffordert, oder sie beschimpft, böswillig verächtlich macht, oder verleumdet. Dieser Tatbestand ist im Gesetz so plastisch formuliert, daß auf Einzelheiten im hiesigen Problemzusammenhang nicht eingegangen zu werden braucht. Es sei nur kurz auf folgendes hingewiesen:

Ein Angriff gegen die Menschenwürde kann nur eine sehr schwerwiegende Aggression sein. Eine bloße Beleidigung erfüllt dieses Tatbestandsmerkmal nicht. Es muß der Kernbereich des Menschentums getroffen sein. Ein Beispiel hierfür wäre etwa die Äußerung die Juden seien »Untermenschen«. Beim »Aufstacheln« braucht keine unmittelbare Aktion beabsichtigt zu sein, es genügt das Schaffen von Haß als Nährboden für gefährliche Angriffe auf die betreffende Bevölkerungsgruppe.

Daß es bei der tatbestandsmäßigen Verleumdung von Teilen der Bevölkerung keine Rechtfertigung unter dem Gesichtspunkt der Wahrnehmung berechtigter Interessen geben kann, versteht sich von selbst.

Im § 131 StGB ist sowohl die Verherrlichung von Gewalt als auch die Aufstachelung zum Rassenhaß mit Freiheitsstrafe bis zu einem Jahr oder mit Geldstrafe bedroht. Strafbar macht sich danach, wer Schriften – denen Ton- und Bildträger usw. gleichgestellt sind –, die Gewalttätigkeiten gegen Menschen in grausamer oder sonst unmenschlicher Weise schildern, und dadurch eine Verherrlichung oder Verharmlosung solcher Gewalttätigkeiten ausdrücken, oder die zum Rassenhaß aufstacheln,

1. verbreitet,
2. öffentlich ausstellt, anschlägt, vorführt oder sonst zugänglich macht,

3. einer Person unter 18 Jahren anbietet, überläßt oder zugänglich macht oder
4. herstellt, bezieht, liefert, vorrätig hält, anbietet, ankündigt, anpreist, in die Bundesrepublik einzuführen oder daraus auszuführen unternimmt, um sie oder aus ihnen gewonnene Stücke im Sinne der Nummern 1 bis 3 zu verwenden oder einem anderen eine solche Verwendung zu ermöglichen.

Ebenso wird bestraft, wer eine Darbietung des in Absatz 1 bezeichneten Inhalts durch Rundfunk verbreitet. Eine Strafbarkeit nach dieser Bestimmung entfällt jedoch, wenn die Handlung der Berichterstattung über Vorgänge des Zeitgeschehens oder der Geschichte dient. Auch dieser Gesetzestext läßt an Deutlichkeit nichts zu wünschen übrig.

Eine Gesamtschau über die hier angesprochenen Bestimmungen des geltenden Strafrechts und ein Überblick über ihre Behandlung in der Praxis zeigt, daß die gesetzlichen Regelungen in vielen Fällen für ein Einschreiten gegen den Rechtsextremismus und gegen Versuche, den Nationalsozialismus wieder zu beleben, ausreichen. So wurde beispielsweise die Strafbarkeit nach § 86 StGB von den Gerichten bei einer Schrift bejaht, in der die Forderung aufgestellt wurde, daß Angehörige einer bestimmten Volksgruppe, z. B. Juden, keinen maßgebenden Posten im Staat bekleiden dürfen. Da es nach der Rechtsprechung des Bundesgerichtshofes auf die Motive des Autors ebensowenig ankommt, wie auf die Tendenzen des Täters oder der etwaigen weiteren an der Herstellung oder dem Verbreiten Beteiligten, genügt der aggressive Inhalt der Propagandamittel. Infolgedessen kann auch die Verbreitung früherer Filme, wie z. B. des Filmes »Jud Süß«, und Schallplatten mit nationalsozialistischen Reden, Märschen, Reportagen u. ä. nach § 86 StGB strafbar sein. Das Gesetz sagt nur, daß die betreffenden Schriften, Abbildungen usw. »nach ihrem Inhalt«, also – wie eingangs gesagt wurde – nicht nach der Absicht des Täters. dazu bestimmt sein müssen, Bestrebungen einer ehemaligen nationalsozialistischen Organisation fortzusetzen. Von manchen Kommentatoren, wie z. B. Rudolphi und Willms, wird allerdings bezweifelt, ob das heute überhaupt noch möglich ist. Die Zweifel dürften unberechtigt sein. Man denke etwa an den Antisemitismus, dessen Tendenz schon immer »auf ewig« angelegt war.

Für die Strafbarkeit der Einfuhr von nationalsozialistischen Propagandamitteln aus dem Ausland reicht der Import eines einzelnen Exemplars, also ein Buch, eine Schallplatte, usw. aus. Wird »staatsbürgerliche Aufklärung« nur als Deckmantel für die Verbreitung solcher Propagandamittel benutzt, so befreit dies selbstverständlich nicht von der Strafbarkeit, selbst, wenn der Täter nur kommerzielle Interessen hatte.

Die Anwendung des § 86 a StGB ist in der Gerichtspraxis, wie gesagt, verhältnismäßig unproblematisch, zumal das Gesetz einige Beispiele für die gemeinten Kennzeichen genannt hat. Daß der Gruß »Heil Hitler« und die entsprechende, aus dem italienischen Faschismus von den Nazis übernommene Handhaltung sowie die Formel »Sieg Heil« dazu gehören, bedarf keiner näheren Begründung. Aber auch die etwa in einem Brief verwendete Formel »mit deutschem Gruß« kann, wie der Bundesgerichtshof zutreffend festgestellt hat, dann unter § 86 a StGB fallen, wenn Aufmachung und Inhalt des Briefes eindeutig erkennen lassen, daß der nationalsozialistische Sprachgebrauch gemeint ist.

Da die Aufzählung von Beispielen im Absatz 2 des § 86 a StGB nicht abschließend ist, fällt z. B. auch das Singen des Horst-Wessel-Liedes sowie das Zeigen von Hitler-Bildern und SA-Standarten in der Öffentlichkeit, in Versammlungen und in Schriften in den Strafbarkeitsbereich, sobald nicht, wie etwa beim Hitler-Film von Fest, die Ausnahmeregelung der Sozialadäquanzklausel zum Zuge kommt. Dagegen bleibt es, wie der Bundesgerichtshof ebenfalls festgestellt hat, bei der Strafbarkeit, wenn die Kennzeichenverwendung reißerischer Käuferwerbung – z. B. für NS-Souvenirs – dient, denn da geht es nicht um eine Verwendung, die den in der Sozialadäquanzklausel genannten »ähnlichen Zwecken« dient.

Daß die Verwendung von nationalsozialistischen Kennzeichen auf Spielzeug, insbesondere auf Kriegsspielzeug – Hakenkreuze auf Panzern und Flugzeugen, sowie Hakenkreuzfahnen an Kriegsschiffmodellen u. ä. – unter den Tatbestand des § 86 a StGB fällt, und nicht durch die Sozialadäquanzklausel gedeckt ist, geht aus dem Schutzzweck der Bestimmung deutlich hervor, denn der Vertrieb solchen Spielzeugs fördert die Wiederbelebung nationalsozialistischer Vorstellungen und neo-nazistischer Bestrebungen in gefährlicher Weise. Gerichtsentscheidungen hierzu sind leider, soweit ersichtlich, noch nicht bekannt geworden.

Abgrenzungsschwierigkeiten entstehen dort, wo NS-Kennzeichen in Werken der Kunst verwendet werden. Das gilt besonders für politische Karikaturen. Viel Aufsehen erregte seinerzeit der Fall mit den Plastiksparschweinchen, die mit den Farben der Bundesrepublik und einem Hakenkreuz bemalt waren. Eine Strafbarkeit wurde zu Recht verneint. Die karikaturistisch verzerrte, zeichnerische Darstellung eines Menschen in Form eines Hakenkreuzes ist ebenfalls keine Verwendung eines nationalsozialistischen Kennzeichens im Sinne des Gesetzes, wie dies ebenfalls der Bundesgerichtshof entschieden hat.

Das Verwenden von NS-Symbolen in Demonstrationen, die sich gegen ein Wiederaufleben des Nationalsozialismus richten, fällt nicht unter § 86 a StGB. Hier kann man schon nicht einmal von einem »Verwenden« im strafrechtlichen Sinne sprechen, weil der Schutzzweck des § 86 a StGB nicht nur nicht verletzt wird, sondern gerade unterstützt werden soll.

Bei der Abwehr alt-nazistischer oder neo-nazistischer Aktivitäten ist dem in § 130 StGB geregelten Tatbestand der Volksverhetzung bisher keine besondere Bedeutung zugekommen, obwohl seine Anwendung im Hinblick auf Vorkommnisse der jüngsten Zeit in der Praxis erwogen werden sollte. Erinnert sei hier an eine im Fernsehen ausschnittweise übertragene Rede eines Funktionärs einer neo-nazistischen Gruppe, der sich »Gauleiter« nannte und der in seiner vor einem Hitler-Bild in einem norddeutschen Gasthof gehaltenen Rede, den »Zionisten« den Kampf ansagte. Das war unzweifelhaft ein Angriff gegen die jüdischen Mitbürger in der Bundesrepublik. Es wäre daher zu prüfen, inwieweit dadurch »zum Haß gegen Teile der Bevölkerung« aufgestachelt wurde, und ggf., ob dies in der Weise geschah, daß dadurch die Menschenwürde der Juden angegriffen wurde. Näheres ließ die Berichterstattung nicht erkennen. Möglicherweise war es ein Grenzfall.

Für andere Vorkommnisse gibt es Beispiele aus der Rechtsprechung. So wurde 1970 in Hamburg entschieden, zum Haß gegen den jüdischen Bevölkerungsanteil in der Bundesrepublik könne auch aufstacheln, wer ausdrücklich nur das »Weltjudentum« angreife. Außerdem stellte der Bundesgerichtshof in einem anderen Falle fest: Aufstachelung zum Haß gegen den jüdischen Teil der Bevölkerung in der Bundesrepublik begeht auch derjenige, der einen Wahlbewerber als Juden kennzeichnet und damit als wahlunwürdig hinstellen will.

Es liegt nahe, die strafrechtliche Situation in der Bundesrepublik für die hier in Rede stehende Problematik mit derjenigen in der DDR zu vergleichen. Dabei zeigt sich, daß es im StGB der DDR vom 12. 1. 1968 in der Fassung vom 7. 4. 1977 als § 92 einen besonderen Straftatbestand gibt, in dem »faschistische Propaganda, Völker- und Rassenhetze« unter Strafandrohung gestellt sind. Mit Freiheitsstrafe von zwei bis zu zehn Jahren wird bestraft, »wer faschistische Propaganda, Völker- und Rassenhetze treibt, die geeignet ist, zur Vorbereitung oder Begehung eines Verbrechens gegen die Menschlichkeit aufzuhetzen«. Hat der Täter die Tat planmäßig begangen oder zu ihrer Durchführung eine Organisation oder Gruppe gebildet, wird er mit Freiheitsstrafe nicht unter drei Jahren bestraft. Auch Vorbereitung und Versuch sind strafbar.

Ergänzend tritt § 220 Absatz 2 hinzu. Nach dieser Bestimmung wird in der DDR bestraft, »wer in der Öffentlichkeit Äußerungen faschistischen oder militaristischen Charakters kundtut«. Als Strafe hierfür werden angedroht: Freiheitsstrafe bis zu zwei Jahren oder Verurteilung auf Bewährung oder Haftstrafe von einer bis zu sechs Wochen oder Geldstrafe oder öffentlicher Tadel.

Ohne auf Einzelheiten eingehen zu müssen, läßt sich bereits am Gesetzeswortlaut erkennen, daß die strafrechtliche Abwehr neo-nazistischer politischer Aktivitäten nach dem DDR-Strafrecht insofern einfacher ist, als keine gerichtlichen Entscheidungen über die Verfassungswidrigkeit oder unanfechtbare Verbote einer Verwaltungsbehörde vorgeschaltet sind. Außerdem kommt es für die Strafbarkeit nicht darauf an, daß die faschistische Propaganda nach ihrem Inhalt dazu bestimmt ist, Bestrebungen einer ehemaligen nationalsozialistischen Organisation fortzusetzen. Es genügt für die Strafbarkeit der nationalsozialistische Inhalt als solcher, gleichgültig, ob die Propaganda der Fortsetzung alter oder der Entwicklung neuer Organisationen dienen soll. Zur Abgrenzung von bloßen Stammtischredereien verlangt das Gesetz allerdings, daß mindestens abstrakte Gefährlichkeit vorliegt.

Sehr weit geht § 220 Absatz 2 des StGB der DDR. Dort genügt es, wenn der Täter in der Öffentlichkeit Äußerungen nationalsozialistischen Charakters kundtut, auch wenn sie, nicht einmal in abstracto, gefährlich sind. Es kommt allein auf den objektiven Inhalt an. Da nach dieser Gesetzesfassung Stammtischäußerungen in einem Gasthof den Tatbestand erfüllen könnten, sind sehr unterschiedliche Sanktionsformen vorgesehen. Das Gericht kann sich mit einem öffentlichen Tadel begnügen.

Im Strafrecht der Bundesrepublik ist demgegenüber zwar nicht jede NS-Äußerung unter Strafdrohung gestellt, wohl aber – wie bereits ausgeführt wurde – gemäß § 86 a StGB jede Verwendung oder Verbreitung von NS-Kennzeichen, Parolen u. ä. in der Öffentlichkeit oder in einer Versammlung oder in Schriften, Rundfunksendungen, Schallplatten usw. Auch hier kommt es, wie beim § 220 im StGB der DDR nur auf die objektive Bedeutung an. Irgendeine konkrete oder abstrakte Gefährlichkeit braucht nicht verwirklicht zu sein. Der Strafrahmen ist nach oben höher als in der DDR, da eine Freiheitsstrafe bis zu drei Jahren verhängt werden kann. Zur Ausscheidung von Bagatellfällen ist sowohl im § 86 als auch im § 86 a StGB dem Gericht die Möglichkeit eingeräumt, bei geringer Schuld von einer Bestrafung abzusehen. Dem öffentlichen Tadel im DDR-Strafrecht ist bis zu einem gewissen Grade die Verwarnung unter Strafvorbehalt nach § 59 StGB der Bundesrepublik ähnlich.

In der Diskussion um die Reform des Strafrechts der Bundesrepublik wurden die sich aus neo-nationalsozialistischen Aktivitäten ergebenden strafrechtlichen Probleme immer wieder erörtert. Besonders intensiv geschah das im Jahr 1967 im Bundestags-Sonderausschuß für die Strafrechtsreform. Dort wurden damals Vorschläge des Bundesjustizministeriums und aus dem von Strafrechtswissenschaftlern vorgelegten Alternativentwurf eines Strafgesetzbuches beraten.

In dem zur Erwägung im Ausschuß vorgelegten Formulierungsvorschlag des Ministeriums war vorgesehen, daß sich u. a. strafbar machen sollte, wer Schriften, Schallaufnahmen, Abbildungen oder Darstellungen verbreitet, öffentlich zugänglich macht, herstellt usw., die nach ihrem Inhalt, »die nationalsozialistische Gewalt- und Willkürherrschaft billigen oder verteidigen oder nationalsozialistische Gewalt- und Willkürmaßnahmen billigen, verteidigen oder beschönigen, oder die dazu bestimmt sind, als Propagandamittel Bestrebungen herbeizuführen oder zu fördern, die auf die Herstellung einer solchen Herrschaft gerichtet sind«, es sei denn, die Handlung wird »im Rahmen der staatsbürgerlichen Aufklärung, der Abwehr verfassungswidriger Bestrebungen oder ähnlicher Zwecke« vorgenommen. Dieser Vorschlag sollte das damals geltende Recht genauer und zugleich praktikabler ausgestalten und dabei auch neo-nationalsozialistische Propaganda ausdrücklich ansprechen. Um Propagandamittel einer Organisation brauchte es sich nach dieser vorgeschlagenen Fassung nicht zu handeln. Insoweit und hinsichtlich der Miterfassung neo-nationalsozialistischer Propaganda war das Konzept ähnlich dem im Strafrecht der DDR. Daß sich ein solches Tatbestands-Modell durchaus verfassungskonform ausgestalten ließ, bewies die sorgfältige Begründung der Vertreter des Bundesjustizministeriums im Sonderausschuß.

Der Ausschuß und später der Bundestag selbst entschieden sich jedoch anders. Im 8. Strafrechtsänderungsgesetz wurde die Fassung, die der Alternativ-Entwurf empfohlen hatte, im wesentlichen übernommen. Der neue oben erörterte § 86 StGB wurde demzufolge zu einem mittelbaren Organisationsdelikt ausgestaltet. Seitdem muß es sich im heute geltenden Recht, wie schon betont wurde, immer um Propagandamittel handeln, die dazu bestimmt sind, Bestrebungen einer ehemaligen nationalsozialistischen Organisation fortzusetzen.

Auch § 86 a StGB ist ein mittelbares Organisationsdelikt, denn strafbar ist nach dieser Bestimmung in der heute geltenden Fassung, soweit sie nationalsozialistische Kennzeichen betrifft, nur die Verwendung der Kennzeichen ehemaliger nationalsozialistischer Organisationen. Da das Hakenkreuz, die SS-Rune und andere nationalsozialistische Symbole stets auch Kennzeichen ehemaliger nationalsozialistischer Organisationen waren, hat diese Einschränkung allerdings keine allzu große praktische Bedeutung, sofern man bei Verfremdungen und Abänderungen dieser Symbole, wie man sie etwa bei der grafischen Unterbrechung des Hakenkreuzes auf NS-Fahnen in diesen Tagen beobachten kann, § 86 a StGB gleichwohl anwendet. Ob die Gerichte allerdings dieser Interpretation folgen, läßt sich heute noch nicht absehen. Rechtsprechung ist hierzu, soweit ersichtlich, noch nicht bekannt geworden.

Damit ist die Frage berührt, inwiefern das geltende Recht Lücken enthält, die eine erfolgreiche Anwendung des Strafrechts zur Abwehr neo-nationalsozialistischer Aktivitäten in unerwünschter Weise einschränken.

Wenn der Bundesjustizminister in dieser Zeitschrift die Auffassung nahelegt, das geltende Strafrecht brauche nicht geändert oder ergänzt zu werden, so kann man ihm darin bei genauerer Analyse der Rechtslage leider nicht folgen. Eine erste Durchmusterung des hier dargestellten strafrechtlichen Instrumentariums ergibt, daß bei den geltenden Regelungen einiges klärungs- und anderes ergänzungsbedürftig ist. Außerdem sollte der Gesetzgeber prüfen, ob nicht sogar grundsätzliche Reformen bei den hier in Betracht kommenden Straftatbeständen des Gesetzes aus rechts- und kriminalpolitischen Gründen erforderlich sind, um den akut gewordenen Gefahren einer Wiederbelebung des

Nationalsozialismus erfolgreich begegnen zu können. Die Bedenken, die hier anzubringen sind, beziehen sich vor allem auf folgende Punkte:

1. Die Tatsache, daß im geltenden Recht die strafrechtliche Verfolgung *neo*-nationalsozialistischer Aktivitäten besonders erschwert ist, weil sich die vorliegenden Regelungen im wesentlichen auf die Fortsetzung von Bestrebungen *ehemaliger* nationalsozialistischer Organisationen erstrecken, zeigt eine besonders schwerwiegende Lücke. Es sollte erwogen werden, ob nicht die Ausgestaltung der §§ 86 und 86 a StGB als mittelbare Organisationsdelikte wieder rückgängig gemacht werden müßte, soweit es sich um nationalsozialistische Propaganda handelt. An die Diskussion in den Jahren 1967/68 könnte angeknüpft werden. Daß eine verfassungskonforme Konstruktion gesucht werden muß, versteht sich von selbst.
2. Als ein weiteres grundsätzliches Problem sollte die Frage erörtert werden, ob nicht zumindest teilweise auch schon der *Versuch* unter Strafdrohung gestellt werden sollte. Hierbei ist vor allem an die Tatbestände in den §§ 86 und 130 StGB zu denken.
3. Einer besonderen Regelung bedürftig ist ferner die strafrechtliche Erfassung der *kommerziellen* neo-nationalsozialistischen Aktivitäten. Hier ist besonders an das oben erörterte NS-Spielzeug-Problem zu erinnern.
4. Da im strafrechtswissenschaftlichen Schrifttum zu § 86 die Meinung vertreten wird, Nr. 4 dieser Bestimmung sei praktisch überhaupt nicht anwendbar, weil es nicht möglich sei, daß ein Propagandamittel unabhängig von den Absichten des Verfassers und des Täters allein nach seinem Inhalt dazu bestimmt sei, die konkreten Bestrebungen einer *bestimmten ehemaligen* nationalsozialistischen Organisation fortzusetzen, wie dies aber vom Bundesgerichtshof ausdrücklich gefordert werde, wäre hier eine klärende Änderung des Gesetzestextes erwägenswert.
5. Eine klarstellende Änderung des Gesetzeswortlautes wäre schließlich auch noch bei § 86 a erforderlich, um sicherzustellen, daß von dieser Bestimmung auch verfremdete und abgeänderte Kennzeichen, deren NS-Symbolgehalt gleichwohl aufrecht erhalten bleibt, von dieser Bestimmung erfaßt werden.

Für die Praxis sei noch der Appell angefügt, im Hinblick auf die durchaus nicht leichtzunehmende Situation bei den rechtsextremistischen und neo-nationalsozialistischen Phänomenen tunlichst nicht zu schnell von den Möglichkeiten, die das in der Strafprozeßordnung geregelte Opportunitätsprinzip einräumt, Gebrauch zu machen und Ermittlungsverfahren wegen angeblicher Bagatellität einzustellen.

Der Anwendungs- und Zumessungsbankrott bei der Bestrafung von Schwangerschaftsunterbrechungen – 5 DM für eine Abtreibung?

Bei der Diskussion um die längst überfällige Reform des verkalkten § 218 StGB – um dessen Absatz 1, also die Strafbarkeit der schwangeren Frau, es im hier folgenden geht – sollte man nicht versäumen, nach dem heutigen Verhalten der Strafjustiz zu fragen, denn die Praxis der Strafgerichte bei der Anwendung des Gesetzes ist zumal bei der Bemessung der verhängten Strafen aufschlußreich. Man vergleiche beispielsweise die statistischen Erhebungen im Land Nordrhein-Westfalen. Die jüngsten Zusammenstellungen des Statistischen Landesamtes beziehen sich auf die Jahre 1968 und 1969. Die Zahlen von 1970 liegen noch nicht vor.

Wegen Selbstabtreibung gemäß § 218 Abs. 1 StGB wurden 1968 in Nordrhein-Westfalen bei einer Bevölkerung von rund 17 Millionen insgesamt 51 Frauen verurteilt. Von diesen erhielten 45 eine Freiheitsstrafe und 6 eine Geldstrafe. Im Jahre 1969 wurden nach der gleichen Bestimmung 41 Frauen verurteilt. Von ihnen erhielten 26 eine Freiheits- und 15 eine Geldstrafe. Von den in den beiden Jahren 1968 und 1969 insgesamt in 71 Fällen verhängten Freiheitsstrafen wurden 1968 nur 4 und 1969 nur 3 vollstreckt. Die übrigen wurden zur Bewährung ausgesetzt.

Obwohl bis zum 31. 8. 1969 noch die alte Fassung des § 218 in Kraft war, so daß auch die Schwangere in – wie das Gesetz sagt – »besonders schweren Fällen« mit Zuchthaus bis zu 15 Jahren verurteilt werden konnte, wurde 1968 und 1969 nicht eine einzige Zuchthausstrafe verhängt. Als Freiheitsstrafe – damals noch Gefängnis – wurde in beiden Jahren zusammen nur in einem Fall eine Gefängnisstrafe, die über 1 Jahr und unter 2 Jahren lag, verhängt. In 80 % der Fälle wurden Freiheitsstrafen von weniger als 6 Monaten verhängt. Das war 1968 und 1969. Obwohl die Zahlen für 1970 und das erste Halbjahr 1971 noch nicht vorliegen, scheinen nach den bisherigen Erfahrungen und ausschnittsweisen Beobachtungen aus der Praxis heute Freiheitsstrafen in Fällen des Abs. 1 von § 218 StGB in Nordrhein-Westfalen wohl nicht mehr verhängt zu werden.

Das ist im Hinblick auf den Wortlaut des § 218 Abs. 1 StGB und mit Rücksicht auf den in ihm zum Ausdruck kommenden Willen des Gesetzgebers erstaunlich, denn das Gesetz gibt dem Strafrichter die Möglichkeit, Frauen, die ihre Schwangerschaft selbst unterbrechen oder diese Unterbrechung durch einen anderen zulassen, mit einer *Freiheitsstrafe von einem Tag bis zu fünf Jahren* zu bestrafen. In den beiden Jahren 1968 und 1969 wurde in Nordrhein-Westfalen in *einem Drittel* aller Fälle, in denen auf Freiheitsstrafe erkannt worden ist, eine Freiheitsstrafe von *nicht mehr als einem Monat verhängt.* Davon wurden nur zwei Strafen vollstreckt. Die übrigen wurden zur Bewährung ausgesetzt.

Nach dem heute geltenden neuen § 14 StGB müssen die Gerichte in der Regel dann, wenn nur eine Freiheitsstrafe unter 6 Monaten in Betracht kommt, eine Geldstrafe verhängen, es sei denn, es liegen besondere Umstände vor, die in der Tat oder der Persönlichkeit des Täters liegen, und die die Verhängung einer Freiheitsstrafe zur Einwirkung auf den Täter oder zur Verteidigung der Rechtsordnung unerläßlich machen. Daß die Fälle des § 218 Abs. 1 StGB, jedenfalls sofern sie in den ersten drei Monaten der Schwangerschaft begangen werden, nicht unter die Ausnahme zu zählen sind, ist sicherlich nicht zweifelhaft und wird in der Praxis deshalb grundsätzlich nicht angenommen. Die Geldstrafe wird daher zur Regelstrafe. Nach § 27 StGB kommt eine Geldstrafenhöhe von 5,– bis 10 000,– DM in Betracht.

Der Strafrahmen, aus dem der Richter bei § 218 Abs. 1 StGB wählen darf, wird also nach oben durch 5 Jahre Freiheitsstrafe und nach unten durch den Taschengeldbetrag von 5,– DM begrenzt. Da Freiheitsstrafen gegen die schwangeren Frauen, insbesondere bei frühzeitigen Eingriffen, also bei Unterbrechungen während der ersten drei Monate, heute nicht mehr verhängt zu werden pflegen, stehen nur Geldstrafen zur Diskussion.

Wenn dem aber so ist, dann drängen sich gewichtige Fragen auf. Wird damit nicht zum Ausdruck gebracht, daß die Tat moralisch und rechtlich ihre *Qualität geändert hat?* Geht es überhaupt noch um *kriminelles Unrecht?* Kann die Schwangerschaftsunterbrechung während der ersten drei Monate noch als Straftat angesehen werden? Weist nicht schon die Entwicklung bei der Anwendung des § 218 Abs. 1 StGB darauf hin, daß die Gesellschaft und ihre Rechtsordnung es in das freie Ermessen der mündigen Frau stellen müssen, ob sie eine Schwangerschaft während der ersten drei Monate unterbrechen will?

Gerichte, die nach *sozial zu verantwortenden Entscheidungen* suchen, sehen sich im übrigen in eine unerfreuliche und paradoxe Lage gedrängt. Gefaßt werden nur die sozial schwachen, also diejenigen, die nicht über genügend Geld verfügen, um einen Arzt in London, New York oder Warschau aufzusuchen, und die deshalb selbst zur Tat schritten oder in die Hände eines Kurpfuschers gerieten. Sie werden nun noch zusätzlich durch eine Geldstrafe mit einer gerade für sie spürbaren finanziellen Verpflichtung belastet, es sei denn, das Gericht machte von der Möglichkeit Gebrauch, die Höhe der Geldstrafe an der untersten vom Gesetzgeber eingeräumten Grenze zu suchen, um soziale Gerechtigkeit wenigstens einigermaßen zu erreichen. Entlarven sich nicht das schlechte Gewissen einer Gesellschaft und damit der Zwang zur Reform, wenn die Rechtsordnung aus guten Gründen die Ahndung einer Abtreibung mit einer Geldstrafe von 5,– DM erlaubt, und in der Praxis nur noch Geldstrafen von allenfalls einigen hundert Mark in Erwägung gezogen werden? Auch Geldstrafen unter 100,– DM sind schon rechtskräftig geworden. Vergegenwärtigt man sich, daß die Strafrichter nach dem noch geltenden Wortlaut des

Gesetzes, wie gesagt, an sich die Möglichkeit hätten, eine Freiheitsstrafe bis zu fünf Jahren zu verhängen, dann ist man berechtigt in bezug auf § 218 Abs. 1 StGB von einem Anwendungs- und Zumessungsbankrott zu sprechen.
Die Gerichte gehen heute und auch schon in den letzten Jahren offensichtlich von neuen Wertvorstellungen aus, die mit denen des Gesetzgebers nicht mehr in Einklang stehen. Es wird deutlich, daß die Richter Bedenken haben, das Gesetz zu voller Wirksamkeit kommen zu lassen. Unter diesen Umständen muß man sich fragen, warum bisher – soweit ersichtlich – noch kein Gericht die Tatsache berücksichtigt hat, daß von vor seinen Schranken stehenden Täterinnen, die eine Schwangerschaftsunterbrechung an sich selbst entweder durch einen anderen zuließen oder eigenhändig vornahmen, die meisten davon ausgingen, daß sie zur Tat berechtigt seien, also kein Unrechtsbewußtsein hatten. Sicherlich haben alle die Illegalität ihres Handelns gekannt. Ebenso sicher haben aber die meisten sich für moralisch und daher in einem höheren, übergesetzlichen Sinne für berechtigt gehalten. Wie konnten sie auch glauben, daß das, was in New York oder London moralisch und gesetzlich erlaubt ist, in der Bundesrepublik zumindest moralisch und übergesetzlich nicht legitimiert sei? Hätte nicht ein Richter den Mut haben müssen, diese Frage wenigstens zu prüfen? Sollte nicht ein Staatsanwalt, der gewiß nach dem Legalitätsprinzip des § 152 StPO zu Ermittlungen wegen einer Tat nach § 218 StGB verpflichtet ist, sofern zureichende tatsächliche Anhaltspunkte vorliegen, von Amts wegen fragen, ob nicht das Unrechtsbewußtsein in unvermeidbarer Weise fehlt, – unvermeidbar, weil unsere Nachbarn, die gleiche moralische Position einnehmen wie die Täterin in der Bundesrepublik und daraus aber die richtigen Konsequenzen für die Legalität ziehen? Oder leben wir in höheren Regionen als die Angehörigen von Kulturstaaten, wie Großbritannien und der Staat New York? Welche Normen zur Schwangerschaftsunterbrechung sind sittengesetzwidrig, die englischen und die amerikani-

schen? Heißt es zuviel erwarten, wenn man meint, es sollte wenigstens die Frage aufgeworfen und vielleicht gar dem Bundesverfassungsgericht vorgelegt werden? Ist unser Gewissen besser als das jener Nachbarn?

Was heißt das strafrechtlich und strafprozeßrechtlich, wenn die Täterin nach § 218 Abs. I StGB sich auf ihr gutes Gewissen beruft? Ist das irrelevant? Oder müßte es nicht nach § 160 II StPO von Amts wegen als ein zur Entlastung dienender Umstand Gegenstand staatsanwaltlicher Ermittlungen, die sich ja nicht nur auf die belastenden Fakten erstrecken dürfen, sein?

Ist bei einem Vergehen – und bekanntlich ist § 218 Abs. I StGB ein Vergehen – die Schuld des Täters gering und besteht kein öffentliches Interesse an der Verfolgung, so kann die Staatsanwaltschaft mit Zustimmung des zur Entscheidung über die Eröffnung des Hauptverfahrens zuständigen Gerichts das Verfahren einstellen. So liest man es im § 153 StPO. Sind Staatsanwaltschaften und Gerichte dem Gedanken schon einmal nachgegangen, ob nicht nach dieser Vorschrift verfahren werden kann, wenn – wie ein amtierender Staatsanwalt gelegentlich zutreffend äußerte – nicht mehr als ein paar hundert Mark Geldstrafe in einem Verfahren wegen Verletzung des § 218 Abs. I StGB nach der heutigen Praxis der Gerichte zu erwarten sind? Zumal, wenn die Schwangerschaftsunterbrechung innerhalb der ersten drei Monate erfolgt?

Daß die Schuld, wenn sie bei Begehung innerhalb dieser Frist überhaupt vorliegt, falls die Täterin nach USA oder Großbritannien geblickt oder dort gar die Tat begangen hat, gering ist, kann das in Zweifel gezogen werden?

Nun ist neben der Schuldfrage in § 153 Abs. II StPO auch noch das Bestehen oder Nichtbestehen eines öffentlichen Interesses an der Strafverfolgung zum zusätzlichen Kriterium für die Entscheidung, ob das Verfahren eingestellt werden darf, erhoben worden. Gibt es ein öffentliches Interesse an der Verfolgung von Schwangerschaftsunterbrechun-

gen im Sinne des Abs. I von § 218 StGB in den ersten drei Monaten? Darf das nicht einmal gefragt werden?
Man sagt gelegentlich, das öffentliche Interesse an einer Strafverfolgung könne in der Notwendigkeit der Gleichbehandlung vor dem Gesetz liegen. So weit, so gut. Gemeint war bei dieser Argumentation immer, daß dort, wo »alle« gestraft werden, der neue Täter nicht bevorzugt werden und »leer« ausgehen dürfe. Hat man schon die umgekehrte Frage gestellt, ob das öffentliche Interesse unter dem rechtsstaatlich so wichtigen Gleichheitsgrundsatz nicht die strafjustizielle Ahndung dort nachdrücklich verfassungsrechtlich verbietet, wo von 600 000 Tätern nur zwei oder drei Dutzend ermittelt werden können, und diese wenigen gerade die schwächsten und schutzbedürftigsten Mitglieder unserer Gesellschaft sind? Darf man hier die Frage nach der Gerechtigkeit beiseite schieben? Gibt nicht § 153 Abs. II StPO eine wertvolle Handhabe für die Bekämpfung des Pharisäertums, – und mehr noch – der offen zutage liegenden Heuchelei in unserer Gesellschaft? Gilt das nicht besonders für die soziale Gerechtigkeit in diesem Zusammenhang?
Nun haben manche erwidert, die Tatsache, daß zahlreiche Fälle unentdeckt bleiben, dürfe nicht als Argument gegen die Strafwürdigkeit der erkannten Taten benutzt werden, sonst müßte man auch Warenhaus- und Supermarktdiebe unbestraft lassen, denn hier sei die Dunkelziffer ebenfalls außerordentlich groß. Aber dieser Vergleich ist unzulässig, denn dem Dieb fehlt durchaus nicht das Unrechtsbewußtsein. Er kann sich vor allem nicht darauf berufen, daß sein Tun in anderen Kulturstaaten weder für amoralisch noch für rechtswidrig gehalten wird. Und dies letztere ist für die Problematik des § 218 Abs. I StGB – wie schon ausgeführt wurde – das Charakteristische und das Gewissen des sensiblen Gesetzgebers wie das der Justiz Beunruhigende.
Eine Rechtsordnung, in der die Justiz gezwungen wird, gegen Frauen mit der harten Waffe der Strafverhängung vorzugehen, obwohl diese Frauen berechtigt sind, sich für das

Erlaubtsein ihres Verhaltens auf Moralnormen und den Freispruch durch ihr Gewissen zu berufen, ist in Unordnung geraten. Der Gesetzgeber wird sie unverzüglich reformieren müssen. Er darf sich nicht damit begnügen, daß Staatsanwälte und Richter bei der Anwendung des Gesetzes gezwungen werden, einerseits durch Ausnutzung verfahrensrechtlicher Möglichkeiten und andererseits durch die Strafzumessung im untersten Bereich des gegebenen Strafrahmens erträgliche Ergebnisse zu suchen, ohne daß sie dem Verlangen nach gerechten Entscheidungen wirklich zu entsprechen vermögen.

Probleme der Strafzumessung bei Diebstahl, Einbruch und Raub

Die Frage der Strafzumessung ist ein *Stiefkind der modernen deutschen Strafrechtswissenschaft.* Während die Haupt-Forschungsinteressen sich auf die Klärung strafrechtsdogmatischer Probleme erstrecken, sind dem Thema der Strafzumessung nur verhältnismäßig wenig wissenschaftliche Untersuchungen gewidmet[1]. Dies kann nur zum Teil damit erklärt werden, daß die Bemessung der Strafe in das Ermessen des Gerichts gestellt ist und der Gesetzgeber nur sehr weit gespannte Rahmen für diese Entscheidung zur Verfügung gestellt hat; denn auch wenn die geltende Strafprozeßordnung nicht in § 267 ausdrücklich angeordnet hätte, daß die Gründe des Strafurteils die Umstände anführen müssen, die für die Strafzumessung bestimmend gewesen sind, wäre es unzweifelhaft, daß im Rechtsstaat jeder verurteilte Angeklagte eine Begründung dafür fordern dürfte, warum sein Verhalten gerade mit dieser und nicht mit einer anderen Strafe geahndet worden ist.

Die Begründungsmöglichkeiten bei der Strafzumessung können sich theoretisch zwischen den beiden Extremen, dem völlig freien richterlichen Ermessen auf der einen Seite und der gesetzlichen Bindung an feste Strafen ohne Strafrahmen auf der anderen Seite, bewegen. In der Geschichte des Strafrechts sind, abgesehen von den verschiedenen zwischen diesen äußersten Möglichkeiten denkbaren Lösungen, auch jene beiden Extreme praktisch versucht worden. So hatte sich der französische Gesetzgeber in dem ersten in der französischen Revolution erlassenen Strafgesetzbuch, dem Code Pénal von 1791, für das System der peines fixes, der absoluten

1 Schrifttum: Arndt SJZ 1946, S. 30; Buchwald JR 1949, S. 534; Graf zu Dohna, Mon Krim Psych 1943, S. 138; Dreher, Über die gerechte Strafe 1947; ders. SJZ 1949, S. 768; Drost, Das Ermessen des Strafrichters, 1930; Engisch, Einführung in das juristische Denken1956, S. 117 ff, 122 ff, 129 ff; Exner, Studien über die Strafzumessungspraxis der deutschen Gerichte 1931; Geier Jr. Löwe-Rosenberg, 20. Aufl. 1954, Anm. 10 zu § 267 StPO; Gallas, Kriminalpolitik und Strafrechtssystematik 1931; Grassberger, Die Strafzumessung 1932; Heinitz ZStW 63, S. 57; ders. ZStW 65, S. 26; Hülle DRiZ 1951, S. 4; Jagusch in LK 8. Aufl. 1957, Anm. B vor § 13 StGB; Kern ZStW 64, S. 254; Lange Verhandl. d. 39. Dt. Juristentags 1952; ders. Mater. z. StReform I (1954), S. 69; Mezger Mater. z. StReform I (1954), S. 1; Peters Verhandl. d. 41. Dt. Juristentags 1955; Eb. Schmidt SJZ 1946, S. 204; ders. Mater. z. StReform I (1954), S. 9; ders. Lehrkommentar Anm. 44–56a zu § 337 StPO; L. Schmidt Mater. z. StReform II (1954), S. 85; Schröder Mezger-Festschrift 1954, S. 415; Seibert MDR 1952, S. 457; Spendel Zur Lehre vom Strafmaß 1954; v. Weber MDR 1949, S. 389; ders. Die richterliche Strafzumessung 1956; Welzel ZStW 60, S. 4; Wimmer JR 1947, S. 97, S. 136; ders. NJW 1947/48, S. 126 u. 176; ders. SJZ 1948, S. 64; ders. DRZ 1950, S. 268; Würtemberger JZ 1952, S. 545

Strafen, entschieden, wie wir es im heutigen deutschen Strafrecht noch im § 211 des StGB, der für den Mord bekanntlich nur eine einzige Möglichkeit, nämlich das lebenslange Zuchthaus, vorsieht, kennen. Der Gesetzgeber des genannten Code Pénal war aus politischen Gründen den Richtern gegenüber mißtrauisch und wollte deshalb keine Möglichkeiten für eine Ermessensentscheidung bei der Strafzumessung offenlassen[2].

Ähnliche Tendenzen zeigten sich in dieser Zeit auch in Deutschland. Sie äußerten sich in dem Kommentierungsverbot, das im Zusammenhang mit dem Erlaß des berühmten im wesentlichen von *Feuerbach* geschaffenen bayerischen Strafgesetzbuches von 1813 ausgesprochen wurde. Es wäre dem Gesetzgeber am liebsten gewesen, der Strafzumessung die Form eines zwangsläufigen logischen Automatismus zu geben.

Aber auch das entgegengesetzte Extrem ist gelegentlich versucht worden. Es sei in diesem Zusammenhang auf jenes aus dem Jahre 1919 stammende Gesetz der Münchener Räteregierung hingewiesen, in dem es hieß: „Jeder Verstoß gegen revolutionäre Grundsätze wird bestraft. Die Art der Strafe steht in freiem Ermessen des Richters"[3]. Hier wird die Strafzumessung zu einem kaum noch kontrollierbaren irrationalen Spiel. Während das System der absoluten Strafen vor der Vielfalt der in der Praxis vorkommenden Fälle kapitulieren muß, scheitert die völlige Strafzumessungsfreiheit an dem rechtsstaatlichen Grundprinzip, daß eine Tat nur bestraft werden darf, wenn die Strafbarkeit gesetzlich bestimmt war, bevor die Tat begangen wurde (Art. 103 Bonner Grundgesetz; vgl. auch Art. 116 Weimarer Verfassung). Es wäre für den Verurteilten unerträglich, wenn ihm für die Höhe und die Art der erkannten Strafe keine Begründung gegeben würde, und wenn es nicht grundsätzlich möglich wäre, auch abgesehen von der Schuldfrage, die Strafzumessung als solche durch ein Rechtsmittel anzufechten. Eine fehlerhafte Strafzumessungsbegründung verletzt die Rechtsnormen, sie kann daher nach § 337 StPO zum Gegenstand einer Revision gemacht werden. Die in einem solchen Fall zu prüfende Rechtsfrage lautet dann, ob das Gericht von der ihm durch den Gesetzgeber eingeräumten Ermessensfreiheit einen richtigen Gebrauch gemacht hat. Daß hierbei Schwierigkeiten entstehen, läßt sich nicht leugnen, denn soweit das richterliche Ermessen vom Gesetzgeber wirklich für frei erklärt wurde, ist es nur beim Ermessensmißbrauch überprüfbar. Aber die Ermessensfreiheit bei der Strafzumessung ist aus den erwähnten rechtsstaatlichen Gründen keine absolute. Infolgedessen ist die Einhaltung der Ermessensgrenzen kontrollierbar. Das ist in manchen Fällen, wie etwa bei der Verhängung einer im System des geltenden Strafrechts überhaupt nicht vorgesehenen Strafe von 14 Tagen Zuchthaus ganz unzweifelhaft. Aber auch dann, wenn zum Beispiel bei der Zumessung nur die als erschwerend ins Gewicht fallenden Gesichtspunkte berücksichtigt wurden, und etwaige, zu Gunsten des Verurteilten sprechende Tatsachen übergangen worden sind, liegt ein Rechtsverstoß vor.

2 Vgl. hierzu und zum folgenden Bockelmann, Richter und Gesetz, in Smend-Festschrift 1952, S. 26–27
3 Engisch a. a. O. S. 120 (s. Anm.[1])

Ist also die Rationalität der Strafzumessung eine unabdingbare Forderung unseres Strafrechts und ergeben sich in bezug auf diesen Grundansatz als solchen kaum Zweifel, so verändert sich die Situation gleichwohl sofort, wenn man an die Durchführung dieses Prinzips herangeht. Hier ergeben sich größte, zum Teil nicht endgültig behebbare Schwierigkeiten, die im folgenden mit der besonderen Berücksichtigung der Zumessungsprobleme bei Diebstahl, Einbruch und Raub näher erörtert werden sollen, und zwar einmal im Hinblick auf das geltende Recht und zum anderen unter Berücksichtigung der Strafrechtsreformpläne, soweit sie bisher bekannt geworden sind.

I

1. Eine gesetzliche Bestimmung, in der die *allgemeinen Strafzumessungsgrundsätze* formuliert sind, kennt das geltende deutsche Strafrecht im Gegensatz etwa zum Artikel 63 des Schweizerischen Strafgesetzbuches von 1937[4] bekanntlich nicht. Jedoch hat der Gesetzgeber einige spezielle Zumessungsregeln für besondere Fälle vorgesehen. Hierher gehören z.B. die §§ 27a ff StGB, in denen für die Geldstrafe nähere Hinweise gegeben sind. Einen weiteren Fall einer besonderen Zumessungsregel stellt der § 60 StGB dar. Denn die Frage der Anrechnung der Untersuchungshaft ist eine Frage der Strafzumessung. Auch die §§ 73 und 74 des StGB enthalten gesetzliche Zumessungsregeln für die Fälle der Tateinheit oder Tatmehrheit.

2. Schweigt der Gesetzgeber über die Strafzumessungsprinzipien – und das ist, wie gesagt, im geltenden deutschen Strafrecht die Regel, von der die vorerwähnten Bestimmungen nur seltene Ausnahmen darstellen –, so muß für die Beantwortung der Frage, welche konkrete Strafe im Einzelfall aus dem vom Gesetz zur Verfügung gestellten, meist weiten Strafrahmen die richtige ist, auf die Überlegung zurückgegriffen werden, welches eigentlich der Strafzweck sei. Das ist im Grunde selbstverständlich, wurde aber vom Gesetzgeber in einem Fall auch ausdrücklich gesagt, und zwar im § 27b StGB, wo es heißt, daß auf eine Ersatzgeldstrafe nur dann erkannt werden darf, „wenn der Strafzweck durch eine Geldstrafe erreicht werden kann".

Wenn auch auf die verschiedenen Theorien zur Lehre vom Strafzweck hier nicht im einzelnen eingegangen werden kann, so sei doch immerhin folgendes hervorgehoben:

a) Wie im Rahmen der sogenannten *relativen* Strafrechtstheorien – früher vor allem durch *v. Liszt* und heute immer wieder mit Nachdruck durch *Eberhard*

4 Dieser Artikel lautet: „Der Richter mißt die Strafe nach dem Verschulden des Täters zu; er berücksichtigt die Beweggründe, das Vorleben und die persönlichen Verhältnisse des Schuldigen." – Für weitere ähnliche Generalklauseln im ausländischen Strafrecht vgl. L. Schmidt a. a. O. S. 90 ff (s. Anm. [1] auf Seite 291)

Schmidt[5] – mit Recht betont wurde, sind die unklaren Begriffe der Sühne und Vergeltung für die Bestimmung des Strafzwecks in jeder Beziehung unergiebig. Wenn es in vielen Strafrechtsurteilen bei der Strafzumessung immer wieder formelhaft heißt, daß die erkannte Strafe eine „angemessene und zugleich ausreichende Sühne" sei, so ist dies eine inhaltlose Floskel. Das zeigt sich sehr schnell, wenn man nach präzisen Sühnemaßstäben fragt. Man erkennt dann sofort, daß sich hier in einen rechtlichen Begründungszusammenhang verschwommene Irrationalitäten einschleichen, deren exakte Überprüfung in der Revision nicht möglich ist.

b) Im Grunde wird heute niemand mehr bestreiten wollen, daß Strafrecht und Strafjustiz, wie immer man auch jene rational nicht faßbaren Gesichtspunkte beurteilen mag, auf jeden Fall ein nicht wegzuleugnendes klares, *kriminalpolitisches Ziel* haben, das in der *Bekämpfung der Kriminalität* besteht. Dieser Kampf zielt auf die Verhütung künftiger Kriminaltaten ab. Ein Strafrecht und eine Strafjustiz ohne das Ziel der Verbrechensverhütung – oder der *Prävention*, wie man in der Strafrechtswissenschaft zu sagen pflegt – sind heute nicht mehr denkbar.

c) Aus dem Gesagten folgt, daß die im geltenden Recht vorgesehene *Zweispurigkeit des Strafensystems* eine *entbehrliche Konstruktion* ist. Im Hinblick auf das klare kriminalpolitische Ziel des Strafrechts kann kein grundsätzlicher Unterschied zwischen der eigentlichen Strafe und den Sicherungsmaßnahmen bestehen. Es ist gekünstelt, wenn man erklärt, daß der Kriminelle zunächst durch die Strafverbüßung zu sühnen habe, und dann anschließend die Friedensordnung der menschlichen Gesellschaft durch die Sicherungsverwahrung geschützt werde. In Wirklichkeit beherrscht das Schutzprinzip beide Maßnahmen, und mit Recht hat man immer wieder von einem hier vorliegenden „Etiketten-Schwindel" gesprochen, wenn zunächst eine Zuchthausstrafe und dann anschließend eine Sicherungsverwahrung vollstreckt wird, ohne daß sich für den Verurteilten dabei Wesentliches verändert. Vielleicht wird er oft nicht einmal aus seiner bisherigen Zelle in eine andere verlegt. In Wirklichkeit liegt es doch wohl so, daß bei einem gefährlichen Gewohnheitsverbrecher die durch den normalen Strafrahmen zur Verfügung stehenden Präventionsmittel als nicht ausreichend angesehen werden, und daß infolgedessen für derartige, außerhalb der normalen Maßstäbe liegende Fälle Sonderpräventionsmaßnahmen, wie etwa die Sicherungsverwahrung, für erforderlich gehalten werden.

d) Daß unser Strafrecht und die Strafpraxis von dem Gedanken der Verbrechensprävention beherrscht werden, kann man sich auch noch durch folgendes Gedanken-Experiment klarmachen: Sollte die Kriminalstatistik einmal eine Zunahme der Kriminalität zeigen, dann müßte der Gesetzgeber auf jeden Fall die Frage prüfen,

5 Vgl. vor allem Eb. Schmidt, Strafzweck und Strafzumessung in einem künftigen Strafgesetzbuch, in Mater. z. StReform I (1954), S. 9 ff und ders. Lehrkommentar zur StPO, Erl. 52 zu § 337; ferner U. Klug, Die zentrale Bedeutung des Schutzgedankens für den Zweck der Strafe 1938; und aus der jüngsten Zeit: F. Nowakowski Freiheit, Schuld, Vergeltung, in Rittler-Festschrift 1957, S. 55 ff

ob die zur Verfügung stehenden Strafrahmen und Strafarten ausreichend sind. Unter Umständen würde sich eine Verschärfung als erforderlich erweisen. Hier wäre der Sühne- und Vergeltungstheoretiker in Schwierigkeiten, da die Sühne- und Vergeltungsmaßstäbe absolute Kriterien sind und infolgedessen unabhängig von der Zu- oder Abnahme der Kriminalität sein müßten. Von diesem Standpunkt aus wäre also eine Reaktion des Strafgesetzgebers auf die kriminalpolitischen Erfahrungen systemwidrig und infolgedessen unerlaubt. In Wirklichkeit jedoch würde niemand daran zweifeln, daß der Gesetzgeber sogar verpflichtet wäre, aufgrund der Erfolge oder Mißerfolge seiner Strafjustiz das geltende Strafrecht zu überprüfen und gegebenenfalls zu ändern. Grenzen würden hier nur die rechtsstaatlichen Prinzipien, insbesondere die verfassungsrechtlich geregelten Grundrechte ziehen, nicht aber irgendwelche, ohnehin nicht exakt begrenzbaren Sühne- und Vergeltungsmaßstäbe.

e) Rechtsstaatliche Prinzipien sind es auch, die es verhindern, daß der Präventionsgesichtspunkt zum Gesinnungsstrafrecht führt, obwohl nur dieses ethisch gerechtfertigt wäre. Da die menschlichen Gesinnungen jedoch nur vermutet und nicht mit letzter Sicherheit ermittelt werden können, muß aus Rechtssicherheitsgründen an die Tat angeknüpft werden.

f) Nach der Präventionstheorie verfolgt die Strafe in erster Linie das Ziel, den Rechtsbrecher zu resozialisieren und in zweiter Linie, wenn eine Resozialisierung aussichtslos erscheint, die Unschädlichmachung durch langfristige oder endgültige Freiheitsentziehung. Bei beiden Zielen handelt es sich um einen auf den einzelnen konkreten Täter bezüglichen Verhütungseingriff. Man spricht insofern bekanntlich von einer *Spezialprävention*. Daneben versucht der Gesetzgeber durch die gesetzlichen Strafandrohungen und mehr noch durch eine möglichst rasche und konsequente Strafjustiz auch auf andere Personen verbrechenverhütend einzuwirken. Hier handelt es sich dann um *Generalprävention*. Ihr Organ ist in erster Linie der Gesetzgeber sowie die Strafjustiz als Ganzes. Organ der Spezialprävention ist der Richter, obwohl auch er – man denke an eine Verschärfung der Rechtsprechung im Hinblick auf die Häufung bestimmter Kriminaltaten – nicht selten im Rahmen der generalpräventiven Zielsetzung des Strafrechts mitzuwirken hat, ganz abgesehen davon, daß, wie gesagt, das „Funktionieren" der Gerichte als solche immer zugleich von generalpräventiven Bedeutung ist.

g) Die Präventionstheorie führt zu einer *kriminalpolitischen Sachlichkeit der Strafjustiz*, die sich vor allem darin ausdrückt, daß die Wirkungen weitgehend durch die Statistik kontrolliert werden können. Die Tätigkeit der Strafgerichte wird bei dieser Auffassung nüchterner und ist vor moralisierender Überheblichkeit geschützt. Das ändert jedoch nichts daran, daß auch hinter einer derartigen Strafrechtsauffassung ein ethisches Leitbild steht, denn nicht jede Sozialordnung ist schutzwürdig, sondern nur die der Rechtsidee – und darüber hinaus dem höchsten ethischen regulativen Prinzip überhaupt – entsprechende. Im Grunde ist nur die Präventionstheorie ethisch zu rechtfertigen, da die Vergeltungstheorie die Möglichkeit von moralischen Entscheidungen voraussetzt, für die das menschliche Einsichtsvermögen unzureichend ist.

h) Eine rechtsvergleichende Betrachtung der Auffassungen über die Rechtfertigung des Strafrechts in den verschiedenen ausländischen Rechtsordnungen wäre in diesem Zusammenhang aufschlußreich. Sie würde zeigen, daß in den Ländern mit den modernsten Strafvollzugssystemen, wie u.a. in Großbritannien, USA und Schweden, die Präventionstheorie herrscht und der Sühnegedanke nahezu unbekannt ist. Auf Einzelheiten einzugehen, würde den Rahmen dieser Ausführungen indessen überschreiten[6].

3. Aus der Präventionsfunktion des Strafrechts lassen sich nunmehr in Ergänzung des, wie erwähnt, weitgehend schweigenden Gesetzgebers u.a. folgende allgemeine Zumessungsprinzipien – ohne Anspruch auf Vollständigkeit – herleiten:

a) Als *positiver* Grundsatz gilt das Zumessungsgebot, daß sowohl die Unrechtsgrade, die in der Straftat zum Ausdruck kommen, als auch die Schuldgrade, die in der Person des Täters verwirklicht sind, berücksichtigt werden müssen. Beide Gesichtspunkte lassen Rückschlüsse auf die objektive und subjektive Gefährlichkeit des Kriminellen zu. Aus dem Bereich von Diebstahl, Einbruch und Raub sei als Beispiel für die Verschiedenheit des Unrechtsgrades oder – wie man auch sagen kann – der Rechtswidrigkeit der Tat auf den Unterschied hingewiesen, der zwischen einer einmal vom Reichsgericht (RGSt 54, 195) als Erbrechen eines Behältnisses angesehenen Öffnung eines Briefumschlags und dem bekannten unterirdischen Panzerschrankeinbruch der Gebrüder Saß in Berlin besteht. Als Beispiel für die verschiedenen Schuldgrade, d.h. also für die unterschiedlichen Grade der Vorwerfbarkeit, wäre an den jugendlichen Gelegenheitsdieb einerseits und den seit vielen Jahren tätigen Berufstaschendieb andererseits zu denken. Schwierigkeiten ergeben sich dann, wenn Unrechts- und Schuldgrade divergieren, wenn also etwa der obenerwähnte Berufstaschendieb gerade in dem Fall, in dem man ihn auf frischer Tat faßt, nur 5 Mark gestohlen hat, weil das Portemonnaie seines Opfers nicht mehr enthielt. In diesem Fall wäre der Unrechtsgrad sehr niedrig, während der Schuldgrad hoch angesetzt werden müßte. Umgekehrt könnte es einmal liegen, wenn ein Kunstliebhaber aus romantischer Verstiegenheit ein Gemälde von höchstem Wert aus einem öffentlichen Museum entwendet. Wenn sowohl der Unrechtsgrad als auch der Schuldgrad Symptome für die Gefährlichkeit des Täters sind, dann wird, wenn beides nicht miteinander in Einklang steht, die Bewertung des Schuldgrades den Ausschlag geben müssen, weil die Strafzumessung durch den Richter im wesentlichen unter dem Aspekt der Spezialprävention erfolgt.

b) Aber auch eine Anzahl *negativer* Zumessungsgrundsätze läßt sich aus dem Gedanken der Verbrechensverhütung herleiten:

aa) Unbestritten ist zum Beispiel das prinzipielle Verbot, bei der Strafzumessung rechtskräftige Vorstrafen zu berücksichtigen, die nicht einschlägig sind. An-

6 Vgl. hierzu D. Lang-Hinrichsen, Das Strafensystem in Mater. z. StReform II (1954), S. 33 ff

dererseits ist die Straflosigkeit kein Verdienst. Sie kann höchstens insoweit berücksichtigt werden, als die Strafempfindlichkeit bei dem noch nicht Vorbestraften in der Regel größer sein wird. Es ist ferner grundsätzlich unzulässig, die Strafe zu mildern, weil der Angeklagte in einer anderen Sache bereits hoch bestraft wurde.

bb) Nicht erlaubt ist die Berücksichtigung der Rückwirkung einer Strafe auf dritte Personen. Es wäre deshalb ungerecht, einen verheirateten Delinquenten für die gleiche Straftat milder zu bestrafen als einen unverheirateten. So wichtig die Versorgung der Kinder von Kriminellen auch immer ist, sie kann und darf sich auf die Bemessung der Strafe nicht auswirken – es sei denn, daß die Strafempfindlichkeit durch die Rücksicht auf die Familie nachweislich größer ist. Ein solcher Ausnahmefall müßte aber stets genau begründet werden.

cc) Unerlaubt ist sodann eine Strafschärfung wegen der durch die Tat verursachten Erregung in der Öffentlichkeit. Indessen wird sich die Unabhängigkeit der Strafzumessung von diesem Gesichtspunkt nicht immer nach außen hin erkennen lassen, weil nur Taten mit hohem Unrechts- und Schuldgrad die Öffentlichkeit nachhaltig zu erregen pflegen. Taten dieser letztgenannten Art werden dann aber nicht wegen der Erregung in der Öffentlichkeit, sondern wegen der sich aus dem Unrechts- und Schuldgrad ergebenden besonderen Gefährlichkeit des Täters schwerer bestraft.

dd) Daß das Verhalten im Strafverfahren – von besonderen Ausnahmen abgesehen – bei der Strafzumessung nicht berücksichtigt werden soll, ist theoretisch unbestritten. Die Praxis sieht allerdings anders aus. Wie jeder weiß, kommt es immer wieder vor, daß sich das Geständnis mildernd und das Leugnen strafschärfend auswirkt. Nur selten wird man in einem Geständnis das Symptom für eine besonders gefährliche Verschlagenheit und im Leugnen oder Schweigen Anzeichen für einen erlaubten und deshalb nicht negativ ins Gewicht fallenden Selbsterhaltungstrieb sehen.

ee) Schließlich dürfen alle die Gesichtspunkte, die als Grundrechte in Betracht kommen, für die Strafzumessungsbegründung im allgemeinen weder im positiven noch im negativen Sinn herangezogen werden. Aus dem im Artikel 3 des Grundgesetzes geregelten Gleichheitsprinzip folgt, daß bei der Strafzumessung weder das Geschlecht, noch die Abstammung, die Rasse, die Sprache, die Heimat und Herkunft, Glauben, religiöse oder politische Anschauungen ins Gewicht fallen dürfen. Selbst so extreme Anschauungen wie der Atheismus, der weltanschauliche Anarchismus und ein sich etwa in der Kriegsdienstverweigerung äußernder ernster Pazifismus dürfen im Hinblick auf Artikel 4 GG für die Strafzumessung nicht berücksichtigt werden. Hier kommt alles auf das Taktgefühl des Richters an, denn selbstverständlich kann es auch sein, daß etwa die letztgenannten Anschauungen nicht ernst gemeint sind, sondern lediglich der ideologischen Tarnung rücksichtsloser Kriminalität dienen.

c) Die Strafzumessungsgrundsätze sind weitgehend vom *Ambivalenzgedanken* beherrscht; denn es können, wie sich beim näheren Zusehen zeigt, zahlreiche für die Zumessung in Betracht kommende Gesichtspunkte je nach Lage des konkreten Falles für oder gegen den Angeklagten sprechen. Die Nichtberücksichtigung dieses Ambivalenzgedankens wäre in jedem Fall ein Verstoß gegen die genaue Strafzumessungsbegründung.

d) Von Bedeutung für die Strafzumessungslehre ist darüber hinaus die Tatsache, daß sich für die Strafgerichte bei bestimmten, häufig vorkommenden Delikten eine Unterteilung der vom Gesetz zur Verfügung gestellten Strafrahmen ergibt. Es entwickeln sich vor allem bei den Kollegialgerichten im Laufe der Zeit die jedem Praktiker bekannten „*Durchschnittssätze*" für bestimmte typische Tatbegehungsformen. Wie *v. Weber*[7] mit Recht betont hat, zeigt sich bei der Herausbildung „richterlicher Strafrahmen" eine begrüßenswerte Tendenz zur exakteren und daher besser überprüfbaren Zumessungspraxis. Der modernen Kriminologie erwächst hieraus eine bedeutsame Aufgabe, die vor allem in der Aufzeigung derartiger Tendenzen bestehen sollte. Hier könnte die Strafzumessungslehre durch umfangreiche Materialsammlungen und ihre sachgerechte Aufarbeitung nicht unbeträchtlich verfeinert werden.

Der Gesichtspunkt der Straftattypisierung innerhalb ein und desselben Straftatbestandes führt zu den nunmehr zu behandelnden *besonderen Zumessungsfragen bei Diebstahl, Einbruch und Raub.*

II

1. Die *vom Gesetzgeber zur Verfügung gestellten Strafrahmen* sind hier ganz besonders weit. So kann ein einfacher Diebstahl nach § 242 StGB bei Berücksichtigung der Möglichkeiten für die Verhängung einer Geldstrafe einerseits und für die Strafschärfung bei Rückfälligen andererseits im mildesten Falle mit 5,– DM Geldstrafe und im schwersten Falle mit 10 Jahren Zuchthaus bestraft werden. Beim Einbruchsdiebstahl (§ 243 Nr. 2 StGB) wird der Strafrahmen nach unten durch 3 Monate Gefängnis und nach oben durch 10 Jahre Zuchthaus begrenzt. Beim Tatbestand des Raubes (§ 249 StGB) kommen Strafen zwischen 6 Monaten Gefängnis und 15 Jahren Zuchthaus in Betracht. Wurde beim Raub ein Mensch gemartert oder ist durch die gegen einen Menschen verübte Gewalt eine schwere Körperverletzung oder der Tod verursacht worden, so kann nach § 251 StGB sogar auf lebenslanges Zuchthaus erkannt werden. Diese ohnehin schon außerordentlich weiten Strafrahmen bei Diebstahl, Einbruch und Raub werden dadurch noch vergrößert, daß bei gefährlichen Gewohnheitsverbrechern nach § 20a StGB Strafschärfungen vorgeschrieben sind, die bis zur zeitlich unbestimmten Sicherungsverwahrung gesteigert werden können (§ 42e StGB).

7 Die richterliche Strafzumessung 1956, S. 26 ff

2. Ein Blick in die *Statistik* zeigt allerdings, daß die Strafgerichte die ihnen vom Gesetz zur Verfügung gestellten Möglichkeiten nur in geringem Umfang voll ausnutzen. Eine ausführliche Darstellung des Zahlenmaterials kann nicht die Aufgabe dieser Untersuchungen sein. Es sei lediglich auf einige Bespiele hingewiesen:

a) Nach dem Statistischen Jahrbuch wurden in der Bundesrepublik im Jahre 1955 in abgerundeten Zahlen aus den §§ 242 bis 248 StGB, also wegen einfachen Diebstahls, schweren Diebstahls, Rückfalldiebstahls (und Unterschlagung), 67 000 Personen verurteilt. Davon waren 36 000, also rund die Hälfte, vorbestraft. Von den 67 000 Verurteilten wurden 28 800 zu Geldstrafe, 37 000 zu Gefängnis, 1200 zu Zuchthaus und nur 122 als gefährliche Gewohnheitsverbrecher im Sinne des § 20a StGB verurteilt. Betrachtet man diese Zahlengruppierung unvoreingenommen, so wird man zugeben müssen, daß hier irgend etwas nicht stimmt. Geht man nämlich von der Überlegung aus, daß die meisten Strafen etwa in der Mitte der vom Gesetzgeber zur Verfügung gestellten Strafrahmen liegen müßten, so zeigt sich, daß zwischen der Bewertung von Diebstahl und Einbruch (sowie Unterschlagung) durch den Gesetzgeber einerseits und die Strafrichter andererseits, ein sehr erheblicher Unterschied besteht. Und bedenkt man weiter, daß über die Hälfte der Verurteilten bereits Vorbestrafte sind, so liegt der Schluß nahe, daß die Urteile der Gerichte dem Präventionsgedanken in vielen Fällen nicht gerecht werden.
b) Bei den Tatbeständen der §§ 249 bis 256 StGB, d.h. also beim Raub, zu dem in der Statistik die Erpressung hinzugenommen wurde, ist der Unterschied zwischen dem, was man als die vom Gesetzgeber gedachte Durchschnittsstrafe ansprechen könnte, und der von den Gerichten tatsächlich verhängten Durchschnittsstrafe nicht ganz so groß. Im Jahre 1955 sind in der Bundesrepublik rund 1000 Personen wegen Raubes (einschließlich Erpressung) verurteilt worden. Hiervon waren 650 Personen vorbestraft. Geldstrafen wurden nur bei 60, Gefängnis bei 790 und Zuchthaus bei 150 Verurteilten verhängt. Auffällig ist jedoch auch hier, daß sich nach Auffassung der Gerichte unter den 1000 Verurteilten nur 5 gefährliche Gewohnheitsverbrecher befanden.
c) Nehmen bestimmte Kriminaltaten in bedrohlicher Weise zu, dann reagiert allerdings auch die Praxis mit energischeren Bestrafungen. Dies zeigt eine vom Bundeskriminalamt für das Jahr 1956 und für das erste Halbjahr des Jahres 1957 angefertigte Übersicht, die sich auf die Raubüberfälle gegen Banken, Kassen, Kassenboten, Postdienststellen und Postboten bezieht. In dieser Zusammenstellung sind 64 verurteilte Räuber erfaßt worden. Von diesen wurden nur 20 zu Gefängnisstrafen verurteilt. Gegen die übrigen 44 wurde auf Zuchthaus erkannt.

3. Daß sich im Laufe der Geschichte des Strafrechts die *Auffassungen über die erforderlichen Strafzumessungsrahmen* bei Diebstahl, Einbruch und Raub stark gewandelt haben, ist eine bekannte Tatsache. Während im Mittelalter bei diesen Straftaten stets die Todesstrafe angedroht war, kann seit der Aufklärung eine stetige Milderung beobachtet werden. Soweit sich darin die Erkenntnis ausdrückt, daß die noch so harte Abschreckung ein kriminalpolitisch wenig wirksames Mittel ist, ist

›se Entwicklung verständlich. Besonders eindrucksvoll wird die weitgehende Nutzsigkeit der Abschreckungsversuche durch brutale Strafen unterstrichen, wenn man richte darüber hört, daß die „faszinierten" Zuschauer bei öffentlichen Diebeshinhtungen, die noch dazu in der qualvollen Form des Räderns stattfanden, durch ervenstarke" Taschendiebe bestohlen wurden. Wenn heute die Auffassung vertten wird, daß die Zuchthausstrafe für den Regelfall des Einbruchs unangemessen , so ist dies im Hinblick auf die oben erwähnte Höhe der Rückfallquote zumindest eifelhaft[8]. Auf der anderen Seite muß natürlich zugegeben werden, daß die unnstige Präventionswirkung der verhängten Strafen weniger mit dem Strafmaß als t der Art und Weise des Strafvollzugs zusammenhängt. Das aber ist eine besondere oblematik, die hier nicht weiter verfolgt werden kann.

. Eine Förderung der – wie sich aus dem Gesagten ergab – unsicheren Strafzuessungslehre und -praxis kann hier nur von einer *intensivierten Typenbildung* Sinne *v. Webers* oder, wie man mit *Spendel* auch sagen kann, durch die Entcklung eines Besonderen Teils der Theorie vom Strafmaß erwartet werden[9]. Daß rade auch die Praxis dies als ein wichtiges Anliegen empfindet, zeigt zum Beispiel Beobachtung, daß die Gerichte fast zwangsläufig zur Entwicklung von besonderen rafzumessungsgrundsätzen für Diebstahls- und Einbruchstypen kommen, wie sie Taschendiebe, die Fahrrad- und Kraftfahrzeugdiebe, die sogenannten Klingelrer, die Ladendiebe u.ä. darstellen. Aus den Bemühungen um eine genaue Klärung r Strafzumessung beim Raub seien hier die von *Raumer* entwickelten Raubsituanen erwähnt[10]. Man hat danach zwischen Zufalls-, Gelegenheits-, Vorbedachtsd Überraschungsituationen zu unterscheiden. Bei den erstgenannten liegt kein vorfaßter Tatentschluß vor. Bei den Gelegenheitssituationen hat der Täter seinen Entlluß so gefaßt, daß er die Ausführung von passenden Gelegenheiten abhängen ßt. Von Vorbedachtssituationen ist schließlich dort zu sprechen, wo der Täter einen sten Plan verfolgt, dessen nähere Modalitäten sich aus einer zielstrebigen Auskundaftung der Möglichkeiten ergeben. In den Fällen, in denen ein Dieb beim Stehlen r der eigentlichen Wegnahme des Diebstahlsobjektes gestört und die Tat nunmehr rch die vorher nicht eingeplante Gewaltanwendung zum Raub wird, spricht *Rauer* von einer Überraschungssituation. Für die Strafzumessung ergeben sich aus dien Situationstypen deutliche Schlußfolgerungen. So leuchtet es z.B. ein, daß der Vorbedachtssituation begangene Raub für eine besondere Gefährlichkeit des iminellen und damit für eine schwere Strafe spricht. Umgekehrt liegt es in der Rel bei der Zufallssituation, während die Fälle der Gelegenheits- und Überraschungsuation etwa in der Mitte liegen dürften. Trotz dieser und anderer wertvoller Beihungen bleibt aber festzustellen, daß Wissenschaft und Praxis auf diesem wichen Gebiet über die ersten Ansätze noch nicht hinaus sind.

Vgl. Schönke-Schröder 8. Aufl. (1957) Anm. XIV, 3 zu § 243 StGB

H. v. Weber a. a. O. S. 27/28 und G. Spendel a. a. O. S. 239/240 (s. Anm. [1] auf Seite 291)

) Raumer, Räuber und Raubsituationen 1937; und ders. Über die Persönlichkeit der Räuber, Mon Krim Biol 1939, S. 161

Da die Strafrechtsreformarbeiten inzwischen so weit vorangeschritten sind, daß vom Bundesjustizministerium bereits ein Entwurf eines Allgemeinen Teils des Strafgesetzbuches veröffentlicht werden konnte, sei zum Schluß noch ein kurzer Blick auf die *Strafzumessung im künftigen Strafrecht* geworfen.

1. Im Gegensatz zur derzeitigen Rechtslage, wie sie im Vorangehenden erörtert wurde, soll das neue Strafgesetz eine Bestimmung enthalten, in der die *allgemeinen* Strafzumessungsgesichtspunkte, wie sie bei allen Straftatbeständen in Frage kommen, ausdrücklich formuliert werden. Für diese Bestimmung, die in dem genannten Entwurf als § 62 erscheint, ist folgender Wortlaut vorgeschlagen:

„Bei der Zumessung der Strafe wägt der Richter ab, welche Umstände, die nicht zum gesetzlichen Tatbestand gehören, gegen und für den Täter sprechen. In der Regel *soll* er berücksichtigen

den Anreiz zur Tat, die Beweggründe und Ziele des Täters
seine Gesinnung, seine Willensrichtung und das Maß seiner Pflichtwidrigkeit,
die angewandten Mittel und die verschuldeten Folgen der Tat,
sein Vorleben, seine persönlichen und wirtschaftlichen Verhältnisse sowie
sein Verhalten nach der Tat, insbesondere seine Bemühungen um die Wiedergutmachung der Tatfolgen."

2. Für den Besonderen Teil liegt noch kein der Öffentlichkeit zugänglicher Entwurf vor. Es läßt sich deshalb für die hier interessierenden Tatbestände des Diebstahls, des Einbruchs und des Raubes noch nicht übersehen, welche Strafrahmen und welche *besonderen* Strafzumessungsgesichtspunkte hier in Betracht kommen werden. Man wird aber wohl erwarten können, daß beim einfachen Diebstahl und beim schweren Diebstahl die Gefängnisstrafe die Regel bilden wird. Erst die Gewerbsmäßigkeit und der Waffengebrauch werden zu Verschärfungen führen, für die auch die Zuchthausstrafe vorgesehen ist. Andererseits wird voraussichtlich beim Raub die Zuchthausstrafe der Regelfall sein.

IV

Versucht man, das Gesagte zu *Ergebnissen* zusammenzufassen, so wird man das Nachstehende hervorheben können:

1. Nach dem heutigen Stand der Strafzumessungslehre lassen sich nur sehr allgemeine Hinweise geben. Das steht an sich im Widerspruch zu der Tatsache, daß die Strafzumessung in jedem einzelnen Fall genau und „revisionsfest" begründet werden muß. Andererseits zeigt sich hier die weitgehende, nicht wegzuleugnende Irrationalität der Bemessung der Strafen.

2. Aus der im Rechtsstaat unabdingbaren Begründungsbedürftigkeit der Strafzumessung folgt aber, daß es eine Resignation gegenüber den irrationalen Faktoren

nicht geben darf. Die Rationalisierungsbemühungen dürfen nicht nachlassen. Ein gangbarer Weg zur besseren Präzisierung der Strafzumessungsgrundsätze ist in den Versuchen zur spezielleren Typisierung innerhalb der vom Gesetzgeber durch die Formulierung der Straftatbestände bereits vorgenommenen generellen Bildung von Straftattypen zu sehen. Ein Fortschritt ist insoweit allerdings nur zu erwarten, wenn die Zusammenarbeit zwischen Wissenschaft und Praxis verstärkt wird.

3. Für die kriminalpolizeilichen Ermittlungen ergibt sich hieraus, daß neben der im Vordergrund stehenden Überführung des Täters auch die Ermittlung der für die Strafzumessung wesentlichen Tatsachen von erheblicher Bedeutung ist.

Psychologische Vereinfachungen und strafrechtliche Folgerungen bei der Auslegung der Bestechungstatbestände*

I

Die Erregung der Öffentlichkeit über einige Bestechungsfälle, die das wiederholte Interesse der Tagespresse und ihrer Leser fanden, ist durch ihre gerichtliche Erledigung spürbar abgeklungen. Die strafrechtlichen Probleme jedoch, die sich bei der Auslegung der §§ 331–333 StGB ergeben haben, sind immer noch weitgehend ungeklärt. Vor allem drei Punkte erscheinen nach wie vor klärungsbedürftig: das Tatbestandsmerkmal des Vorteils, die besondere Behandlung des Ermessensbeamten, sowie die Bedeutung des Verhältnisses von Leistung und Gegenleistung zwischen Vorteil und Amtshandlung, d. h. des sogen. Äquivalenzverhältnisses. Es ist bekanntlich im wesentlichen die Rechtsprechung, die hier neue Gedanken entwickelt hat, wobei betont wird, es handle sich um einen sich im Rahmen zulässiger und notwendiger Auslegung haltenden Weiterbau auf der Grundlage einer ständigen Rechtssprechung des *Reichsgerichts*.

Unter diesen Umständen ist es ganz besonders wertvoll, daß ein Autor vom Range *Eberhard Schmidts* die genannten Unterlagen in einer ausführlichen Monographie einer genauen Prüfung unterzogen hat. Die gesamte einschlägige RG- und BGH-Rechtsprechung, soweit sie irgend zugänglich ist, und zahlreiche OLG-Urteile werden analysiert. Daneben wird aber auch – was der Titel nicht erkennen läßt – das Schrifttum ausführlich ausgewertet. Das Ergebnis ist erstaunlich. Die verbreitete Ansicht, die moderne Rechtsprechung zu den genannten drei ausschlaggebenden Punkten knüpfe in kontinuierlicher Weiterentwicklung an eine ständige Rechtsprechung des *RG* an, erweist sich als grundfalsch. Es zeigt sich, daß man sich in verhängnisvoller Weise an späte zeitbedingte *RG*-Urteile aus den Jahren zwischen 1933 und 1945 anschließt, die schwersten rechtsstaatlichen Bedenken unterliegen und die mit einer ständigen Praxis des *RG* von sechs Jahrzehnten brechen.

Die genaue und überzeugende Beweisführung *Eb. Schmidts* sei hier nur durch thesenartige Gegenüberstellungen insoweit skizziert, als dies für einige sich anschließende Überlegungen erforderlich ist:

*Zugleich eine Besprechung der Schrift von *Eberhard Schmidt* „Die Bestechungstatbestände in der höchstrichterlichen Rechtsprechung von 1879 bis 1959", München u. Berlin: Beck, 1960.

1. Für die Auslegung des Tatbestandsmerkmals *„Vorteil"*, das in allen drei hier in etracht kommenden Bestechungstatbeständen – §§ 331, 332 und 333 StGB – aufritt, ergibt sich:

) Das *RG* hatte schon früh die Frage zu prüfen, ob neben den objektiv meßbaren materiellen Vorteilen auch subjektiv-immaterielle Vorteile für die Tatbestandsverwirklichung ausreichen. Akut wurde dies in Fällen, wo den Beamten sexuelle Gunst gewährt wurde. Das *RG* hat die Frage schon im Jahre 1883[1], besonders deutlich aber 1930[2] nur unter der Voraussetzung bejaht, daß zu den subjektiv-immateriellen Vorteilen objektiv-materielle hinzukommen. So hat das *RG* in der zuletzt erwähnten Entscheidung hervorgehoben, daß der Vorteil in der Ermäßigung oder dem gänzlichen Erlaß des Dirnenlohnes liege, und hinzugefügt: „Nicht bedenkenfrei ist dagegen die Annahme, ein ‚Vorteil' liege auch in diesem Falle darin, daß der Mann ein besonderes sinnliches Gefallen an der Dirne findet, und daß diese sich in einer Weise hingibt, die von der Art, wie Dirnen sonst mit ihren Freiern zu verkehren pflegen, erheblich abweicht." *Eb. Schmidt*[3] schreibt hierzu mit Recht, man könne es gar nicht deutlicher sagen, daß der rein immaterielle, sinnliche Genuß als solcher *keinen* Vorteil im Sinne der §§ 331 ff. darstelle.

) Erst 1937[4] und vor allem 1942[5] verläßt das *RG* ohne zureichende Gründe diese klare Auffassung und erklärt, daß rein subjektiv-immaterielle Vergünstigungen wie „sinnliche Genüsse" als solche, sowie die „Erlaubung von Erleichterungen bei der Arbeit" das Tatbestandsmerkmal des Vorteils zu erfüllen vermögen.

) Eine dezidierte Stellungnahme des *BGH* liegt, soweit ersichtlich, noch nicht vor. *Eb. Schmidt* glaubt sogar eine Hinwendung zum objektiv-materiellen Vermögensbegriff erkennen zu können[6]. Ein Bekenntnis zur immateriellen Vorteilsauffassung findet sich unter dem Eindruck der vorerwähnten späten Judikatur des *RG* indessen in einem Urteil des *OLG Oldenburg*[7]. Als Vorteile werden in enger Anlehnung an das *RG*[8] solche immateriellen Phänomene wie die „Befriedigung des Ehrgeizes, der Eitelkeit oder des Geltungsbedürfnisses" angesehen. Ferner soll auch die „Erleichterung der Arbeit" als Vorteil i. S. der Bestechungstatbestände angesehen werden können.

2. Die Durchmusterung der Judikatur zur Bestechung von *Ermessensbeamten* eigt:

) Der Ermessensbeamte im Rahmen der Bestechungstatbestände ist für das *RG* in fast sechzigjähriger Praxis kein besonders aus der Reihe fallendes Problem. So wird schon in einer Entscheidung aus dem Jahre 1894[9] ganz klar zum Ausdruck gebracht, daß beim Ermessensbeamten genau wie bei anderen Beamten die Verwirk-

RGSt 9, 166
RGSt 64, 291
aaO S. 7
RGSt 71, 396
DR 43, 76
6 S. 15
7 Nieders. Rpflege 50, 179
8 RGSt 77, 78
9 RGSt 26, 194

lichung des Tatbestandes der schweren passiven Bestechung gemäß § 332 StGB selbstverständlich nur dann bejaht werden kann, wenn neben den übrigen Voraussetzungen die Verletzung einer Amts- oder Dienstpflicht tatsächlich festgestellt wird, und daß hierzu der Nachweis erforderlich ist, daß eine erfolgte oder in Aussicht gestellte Ermessensbeeinflussung durch den Vorteil vorlag. Andererseits kommt es nicht darauf an, ob ein nicht bestochener anderer Beamter bei Ausübung des pflichtgemäßen Ermessens zum gleichen Ergebnis gekommen wäre. Pflichtwidrig ist die Ermessensentscheidung vielmehr auch bei gleichem Ergebnis, wenn der Beamte „sich durch einen ihm gewährten Vorteil verleiten läßt, der Rücksicht auf diesen Vorteil einen Einfluß auf seine Entscheidung einzuräumen"[10]. In dem erwähnten Urteil aus dem Jahre 1894 (RGSt 26, 194) hatte das *RG* dies einprägsam durch eine Formel dargestellt. Danach muß zu den für die getroffene Entscheidung des Beamten sprechenden Gründen a, b, c noch der Vorteil d als die Entscheidung mitbestimmend hinzukommen. Nur also, wenn „a + b + c + d die Waagschale sinken läßt", wird die Amtspflicht verletzt[11]. Noch in einigen *RG*-Entscheidungen aus dem Jahre 1937[12] ist expressis verbis vom Einräumen des Einflusses auf die Willensbildung die Rede. Entscheidend für das Gegebensein der Pflichtwidrigkeit sind somit innere Erwägungsvorgänge, die der tatrichterlichen Feststellung ebenso bedürftig sind wie sonstige innere Vorgänge – Vorsatz, Unrechtsbewußtsein usw. –, deren Feststellung bei allen Straftatbeständen Voraussetzung des Schuldspruchs ist.

b) Mit dieser Rechtsauffassung brechen die beiden vielzitierten Entscheidungen *RGSt* 74, 251 und 77, 75. In ihnen wird zwar zunächst die bisherige Auslegung übernommen. Dann aber heißt es weiter: Der Ermessensbeamte „verstößt schon dadurch gegen seine Amtspflicht, daß er an die Entscheidungen nicht unbefangen, sondern mit der inneren Belastung herangeht, die für ihn in dem gewährten oder erwarteten Vorteil liegt, denn durch eine solche Belastung wird sein Urteil regelmäßig getrübt". Die ausschlaggebenden Gedanken dieser Begründung enthalten die Worte „schon dadurch", denn aus ihnen geht hervor, daß der Ermessensbeamte nicht nur durch tatsächlich vollzogene unsachliche, durch den Vorteil bedingte Erwägungen gegen seine Amtspflicht verstößt, sondern bereits dadurch, daß er mit innerer Belastung an die Ermessensentscheidung überhaupt herangeht. Jetzt braucht der Tatrichter keine tatsächlichen Feststellungen mehr darüber zu treffen, ob der Beamte der Rücksicht auf den Vorteil bei seinen Erwägungen Raum gegeben hat. Es genügt, die Vorteilsentgegennahme oder -erwartung zu konstatieren, denn damit steht die Befangenheit automatisch fest, und der Verstoß gegen die

---

10 RGSt 42, 383

11 Methodisch bemerkenswert ist an dieser Ausdrucksweise, daß sie sich zur Darstellung der logischen Struktur der Erwägungen eines Verfahrens bedient, das inzwischen – wenn auch in abgewandelter und präzisierter Form – zum gängigen Handwerkszeug der modernen Logik gehört. Vgl. *Klug*, Juristische Logik, 2. Aufl. 1958, S. 16 ff

12 HRR 38 Nr. 50

Amtspflichten ergibt sich daraus von selbst[13]. Als Begründung für diese Auslegung des § 332 bei Ermessensbeamten verweist das *RG* einfach auf die Beweisschwierigkeiten, die sich hier, wo es sich um einen inneren Vorgang handelt, andernfalls ergeben würden[14]. Außerdem bemerkt das *RG* an der gleichen Stelle, schon „die bloße Möglichkeit", daß der Vorteil auf die Ermessensentscheidung einen Einfluß gehabt habe, setze die Entscheidung des Beamten in ihrem Wert für die Allgemeinheit herab und belaste sie mit einem unauslöschlichen Makel. Daraus folgert das *RG*, daß „selbst der beste Wille des Beamten, sich nicht beeinflussen zu lassen, wirkungslos" wäre. Vom *RG* nicht ausdrücklich erwähnt, aber offensichtlich als selbstverständliche Folge vorausgesetzt ist, daß sich aus dem Gesagten und einer weiteren, in den Bereich der Psychologie fallenden These des *RG*, die sich in demselben Urteil findet („Ein Ereignis, wie es eine solche Vorteilsgewährung darstellt, läßt sich bei der Willensbildung niemals völlig ausschalten."), die Unmöglichkeit einer Gegenbeweisführung ergibt.

c) Der *BGH* ist den Gedankengängen der beiden zuletzt erwähnten Entscheidungen (*RGSt* 74, 251 und 77, 75) gefolgt[15]. Der Bruch, den das *RG* dort mit seiner eigenen ständigen Rechtsprechung vollzogen hat, ist vom *BGH* anscheinend nicht gesehen worden[16]. Inzwischen hat diese Rechtsprechung dadurch eine extreme Steigerung erfahren, daß der *BGH* im Anschluß an die Formulierung einer Strafkammer erklärte, für die zur Pflichtwidrigkeit führende Befangenheit des Ermessensbeamten genüge sogar eine *„möglicherweise ganz unbewußte"* innere Belastung, die für ihn in den gewährten Geschenken liege und durch die sein Urteil regelmäßig getrübt werde[17].

3. Die Ergebnisse der Prüfung der Rechtsprechung zum *Äquivalenzverhältnis* lauten zusammengefaßt:

a) Da der Vorteil nach dem Wortlaut der §§ 331, 332 StGB „für" eine Amtshandlung gewährt werden muß, ist der Tatbestand der Bestechung nur dann verwirklicht, wenn zwischen dem Vorteilsgeber und dem Beamten ein auf das Abkaufen der Amtshandlung zielendes Übereinkommen – das „Unrechtsgeschäft", wie es *Binding* treffend nannte[18] – zustandegekommen ist. So erklärt das *RG* in RGSt 65, 53: „Zum Wesen der Bestechung gehört die vertragsmäßige Willensübereinstimmung der Beteiligten dahin, daß dem Beamten – als Gegenleistung für eine Amtshandlung – ein Vorteil zufließen soll. Fehlt es an diesem übereinstimmenden Willen auf der einen oder anderen Seite, so entfällt die Bestechung." Noch deutlicher heißt es in *RGSt* 65, 277: „Die Bestechung setzt . . . einen – wenn auch bürgerlich-rechtlich rechtsungültigen – auf das Abkaufen der Amtshandlung gerichteten Vertrag voraus."

---

13 *Eb. Schmidt* aaO S. 57
14 RGSt 74, 256
15 BGHSt 11, 125
16 *Eb. Schmidt* aaO S. 61
17 NJW 60, 831, vgl. dazu *Eb. Schmidt*, Die Grenze zwischen schwerer und leichter passiver Bestechung eines Ermessensbeamten, NJW 60, 802 bis 804
18 Lehrb., Bes. T. II, S. 727 bis 804

Soll der Beamte aus § 332 bestraft werden können, dann muß ihm der Charakter der Amtshandlung – sei es der bereits vollzogenen, sei es der erst noch zu vollziehenden – als einer pflichtwidrigen bekannt sein, wobei es für seine Strafbarkeit genügt, daß nur er, nicht auch der Bestechende, die Pflichtwidrigkeit der Amtshandlung kennt[19]. Daß der Beamte, sofern die pflichtwidrige Handlung nicht schon begangen ist, neben der Kenntnis der Pflichtwidrigkeit außerdem noch den Willen haben muß, die pflichtwidrige Handlung zu begehen, hat das *RG* im Jahre 1906 (RGSt 39, 193) verneint. Mit überzeugenden Gründen weist *Eb. Schmidt*[20] jedoch nach, daß sich aus dieser Entscheidung keine stichhaltigen Gründe für die Entbehrlichkeit dieses Willens bei § 332 ergeben, denn eine Zuchthausstrafe ist nur dort gerechtfertigt, wo die Tat des Beamten nach seinem Willen zur Verfälschung des Staatswillens[21] führt oder zumindest führen soll, und eine gesetzliche Beweisvermutung für das Bestehen dieses Willens – ein „dolus ex re“ – ist im rechtsstaatlichen Strafverfahrensrecht eine Unmöglichkeit und bestätigt im übrigen nur, daß jedenfalls das Bestehen eben dieses Willens unabdingbare Voraussetzung für die Anwendung des § 332 ist. Fehlt dieser Wille, dann kann für eine Bestrafung des Beamten nur §331 herangezogen werden.

b) Einen auffälligen Bruch mit der seitherigen Rechtsprechung zum Äquivalenzverhältnis bedeuten demgegenüber die bereits erwähnten Entscheidungen *RGSt* 74, 251 und 77, 75. In beiden Fällen handelt es sich um Ermessensbeamte, und mindestens für diese Tätergruppe wird nun im schärfsten Gegensatz zur langjährigen Judikatur des *RG* auf das Bestehen eines Äquivalenzverhältnisses bei § 332 völlig verzichtet, denn in beiden Entscheidungen heißt es in fast wörtlicher Übereinstimmung, es gehöre nicht zum Tatbestand des § 332, daß der Beamte eine Amtspflichtwidrigkeit begeht oder auch nur zu ihrer Begehung innerlich entschlossen ist. Von einer „vertragsmäßigen Willensübereinstimmung“ (*RGSt* 65, 53), einem „Unrechtsgeschäft“ im Sinne *Bindings* kann demzufolge hier nicht mehr die Rede sein.

c) Der *BGH* hat sich dieser Auffassung angeschlossen[22]. Die maßgeblichen Sätze aus *RGSt* 77, 78 werden wörtlich wiederholt.

II

Das Bedenkliche an der auf den alleinstehenden späten *RG*-Entscheidungen aufbauenden Rechtsprechung des *BGH* zeigt sich besonders deutlich bei den teilweise geradezu paradoxen *Folgerungen*, die sich zwangsläufig ergeben.

---

19 *Eb. Schmidt*, Bestechungstatbestände, S. 78 f.
20 Bestechungstatbestände, S. 81–83
21 Vgl. *Arthur Kaufmann* JZ 59, 377
22 BGHSt 11, 125

1. Daß sich aus der dem Gesichtspunkt der „Arbeitserleichterung" folgenden Subjektivierung des *Vorteilsbegriffes* unhaltbare Konsequenzen ergeben, sollte sich fast von selbst verstehen. *Eb. Schmidt* weist zutreffend darauf hin[23], daß unter diesen Voraussetzungen ein Beschuldigter „Vorteile" im Sinne der Bestechungstatbestände gewährt, wenn er ein offenes Geständnis ablegt, freiwillig seine Komplicen verrät und Beweismittel herausgibt, um eine möglichst freundliche Stimmung zu erzielen und sich eine unverdient günstige Beurteilung zu sichern. Seine auf ein sachwidrig mildes Urteil gerichtete Absicht macht ihn aus § 333 strafbar. Der Staatsanwalt und der Richter geraten dadurch, daß sie sich diese „Vorteile" gewähren lassen, in den Anwendungsbereich des § 331. Und dann, wenn sie mit der Möglichkeit rechnen, daß es dem Beschuldigten auf ein sachwidrig mildes Urteil ankommt, droht sogar die Strafbarkeit wegen schwerer passiver Bestechung, gleichviel ob sie zu sachgerechter Beurteilung entschlossen sind oder nicht.

Liest man schließlich in der Entscheidung vom 25. 8. 1942 (DR 43, 76), daß „für den Beamten auch der Ruf der Zuverlässigkeit in seinen Versprechungen, die Erlangung und Festigung von Freundschaft und die Erringung der Gunst einer Respektsperson ‚Vorteile' sein" können, so versteht man die Frage *Schmidts*, welche positive Gefühlssteigerung und Lustempfindung dann eigentlich *kein* „Vorteil" sei[24].

2. Die Sonderbehandlung der *Ermessensbeamten*, die schon dadurch gegen ihre Amtspflicht verstoßen, daß sie an ihre Entscheidungen nicht unbefangen, sondern mit bewußter oder gar unbewußter innerer, das Urteil trübender Belastung herangehen, weil ihnen ein Vorteil gewährt wurde oder sie einen solchen erwarten, führt zu der Konsequenz, daß es für sie praktisch keine Verwirklichung des Tatbestandes der einfachen Bestechung mehr gibt. Jede Bestechlichkeit eines Ermessensbeamten ist, ohne daß es nach der höchstrichterlichen Rechtsprechung hierfür eines besonderen Beweises bedarf, eine zur Zuchthausstrafe führende schwere Bestechlichkeit. – Eine Ausnahme hiervon gibt es nur dort, wo die Amtshandlung vorausging und die betreffende Ermessensentscheidung ohne Rücksicht auf ein späteres Entgelt getroffen wurde, weil der Beamte zum Handlungszeitpunkt von diesem späteren Entgelt noch nichts wußte. – Eine Verfälschung des Staatswillens ist jedenfalls beim Ermessensbeamten für die Strafbarkeit aus § 332 StGB im Gegensatz zu anderen Beamten nicht erforderlich. „Nicht zum Tatbestande [sc. des § 332] gehört, daß der Beamte auch tatsächlich pflichtwidrig handelt oder sich auch nur dazu entschließt, es zu tun, daß er also den Willen hat, pflichtwidrig zu handeln", hat das *RG* in RGSt 74, 256 erklärt. Diese Auffassung führt, wie *Eb. Schmidt* zutreffend bemerkt[25], zu seltsamsten Konsequenzen: Wenn ein Ermessensbeamter bezüglich einer bestimmten Art von sich wiederholenden amtlichen Maßnahmen jeweils nach rein sachlichen Gesichtspunkten entschieden hat, anschließend aber eine Zuwendung von einem Interessenten erhält und nun nach genau den gleichen sachlichen Gesichtspunkten ganz wie bisher die

23 Bestechungstatbestände, S. 12 f.
24 Bestechungstatbestände, S. 9
25 Bestechungstatbestände, S. 88

gleichen Maßnahmen beschließt und durchführt, „so verwandelt sich das, was bisher völlig ordnungs- und pflichtgemäß gewesen ist, nunmehr nur deshalb, weil der Beamte das Unglück hat, Ermessensbeamter zu sein, in eine Pflichtwidrigkeit“[26].

3. Das Fallenlassen des Erfordernisses der Willensübereinstimmung zwischen dem Ermessensbeamten und dem Vorteilsgeber, das dazu führt, daß ein *Äquivalenzverhältnis* in den wichtigsten Fällen nicht zu bestehen braucht, hat die Folge, „daß zwei in krimineller Hinsicht völlig verschiedene, ja kaum noch zu vergleichende Verhaltensweisen unter die gleiche, auf Zuchthaus laufende Strafdrohung fallen“[27], nämlich einmal das Verkaufen einer vor- oder nachgeleisteten objektiv pflichtwidrigen Amtshandlung und zum anderen das Annehmen, Fordern oder Sich-Versprechen-Lassen eines Vorteils, ohne daß der Beamte eine objektiv pflichtwidrige Amtshandlung vollzogen hat, noch auch daran denkt, künftig eine solche zu vollziehen. In diesem zuletzt genannten Fall kann das Entgelt zwar niemals ein Äquivalent für eine Amtspflichtwidrigkeit sein, der Beamte soll aber gleichwohl wegen schwerer Bestechlichkeit mit Zuchthaus bis zu fünf Jahren bestraft werden, wenn einerseits der Vorteilsgeber irrigerweise meint, der Beamte habe pflichtwidrig gehandelt oder wolle es tun, und andererseits der Beamte diese irrige Meinung des Gebers kennt oder sie für möglich hält und billigend in Kauf nimmt. Der vom Gesetzgeber gewollte Unterschied zwischen einfacher und schwerer passiver Bestechlichkeit ist damit für Sachlagen der geschilderten Art ausgelöscht. Bedenken hiergegen haben neben *Eb. Schmidt* auch *R. Lange, Welzel, Maurach* und *Henkel* geltend gemacht[28].

III

Unter diesen Umständen kann man *Bockelmann* nur beipflichten, wenn er *Eb. Schmidts* scharfsinnige und von echtem Gerechtigkeitspathos getragene Monographie eine aufrüttelnde Arbeit nennt[29]. Und wenn § 466 I des Entwurfs 1959 II, wo der Bruch der neueren Rechtsprechung mit der langjährigen Praxis des *RG* de lege ferenda sanktioniert werden sollte, inzwischen auf Grund einhelliger Beschlußfassung gestrichen worden ist[30], so darf man hierin wohl nicht zum geringsten Teil einen Er-

26 *Eb. Schmidt*, Bestechungstatbestände, S. 88

27 *Eb. Schmidt*, Bestechungstatbestände, S. 91

28 *Eb. Schmidt*, Bestechungstatbestände, S. 90; *Kohlrausch-Lange*, 42. Aufl., Anm. II zu § 332 StGB; *Welzel*, StrafR, 7. Aufl., S. 462; *Maurach*, StrafR, Bes. Teil, 3. Aufl., S. 659; *Henkel* JZ 60, 507 ff.

29 ZStW Bd. 72, 259. Zust. ferner *Henkel* JZ 60, 507–512, und *Schmidt-Leichner* NJW 60, 846–851. A. M. mit Argumenten, die das Wesentliche nicht treffen: *Kirschbaum* und *Schmitz* in ihrer soeben nach Drucklegung dieses Artikels erschienenen Abhandlung „Grenzen der Bestechungstatbestände“ in GA 60, 321 ff. Mit Befremden liest man dort, daß die Verf. es für richtig hielten, vor „Verwirrung“ bei anfälligen Beamten und Kaufleuten durch die „auf den ersten Blick bestrickenden Rechtsausführungen“ von *Eb. Schmidt* zu warnen.

30 Vgl. *Eb. Schmidt* NJW 60, 804

folg der Bemühungen *Eb. Schmidts* um rechtslogische Klarheit bei der Abgrenzung der Tatbestände erblicken. Da jedoch die Gerichte bisher bei der angegriffenen Judikatur geblieben sind, sei noch auf einige weitere, bisher – soweit ersichtlich – noch nicht diskutierte Folgerungen hingewiesen, die sich aus der geschilderten, heute praktizierten Auffassung zum Vorteilsbegriff, zum Ermessensbeamten und zum Äquivalenzverhältnis ergeben, und bei denen versucht werden soll, die strafrechtsdogmatischen Argumente von *Eb. Schmidt* nach der *psychologischen* Seite hin zu ergänzen.

1. Zunächst einmal wird man es ernstlich nicht bezweifeln können, daß die dargelegte Ausweitung des Tatbestandsmerkmals „*Vorteil*" alle genauen Grenzen zum Verschwinden bringt. Es kann nicht angenommen werden, daß der Gesetzgeber im Strafrecht jene Vorsicht außer acht lassen will, die ihn hinsichtlich des Gegenbegriffs „Schaden" im bürgerlichen Recht zum wohlüberlegten numerus clausus der Ansprüche auf Ersatz von immateriellen Schäden (§ 253 BGB) führte. Man braucht nur zu bedenken, daß im konkreten Einzelfall in offener oder auch maskierter Form manches als subjektiv-immaterieller Nachteil erscheint, was bei pervertierter Konstitution – etwa bei Masochismus – ein „Vorteil" ist. Vergegenwärtigt man sich weiter die Ambi- und Multivalenz psychischer Phänomene, die Schichtung der Persönlichkeit und den weiten Bereich der Tiefenpsychologie, dann wird man die Unschärfe und geringe Praktikabilität eines derart subjektivierten immateriellen Vorteilsbegriffs zugeben müssen.

2. Die Grundlage der neueren Rechtsprechung bei der Bestechung von *Ermessensbeamten* ist eine psychologische These, die an Einfachheit nicht zu übertreffen ist. Mit erstaunlichem Mut zu kategorischen Feststellungen wird bekanntlich behauptet, daß jede Vorteilsgewährung oder Vorteilserwartung eine „innere Belastung" darstelle, daß diese Belastung das Urteil des Beamten „regelmäßig trübe", und daß es infolgedessen für den Ermessensbeamten unmöglich sei, an seine Entscheidungen unbefangen heranzugehen. Diese These ist psychologisch und damit auch in ihrer strafrechtlichen Konsequenz deshalb so besonders bedenklich, weil die Gerichte von ihrer absoluten Richtigkeit ausgehen mit der Folge, daß kein Gegenbeweis möglich ist. Denn ließe man ihn zu, wäre ja die Auffassung der früheren *RG*-Rechtsprechung wiederhergestellt. Es müßte dann jeweils nachgewiesen werden, daß die Ermessensentscheidung durch die in Rede stehende Trübung und Befangenheit beeinflußt wurde. Genau dies aber soll aus der Diskussion ausgeschaltet werden. Dabei sollte es eigentlich auf der Hand liegen, daß es ein derartiges vereinfachendes psychisches Gesetz nicht gibt. An einer Stelle der üblichen Formulierung, wie sie das *RG* und der *BGH* benutzt, scheint diese Einsicht, zu der man nicht erst einen psychologischen Experten zu bemühen braucht, sogar durch, nämlich dort, wo es heißt, das Urteil werde „*regelmäßig* getrübt". Allein hieraus müßte sich schon die Möglichkeit der Gegenbeweisführung in Ausnahmefällen und damit die prinzipielle Notwendigkeit einer entsprechenden Tatsachenfeststellung durch die Instanzgerichte zwangsläufig ergeben. Der Verdacht, daß man sich in der Praxis mit einer recht laienhaften Psychologie begnügen möchte, ist nicht von der Hand zu weisen. Vor allem ist der in dem Urteil *BGH* NJW 60, 831 enthaltene Hinweis bedenklich, daß die innere Belastung des Ermessensbeamten sich

„möglicherweise ganz unbewußt" auswirkt, denn eine Berücksichtigung der tiefenpsychologischen Faktoren führt auf jeden Fall zur Relativierung der absolut gesetzten psychologischen These von der Befangenheit der Ermessensbeamten. Ohne daß auf nähere Einzelheiten eingegangen werden kann, sei in diesem Zusammenhang lediglich auf folgende Phänomene hingewiesen:

a) In nicht wenigen Fällen liegt im Bestechungsvorgang eine Demütigung, die verdrängt werden kann und dann u. U. im Gegeneffekt zu einer Benachteiligung des Bestechenden oder zu einer erhöhten Objektivität der Ermessensentscheidung führen kann. Es wäre ein schwerer Verstoß gegen psychologische Erkenntnisse, wenn man nicht zugeben wollte, daß jedes Ereignis der in Rede stehenden Art infolge seiner seelischen Vieldeutigkeit und der Komplexität psychischer Zusammenhänge neben der von der psychologischen These der Gerichte behaupteten Wirkung auch die beiden anderen Konsequenzen, nämlich Verfälschung des Staatswillens *zuungunsten* des Vorteilsgebers oder völlige Neutralisierung der aus dem Bestechungsvorgang stammenden seelischen Impulse bei der Ermessensentscheidung haben kann.
b) Deutlich dürfte das Gesagte vor allem in den Fällen werden, wo es sich darum handelt, daß bei einer Ermessensentscheidung – etwa einer Auftragsvergebung – nur zwei Beteiligte betroffen werden. Zu welchem Ergebnis führt die psychologische Faustregel der Gerichte, wenn die einzigen beiden Bewerber unabhängig voneinander dem Ermessensbeamten den gleichen Geldbetrag zukommen lassen? Sollte etwa der Zeitfaktor – Bewerber A hat sein Geld 30 Minuten vor dem Bewerber B gezahlt – eine ausschlaggebende Rolle spielen?
c) Schließlich sei noch an das psychologisch schwierige Problem des Vergessens erinnert. Es gibt kein psychologisches Gesetz, wonach es ausgeschlossen ist, daß der Täter den Vorteilsempfang im Augenblick der Ermessensentscheidung vergessen hat.

3. Ebenfalls aus psychologischer Sicht ergeben sich Bedenken hinsichtlich der Behandlung der subjektiven Faktoren beim *Äquivalenzverhältnis*. Schon *Eb. Schmidt* hat mit Recht darauf hingewiesen, daß die Meinung, der innere Vorbehalt, die zugesagte Pflichtwidrigkeit nicht begehen zu wollen, sei für die strafrechtliche Würdigung i. S. des § 332 StGB bedeutungslos, eine unzulässige Übertragung der bürgerlichrechtlichen Regelung der Mentalreservation aus § 116 BGB auf das Strafrecht darstelle. Von der Aufgabe, den verbrecherischen Willen des Täters festzustellen, kann der Tatrichter im modernen Strafrecht nirgends befreit werden. Und wenn es schon unerlaubt ist, die Strafjustiz – wie es beim Problem der Pflichtwidrigkeit von Ermessensentscheidungen geschieht – durch gefährlich absolut gesetzte psychologische Faustregeln entlasten zu wollen, so ist es erst recht bedenklich, die Prüfung irgendeines Teiles der subjektiven Strafbarkeitsvoraussetzungen aus den gleichen verfahrensökonomischen Gründen ganz und gar für überflüssig zu erklären. Hier dürfte die Grenze zum Verstoß gegen das Schuldprinzip überschritten sein. Die Beweisschwierigkeiten mögen wegen der komplizierten Struktur der in Betracht kommenden seelischen Vorgänge noch so groß sein, niemals dürfen sie zu derartigen Folgerungen führen. Zudem

ist immer wieder mit Recht betont worden, daß die in Rede stehenden Schwierigkeiten keineswegs größer sind als dort, wo es etwa um so ausschlaggebende Abgrenzungen geht wie die zwischen bedingtem Vorsatz und bewußter Fahrlässigkeit, die zum Alltagsgeschäft des Strafrichters gehören[31]. Es ist nicht einzusehen, warum vor den immer bestehenden Problemen psychologischer Erkenntnis im einen Fall kapituliert wird und in zahlreichen anderen nicht weniger wichtigen Fällen niemand an eine solche Kapitulation denkt.

4. Als *Schlußfolgerung* aus dem Dargelegten läßt sich sagen: Die bei der Rechtsprechung zur Bestechlichkeit von Ermessensbeamten erkennbare Ausdehnung der Zuchthausstrafbarkeit und die uferlose Erweiterung des Tatbestandsmerkmals „Vorteil" verstoßen gegen den rechtsstaatlichen Grundsatz *nullum crimen sine lege*. Die Absolutsetzung eines an der Komplexität psychischer Sachverhalte vorbeigehenden, nur begrenzt gültigen psychologischen Erfahrungssatzes beim Ermessensbeamten und die Streichung von Wollensmerkmalen beim Äquivalenzverhältnis widersprechen dem rechtsstaatlichen Verbot einer *Schuldvermutung* im Strafrecht. Eine verfassungsrechtliche Überprüfung der einschlägigen Rechtsprechung dürfte erforderlich sein[32].

31 Zu den hier bestehenden Schwierigkeiten, mit denen sich die Praxis abfinden muß, vgl. etwa die subtilen Analysen in dem immer noch grundlegenden Werk von *Engisch*, Untersuchungen über Vorsatz und Fahrlässigkeit im Strafrecht, Berlin 1930, insbes. S. 388 ff.

32 Sofern die Rechtsprechung sich nicht selbst berichtigt, wie dies hinsichtlich der höchst bedenklichen Befangenheitsvermutung beim Ermessensbeamten unlängst glücklicherweise geschehen ist. In der (insoweit in NJW 60, 2154 nicht abgedruckten) Entscheidung des *2. Strafsenats des BGH* v. 25. 7. 1960 – 2 StR 91/60 – heißt es jetzt insoweit mit aller wünschenswerten Klarheit: „Es trifft zu, daß die angeführten Sätze 2 und 3 aus RGSt 74, 251 und 77, 75 in den vorangegangenen Entscheidungen des RG nicht enthalten waren. ... Der Hinweis, der Beamte könne schon wegen des gewährten oder erwarteten Vorteils nicht unbefangen an die von ihm zu treffende Entscheidung herangehen, mag nach der Lebenserfahrung häufig zutreffen; er ist aber in dieser Allgemeinheit sicher nicht richtig. In Verbindung mit der weiteren Unterstellung, daß die in der Gewährung oder in der Hoffnung auf den Vorteil liegende Belastung das Urteil des Beamten ‚regelmäßig' trübt, sieht der Senat die Gefahr, daß der Tatrichter zu Vermutungen verleitet wird und sich mit ihnen begnügt." – Im gleichen Urteil hat der *BGH* allerdings im Gegensatz zu den überzeugenden Argumenten von *Eb. Schmidt* bedauerlicherweise an der Auffassung festgehalten, daß der innere Vorbehalt des Beamten, die angebotene oder angesonnene Pflichtverletzung nicht zu begehen, den Tatbestand der schweren Bestechlichkeit nicht ausschließe.

Der Eigentumsvorbehalt bei der Waren- und Wertpapierverschleuderung im Konkursstrafrecht

I

Zur Frage der Auswirkung des Eigentumsvorbehalts im Rahmen des Tatbestandes des § 240 I Nr. 2 KO hat der *BGH* vor einiger Zeit in einer die Rechtsprechung des *RG* aufgebenden, bedeutsamen Entscheidung Stellung genommen[1]. Bekanntlich werden Schuldner, die ihre Zahlungen eingestellt haben, oder über deren Vermögen das Konkursverfahren eröffnet worden ist, nach § 240 I Nr. 2 KO bestraft, wenn sie Waren oder Wertpapiere, die sie sich auf Kredit beschafft haben – *„auf Kredit entnommen"* haben, sagt das Gesetz in der fast vergessenen kaufmännischen Redeweise des *fin de siecle* –, erheblich unter dem Marktpreis in einer den Anforderungen einer ordnungsgemäßen Wirtschaft widersprechenden Weise veräußern oder sonst weggeben. Dabei ist eine Gläubigerbenachteiligungsabsicht nicht erforderlich. Jedoch ist das geschilderte Verhalten nur dann im Sinne von § 240 I Nr. 2 KO strafbar, wenn der Täter in der Absicht handelte, die Eröffnung des Konkursverfahrens hinauszuschieben.

Die kriminalpolitische Zwecksetzung ist deutlich. Es soll ein Verhalten des Gemeinschuldners strafrechtlich erfaßt werden, das deshalb als besonders gefährlich erscheint, weil die Verschleuderung von auf Borg beschafften Waren oder Wertpapieren eine wenigstens für eine gewisse Zeit relativ leicht zu bewerkstelligende Methode der künstlichen Aufrechterhaltung eines Geschäftsbetriebes und damit der Hinausschiebung der Konkurseröffnung darstellt. Wenn – wie hier bei derartigen Verschleuderungen – nicht mehr rentabel operiert wird, schmälert jeder Zeitverlust das dem Konkurs unterliegende Vermögen. Manipulationen dieser Art gehen somit zu Lasten der Konkursgläubiger. Dies möglichst zu verhindern, ist der Gesetzeszweck bei § 240 I Nr. 2 KO. Die Bestimmung dient also in erster Linie dem Schutz der wirtschaftlichen Position der Konkursgläubiger[2].

Die Besinnung auf den Zweck des Gesetzes gewinnt entscheidende Bedeutung bei der Auslegung des spröden Tatbestandsmerkmals des „Entnehmens", denn es fragt sich natürlich sogleich, welche sachenrechtlichen Erfordernisse erfüllt sein müssen, damit man von einem „Entnehmen" der Waren – hier wird man in erster Linie an *Handelsunternehmen* zu denken haben – oder der Wertpapiere– dabei kommen als Schuldner vor allem in Schwierigkeiten geratene *Banken, Maklerfirmen, Invest-*

---

1 BGHSt, 9, 84

2 RGSt, 66, 175; 72, 187; *Nagler-Schaefer* in LK 7. Aufl. Anm. I zu § 240 KO und Vorbem. I 1 vor § 239 KO

mentgesellschaften u. ä. in Betracht – sprechen kann. Dem Gesetzestext kann nicht auf den ersten Blick entnommen werden, ob verlangt ist, daß die betreffenden Gegenstände vonm Lieferanten oder einem Dritten an den Gemeinschuldner übereignet werden, oder ob die Besitzübertragung genügt, oder ob nicht einmal sie erforderlich ist.

1. Unzweifelhaft ist wohl schon nach dem reinen Wortsinn, daß jedenfalls der bloße Abschluß eines auf Lieferung gerichteten, schuldrechtlichen Vertrages noch kein „Entnehmen" von Waren oder Wertpapieren ist. Es muß mindestens der Besitz verschafft werden. Dies ist die eindeutig herrschende Meinung[3].

2. Es fragt sich aber, ob die Besitzübertragung allein ausreicht, oder ob nicht außerdem ein Eigentumsübergang auf den Gemeinschuldner erforderlich ist. Das kann aus dem Terminus „Entnehmen" nicht mehr ohne weiteres abgeleitet werden. Hier ist ein Rückgriff auf die ratio legis unerläßlich.

a) Dient § 240 I Nr. 2 KO, wie gesagt, dem Schutz der Konkursgläubiger, dann muß das „Entnehmen" jedenfalls die Konkursmasse zumindest in irgendeiner Weise betreffen. Eine Gläubigerbenachteiligung als solche kann nicht gefordert werden, denn sie ist nicht Tatbestandsmerkmal. Auch eine auf die Benachteiligung der Gläubiger zielende Absicht verlangt das Gesetz bei § 240 KO – im Gegensatz zu § 239 KO – nicht. Es wird lediglich eine widerlegbare gesetzliche Vermutung dahingehend aufgestellt, daß ein Verhalten nach § 240 I Nr. 2 KO die Gläubiger benachteiligt[4]. Wo aber jede Auswirkung auf das dem Konkurs unterworfene Vermögen von vornherein fehlt, ist für diese Vermutung kein Raum mehr. Ein solches Verhalten wäre kein „Entnehmen" i. S. des Gesetzes, weil es hier bei den Konkursgläubigern kein Schutzbedürfnis mehr gäbe.

b) Andererseits ist es augenfällig, daß die Konkursmasse von der Verschleuderung betroffen wird, wenn die auf Kredit beschafften Waren oder Wertpapiere dem Gemeinschuldner vom Lieferanten oder einem Dritten rechtswirksam übereignet werden. Auf der einen Seite wird dann ein Vermögensobjekt unter dem Wert veräußert oder sonst wegegeben und auf der anderen Seite tritt zu den bisherigen Gläubigern in der Person des Kreditgebers ein neuer mit einer zusätzlichen Forderung hinzu. Dadurch wird die Konkursmasse in der Regel geschmälert, weil der Erweiterung des Gläubigerkreises und der Erhöhung der Belastung des dem Konkurs unterworfenen Vermögens kein gleichwertiger Vermögenszuwachs entspricht. Die zu erwartende Befriedigungsquote wird kleiner. Die Konkursmasse wird also mit ungünstigen Auswirkungen betroffen. Ausnahmsweise kann sie allerdings auch einmal durch das Abstoßen der Waren oder Wertpapiere unter dem Marktpreis in günstiger Weise betroffen werden. Dann liegt indessen kein Verhalten vor, das einer ordnungsmäßigen Wirtschaftsgebarung widerspricht, so daß

3 RGSt 62, 258; 72, 187; *Kohlhaas* in Erbs, Strafrechtliche Nebengesetze Anm. B II 2 zu § 240 KO; *Schwarz*, StGB 19. Aufl. 2 B zu § 240 KO

4 *Frank*, StGB 18. Aufl. Anm. I zu § 239 KO

aus diesem Grund die Tatbestandsmäßigkeit und damit die Strafbarkeit entfällt. Dies trifft vor allem in folgenden zwei Ausnahmesituationen zu:

aa) Der Gemeinschuldner hat sich die Waren oder Wertpapiere so billig verschafft, daß der unter dem Marktpreis liegende, erzielte Preis auch bei Berücksichtigung der Spesen und sonstigen Unkosten immer noch höher ist als der Erwerbspreis der betreffenden Gegenstände. Hier wird dann die Konkursmasse größer. Die Gläubiger sind trotz des Hinzutretens eines neuen Gläubigers begünstigt. Als Ausnahme von dieser Ausnahme – demnach als Rückkehr zur Strafbarkeit des Regelfalles – hätte nur der Fall zu gelten, daß trotz des rechnerischen Vorteils des Einzelgeschäftes die dadurch künstlich bewirkte Aufrechterhaltung des Geschäftsbetriebes als Ganzes unrentabel ist und folglich die Masse verringert. Hier würde die Veräußerung oder sonstige Weggabe der Waren oder Wertpapiere wieder in einer den Anforderungen einer ordnungsmäßigen Wirtschaft widersprechenden Weise geschehen sein.

bb) Ferner würde eine Veräußerung oder sonstige Weggabe von übereigneten Waren oder Wertpapieren, die sich der Gemeinschuldner auf Borg beschafft hatte, unter dem Marktpreis zwar die Konkursmasse treffen, aber gleichwohl den Anforderungen einer ordnungsmäßigen Wirtschaft nicht widersprechen, wenn ein Preissturz nahe bevorsteht[5]. Dabei wird zwar die Masse wieder geschmälert, aber doch in Abwendung einer aus konjunkturellen Gründen zu erwartenden noch stärkeren Wertminderung, so daß die Gläubiger immerhin relativ besser gestellt sind, als wenn der Schuldner die betreffenden Objekte behalten hätte.

c) Ist die Rechtslage wegen des eindeutigen Betroffenseins der Konkursmasse bei vollzogener Übereignung klar, so bleibt zu prüfen, welche konkursstrafrechtlichen Folgerungen sich dort ergeben, wo der Gemeinschuldner kein Eigentum erwarb, weil sich der Lieferant oder ein Dritter das Eigentum rechtswirksam vorbehielt. Das Problem spitzt sich jetzt also auf die Frage zu, ob die Konkursmasse bei dieser Sachlage ebenfalls betroffen ist. Darüber gehen die Meinungen auseinander. Die bisher in der Rechtsprechung und im Schrifttum herrschende Auffassung vertrat unter der Führung des *RG* die Ansicht, in diesen Fällen werde die Konkursmasse überhaupt nicht betroffen, und demzufolge käme eine Strafbarkeit nach § 240 I Nr. 2 KO von vornherein nicht in Betracht[6]. Die entgegengesetzte These hat der

BGH in seiner eingangs schon erwähnten, grundlegenden, sich von der Rechtsprechung des *RG* abwendenden Entscheidung aufgestellt[7].

5 *Kohlhaas* aaO Anm. B II 3; *Schwarz* aaO Anm. 2 B; *Frank* aaO Anm. III 2 b – alle zu § 240 KO

6 RGSt 66, 175; 72, 187; *Nagler-Schaefer* aaO Anm. II 2; *Schwarz* aaO Anm. 2 B; *Fuhrmann* in Dalcke, Strafrecht und Strafverfahren 36. Aufl. Anm. 10 – alle zu § 240 KO

7 Vgl. auch *Kohlhaas* aaO Anm. B II 2 zu § 240 KO

II

Der Gedankengang des *RG*, der in der Begründung des *BGH* mit nur einem Satz etwas knapp angedeutet wird, vollzog sich in folgenden Schritten:

1. § 240 I Nr. 2 KO dient dem Schutz der Konkursgläubiger und nicht dem Schutz anderer am Konkurs beteiligter Personen. Deshalb setzt die Strafbarkeit aus § 240 I Nr. 2 KO voraus, daß durch die Verschleuderungshandlung das dem Konkurs unterworfene Vermögen im oben erörterten Sinne betroffen wird. Es wird aber dann nicht betroffen – und dies ist nach dem *RG* der entscheidende Gesichtspunkt! –, wenn die verschleuderten Waren oder Wertpapiere für den Fall, daß sie nicht weiterveräußert oder sonst weggegeben worden wären, nicht zur Konkursmasse gehört haben würden.

2. Gegenstände, an denen anderen Personen im Konkurs ein Aussonderungsrecht (§§ 43–46 KO) oder ein Recht auf abgesonderte Befriedigung (§§ 47–52 KO) zusteht, gehören bekanntlich nicht zur Konkursmasse. Folglich würden die auf Borg verschafften Waren oder Wertpapiere, an denen der Gemeinschuldner wegen eines rechtswirksamen Eigentumsvorbehalts kein Eigentum erworben hat, auch dann nicht in die Konkursmasse fallen, wenn sie *nicht* weiterveräußert oder sonst weggegeben worden wären, denn dem Eigentümer stünde ein Aussonderungsrecht zu. Er wäre kein Konkursgläubiger. Die Konkursmasse wäre nicht betroffen, da die Waren oder Wertpapiere für die Befriedigung der Konkursgläubiger ohnehin nicht zur Verfügung stünden. Ein Schutzbedürfnis der Konkursgläubiger fehlt. „Solche Waren den Berechtigten zu erhalten, kann deshalb nicht Aufgabe der Vorschrift des § 240 I Nr. 2 KO sein"[8]. Für den Schutz von Aus- und Absonderungsberechtigten kommen nach Ansicht des *RG* ausschließtlich die allgemeinen Strafbestimmungen, insbesondere die Tatbestände der Unterschlagung (§ 246 StGB) und der Untreue (§ 266 StGB) in Betracht, nicht aber die speziellen Tatbestände des Konkursstrafrechts. „§ 240 I KO greift nur insoweit ein, als durch das Weggeben unter dem Werte das Zugriffsrecht der Konkursgläubiger erschwert werden würde"[9].

3. Hinzu kommt, daß die Verschleuderung der Waren oder Wertpapiere nur dann unter § 240 I KO fallen kann, wenn der Gemeinschuldner sowohl bei der Entnahme auf Kredit als auch bei der Weiterveräußerung oder sonstigen Weggabe die Absicht hatte, die Eröffnung des Konkursverfahrens hinauszuschieben. Diese Absicht kann zumindest bei der Entnahme von Waren oder Wertpapieren unter Eigentumsvorbehalt nicht bestehen, „wenn der Gemeinschuldner zu diesem Zeitpunkt gewillt ist, den Vorbehalt zu beachten und die Ware, der Vereinbarung entsprechend, nur im Rahmen eines ordnungsmäßigen Geschäftsbetriebs zu veräußern"[10].

---

8 RGSt 66, 175
9 RGSt 66, 175; 48, 217
10 RGSt 66, 175

4. Die sich aus dem Gesagten ergebende Anwendbarkeitsgrenze für § 240 I Nr. 2 KO ist vom Gesetzgeber bewußt gezogen. Es wurde mit Vorbedacht durch das G vom 17.5.1898 „in vorsichtiger Weiterentwicklung der bisherigen Strafbestimmungen, namentlich zur Ergänzung derjenigen gegen den Betrug" nur ein „beschränkter Tatbestand" für ein Verhalten des Gemeinschuldners formuliert, das allgemein als ganz besonders verwerflich angesehen wird. Andernfalls hätte der Gesetzgeber bestimmen können: „Wer in der Absicht, die Eröffnung des Konkursverfahrens hinauszuschieben, Waren verschleudert, wird ... bestraft"[11].

5. Da im Jahr 1938 nach der damaligen Fassung des § 2 StGB eine analoge Anwendung strafrechtlicher Bestimmungen zuungunsten des Angeklagten in Betracht kam, hatte das *RG* in RGSt 72, 187 ff. (Urteil v. 23.5.1938) zugleich die Frage zu erörtern, ob § 240 I Nr. 2 KO auf den Fall der Verschleuderung von nicht übereigneten Waren oder Wertpapieren, die auf Kredit entnommen wurden, wenigstens entsprechende Anwendung finden könne. Dies wurde jedoch verneint, einmal mit der Begründung, der Gesetzgeber habe den Tatbestand bewußt eng gefaßt, und zum andern mit dem Hinweis darauf, daß – mindestens in einem erheblichen Teil der Fälle – der § 263 StGB hinreichenden Strafschutz gewähre, weil dieser oft mit § 240 I Nr. 2 KO in Tateinheit zusammentreffen würde.

III

Obwohl das *RG* die Gründe für seine in Rede stehende Rechtsprechung als so zwingend angesehen hat, daß erstaunlicherweise nicht einmal die seinerzeit erlaubte analoge Anwendung des § 240 I Nr. 2 KO für zulässig gehalten wurde, ist der abweichenden Auffassung des *BGH* in vollem Umfang zuzustimmen[12].

1. Dabei ist es bemerkenswert, daß die Prämissen, von denen das *RG* ausging – abgesehen von der nicht belegten Vermutung über den Willen des Gesetzgebers im Jahre 1898 – im wesentlichen die gleichen sind, die der *BGH* vorausgesetzt hat. Auch dieser sieht die Bedeutung des § 240 I Nr. 2 KO darin, daß diese Vorschrift dem Schutz der Konkursgläubiger und nicht anderer Personen dient, und daß demzufolge das unter Strafdrohung gestellte Verhalten prinzipiell geeignet sein muß, die Konkursgläubiger zu schädigen. Der *BGH* geht somit ebenfalls davon aus, daß die Konkursmasse betroffen sein muß.

2. Der Unterschied besteht lediglich darin, daß die Frage, wann das dem Konkurs unterworfene Vermögen betroffen ist, vom *BGH* nicht so abstrakt und vor allem nicht so lebens- und wirtschaftsfremd wie vom *RG* beantwortet wird. Mit Recht er-

11 RGSt 72, 187
12 Ebenso *Kohlhaas* aaO Anm. B II 2 mit der Begründung, daß ein Anwartschaftsrecht verletzt werde. Vgl. zu diesem Argument hier unten Anm. 15.

lärt der *BGH*, daß die auf Kredit bezogenen Gegenstände nicht in das Eigentum des emeinschuldners gelangt sein müßten. Die Gefährdung der Konkursgläubiger trete icht erst dann ein, wenn an den Waren oder Wertpapieren keine Aussonderungsrech- entstanden wären, falls sie der Schuldner nicht verschleudert hätte. Bereits das Weiterwirtschaften mit fremden Vermögenswerten"[13] in der Absicht, die Konkurs- öffnung zu verschieben, gefährde die Gläubigergesamtheit. „Bei derartigem Vor- ehen eines Schuldners werden", wie der *BGH* zutreffend bemerkt, „notwendigerwei- seine Schulden vermehrt und seine Vermögensbestandteile vermindert, so daß ann, wenn es endlich zum Konkursantrag oder zur Eröffnung kommt, meist eine en Kosten des Verfahrens entsprechende Masse nicht mehr vorhanden ist (§§ 107, 04 KO). In der Regel wird also der wirtschaftliche Zusammenbruch um so vernich- ender sein, je länger er durch unwirtschaftliche Manipulationen künstlich hinaus- eschoben war." Das ist eine so elementare Erfahrung der wirtschaftlichen Praxis, aß der *BGH* eine nähere Begründung offensichtlich für überflüssig hält. Will man enauere Hinweise, so braucht nur an die zwangsläufige Schuldenvermehrung erinnert u werden, die sich allein schon aus dem Weiterlaufen der sog. fixen Kosten – Löhne, lieten, Steuern, Versicherungen usw. – ergibt. Es ist demnach grundfalsch anzu- ehmen, die in Rede stehenden Machenschaften des Gemeinschuldners würden das onkursvermögen nicht treffen. Allenfalls mag man zwischen unmittelbarer Ein- irkung bei Übereignung der Waren oder Wertpapiere und mittelbarer Einwirkung ei Nichtübereignung unterscheiden, wobei man sich indessen der logischen Relati- ität dieser Begriffe bewußt bleiben muß. Im übrigen ist der Nachweis des eintre- enden Schadens im Einzelfall ebensowenig erforderlich wie beim Tatbestand des bermäßigen Aufwandes nach § 240 I Nr. 1 KO. Und auch die Verschiebung der onkurseröffnung braucht nicht erreicht zu sein, denn das Gesetz verlangt nur eine ahingehende Absicht beim Täter.

3. Dieser dem Gesetzeszweck und den praktischen Bedürfnissen gerecht werden- en Auslegung des § 240 I Nr. 2 KO steht, wie der *BGH* überzeugend nachgewiesen at, weder die Vorgeschichte dieser Bestimmung noch ihr Wortlaut entgegen. Gerade er dem damaligen Wirtschaftsleben entlehnte Terminus „entnommen" bringt hin- eichend deutlich zum Ausdruck, daß es dem Gesetzgeber nicht darauf ankam, die igentumsverhältnisse für ausschlaggebend zu erklären und den Tatbestand dadurch u „beschränken", wie dies vom *RG* angenommen wurde, obwohl auch die Motive on keiner Einschränkung dieser Art sprechen[14]. Wäre das der Wille des Gesetzgebers ewesen, hätte er sich der sachenrechtlichen Terminologie bedienen müssen. Deshalb ann es insbesondere in diesem Zusammenhang auch nicht auf die Unterschiede beim igentumsvorbehalt, wie sie sich aus den verschiedenen rechtlichen Möglichkeiten des ufschiebend oder auflösend bedingten, des nachträglichen, des uneigentlichen, des erlängerten und des erweiterten, sowie des weitergeleiteten Eigentumsvorbehalts er-

3 *BGH* aaO
4 Vgl. *BGH* aaO

geben, ankommen[15]. Es genügt für die Tatbestandsmäßigkeit das allgemeinere Faktum des Beziehens der Waren oder Wertpapiere, wobei allerdings der bloße Abschluß des obligatorischen Vertrags zwecks Erwerbs nicht ausreicht, – eine Einschränkung, die aus dem Ausdruck „entnommen" ebenfalls klar hervorgeht[16].

4. Im übrigen würde der vom *RG* angegebene Ausweg einer Bestrafung wegen Untreue oder Unterschlagung nur selten gangbar sein. Ein Treueverhältnis i. S. des § 266 StGB wird zwischen Lieferanten und Schuldner nicht immer bestehen oder nachweisbar sein, und eine Strafverhängung wegen Unterschlagung wird bei derartigen Sachlagen häufig daran scheitern, daß sich das Vorliegen der Voraussetzungen für den inneren Tatbestand nicht nachweisen läßt. Das zeigte gerade der dem Urteil *BGHSt* 9, 84 zugrunde liegende Fall sehr deutlich, denn dort war dem Angeklagten seine Überzeugung, die Waren ohne Eigentumsvorbehalt erworben zu haben, nicht zu widerlegen. Und „schließlich" formuliert der *BGH* aaO etwas spitz, aber den Kern treffend, „kann die Anwendbarkeit des § 240 I Nr. 2 KO nicht von dem mehr zufälligen Umstand abhängen, ob die Vorbehaltsklausel in der Auftragsbestätigung oder nur auf der Rechnung gestanden hatte. Eine so enge Auslegung dieser Vorschrift, wie sie das *RG* für geboten erachtet hat, würde sie, zumal in heutiger Zeit umfassender Kreditsicherung und gefährdeter Wirtschaftsmoral, fast unanwendbar machen. Ein Gesetz ist aber immer so auszulegen, daß es seine Aufgaben im praktischen Rechtsleben zu erfüllen vermag".

Die Weiterentwicklung der Rechtsprechung durch den *BGH* entspricht, wie eine Zusammenschau des gesamten Für und Wider unschwer zeigt, sicherlich besser der ratio legis als der Standpunkt des *RG*. Darüber hinaus ist sie wegen der Schutzinteressen der modernen Wirtschaft ganz besonders zu begrüßen.

15 Aus dem gleichen Grund kann es auch – wovon *Kohlhaas* wohl ausgeht (vgl. oben Anm. 12) – nicht entscheidend sein, ob ein Anwartschaftsrecht für den Gemeinschuldner entstanden ist. – Zur Frage der strafrechtlichen Auswirkungen des Eigentumsvorbehalts außerhalb des Konkursstrafts vgl. jetzt *Baumann*, Pönalisierung von Kaufverträgen durch Eigentumsvorbehalt, ZStW 68, 522 ff.

16 Vgl. oben im Text I, 1

Aktuelle Probleme des Konkursstrafrechts

Das geltende in den §§ 239–244 KO geregelte Konkursstrafrecht ist seit langem Gegenstand berechtigter Kritik, der im Rahmen dieser Zeitschrift schon *Heidland* beredten Ausdruck verlieh[1]. Die Rechtsprechung hat nicht unerhebliche Schwierigkeiten, mit dem überalterten Werkzeug der gesetzlichen Bestimmungen zu gerechten Ergebnissen zu kommen. Man vergleiche hierzu etwa eine Rechtsprechungsübersicht wie die von *Böhle-Stamschräder*[2], ganz abgesehen von den Kommentierungen bei *Erbs-Kohlhaas*, *Schaefer* (Leipziger Kommentar), *Schönke-Schröder*, *Schwarz-Dreher* und *Klug*[3]. Unter diesen Umständen verstand es sich nahezu von selbst, daß die an sich außerhalb des StGB stehenden konkursrechtlichen Straftatbestände von den Bemühungen um die Reform des StGB mitergriffen wurden, und es überrascht nicht, daß der von der Großen Strafrechtskommission und dem Bundesjustizministerium erarbeitete Entwurf eines Strafgesetzbuches in der Fassung von 1960 (= E 1960) die Konkursdelikte wieder in das StGB einfügen möchte und sie aus diesem Anlaß in den §§ 271–275 des E 1960 durchgreifend neu formuliert. Es sollte sich deshalb lohnen, den Grundgedanken der Reformvorschläge nachzugehen und sodann zu prüfen, ob und wieweit sich aus den Vorschlägen de lege ferenda, insofern sie Ausdruck einer allgemeinen Rechtsüberzeugung sind, Überlegungen herleiten lassen, die bereits für die lex lata ausgewertet werden können. Demgemäß gliedern sich die folgenden Ausführungen erstens in einen – im wesentlichen auf der amtlichen Begründung aufbauenden – Bericht über die Reformvorschläge des E 1960 und zweitens in die Darstellung einiger Folgerungen für das geltende Recht.

[1] *Heidland*, Der Standort von Zahlungseinstellung und Konkurseröffnung im Aufbau der Konkursdelikte, KTS 1958 S. 161 ff.

[2] *Böhle-Stamschräder*, Aus der Rechtsprechung des Bundesgerichtshofs zu den Strafbestimmungen der Konkursordnung, KTS 1957 S. 17 ff.

[3] Zum Konkursstrafrecht vgl.: *Erbs-Kohlhaas*, Strafrechtliche Nebengesetze, Band I, K 155, Konkursordnung; *Maurach*, Deutsches Strafrecht, Besonderer Teil, 3. Aufl. § 35; *Schaefer* in *Ebermayer*, *Lobe* u. a. Leipziger Kommentar zum StGB, II. Band, 8. Aufl., S. 539 ff; *Schönke-Schröder*, StGB, 10. Aufl., S. 1096 ff; *Schwarz-Dreher*, StGB, 23. Aufl. S. 808 ff; *Klug* in *Hachenburg*, GmbHG, II. Band, 6. Aufl., S. 659 ff.

I

Hinsichtlich des Zweckes der Konkursdelikte ergeben sich im E 1960 keine Änderungen gegenüber den §§ 239–244 KO. Jetzt und künftig sollen die betreffenden Straftatbestände davor schützen, daß Schuldner bei drohendem oder bereits eingetretenem Vermögensverfall durch böswillige Machenschaften die Gläubigerbefriedigung gefährden. Die in Betracht kommenden Tatbestände des schweren sowie des einfachen Bankrotts, der Verletzung der Buchführungspflicht, der Gläubigerbegünstigung und der Schuldnerbegünstigung sind nach der Meinung der Verfasser des E 1960 kriminelles Unrecht und nicht etwa bloße Ordnungswidrigkeiten. Dies ist einer der Gründe, die zu dem Vorschlag führten, diese Delikte aus der Konkursordnung herauszunehmen und sie künftig wieder, wie schon früher von 1871–1879, in das Strafgesetzbuch einzufügen. Gleichzeitig sollen damit die Strafbestimmungen der Vergleichsordnung überflüssig gemacht werden.

Die Vorschriften des § 243 KO und des § 123 VerglO sollen allerdings nicht übernommen, sondern einfach gestrichen werden. Es handelt sich bei diesen Bestimmungen um Tatbestände des Stimmenverkaufs. Wie es in der Begründung zum E 1960 heißt, haben sie nach den Erfahrungen der gerichtlichen Praxis keine wesentliche Bedeutung erlangt. Überflüssig wird nach dem E 1960 auch § 244 KO. Diese Vorschrift dehnt den Anwendungsbereich der §§ 239–241 KO bei Aktiengesellschaften, eingetragenen Genossenschaften und in einigen weiteren ähnlichen Fällen auf die gesetzlichen Vertreter der Schuldner aus. Hierfür besteht nach der Konzeption des E 1960 keine Notwendigkeit mehr, weil der Entwurf in § 14 ganz allgemein die Strafbarkeit des Handelns für einen anderen in einer Form geregelt hat, die auch für die Konkursdelikte in den entsprechenden Fällen ausreicht.

Die im Entwurf empfohlene Umgestaltung des Konkursstrafrechts geht von dem seit langem hervorgehobenen Gedanken aus, daß die jetzige Rechtslage mit dem *Schuldprinzip* nicht im Einklang steht. Zur Begründung dieser Kritik wird auf den durchaus lebensnahen Fall hingewiesen, daß bei einem zahlungsfähigen Kaufmann ein übermäßiger Aufwand in jeder Beziehung rechtmäßig und deshalb völlig vorwurfsfrei sein kann. Kommt es nun zu einer unvorhersehbaren Zahlungseinstellung oder Konkurseröffnung, weil der betreffende Kaufmann ohne sein Verschulden das Opfer einer mit der allseitigen Verflechtung des modernen Wirtschaftslebens zusammenhängenden Kettenreaktion von Insolvenzen geworden ist, dann hat er sich gleichwohl nach § 240 Abs. I Nr. 1 KO strafbar gemacht, weil einerseits § 240 KO keinen Kausalzusammenhang zwischen dem Aufwand und der Zahlungseinstellung oder Konkurseröffnung voraussetzt, sondern nach h. M. eine bloß tatsächliche Beziehung zwischen dem Aufwand und der Gläubigerbenachteiligung genügen läßt[4], weil andererseits Vorsatz oder Fahrlässigkeit sich nicht auf die Benachteiligung des Gläubigers zu erstrecken brauchen[5], und weil schließlich Zahlungseinstellung und Eröffnung des Konkursverfahrens nur objektive Strafbarkeitsbedingungen sind, also vom Vorsatz oder von der Fahrlässigkeit ebenfalls nicht erfaßt sein müssen[6]. Mit Recht heißt es hierzu in der Begründung des E 1960, es bliebe mithin die Möglichkeit der vollen Erfüllung aller Voraussetzungen der

[4] Begründung zum E 1960 S. 412; RGSt 55, 30; BGHSt 1, 191; *Heidland* aaO S. 162.

[5] *Schaefer* aaO Anm. IV zu § 240 KO; *Schwarz-Dreher* aaO Anm. 3 zu § 240 KO; *Klug* aaO Anm. 18 zu § 83.

[6] Unbestritten h. M.; vgl. u. a. *Klug* aaO.

Bestrafung auch für den Fall offen, daß dem Täter sein Verhalten nicht zum Vorwurf gereiche. Und mit aller Deutlichkeit, die nichts zu wünschen übrig läßt, heißt es dann in der Begründung des E 1960 weiter, daß eine solche Lösung den Schuldgrundsatz verletze[7].

Demgemäß geht der E 1960 zunächst einmal von dem richtigen Gedanken aus, daß *die Zahlungseinstellung, die Eröffnung des Konkursverfahrens und die einzelne Bankrotthandlung für sich genommen keinen Unwertakzent* tragen. – Eine Ausnahme bilden nur die Verletzungen der gesetzlichen Buchführungspflichten sowie die Verstöße gegen die gesetzlichen Pflichten zur Aufbewahrung der Handelsbücher und zur Bilanzziehung. – Vorwerfbar ist vielmehr nach der im E 1960 vertretenen Ansicht ein Verhalten im Sinne der Bankrotthandlungen nur dann, wenn durch dieses Verhalten des Schuldners die Gläubigerbefriedigung gefährdet wird, wobei unter Gefährdung „die Herbeiführung oder Vergrößerung einer konkreten Gefahr, d. h. einer nach den Umständen nahen Wahrscheinlichkeit des Schadenseintritts", zu verstehen ist[8]. Von einer solchen Gefährdung kann im konkursstrafrechtlichen Zusammenhang folglich nur gesprochen werden, falls der Schuldner durch sein Verhalten eine Insolvenz seines Unternehmens verursacht, oder wenn er die Bankrotthandlung begeht ungeachtet der Tatsache, daß sein Unternehmen sich bereits in einer Krise befindet. *Die konkrete Gläubigergefährdung ist also das entscheidende Tatbestandsmerkmal,* auf das sich beim schweren Bankrott der Vorsatz und beim einfachen Bankrott die Fahrlässigkeit erstrecken müssen.

Ferner hat sich der E 1960 aus den bekannten rechtsstaatlichen Gründen nicht mit der Angabe einer Generalklausel für die in Betracht kommenden Konkursdelikte begnügt, sondern in Anlehnung an die heutige Rechtslage bestimmte typische Begehungsformen festgelegt. Demgemäß lauten die beiden Bankrottatbestände im E 1960 folgendermaßen:

§ 271 Schwerer Bankrott

(1) Mit Gefängnis bis zu fünf Jahren wird bestraft, wer

1. Bestandteile seines Vermögens zerstört, beschädigt, unbrauchbar macht, beiseite schafft oder verheimlicht,
2. durch Aufwand, Spiel, Wette oder Differenzgeschäfte mit Waren oder Wertpapieren übermäßige Beträge verbraucht oder schuldig wird,
3. Waren oder Wertpapiere auf Kredit beschafft und sie erheblich unter ihrem Wert in einer den Anforderungen einer ordnungsmäßigen Wirtschaft widersprechenden Weise veräußert oder sonst abgibt,
4. nicht bestehende Verbindlichkeiten anerkennt oder vortäuscht,
5. Handelsbücher, zu deren Führung er gesetzlich verpflichtet ist, zu führen unterläßt oder so mangelhaft führt, daß sie keine Übersicht über seinen Vermögensstand gewähren,
6. Handelsbücher vernichtet, beschädigt, beiseite schafft oder verheimlicht oder
7. es dem Handelsrecht zuwider unterläßt, die Bilanz seines Vermögens in der vorgeschriebenen Zeit zu ziehen,

und dadurch die Befriedigung seiner Gläubiger gefährdet.

(2) Der Versuch ist strafbar.

(3) Die Tat ist nur dann strafbar, wenn der Täter seine Zahlungen eingestellt hat oder über sein Vermögen das Konkursverfahren eröffnet worden ist.

[7] AaO S. 413.
[8] Wie Anm. 7.

§ 272 Einfacher Bankrott

(1) Wer in den Fällen des § 271 Abs. 1 die Gefahr für die Befriedigung seiner Gläubiger fahrlässig verursacht, wird mit Gefängnis bis zu zwei Jahren, mit Strafhaft oder mit Geldstrafe bestraft.

(2) § 271 Abs. 3 gilt entsprechend.

Durch die bei diesen Formulierungen zum Tatbestandsmerkmal erhobene ursächliche Verbindung der Bankrotthandlung mit der Gläubigergefährdung könnte man es rein strafrechtsdogmatisch für überflüssig halten, die Begründung der Strafbarkeit außerdem noch von der *Zahlungseinstellung* oder der *Eröffnung des Konkursverfahrens* abhängig zu machen. Indessen hält der Entwurf mit Recht an diesen zusätzlichen Strafbarkeitsvoraussetzungen fest. Es soll damit die Gefahr eines zu weiten Anwendungsbereichs vermieden werden. In der Tat wären die Konsequenzen für die Wirtschaft bei einer anderen Handhabung bedenklich. Wirtschaftlich schwache Unternehmen stünden dann ständig in der Gefahr, angezeigt und in ein Strafverfahren verwickelt zu werden. In der Entwurfsbegründung heißt es sehr richtig, daß möglicherweise gerade dies erst die eigentliche Ursache für den Zusammenbruch der betreffenden Firma sein könnte. Da jedoch Zahlungseinstellung und Konkurseröffnung nach der neuen Grundkonzeption nicht für die Begründung des kriminellen Unrechts benötigt werden, ist es folgerichtig, daß diese beiden Merkmale nicht vom Vorsatz erfaßt zu sein brauchen und deshalb, ebenso wie im geltenden Recht, lediglich als *objektive Bedingungen der Strafbarkeit* angesehen werden. Der E 1960 bringt dies dadurch zum Ausdruck, daß erst im letzten Absatz gesagt wird, die Tat sei nur dann strafbar, wenn der Täter seine Zahlung eingestellt habe oder über sein Vermögen das Konkursverfahren eröffnet worden sei.

Nicht ganz befriedigend ist die Verneinung der Frage begründet, ob es sich hier nicht sogar um eine bloße Prozeßvoraussetzung handelt. Es wird zwar eingeräumt, daß Zahlungseinstellung oder Konkurseröffnung für die Begründung des Unrecht der Tat ohne Bedeutung seien. Es heißt dann aber weiter, daß diese Merkmale gleichwohl zur Gesamtcharakterisierung von Tat und Täter „irgendwie" beitrügen und „das Bild des Tatbestandes" abrundeten. Das ist eine in ihrem Lyrismus ein wenig überraschende Argumentation. Einleuchtender ist es dagegen, wenn die Entwurfsbegründung darauf hinweist, daß die vorgesehene Regelung im materiellen Recht den Vorteil habe, daß sich die Garantie des § 1 E 1960 (keine Strafe ohne Gesetz) auch auf diese Strafbarkeitsvoraussetzung erstrecke.

Was den *Vorsatz* anlangt, so hat der E 1960 beim schweren Bankrott auf eine Beschränkung verzichtet. Es genügt mithin der bedingte Vorsatz. Das bedeutet eine teilweise Änderung gegenüber dem geltenden Recht. Denn bei § 239 KO genügt zwar hinsichtlich der Tatbestandsmerkmale ein nur bedingter Vorsatz, indessen muß außerdem die Absicht, die Gläubiger zu benachteiligen, hinzukommen. Insoweit ist also im geltenden Recht das Vorliegen eines direkten Vorsatzes gefordert. Man wird indessen der Entwurfsbegründung zustimmen müssen, wenn es dort heißt, daß eine Beschränkung auf den bestimmten Vorsatz bei der neuen Fassung mit dem Tatbestandsmerkmal der konkreten Gläubigergefährdung vor allem deshalb nicht angebracht sei, weil ein Schuldner, der vor dem wirtschaftlichen Zusammenbruch stehe, nicht nur dann Strafe verdiene, wenn er in voller Kenntnis seiner Lage eine Bankrotthandlung vornehme, sondern auch dann, wenn er infolge ungenügender Übersicht über seine Verhältnisse nur mit der Möglichkeit einer kritischen Lage rechne und ohne Rücksicht darauf handle.

Beim einfachen Bankrott sind die Schuldformen kombiniert, denn nach § 272 E 1960 stellt dieses Delikt die *fahrlässige* Verursachung der konkreten Gläubigergefährdung durch vorsätzliche Bankrotthandlungen im Sinne des § 271 E 1960 dar. Hier bringt der Entwurf ebenfalls eine wesentliche Verbesserung, denn in der Tat ist es überzeugend, wenn der Unterschied zwischen dem schweren und dem einfachen Bankrott darin gesehen wird, daß der Vorsatz beim erstgenannten sowohl die Bankrotthandlung als auch die Gläubigergefährdung und beim letztgenannten nur die Bankrotthandlung umfassen muß.

Der dritte noch mögliche Fall der fahrlässigen Gläubigergefährdung durch fahrlässige Bankrotthandlungen ist im E 1960 nicht enthalten. Für seine Bestrafung besteht kein kriminalpolitisches Bedürfnis.

Im Rahmen der Neuregelung des Tatbestandes des *schweren Bankrotts* sind im übrigen vor allem noch folgende Einzelheiten bedeutsam:

Gegenüber § 239 Nr. 1 KO ist § 271 Nr. 1 E 1960 erweitert. Der Entwurf spricht nicht nur vom Verheimlichen und Beiseiteschaffen von Vermögensstücken, sondern erfaßt auch diejenigen Fälle, in denen der Schuldner Bestandteile seines Vermögens zerstört, beschädigt oder unbrauchbar macht.

§ 271 Nr. 2 und 3 E 1960 entsprechen weitgehend der geltenden Regelung in § 240 Nr. 1 und 2 KO. Jedoch ist nicht mehr gefordert, daß der Täter bei der Verschleuderung von Waren oder Wertpapieren, die auf Kredit beschafft sind, in der Absicht handelt, die Eröffnung des Konkursverfahrens hinauszuschieben. Dieses subjektive Unrechtselement ist nicht mehr erforderlich, weil der Entwurf die Gläubigergefährdung zum Tatbestandsmerkmal erhoben hat. Außerdem bringt der Entwurf erwünschte, der Rechtsprechung des Bundesgerichtshofes entsprechende[9] textliche Klarstellungen zur Waren- und Wertpapierverschleuderung[10].

§ 271 Nr. 4 E 1960 entspricht § 239 Nr. 2 KO. Die Abweichung in der Formulierung dient ebenfalls nur der Klarstellung. Vor allem soll durch die Vermeidung des Ausdrucks „Aufstellen" deutlich gemacht werden, daß, so wie dies auch jetzt schon die Rechtsprechung fordert, immer ein Partner vorhanden sein muß, dem vorgetäuscht wird, daß eine Verbindlichkeit gegenüber einem Dritten bestehe. Das bloße Eintragen nicht bestehender Verbindlichkeiten in Handelsbücher oder das Herstellen unrichtiger Belege genügt für sich allein noch nicht als Verwirklichung des Tatbestandes im Sinne des § 271 Nr. 4 E 1960.

Die Nummern 5 bis 7 entsprechen dem § 239 Nr. 3 und 4 und dem § 240 Nr. 3 und 4 KO. Hier zeigt sich wiederum deutlich, daß sich nach der Konstruktion des Entwurfs die Unterscheidung zwischen dem einfachen und qualifizierten Bankrott nicht aus den Tatbestandsmerkmalen, sondern allein daraus ergibt, daß die Gläubigergefährdung beim schweren Bankrott vorsätzlich und beim einfachen Bankrott fahrlässig verursacht ist.

Daraus ergibt sich dann zwanglos, daß sich beim einfachen *Bankrott* der § 272 E 1960 hinsichtlich des Tatbestandes mit einer Verweisung auf § 271 Abs. 1 E 1960 begnügen kann.

[9] BGHSt 9, 84.

[10] Vgl. *Klug*, Der Eigentumsvorbehalt bei der Waren- und Wertpapierverschleuderung im Konkursstrafrecht, in JZ 1957, S. 462 ff.

Neben den beiden eigentlichen Bankrottdelikten nennt der Entwurf nur noch drei weitere konkursstrafrechtliche Tatbestände, nämlich die Verletzung der Buchführungspflicht (§ 273), die Gläubigerbegünstigung (§ 274) und die Schuldnerbegünstigung (§ 275). Das erste dieser drei Delikte lautet:

§ 273 Verletzung der Buchführungspflicht

(1) Mit Strafhaft oder mit Geldstrafe wird bestraft, wer
1. Handelsbücher, zu deren Führung er gesetzlich verpflichtet ist, vorsätzlich oder fahrlässig zu führen unterläßt oder so mangelhaft führt, daß sie keine Übersicht über seinen Vermögensstand gewähren,
2. solche Handelsbücher vor Ablauf der gesetzlichen Aufbewahrungsfrist vernichtet oder
3. es dem Handelsrecht zuwider unterläßt, die Bilanz seines Vermögens in der vorgeschriebenen Zeit zu ziehen.

(2) § 271 Abs. 3 gilt entsprechend.

Diese Bestimmung soll die vorsätzliche *Verletzung der Buchführungspflicht* mit Strafe bedrohen. Lediglich bei der ersten Alternative ist auch die fahrlässige Begehung strafbar. Das entspricht dem geltenden Recht[11]. Eine Gläubigergefährdung ist hier in keinem Fall erforderlich. Dagegen muß die objektive Strafbarkeitsbedingung der Zahlungseinstellung oder der Eröffnung des Konkursverfahrens erfüllt sein, wenn es zu einer Anwendung dieser Bestimmung kommen soll. Das besagt die Verweisung im Absatz 2.

Die Frage, ob die Verletzung der Buchführungspflicht eine bloße Ordnungswidrigkeit sei, wird in der Entwurfsbegründung verneint. Zur Begründung dieser Auffassung wird auf die erhebliche praktische Bedeutung hingewiesen, die einer ordnungsmäßigen Buchführung in der modernen Wirtschaft zukomme. Diese Argumentation überzeugt wenig, denn die Beantwortung der Frage, ob ein kriminelles Unrecht vorliege, kann nicht von irgendwelchen praktischen Bedürfnissen abhängig sein. Eher kann man umgekehrt folgern: Die Tatsache, daß nur ein praktisches Bedürfnis für eine Sanktion besteht, spricht dafür, daß es sich nur um eine Ordnungswidrigkeit handelt.

Für die Tatbestände der Gläubiger- und der Schuldnerbegünstigung schlägt der Entwurf die nachstehenden Fassungen vor:

§ 274 Gläubigerbegünstigung

(1) Wer in Kenntnis seiner Zahlungsunfähigkeit einem Gläubiger eine Sicherheit oder Befriedigung gewährt, die dieser nicht oder nicht in der Art oder nicht zu der Zeit zu beanspruchen hat, und ihn dadurch absichtlich oder wissentlich vor den übrigen Gläubigern begünstigt, wird mit Gefängnis bis zu zwei Jahren, mit Strafhaft oder mit Geldstrafe bestraft.

(2) Der Versuch ist strafbar.

(3) § 271 Abs. 3 gilt entsprechend.

§ 275 Schuldnerbegünstigung

(1) Mit Gefängnis bis zu fünf Jahren wird bestraft, wer
1. in Kenntnis der einem anderen drohenden Zahlungsunfähigkeit oder
2. nach Zahlungseinstellung, in einem Konkursverfahren, in einem gerichtlichen Vergleichsverfahren zur Abwendung des Konkurses oder in einem Verfahren zur Herbeiführung der Entscheidung über die Eröffnung des Konkurs- oder gerichtlichen Vergleichsverfahren eines anderen

Vermögensbestandteile des anderen mit dessen Einwilligung oder zu dessen Gunsten

[11] *Schönke-Schröder* aaO Anm. IV zu § 240 KO und *Klug* aaO Anm. 18 zu § 83.

zerstört, beschädigt, unbrauchbar macht, beiseite schafft oder verheimlicht und dadurch die Befriedigung der Gläubiger des anderen gefährdet.

(2) Der Versuch ist strafbar.

(3) Die Tat ist nur dann strafbar, wenn der andere seine Zahlungen eingestellt hat oder über sein Vermögen das Konkursverfahren eröffnet worden ist.

Die Neuformulierung des Tatbestandes der *Gläubigerbegünstigung* bringt gegenüber § 241 KO keine wesentliche Änderung. Wichtig ist nur, daß der Tatbestand in ein Erfolgsdelikt umgewandelt ist. Dies bedeutet eine Einschränkung des Anwendungsbereichs, denn im geltenden Recht genügt die Gläubigerbegünstigungsabsicht, während der Entwurf das Eintreten des Begünstigungseffektes für die Vollendung fordert.

Aus dem sog. kupierten Erfolgsdelikt des § 241 KO wird damit im Entwurf ein echtes Erfolgsdelikt. Die Zahlungseinstellung und Konkurseröffnung sind hier ebenso wie bei den §§ 271 bis 273 E 1960 objektive Strafbarkeitsbedingungen. Als Schuldform fordert der Entwurf den direkten Vorsatz. Dolus eventualis genügt nicht. Der Text bringt dies durch die Verwendung der Worte „absichtlich oder wissentlich" zum Ausdruck. Nach der in § 17 E 1960 festgelegten Sprachregelung handelt absichtlich, wem es darauf ankommt, den Umstand zu verwirklichen, für den das Gesetz absichtliches Handeln voraussetzt; und wissentlich handelt nach der gleichen Bestimmung, wer weiß oder als sicher voraussieht, daß der Umstand gegeben ist oder eintreten wird, für den das Gesetz wissentliches Handeln voraussetzt.

Einschneidende Änderungen bringt die vorgeschlagene Neufassung des Tatbestandes der *Schuldnerbegünstigung* (§ 275 E 1960). Hervorgehoben seien im hiesigen Zusammenhang vor allem die folgenden Änderungen:

Ersatzlos gestrichen ist der sogenannte Konkursbetrug (§ 242 Nr. 2 KO), weil hier die allgemeinen Betrugsbestimmungen einen genügenden Schutz gewährleisten. Dementsprechend soll auch § 122 VerglO künftig wegfallen, ohne daß an seine Stelle ein anderer Straftatbestand tritt.

Sodann kommt im geltenden Konkursstrafrecht eine Bestrafung wegen Schuldnerbegünstigung auch dort in Betracht, wo es an einem Zusammenhang zwischen der Tathandlung einerseits und der Gläubigergefährdung andererseits fehlt. Im Gegensatz hierzu setzt die vorgeschlagene Bestimmung des E 1960 voraus, daß der Täter durch sein Verhalten die Gläubiger des von ihm begünstigten Schuldners gefährdet. Damit ist bei diesem Delikt ebenso wie beim neuen Bankrottatbestand die Verursachung der Gläubigergefährdung zum Tatbestandsmerkmal erhoben. Diese Regelung ist ebenso wie die Änderung des Bankrottdelikts ein ganz entscheidender Fortschritt, der die rechtstaatlich gebotene Abgrenzung des kriminellen Unrechts von anderen Verhaltensweisen, die diesen Unwertakzent nicht tragen, bringt.

Von besonderer Bedeutung ist ferner noch die Aufgliederung des Tatbestandes in zwei Begehungsformen, für die jeweils der Zeitpunkt der Tat ausschlaggebend ist. Die Grenze liegt bei der Zahlungseinstellung bzw. bei der Eröffnung des Konkurses oder eines sonstigen Insolvenzverfahrens. Danach muß der Begünstigende im Gegensatz zum Schuldner, der eine Bankrotthandlung vornimmt, entweder wissen, daß dem Schuldner die Zahlungsunfähigkeit droht, oder er muß in einem Zeitpunkt handeln, in dem die Insolvenz des Schuldners durch Zahlungseinstellung, Konkurseröffnung usw. bereits offen zu Tage tritt. Wie in der Entwurfsbegründung mit Recht hervorgehoben wird, erklärt sich der eingeschränkte Anwendungsbereich des Schuldnerbegünstigungstatbestandes damit, daß der Täter als außenstehender Dritter nicht die gleiche Verantwortung für die Befriedigung der Gläubiger trägt wie der Schuldner. Bei dem Begünstiger „kann deshalb das bloße Bewußtsein, daß der Schuldner sich in einer Krise befindet und deshalb die Gläubiger möglicherweise gefährdet werden, nicht genügen. Sein Wissen um die wirtschaftliche Lage des Schuldners muß bestimmter sein. Deshalb wird die sichere Kenntnis des Täters von der drohenden Zahlungsunfähigkeit des Schuldners oder die Vornahme der Begünstigungshandlung erst nach Beginn eines Insolvenzverfahrens, das vom Vorsatz umfaßt sein muß, vorausgesetzt".

Die tatsächlich erfolgte Zahlungseinstellung oder die Konkurseröffnung sind im übrigen auch bei diesem Tatbestand objektive Strafbarkeitsbedingungen. Das ist vom Standpunkt des Schuldstrafrechts hier ebenso unbedenklich wie beim Bankrottatbestand, da, wie bereits hervorgehoben wurde, zu den Tatbestandsmerkmalen, die vom Vorsatz erfaßt sein müssen, auch die Gläubigergefährdung gehört.

II

Die im Vorangehenden skizzierte Neuregelung des Konkursstrafrechts stellt eine wesentliche Verbesserung gegenüber dem geltenden Recht dar. Es ist deshalb zu wünschen, daß die Vorschläge in nicht zu ferner Zeit Gesetzeskraft erlangen mögen. Indessen können aus den Grundgedanken des Entwurfs bereits heute Konsequenzen für die Anwendung der einschlägigen Strafbestimmungen der Konkursordnung gezogen werden. Dies gilt in erster Linie für den in *§ 240 KO geregelten Tatbestand des einfachen Bankrotts,* und zwar in bezug auf die eingangs erwähnten Fälle des vorwurfsfreien Aufwands und des vorwurfsfreien Differenzhandels (etwa an ausländischen Börsen) bei schuldloser Zahlungseinstellung oder Konkurseröffnung.

Die im Entwurf zum Ausdruck gebrachten Grundgedanken legen eine vorwegnehmende Anwendung im geltenden Recht nahe. Hierfür ergeben sich rechtsdogmatisch zwei Anknüpfungspunkte:

Erstens ist es zulässig und notwendig, die in einem amtlichen Reformentwurf enthaltenen Rechtsgedanken für die Interpretation der ratio legis heranzuziehen. Denn es kann davon ausgegangen werden, daß Reformvorschläge, sofern sie nicht der Ausdruck einschneidender historischer Umwälzungen sind, zur Kontinuität der Rechtsentwicklung nicht im Widerspruch stehen, sondern Rechtsgedanken benutzen, die sich bei Anwendung des geltenden Rechts bereits angebahnt haben. In der deutschen Rechtstheorie wird soweit ersichtlich im Rahmen der Lehre von der Gesetzesauslegung das *argumentum de lege ferenda* nicht ausdrücklich erwähnt. Das ist – wenn auch nicht mit dieser Terminologie – im schweizerischen Recht anders. Dort wird die geplante Gesetzesrevision als Hilfsmittel der Auslegung nicht nur in der Theorie, sondern auch in der gerichtlichen Praxis herangezogen[12]. Für das deutsche Recht kann nichts anderes gelten, da hinsichtlich der rechtsstaatlichen Grundkonzeption kein Unterschied besteht, und bei der Ermittlung des Sinnes einer gesetzlichen Bestimmung Rechtsentwicklungstendenzen nicht außer acht gelassen werden können.

Das Gesagte muß im vorliegenden Fall um so mehr gelten, als das geltende Recht, wie die Entwurfsbegründung (S. 413) ausdrücklich hervorhebt, den Schuldgrundsatz verletzt! Die Anwendung des geltenden Konkursstrafrechts ohne Berücksichtigung

[12] Vgl. *Meier-Hayoz* im Berner Kommentar (1962) Note 395 zu Art. 1 ZGB mit den dort zitierten Entscheidungen BGE 51 II 427, 60 II 320, 61 II 342 und 67 II 131.

der Grundgedanken aus den Reformvorschlägen würde daher insoweit einem tragenden Grundsatz des rechtsstaatlichen Strafrechts widersprechen und wäre sogar verfassungswidrig.

Es fragt sich jedoch, wie diese Berücksichtigung strafrechtsdogmatisch einzuordnen ist. Grundsätzlich kommen in Betracht Auswirkungen bei der Tatbestandsmäßigkeit, Rechtswidrigkeit oder Schuld. In allen drei Bereichen sind sogenannte übergesetzliche einschränkende Korrektive zulässig und anerkannt.

Die übergesetzliche Begrenzung von Tatbestand, Rechtswidrigkeit und Schuld hat im deutschen Strafrecht eine lange Geschichte, auf die hier naturgemäß nicht eingegangen werden kann. Lediglich die Ergebnisse seien kurz umrissen:

Die Erkenntnis für die Notwendigkeit übergesetzlicher Korrekturen ergab sich zunächst im Rahmen der Lehre von der *Rechtswidrigkeit.* Hier hatte bekanntlich schon das Reichsgericht einen rechtfertigenden übergesetzlichen Notstand anerkannt[13]. Später hat dann vor allem *Welzel* den Gedanken eines allgemeinen übergesetzlichen Rechtfertigungsgrundes der *Sozialadäquanz* herausgearbeitet[14]. Er greift zum Beispiel ein bei sozialethisch erlaubten Freiheitsbeschränkungen im modernen Verkehr, bei der Eingehung eines erlaubten Risikos in bezug auf die körperliche Integrität anderer im Sport und in ähnlichen Fällen.

Ebenfalls frühzeitig wurde für die Lehre von der strafrechtlichen *Schuld* die Erforderlichkeit übergesetzlicher, über die normalen gesetzlich geregelten Schuldausschließungsgründe hinausgehender Begrenzungen diskutiert. Von der überwiegenden Meinung anerkannt ist heute der auf dem Gedanken der Unzumutbarkeit rechtmäßigen Verhaltens beruhende Gesichtspunkt eines übergesetzlichen schuldausschließenden Notstandes[15]. Ein Hauptanwendungsfall ist die *Pflichtenkollision* bei der Entscheidung zwischen zwei gleichwertigen Pflichten, wo jede Entscheidung zur Verwirklichung eines Unrechts führt. Man denke etwa an Situationen bei Schiffskatastrophen.

Aber auch für den *Tatbestand* sind heute übergesetzliche Anwendungsschranken nicht unbekannt. So wird zum Beispiel für die kunstgerechte ärztliche Heilbehandlung die Tatbestandsmäßigkeit als Körperverletzung von der herrschenden Meinung im Schrifttum selbst dann verneint, wenn sie mißlingt[16]. Ein weiteres Beispiel bietet der Tatbestand der gesellschaftsrechtlichen Untreue gemäß § 294 AktG und § 81a GmbHG. Bei diesen Delikten ist die Tatbestandsmäßigkeit dann zu verneinen, wenn das für die Gesellschaft nachteilige Handeln des Täters in dem Eingehen eines unternehmerisch gebotenen Risikos besteht[17]. Der diesen Fällen zugrunde liegende allgemeine Rechtsgedanke ist das Prinzip des Ausschlusses der Tatbestandsmäßigkeit durch *Sozialkongruenz*[18]. Während die Sozialadäquanz ein übergesetzlicher Rechtfertigungsgrund

[13] RGSt. 61 242.
[14] *Welzel*, Das Deutsche Strafrecht, 7. Aufl., S. 76.
[15] *Schönke-Schröder* aaO, Vorbem. V 4c vor § 51; *Welzel* aaO S. 163.
[16] *Engisch*, Die rechtliche Bedeutung der ärztlichen Operation, in *Stich-Bauer*, Fehler und Gefahren bei chirurgischen Operationen, 4. Aufl., S. 1536; *Eb. Schmidt*, Der Arzt im Strafrecht, in *Ponsold*, Lehrbuch der gerichtlichen Medizin, 2. Aufl., S. 35; *Kohlrausch-Lange*, StGB, 43. Aufl., Anm. III zu § 223.
[17] Vgl. *Klug* aaO Anm. 18 zu § 81a.
[18] *Eb. Schmidt*, Die Bestechungstatbestände, 1960, S. 144 Anm. 327; *Klug*, Sozialkongruenz und Sozialadäquanz im Strafrechtssystem, in Festschrift für Eberhard Schmidt, 1961, S. 249 ff.

ist, bezeichnet die Sozialkongruenz einen übergesetzlichen Ausschließungsgrund für die Tatbestandsmäßigkeit.

Im *Konkursstrafrecht* ergibt sich hieraus für die Frage der Anwendung des argumentum de lege ferenda auf § 240 Nr. 1 KO, daß drei Möglichkeiten zur Debatte gestellt sind, nämlich eine die Schuld ausschließende oder eine die Rechtswidrigkeit verneinende oder schließlich eine die Tatbestandsmäßigkeit beseitigende Auswirkung.

Die erstgenannte Lösung erweist sich bei genauerer Betrachtung als unrichtig. Man wird nicht sagen können, daß hoher Aufwand oder Differenzhandel eines Unternehmers, dessen Firma sich in keiner Krise befindet, sondern erst nachträglich ohne sein Verschulden in unvorhersehbarer Weise insolvent wird, tatbestandsmäßige und rechtswidrige Handlungen sind, obwohl die betreffenden Verhaltensweisen gesetzlich zulässig waren. Zu dieser Konsequenz aber käme man, wenn der im E 1960 enthaltene unbestreitbare Rechtsgedanke, daß die Verursachung der Gläubigergefährdung aus schuldstrafrechtlichen Gründen Tatbestandsmerkmal sein müsse, nur eine schuldausschließende Wirkung hätte.

Aber auch die Annahme, das argumentum de lege ferenda führe in den in Rede stehenden Fällen zur Bejahung der Sozialadäquanz und mithin zur Verneinung der Rechtswidrigkeit, erscheint nicht sachangemessen. Bei dieser Lösung fiele zwar die Rechtswidrigkeit weg. Im Widerspruch zu seiner Vorwurfsfreiheit bliebe das Verhalten aber straftatbestandsmäßig, d. h. die durchaus erlaubten Handlungen wären nach wie vor objektiv als Bankrotthandlungen charakterisiert.

Allein richtig dürfte deshalb die Lösung sein, schon die Tatbestandsmäßigkeit unter dem Gesichtspunkt der Sozialkongruenz des betreffenden Verhaltens zu verneinen. Nur auf diese Weise kommt man zu der rechtsstaatlich gebotenen Abwendung von der mit dem Schuldgrundsatz nicht im Einklang stehenden reinen Erfolgshaftung.

Man könnte noch fragen, ob es nicht möglich wäre, die Verursachung der Gläubigergefährdung als „ungeschriebenes Tatbestandsmerkmal“ in den Text des § 240 Nr. 1 KO „hinein zu interpretieren“. Das wäre indessen Auslegungsakrobatik „ohne Netz“, weil der Gesetzestext in seiner überalterten Formulierung hierfür keine Anknüpfungspunkte bietet. Strafrechtsdogmatisch sauberer ist es daher, in der geschilderten Weise den übergesetzlichen Tatbestandsausschließungsgrund der Sozialkongruenz anzunehmen.

Zur Strafbarkeit irreführender Werbeangaben*

Vorbemerkung

I. Stand der Bemühungen um eine Reform des § 4 UWG und Thema der Untersuchungen

Nachdem der Gesetzgeber durch das Zweite Gesetz zur Reform des Strafrechts vom 4. Juli 1969 (BGBl. I, 717) den Allgemeinen Teil des Strafgesetzbuchs (in Kraft seit dem 1. 1.1975) von Grund auf neu gestaltet hatte, wurde von der Bundesregierung der Entwurf eines Einführungsgesetzes zum Strafgesetzbuch (EGStGB) – BT-7/550 – vorgelegt, durch den u.a. die strafrechtlichen Nebengesetze an das neue materielle Strafrecht angeglichen werden sollten.

Art. 124 dieses Entwurfs zum EGStGB sah u. a. auch die Änderung des Gesetzes gegen den unlauteren Wettbewerb vom 7. Juni 1909 (RGBI. 499) – UWG – vor. Im Zuge dieser Änderung war beabsichtigt, die Strafvorschrift des § 4 Abs. 1 wie folgt neu zu fassen:

„ Wer im geschäftlichen Verkehr zu Zwecken des Wettbewerbs die in § 3 bezeichneten irreführenden Angaben in öffentlichen Bekanntmachungen oder in Mitteilungen macht, die für einen größeren Kreis von Personen bestimmt sind, wird mit Freiheitsstrafe bis zu einem Jahr oder mit Geldstrafe bestraft".

Mit dieser Änderung sollte § 4 Abs. 1 UWG an § 3 UWG angeglichen werden, der seine jetzige Fassung durch das Gesetz vom 26. Juni 1969 (BGBI. I, 433) erhalten hat. Der Regierungsentwurf vermerkt hierzu in seiner Begründung[1], daß durch die beabsichtigte Änderung § 4 Abs. 1 UWG in einem Umfang erweitert werden solle, der nach den Erfahrungen der Praxis geboten und im Interesse eines wirksamen Verbraucherschutzes gegen sozialschädliche Verhaltensweisen notwendig sei, um strafwürdig erscheinende Fälle zu bekämpfen.

---

* Die vorliegende Veröffentlichung beruht auf einem Gutachten, das der Autor im Auftrag der Deutschen Vereinigung für gewerblichen Rechtsschutz und Urheberrecht erstattet hat. Sie untersucht die mit dem strafrechtlichen Schutz gegen irreführende Werbung verbundenen Probleme und enthält insbesondere eine kritische Würdigung des Entwurfs der Bundesregierung für ein Einführungsgesetz zum StGB (BT-Drucks. 7/550) und der Stellungnahme des Bundesrats (BT-Drucks. 7/550 Anlage 2) nebst Gegenäußerung der Bundesregierung BT-Drucks. 7/550 Anlage 3). Die Schrift trägt damit zu der gegenwärtigen Diskussion über eine Neufassung und Verschärfung der Strafbestimmung des § 4 UWG bei.

Außerdem wurde der Regierungsentwurf damit begründet, daß sich der bisherige § 4 Abs. 1 UWG als eine zu stumpfe Waffe erwiesen habe, weil der Nachweis, der Täter habe in der Absicht gehandelt, den Anschein eines besonders günstigen Angebotes hervorzurufen, in der Praxis nur schwer zu erbringen sei. Dies zeige die Strafverfolgungsstatistik deutlich[1].

Der Bundesrat geht in seiner Stellungnahme zu diesem Regierungsentwurf noch mehrere Schritte weiter. Er schlägt vor, dem § 4 Abs. 1 UWG folgende Fassung zu geben:

„(1) Wer im geschäftlichen Verkehr zum Zwecke des Wettbewerbs die in § 3 bezeichneten irreführenden Angaben macht, wird mit Freiheitsstrafe bis zu zwei Jahren oder mit Geldstrafe bestraft."

Zur Begründung wird vom Bundesrat darauf hingewiesen, daß es für einen wirksamen Verbraucherschutz kriminalpolitisch geboten erscheine, auch de Individualtäuschung in die Vorschrift einzubeziehen, denn nach Berichten aus der Praxis kämen schwerwiegende Fälle irreführender Werbung vor, in denen die Mitteilungen, insbesondere die mündliche Äußerung, jeweils nur gegenüber Einzelpersonen erfolgten, jedoch der Nachweis eines systematischen Vorgehens in einer Vielzahl von Einzelfällen, wie ihn die Rechtsprechung fordere, oft nicht geführt werden könne. Außerdem scheide eine Strafbarkeit wegen Betrugs häufig aus, weil die Minderwertigkeit der empfangenen Leistungen nicht nachweisbar sei.

Ferner wird in der Begründung zum Bundesratsvorschlag ausgeführt, nachdem das früher im UWG in § 3 enthaltene Tatbestandsmerkmal „in öffentlichen Bekanntmachungen oder in Mitteilungen, die für einen größeren Kreis von Personen bestimmt sind" mit dem Gesetz vom 26. Juni 1969 (BGBl. 1, 633) durch das Tatbestandsmerkmal „im Geschäftsverkehr zu Zwecken des Wettbewerbs" ersetzt worden sei, solle auch § 4 dieser Neufassung des § 3 angepasst werden, denn vorsätzliche irreführende Werbung sei „in jedem Falle eine sozialschädliche Verhaltensweise".

Schließlich, so wird vom Bundesrat weiter argumentiert, sei die Änderung des § 4 UWG auch im Hinblick auf die im Regierungsentwurf vorgesehene Streichung des § 26 WZG erforderlich.

Was im übrigen das Strafmaß anlangt, so geht der Bundesratsentwurf ebenfalls über den Regierungsentwurf hinaus und fordert statt der vorgesehenen Höchststrafe von einem Jahr Freiheitsstrafe eine Höchsstrafe von zwei Jahren Freiheitsstrafe, „um Verstöße mit schwerem Unrechtsgehalt schuldangemessen ahnden zu können".

Gegen diese beabsichtigten Neufassungen sind in der Werbewirtschaft erhebliche Bedenken erhoben worden, weil befürchtet wird, daß hiermit eine nahezu schrankenlose Ausweitung der Strafbarkeit irreführender Werbung erfolgt. Ihren Ausdruck gefunden haben diese Bedenken vor allem in dem Memorandum des Zentralaus-

1 BT-Drucks. 7/550, S. 391

schusses der Werbewirtschaft[2], das neben einer kritischen Betrachtung des Regierungsentwurfs zugleich eigene Vorschläge für eine Reform enthält.

Bei den weiteren Beratungen entschloß sich dann der Gesetzgeber, die Reform des § 4 UWG zusammen mit anderen Reformen des Nebenstrafrechts auf einen späteren Zeitpunkt zu verlegen. Allerdings ist zu erwarten, daß die oben genannten beiden vorgeschlagenen Neufassungen bei den künftigen Erwägungen in den zuständigen Gremien von wesentlicher Bedeutung sein werden. Deshalb soll im folgenden untersucht werden, ob mit § 4 Abs. 1 UWG in den beiden erwähnten Fassungen des Regierungs- und des Bundesratsentwurfs Straftatbestände vorgelegt sind, die eine sichere Handhabung durch die Strafpraxis gewährleisten und zugleich rechtsstaatlichen Erfordernissen entsprechen, wobei u. a. zu prüfen sein wird, ob das Bestimmtheitsgebot des Art. 103 Abs. 2 GG hinreichend beachtet ist. Außerdem wird zu untersuchen sein, inwieweit die mit der beabsichtigten Neufassung verbundene Ausweitung des Strafbarkeitsbereichs des § 4 Abs. 1 UWG kriminalpolitisch geboten ist.

Angeknüpft werden soll bei diesen Überlegungen zunächst an die Fassung des Bundesratsentwurfs, weil diese weiter ist und alle vom Bundesregierungsentwurf erfaßten Fälle einschließt. Die Schlußfolgerungen für den Entwurf der Bundesregierung werden dann anschließend erörtert.

II. Überblick über die Neuerungen in den Vorschlägen der Bundesregierung und des Bundesrats

Ein Vergleich der Entwürfe mit dem geltenden Recht zeigt, daß die vorgeschlagenen Neuerungen von erheblicher Bedeutung sind.

1. Nach der vom Bundesrat vorgeschlagenen Fassung des § 4 Abs. 1 UWG (BT-Drucks. 7/550, S. 486) brauchen die inkriminierenden Angaben nicht mehr wie bisher *„in öffentlichen Bekanntmachungen oder in Mitteilungen, die für einen größeren Kreis von Personen bestimmt sind"*, gemacht worden zu sein.
2. Ferner soll das Tatbestandsmerkmal *„unwahre und zur Irreführung geeignete Angaben"* durch das Tatbestandsmerkmal *„irreführende Angaben"* ersetzt werden.
3. Neben diesen objektiven Tatbestandsmerkmalen ist sodann auch das subjektive Tatbestandsmerkmal der *„Absicht, den Anschein eines besonders günstigen Angebots hervorzurufen"* geändert worden. An seine Stelle ist das subjektive Tatbestandsmerkmal *„zum Zwecke des Wettbewerbs"* getreten.
4. Bei den Schuldmerkmalen schließlich ist die Strafbarkeit, die sich bisher nur auf *direkt vorsätzliches Handeln* bezog, auf den *bedingten Vorsatz* ausgedehnt worden.

Die Änderungen zu 2, 3 und 4 sieht auch der Entwurf der *Bundesregierung* vor, nicht dagegen die unter 1 genannte. Auf diesen Unterschied ist später zurückzukommen. Zunächst sind alle vier Reformvorschläge zu erörtern.

---

2 ZAW-Memorandum zur Verschärfung des Werbe-Strafrechts, ZAW-Schriftenreihe, Bd. 6, 1972; ferner Hörle, Neues Werberecht durch UWG-Novelle, AfP 1/1972, 215 ff.

A. Tatbestandsmäßigkeit: Die objektiven Tatbestandsmerkmale

I. Öffentlichkeit und Individualwerbung

Der geltende § 4 Abs. 1 UWG stellt„wissentlich unwahre und zur Irreführung geeignete Angaben" über die dort näher bezeichneten geschäftlichen Verhältnisse unter Strafe, wenn sie in der Absicht, den Anschein eines besonders günstigen Angebots hervorzurufen, in *öffentlichen Bekanntmachungen oder in Mitteilungen gemacht werden, die für einen größeren Kreis von Personen bestimmt sind.*

Vergleicht man den Regierungsentwurf hiermit, so ergibt sich zunächst, daß an dem in § 4 Abs. 1 UWG enthaltenen *Öffentlichkeitsbegriff* festgehalten wird. Strafbar sein sollen nur die in der größeren Öffentlichkeit erfolgenden irreführenden Werbeangaben. Der Entwurf des *Bundesrats* zu § 4 UWG (BT-Drucks. 7/550, S. 486) und das *ZAW*-Memorandum[2] (S. 26) befürworten demgegenüber eine Erweiterung der Anwendung des § 4 UWG, so daß jegliche im geschäftlichen Verkehr zu Zwecken des Wettbewerbs gemachten irreführenden Angaben – also auch solche, die einem einzelnen Verbraucher gegenüber gemacht werden – strafbar sein sollen. Der Ruf nach einer solchen Ausweitung ist an sich verständlich, insbesondere im Hinblick auf die mündliche Individual-Werbung durch Vertreter *von Haustür zu Haustür.* Das ZAW-Memorandum weist hier zu Recht darauf hin, daß gerade das individuell geführte Verkaufsgespräch für den Verbraucher besondere Gefahren in sich birgt, weil hier oft unerfahrene, unwissende und leichtgläubige Verbraucher (Hausfrauen, Kinder, alte Menschen) einer „intensiven Bearbeitung" durch Vertreter ausgesetzt sind. *Tiedemann* empfiehlt hier außerdem als flankierende Maßnahme außerstrafrechtlicher Art die Schaffung eines befristeten Rücktrittsrechts beim Kauf an der Haustür[3].

Die Bundesregierung hat jedoch dem Vorschlag des Bundesrats, jede Individualtäuschung einzubeziehen, mit durchgreifenden Argumenten widersprochen (vgl. BT-Drucks. 7/550, S. 501). Hierauf wird unten im Abschnitt E zurückzukommen sein.

Die Empfehlung von *Tiedemann*, mit außerstrafrechtlichen Maßnahmen die Verbraucher zu schützen, weist auf den rechtspolitisch richtigen Weg.

II. Irreführende Angaben

Sowohl im Entwurf der Bundesregierung als auch im Bundesratsentwurf wird für die Tatbestandsmäßigkeit des Verhaltens des Werbenden nicht mehr wie im geltenden Recht gefordert, daß der Täter „unwahre und zur Irreführung geeignete Angaben"

3 *Tiedemann*, Vorbericht vom 22. 6. 1972 an die Mitglieder der Kommission für Vermögensstrafrecht für die Ausarbeitung eines Alternativentwurfs zum Vermögens- und Wirtschaftsstrafrecht (unveröffentlicht). Der Alternativentwurf soll an die Alternativentwürfe anschließen, die von Baumann, Brauneck, Hanack, Arthur Kaufmann, Klug, Lampe, Lenckner, Maihofer, Noll, Roxin, Schmitt, Schultz, Stratenwerth und Stree bereits zum Allgemeinen und Besonderen Teil des Strafgesetzbuchs vorgelegt wurden.

gemacht haben muß. Künftig wird nach beiden Entwürfen nur verlangt, daß die Angaben „irreführend" sein müssen. Unwahr brauchen sie nicht zu sein. Das ist ein Änderungsvorschlag von großer Tragweite, gegen den erhebliche Bedenken geltend gemacht werden müssen.

1. Ausweitung auf bisher straflose Werbung

Durch die Einführung des Tatbestandsmerkmals „irreführende Angaben" wird der Anwendungsbereich des § 4 Abs. 1 UWG *ausgeweitet auf bisher straflose Werbung*. Welche Fälle vor allem nach der beabsichtigten Neufassung in den Bereich der Strafbarkeit gelangen, soll an Hand von Beispielen aus der Rechtsprechung untersucht werden, wobei im Anschluß hieran zu prüfen sein wird, ob diese Ausweitung kriminalpolitisch geboten ist.

a) Das Verhältnis von § 3 UWG zu § 4 UWG in bezug auf das Tatbestandsmerkmal „unwahre und zur Irreführung geeignete Angaben"

Der geltende § 4 Abs. 1 UWG ist in seiner tatbestandlichen Fassung auf den früher geltenden § 3 UWG a. F. abgestimmt, der durch Gesetz vom 26. Juni 1969 (BGBl. I, 633) abgeändert wurde. § 3 UWG a. F. enthielt das Merkmal „unrichtige Angaben". Hierbei war für die Unrichtigkeit einer Werbeaussage nicht maßgebend, ob sie vom Standpunkt des Anpreisenden sachlich richtig war, vielmehr war ausschlaggebend, ob die angesprochenen Verbraucherkreise der an sich sachlich richtigen Anpreisung etwas Unrichtiges entnahmen[4]. Entscheidend war daher, ob die Verbraucher durch die Werbeaussagen irregeführt wurden. Ausgehend hiervon wurde angenommen, daß das, was § 4 Abs. 1 UWG „unwahre Angaben" nenne, genau das sei was § 3 als „unrichtige Angaben" bezeichne[5].

Allerdings war diese Interpretation nur eingeschränkt richtig, da § 4 Abs. 1 UWG keineswegs jede unrichtige Angabe im Sinne von § 3 UWG a. F. umfaßte, also auch die, die objektiv wahr war, aber vom Publikum falsch verstanden wurde.

Denn wenn „unwahr" im Sinne des § 4 UWG das gleiche hätte bedeuten sollen, wie „unrichtig" im Sinne von § 3 UWG a. F., dann hätte es in § 4 Abs. 1 UWG nicht des weiteren Merkmals bedurft, daß die unwahre Angabe zugleich zur Irreführung geeignet sein mußte. Dementsprechend heißt es bei *Baumbach-Hefermehl* in der 10. Aufl., § 4 Rdn. 1, daß „zur Irreführung geeignet" die Angaben auch nach § 3 UWG sein müssen, nur brauchen sie dort nicht objektiv unwahr zu sein.

Über den *geltenden § 4 Abs. 1 UWG* läßt sich daher sagen, daß nur solche Angaben der Strafbarkeit unterliegen, die *objektiv unwahr sind* und nicht erst durch ein Mißverständnis des Publikums „unwahr werden".

b) Irreführende Angaben i. S. der Vorschläge von Bundesregierung und Bundesrat, insbesondere objektiv wahre, vom Publikum falsch verstandene Angaben

Indem § 4 Abs. 1 UWG des Regierungsentwurfs, an dem insoweit auch der Bundes-

4 *Baumbach-Hefermehl*, 9. Aufl. 1964, § 3 Rdn. 9 mit weiteren Nachw.
5 *Baumbach-Hefermehl*, a.a.O., § 4 Rdn. 4

rat festhält, das Tatbestandsmerkmal „irreführende Angaben" einführt, ist entscheidendes Kriterium für das Vorliegen einer strafbaren Werbung nicht mehr wie bisher die objektive Unrichtigkeit der Werbeaussage, sondern allein die *Vorstellung, die die Angabe beim Publikum hervorruft*. Denn für die Frage, ob irreführende Werbung vorliegt, ist nach ständiger Rechtsprechung allein maßgebend, welche Bedeutung ein nicht völlig unbeachtlicher Teil der Verkehrskreise, an die sich die Werbeaussage richtet, den Werbeangaben in ungezwungener Auffassung beimißt[6].

Demzufolge ist eine Angabe dann irreführend, wenn die *Vorstellungen*, welche die umworbenen Verkehrskreise über die Bedeutung einer Angabe haben, mit *den wirklichen Verhältnissen nicht in Einklang stehen*[6,7]. Es kommt hierbei nicht auf die Bedeutung an, die der Werbende selbst oder ein grammatikalische oder philologische Überlegungen anstellender Betrachter mit der Aussage verbindet, sondern auf die *Vorstellungen des flüchtigen Durchschnittsbeschauers*[8].

Damit weiten der Regierungsentwurf und ihm folgend der Entwurf des Bundesrats die Strafbarkeit auf *objektiv wahre Angaben* aus, *sofern* diese vom *Publikum nur falsch verstanden* werden.

Wirbt beispielsweise eine Sektherstellerfirma, die 1794 als Weingroßhandlung gegründet wurde, aber erst seit 1843 Sekt herstellt, für ihren Sekt mit der Angabe „gegründet 1794", so liegt hier eine Irreführung vor, weil ein Teil des Publikums mit dem objektiv richtigen Datum der Firmengründung die unrichtige Vorstellung verbindet, die betreffende Firma stelle seit 1794 Sekt her[9].

Das gleiche gilt für nachstehenden Fall der vergleichenden Alleinstellungswerbung, über den der Bundesgerichtshof unlängst zu entscheiden hatte.

Ein Konzern hatte für seine Elektro-Rasierer mit der wahrheitsgemäßen Behauptung geworben, es handele sich um den „meistgekauften Elektro-Rasierer der Welt". Der BGH bejahte gleichwohl eine irreführende Werbung, weil auf dem deutschen Markt eine andere Firma die absolute Spitzenstellung hielt und die deutschen Verbraucher die Werbeaussage dahin auffaßten, daß mit der Weltgeltung zugleich die Spitzenstellung auf dem deutschen Markt verbunden sei[10].

Ebenso werden Fälle in den Bereich der Strafbarkeit einbezogen, in denen mit wissenschaftlich richtigen, also nicht „unwahren" Angaben für ein Produkt geworben wird, die Werbung sich aber auch an Laien richtet, die hierunter etwas anderes verstehen.

So liegt der Tatbestand der irreführenden Werbung vor, wenn ein Produzent für seinen auf natürlichem Wege durch Gärung von Kartoffelsprit entstandenen Essig mit der ans sich nicht zu beanstandenden Bezeichnung „Naturessig" wirbt, während die angesprochenen Verkehrskreise hierunter nur den durch natürliche Gärung von

6 BGH in GRUR 1955, 40 – Cupresa; GRUR 1957, 12 – Steinhäger; GRUR 1966, 515 – Kukident
7 GRUR 1966, 445. 447 – Glutamal
8 BGH in GRUR 1970, 426 – Melitta; *Baumbach-Hefermehl*, § 3 Rdn. 32 ff.
9 BGH in GRUR 1960, 563 – Sektwerbung
10 BGH in NJW 1972, 104 = GRUR 1972, 129

Wein entstandenen Essig verstehen. Es kommt hier nicht darauf an, was die Wissenschaft unter einem Naturerzeugnis versteht[11].

Irreführung kann nach der Rechtsprechung ferner in den Fällen vorliegen, in denen mit den Fachkreisen gebräuchlichen und fachtechnisch korrekten Bezeichnungen geworben wird. Auch hier ist, wenn eine an Fachkundige gerichtete Werbeaussage zugleich letzten Verbrauchern (Laien) zugänglich ist, deren Auffassung über den Inhalt der Angabe maßgebend[12].

Andererseits wird dieser Grundsatz durch die Rechtsprechung im Wege einer Interessenabwägung wiederum dahin relativiert, daß das starke Interesse eines ganzen Gewerbezweigs an der Weiterverwendung einer unter Fachleuten gebräuchlichen Bezeichnung schutzwürdiger sein kann, als das Interesse von Verbraucherkreisen, auch wenn Teile dieser Kreise irregeführt werden[13].

Zugelassen wurde deshalb die in Fachkreisen seit langem fest eingebürgerte und dort richtig verstandene Bezeichnung „Emaillelack", weil kein schutzwürdiges Allgemeininteresse bestand, nicht fachkundige Abnehmer, die von echter „Emaille" ausgehen, vor einer Irreführung durch eine in der Lackindustrie handelsüblich gewordene Bezeichnung zu schützen, wenn sie nur gelegentlich einmal selbst Anstreicharbeiten ausführen[14].

Setzt sich dagegen der Abnehmerkreis aus Käufern des breiten Publikums und nicht wie im Emaillelack-Urteil aus Nichtfachleuten zusammen, die nur gelegentlich das Produkt verwenden, so ist die uneingeschränkte Verwendung einer Bezeichnung als irreführend unzulässig, mag sie auch in Fachkreisen gebräuchlich sein. In diesem Fall werden die unrichtigen Vorstellungen des breiten Publikums als schutzwürdiger angesehen als die der Fachleute[6].

Es kann in einem solchen Fall höchstens die Weiterverwendung der Bezeichnung mit einem die Irreführung ausschließenden Zusatz zulässig sein[12].

Es liegt auf der Hand, daß durch die in diesen Fällen mittels einer Interessenabwägung zu gewinnende Bestimmung des Tatbestandsmerkmals „irreführende Angaben" erhebliche Unsicherheitsfaktoren in die Tatbestandsprüfung gelangen können.

c) Gesetzlich vorgesehene Bezeichnungen als irreführende Angaben

Besonders stark kann sich jedoch die in den Entwürfen vorgesehene Neuregelung des § 4 Abs. 1 UWG auf die Fälle auswirken, in denen ein Produkt mit der hierfür *gesetzlich vorgesehenen Bezeichnung* angeboten wird. Nach der bisherigen Rechtsprechung ist auch in diesen Fällen keineswegs eine Werbung mit irreführenden Angaben stets ausgeschlossen. Dieses Problem ist namentlich im Lebensmittelrecht von Bedeutung.

Wenn Ware unter der ihr in gesetzlichen Vorschriften beigelegten Bezeichnung vertrieben wird, kann man im allgemeinen davon ausgehen, daß die Verwendung dieser

11 RG in GRUR 1940, 375 – Naturessig
12 BGH in GRUR 1968, 200, 201 – Acrylglas
13 *Baumbach-Hefermehl*, a.a.O., § 3 Rdn. 100
14 BGHZ 27, 1 = GRUR 1958, 444; *Baumbach-Hefermehl*, a.a.O., § 3 Rdn. 101

Bezeichnung für die betreffende Ware nicht irreführend ist, wenn die Ware von der vorgeschriebenen Beschaffenheit ist. In einem solchen Fall kann aus der zulässigen Bezeichnung eine Irreführung des Publikums um so weniger hergeleitet werden, als der Gesetzgeber denjenigen, der die Ware in den Verkehr bringt, geradezu zwingt, die von ihm begrifflich bestimmte Bezeichnung auch zu gebrauchen[15].

Doch sind von diesem Grundsatz in der Rechtsprechung Ausnahmen zugelassen worden. Bekannt ist in diesem Zusammenhang eine Entscheidung des OLG Hamm in JW 1935, 3240, welches eine irreführende Bezeichnung bejaht hat, obwohl die Bezeichnung den gesetzlichen Vorschriften entsprach. In dem entschiedenen Fall hatte jemand ein Bier mit einem Stammwürzegehalt zwischen 11,3 und 11,6% als „Vollbier" angepriesen; diese Bezeichnung entsprach dem Biersteuergesetz, welches unter „Vollbier" damals Bier mit einem Stammwürzegehalt zwischen 11 und 14% verstand.

Das OLG Hamm nahm an, es komme überhaupt nicht darauf an, ob das Bier im Sinne des Biersteuergesetzes als Vollbier anzusehen sei, maßgebend sei, was das biertrinkende Publikum unter Vollbier verstehe. Dieses erwarte aber von einem Vollbier ein Bier von ganz besonders hervorragender Güte, welches weitaus stärker eingebraut sei als andere Qualitätsbiere und eine Art Bockbier sei.

Im Schrifttum heißt es zu dieser Entscheidung mit Recht, daß hiermit eine ausdrückliche Gesetzesbestimmung außer Kraft gesetzt werde, wozu die Gerichte nicht befugt seien[15].

Demgegenüber nimmt der Bundesgerichtshof an, daß die Verwendung von Bezeichnungen, mit denen der Gesetzgeber Erzeugnisse mit übereinstimmenden Merkmalen versehe, im Verkehr in aller Regel zulässig sei und nicht zu irgendwelchen Täuschungen und Verwechslungen führen könne[16].

Anders müsse die Beurteilung aber dann sein, wenn der Gesetzgeber in den Vorschriften neue, bisher nicht gebrauchte Bezeichnungen verwendet, die in ihrer richtigen Bedeutung noch nicht in die Vorstellungen der Verbraucherschaft eingegangen sind. So hat der BGH in dem oben zitierten Urteil die Verwendung der in § 4 Nr. 2 KakaoVO enthaltenen, allerdings begrifflich nicht näher definierten Bezeichnung „massive Pralinen" als irreführend angesehen, weil die Verbraucherschaft gegen eine mißverständliche neue, nicht verkehrsübliche Bezeichnung zu schützen sei[16].

Es zeigt sich hier die für die Beurteilung der Irreführung maßgebliche Bedeutung der Verbrauchererwartung; diese läßt sich nicht durch gesetzliche Vorschriften und Gerichtsentscheidungen, geschweige durch Industrienormen, Verbandsentscheidungen oder Einigung von Gewerbetreibenden in ein festes Schema pressen[17].

Der Werbende, der sich nach den gesetzlichen Vorschriften richtet und die dort vorhandenen Bezeichnungen benutzt, ist also keineswegs gegen den Vorwurf irreführender Werbung geschützt. Es stellt sich bei einem solchen im Sinne des Regierungsentwurfs tatbestandlichen Verhalten unmittelbar die Frage nach der Rechts-

---

15 *Holthöfer-Juckenack-Nüsse*, Deutsches Lebensmittelrecht, Bd. 1, Rdn. 411 zu § 4 LMG

16 BGH in GRUR 1958, 493, 495 – Eispralinen

17 *Baumbach-Hefermehl*, a.a.O., § 3 Rdn. 35

widrigkeit dieser Handlung, zu der der Werbende durch Gesetz geradezu gezwungen sein kann. Soweit ersichtlich, ist dieses Problem bisher nicht erörtert worden. Es wird deshalb hierauf unten im Abschnitt C zurückzukommen sein.

2. Kriminalpolitische Würdigung

Die ausgeführten Beispiele zeigen, auf welche Fälle durch die Einführung des Merkmals der „irreführenden Angaben" der Anwendungsbereich des § 4 UWG ausgedehnt wird.

Ob eine derartige *Ausweitung* der Strafbestimmung des § 4 Abs. 1 UWG *kriminalpolitisch* geboten ist, muß bezweifelt werden. Die Begründung des Regierungsentwurfs[1] vermerkt, eine Erweiterung des Straftatbestands sei notwendig auf Grund der Sozialschädlichkeit der irreführenden Werbung. Das kann nach dem Gesagten nicht überzeugen, denn die im Vorstehenden behandelten Beispiele betreffen sämtlich Verhaltensweisen, die auch bei Berücksichtigung des Interesses der Verbraucher nicht als sozialschädliche Praktiken angesehen werden können, die unter Strafe zu stellen sind. Es muß füglich bezweifelt werden, ob die wahre aber mißverständliche Angabe über das Datum der Firmengründung (Sektwerbung, siehe oben) derart sozialschädlich ist, daß sie mit Freiheitsstrafe bis zu einem Jahr zu bedrohen ist. Man wird vielmehr sagen müssen, daß die Grenze zwischen kriminellem und nichtkriminellem Unrecht in Richtung auf den erstgenannten Bereich ohne Legitimation überschritten ist, wenn Angaben, die nicht unwahr sind, straftatbestandsmäßig sein können. Ein Vergleich mit § 186 StGB, dem Tatbestand der üblen Nachrede, bietet sich an: Sind dort die behaupteten Tatsachen erweislich wahr, entfällt die Strafbarkeit. Diesen Rechtsgedanken für eine Parallele zu § 4 UWG heranziehend könnte man spiegelbildlich formulierend sagen: ist schon die wahre üble „Nachrede" nicht strafbar, so kann die wahre lobende „Vorrede" ebensowenaig zur Strafbarkeit führen. Daß wahre Angaben nicht in den Bereich kriminellen Unrechts fallen, hindert andererseits nicht, daß sie zu ordnungswidrigkeits- oder zivilrechtlichen Sanktionen führen können. Ferner ist ebensowenig gerechtfertigt, die Werbung mit korrekten wissenschaftlichen oder fachtechnischen Angaben für strafbar zu erklären, weil ein Teil des Publikums diese Angaben auf Grund von Unwissenheit oder Falschinformation falsch versteht. Ein im geschäftlichen Verkehr korrektes Verhalten eines Werbetreibenden kann nicht allein deshalb als sozialschädlich und somit strafwürdig deklariert werden, weil Teile der Verbraucherschaft auf Grund diffuser Vorstellungen über eine an sich eindeutige Werbeaussage zu einer falschen Beurteilung gelangen. Hier genügt zum Schutz der Verbraucher die zivlirechtliche Konsequenz, daß der betreffende Werbetreibende gemäß § 3 UWG auf Unterlassung verklagt werden kann.

Als gänzlich verfehlt erweist sich die beabsichtigte Änderung vor allem dann, wenn man die zitierten Fälle der Werbung mit gesetzlich festgelegten Bezeichnungen betrachtet. Es ist sinnwidrig, wenn der Gesetzgeber in einem Gesetz die Verwendung einer bestimmten Bezeichnung für Waren ausdrücklich vorschreibt, an anderer Stelle aber die Verwendung eben dieser Bezeichnung als sozialschädlich und daher strafwürdig deklariert. Außerdem ist im Hinblick auf das Rechtsstaatsprinzip zu fragen, wie in solchen Fällen der Werbungtreibende überhaupt noch wissen soll, was rechtens ist.

Die oben unter A II 1 b und c erörterte höchstrichterliche Zivilrechtsprechung gibt unter zivilrechtlichen Gesichtspunkten sicherlich kaum Anlaß zur Kritik und dürfte im wesentlichen der Interessenlage durchaus entsprechen. Bedenklich ist es aber, wenn von der zivilrechtlichen Unzulässigkeit bestimmter Werbemaßnahmen ohne weiteres auf deren Strafwürdigkeit geschlossen wird, zumal die näherliegende Frage, die bei der rechts- und kriminalpolitischen Würdigung keinesfalls übergangen werden darf, ob es sich bei den betreffenden Werbemaßnahmen nicht äußerstenfalls um Ordnungswidrigkeiten an Stelle von kriminellem Unrecht handelt, anscheinend gar nicht gestellt worden ist. Das ist um so bedenklicher,als es bei den Fällen, in denen gesetzlich geregelte Bezeichnungen benutzt wurden (vgl. A II 1 c), nicht bezweifelt werden kann, daß hier sogar schon die Klassifizierung als Ordnungswidrigkeit rechtlich unzulässig wäre. Von Charakterisierung als Straftat kann also erst recht nicht die Rede sein. Dann aber entfällt auch das kriminalpolitische Bedürfnis für die in den Entwürfen von Bundesrat und Bundesregierung vorgeschlagene Ausweitung des § 4 Abs. 1 UWG durch das Tatbestandsmerkmal „irreführende Angaben"

3. Das Tatbestandmerkmal der irreführenden Angaben und das Bestimmtheitsgebot des Art. 103 Abs. 2 GG

Abgesehen von diesen krimialpolitischen Bedenken ergibt sich vor allem die Frage, ob das Merkmal „irreführende Angaben" zur Aufnahme in einen Straftatbestand wie § 4 UWG hinreichend bestimmt ist.

Nach Art 103 Abs. 2 GG kann eine Tat nur bestraft werden, wenn die Strafbarkeit vor ihrer Begehung gesetzlich bestimmt war. Neben dem Rückwirkungs- und Analogieverbot enthält diese Bestimmung das Gebot der *Tatbestandsbestimmtheit.* Die strafrechtlichen Normen müssen klar das Verbotene vom Erlaubten abgrenzen. Diesen Erfordernissen ist nur genügt, wenn die Handlung im Gesetz so bestimmt umschrieben ist, daß, wenn vielleicht auch erst nach Auslegung, grundsätzlich berechenbar ist, ob ein geplantes Handeln strafbar ist[18].

Jedermann soll vorhersehen können, welches Handeln mit welcher Strafe bedroht ist, und sein Handeln entsprechend bestimmen können[19].

Art. 103 Abs. 2 GG ist damit letztlich eine besondere für das Strafrecht geltende Ausprägung des Rechtsstaatsprinzips, welches verlangt, daß alle staatlichen Machtäußerungen auf Grund formellen Gesetzes einem unabdingbaren Maß an Meßbarkeit und Vorrausberechenbarkeit genügen[20].

Für die Beantwortung der Frage, wann im einzelnen ein Straftatbestand nicht mehr hinreichend bestimmt ist, lassen sich allgemeingültige Kriterien nur unter be-

18 BVerfG in NJW 1962, 1564; 1969, 1059
19 BVerfGE 26, 41, 42
20 *Maunz-Dürig*, GG Art. 20 Rdn. 86

stimmten Gesichtspunkten angeben[21]. Die erforderliche Gesetzesbestimmtheit hängt letztlich von der Besonderheit des jeweiligen Straftatbestands und von den Umständen ab, die zu der gesetzlichen Regelung führen[19].

Jedenfalls muß das Gesetz die Strafbarkeitsvoraussetzungen um so präziser bestimmen, je schwerer die angedrohte Strafe ist[21a].

a) Schwere der angedrohten Strafe und Bestimmtheitsgrad

Damit ist einmal die Schwere der angedrohten Strafe Kriterium für die zu fordernde Bestimmtheit des Strafgesetzes. Der Bundesratsentwurf des § 4 UWG sieht Freiheitsstrafe bis zu zwei Jahren oder Geldstrafe vor. Bei einer Freiheitsstrafe im Höchstmaß von zwei Jahren muß aber nach der ratio des Art. 103 Abs. 2 GG bereits eine sehr eingehende Beschreibung der Tatbestandshandlung vorliegen, da diese Strafe einen erheblichen Eingriff in die persönliche Freiheit etwa Betroffener darstellt.

b) Abgrenzung zum erlaubten Verhalten

Ein weiteres Kriterium für die Ermittlung der hinreichenden Tatbestandsbestimmtheit bildet nach der Rechtsprechung des Bundersverfassungsgerichts das Erfordernis, daß mindestens durch Auslegung der Anwendungsbereich einer Norm hinreichend genau vom erlaubten Tun abgegrenzt werden kann. In seiner Entscheidung über die Verfassungsmäßigkeit der Strafbestimmung des groben Unfugs (§ 360 Abs. 1 Nr. 11 StGB) hat das Gericht beispielsweise ausgeführt, daß diese Vorschrift trotz ihres eine weite Auslegung zulassenden Wortlauts hinreichend bestimmt sei, weil sie durch eine jahrzehntelange gefestigte Rechtsprechung hinreichend präzisiert worden sei, und eine einschränkende Auslegung allgemein anerkannt werde[19].

Ob sich dies auch für das Merkmal der „irreführenden Angaben" sagen läßt, muß bezweifelt werden. Dieses Tatbestandsmerkmal ist zwar durch eine ständige höchstrichterliche Rechtsprechung dahin konkretisiert worden, daß irreführende Angaben vorliegen, wenn ein nicht unbeachtlicher Teil der umworbenen Verbraucherkeise über deren Bedeutung Vorstellungen hat, die mit den wahren Verhältnissen nicht in Einklang stehen. Doch wird mit dieser Auslegung eine Präzisierung des Tatbestandsmerkmals „irreführende Angaben" nicht gewonnen, denn nach dieser Rechtsprechung ist für das Vorliegen einer irreführenden Angabe allein die subjektive Verbraucherauffassung maßgebend. Diese zu ermitteln, ist aber nicht eine Sache der Auslegung, sondern allein der tatrichterlichen Feststellung, so daß die vom Bundesverfassungsgericht als Kriterium für die Tatbestandsbestimmtheit herangezogene eindeutige Auslegbarkeit als Bestimmungsinstrument zur Beschreibung und Begrenzung der Tatbestandshandlung nicht zur Verfügung steht.

c) Auslegung der Werbeaussage durch die angesprochenen Verbraucherkreise

Um so im einzelnen Fall vorausberechnen zu können, ob eine Werbeaussage irreführend ist, ist es für den betroffenen Werbetreibenden notwendig, unter Vorweg-

21 *G. Kohlmann*, Der Begriff des Staatsgeheimnisses und das verfassungsrechtliche Gebot der Bestimmtheit von Strafvorschriften, 1969, S. 149 ff.

21a BVerfGE 14, 245 (251)

nahme der tatrichterlichen Feststellung zu prüfen, wie die angesprochenen Verbraucherkreise die Werbeaussage auffassen werden. Eine andere Möglichkeit für die Bestimmung des Anwendungsbereichs des § 4 UWG ist für den Werbungtreibenden nicht gegeben. Er müßte dabei nach der von *Baumbach-Hefermehl*, § 3 Rdn. 30, beschriebenen Methode vorgehen:

aa) Zunächst ist zu prüfen, an welche Verkehrskreise sich die Werbeangabe richtet. Diese Prüfung bildet die unentbehrliche Grundlage für die Feststellung der Irreführung.

bb) Sodann ist zu ermitteln, wie diese Kreise die Werbeangabe verstehen, wobei bereits die Auffassung eines rechtlich nicht völlig unbeachtlichen Teils genügt.

cc) Erst wenn geklärt ist, welcher Sinn einer Angabe nach der Verkehrsauffassung zukommt, läßt sich feststellen, ob die bei einem nicht unerheblichen Teil der angesprochenen Verkehrskreise erweckten Vorstellungen mit den wirklichen Verhältnissen übereinstimmen.

Der Werbende müßte sich daher durch Einholen von Auskünften bei Industrie- und Handelskammer, Wirtschafts- und Fachverbänden und gegebenenfalls auch durch Verbraucherumfragen vergewissern, ob die beabsichtigte Werbung irreführend ist oder nicht. Daß hierdurch die Tätigkeit der Werbewirtschaft erheblich beeinträchtigt würde, liegt auf der Hand. Abgesehen von den erheblichen Kosten eines solchen Verfahrens, die das jeweilige Produkt verteuern und daher volkswirtschaftlich wenig sinnvoll sind, wäre diese Untersuchung so zeitraubend, daß jede Werbung illusorisch würde, weil nach Abschluß der umfangreichen, möglicherweise Jahre dauernden Untersuchungen in vielen Fällen das betreffende Produkt bereits überholt wäre.

d) Übertreibende Werbung

Zudem zeigt ein Blick auf die umfangreiche Rechtsprechung, mit welchen Unsicherheitsfaktoren ein solches Prüfungsverfahren belastet ist.

Besonders im Bereich der sogenannten übertreibenden Werbung zeigt sich dies:

Es gibt hier zwar ebenfalls Grundsätze für die Beurteilung der Frage, ob eine irreführende Werbung vorliegt, doch bereitet die konkrete Bestimmung im einzelnen Fall so erhebliche Schwierigkeiten, daß von sicheren Kriterien nicht gesprochen werden kann.

Nach herrschender Auffassung scheidet eine irreführende Werbung aus, wenn die überteibende Werbeaussage nur eine allgemeine Anpreisung ohne objektiv nachprüfbaren Inhalt enthält[22].

Weiter liegt eine Irreführung nicht vor, wenn die Werbung vom Verkehr zweifelsfrei als reklamehafte Übertreibung ohne eigentlichen Wesensgehalt gewertet wird[23]. Hier fehle es an einer Irreführung, weil der Verkehr die Angaben nicht als ernst werte, wobei zu fragen ist, wann dies zu bejahen ist (*Baumbach-Hefermehl*, a.a.O., meinen hierzu: Dies zu bestimmen sei die crux).

---

22 *Baumbach-Hefermehl*, a.a.O., § 3 Rdn. 57 und die dort angeführten Beispiele („Die schönsten Blumen der Welt", „Künstlerisches Erlebnis")

23 *Baumbach-Hefermehl*, a.a.O., § 5 Rdn. 58 („Ja, aber Odol ist besser!") RGZ 131, 75 = GRUR 1931, 165; „unzerreißbare Hose", „ewig haltbar", „unschlagbar"

Wie unsicher hier die Beurteilung ist, zeigen die nachstehend angeführten, bei *Baumbach-Hefermehl*, Rdn. 64 ff. zusammengestellten Rechtsentscheidungen:

aa) Irreführend und unzulässig:

„Seide von unbegrenzter Haltbarkeit", weil die Abnehmer den neuen Stand der Technik (Beschwerung mit Zinn) nicht kennen und daher die Übertreibung nicht auf das richtige Maß zurückführen.

„Unerreicht billig! Sekurit, Glasversicherung für alle Zeiten", wenn Garantie nur für Gebrauchsdauer des Wagens.

Die Berühmung „von Weltruf", wenn die Erzeugnisse nicht bei den entsprechenden Verkehrskreisen der maßgeblichen Länder der Erde bekannt sind und einen guten Ruf genießen.

bb) Erlaubt, weil nicht irreführend:

„Unzerreißbares Bilderbuch", weil aus festem Papier:

"Der gewöhnliche Bleistift ist gegenüber dem Sparstift ein ungeheures Verschwendundungsobjekt";

„Fäserfeilen in Qualität und Leistung unerreicht";

„Denkbar schönste Ausstattung";

„Prima Qualität"; „Unübertreffliche Ware", wenn wirlich beste Ausstattung der Ware, andernfalls unzulässig.

Zusammenfassend muß daher festgestellt werden, daß der Werbungstreibende an Hand des Merkmals „irreführende Angaben" nicht vorausberechnen kann, ob eine geplante Werbung strafbar ist. Die beabsichtigte Neufassung des Regierungsentwurfs genügt daher nicht den Anforderungen, die Art. 103 Abs. 2 GG an Strafgesetze stellt.

e) Zwischenergebnis

Ganz anders verhält es sich dagegen mit dem Merkmal der „unwahren und zur Irreführung geeigneten Angaben" des geltenden § 4 UWG. Dieses Tatbestandsmerkmal läßt eine sichere Vorausberechnung des Anwendungsbereichs des § 4 UWG zu. Daß damit die Strafvorschrift des § 4 UWG hinsichtlich der tatbestandlichen Voraussetzungen *anders* lautet als die Vorschrift des § 3 UWG, deren strafrechtlicher Bewehrung § 4 dient, kann demgegenüber nicht erheblich sein, weil die höheren Bestimmtheitsanforderungen im Strafrecht dies nach Art. 103 Abs. 2 GG verlangen[24].

Die sich ergebende „Desintegration von außerstrafrechtlicher Norm und ihrer strafrechtlichen Bewehrung" erweist sich im Hinblick auf das Verfassungsrecht als notwendig.

Wenn demgegenüber in der *Begründung des Regierungsentwurfs*[1] von einer *besseren „Abstimmung des § 4 auf den § 3"* und von *„Vereinfachungsgründen"* die Rede ist, so ist dies eine gesetzestechnische Argumentation, die gegenüber den dargestellten Gegenargumenten nicht mehr durchgreift.

24 *Tiedemann*, Tatbestandsfunktionen im Nebenstrafrecht, Tübingen 1969, S. 187

III. Die Tatbestandsmerkmale, die durch Verweisung auf § 3 UWG zum Tatbestand des § 4 UWG i. d. F. der Entwürfe von Bundesregierung und Bundesrat gehören

Hinsichtlich der *übrigen objektiven Tatbestandsmerkmale* unterscheidet sich die von der Bundesregierung ebenso wie die vom Bundesrat vorgeschlagene Fassung des § 4 Abs. 1 UWG dadurch von dem geltenden Recht, daß über den Objektbereich, auf den sich die Angaben beziehen müssen, um tatbestandsmäßig sein zu können, nur noch mittelbar– nämlich durch eine Verweisung auf § 3 UWG – etwas ausgesagt ist. Obwohl es sich hierbei auf den ersten Blick nur um ein gesetzestechnisches Anliegen zu handeln scheint, ist diese Änderung bei genauerer Analyse nicht bedenkenfrei.

1. Änderung des Gesetzeswortlauts

Zunächst einmal fällt auf, daß durch die Verweisung auf § 3 UWG die Deckungsgleichheit bei den ausdrücklich erwähnten Tatbestandsmerkmalen dieser Gruppe zwischen § 4 UWG des geltenden Rechts und § 4 UWG in der neuen Fassung verloren geht, und zwar mindestens bei der verbalen Ausformung des Tatbestands.

a) „Einzelne" Waren oder gewerbliche Leistungen und das „gesamte Angebot"

Im geltenden § 4 UWG sind u. a. Angaben „über die Beschaffenheit, den Ursprung, die Herstellungsart oder die Preisbemessung von Waren oder gewerblichen Leistungen" im Gesetzestext angesprochen. Durch die in den Entwürfen von Bundesregierung und Bundesrat vorgesehene Verweisung auf § 3 UWG ist künftig stattdessen die Rede von Angaben „über die Beschaffenheit, den Ursprung, die Herstellungsart oder die Preisbemessung *einzelner* Waren oder gewerblicher Leistungen *oder des gesamten Angebots*". Die Entwurfsbegründungen äußern sich zu dieser Änderung nicht. Ein sachlicher Unterschied ist sicherlich nicht gemeint. Eine Vereinfachung des Gesetzeswortlauts ist diese Textänderung gewiß nicht. Auch als Klarstellung kann diese Wortlautvariante kaum gerechtfertigt werden, denn die Ausdrucksweise ist nur komplizierter geworden.

b) Preislisten

Im geltenden § 4 UWG ist von Angaben *„über Preislisten"* nicht die Rede. Nach der in den genannten Entwürfen vorgesehenen Verweisung auf § 3 UWG gehören zu den objektiven Tatbestandsmerkmalen künftig auch Angaben über Preislisten. Zu diesem Punkt schweigen die Entwurfsbegründungen ebenfalls. Eine sachliche Änderung ist hier wohl gleichfalls nicht angestrebt, aber um eine Vereinfachung oder Klarstellung handelt es sich ebensowenig.

Zu a und zu b ist lediglich festzustellen, daß die Änderungen überflüssig sind, denn sie werden bloß als Beispielsfälle durch den Oberbegriff der Angaben „über geschäftliche Verhältnisse" auf jeden Fall erfaßt. Die erstrebte Abstimmung auf den neueren § 3 UWG ist rein formaler Natur.

2. Bedenken hinsichtlich der Verweisungsmethode

Hinzugefügt werden muß aber noch das Folgende:

Das Verfahren, die gesetzliche Regelung eines zivilrechtlichen Unterlassungsanspruchs bei unveränderten Anspruchsvoraussetzungen und deren schlichter Übernahme als strafrechtliche Tatbestandsmerkmale zum Anknüpfungspunkt für strafrechtliche Sanktionen zu machen, ist grundsätzlich nicht bedenkenfrei, weil es die Gefahr heraufbeschwört, daß wesentliche Unterschiede in der Zwecksetzung der zivilrechtlichen und der strafrechtlichen Normensysteme unberücksichtigt bleiben. Diese Gefahr ist in der hier zur Diskussion stehenden Übernahme akut geworden.

Die zivilrechtliche Anspruchsregelung in § 3 UWG dient dem privatwirtschaftlichen Interessenausgleich für Fälle, in denen private Interessen verletzt werden. Anknüpfungspunkt für die rechtliche Entscheidung ist die Interessenlage der am Wettbewerbsmarkt Teilnehmenden.

Bei strafrechtlichen Sanktionen geht es demgegenüber in erster Linie nicht um einen Interessenausgleich, sondern um den Schutz der Friedensordnung der Gesellschaft. Soweit dies auch zum Schutz von privaten Interessenbereichen führt, ist dies eine mittelbare Folgewirkung.

Hinzukommt im übrigen als weiterer Unterschied die unvergleichlich stärkere Intensität der Sanktionen aus dem Strafrecht.

Aus diesen grundlegenden Unterschieden zwischen den beiden Normensystemen folgt, daß eine uneingeschränkte Übernahme von wettbewerbsrechtlichen Anspruchsvoraussetzungen als Tatbestandsmerkmale in das Strafrecht unzulässig ist, denn nicht jede Verletzung privater Interessen ist zugleich eine Störung der Friedensordnung, die von so erheblichem Gewicht wäre, daß sie Strafrechtssanktionen bis hin zur Freiheitsstrafe rechtfertigen könnte. Man frage sich nur, welche Vielzahl von zivilrechtlichen Ansprüchen sonst noch strafrechtlich bewehrt werden müßte.

Die Überschreitung der Grenze zwischen Zivil- und Strafrecht ist bei Unterlassungsansprüchen, wie dem in § 3 UWG geregelten, zusätzlich auch noch deshalb besonders bedenklich, weil die Durchsetzung von Unterlassungsansprüchen über § 890 ZPO durch die Möglichkeit, Geldstrafen in unbeschränkter Höhe oder Haftstrafe bis zu 6 Monaten durch das Zivilgericht zu verhängen, wirksam abgesichert ist. Es besteht also weder eine rechts- noch eine kriminalpolitische Notwendigkeit für die undifferenzierte Koppelung der §§ 3 und 4 UWG.

Analog zu dem Gesagten ergibt sich für diese Einbeziehung der Anspruchsvoraussetzungen des § 3 UWG in die Straftatbestandsmerkmale des § 4 UWG die Gefahr, daß die in der Rechtsprechung der Zivilgerichte zu § 3 UWG entwickelten Grundsätze unbesehen in die Rechtsprechung der Strafgerichte übernommen werden. Wie bedenklich das wäre, erhellt daraus, daß strafrechtliche Tatbestandsmerkmale wegen der vorerwähnten Strafrechtszwecksetzung der damit zusammenhängenden Ultima-ratio-Funktion des Strafrechts in der Regel restriktiv ausgelegt werden müssen. Für den privatrechtlichen Interessenausgleich wird dagegen in vielen Fällen extensive Auslegung richtig sein.

IV. Das Tatbestandsmerkmal „im geschäftlichen Verkehr"

Abgerundet wird der Komplex der objektiven Tatbestandsmerkmale in den Entwürfen der Bundesregierung und des Bundesrats dadurch, daß die betreffenden Angaben *„im geschäftlichen Verkehr"* gemacht sein müssen. Private Äußerungen, Angaben in wissenschaftlichen Untersuchungen und sonstige Meinungsbekundungen außerhalb des wirtschaftlichen Wettbewerbs fallen nicht unter § 4 UWG.

Inhaltlich bringt dieses Merkmal nichts Neues. Die richtig verstandene geltende Fassung des Gesetzes besagt dasselbe. Im § 3 UWG ist die gleiche Formulierung wie in den Entwürfen benutzt. Die Ausdrucksweise der Entwürfe ist durch diese Angleichung des § 4 an den § 3 UWG jedoch klarer geworden. Die Grenzen des Anwendungsbereichs sind insoweit deutlicher gezogen. Ein Eingehen auf den Begriff des geschäftlichen Verkehrs und seine Auslegung ist im hier zur Debatte stehenden Problemzusammenhang indessen nicht erforderlich.

B. Tatbestandsmäßigkeit: Die subjektiven Tatbestandsmerkmale

Der Tatbestand des geltenden § 4 UWG enthält als subjektives Merkmal die *„Absicht, den Anschein eines besonders günstigen Angebots hervorzurufen."* Die Entwürfe von Bundesregierung und Bundesrat haben dieses Tatbestandsmerkmal gestrichen und an seine Stelle das Merkmal eines Handelns *„zu Zwecken des Wettbewerbs"* – Bundesrat: „Zum Zwecke des Wettbewerbs" – gesetzt. Durch diesen Änderungsvorschlag wird der Strafbarkeitsbereich erweitert, denn, daß die Handlung, die in der Absicht, den Anschein eines besonders günstigen Angebots hervorzurufen, erfolgt, nur dann unter § 4 UWG fällt, wenn der Täter zu Zwecken des Wettbewerbs handelt, gilt wegen der wettbewerbsrechtlichen Schutzfunktion dieser Bestimmung schon für das geltende Recht. Nach den Entwürfen bedarf es dagegen dieser besonderen Anscheinsabsicht nicht. Sie wird zwar in der Regel vorliegen, wenn der Täter zu Zwecken des Wettbewerbs handelt. Es sind aber auch Fälle denkbar, in denen der Wettbewerbszweck vorliegt, die Anscheinsabsicht aber fehlt. Nach geltendem Recht sind sie nicht strafbar. Nach der Fassung der Entwürfe werden sie jedoch vom Tatbestand erfaßt.

Als Beispiel für die Pönalisierungserweiterung kommen etwa unwahre und irreführende Angaben in Betracht, mit denen ein Bewerber nationalistische Vorurteile hinsichtlich des Ursprungs von Waren überwinden will, um auf diese Weise überhaupt erst einmal zu einem Geschäftsgespräch vorgelassen zu werden. Die im geltenden § 4 UWG geforderte Anscheinsabsicht braucht in einem solchen Fall, weder in dem Augenblick, in dem die betreffenden Angaben gemacht werden, vorzuliegen, noch braucht der Täter den Plan gefaßt zu haben, im weiteren Verlauf der Ereignisse, den Anschein eines besonders günstigen Angebots hervorzurufen. Nach dem geltenden Recht macht sich der Werbende nicht strafbar. Anders ist die Sachlage nach den Entwürfen zu entscheiden, denn das subjektive Tatbestandsmerkmal des Handelns „zu Zwecken des Wettbewerbs" ist hier erfüllt, obgleich es an der Anscheinsabsicht fehlt.

Denkbar ist es ferner, daß jemand die inkriminierenden Angaben lediglich macht, um auf dem Wettbewerbsmarkt bekannt zu werden oder zu bleiben, ohne daß jene Anscheinsabsicht zu bestehen braucht. Nach dem geltenden Recht würde zwar ein Unterlassungsanspruch nach § 3 UWG entstehen, eine Bestrafung aus § 4 UWG jedoch nicht möglich sein. Die Fassung des § 4 UWG in den Entwürfen würde jedoch zur Strafbarkeit führen, da der Werbende zweifellos zu Zwecken des Wettbewerbs gehandelt hat.

Eine Begründung für diese Ausweitung des Strafbarkeitsbereichs wird in den Entwürfen nicht gegeben. Insbesondere ist nichts zu der Frage gesagt, warum das Eingreifen der Strafjustiz in diesen Fällen kriminalpolitisch erforderlich sein soll. Berücksichtigt man, daß nach der Fassung der Entwürfe die betreffenden Angaben nicht einmal unwahr zu sein brauchen, sondern daß es genügt, wenn sie irreführend sind, dann wird deutlich, daß die Ausdehnung des Anwendungsfelds von § 4 UWG zusätzlich gesteigert ist.

Würde jedoch der Tatbestand des § 4 UWG auf unwahre Angaben eingeschränkt – wie hier unten unter G VI vorgeschlagen wird –, dann wäre die Änderung des subjektiven Tatbestandsmerkmals sinnvoll. Denn es sind in der Tat Fälle denkbar, in denen sich ein Bewerber durch unwahre Angaben unlautere Wettbewerbsvorteile vor seinen Konkurrenten verschafft, ohne daß durch die betreffenden Angaben der Anschein eines besonders günstigen Angebots hervorgerufen werden soll oder wird. Man denke, wie gesagt, an unwahre Ursprungsangaben, mit denen irrationale Einstellungen bestimmter Käuferkreise angesprochen werden. Es ist nicht einsichtig, warum ein solches final vom Wettbewerbszweck getragenes, unlauteres Verhalten weniger strafwürdig sein sollte, weil die spezielle Anscheinsabsicht fehlt. Setzte man also an die Stelle des Tatbestandsmerkmals „irreführende Angaben" das Merkmal „unwahre Angaben", dann wäre die – übrigens praktisch nicht allzu weitreichende – Umwandlung des subjektiven Tatbestandsmerkmals der Anscheinsabsicht in das Merkmal „zu Zwecken des Wettbewerbs" wohl nicht nur vertretbar, sondern sogar erforderlich.

Zusatz zu A und B: Tatbestandsausschließungsgründe

Abschließend bleibt für die Problematik der Tatbestandsmäßigkeit die Frage zu erörtern, inwieweit sich Tatbestandsausschließungsgründe, wie Sozialkongruenz, Sozialadäquanz und gebotenes Risiko, auf § 4 UWG in der Fassung der Entwürfe von Bundesregierung und Bundesrat auswirken können. Dies soll wegen der rechtsdogmatischen Nähe zu den Fragen, die mit der Rechtswidrigkeit zusammenhängen, im Abschnitt C unter Nr. 11 geschehen.

C. Rechtswidrigkeit

I. Rechtfertigungsgründe

Als *Rechtfertigungsgründe*, die trotz Tatbestandsmäßigkeit des Verhaltens des Werbenden seinem Tun den Unrechtscharakter nehmen, kommen neben den im hiesigen Zusammenhang weniger interessierenden, weil nur unter ganz besonderen Umständen für § 4 UWG anwendbaren, klassischen Rechtfertigungsgründen wie Notwehr und Einwilligung des in seinen Rechten Verletzten, vor allem die Rechtfertigungsgründe der Sozialadäquanz und des erlaubten Risikos in Betracht.

1. Sozialadäquanz

Ein Verhalten ist bekanntlich *sozialadäquat*, wenn es sich „innerhalb des Rahmens der geschichtlich gewordenen sozialethischen Ordnung des Gemeinschaftslebens bewegt und von ihr gestattet wird"[25]. Es handelt sich also bei der Sozialadäquanz „um eine Art Generalklausel, die die Rechtswidrigkeit ausräumt, ohne daß erst einer der bisher anerkannten Rechtfertigungsgründe oder ein neuer spezieller Rechtfertigungsgrund gesucht werden müßte"[26]. – Der guten Ordnung halber muß darauf hingewiesen werden, daß *Welzel* die soziale Adäquanz seit der 9. Auflage seines Lehrbuchs als einen Tatbestandsausschließungsgrund interpretiert[27]. Es empfiehlt sich jedoch, terminologisch zu unterscheiden zwischen der Sozialadäquanz als Rechtfertigungsgrund einerseits und der Sozialkongruenz als Tatbestandsausschließungsgrund andererseits[28].

2. Erlaubtes Risiko

Ein Sonderfall sozialer Adäquanz im Sinne eines Rechtfertigungsprinzips ist der Gesichtspunkt des *erlaubten Risikos*[29]. Rechtfertigungen trotz tatbestandsmäßigen Verhaltens des Täters kommen unter diesem Aspekt für die verschiedensten Delikte in Frage. Darunter befinden sich nicht zuletzt auch Vermögensdelikte wie die Untreue gemäß § 266 StGB. Das nimmt nicht wunder, weil unternehmerisches Handeln in der Wirtschaft ohne das Inkaufnehmen von Risiken nicht denkbar ist. Verbotene Risiken ändern naturgemäß nichts an der durch die Tatbestandsmäßigkeit indizierten Rechtswidrigkeit. Handelt der Täter jedoch im Rahmen eines gebotenen Risikos, dann ist wie bei der Sozialkongruenz bereits die Tatbestandsmäßigkeit ausgeschlossen.

3. Anwendung auf § 3 UWG

Wendet man diese Überlegungen und Unterscheidungen auf die hier zur Erörterung stehenden Probleme des § 4 UWG in der Fassung der beiden Entwürfe von Bundesregierung und Bundesrat an, so ergibt sich:

Im Rahmen einer Wirtschaftspraxis, die, wenn auch durch soziale Verantwortung begrenzt, marktwirtschaftlich geordnet ist, wäre es wirklichkeitsfremd, nicht zuzuge-

25 *Welzel*, Das Deutsche Strafrecht, 8. Aufl., § 14 I 3
26 *Baumann*, Strafrecht, Allg. Teil, 5. Aufl., § 19 III 2 b
27 *Welzel*, a.a.O., 11. Aufl., § 10 IV
28 *Klug*, Sozialkongruenz und Sozialadäquanz im Strafrechtssystem, in Festschrift für Eb. Schmidt, S. 249 ff.
29 *Klug*, a.a.O., S. 260 u. 264

ben, daß werbende Angaben über geschäftliche Verhältnisse, insbesondere über Waren, über gewerbliche Leistungen usw. nicht auf die „Goldwaage" gelegt werden können. Schönfärberei, die sich in Grenzen hält, ist sozialadäquat, und das Risiko, daß bestimmte Ausdrucksweisen in der Werbung zur Irreführung neigen, muß, sofern diese Tendenz nicht zu tiefgreifenden Veränderungen von Wertvorstellungen führt, als ein erlaubtes Risiko angesehen werden.

Dabei ist ein Dualismus in der rechtlichen Werbung sinnvoll, denn daraus, daß bestimmte Werbemethoden nach § 4 UWG nicht strafbar sind, darf nicht geschlossen werden, daß damit zugleich die zivilrechtliche Haftung und insbesondere der Unterlassungsanspruch aus § 3 UWG entfallen. Die Strafrechtsnormen sollen nur die Einhaltung des ethischen Minimums garantieren.

Kriminal- und rechtspolitisch könnte durch das Gesagte die These nahegelegt sein, man könne die in den Reformentwürfen enthaltene Ausweitung des Bereichs der Tatbestandsmäßigkeit strafbarer Werbung unbedenklich hinnehmen, denn die wirtschaftskonforme Einschränkung der Strafbarkeit sei durch die hier zur Anwendung gelangenden Rechtfertigungsprinzipien sichergestellt. Eine solche Auffassung wäre falsch. Sie wäre verfassungsrechtlich bedenklich, weil das Bestimmtheitsgebot des Art. 103 Abs. 2 GG nicht in der Weise erfüllt werden kann, daß der Gesetzgeber darauf vertraut, die in einem Straftatbestand enthaltene Unbestimmtheit werde durch die Bestimmtheit von Rechtfertigungsgrundätzen korrigiert. Bei einer so gearteten Regelung würde der gesetzliche Tatbestand wegen des Verschwimmens der Grenze zwischen dem Erlaubten und dem Verbotenen seine Funktion für die Rechtssicherheit weitgehend verlieren. Und selbst wenn die Grenzziehung als solche trotz der Erweiterung des Tatbestandsbereichs deutlich genug wäre, so würden gleichwohl die rechtliche Auskunftsfunktion und die Warnungswirkung der Tatbestandsformulierung eingeschränkt, weil hier der eigentliche Grenzverlauf in der Regel – und nicht wie sonst üblich nur bei Ausnahme- und Grenzfällen – erst bei Berücksichtigung der Rechtfertigungsgrundsätze erkennbar würde. Hinzukommt, daß die in Betracht kommenden Rechtfertigungsgründe solche übergesetzlicher und gewohnheitsrechtlicher Art sind. Der Gesetzgeber hat sie nicht oder doch nicht in allen Einzelheiten geregelt. Dadurch kommt ein weiterer Unsicherheits- und Unbestimmtheitsfaktor zur Wirkung.

Alles in allem muß festgestellt werden, daß die geschilderte aus der ungewöhnlich weiten Fassung des § 4 UWG in den beiden Entwürfen resultierende Verschiebung der Entscheidungskriterien aus dem Tatbestands- in den Rechtwidrigkeitsbereich auf durchgreifende Bedenken stößt und daher abzulehnen ist.

II. Tatbestandsausschließung und Rechtfertigung

Wie bereits ausgeführt wurde, berühren sich die Rechtfertigungsgründe – die Unrechtsausschließungsgründe – mit den Tatbestandsausschließungsgründen. Neben der Sozialadäquanz und dem erlaubten Risiko stehen Sozialkongruenz und gebotenes Risiko.

1. Sozialkongruenz

Ist ein Verhalten nicht nur sozialethisch erlaubt, sondern sogar geboten, dann kann es als *sozialkongruent* gekennzeichnet werden. Die strafrechtliche Konsequenz ist der Ausschluß der Tatbestandsmäßigkeit des gebotenen Verhaltens[30].

2. Gebotenes Risiko

Ein Unterfall der sozialen Kongruenz eines formal– d.h. dem Gesetzeswortlaut nach – als tatbestandsmäßig erscheinenden Verhaltens ist der Fall des *gebotenen Risikos*. Gehört das Wagnis zu den Pflichten des Täters, dann ist bei der Erfüllung dieser Pflicht, also mit dem Eingehen des gebotenen Risikos, die Tatbestandsmäßigkeit ausgeschlossen[31].

3. Anwendung auf § 4 UWG

Eine Anwendung dieser Grundsätze auf § 4 UWG – in der geltenden Fassung wie in der Fassung der beiden Entwürfe – wird nur höchst selten, bei extremer Fallkonstellation in Frage kommen. Ausgeschlossen ist diese Möglichkeit indessen nicht, wie die oben unter A II 1 b und c erörterten Fälle beweisen.

Nach dem Wortlaut der Entwürfe wird die Strafbarkeit auf *objektiv wahre* Angaben ausgedehnt, sofern sie vom Publikum nur falsch verstanden werden. Dies folgt wie gesagt, daraus, daß es in § 4 UWG nach den Entwürfen nur darauf ankommt, daß die Werbeangaben irreführend sind. Ihr Wahrheitsgehalt ist im Gegensatz zum geltenden § 4 UWG irrelevant.

Tatbestandsmäßig können nach dem von Bundesregierung und Bundesrat empfohlenen neuen Wortlaut des § 4 UWG ferner Angaben sein, die nicht nur nicht unwahr sind, sondern darüber hinaus in ihrer Formulierung auch noch ausdrücklich gesetzlichen Vorschriften entsprechen.

Bei beiden Fallgruppen wird man für § 4 UWG in der Fassung der beiden Entwürfe sagen müssen, daß die gewählte Ausdrucksweise unter Umständen trotz der Möglichkeit der Irreführung geboten gewesen sein kann, und zwar bei der ersten Gruppe, weil die Angaben der Wahrheit entsprachen, und bei der zweiten Gruppe, weil sie außerdem den gesetzlichen Vorschriften folgten. Unter diesen Voraussetzungen erscheint es zulässig, vom Tatbestandsausschluß unter den Gesichtspunkten der Sozialkongruenz und des gebotenen Risikos zu sprechen. Mindestens aber wird ein Fortfall der Rechtswidrigkeit nach den Grundsätzen der Sozialadäquanz und des erlaubten Risikos im oben erörterten Sinne anzunehmen sein. Hierbei kann noch zusätzlich der Gedanke verwertet werden, daß bei einem Widerstreit der Normen die Rechtferti-

30 *Klug*, a.a.O., S. 261; *Baumann*, a.a.O., § 19 III 2 b; *Welzel* kommt, a.a.O., § 10 IV, für den von ihm als Tatbestandsausschließungsgrund definierten Begriff der sozialenAdäquanz zu einem ähnlichen Ergebnis

31 *Klug*, a.a.O., S. 260

gung des tatbestandsmäßigen Verhaltens aus dem Gesichtspunkt der *Unmöglichkeit des Andersverhaltens* herzuleiten ist[32].

Ob man nun bei Sachverhalten dieser oder ähnlicher Art mit Rechtfertigungs- oder Tatbestandsausschließungsgründen operiert, jedenfalls wird man auch hier feststellen müssen, daß die Notwendigkeit, übergesetzliche Prinzipien, die auch neben dem neuen § 34 StGB relevant bleiben, in größerem Umfang anzuwenden, dafür spricht, daß der mit den beiden zur Diskussion gestellten Entwürfen eingeschlagene Weg der Ausweitung des Tatbestands des § 4 UWG zu bedenklichen Konsequenzen führt. Die Rechtsunsicherheit wird erheblich gesteigert, wenn die erforderliche Anwendungsbegrenzung erst auf dem Umweg über Tatbestandsauschließung oder Rechtfertigung erreichbar wird.

D. Schuld

I. Allgemeines

Zu der kriminalpolitisch und rechtsdogmatisch bedenlichen Ausweitung des Strafbarkeitsbereichs durch die neu gefaßten objektiven und subjektiven Tatbestandsmerkmale des § 4 UWG im Regierungsentwurf und im Bundesratsentwurf kommt als weitere Ausdehnung des Anwendungsbereichs auf Verhaltensweisen, die vom Gesetzgeber bisher als nicht kriminell und daher nicht strafbar angesehen wurden, die *Streichung der Begrenzung der strafrechtlichen Haftung auf den direkten Vorsatz* hinzu. Künftig soll als Schuldform schon der *bedingte Vorsatz* genügen. Im Regierungsentwurf ist dies dadurch erreicht, daß von einem „wissentlichen" Verwirklichen des Tatbestands nicht mehr die Rede ist. Vielmehr ist im § 4 UWG des Regierungsentwurfs über die Schuldform überhaupt nichts mehr gesagt. Das bedeutet nach der künftig konsequent durchgehaltenen Sprachregelung im Gesetz, daß der Vorsatz in jeder seiner Formen, also sowohl als unbedingter (direkter) als auch als bedingter Vorsatz, im Rahmen der Schuldvoraussetzungen ausreicht.

Zum Regierungsentwurf wird diese Pönalisierungserweiterung kaum begründet[1]. Es wird nur apodiktisch erklärt, die vorsätzliche – also nicht nur leichtfertige –, irreführende Werbung zu Zwecken des Wettbewerbs sei eine so sozialschädliche Verhaltensweise, daß sie Strafe verdiene. „Der Täter (so heißt es wörtlich) bedient sich nämlich in diesen Fällen bewußt – *oder zumindest damit rechnend* – irreführender Methoden, die geeignet sind, den Kauf- oder sonstigen Vertragsentschluß eines größeren Personenkreises in zustimmendem Sinne zu beinflussen und ihn damit zu benachteiligen." Dadurch, daß von Benachteiligung die Rede ist, wird zum Ausdruck gebracht, daß Verhaltensweisen dieser Art in der Nähe des Betrugs liegen. Damit soll dann wohl unausgesprochen der Schluß provoziert werden, daß ebenso wie die betrügerische, d.h. einen Vermögensschaden herbeiführende oder – im Versuchsfalle – mindestens anstehende Werbung, auch die im *Vorfeld des Betrugs* liegende irreführen-

32 *Baumann*, a.a.O., § 19 III 2 c

de, einen Schaden nicht herbeiführende und auch nicht anstrebende Werbung strafbar sein müsse.

Um diesen keineswegs zwingenden Schluß nahe zu legen, werden in der Begründung[1] Formulierungen benutzt, die leicht irreführen können. Obwohl nämlich sowohl im Regierungs- als auch im Bundesratsentwurf weder eine Benachteiligung als objektives Tatbestandsmerkmal noch eine Benachteiligungsabsicht als subjektives Tatbestandsmerkmal vorgesehen ist, hebt die Begründung für den Nachweis der Strafwürdigkeit darauf ab, daß die im geschäftlichen Verkehr zum Zweck des Wettbewerbs gemachten, in § 3 UWG bezeichneten, irreführenden Angaben zwei Personenkreise „benachteiligen": die Verbraucher und die Mitbewerber.

Der *Verbraucher* wird, wie es in der Begründung heißt, dadurch benachteiligt, „daß er eine Ware oder Leistung erlangt, die er bei Kenntnis der wahren Sachlage nicht erworben hätte"[1].

Andere *Mitbewerber*, die sich korrekt verhalten, werden durch ein derartiges Verhalten „bewußt benachteiligt oder sogar geschädigt"[1].

Durch den infolge fehlender Definitionen verschwimmenden Unterschied zwischen Benachteiligung und Schädigung sowie durch die Einführung von Verhaltensmerkmalen, die nicht zu Tatbestandsmerkmalen erhoben sind, wird eine Nähe zum Betrug suggeriert, die in dieser Form nicht besteht.

Nach diesem ersten Argumentationsschritt folgt dann der zweite, der allerdings nur kurz anklingt. Ausgeführt sieht er so aus: Da es für eine Bestrafung wegen Betrugs ausreicht, daß der Täter bedingt vorsätzlich handelte, und die irreführende Werbung im Vorfeld des Betrugs liegt, muß auch hier der bedingte Vorsatz für die Strafbarkeit ausreichen.

Eine solche Begründung kann nicht überzeugen, denn es wird übersehen, daß zwischen § 4 UWG in der vorgeschlagenen Fassung, ebenso wie übrigens auch in der alten Fassung, einerseits und § 263 StGB andererseits ein tiefgreifender Unterschied besteht. Vollendeter Betrug liegt ausschließlich dann vor, wenn das Verhalten des Täters zu einem Vermögensschaden führt, strafbarer versuchter Betrug ausschließlich dann, wenn der Vermögensschaden mindestens vom Tatentschluß mitumfaßt ist. Bei § 4 UWG ist aber sowohl nach der geltenden, wie nach den zur Diskussion stehenden neuen Fassungen keine Schädigung für die Strafbarkeit erforderlich. Im Gegenteil: Sie kann vom Gesetzgeber weder als objektives Tatbestandsmerkmal noch – bei Ausgestaltung des § 4 UWG als coupiertes Erfolgsdelikt – als subjektives Tatbestandsmerkmal der Schädigungsabsicht gefordert werden, denn sonst würde durch die Verwirklichung des § 4 UWG, da der Täter hier in der Regel mit Berechnungsabsicht zu handeln pflegt, fast immer zugleich der Tatbestand des § 263 StGB erfüllt. Die Bestimmung des § 4 UWG wäre mithin praktisch überflüssig.

Es wäre aus den gleichen Gründen nicht einmal sinnvol, für den Tatbestand des § 4 UWG das Tatbestandsmerkmal der bloßen Vermögensgefährdung zu fordern. Denn auch dann wäre in der Regel, von seltenen Ausnahmefällen, bei denen eine Bereicherungsabsicht oder ein sonstiges Tatbestandsmerkmal des § 263 StGB fehlt, abgesehen, eine Strafbarkeit wegen Betrugs gegeben, weil für die Erfüllung des Merkmals

„Vermögens*schaden*" die Herbeiführung einer konkreten Vermögens*gefährdung* genügt[33].

Gerade das Streben nach Vermögensvorteilen durch die Herbeiführung einer Vermögensschädigung charakterisiert kriminalpolitisch und strafrechtsdogmatisch das Anwendungsfeld des Betrugs. Und demnach darf nur dort vom Vorfeld des Betrugs gesprochen werden, wo eine Vermögensschädigung in den Täterwillen mitaufgenommen ist. Nur unter dieser Voraussetzung kann ein Kriminalitätsgrad des als betrugsähnlich typisierten Verhaltens angenommen werden, der so schwerwiegend ist, daß auch für die Bestrafung bedingt vorsätzlichen Verhaltens ein kriminalpolitisches Bedürfnis besteht.

Bei § 4 UWG, als einer wettbewerbsrechtlichen Strafbestimmung, geht es demgegenüber um etwas ganz anderes. Hier soll in erster Linie der Konkurrent geschützt werden, nicht der Verbraucher. Deshalb hatte der Gesetzgeber für das geltende Recht auf das Tatbestandsmerkmal der Herbeiführung eines Vermögensschadens verzichtet. Und wenn neben den zivilrechtlichen Ansprüchen, die sich für den Mitbewerber ergeben, auch noch ein strafrechtlicher Schutz vorgesehen war und ist, so geht das sehr weit und betrifft Verhaltensweisen aus den Randbereichen der Kriminalität. Es war deshalb folgerichtig, daß zur Verhinderung einer Ausuferung der Pönalisierung für die Erfüllung der subjektiven Strafbarkeitsvoraussetzung der bedingte Vorsatz als nicht ausreichend angesehen wurde, und nur der Täter zu bestrafen war, der „wissentlich", also mit direktem Vorsatz handelte.

Für die Berechtigung dieser Einschränkung spricht vor allem folgendes: Zwischen der bedingt vorsätzlichen Täuschung mit der Folge der vom Vorsatz mit erfaßten Vermögensbeschädigung und der bedingt vorsätzlichen Täuschung ohne Vermögensbeschädigung besteht ein schwerwiegender und kriminalpolitisch entscheidender Unterschied. Wer nicht weiß, daß seine im geschäftlichen Verkehr zum Zweck des Wettbewerbs gemachten Angaben über geschäftliche Verhältnisse, insbesondere über die Beschaffenheit, den Ursprung, die Herstellungsart oder die Preisbemessung einzelner Waren oder gewerblicher Leistungen usw. irreführend sind, sondern dies allenfalls für möglich hält und es lediglich billigend in Kauf nimmt, *ohne* dadurch beim angesprochenen Verbraucher einen Vermögensschaden herbeizuführen oder auch nur herbeiführen zu wollen, der handelt nicht kriminell. Sein Verhalten mag, wenn die betreffenden Angaben nach der allgemeinen Verkehrsauffassung als wesentlich für den Kauf oder einen sonstigen Vertragsschluß anzusehen sind, als unmoralisch oder unlauter zu bezeichnen sein. Strafwürdig wird sein Vorgehen erst, wenn mindestens die Voraussetzungen des versuchten Betrugs erfüllt sind. Andernfalls genügt der zivilrechtliche Schutz, insbesondere derjenige nach dem Gesetz über den unlauteren Wettbewerb.

---

33 Vgl. u. a. RGSt 16, 11; 59, 104; BGHSt 6, 117; 21, 112; *Dreher*, 33. Aufl. 1972, Anm. 5 B a zu § 263 StGB; *Schönke-Schröder*, 16. Aufl. 1972, Rdn. 100, 100 a und 101 zu § 263 StGB

II. Einzelfragen: Bedingter Vorsatz

Daß dann, wenn man – wie die beiden Entwürfe der Bundesregierung und des Bundesrats es vorschlagen – den bedingten Vorsatz als Schuldform bei § 4 UWG ausreichen läßt, Verhaltensweisen in der Werbung strafbar werden, die nicht als kriminelles Unrecht angesehen werden können, gilt unabhängig von der Beantwortung der Frage, welche Definition des bedingten Vorsatzes zugrunde gelegt werden soll.

1. Einwilligungstheorie

Nach der in der Rechtsprechung herrschenden Auffassung wird für die Annahme des bedingten Vorsatzes bekanntlich vorausgesetzt, daß der Täter bei seinem Verhalten die Tatbestandsverwirklichung als mögliche Folge erkannt, sie jedoch billigend in Kauf genommen hat (*Einwilligungstheorie*; BGHSt 7, 363; 19, 101). Es wird also beim Täter eine innere Einstellung von der Art vorausgesetzt, wie sie *Frank* (Kommentar zum StGB, 18. Aufl. 1931, Anm. V zu § 59) in seiner sog. 2. Formel beschrieb: Der dolus eventualis erscheint „als die eigentümliche psychische Bezeichnung, bei der sich der Täter sagt: mag es so oder anders sein, so oder anders werden, auf jeden Fall handle ich.“ Schon frühzeitig hat *Engisch*[34] auf die Notwendigkeit hingewiesen, die Gleichgültigkeit gegenüber der als möglich erkannten Tatbestandsverwirklichung als einen Grenzfall der geforderten inneren Einstellung des Täters mit zu berücksichtigen. Dem entspricht es, wenn der Bundesgerichtshof ein Billigen auch dann annimmt, wenn der Täter die Tatbestandsverwirklichung aus Bedenkenlosigkeit in Kauf nimmt[35]. Kein bedingter Vorsatz, sondern allenfalls bewußte Fahrlässigkeit, liegt jedenfalls dann vor, wenn der Täter die Tatbestandsverwirklichung durch sein Verhalten zwar als möglich erkannt hat, aber darauf vertraut, diese Wirkung werde nicht eintreten. Psychologisch geht es beim bedingten Vorsatz um das „na, wenn schon“- und das „lohnt nicht dran zu denken“-Phänomen und bei der bewußten Fahrlässigkeit um das „wird schon gut gehen“- und das „werde auch diesmal Glück haben“-Phänomen.

2. Wahrscheinlichkeitstheorie

Nach der *Wahrscheinlichkeitstheorie* liegt bedingter Vorsatz vor, wenn der Täter die Tabestandsverwirklichung als mögliche Folge seines Verhaltens erkannt und den Eintritt dieser Folge als wahrscheinlich angesehen hat, oder – nach einer anderen gelegentlich benutzten Ausdrucksweise – mit dem Eintritt dieser als möglich erkannten Folge gerechnet hat.

3. „Abfindungs“-Theorie

Im § 16 des E 1962 (= Regierungsentwurf eines Strafgesetzbuches, BT-Drucks. IV/650) wird der Eventualvorsatz im Sinne einer *Abfindungstheorie* definiert. Da-

34 Untersuchungen über Vorsatz und Fahrlässigkeit im Strafrecht, 1930, S. 219/220
35 BGH in LM Nr. 5 zu § 181 I Nr. 2

nach handelt mit bedingtem Vorsatz, wer die Tatbestandsverwirklichung für möglich hält und sich mit ihr abfindet.

4. In-Kauf-Nahme"-Theorie

Das bloße „In-Kauf-Nehmen" – im Gegensatz zum „billigenden In-Kauf-Nehmen" – der als möglich erkannten Tatbestandsverwirklichung genügt für die Annahme des bedingten Vorsatzes nach der *„In-Kauf-Nahme"*-Theorie[36]. Im § 17 des Alternativ-Entwurfs eines Strafgesetzbuchs[37] wird diese Auffassung etwas modifiziert. Dort heißt es, bedingter Vorsatz sei gegeben, wenn der Täter die Tatbestandsverwirklichung „ernstlich für möglich hält und in Kauf nimmt". In diese Gruppe gehört schließlich auch die Formulierung, es läge bedingter Vorsatz vor, wenn der Täter die Tatbestandsverwirklichung für möglich hält und die Gefahr, daß die Tatbestandsverwirklichung eintritt, ernst genommen hat[38].

5. Anwendung auf § 4 UWG

Das oben unter D I gegen die von den beiden Entwürfen empfohlene Ausdehnung der strafrechtlichen Haftung auf bedingt vorsätzliche Handlungen im Sinne der beiden Neufassungen des § 4 UWG Gesagte hält stand, wenn man es mit den verschiedenen Formeln für den bedingten Vorsatz konfrontiert. Insbesondere zeigt sich, daß die Ergebnisse hinsichtlich der Bedenken gegen die Hinzunahme des bedingten Vorsatzes im wesentlichen von der jeweils herangezogenen Eventualdolustheorie unabhängig sind.

Nach § 4 Abs. 1 UWG in der Fassung sowohl des Bundesregierungs- als auch des Bundesratsentwurfs ist es eine Verwirklichung des Tatbestands, wenn ein Werbeagent (W) für ein Produktionsunternehmen eine Anzeigenkampagne veranstaltet, bei der die Texte der Zeitungsanzeigen zum Zweck des Wettbewerbs Angaben über die angepriesenen Waren enthalten, die zwar in jeder Hinsicht objektiv wahr, gleichwohl aber irreführend sind. Setzt man für diesen Fall ferner voraus, daß nach den gegebenen Umständen weder ein Tatbestands- noch ein Unrechts- noch auch ein Schuldausschließungsgrund in Betracht kommt, so hängt die Beantwortung der Frage, ob sich W strafbar gemacht hat – sofern er zurechnungsfähig ist und nicht mit unbedingtem Vorsatz gehandelt hat –, einzig und allein davon ab, ob bedingter Vorsatz vorliegt. Nun könnte sich der bedingte Vorsatz an sich auf verschiedene Tatbestandsmerkmale beziehen. Im vorliegenden Beispielsfall wurde aber davon ausgegangen, daß er sich lediglich auf den Tatbestand insoweit erstreckt, als die in den Anzeigen enthaltenen Angaben – etwa wegen einer in den Verbraucherkreisen weit verbreiteten Fehlauffassung – zwar wahr, aber irreführend sind. Dies besagt, daß der in Rede stehende

36 *Schönke-Schröder*, a.a.O., Rdn. zu § 59 StGB
37 Alternativ-Entwurf eines Strafgesetzbuches, Allg. Teil, 2. Aufl. 1969, sowie BT-Drucks. V/2285
38 *Stratenwerth*, Strafrecht, Allg. Teil I, 1971, Rdn. 325

W nicht weiß, daß die in den von ihm verbreiteten Anzeigen enthaltenen Angaben irreführend sind. Er hält es jedoch für möglich, daß es so ist.

Bei dieser Sachlage handelt W nach der von der höchstrichterlichen Rechtsprechung seit langem vertretenen Einwilligungstheorie mit bedingtem Vorsatz, wenn er es billigend in Kauf nimmt, daß die verbreiteten Angaben tatsächlich irreführend sind. Nach der Wahrscheinlichkeitstheorie handelt W mit bedingtem Vorsatz, wenn er es für wahrscheinlich hält, daß die Angaben irreführend sind; m. a. W., daß er hiermit rechnet. Geht man von der Abfindungstheorie aus, muß W sich damit abgefunden haben, daß die Angaben irreführend sind. Und nach der „In-Kauf-Nahme"-Theorie genügt es, um das Vorliegen des bedingten Vorsatzes bei W annehmen zu können, wenn W es in Kauf nahm, daß die Angaben irreführend sind. Ein Billigung oder eine besondere Bedenkenlosigkeit oder eine Gleichgültigkeit braucht zu dem In-Kauf-nehmen nicht hinzuzukommen. Wenn man dem oben erwähnten § 17 des Alternativ-Entwurfs[37] folgt, ist es zusätzlich erforderlich, daß W es ernstlich für möglich hielt, daß die Angaben irreführend sind.

Man sieht bei der Anwendung der verschiedenen Definitionen auf den vorgegebenen Fall, daß die Reichweite der strafrechtlichen Haftung für bedingt vorsätzliches Verhalten unterschiedlich sein kann. Da, wo bloßes In-Kauf-nehmen genügt, setzt diese Haftung wohl früher ein. Zumindest ist der Nachweis, daß die Voraussetzungen des bedingten Vorsatzes bei W erfüllt sind, etwas leichter zu führen. Setzt man aber anders an und geht von der Begriffsbestimmung der bewußten Fahrlässigkeit aus, dann wird die Grenzziehung einfacher, denn soweit ersichtlich, gehen alle Eventualdolustheorien davon aus, daß sich der Anwendungsbereich des bedingten Vorsatzes lückenlos an den der bewußten Fahrlässigkeit anschließt. Infolgedessen kann festgestellt werden, daß der Vorsatz, und zwar sowohl der bedingte als auch erst recht der unbedingte, dann fehlt, wenn W im – möglicherweise leichtsinnigen – Vertrauen darauf gehandelt hat, daß die in seiner Werbeaktion verwendeten Angaben, bei denen er es für möglich hielt, daß sie irreführend sein könnten, in Wirklichkeit doch keine irreführenden Angaben sind. Kein bedingter Vorsatz, sondern allenfalls bewußte Fahrlässigkeit lag also vor, wenn die innere Einstellung des W hinsichtlich der Erkenntnis, die Angaben seien möglicherweise irreführend, als durch das „wird-schon-gut-gehen"- und nicht durch das „na-wenn-schon"-Phänomen charakterisiert zu denken ist.

Für die hier zur Diskussion gestellte Problematik ist in Anwendung des Gesagten die Frage zu stellen, ob das Verhalten des W *kriminelles* Unrecht genannt werden darf, wenn W bei seiner Werbekampagne hinsichtlich der verwendeten Angaben, von denen er wußte, daß sie objektiv wahr sind, mit der Möglichkiet rechnete, sie würden gleichwohl irreführend wirken und ihm dies gleichgültig gewesen ist. – Gleichgültigkeit gegenüber der für möglich gehaltenen Tatbestandsverwirklichung ist nach allen Theorien heute dem bedingten Vorsatz zuzurechnen[39]. – Legt man die bereits erwähnte Formel von *Frank* zugrunde, dann hat sich W gesagt: Mögen die in den Zeitungsanzeigen verbreiteten Angaben, obwohl ihre Wahrheit erwiesen ist, irreführend

39 *Stratenwerth*, a.a.O., Rdn. 326

oder nicht irreführend sein, auf jeden Fall führe ich die Werbekampagne durch. Darf ein solches Verhalten als kriminell bezeichnet werden?

Daß diese Frage zu verneinen ist, ergibt sich daraus, daß vom Strafrecht nicht jedes unlautere Verhalten erfaßt werden darf. Kriminell sind nur schwere Rechtsbrüche. Gleichgültigkeit gegenüber der möglichen Verletzung des Rechts ist nur dann kriminelles Unrecht, wenn es um den Schutz hoher und höchster Rechtsgüter geht. Gleichgültigkeit desjenigen, der erkennt, daß durch sein Verhalten möglicherweise der Tod eines anderen Menschen verursacht wird, indiziert eine kriminelle Haltung – wenn man einmal von Notwehrsituationen u. ä. absieht. Deshalb ist schon versuchte bedingt vorsätzliche Tötung eine schwere Straftat. Demgegenüber ist etwa der Ehebruch keine Straftat, obwohl er in der Regel ein Verhalten von schwerwiegender Unlauterkeit gegenüber dem Ehepartner ist. Beim Ehebruch genügen die zivilrechtlichen Konsequenzen. Einer strafrechtlichen Bewehrung bedarf es nicht. Das gleiche gilt im vorliegenden Fall, der nach den Vorschlägen von Bundesregierung und Bundesrat zur Strafbarkeit führen würde. Die Ausweitung des Tatbestands (oben A und B) wird durch die Ausdehnung der notwendigen und hinreichenden Schuldvoraussetzungen auf den bedingten Vorsatz in einer Weise gesteigert, die sich nach den Grundsätzen moderner Strafrechtsreform, zu denen die Forderung nach der „*Beschränkung des Strafrechts auf das unerläßliche Mindestmaß*"[39a] als tragendes Prinzip gehört, nicht mehr verantworten läßt. Wollte man auf diesem Wege weiterschreiten, müßten zahllose, Treu und Glauben verletzende Verhaltensweisen unter Strafdrohungen gestellt werden.

Für die Reform des § 4 UWG ist schließlich in diesem Zusammnehang noch einmal daran zu erinnern, daß vor unlauterer Werbung nicht nur der Mitbewerber durch zivilrechtliche Ansprüche geschützt ist, sondern auch daran, daß die Verbraucher über Klagerechte der Verbraucherverbände nach § 13 UWG ebenfalls unter zivilrechtlichem Schutz vor Werbung mit irreführenden Angaben stehen.

E. Strafrahmen

Der geltende § 4 UWG bedroht die strafbare Werbung mit Freiheitsstrafe bis zu einem Jahr und mit Geldstrafe oder mit einer dieser Strafen. Der Entwurf der Bundesregierung sieht Freiheitsstrafe bis zu *einem* Jahr oder Geldstrafe vor. Der Bundesrat hat dagegen empfohlen, Freiheitsstrafe bis zu *zwei* Jahren oder Geldstrafe anzudrohen.

Vergleicht man den geltenden und den vorgeschlagenen neuen Strafrahmen mit den Strafdrohungen bei anderen Delikten (Einfacher Betrug: Freiheitsstrafe bis zu fünf Jahren oder Geldstrafe; schwerer Betrug: Freiheitsstrafe von einem Jahr bis zu zehn Jahren; Notbetrug: Freiheitsstrafe bis zu drei Monaten oder Geldstrafe; Auto-

39a Alternativ-Entwurf, Besonderer Teil, Politisches Strafrecht, Tübingen 1968 (Vorwort)

matenmißbrauch und Erschleichen freien Eintritts: Freiheisstrafe bis zu einem Jahr oder Geldstrafe), so zeigt sich, daß der Tatbestand des § 4 UWG in der geltenden Fassung den deutlichen Willen des Gesetzgebers zum Ausdruck bringt, die strafbare Werbung als zum unteren Bereich der Kriminalität gehörend einzuordnen. Die Grenze von der Ordnungswidrigkeit zum kriminellen Unrecht hin ist überschritten. Das ist für die geltende Fassung einleuchtend, weil es hier um Werbung mit *unwahren*, zur Irreführung geigneten Angaben in *öffentlichen* Bekanntmachungen oder in Mitteiilungen, die für einen *größeren Kreis* von Personen bestimmt sind, handelt, wobei hinzukommt, daß der Werbende *wissentlich*, also mit direktem Vorsatz vorgegangen sein muß. Rechts- und kriminalpolitisch ist diese Regelung einleuchtend.

Bedenklich wird die Lage bei § 4 UWG in der Fassung der beiden zur Diskussion stehenden Entwürfe. Im Regierungsentwurf bleibt der Strafrahmen des geltenden Rechts erhalten, obwohl der Strafbarkeitsbereich, wie oben dargestellt wurde, in mehrfacher Hinsicht so erweitert wurde, daß Verhaltensweisen strafbar werden sollen, die bis heute nicht strafbar sind. Hier drängt sich die Frage auf, ob nicht die untere Grenze der Kriminalität in Richtung auf den Ordnungswidrigkeitsbereich überschritten wird. Verneint man diese Frage, obwohl vieles für ihre Bejahung spricht, so ist weiter zu fragen, ob die neue Charakterisierung des angesprochenen Verhaltenstyps nicht wenigstens ein niedrigeres Ansetzen der oberen Strafgrenze erforderlich gemacht hätte.

Mit Überasschung muß man sodann feststellen, daß der Bundesrat sogar eine Erhöhung der Strafdrohung trotz der starken Erweiterung der strafrechtlichen Verantwortung des Werbenden empfiehlt. Er meint, daß die in § 4 Abs. 1 UWG vorgesehene Höchststrafe von einem Jahr Freiheitsstrafe nich ausreiche, um Verstöße mit schwerem Unrechtsgehalt schuldangemessen ahnden zu können[40]. Warum dem nicht so sei, wird in der Stellungnahme des Bundesrats indessen nich gesagt. Weder statistisches Material noch sonstige kriminalpolitisch entsprechend auszuwertende Fakten werden vorgelegt. Der Bundesregierung und dem Bundestag wird aber empfohlen, Freiheitsstrafe bis zu *zwei* Jahren oder Geldstrafe anzudrohen.

Bedenkt man, daß es sich beispielsweise bei dem mit Freiheitsstrafe bis zu einem Jahr (oder mit Geldstrafe) bedrohten Automatenmißbrauch nach § 265 a StGB stets um eine absichtliche finanzielle Schädigung handeln muß, bei der sogar schon der Versuch vom Gesetzgeber für strafbar angesehen wird, und berücksichtigt man, daß eine Bestrafung aus § 4 UWG weder nach geltendem Recht noch nach der Fassung der beiden Entwürfe irgendeinen Vermögensschaden oder eine sonstige Nachteilszufügung voraussetzt, dann erscheint die vorgeschlagene Erhöhung als erheblich überzogen. Es is deshalb der Bundesregierung zuzustimmen, wenn sie in ihrer Gegenäußerung zu der Stellungnahme des Bundesrats[41] diesem Vorschlag widerspricht, weil eine Anhebung des Strafrahmens insbesondere im Hinblick auf die durch die Erweiterung des subjektiven Tatbestands des § 4 UWG und die tatbestandliche Verschär-

40 BT-Drucks. 7/550, S. 586
41 BT-Drucks. 7/550, S. 501

fung der Unternehmerhaftung aus dem neuen § 4a UWG der beiden Entwürfe bewirkte Ausdehnung der strafrechtlichen Verantwortlichkeit im Wettbewerbsrecht als nicht gerechtfertigt erscheine.

Im übrigen würde die vom Bundesrat vorgeschlagene Anhebung des Strafrahmens die rechtspolitisch unerwünschte Folge haben können, daß die Freiheitsstrafe als Regelstrafe erschiene, und die Geldstrafe demgegenüber als allgemeine Strafe in den Hintergrund träte, obwohl das umgekehrte Verhältnis das richtigere wäre. Daß nämlich die Geldstrafe in erster Linie als Sanktion in Betracht kommt, folgt aus der Nähe des Delikts zum Ordnungswidrigkeitsbereich, – eine Nähe, die dadurch unterstrichen wird, daß die Inhaberhaftung nach dem neu vorgesehenen § 4a UWG, der an die Stelle des jetzigen § 4 Abs. 2 UWG treten soll, nicht mehr als Straftat, sondern als Ordnungswidrigkeit konstruiert ist.

F. Kriminalpolitische Fragen

I. Statistische Argumente

Trotz aller Bedenken gegen die Ausdehnung des Anwendungsbereichs von § 4 UWG nach den Vorstellungen der Bundesregierung und des Bundesrats ließe sich eine Situation denken, in der die Ausweitung aus kriminalpolitischen Gründen opportun erschiene, wobei man sich eine Berücksichtigung der erörterten verfassungsrechtlichen und sonstigen Bedenken durch geeignete Umformulierungen vorbehielte. In der Tat geht der Reformvorschlag der Bundesregierung von einer solchen Notwendigkeit aus und bedient sich dabei in erster Linie *statistischer Argumente*[1].

1. Begründung des Regierungsentwurfs

In der Begründung zum Entwurf der Bundesregierung heißt es, der nach § 4 UWG in der geltenden Fassung erforderliche Nachweis, daß der Werbende in der Absicht gehandelt habe, den Anschein eines besonders günstigen Angebots hervorzurufen, sei „nach der Erfahrung der Praxis nur in ganz seltenen Fällen zu führen." Dies sei darauf zurückzuführen, daß von einer Absicht im Sinne der für das Strafrecht gültigen Begriffsbestimmung nur dann gesprochen werden dürfe, wenn der Wille des Täters unmittelbar darauf gerichtet sei, den betreffenden Anschein hervorzurufen. Es reiche also nicht aus für eine Bestrafung aus § 4 UWG, wenn der Täter das Bewußtsein habe, dieser Erfolg könne eintreten, und er damit auch einverstanden sei. Selbst ein Täter, der bewußt irreführende Angaben mache und der auch das Bewußtsein habe, daß er damit den Anschein eines besonders günstigen Angebots hervorrufe, habe sich deshalb nicht strafbar gemacht, es sei denn, es könne festgestellt werden, es sei ihm gerade auf diesen Erfolg angekommen. Die Folge wäre, wie an oben angegebener Stelle der Begründung ferner ausgeführt wird, daß lediglich in sehr wenigen Fällen Anklage nach § 4 Abs. 1 UWG des geltenden Rechts erhoben werde.

Auf folgendes Zahlenmaterial wird hierbei Bezug genommen[1]:

Nach der Strafverfolgungsstatistik wurden im Jahr 1968 nur in 180 Fällen, 1969 nur in 133 Fällen und im Jahr 1970 nur in 136 Fällen Anklagen wegen Straftaten nach dem UWG (insgesamt) erhoben. Demgegenüber haben die Anklagen wegen anderer Straftaten zugenommen.

Auf Einstellung oder Freispruch wurde bei einem Vergehen nach dem UWG im Jahr 1968 in 42,8%, im Jahr 1969 in 38% und im Jahr 1970 in 39,7% aller Fälle erkannt. Im Verhältnis zu anderen Strafverfahren ist dies ein sehr großer Teil der anhängig gewordenen Verfahren, denn wegen Straftaten nach dem StGB wurde demgegenüber im Jahr 1968 nur in 14%, im Jahr 1969 nur in 13,9% und im Jahr 1970 nur in 13,5% und bei Straftaten nach dem Nebenstrafrecht im Jahr 1968 sogar nur in 9,5%, 1969 nur in 9,4% und 1970 nur in 8,7% aller Fälle auf Einstellung oder Freispruch erkannt.

Aus dieser Statistik wird in der Entwurfsbegründung gefolgert, daß der bisherige § 4 Abs. 1 UWG „ eine zu stumpfe Waffe" sei und daß mit seiner Hilfe „eine wirksame Bekämpfung der bewußt irreführenden Werbung" nicht möglich wäre, so daß eine Erweiterung des Tatbestands kriminalpolitisch geboten sei[1].

2. Kritik

Die statistische Argumentation überzeugt nicht, denn das Zahlenmaterial ist mehrdeutig. Aus der Zu- oder Abnahme von Anklageerhebungen lassen sich ohne Hinzunahme anderer Daten, ohne Berücksichtigung weiterer Faktoren und insbesondere ohne die Erstreckung auf weit größere Zeitabschnitte, um echt Repräsentativität zu erzielen, die vorgenannten Schlußfolgerungen nicht ziehen. Ohne auf Methodenprobleme der Statistik im allgemeinen und der Srafverfolgungsstatistik im besonderen hier näher eingehen zu müssen, läßt sich die mangelnde Schlüssigkeit der Argumentation ohne Schwierigkeit an Beispielen aus anderen strafrechtlichen Bereichen anschaulich machen. Auch beim Ehebruchstatbestand zeigte seinerzeit die Strafverfolgungstatistik ein ähnliches Bild. Der § 172 StGB a.F. konnte daher mit Recht eine stumpfe Waffe gegen den Ehebruch genannt werden. Gleichwohl ist, soweit ersichtlich, von keiner ernst zu nehmenden Seite die Auffassung vertreten worden, diese Bestimmung müsse im Hinblick auf die Zunahme der Anklagen wegen anderer Straftaten zu wirksamen Bekämpfung der Ehebrüche verschärft und erweitert werden.

Desgleichen sind die hohen Quoten von Einstellungen und Freisprüchen mindestens ambivalent und zwingen daher ebensowenig zu den angegebenen Schlüssen. Durch Einstellungen und Freisprüche kann doch wohl kaum bewiesen werden, daß es bei § 4 UWG die Regel sei, Schuldige wegen schlechter Gesetzesformulierung straflos davonkommen lassen zu müssen. Die Vermutung, daß Bagatellität der Fälle und Widerlegung des Schuldverdachts eine wichtige Rolle gespielt haben, dürfte bis zum Beweis des Gegenteils näher liegen. Die Erfahrungen der Praxis könnten zudem, ebenso wie seinerzeit beim § 172 StGB a.F., dazu anregen, über eine Streichung der so selten angewandten Gesetzesbestimmung nachzudenken. Wiederum ähnlich wie beim Ehebruch würde der Fortfall der Strafbarkeit den Charakter der Unlauterkeit des betreffenden Verhaltens nicht beseitigen. Man würde sich lediglich mit den Abwehrwaffen und Schutzinstrumenten begnügen, die das Zivilrecht in ausreichendem Maße zur Verfügung stellt.

Hinzu kommt ein weiteres Bedenken: Wenn die Statistik ausweist, daß ein gesetzlicher Tatbestand in der Praxis nur selten angewandt wird, und dies mit der genauen und scharf abgrenzenden Formulierung des Gesetzes zusammenhängt, dann beschwört eine Erweiterung des Tatbestands leicht die Gefahr herauf, daß Verdachtsfälle aus Gründen kriminalpolitischer Zweckmäßigkeit einbezogen werden sollen, – eine Gefahr, die wegen der damit verbundenen Umkehrung der Beweislast und der Tendenz zur Verdachtsstrafe aus rechtsstaatlichen Gründen nicht ernst genug genommen werden kann.

II. Kriminalpolitische Argumente in der Stellungnahme des Bundesrats

Auch der Bundesrat begründet seinen Vorschlag in erster Linie durch einen Hinweis auf die Kriminalpolitik. Er führt aus, es erscheine für einen wirksamen Verbraucherschutz kriminalpolitisch geboten, auch die Individualtäuschung in den § 4 UWG einzubeziehen[40]. Nach Berichten aus der Praxis kämen gravierende Fälle irreführender Werbung vor, in denen die Mitteilungen, insbesondere die mündlichen Äußerungen, jeweils nur gegenüber Einzelpersonen erfolgten, jedoch der Nachweis eines systematischen Vorgehens in einer Vielzahl von Einzelfällen, wie ihn die Rechtsprechung fordere, oft nicht geführt werden könne. Eine Strafbarkeit wegen Betrugs scheide in Fällen dieser Art häufig aus, weil die Minderwertigkeit der empfangenen Leistungen nicht nachweisbar sei.

Sodann werden in der Stellungnahme des Bundesrats noch zwei weitere Argumente eingeführt:

Die Ausdehnung auf Individualtäuschungen sei für § 4 UWG geboten, weil in § 3 UWG durch das Gesetz vom 26. Juni 1969 (BGBl. I, 633) bereits das Tatbestandsmerkmal „in öffentlichen Bekanntmachungen oder in Mitteilungen, die für einen größeren Kreis von Personen bestimmt sind", durch das Tatbestandsmerkmal „im Geschäftsverkehr zu Zwecken des Wettbewerbs" ersetzt worden sei. Dem sollte auch § 4 UWG angepaßt werden.

Schließlich sei die vorsätzliche irreführende Werbung in jedem Fall eine sozialschädliche Verhaltensweise, die auch im Hinblick auf die ebenfalls im Entwurf für ein EGStGB vorgesehene Streichung des § 26 WZG (vgl. Art. 122 Nr. 3 des Entwurfs) unter Strafe gestellt sein sollte.

III. Gegenäußerung der Bundesregierung zur Stellungnahme des Bundesrats

Die *Bundesregierung* hat den Änderungsvorschlägen des Bundesrats widersprochen[41]. Sie weist zunächst ganz allgemein daraufhin, daß die empfohlenen Änderungen eine Reihe von Problemen aufwerfen, die über den Rahmen des Entwurfs für ein EGStGB weit hinausreichten. Nach Ansicht der Bundesregierung sollte die Lösung dieser Probleme den bereits aufgenommenen Gesetzgebungsarbeiten zur besseren Bekämpfung der Wirtschaftskriminalität vorbehalten bleiben.

Sodann wird hervorgehoben, daß schon die geltende Fassung des § 4 UWG auch täuschende mündliche Mitteilungen erfasse, die, etwa über Vertreter, einem größeren Personenkreis nach und nach zugehen sollten. Dies gelte auch dann, wenn die mündlichen Mitteilungen nicht wörtlich, sondern nur ihrem sachlichen Gehalt nach gleichbleiben[42]. Die vom Bundesrat vorgeschlagene weitergehende Einbeziehung jeder Individualtäuschung würde zu erheblichen rechtlichen und tatsächlichen Schwierigkeiten führen, insbesondere in bezug auf die Abgrenzung zum Betrugstatbestand. Auch der nach dem Entwurf (Art. 122 Nr. 3) zu streichende § 26 WZG betreffen keinen Fall der Individualtäuschung.

IV. Stellungnahme zu II und III

Die Diskussion zwischen dem Bundesrat und der Bundesregierung ist nicht allzu ergiebig. Immerhin wird man den Bedenken der Bundesregierung zustimmen müssen. Die Einbeziehung jeder Individualtäuschung geht viel zu weit und ist, wie der überzeugende Hinweis auf die zu billigende Rechtsprechung des Bundesgerichtshofs zu den mündlichen Mitteilungen, die von Vertretern in einer Kette von Einzelfällen, einem größeren Publikumskreis sukzessiv zugeleitet werden, im Hinblick auf die wirklich gefährlichen Taten zudem noch unnötig. Und daß die Abgrenzung zum Betrugstatbestand schwierig würde, ist gewiß richtig. Allerdings hätte es nahegelegen, in diesem Zusammenhang das gesamte Reformprojekt zu § 4 UWG erneut zu überdenken, denn abgesehen von den bereits erörterten Bedenken zu den Ausweitungen bei den objektiven und subjektiven Tatbestandsmerkmalen und bei den Schuldvoraussetzungen, kommt hier in bezug auf die Nähe zum Betrugstatbestand einerseits und die außerordentliche Weite des Betrugsvorfelds andererseits eine allgemeinere Problematik ins Blickfeld. Irreführende Angaben im geschäftlichen Verkehr zu Zwecken des Wettbewerbs liegen, wie oben in anderem Zusammenhang schon ausgeführt wurde, einerseits in der Nähe des Betrugs, weil sie Täuschungmittel sind und damit zu den notwendigen, wenn auch für sich genommen noch nicht hinreichenden Grundlagen des als Betrug strafrechtlich typisierten Verhaltens zählen. Andererseits liegen sie im Vorfeld und sind oft noch außerordentlich weit entfernt vom Betrug, weil die Vermögensschädigung im Sinne des § 263 StGB weder angestrebt ist, noch objektiv oder subjektiv droht. Es fragt sich deshalb, ob der Gesetzgeber berechtigt ist, diesen weiten Bereich mehr oder weniger unlauteren Verhaltens in einem umfassenden Straftatbestand einzufangen und als Ganzes zu kriminalisieren.

Dieses Problem so zu formulieren, als ginge es um eine *strafrechtliche Generalklausel*, wäre im Sinne strafrechtsdogmatischer Sprachregelung unzulässig, denn hier geht es nicht um den Gegensatz zwischen Generalklausel und kasuistischer Tatbestandsbildung, aber auch nicht um den Gegesatz zwischen Tatbestandsbildung mit unbestimmten und solcher mit bestimmten Tatbestandsmerkmalen, – zwei Gegensatzpaare, die sich bekanntlich nicht decken, sondern überschneiden, was sich bei-

42 BGHSt 24, 272

spielsweise daran zeigt, daß es Generalklauseln geben kann, die dem Bestimmtheitserfordernis des Art. 103 Abs. 2 GG genügen[43]. Oft werden allerdings Generalklauseln der Garantiefunktion des gesetzlichen Straftatbestands i. S. des Art. 103 Abs. 2 GG im Wege stehen, weil sie nicht die genügende Bestimmtheit der Strafbarkeitsvoraussetzungen erreichen. So ist etwa das Tatbestandsmerkmal der „irreführenden Angaben", wie oben unter A II bereits dargelegt wurde, nicht genügend bestimmt und erscheint deshalb als verfassungsrechtlich bedenklich.

Um diese Problematik geht es hier nicht. Zur Debatte steht vielmehr die verfassungsrechtliche Zulässigkeit eines Tatbestands wie des in den Entwürfen von Bundesregierung und Bundesrat vorgeschlagenen neuen § 4 UWG als einen *Auffangtatbestands*. Die Frage lautet also, ob geschriebene oder ungeschriebene Verfassungsnormen verletzt werden, wenn ein Auffangtatbestand mit dieser Reichweite in Verhaltensformen hinein, die bisher nicht als kriminelles Unrecht angesehen wurde, gebildet wird.

Als verletzt kommen geschriebene Verfassungsnormen wohl nicht in Betracht. Anders verhält es sich aber hinsichtlich des Rechtsstaatsprinzips als eines ungeschriebenen Bestandteils des Grundgesetzes nach Maßgabe der Anerkennung dieses Prinzips durch das Verfassungsgericht[44]. Im Rechtsstaat kommen, wie bereits erwähnt wurde, strafrechtliche Sanktionen nur als letztes Mittel der Aufrechterhaltung der Friedensordnung in der Gesellschaft in Betracht, wenn andere Methoden nicht weiterhelfen. Der Strafgesetzgeber hat auf diese Ultima-ratio-Funktion des Strafrechts stets Bedacht zu nehmen. Insoweit gilt bekanntlich im freiheitlichen Rechtsstaat eine aus Art. 1 Abs. 1 und Art. 2 Abs. 2 GG abzuleitende „Ausgangsvermutung zugunsten des Menschen" in Verbindung mit einer „grundsätzlichen Freiheitsvermutung" (In dubio pro libertate). Hieraus folgt, daß für das Vorliegen einer gesellschaftlichen Konstellation, in der zur Androhung von Strafe geschritten werden muß, der Gesetzgeber die Beweislast trägt. Ein strafrechtlicher Auffagtatbestand ist zwar nicht in jedem Fall rechtsstaats- und damit verfassungswidrig, es sind aber bei ihm die Anforderungen an die Beweisführung besonders streng.

Ergeben sich bei einer Ausdehnung des Pönalisierungsbereichs besonders zahlreiche Fälle von Idealkonkurrenz mit anderen Tatbeständen – eine Folge, die bei der vorgeschlagenen Neufassung des § 4 UWG zu erwarten ist, zumal in bezug auf das Lebensmittelrecht, das Heilmittelwerbegesetz, das Arzneimittelgesetz, das Weingesetz, das Textilkennzeichnungsgesetz u.ä. –, so spricht dies allein noch nicht dafür, daß der Auffangtatbestand überflüssig ist, denn bei Idealkonkurrenz ist stets vorausgesetzt, daß sich die Anwendungsbereiche nicht decken. Andernfalls läge Gesetzeskonkurrenz in der Form der Spezialität vor, und der neue gesetzliche Tatbestand wäre in der Tat überflüssig[45]. Allgemein gesprochen: Das Entstehen von Idealkon-

43 Vgl. zum Begriff der Generalklausel *Class* in Festschrift für Eb. Schmidt, S. 122 ff.; *Engisch*, Einführung in das juristische Denken, 5. Aufl., S. 118 f.; *Jescheck*, Lehrbuch des Strafrechts, Allg. Teil, 2. Aufl., S. 101 ff.

44 BVerfGE 2, 403

45 Vgl. zur Gesetzeskonkurrenz *Klug*, ZStW 1969, 399

kurrenzmöglichkeiten zwischen einem gegebenen, schon bestehenden § x und einem neuen § y setzt damnach voraus, daß es Fälle gibt, die nur unter einen der beiden konkurrierenden Tatbestände subsumiert werden können, – also sowohl Fälle, die nur unter § x, als auch Fälle, die nur unter § y fallen. Beide Möglichkeiten müssen bestehen. Fehlt auch nur eine, entfällt Idealkonkurrenz. Es besteht dann Spezialität oder sogar – was ein gesetzestechnischer Fehler wäre – Identität. Wenn es allerdings nur wenig Fälle gibt, die nicht idealkonkurrieren, dann spricht dies dafür, daß die Lücke, die § y ausfüllen soll, entweder durch diesen neuen § y verfehlt wird oder gar nicht besteht.

Für den geplanten neuen § 4 UWG ist in Anwendung dieser Überlegungen festzustellen, daß es formal sicherlich einen Bereich von Fällen geben kann, die nur von § 4 UWG in seiner vorgeschlagenen Gestalt erfaßt werden. Das gilt sowohl für die Fassung der Bundesregierung, wie für die Fassung des Bundesrats. Verwunderlich ist das indessen nicht, denn es folgt dies aus der ungewöhnlichen Weite des Tatbestands mit der Folge der Strafbarkeit, ohne daß es – wenn man einmal nur die objektive Tatseite betrachtet – irgend eines Nachweises bedarf für eine Schädigung, sei es des Mitbewerbers, sei es des Verbrauchers, noch eines Nachweises, daß die Angaben unwahr sind, noch auch – nach der Bundesratsfassung – eines Nachweises, daß die inkriminierten Angaben mehr als ein einziges Mal gegenüber einer einzigen Person gemacht wurden. § 4 UWG hätte in der neuen Fassung demnach in der Tat eine Auffangfunktion im weitesten Sinne, nur ist das, was „aufgefangen" wird, wie man sieht, durchaus nicht alles kriminelles Unrecht. Die aus der Freiheitsvermutung des Grundgesetzes folgende Beweisverpflichtung des Strafgesetzgebers ist nicht erfüllt. Der Hinweis auf die Notwendigkeit des Verbraucherschutzes schlägt nicht durch, da dieser Schutz durch die schon mehrfach erwähnten zivilrechtlichen Ansprüche und Klagebefugnisse in hinreichendem Maße gewährleistet ist. Warum hier auch noch die Strafjustiz bemüht werden muß, ist nicht genügend dargetan, zumal dann, wenn – sofern es tatsächlich noch Lücken geben sollte – unter dem Gesichtspunkt der Verhältnismäßigkeit der gegen den Bürger eingesetzten Machtmittel, zunächst einmal geprüft werden muß, ob nicht mit den Mitteln der Ergänzung der zivilrechtlichen Bestimmungen oder allenfalls mit Hilfe einer angemessenen Erweiterung im Ordnungswidrigkeitsrecht eine Verstärkung des Schutzes erzielt werden kann.

Wenn in den Begründungen von Bundesregierung und Bundesrat die Tatbestandserweiterung wegen der vermeintlichen Sozialschädlichkeit des vom jetzigen § 4 UWG nicht erfaßten Werbeverhaltens für angezeigt gehalten wird, so ist dies keine hinreichende kriminalpolitische Begründung, sondern allenfalls der Hinweis darauf, daß an dieser Stelle eine durch Fakten untermauerte kriminal- und rechtspolitische Begründung eingeschaltet werden müßte. Zudem ist die Verwendung des Begriffs der Sozialschädlichkeit in Zusammenhängen wie diesem nicht ungefährlich, weil dieser Begriff nach dem Verständnis in der Umgangssprache gleichzeitig kriminelles und sonstiges, zwar unlauteres, aber nicht-kriminelles Verhalten umfaßt. Dadurch wird die durch die Tatbestandserweiterung vollzogene Grenzüberschreitung undeutlich gemacht. Es ist eben, um es noch einmal zu betonen, nicht jede Form unlauteren Wettbewerbs kriminelles Unrecht. Der Einsatz der Strafjustiz ist eine untaugliche Methode für die

Förderung der Lauterkeit im Wettbewerb. Reethisierung der Wirtschaft ist kein Strafzweck. Ein Instrument von einer derartigen Härte und einer so eingeschränkten Flexibilität kann und darf nur im Notfall, bei schweren Rechtsbrüchen verwendet werden, bei denen von echter Friedensstörung in der Gesellschaft gesprochen werden kann.

G. Ergebnis und Lösungsvorschläge

I. Zusammenfassung der Kritik

Die vorstehenden Untersuchungen haben zu den in folgenden Thesen zusammengefaßten Bedenken gegenüber den Vorschlägen im Entwurf der Bundesregierung und in der Stellungnahme des Bundesrats geführt:

1. Die Streichung des Tatbestandsmerkmals der *Unwahrheit* der Angaben mit der Folge, daß es künftig nur noch darauf ankommen soll, daß die Angaben irreführend sind, führt insbesondere bei der Verwendung wahrer Angaben in der Werbung zur Pönalisierung von Verhaltensweisen, die weder im Hinblick auf den Schutz des Konkurrenten in der Wirtschaft noch mit Rücksicht auf den Schutz der Verbraucher als kriminelles Unrecht angesehen werden können und für die es ausreicht, sie entweder rechtlich als Ordnungswidrigkeiten zu klassifizieren und demgemäß Geldbußen als Sanktionen vorzusehen, oder sie in die Rechtsordnung lediglich so einzuordnen, daß sie – möglicherweise – als Grundlage für zivilrechtliche Ansprüche, insbesondere den Unterlassungsanspruch aus § 3 UWG in Betracht kommen.

2. Zu dem unter 1 Gesagten kommt hinzu, daß die Streichung des Tatbestandsmerkmals der Unwahrheit der Angaben die Gefahr einer Rechtsprechung heraufbeschwört, in der wegen eben dieser Streichung die Bedenken gegen die Annahme, sogar die Verwendung ausdrücklich im Gesetz *zugelassener Bezeichnungen* könne tatbestandsmäßig sein, verringert werden, – eine zusätzliche ungerechtfertigte Erweiterung der Pönalisierung von Verhaltensweisen im Wettbewerb.

3. Eine weitere bedenkliche Ausdehnung des Strafbarkeitsbereichs ergäbe sich, wenn der Gesetzgeber dem von der Bundesregierung nicht übernommenen Vorschlag des Bundesrats folgen und das Tatbestandsmerkmal, daß die Angaben in öffentlichen Bekanntmachungen oder in Mitteilungen gemacht sein müssen, die für einen größeren Kreis von Personen bestimmt sind, streichen würde, und infolgedessen bloße *Individualäußerungen*, für die nicht einmal eine Wiederholungsabsicht zu bestehen brauchte, für die Tatbestandsmäßigkeit hinreichend wären, obwohl hier, soweit echtes kriminelles Unrecht – insbesondere Schadenszufügung – vorläge, der Betrugstatbestand ausreichend wäre, während dort, wo nicht einmal der Versuch einer Schädigung vorläge, zivilrechtliche oder allenfalls ordnungswidrigkeitsrechtliche Sanktionen genügen würden.

4. Ob eine solche Ausdehnung der objektiven Strafbarkeitsvoraussetzungen, nach der sogar wahre, im Gesetz ausdrücklich zugelassene Angaben, die ohne Wiederholungsabsicht vom Werbenden nur einmal einer Einzelperson gegenüber gemacht wurden, strafbar sein können, sofern sie nur irreführend sind, *kriminalpolitisch* geboten

ist, muß bezweifelt werden, zumal die Grenzen der Ausweitung durch mangelnde *Bestimmtheit* des Tatbestandsmerkmals der irreführenden Angaben verschwimmen, so daß die Vorausberechenbarkeit des Verbotenen und des Erlaubten erschwert wird.

5. Ebenfalls auf Bedenken stößt die *Verweisungstechnik* der Vorschläge von Bundesregierung und Bundesrat. Die Ausfüllung des Sraftatbestands des § 4 UWG durch die Einbeziehung der zivilrechtlichen Bestimmung des § 3 UWG führt u.a. zu Auslegungsschwierigkeiten, weil die Normen des Bürgerlichen Rechts in der Regel extensiv und die des Strafrechts grundsätzlich restriktiv zu interpretieren sind. Entschlösse sich jedoch der Gesetzgeber zur Einschränkung der Pönalisierung auf unwahre Angaben, auf direkten Vorsatz und sonstige Einschränkungen (vgl. unten G VI), entfielen die Bedenken gegen die Verweisungstechnik.

6. Zu einer unnötigen Erweiterung des Strafbarkeitsbereichs führt ferner die Änderung des *subjektiven Tatbestandsmerkmals.* Nach den in Rede stehenden Reformvorschlägen genügt es, wenn der Täter zu Zwecken des Wettbewerbs gehandelt hat. Es wäre hiernach künftig nicht mehr erforderlich, daß der Werbende bei seinen Angaben die Absicht verfolgt, den Anschein eines besonders günstigen Angebots hervorzurufen, denn zu Zwecken des Wettbewerbs können Angaben auch gemacht werden, ohne daß diese Absicht vorläge.

7.Die vorgenannten Bedenken lassen sich durch den Hinweis auf *übergesetzliche Tatbestandsausschließungs- und Rechtfertigungsgründe*, wie Sozialkongruenz und Sozialadäquanz sowie gebotenes und erlaubtes Risiko, nicht überwinden, weil der Gesetzgeber, zumal im Strafrecht, die nähere Bestimmung der Strafbarkeitsvoraussetzungen nicht ohne Not der Rechtsprechung überlassen sollte, wie dies beim Regreß auf übergesetzliche Normen der Fall wäre. Der Rechtsbürger hat einen Anspruch auf Sicherung vor schwer überschaubaren und schwer kontrollierbaren Entwicklungen mit dem Instrument des ungeschriebenen Rechts. Die Informations- und Warnungsfunktion des Strafrechts wäre gefährdet und Rechtsunsicherheit würde drohen.

8. Von weittragenden Folgen wäre sodann die im Bundesregierungsentwurf vorgeschlagene und vom Bundesrat gebilligte Einführung der Strafbarkeit aus § 4 UWG bei einem Verhalten des Täters, das nur vom *bedingten Vorsatz* getragen wäre. Da insbesondere Gleichgültigkeit zur Bejahung des Eventualdolus ausreichend sein kann, werden Verhaltensformen in der Werbung für strafbar erklärt, die – zumal bei der Verwendung wahrer und womöglich sogar vom Gesetz ausdrücklich zugelassener Angaben – kein kriminelles Unrecht enthalten.

9. In Übereinstimmung mit der Stellungnahme der Bundesregierung ist ferner abzulehnen die Empfehlung des Bundesrats, die obere Grenze für die Freiheitsstrafe von einem Jahr auf zwei Jahre zu erhöhen, und so auch den *Strafrahmen* zu erweitern.

10. Schließlich zeigt eine genauere Analyse der *kriminalpolitischen*, insbesondere der *statistischen* Argumente für die Erweiterung der Pönalisierung von den hier angesprochenen Verhaltensweisen im Wettbewerb, daß diese Argumentationen nicht durchgreifen. Sie setzen sich vielmehr dem Vorwurf aus, es entstehe der Eindruck, als ob man mit einem neuen Auffangtatbestand im Vorfeld des Betrugs, also mit den schwerfälligen und harten Mitteln der Strafjustiz den Wettbewerb läutern und damit

einen wichtigen Bereich der Wirtschaft moralisch aufrüsten wolle, anstatt nach dem Grundsatz zu handeln, das Strafrecht auf ein unerläßliches Mindestmaß zu beschränken, – ein Grundsatz, nach dem, wie schon erwähnt wurde, alle diejenigen angetreten sind, die sich für eine moderne Strafrechtsreform einsetzen.

II. Vorschläge von Tiedemann

Für eine Reform des § 4 UWG sind unterschiedliche Vorschläge gemacht worden. Zunächst ist hier das Modell zu nennen, daß auf der Grundlage von Vorstellungen, die *Tiedemann* entwickelt hat[46], voraussichtlich in den in Vorbereitung befindlichen wirtschaftsstrafrechtlichen Abschnitt des Besonderen Teils des *„Alternativentwurfs für ein Strafgesetzbuch"* (AE) eingehen wird. (Es handelt sich um ein vorläufiges Zwischenergebnis der Beratungen, das im Einverständnis mit den Mitarbeitern am Alternativentwurf hier mitgeteilt und diskutiert wird. Die endgültige Entscheidung über die Fassung steht noch aus). Der Tatbestand der „unrichtigen Werbung", wie er genannt wird, soll aus dem UWG heraus- und in das StGB hineingenommen werden. Es wird folgender Wortlaut empfohlen:

(1) Wer im Wirtschaftverkehr gegenüber einer Vielzahl von Personen in bezug auf das Angebot einer Ware, einer gewerblichen oder einer sonstigen wirtschaftlichen Leistung vorsätzlich unwahre Abgaben über Umstände macht, die im Verkehr als wesentlich angesehen werden, wird ... bestraft.

(2) Umstände im Sinne des Absatzes 1 sind insbesondere die Beschaffenheit, der Ursprung, die Herstellungsart und die Preisbemessung der Ware oder Leistung, die Art des Bezugs und die Bezugsquelle von Waren, der Besitz von Auszeichnungen, der Anlaß oder Zweck des Angebots und die Menge der Vorräte.

In der Begründung zu diesem Vorschlag wird ausgeführt, durch diese Fassung sollen serienmäßige Fälle des sog. Provisions-„Betrugs" erfaßt werden, die weder unter § 4 UWG in der geltenden Fassung, noch unter § 263 StGB fallen. Die Formulierung soll zugleich einen Sondertatbestand des Betrugs überflüssig machen, in dem vom Schadenserfordernis abgesehen und die Beeinträchtigung der Dispositionsfreiheit des Konsumenten erfaßt würde[47]. Private Verkaufsgeschäfte und individuelle, nicht serienmäßig begangene Verkaufsberatungen und Anpreisungen sind aus dem Tatbestandsbereich herausgelassen. Die Vorschrift soll nach der Absicht ihrer Verfasser insgesamt dem Konsumentenschutz und erst sekundär auch dem Schutz des Konkurrenten dienen. Der Öffentlichkeitsbegriff ist gegenüber § 4 UWG erweitert. Die serienmäßige Werbung durch Vertreter von Tür zu Tür wird mit erfaßt. Auf die Absicht, den Anschein eines besonders günstigen Angebots hervorzurufen, verzichtet dieser Vorschlag, um auch die Fälle des „falschen Studenten" (Zeitschriftenverkauf durch Provisionsvertreter zu angeblich wohltätigen Zwecken), bei denen § 263

---

46 *Tiedemann*, Welche strafrechtlichen Mittel empfehlen sich für eine wirksamere Bekämpfung der Wirtschaftskriminalität? – Gutachten zum 49. Deutschen Juristentag, München 1972, C 62 und C 63

47 *Tiedemann* in ZRP 1970, 256 und 259

StGB versagt, zu erfassen. Zur Überflüssigkeit der Anscheinsabsicht vgl. den Aufsatz von *Tiedemann*[48] zum Urteil des OLG Karlsruhe vom 16. Februar 1973[49].

Sodann heißt es ferner in der Begründung, daß aus rechtsstaatlichen Gründen, um eine hinreichende Tatbestandsbestimmtheit nach Art. 103 Abs. 2 GG zu erzielen, der empfohlene Gesetzestext allein die Unwahrheit der Werbeangaben fordere und auf das Merkmal der Eignung zur Irreführung verzichte. Man will auf diese Weise erreichen, daß es auf subjektive Verbraucherauffassungen, deren „Konfusionsrate" ohnehin kaum je mit genügender Sicherheit festzustellen ist[50], für die Frage nach der Tatbestandsmäßigkeit nicht mehr ankommt.

Das Tatbestandsmerkmal der Wesentlichkeit im Verkehr lehnt sich bewußt an § 119 Abs. 2 BGB an. Auch bei den Umständen, die im Abs. 2 des Vorschlags genannt sind, ist nach der Absicht der Verfasser stets zusätzlich zu prüfen, ob sie im Verkehr als wesentlich angesehen werden. Irrelevante Falschangaben sollen damit aus dem Tatbestand ausgeschieden werden.

III. ZAW-Vorschlag

Der *Zentralausschuß der Werbewirtschaft*[2] hat empfohlen, § 4 UWG im Wettbewerbsrecht zu belassen, ihm aber nachstehende neue Fassung zu geben:

> Wer im geschäftlichen Verkehr zu Zwecken des Wettbewerbs über geschäftliche Verhältnisse, insbesondere über die Beschaffenheit, den Ursprung, die Herstellungsart oder die Preisbemessung einzelner Waren oder gewerblicher Leistungen oder des gesamten Angebots, über Preislisten, über Art des Bezuges oder die Bezugsquelle von Waren, über den Besitz von Auszeichnungen, über den Anlaß oder den Zweck des Verkaufs oder über die Menge der Vorräte wider besseres Wissen unwahre Angaben macht, wird mit Freiheitsstrafe bis zu einem Jahr oder mit Geldstrafe bestraft, wenn die unwahren Angaben nach der allgemeinen Verkehrsauffassung als wesentlich für den Kauf- oder sonstigen Vertragsschluß anzusehen sind[51].

Zur Begründung[52] wird mit Argumenten, die sich in vielen Punkten mit der oben in den Abschnitten A bis F dargestellten Kritik am Regierungsentwurf und an den Vorstellungen des Bundesrats decken, auf die „nahezu schrankenlose Ausweitung der Strafbarkeit irreführender Werbung" hingewiesen, die eintreten würde, wenn der Vorschlag der Bundesregierung Gesetzeskraft erlangen würde. Stattdessen wird empfohlen, an dem objektiven Tatbestandmerkmal der „unwahren Angaben" festzuhalten, damit die Strafbarkeit nicht von der subjektiven Auffassung – der „Konfusionsrate" – der Konsumenten abhängig gemacht wird. Außerdem wird die mangelnde Bestimmtheit des Merkmals der „irreführende Angaben" beanstandet, die wiederhergestellt wird, wenn das Merkmal „unwahre Angaben" verwendet wird. Als Tatbestands-

49 OLG Karlsruhe in JR 1973, 412
50 ZAW-Memorandum, a.a.O., S. 20 ff.
51 ZAW-Memorandum, a.a.O., S. 17
52 ZAW-Memorandum, a.a.O., S. 18 ff.

ergänzung wird sodann empfohlen, nur solche unwahren Angaben unter Strafdrohung zu stellen, die für den Kauf oder sonstigen Vertragsschluß wesentlich sind, damit sichergestellt ist, daß unwichtige und für die Vertragsentscheidung des Verbrauchers bedeutungslose Werbe-Mitteilungen von der Strafbarkeit ausgenommen werden. „Harmlose Schönrederei darf nicht mit Kriminalstrafe verfolgt werden[53]. Das Erfordernis der Wesentlichkeit der Angaben ist beim ZAW-Vorschlag als objektive Strafbarkeitsbedingung formuliert, sodaß sich der Vorsatz des Täters auf die Wesentlichkeit nicht zu erstrecken braucht.

Die Ausdehnung des Tatbestands auf nicht-öffentliche Mitteilungen, also insbesondere auf das individuell geführte Verkaufsgespräch – das Haustürgeschäft –, wie sie der Bundesrat empfiehlt, wird begrüßt und im ZAW-Vorschlag unterstützt[54].

Die Verweisung auf § 3 UWG zur Ausfüllung des Tatbestands wird jedoch nicht empfohlen, weil dies zu Mißverständnissen führen könne, da in § 3 UWG der Begriff der Irreführung verwendet werde, und dies dazu führen könne, daß der für § 4 UWG vorgeschlagene Begriff der „unwahren Angaben" nicht rein objektiv und unabhängig vom Bewertungsmaßstab der beteiligten Verbraucherkreise interpretiert werde[54].

Auf das subjektive Tatbestandsmerkmal der Absicht, den Anschein eines besonders günstigen Angebots hervorzurufen, wird im ZAW-Vorschlag ebenso wie im Regierungsvorschlag verzichtet. Stattdessen wird als finales Verhalten in wörtlicher Übereinstimmung mit dem Vorschlag der Bundesregierung lediglich ein Handeln „zu Zwecken des Wettbewerbs" gefordert. In der Begründung des ZAW überrascht, daß der Fortfall der Anscheinsabsicht zwar beklagt, aber dann im eigenen Vorschlag mitgemacht wird[52].

Zur Frage der Schuldvoraussetzungen wird empfohlen, es wie im geltenden Recht dabei zu belassen, daß der bedingte Vorsatz für die Strafbarkeit nicht ausreicht. Die Ausdehnung auf den Eventualdolus wird vor allem im Hinblick auf § 15 Abs. 1 UWG, wo beim dort geregelten Tatbestand der geschäftlichen Verleumdung der bedingte Vorsatz als Schuldvoraussetzung nicht ausreiche, für bedenklich gehalten, weil es nicht einleuchtend sei, daß derjenige, dem ohne täuschende oder schädigende Absicht eine unwahre Werbeaussage unterlaufe, eher Strafe verdienen solle als jemand, der gezielt zum Schaden anderer über diese falsche Tatsachenbehauptungen in geschäftlicher Hinsicht aufstelle. Der Täter, der konkret den geschäftlichen Ruf eines anderen angreife, entwickele entschieden mehr „kriminelle Energie" als derjenige, der in allgemeinen Werbeankündigungen unrichtige Angaben mache[55].

IV. Vorschlag des Deutschen Industrie- und Handelstags (DIHT)

In einem an die Mitglieder und stellvertretenden Mitglieder des Sonderausschusses für Strafrechtsreform und des Rechtsausschusses des Bundestages gerichteten Schreiben vom 8. Juni 1973 (VI St 8/BT/Rd) hat der *Deutsche Industrie- und Handelstag*

53 ZAW-Memorandum, a.a.O., S. 25
54 ZAW-Memorandum, a.a.O., S. 26
55 ZAW-Memorandum, a.a.O., S. 27

(DIHT) auf S. 9 empfohlen, dem § 4 UWG folgende Fassung zu geben:

(1) Wer im geschäftlichen Verkehr zu Zwecken des Wettbewerbs *wider besseres Wissen unwahre Angaben über die in § 3 bezeichneten geschäftlichen Verhältnisse* in öffentlichen Bekanntmachungen oder in Mitteilungen macht, die für einen größeren Kreis von Personen bestimmt sind, wird mit Freiheitsstrafe bis zu einem Jahr oder mit Geldstrafe bestraft, *wenn die unwahren Angaben nach allgemeiner Auffassung als wesentlich für den Entschluß anzusehen sind, zu kaufen oder gewerbliche Leistungen in Auftrag zu geben.*

(2) Mit Freiheitsstrafe bis zu zwei Jahren oder mit Geldstrafe wird bestraft, wer im geschäftlichen Verkehr zu Zwecken des Wettbewerbs wider besseres Wissen unwahre Angaben über die in § 3 bezeichneten geschäftlichen Verhältnisse unter Ausnutzung der Notlage, des Leichtsinns oder der Unerfahrenheit eines anderen macht.

Auch der DIHT hält eine Reform des § 4 UWG für erforderlich. Gegen den Regierungsentwurf werden jedoch Bedenken geltend gemacht, weil in diesem der § 4 UWG ebenso wie dies nach heutigem Recht schon für § 3 UWG gelte, auf alle irreführenden Angaben über geschäftliche Verhältnisse ausgedehnt werden solle. Dem widerspreche es, daß die zivilrechtliche Verantwortung des Werbenden erheblich darüber hinausgehen könne und solle, was er selbst als irreführend kenne oder in Kauf nehme. Durch die Übernahme des Tatbestandsmerkmals der irreführenden Angaben aus § 3 in § 4 UWG verliere der Straftatbestand die erforderliche Bestimmtheit, denn es gebe zahllose Werbeankündigungen, deren irreführender Charakter selbst unter Experten ebenso umstritten sei wie in der Rechtssprechung. Bestimmbar sei dagegen die Unwahrheit einer Angabe. Im übrigen erfasse der Begriff der unwahren Angabe nach herrschender Ansicht nicht nur verbal unrichtige, sondern auch solche Aussagen, die sprachlich oder bei genauem Hinsehen zwar zuträfen, jedoch durch ihre dem flüchtigen Leser dargestellte Aufmachung oder dem Sinn nach, den der Verbraucher ihnen zumesse, schwerwiegend täuschten. Damit wäre das strafrechtspolitische Anliegen des Regierungsentwurfs erfüllt, ohne unnötig den gesamten Anwendungsbereich der Zivilklage auf Unterlassung irreführender Angaben zu erfassen (a.a.O., S. 9 und 10).

Sodann wird vom DIHT die Auffassung vertreten, eine Verschärfung des § 4 UWG durch Ausdehnung des Katalogs der Angaben über geschäftliche Verhältnisse und noch mehr durch den Fortfall des Nachweises einer Täuschungsabsicht dürfte sachlich gerechtfertigt sein, aber auch ausreichen. Die Zulassung des bedingten Vorsatzes als hinreichende Strafbarkeitsvoraussetzung führe dagegen zu weit. Direkter Vorsatz sollte nach wie vor als Strafbarkeitsvoraussetzung verlangt werden, falls man nicht zu einer unbegrenzten Pönalisierung kommen wolle. Im Entwurf des DIHT wird die Ausdrucksweise „wider besseres Wissen" benutzt, um die Ausschaltung des Eventualdolus deutlich zu machen. Gegen die Sprachregelung des Regierungsentwurfs, wo der terminus „wissentlich" nur noch dann beibehalten werden soll, wenn der bedingte Vorsatz ausgeschlossen ist[56], bestehen seitens des DIHT selbstverständlich keine Bedenken.

56 BT-Drucks. 7/550, S. 192 li. Sp., Einleitung

In der Begründung des DIHT-Vorschlags wird ferner darauf hingewiesen, daß die Gleichstellung der äußeren Tatbestände in § 3 und 4 UWG auch bei Übernahme der oben genannten Empfehlungen den Strafbarkeitsbereich immer noch zu stark ausweite, weil dann Werbeaussagen unter den Tatbestand fielen, die nicht einmal im Zusammenhang mit Kaufgesprächen oder auch nur Kaufabsichten gemacht würden. An manche Imagewerbungen sei hier ebenfalls zu denken. Hier würden die Staatsanwaltschaften wegen des Legalitätsprinzips in Schwierigkeiten geraten, selbst wenn man davon ausginge, daß eine große Zahl von Ermittlungsverfahren in Fällen dieser Art wegen Geringfügigkeit eingestellt würde. Im DIHT-Vorschlag wird deshalb empfohlen, die Strafdrohung auf solche wider besseres Wissen gemachten unwahre Angaben zu beschränken, „die nach allgemeiner Verkehrsauffassung als wesentlich für den Entschluß anzusehen sind, zu kaufen oder gewerbliche Leistungen in Auftrag zu geben." Diese Strafbarkeitsvoraussetzung sollte als objektive Strafbarkeitsbedingung ausgestaltet werden, so daß der Vorsatz des Täters sich nicht auf diese Wesentlichkeit zu erstrecken braucht (a.a.O., S. 12).

In der Kontroverse zwischen Bundesregierung und Bundesrat hinsichtlich der Ausdehnung des Straftatbestands auf die nichtöffentliche Werbung wird im DIHT-Vorschlag eine vermittelnde Meinung vertreten. Es heißt in der Begründung zum Vorschlag einerseits, die vom Bundesrat für erforderlich gehaltene Ausweitung habe deshalb viel für sich, weil bei sog. Individualtäuschungen nicht selten ein höheres Maß krimineller Energie zur Wirkung komme als bei der von wachsamer Konkurrenz sowie von Verbänden zur Wahrung des lauteren Wettbewerbs beobachteten öffentlichen Werbung. Andererseits wird eingeräumt, die Bundesregierung habe Recht, wenn sie auf die Schwierigkeiten bei der Abgrenzung zum Betrugstatbestand hinweise. Gleichwohl gäbe es eine bestimmte Art von Individualtäuschungen, bei denen die Sozialschädlichkeit einen solchen Grad erreiche, daß eine erhöhte Strafdrohung gerechtfertigt werde. Gemeint seien die zahlreichen Fälle, in denen mündlich oder in Anzeigen zunächst gute Verdienst- oder Aufstiegsmöglichkeiten geboten und dann im nachfolgenden Gespräch unerfahrene und leichtgläubige Menschen zur Übernahme von Verpflichtungen überredet würden, die sie vorher nicht übersehen könnten und die in keinem angemessenen Verhältnis zu dem Nutzen des Angebots stünden. Hierbei handele es sich keineswegs nur um Verpflichtungen, die im Abzahlungsgesetz geregelt worden wären. Für diese Fallgruppe wird der oben wiedergegebene neue Absatz 2 empfohlen. Dieser Vorschlag führe, so heißt es in der Begründung weiter, zu keinen Kollisionen mit dem Betrugstatbestand. Hinsichtlich der schutzwürdigen Personenkreise lehne sich dieser Absatz 2 an § 302 a StGB an (a.a.O., S. 12 und 13).

V. Vorschlag von Hoth

In die Erörterungen einbezogen sei abschließend noch ein bisher, soweit ersichtlich, noch nicht veröffentlichter, dem Verfasser unter dem 24. April 1973 brieflich zugänglich gemachter Reformvorschlag von *Jürgen Hoth*. Dieser lautet:

I. Wer im geschäftlichen Verkehr zu Zwecken des Wettbewerbs wider besseres Wissen in bezug auf eigene oder fremde Angebote, die Waren oder gewerbliche

Leistungen des täglichen Bedarfs zum Gegenstand haben oder über sonstige geschäftliche Verhältnisse des Werbenden oder des die Waren oder gewerblichen Leistungen anbietenden Unternehmens unwahre Tatsachen behauptet oder verbreitet, die dazu bestimmt und geeignet sind, letzte Verbraucher in ihrer Entschließung zum Kauf oder zu sonstigen Vertragsabschlüssen zu beeinflussen, wird mit Freiheitsstrafe bis zu einem Jahr und mit Geldstrafe oder mit einer dieser Strafen bestraft.

II. Die Verfolgung wahrheitswidriger Werbung tritt nur auf Antrag ein, es sei denn, daß die Strafverfolgungsbehörde wegen des besonderen öffentlichen Interesses an der Strafverfolgung ein Einschreiten von Amts wegen für geboten erachtet.

III. Die Rücknahme eines Strafantrags ist zulässig.

IV. Strafantragsberechtigt sind die in § 13 UWG für klagebefugt erklärten Mitbewerber und Verbände sowie die Industrie- und Handelskammern.

Unter der Voraussetzung, daß ein neu formulierter Straftatbestand kriminalpolitisch erforderlich ist – eine Voraussetzung, die nach der Meinung von *Hoth* nicht hinreichend verifiziert ist –, warnt der Genannte vor einer bloßen Pönalisierung des zivilrechtlichen Unterlassungsanspruchs. Er fordert vielmehr eine aus dem Schutzzweck und dem im echten Interesse der Allgemeinheit begründeten Verfolgungsbedürfnis herzuleitende genaue Abgrenzung des sachlichen Geltungsbereichs. Darüber hinaus soll der Gesetzestext mit Tatbestandsmerkmalen ausgestattet sein, die der Strafrechtspraxis gemäß und dem Strafrichter vertraut sind. So kommt *Hoth* zu seinem stark in die Einzelheiten gehenden Vorschlag. Bei der Frage, ob – wie es der Bundesrat empfiehlt – auch die unwahren Angaben in Einzelgesprächen des Vertreters an der Wohnungstür von der Strafbestimmung erfaßt werden sollen, entscheidet sich *Hoth* für die Auffassung des Bundesrats.

Für Luxuswaren oder luxuriöse gewerbliche Leistungen bestreitet *Hoth* ein strafrechtliches Schutzbedürfnis. Ein solches sei nur zu erkennen, wenn es sich um eine auch an letzte Verbraucher adressierte Werbung handele, die sich auf Waren oder gewerbliche Leistungen des alltäglichen Bedarfs beziehe.

VI. Ergebnis

Unter Berücksichtigung der im Vorangehenden erörterten Gesichtspunkte wird empfohlen, dem § 4 UWG die nachstehende Fassung zu geben:

I. Wer im geschäftlichen Verkehr zu Zwecken des Wettbewerbs gegenüber einem größeren Kreis von Personen über geschäftliche Verhältnisse im Sinne des § 3 wissentlich unwahre Angaben macht, die nach der Auffassung derjenigen Personenkreise, an die sich der Werbende wendet, als wesentlich für den Entschluß anzusehen sind, zu kaufen oder einen Vertrag über gewerbliche Leistung abzuschließen, wird mit Freiheitsstrafe bis zu einem Jahr oder mit Geldstrafe, und wenn die Tat unter Ausnutzung der Notlage, des Leichtsinns oder der Unerfahrenheit anderer begangen wurde, mit Freiheitsstrafe bis zu zwei Jahren oder mit Geldstrafe bestraft.

II. Die Verfolgung tritt nur auf Antrag ein, es sei denn, daß die Strafverfolgungsbehörde wegen des besonderen öffentlichen Interesses an der Strafverfolgung ein Einschreiten von Amts wegen für geboten hält.

III. Strafantragsberechtigt sind die in § 13 für klageberechtigt erklärten Gewerbetreibenden und Verbände sowie die Industrie- und Handelskammern, die Landwirtschaftskammern und die Handwerkskammern.

Zur Begründung dieses Vorschlags ist, abgesehen von dem in den Abschnitten A bis F näher ausgeführten und unter Berücksichtigung der unter G I bis V behandelten verschiedenen Entwürfe, auf folgendes hinzuweisen, wobei die Reihenfolge der Erläuterungen der Reihenfolge des Vorkommens der Begriffe im Text des Vorschlags folgt:

1. Zum Tatbestandsmerkmal *„im geschäftlichen Verkehr"*:
Die Ausdrucksweise „im geschäftlichen Verkehr" wird auch im Regierungsentwurf benutzt. Die Terminologie schließt sich insoweit an § 3 an. Verhaltensformen des unentgeltlichen geschäftlichen Verkehrs werden ebenso wie solche des entgeltlichen erfaßt.

2. *„Zu Zwecken des Wettbewerbs"*:
Ohne ein solches die Finalität klar zum Ausdruck bringendes subjektives Tatbestandsmerkmal läßt sich die Gefahr einer Ausweitung des Strafbarkeitsbereichs nicht vermeiden. Beispielsweise würden unwahre Angaben über geschäftliche Verhältnisse, die im Zusammenhang mit Arbeitskämpfen – Streik, Aussperrung usw. – geäußert wurden, möglicherweise erfaßt werden. Andererseits engt die Anscheinsabsicht im Wortlaut des geltenden § 4 die Anwendungsmöglichkeiten zu stark ein.

3. *„Gegenüber einem größeren Kreis von Personen"*:
Daß die Einbeziehung von Individualäußerungen, die nicht im Serienzusammenhang stehen, zu weit ginge, hat die Bundesregierung in ihrer Stellungnahme zu dem Änderungsvorschlag des Bundesrats mit Recht betont. Vgl. hier oben F III.

4. Gegen eine *Verweisung auf § 3* dürften bei der hier vorgeschlagenen Neufassung des § 4 keine Bedenken bestehen, da die Pönalisierungsgrenzen hinreichend eng gezogen sind. Die Einschränkung der Tatbestandsmerkmale „Waren" und „gewerbliche Leistungen" auf Waren und Leistungen des täglichen Bedarfs, empfiehlt sich nicht. Die Anwendungsgrenzen würden ungenau, zum Beispiel bliebe unklar, ob Ersatzteile für Maschinen Waren des täglichen Bedarfs wären. Oder: Wie verhält es sich mit kostspieligem Handwerkszeug für den Handwerker einerseits und für den Feierabendbastler andererseits? Man frage sich ferner, ob ein Personenkraftfahrzeug der mittleren Klasse zu den hier erfaßten Waren zählt, und wie es sich bei großen Personenkraftfahrzeugen verhält, die weit reisende Handelvertreter benötigen. – Desgleichen empfiehlt es sich nicht, den Tatbestand auf Werbung gegenüber dem Letztverbraucher zu beschränken. Der kleine Einzelhändler kann schutzwürdiger sein als ein vermögender Letztverbraucher. Außerdem ist zu bedenken, daß § 4 neben dem Verbraucher nach wie vor zugleich den Mitbewerber schützen soll.

5. *„Wissentlich":* Der Ausdruck folgt der im Entwurf eines EGStGB vorgesehenen Sprachregelung[57]. Strafbar macht sich bei dieser Fassung nur, wer wußte und wollte, daß sein Verhalten den Tatbestand verwirklicht. Bedingter Vorsatz ist also nicht einbezogen.

6. *„Unwahre Angaben":* In allen oben unter G II bis V genannten Entwürfen wird das in den Vorschlägen von Bundesregierung und Bundesrat vorgesehene Tatbestandsmerkmal der irreführenden Angaben abgelehnt und stattdessen gefordert, es sollten nur unwahre Angaben zur Strafbarkeit führen dürfen. Andererseits wird in keinem der Gegenentwürfe die Regelung des geltenden Rechts übernommen, wonach die Angaben nicht nur unwahr, sondern außerdem auch noch zur Irreführung geeignet sein müssen. Das ist verständlich. Diese Eignung wird in den meisten Fällen ohnehin gegeben sein. Andererseits sind unwahre Angaben unter den hinzukommenden sonstigen Strafbarkeitsvoraussetzungen auch ohne diese Eignung strafwürdig. Außerdem werden schwierige Beweisprobleme weitgehend vermieden.

7. *„Angaben, die nach der Auffassung derjenigen Personenkreise, an die sich der Werbende wendet, als wesentlich... anzusehen sind, zu kaufen...":*
Objektive Strafbarkeitsbedingungen lassen sich nur schwer mit dem strafrechtlichen Sehuldgrundsatz in Einklang bringen. Die Wesentlichkeit wurde daher in diesem Vorschlag als Tatbestandsmerkmal ausgestaltet. Der Vorsatz des Täters muß sich demgemäß auf die im Text näher charakterisierte Wesentlichkeit erstrekken.

8. Der *Strafrahmen*, wie er im Bundesregierungsentwurf vorgesehen ist, reicht für den Grundtatbestand aus. Für die Qualifikation ist eine Erhöhung gerechtfertigt. Zur Geldstrafe vgl. § 41 StGB.

9. Der *Ausnutzungstatbestand* schließt sich in seiner Formulierung weitgehend an den Wortlaut von § 302a StGB an. Zu denken ist hier vor allem an die Ausnutzung der Unerfahrenheit bei serienmäßigen Werbegesprächen an der Wohnungstür. Die Ausnutzung des Leichtsinns kann bei Werbung in jugendlichen Käuferkreisen – aber natürlich nicht nur dort – in Betracht kommen. Die Ausnutzung von Notlagen ist denkbar bei Warenverknappung, Epidemien (Heilmittelwerbung!), Naturkatastrophen u.ä.

10. Da der Straftatbestand verwirklicht ist, selbst wenn der Täter niemandem einen *Schaden* zugefügt hat, also im Grenzbereich dessen liegt, was im Vorfeld des Betruges noch als strafwürdig anzusehen ist, empfiehlt es sich, ihn dem Vorschlag von *Hoth* folgend als *Antragsdelikt* auszugestalten. Die Strafverfolgung ist zur Disposition der Antragsberechtigten gestellt, denn nach § 77d StGB kann der Antrag zurückgenommen werden. Für besonders schwerwiegende Fälle, in denen ein öffentliches Interesse an der Strafverfolgung zu bejahen ist, kann die Staatsanwaltschaft nach der empfohlenen Fassung auch ohne Strafantrag einschreiten.

57 BT-Drucks. 7/550, S. 192

Formelles Strafrecht

Die Verletzung von Denkgesetzen als Revisionsgrund

Übersicht

In der Rechtsprechung und im rechtswissenschaftlichen Schrifttum gilt es im allgemeinen als ausgemacht, daß Verletzungen von Denkgesetzen bei der Begründung eines Urteils, sofern das Urteil überhaupt durch eine Revision angefochten werden kann, geeignet sind, eine Revision jenes Urteils zu rechtfertigen. Zwei Fragen verdienen in diesem Zusammenhang jedoch eine genauere Betrachtung: Erstens die Frage, wie ein Verstoß gegen die Denkgesetze – d. h. eine Verletzung der Gesetze der Logik – prozeßrechtlich im System der Revisionsgründe sinnvoll eingeordnet werden kann, da doch Denkgesetze ganz offensichtlich keine Rechtsnormen sind, und zweitens die Frage, welches sind eigentlich die denkgesetzlichen Verstöße, die für eine Rüge im Revisionsverfahren in Betracht kommen. Diesen beiden Problemkreisen wenden sich die folgenden Überlegungen zu.

A.

Daß der Jurist logisch korrekt argumentieren soll, ist nicht nur eine allgemeine Maxime, wie sie für jeden Bereich gilt, in dem rational begründet wird. Es ist dies vielmehr eine Forderung, die im Prozeßrecht eine ganz besondere Bedeutung hat, weil im modernen Rechtsstaat richterliche Entscheidungen niemals unbegründet sein dürfen. In vielen Fällen, so vor allem bei Urteilen im kontinental-europäischen Recht, müssen diese Gründe sogar ausdrücklich und in schriftlicher Form genannt werden.

Enthält nun eine Entscheidungsbegründung logische Fehler und ist diese Entscheidung mit einem Rechtsmittel anfechtbar, dann scheint es auf den ersten Blick selbstverständlich zu sein, daß die Anfechtung mit dem Hinweis auf jene Verstöße gegen die Logik begründet wird. Handelt es sich bei jener Entscheidung um ein Urteil, und ist das zur Verfügung stehende Rechtsmittel die Revision, dann scheint man im deutschen Prozeßrecht – und das gleiche gilt für das Prozeßrecht zahlreicher anderer Nationen – vor die Schwierigkeit gestellt zu sein, in einem Verstoß gegen die Logik einen Verstoß gegen das Recht sehen zu müssen. Denn das Rechtsmittel der Revision kann nur darauf gestützt werden, daß das angefochtene Urteil auf einer Verletzung des Rechts beruhe (§ 549 ZPO und § 337 StPO). Um aus dieser Schwierigkeit herauszukommen, glaubte der Bundesgerichtshof in BGHSt. 6, S. 70/72[1] die Gesetze der Logik als „Normen des ungeschriebenen Rechts" ansehen zu sollen. Das ist wenig überzeugend, Gesetze der Logik und Gesetze des Rechts wird man genau voneinander trennen können und müssen, gleichgültig ob die einen oder die anderen oder beide geschriebene oder ungeschriebene Gesetze sein sollten. Die These, daß beispielsweise das logische Gesetz von der Transitivität der Implikation eine Norm des Rechts sei, ist wohl kaum ernstlich aufrecht zu erhalten. Wenn nach diesem logischen Gesetz der Satz gilt, daß dann, wenn die Behauptung A die Behauptung B impliziert und B die Behauptung C impliziert, die Behauptung C von A impliziert wird, so ist damit überhaupt nichts Rechtliches ausgesagt, denn A, B und C können Behauptungen irgend eines Sachbereichs sein. Es ist nichts weiter als eine logische Struktur angegeben. Daß sich das in Rede stehende Gesetz der

[1] LM Nr. 17 zu § 261 StPO mit Anm. von KOHLHAAS.

Logik unter anderem auch auf Behauptungen mit rechtlichem Inhalt anwenden läßt, macht es nicht zu einer Rechtsnorm.

In Wirklichkeit ist jene Schwierigkeit nur ein Scheinproblem. Wie schon das Reichsgericht in RGSt. 61, S. 154 für das Strafprozeßrecht richtig festgestellt hatte, ist die Anwendung des Rechts unter Verletzung der Denkgesetze eine *unrichtige* Anwendung des Rechts. *Dies* aber ist eine revisible Verletzung des Rechts, denn im § 337 StPO, der im Absatz 1 den Grundsatz enthält, daß eine Revision nur auf eine Gesetzesverletzung gestützt werden könne, wird im Absatz 2 definiert, das Gesetz sei verletzt, wenn eine Rechtsnorm nicht oder *nicht richtig* angewendet worden sei. Für den Zivilprozeß sagt § 550 ZPO wörtlich das gleiche. Entsprechendes gilt ferner für die prinzipiell durch das Revisionsgericht nicht nachprüfbare freie Beweiswürdigung gemäß § 261 StPO und § 286 ZPO. Wer die Beweiswürdigung des Gerichts angreift, weil er mit der Feststellung des Sachverhalts nicht einverstanden ist, wirft die nicht revisible *Tat*frage auf. Läßt aber die Beweiswürdigung einen Verstoß gegen die Logik erkennen, dann ist dies eine unrichtige Anwendung der Normen über die Beweisführung. Ob aber eine Norm richtig oder unrichtig angewandt wurde, das ist eine *Rechts*frage. Infolgedessen ist die mit den Gesetzen der Logik in Widerspruch stehende Beweiswürdigung insoweit revisibel. Die Freiheit der Beweiswürdigung findet, wie EB. SCHMIDT[2] zutreffend feststellt, an den Denkgesetzen eine ihrer Grenzen. Die Logik selbst braucht deshalb nicht künstlich zur Rechtsmaterie erklärt zu werden. Sie ist selbstverständliches Handwerkzeug der richtig *begründeten* Rechtsanwendung.[2a]

Eine ganz andere, rechtspraktische und nicht rechtslogische Frage ist es, ob die Revisionsbegründung mit der Beanstandung einer denkgesetzwidrigen Beweiswürdigung als *Verfahrensrüge* – Verletzung prozessualer Normen – oder als *Sachrüge* – d. h. als Beanstandung der Verletzung materiellen Rechts – anzusehen ist. Die erstgenannte Meinung vertreten für den Strafprozeß u. a. EB. SCHMIDT[3] und SCHWINGE,[4] die letztgenannte u. a. SARSTEDT[5] und SCHWARZ-KLEINKNECHT,[6] sowie die

---

[2] Lehrkommentar zur StPO Anm. 19 zu § 261.
[2a] Im Ergebnis ebenso A. BLOMEYER, Zivilprozeßrecht, Berlin 1963, S. 573.
[3] aaO. Anm. 30 zu § 337.
[4] Grundlagen des Revisionsrechts, 2. Aufl., S. 198.
[5] Die Revision in Strafsachen, 4. Aufl., S. 213 Anm. 5.
[6] StPO, 25. Aufl., Anm. 14 zu § 267.

Rechtsprechung.[7] Vertretbar sind beide Positionen, weil die logisch unkorrekte Beweiswürdigung die Folge hat, daß sowohl die formellen als auch die materiellen Normen verletzt werden.

Im Hinblick hierauf kann man von einem Doppelcharakter der Verstöße gegen die Denkgesetze sprechen.

Sieht man es als entscheidend an, daß der Richter bei logikwidriger Beweiswürdigung die tatsächlichen Feststellungen auf eine Weise gewonnen hat, die dem § 261 StPO widerspricht, weil diese Bestimmung selbstverständlich eine logisch korrekte Entscheidung über das Ergebnis der Beweisaufnahme fordert, dann besagt eine entsprechende Beanstandung, daß der Richter die tatsächlichen Feststellungen auf einem prozeßrechtlich fehlerhaften Wege gewonnen hat. Eine solche Rüge ist zweifellos eine Verfahrensrüge. Das gleiche gilt, wenn beanstandet wird, daß die denkgesetzwidrige Beweiswürdigung in den Urteilsgründen dem § 267 StPO widerspricht, weil diese Bestimmung neben anderem jedenfalls auch verlangt, daß die Urteilsgründe nebst der in ihnen nach Abs. 1 des § 267 StPO enthaltenen Beweiswürdigung logisch einwandfrei sein müssen. Dieser Aspekt führt also ebenfalls zu dem Ergebnis, daß eine derartige Beanstandung eine Verfahrensrüge ist.

Anders ist es dagegen, wenn man das Schwergewicht der Betrachtungsweise darauf legt, daß die Zugrundelegung einer gegen die Gesetze der Logik verstoßenden Sachverhaltsfeststellung für die Bejahung der Strafbarkeit eine unrichtige Anwendung derjenigen Bestimmungen ist, welche die Voraussetzungen der Strafbarkeit regeln. So gesehen liegt eine Sachrüge vor, denn das materielle Recht ist verletzt, weil die Anwendung sachlichen Rechts nur dann richtig ist, wenn sie von widerspruchsfreien und auch sonst logisch korrekten Sachverhaltsprämissen ausgeht. In der höchstrichterlichen Rechtsprechung hat man sich daran gewöhnt, diese Betrachtungsweise vorzuziehen.

Daneben gibt es naturgemäß auch Fälle, in denen die doppelte Auswirkung der beanstandeten Verletzung der Gesetze der Logik fehlt. Zum Beispiel kann eine widerspruchsvolle, also logisch unkorrekte Berechnung einer Frist für die Einlegung eines Rechtsmittels immer nur der Gegenstand einer Verfahrensrüge sein. Das gleiche gilt für die logikwidrige Beweiswürdigung bei der Ermittlung der tatsächlichen Voraussetzungen für ein Prozeßhindernis, z. B. bei der Frage der Zu-

[7] BGHSt. 3, S. 213 (215) = NJW 1952, S. 1386 = LM Nr. 10 zu § 261 StPO mit Anm. von GEIER.

ständigkeit des Gerichts. Eine hierauf gerichtete Beanstandung wäre also ebenfalls stets eine Verfahrensrüge.

B.

Die Frage, welche Verletzungen von Denkgesetzen in der Revision gerügt werden können, läßt keine erschöpfende Antwort zu. Es können nur ausgewählte wichtige Arten solcher Fehler genannt und erörtert werden, denn eine endliche Anzahl von möglichen logischen Fehlern gibt es ebensowenig, wie es etwa in der Arithmetik eine endliche Anzahl von möglichen Rechenfehlern geben kann.

Wenn der Jurist von einer *Verletzung der Denkgesetze* oder von logischen Fehlern oder – ganz allgemein und wohl am besten – von *Argumentationsfehlern* spricht, dann meint er das, was in den Darstellungen der traditionellen an ARISTOTELES anknüpfenden Logik ein *Fehlschluß* (– *fallacia* –) genannt zu werden pflegt. Ein unabsichtlicher Fehlschluß wird dann bekanntlich *paralogismus* und ein absichtlicher *sophisma* oder *Trugschluß* genannt. Auf diese an das psychische Phänomen der Absicht anknüpfende Unterscheidung wird hier nicht zurückgegriffen, da sie für die logische Analyse weniger wichtig ist. Jeder nicht allzu offensichtliche paralogismus kann als sophisma benutzt werden. Im Folgenden werden deshalb nur die Paralogismen im weitesten Sinne erörtert werden, wobei die Bezeichnungen Paralogismen und Argumentationsfehler synonym verwendet werden.

Um eine Übersicht zu gewinnen ist es wichtig, einen die logische Struktur berücksichtigenden Einteilungsgesichtspunkt für die Argumentationsfehler herauszuarbeiten. Noch heute wird hierfür vielfach die Aufgliederung von ARISTOTELES benutzt. Dieser zufolge sind zwei Hauptarten zu unterscheiden: erstens Fehlargumentationen, die auf dem sprachlichen Ausdruck beruhen, und zweitens solche, für die das nicht gilt. Seit altersher wird ein Fehler der ersten Gruppe *fallacia dictionis* und ein zur zweiten Gruppe zählender Fehler *fallacia extra dictionem* genannt. Das maßgebliche Unterscheidungskriterium ist der Einfluß des Gegenstandes, von dem in der Argumentation die Rede ist, auf die Fehlerhaftigkeit. Bei der ersten Gruppe kann der Fehler ohne Berücksichtigung des Gegenstandes festgestellt werden. Bei der zweiten Gruppe ist das nicht möglich. Dies hat dazu geführt, die Fehler der ersten Gruppe *logische* und die der zweiten *materielle* Paralogismen zu nennen. Neutraler ist die Benennung als *formale* und *nicht-formale* Argumentationsfehler.

Die hier folgende Darstellung legt jedoch für die Systematisierung die in der modernen Methodentheorie entwickelten Begriffe der logischen Syntax, Semantik und Pragmatik zugrunde. Demgemäß wird zwischen *syntaktischen, semantischen* und *pragmatischen* Paralogismen unterschieden. Die Unterscheidung zwischen Syntax, Semantik und Pragmatik geht davon aus, daß jede zu beweisende Behauptung, gleichgültig zu welchem wissenschaftlichen oder nicht-wissenschaftlichen Bereich sie gehört, formal, d. h. ohne Berücksichtigung ihres Inhalts, betrachtet ein einfaches Zeichen oder meist ein Zeichenkomplex ist. Arten solcher geschriebenen oder gesprochenen Zeichen oder Zeichenkomplexe – synonym oft auch Symbole und Symbolkomplexe genannt – können sein: Buchstaben, graphische Zeichen sonstiger Art, Buchstabenkombinationen, Worte, Wortkombinationen, Sätze, sonstige Zeichenkombinationen wie Formeln usw. Bei jedem Zeichen oder Zeichenkomplex lassen sich nun drei Beziehungen unterscheiden: erstens die Beziehungen zwischen den Zeichen und dem der sie verwendet, zweitens die Beziehungen zwischen den Zeichen und dem, was sie bezeichnen, und drittens die Beziehungen der Zeichen untereinander.

Die Lehre von den Beziehungen zwischen den Zeichen, Worten, Sätzen usw. und ihren Benutzern pflegt man *Pragmatik* zu nennen. So sind beispielsweise Fragen nach der Verständlichkeit oder nach der Neuheit oder auch nach der Nützlichkeit von Behauptungen, Beweisen usw. pragmatische Fragen.

Die Lehre von den Beziehungen zwischen Zeichen und Bezeichnetem ist die *Semantik*. Demgemäß sind z. B. Probleme der Bedeutung und Interpretation von Zeichen, Worten, Sätzen usw. semantische Probleme.

Die Lehre von den Beziehungen zwischen den Zeichen, Worten, Sätzen usw. untereinander wird als *Syntaktik* oder *logische Syntax* bezeichnet. Untersucht man etwa, wie Ausdrücke aus Zeichen bestimmter Arten in bestimmten Reihenfolgen zusammengesetzt sind, oder wie ein Satz aus einem anderen abgeleitet werden kann, ohne daß auf die Benutzer und die Bedeutung der Zeichen Rücksicht genommen wird, so hat man es mit syntaktischen Untersuchungen zu tun. Syntaktische Probleme sind daher die Probleme der axiomatischen Methode, der Definitionslehre, des Ableitungs- und des Folgerungsbegriffs usw.

Bei Anwendung dieser Dreigliederung der Betrachtungsweise kann zwischen *pragmatischen, semantischen* und *syntaktischen Argumentationsfehlern* unterschieden werden. Diese Einteilung deckt sich nicht mit der traditionellen Unterscheidung zwischen formalen und materialen Fehlargumentationen. Allerdings sind die syntaktischen stets formallogische Fehler im traditionellen Sinne, während das Umgekehrte nicht gilt. Andererseits sind pragmatische Fehler in der Regel keine formallogischen.

In der modernen Logiktheorie hat man sich bisher mit den Problemen der Paralogismen kaum befaßt. Egon Schneider benutzt deshalb in seiner „Logik für Juristen“[8] die traditionelle Darstellung. Das ist für eine Einführung in die Probleme nicht zu beanstanden, führt aber zu Ungenauigkeiten.[9] Mit den Mitteln der modernen Theorie lassen sich neue Aspekte und exaktere Analysen gewinnen.

Das hindert jedoch nicht, daß bei vielen Fragestellungen an die klassische Tradition, also in erster Linie an *Aristoteles* und die *Scholastik*, angeknüpft werden kann.

I. *Syntaktische Paralogismen* treten vor allem in zwei Hauptformen auf. Dies sind einmal die Verletzungen der syntaktischen Grundregeln der axiomatischen Methode und zum anderen die eigentlichen Ableitungsfehler im engeren Sinne.

1. Streng axiomatisch wird nur in mathematisierbaren und kalkülisierbaren Disziplinen vorgegangen. Da, wo dies wie etwa bei juristischen Argumentationen nur selten möglich ist, wird aber jedenfalls quasi-axiomatisch argumentiert, denn als zulässige Begründung wird in der Regel auch hier nur die Ableitung eines zu beweisenden Satzes aus gegebenen Voraussetzungen (Axiomen, Prämissen) zugelassen. Daraus folgt, daß die Grundregeln der axiomatischen Methode bei juristischen Argumentationen prinzipiell ebenfalls eingehalten werden müssen. Zu diesen gehört die Forderung, daß die benutzten Axiome *widerspruchsfrei, vollständig* und *unabhängig* sind. Die Unabhängigkeit wird lediglich aus denkökonomischen Gründen gefordert. Sie besagt, daß kein Axiom aus einem anderen der mitbenutzten Axiome ableitbar sein soll. Ein Beweis mit Hilfe eines abhängigen Axioms ist jedoch nicht falsch. Das betreffende Axiom kann aber als Axiom ge-

[8] S. 217 ff.

[9] Vgl. z. B. die S. 268 angegebene Formel für den hypothetischen Schluß, die für die intensive Implikation („Nur-wenn-dann“) falsch ist.

strichen werden. Die Benutzung eines überflüssigen Axioms ist nur ein Problem der Denkpraxis, keine Frage der logischen Syntax. Die Verletzung der Unabhängigkeitsforderung zählt deshalb zu den *pragmatischen* Argumentationsfehlern. Als *syntaktische* Fehler kommen aus der Gruppe der drei genannten Forderungen nur die Verletzung der Widerspruchsfreiheits- und die Verletzung der Vollständigkeitsforderung in Betracht. In Anpassung an den Sprachgebrauch bei nicht-mathematisierten Disziplinen wird die erstgenannte *Verletzung der syntaktischen Grundregeln der axiomatischen Methode* im folgenden Prämissenwiderspruch und die zweitgenannte Prämissenmangel genannt werden.

a) Daß ein *Prämissenwiderspruch* die Argumentation fehlerhaft macht, hängt damit zusammen, daß in einem System von Aussagen, in dem zwei sich widersprechende Aussagen gültig sind, nicht mehr zwischen wahren und falschen Aussagen unterschieden werden kann, denn die Aussage X impliziert zusammen mit non-X jede beliebige Aussage Y. Es handelt sich hier um das bekannte logische Gesetz „Ex contradictione quodlibet".

Zur Erläuterung mögen die folgenden *Beispiele* für Prämissenwidersprüche dienen:

In einem von SARSTEDT[10] zitierten Urteil einer Strafkammer wird in den Strafzumessungsgründen ausgeführt, daß der Angeklagte kein gefährlicher Gewohnheitsverbrecher sei, weil er sich nach Verbüßung seiner letzten Strafe eine bürgerliche Existenz geschaffen und damit bewiesen hätte, daß die Strafe einen nachhaltigen Eindruck auf ihn gemacht habe. Gleichwohl wurde in demselben Urteil angeordnet, daß der Angeklagte in einer Heil- oder Pflegeanstalt unterzubringen sei, da er die öffentliche Sicherheit gefährde, denn die letzte Strafe habe keinen nachhaltigen Eindruck auf ihn gemacht. Wie man deutlich sieht, geht die Strafkammer bei der Strafzumessung von zwei sich widersprechenden Voraussetzungen aus. Sie setzt erstens voraus, daß die Vorstrafe einen nachhaltigen Eindruck auf den Angeklagten gemacht habe, und sie setzt zweitens voraus, daß die gleiche Vorstrafe auf den Angeklagten keinen nachhaltigen Eindruck gemacht habe. Infolge dieses logischen Widerspruchs hat der Bundesgerichtshof mit Recht erklärt, daß nunmehr die Gefährlichkeit des Angeklagten weder als festgestellt noch als nicht festgestellt angesehen werden konnte, und daß das Urteil

---

[10] aaO. S. 220/221.

deshalb wegen Verstoßes gegen die Denkgesetze zu seinen Gunsten aufgehoben werden mußte.[11] Einen weiteren Fall eines logischen Widerspruchs bei der Strafzumessung behandelt BGHSt. 16, S. 360/364.[12]

In einem verkehrstrafrechtlichen Fall ist das erstinstanzliche Gericht davon ausgegangen, daß ein Kraftfahrzeug beim Zurücklegen einer bestimmten Strecke einen anderen Wagen insgesamt achtmal überholt habe, während der zuletzt Genannte den zuerst Erwähnten bei der gleichen Fahrt nur viermal überholt habe.[13] Auch hier liegt, sofern man voraussetzt, daß beide Fahrzeuge ohne Pause ständig auf derselben Straße fuhren, ein leicht erkennbarer Prämissenwiderspruch vor. Aus zwei derart miteinander in Widerspruch stehenden Voraussetzungen lassen sich keine Folgerungen für eine rechtliche Entscheidung gewinnen.

b) Der *Prämissenmangel* genannte Paralogismus tritt dann auf, wenn bei der Auswahl der Axiome die Vollständigkeitsforderung nicht beachtet wird. Das ist dort der Fall, wo die gegebenen Voraussetzungen für die Ableitung der zu beweisenden Behauptung oder ihres Gegenteils nicht hinreichend sind, wo also aus den gegebenen Axiomen V_1 & V_2 & ... & V_n weder die Aussage B noch die Aussage non-B abgeleitet werden kann. Der Zusatz in Bezug auf non-B ist erforderlich, weil dann, wenn non-B ableitbar ist, jedenfalls der Beweis, daß B falsch ist, also die Widerlegung von B möglich ist. Die Prämissen waren somit für die Entscheidung der Beweisfrage hinreichend.

Beispielsweise ist es ein Fall des Prämissenmangels, wenn in einem Strafurteil ausschließlich vom Vorliegen des Geständnisses ohne Hinzunahme weiterer Prämissen auf die Täterschaft des Angeklagten geschlossen wird.[14] Da es auch unwahre Geständnisse gibt, kann die hier benutzte Prämisse nur lauten: Es gibt Geständnisse, die wahr sind. Sie darf aber nicht als Allaussage formuliert werden, also nicht in der Weise, daß man sagen würde, alle Geständnisse seien wahr. Würde ein Gericht nur aus dem Vorliegen eines Geständnisses auf die Täterschaft des Angeklagten schließen, so läge ein Fall des Prämissenmangels vor. Der Verstoß gegen die Denkgesetze läge dann darin, daß dem

[11] BGH Urt. v. 19. 2. 1953 – 5 StR 808/52 –.
[12] NJW 1962, S. 498. (Vgl. dazu Spendel in NJW 1964, S. 1761.)
[13] Sarstedt, aaO. S. 218.
[14] Vgl. Sarstedt, aaO. S. 218.

Gebot der Vollständigkeit der Voraussetzungen nicht entsprochen worden wäre.

Gelegentlich sagt man in derartigen Zusammenhängen, daß der Schluß ohne Hinzunahme weiterer Prämissen „nicht zwingend" sei. Das ist eine unscharfe Ausdrucksweise, denn im Falle der Unvollständigkeit der Voraussetzungen ist die betreffende Schlußfolgerung überhaupt unzulässig. Das gleiche gilt für den Fall, daß man sagt, man könne aus der betreffenden Prämisse auch die gegenteilige Schlußfolgerung ziehen. Das wäre logisch ebenso fehlerhaft, denn, wenn sowohl B als auch non-B ableitbar sind, liegt ein Prämissenwiderspruch vor und die gesamte Argumentation ist verfehlt. Indessen kann der Hinweis darauf, daß ein Schluß dieser Art nicht zwingend sei, und daß es noch eine oder mehrere andere Möglichkeiten gäbe, bedeuten, man wolle eine wahrscheinlichkeitslogische Überlegung anstellen. Hierauf wird weiter unten noch zurückzukommen sein.

Von Juristen wird die axiomatische Methode manchmal so verstanden, als müsse man bei diesem Verfahren von einer kleinen Zahl von Axiomen ausgehen. Das ist nicht richtig. Aus denkökonomischen Gründen wird es in vielen Fällen zweckmäßig sein, von einer geringen und übersichtlichen Anzahl von Voraussetzungen auszugehen. Die Richtigkeit des axiomatischen Systems ist aber hiervon unabhängig. Infolgedessen ist die Auffassung, daß sich im Bereich tatsächlicher Feststellungen „überhaupt nicht mit einer axiomatischen Logik arbeiten lasse", nicht zutreffend.[15] Überall wo überhaupt gefolgert wird, muß man prinzipiell axiomatisch vorgehen können. Eine ganz andere Frage ist es, daß es in vielen Fällen nicht erforderlich sein wird, den betreffenden Begründungszusammenhang in eine axiomatisch korrekte Form zu bringen. Man wird sich mit Vereinfachungen und abkürzenden Hinweisen begnügen können, also *„quasi-axiomatisch"* vorgehen dürfen. An der prinzipiellen logischen Struktur ändert das dagegen nichts, denn immer wenn begründet wird – und das gilt auch für die Feststellungen von Tatsachen – geht man von Voraussetzungen aus und leitet aus ihnen Folgerungen ab. Insoweit gibt es keinen Unterschied zwischen Rechtsfragen und Tatfragen, falls überhaupt begründet und nicht nur auf emotionalen Einklang oder andere Erscheinungen außerhalb des rationalen Bereichs verwiesen wird.

[15] Vgl. Sarstedt, aaO. S. 216 und Eb. Schmidt, Lehrkommentar zur StPO Anm. 21 zu § 337.

Der aus der klassischen Lehre von den Paralogismen bekannte *saltus in concludendo*, der *Sprung im Schließen* ist meistens ebenfalls ein Fall des Prämissenmangels. Das zeigt der von SCHNEIDER[16] erwähnte eindrucksvolle Beispielsfall aus der Rechtsprechung, wo von einem Landgericht berichtet wird, das angenommen hat, eine getrennt lebende Ehefrau habe einen Anspruch auf die eheliche Wohnung, „weil das Verlangen der Klägerin auch in Art. 6 Abs. 1 GG seine unmittelbare Stütze findet". In der herangezogenen Verfassungsbestimmung findet sich nur der allgemeine Grundsatz „Ehe und Familie stehen unter dem besonderen Schutz der staatlichen Ordnung". Eine solche Prämisse reicht für die behauptete Ableitung ohne Hinzunahme weiterer Prämissen nicht aus. Mit Recht bemerkt SCHNEIDER, daß sich derartige Paralogismen oft einschleichen, wenn man glaubt, alltägliche Rechtskonflikte „in direktem Rückgriff" auf allgemeine Verfassungsrechte lösen zu können. Hier fehlen in der Regel zahlreiche zusätzliche Prämissen. Genau dies ist gemeint, wenn einem in dieser fehlerhaften Weise Argumentierenden entgegengehalten wird, so einfach ginge es nicht.

2. Eine weitere Gruppe von syntaktischen Paralogismen bilden die *Ableitungsfehler*. Hier liegt das Fehlerhafte nicht in der Benutzung der Prämissen sondern in der Art und Weise des Schließens, bildlich gesprochen wird hier also nicht beim ersten sondern beim zweiten Schritt gefehlt.

a) Eine erste Art von Ableitungsfehlern betrifft die Implikationsbeziehung. Hier beruht der Fehler auf einer ungenauen Verwendung von „Wenn – dann" – Behauptungen. Man wird bei diesem „Verstoß gegen die Denkgesetze" am besten von einem *Implikationsfehler* sprechen. In juristischen Argumentationen kommt er nicht selten bei *Umkehrschlüssen* vor, weil nicht zwischen der „Nur dann wenn –", der „Stets dann wenn –" und der „Stets und nur dann wenn –" Beziehung unterschieden wird. Man beachtet nicht, daß die bloße „Wenn-dann"-Behauptung für sich genommen nicht erkennen läßt, ob eine intensive („Nur dann wenn") oder eine extensive („Stets dann wenn") oder eine gegenseitige („Stets und nur dann wenn") Implikation gemeint ist.[17] Ein Implikationsfehler liegt mit anderen Worten immer dann vor, wenn bei dem Verhältnis zwischen Bedingung und Bedingtem nicht auf den Unterschied zwischen notwendigen Bedingungen, hinreichenden Bedingungen

[16] aaO. S. 247.

[17] Vgl. KLUG, Juristische Logik, 2. Aufl. § 4 Nr. 2 d und e sowie § 4 Nr. 4 b.

und Bedingungen, die sowohl notwendig als auch hinreichend sind, unterschieden wird.

In der älteren Logik wird dieser beim Umkehrschluß nicht selten unterlaufende Fehler *fallacia consequentis* genannt. ARISTOTELES hob bereits hervor, er entspringe daraus, daß man die Aufeinanderfolge umkehren zu dürfen glaube. „Weil nämlich, wenn das eine ist notwendig das andere ist, glaubt man, daß auch wenn letzteres ist, notwendig ersteres ist." Schon bei ARISTOTELES findet sich hierfür, das triviale, aber offenbar unsterbliche Beispiel: Weil die Erde infolge des Regens naß wird, glauben wir auch, daß es, wenn sie naß ist, geregnet hat.[18]

Eine fallacia consequentis – oft ausführlicher, aber synonym als *fallacia ratiocinationis ex consequente ad antecedens* bezeichnet – wäre es, falls in einem juristischen Zusammenhang etwa geschlossen würde: Wenn der Angeklagte A einen Straftatbestand in Notwehr verwirklicht hat, dann wird A freigesprochen. Nun wird A freigesprochen, also hat A einen Straftatbestand in Notwehr verwirklicht. Andererseits wäre es ebenso falsch, wenn in diesem Beispiel aus derselben Prämisse gefolgert worden wäre: Nun ist es aber falsch, daß A einen Straftatbestand in Notwehr verwirklicht hat, also wird A nicht freigesprochen.

Die Implikationsfehler beruhen hier darauf, daß in der Prämisse „Wenn der Angeklagte A einen Straftatbestand in Notwehr verwirklicht hat, dann wird A freigesprochen" nicht klargestellt ist, ob es sich bei der Wenn-dann-Beziehung um eine extensive („Stets wenn-dann") oder um eine intensive („Nur wenn-dann") Implikation handelt. Die obige Argumentation wäre richtig, wenn die Wenn-dann-Beziehung in der Prämisse eine intensive Implikation sein würde. Tatsächlich muß sie aber als extensive Implikation ausgelegt werden, denn nach dem geltenden Strafrecht gibt es nicht nur die Notwehr als Rechtfertigungsgrund bei tatbestandsmäßigem Verhalten. Notwehr ist zwar eine *hinreichende* Bedingung für einen Freispruch, nicht aber eine *notwendige.* Nur wenn das letztere der Fall wäre, könnte in der im Beispiel dargestellten Weise gefolgert werden.

Ein zivilrechtliches Beispiel für einen Umkehrschluß, bei dem sich der Paralogismus des Implikationsfehlers häufig einschleicht, bietet der Streit um die Zulässigkeit mehrerer Sitze für ein und dieselbe juristische Person. Hier wird oft geschlossen: Wenn X eine natürliche Per-

---

[18] Organon Teil VI, Sophistische Widerlegungen, übersetzt von E. ROLFES, 5. Kapitel.

son ist, dann sind für X mehrere Sitze zulässig (§ 7 BGB). Daraus folgt, daß dann, wenn X keine natürliche Person (sondern eine juristische Person) ist, für X mehrere Sitze nicht zulässig sind. – Diese Argumentation enthält einen Implikationsfehler, wenn die Implikation der Prämisse als extensive Implikation, also als „Stets wenn-dann"-Implikation interpretiert wird. Anders ist es nur, wenn man davon ausgeht, daß die Prämisse als intensive, d. h. als „Nur wenn-dann"-Implikation anzusehen ist.[19] Da aber eine solche Auslegung eine petitio principii enthielte,[20] wird der in Rede stehende Umkehrschluß heute meistens nicht mehr gezogen.[21]

b) Eine zweite Gruppe von Ableitungsfehlern bilden die Fehlargumentationen, die man in der traditionellen Logik unter der Bezeichnung *Benutzung ungültiger Schlußformen* zusammenzufassen pflegt. Unter Schlußformen werden hier die bekannten Schlußfiguren aus der klassischen Syllogismus-Lehre verstanden. Naturgemäß gibt es viele solcher Möglichkeiten. Als Beispiel sei die ungültige Schlußform

$$\frac{\begin{array}{c}S\ a\ M\\ P\ a\ M\end{array}}{S\ a\ P}$$

herangezogen. Sie ist zu lesen: Aus der Prämisse alle S sind M, und der weiteren Prämisse alle P sind ebenfalls M, folgt, alle S sind P. Daß diese Folgerung unzulässig wäre, ist evident.

Als ein Beispiel käme folgende Fehlargumentation in Betracht: Letztwillige Verfügungen sind Rechtsgeschäfte, und Verträge sind ebenfalls Rechtsgeschäfte. Also sind letztwillige Verfügungen Verträge.

c) *Rechenfehler* sind selbstverständlich ebenfalls „Verstöße gegen die Denkgesetze". Ihre logische Struktur ist formal exakt feststellbar. Insofern handelt es sich bei ihnen gewissermaßen um den „Idealfall" eines logischen Fehlers, denn Rechenfehler sind in der Regel *Ableitungsfehler in einem exakten Kalkül*. Sie sind also so gesehen syntaktische Fehler im strengen Sinne. Daß sie geeignet sind, die Aufhebung des Urteils durch die Revisionsinstanz zu begründen, ist im deutschen Recht die herrschende und zutreffende Ansicht.[22] Rechenfehler können

[19] Vgl. KLUG, Juristische Logik, 2. Aufl., § 10.
[20] Vgl. unten S. 381.
[21] Vgl. ERMAN-WESTERMANN, BGB, 3. Aufl., Anm. 2 zu § 24.
[22] Vgl. SARSTEDT, aaO. S. 107, 220; a. M. allerdings SCHWINGE, aaO. S. 201.

sich sowohl verfahrensrechtlich – so etwa bei der Berechnung von Fristen für die Einlegung eines Rechtsmittels – als auch materiellrechtlich – z. B. bei der Errechnung der gesetzlichen Empfängniszeit oder bei der Bildung einer Gesamtstrafe – auswirken. Von einem eindrucksvollen materiellrechtlich bedeutsamen Fall berichtet SARSTEDT:[23] Ein Schwurgericht hatte einen Angeklagten wegen eines mit Leuchtgas begangenen Mordes schuldig gesprochen, weil sich die Richter bei der Bestimmung des durchschnittlichen monatlichen Gasverbrauchs verrechnet hatten. Der Fehler konnte vom Revisionsgericht unmittelbar aus der Begründung des aufgehobenen Urteils entnommen werden.[24]

Die prozeßrechtliche Einordnung derartiger Rechenfehler als revisionsbegründende Paralogismen ist unproblematisch, denn selbstverständlich ist eine auf Rechenfehlern basierende Anwendung des Gesetzes ebenso wie eine auf sonstigen Denkfehlern aufbauende Gesetzesanwendung eine „nicht richtige Gesetzesanwendung". Selbstverständlich ändert sich hieran auch dann nichts, wenn bei der Rechtsanwendung elektronische Datenverarbeitungsmaschinen benutzt werden.[24a]

d) Ableitungsfehler können sich leicht bei *Wahrscheinlichkeitsschlüssen*, die im juristischen Bereich meist bloße *Vermutungsschlüsse* sind einschleichen.

Im Rahmen juristischer Begründungen spielen Wahrscheinlichkeitsschlüsse vor allem bei der Tatsachenfeststellung und Tatsachenwürdigung eine bedeutende Rolle. Indessen muß man sich darüber klar sein, daß derartige Wahrscheinlichkeitsargumentationen im Recht in der Regel unexakt sind.[25] Die Tatsache, daß der Jurist ebenso wie der Mathematiker von Wahrscheinlichkeitsgraden spricht, ändert daran nichts. In Wahrheit handelt es sich im Bereich rechtlichen Argumentierens meistens um bloße *Vermutungsschlüsse*. Das hat zur Folge, daß

---

[23] aaO. S. 220, Anm. 18.

[24] BGH Urt. v. 1. 6. 1954 – 5 StR 174/54 –.

[24a] Vgl. H. FIEDLER, Rechenautomaten als Hilfsmittel der Gesetzesanwendung, in: Deutsche Rentenversicherung 1962, S. 149 ff.; DERS., Probleme der elektronischen Datenverarbeitung in der öffentlichen Verwaltung, in: Deutsche Rentenversicherung 1964, S. 40 ff.; U. KLUG, Elektronische Datenverarbeitungsmaschinen im Recht, Grundsätzliches zur Anwendung kybernetischer und informationstheoretischer Methoden im juristischen Bereich, in: Festschrift für Hermann Jahrreiss, Köln 1964, S. 189 ff.

[25] Zu den komplizierten Voraussetzungen exakter Wahrscheinlichkeitsschlüsse vgl. CARNAP und STEGMÜLLER, Induktive Logik und Wahrscheinlichkeit, Wien 1958.

Verstöße gegen die Denkgesetze bei Begründungen mit derartigen Vermutungsschlüssen selten nachweisbar sein werden. Daß eine Schlußfolgerung „nicht zwingend“ ist, bedeutet insoweit nicht, daß sie logikwidrig ist. Im Gegenteil, daß sie „nicht zwingend“ ist, das ist hier selbstverständlich, denn dort, wo es nur um Wahrscheinlichkeitsvermutungen geht, gibt es immer zugleich andere Möglichkeiten. Inwieweit die Letztgenannten „gleichnaheliegende Möglichkeiten“ genannt werden können, bleibt immer eine Angelegenheit von Vermutungen. Nur dann ist man berechtigt, hier einen Verstoß gegen die Denkgesetze zu beanstanden, wenn eine solche Wahrscheinlichkeitsargumentation statt richtig als bloße Vermutung irrig als angeblich eindeutige Ableitung dargestellt wird. Aus Wahrscheinlichkeitsprämissen lassen sich nur Wahrscheinlichkeitsfolgen herleiten, selbst wenn der vermutete Grad der Wahrscheinlichkeit der Prämissen ein sehr hoher sein sollte.[26] Andererseits ist es keinesfalls logikwidrig, wenn der Richter sich an Hand von Wahrscheinlichkeitsprämissen eine feste Überzeugung hinsichtlich des Ablaufs der Ereignisse bildet. Das ist keine Frage der Logik, sondern eine Frage der Erfahrung. Da der Jurist in der Praxis gezwungen ist, sich zu entscheiden, kann ein solches Verhalten grundsätzlich nicht mißbilligt werden. Immerhin kommt es gelegentlich vor, daß ein Operieren mit Wahrscheinlichkeitsvermutungen auch logisch bedenklich ist. So heißt es zum Beispiel bei der Beweiswürdigung im John-Urteil des Bundesgerichtshofs[27] zum Wahrscheinlichkeitswert brieflicher Äußerungen des Angeklagten, daß es im Falle einer Entführung aus West-Berlin nach Ost-Berlin verständlich gewesen wäre, wenn der Angeklagte es für notwendig gehalten hätte, einmal auch seiner Ehefrau gegenüber die „Legende“ für sein Erscheinen im Osten aufzustellen. Nicht zu erklären aber sei es vom Standpunkt des Angeklagten, daß er immer wieder auf diese Frage zurückkomme. Diese Argumentation ist bezüglich ihrer logischen Struktur nicht ganz klar. Sie könnte dahingehend ausgelegt werden, daß aus einer Häufung von Prämissen mit Vermutungen über eine Unwahrscheinlichkeit eine *objektive* eindeutig negative Gewißheit erschlossen werden soll. Das wäre logisch bedenklich. Dagegen wäre die Verknüpfung einer *subjektiven* Überzeugung des Gerichts mit Vermutungen dieser Art methodisch unbedenklich.

[26] Im Ergebnis ebenso Sarstedt, aaO. S. 217.

[27] BGH Urt. v. 29. 12. 1956 – 2 StE 15/56 –; der hier erörterte Teil der Urteilsbegründung ist in BGHSt. 10, S. 163 ff. nicht enthalten.

II. Von den bisher behandelten syntaktischen Argumentationsfehlern sind, wie bereits erwähnt wurde, die *semantischen Paralogismen* zu unterscheiden. Bei ihnen betrifft der Fehler die Beziehungen zwischen dem Ausgesagten und dem Gemeinten oder, allgemeiner gesprochen, zwischen den benutzten Zeichen und dem Bezeichneten. Hier kommt es also auf die Deutungen und nicht nur auf die Formen an.

1. Ein häufiger Anlaß für semantische Fehler ist die ungenaue Sprachregelung. Die Ungenauigkeit einer Sprachregelung kann zunächst einmal darauf beruhen, daß es an den erforderlichen Definitionen fehlt. Ferner kann es so sein, daß zwar Definitionen gegeben sind, diese Definitionen aber Unklarheiten und Definitionsfehler im engeren Sinne enthalten. Hat man Definitionen und sind diese Definitionen zugleich hinreichend klar und eindeutig, so können sich semantische Fehlargumentationen schließlich doch daraus ergeben, daß die betreffenden Definitionen nicht „durchgehalten" werden. Im ersten Fall kann man von dem Fehler der *Definitionsauslassung*, im zweiten Fall von dem Fehler der *Definitionsunklarheit* und im dritten Fall von dem Fehler der *Definitionsverrückung* sprechen.

Beispiele lassen sich für alle drei Arten gerade im juristischen Bereich leicht finden. Der Fehler der Definitionsauslassung kann sogar bewußt in Kauf genommen werden. Man denke etwa an die Benutzung des terminus Beleidigung im § 185 des deutschen StGB, dessen Definition der Gesetzgeber bewußt unterlassen hat, um sie der Strafrechtswissenschaft und der Rechtsprechung anheim zu geben.

Beispiele für Definitionsunklarheiten bieten in erster Linie die in der Rechtssprache vor allem in den Generalklauseln benutzten Allgemeinbegriffe. Man denke an termini wie „Treu und Glauben", „gute Sitten", „Menschenwürde", usw. Ein Definitionsfehler im engeren Sinne liegt vor, wenn gleiches durch gleiches (idem per idem) definiert wird, wenn also auf beiden Seiten der Definitionsgleichung mindestens teilweise die gleichen Ausdrücke benutzt werden.

2. Beispiele für Definitionsverrückungen sind die Fälle der *quaternio terminorum.* Bei diesem aus der klassischen Theorie bekannten Paralogismus entsteht der Fehler dadurch, daß ein und derselbe Ausdruck der in einem einheitlichen Ableitungszusammenhang mehr als einmal vorkommt nicht immer die gleiche Bedeutung hat. Es ist üblich, diesen auf dem bewußten oder unbewußten Bedeutungswechsel beruhenden Argumentationsfehler auch *Begriffsvertauschung* oder *fallacia aequi-*

vocationis zu nennen. Die häufig zu beobachtende Ungenauigkeit juristischer Ausdrucksweise legt diesen Fehler nahe.

Daß zwei verschiedene Bedeutungen für den Ausdruck „grober Unfug" bei der folgenden Argumentation benutzt werden, ist leicht zu erkennen: Mit Geldstrafe bis zu DM 150.– oder mit Haft wird bestraft, wer groben Unfug verübt. Wer die Gedichte Goethes rückwärts liest, verübt groben Unfug. Also wird mit Geldstrafe bis zu DM 150.– oder mit Haft bestraft, wer Goethes Gedichte rückwärts liest.

In komplizierten rechtlichen Begründungszusammenhängen sind Bedeutungsverschiebungen bei gleichbleibendem Ausdruck oft schwer zu erkennen. Das Gefährliche der quaternio terminorum liegt darin, daß sie keinen syntaktischen Fehler enthält. Das obige Beispiel ist ein formal korrekter Syllogismus. Das pflegt man in den gängigen Darstellungen der traditionellen Logik zu übersehen. Das Fehlerhafte der Argumentation ergibt sich erst aus der unterschiedlichen Deutung des Ausdrucks, der als gemeinsamer Mittelbegriff benutzt wird.

Die Ursachen für Definitionsverrückungen faßte schon ARISTOTELES als Fälle der *Homonymie* und der *Amphibolie* zusammen. Bei der erstgenannten Gruppe liegt die Doppel- oder Mehrdeutigkeit im einzelnen Wort und bei der zuletztgenannten in der Redewendung als ganzes, also in der Wortkombination.[28] Im obigen Beispiel ist die Homonymie des terminus „grober Unfug" die Ursache des Fehlers. Ein Fall der Amphibolie – gelegentlich auch *fallacia ambiguitatis* genannt – wäre der Satz: Wenn Rechtsanwalt Scharf die Vernehmung des Zeugen Neumann durchsetzt, dann wird ein wichtiger Prozeß verloren gehen. Hier weiß man nicht, für wen der Prozeß negativ auslaufen wird. Der Verlierer könnte bei dieser Formulierung die Gegenpartei oder auch die eigene Partei sein. Das Beispiel knüpft an ein bekanntes delphisches Orakel an.

III. Die Zahl der *pragmatischen Paralogismen* ist ebenfalls offen. Das folgt schon aus der Nichtbegrenzbarkeit möglicher konkreter Denksituationen und möglicher Zwecke für die jeweilige Argumentation. Einige besonders wichtige seien herausgegriffen:

1. Bei der Beanstandung richterlicher Begründungen wird in der Revision nicht selten das Vorliegen des Fehlers einer *petitio principii* gerügt. Man nennt diesen Fehlschluß oft auch einen *Kreisschluß*, eine

[28] ARISTOTELES, aaO. 4. und 19. Kapitel.

Diallele oder einen *Zirkel im Beweis* (*circulus in probando*), weil hier eine Behauptung mit sich selbst bewiesen werden soll. Man setzt zum Beweise einer Behauptung eben diese Behauptung als bewiesen voraus. Dieser Verstoß gegen die Denkgesetze hat die Rechtsprechung mehrfach beschäftigt. Die petitio principii ist in der Regel versteckt entweder durch ein *Enthymem* – d. h. durch eine Ableitung, bei der zur Abkürzung der Darstellung Zwischenglieder ausgelassen werden, was aus denkökonomischen Gründen gelegentlich unbedenklich sein kann –, oder durch einen längeren möglicherweise vollständigen aber doch unübersichtlichen Ableitungszusammenhang.

Der Bundesgerichtshof[29] hat einen Kreisschluß beispielsweise in folgender Begründung eines erstinstanzlichen Strafurteils aufgedeckt: Das Landgericht hielt die Glaubwürdigkeit der Aussage eines Belastungszeugen für „in besonderem Maße durch die Tatsache erhärtet, daß nach der bestimmten Bekundung des Zeugen der Angeklagte diesem beim Zusammentreffen im Gebäude der Kriminalpolizei vor der Vernehmung durch die Erklärung, er werde alles abstreiten und der Zeuge solle das auch tun, zu einer unrichtigen Aussage zu veranlassen suchte." Wenn der Zeuge, so argumentiert das Landgericht, sich darnach gleichwohl durch seine Bekundungen über die Straftat als Beteiligter selbst mitbelastet habe, stehe die Wahrheit seiner Aussage und seine Glaubwürdigkeit außer Zweifel. Dies sollte gelten, obwohl der Angeklagte die Wahrheit der Aussage des Zeugen bestritten hatte. Mit Recht hat der Bundesgerichtshof demgegenüber erklärt: „Hier folgert das Landgericht die Glaubwürdigkeit des Zeugen aus einem Obersatz, der selbst wieder die Glaubwürdigkeit desselben Zeugen voraussetzt." Da die Feststellung des Sachverhalts zu den Anklagepunkten „auf diesem Denkfehler mit beruht", wurde das Urteil in vollem Umfang aufgehoben.

Die gleiche petitio principii beanstandet der Bundesgerichtshof unter Bezugnahme auf BGHSt. 3, S. 213 in einer neueren Entscheidung,[30] wenn er das mit der Revision angefochtene Urteil aufhebt, weil es nicht angehe, „die Glaubwürdigkeit einer Aussage auf solche Umstände zu stützen, die nur von eben dem Zeugen bekundet worden sind, dessen Glaubwürdigkeit in Frage steht".

---

[29] Urt. v. 27. 1. 1956 – 2 StR 438/55 –.
[30] Urt. v. 7. 6. 1961 – 2 StR 183/61 –.

Die logische Struktur der petitio principii ist elementar. Da hier eine Behauptung durch sich selbst bewiesen werden soll, liegt hier die Implikation X ⟶ X zugrunde, die in der zweiwertigen Aussagenlogik selbstverständlich immer wahr ist. Allerdings wird dieser Sachverhalt meistens durch eine längere Ableitungskette verdeckt, und zwar in der Weise, daß die zu beweisende Behauptung unter einer Mehrzahl von Prämissen vorkommt und deshalb leicht übersehen wird. Die petitio principii hat also die formale Struktur einer Implikation folgender Art:

$$(A \& B \& \ldots \& X \& \ldots \& Z) \longrightarrow X$$

Daraus folgt zweierlei: Erstens stellt sich heraus, daß die petitio principii formallogisch in Ordnung ist. Darauf ist, soweit ersichtlich, bisher noch nicht hingewiesen worden. Stets wird hier von einem Trugschluß gesprochen.[31] Das ist um so überraschender als man die formallogische Korrektheit schon daran hätte erkennen können, daß dieser Argumentation die Form X ⟶ X zugrunde liegt. Diese Implikation ist aber wie gesagt logisch immer richtig.

Als Konsequenz aus dem Gesagten ergibt die genauere Betrachtung der petitio principii zweitens, daß man bei der Kritik juristischer Begründungen und wohl auch sonst in der Denkpraxis unter einem Verstoß gegen die Denkgesetze nicht nur Schlußfehler im engeren Sinne meint, also nicht nur – wie man genauer sagen muß – syntaktische Paralogismen. Offensichtlich sollen Beweise, die zwar formal in Ordnung, aber erkenntnistheoretisch unergiebig sind, ebenso als denkfehlerhaft angesehen werden. Gleichfalls zu den Denkgesetzen im weiteren Sinne zählen daher die Prinzipien der Pragmatik des Denkens. Das ist nicht zu beanstanden. Das Verbot der petitio principii besagt dann, es sollen keine für die Erkenntnis unergiebigen Schlüsse von der Art X ⟶ X benutzt werden. Und vor allem soll solchen Schlüssen nicht durch das Überspringen von Zwischengliedern – also durch Enthymeme – oder durch Unübersichtlichwerden langer Ableitungszusammenhänge der falsche Anschein erkenntnismäßiger Ergiebigkeit gegeben werden. Bezogen auf die Revisionsbegründungsfrage kann das so ausgedrückt werden: Ein Gesetz ist auch dann nicht richtig angewandt worden, wenn seiner Anwendung ein Verstoß gegen die Denkgesetze in denkpragmatischer Hinsicht zugrunde liegt.

[31] Vgl. statt vieler W. Burkamp, Logik, Berlin 1932, S. 140.

Eine Täuschung liegt bei der petitio principii meistens insoweit vor, als man meint, man habe aus einer anderen Prämisse und nicht nur aus der zu beweisenden Behauptung selbst bewiesen. Die Entlarvung dieses Irrtums ist nicht die Aufzeigung eines formallogischen (syntaktischen oder semantischen) Fehlers, sondern der Hinweis auf ein unergiebiges Vorgehen. Die Pflicht zur Begründung rechtlicher Entscheidungen ist eben nicht sinnvoll erfüllt, wenn nur auf der Basis der Implikation $X \longrightarrow X$ bewiesen wird.

2. Wie oben bereits ausgeführt wurde, müssen nach den Regeln der axiomatischen Methode die obersten Prämissen – die Axiome – widerspruchsfrei, vollständig und unabhängig sein. Hieraus ergeben sich die entsprechenden Paralogismen: Prämissenwiderspruch, Prämissenmangel und Prämissenredundanz. Die beiden erstgenannten wurden als syntaktische Argumentationsfehler bereits erörtert. Die Unabhängigkeit der Axiome wird nur aus denkökonomischen Gründen verlangt. Diese Forderung besagt bekanntlich, daß die zugrundegelegten Prämissen – die Axiome – in der Weise voneinander unabhängig sein sollen, daß sich keine Prämisse aus einer anderen ableiten läßt. Die logische Stringenz einer unter Benutzung von abhängigen Prämissen vorgenommenen Ableitung wird von der fehlenden Unabhängigkeit nicht berührt. Demgemäß ist der Fehler der *Prämissenredundanz* (Prämissenüberfluß) nur ein pragmatischer Paralogismus. Ein Verstoß dieser Art führt nur zu unnötigem Ballast bei der Begründung. Dem Juristen ist dieser Fall nicht unbekannt. Er liegt z. B. dort vor, wo man eine Begründung damit kritisiert, daß man sagt: „Das folgt schon aus ..." Man sieht leicht, daß damit die logische Schlüssigkeit als solche nicht in Frage gestellt wird, denn, dadurch daß man beispielsweise gegenüber einer Argumentation aus dem *Kauf*vertragsrecht darauf hinweist, die betreffende Schlußfolgerung ergäbe sich bereits aus dem *allgemeinen* Vertragsrecht, wird nicht behauptet, daß die in Rede stehende Schlußfolgerung falsch sei.

3. Der Argumentationsfehler der *Begründungsunvollständigkeit* ist ein weiterer pragmatischer Paralogismus. Er darf nicht mit dem schon behandelten Fehler des Prämissenmangels verwechselt werden. Hier geht es vielmehr um folgendes:

Es versteht sich von selbst, daß es grundsätzlich zulässig ist, bei jeder als Axiom gesetzten Prämisse, d. h. bei jeder nicht mehr weiter abzuleitenden Voraussetzung, nach den diese Annahme begründenden Prämissen zu fragen. Da man in der gleichen Weise immer weiter nach den Prämissen der Prämissen fragen kann, ergibt sich ein unendlicher Prämissenregreß, mit dem der Jurist und insbesondere der Richter fertig werden muß, weil er sonst überhaupt nicht zu rechtlichen Entscheidungen käme. Das ist ein erkenntnistheoretisches Phänomen, das in der Praxis und in der Theorie des Rechts zur immer möglichen Rüge „weiterer Begründungsbedürftigkeit" führt. Hiermit ist kein Verstoß gegen die Gesetze der Logik behauptet, sondern nur ein Hinweis auf ein Problem, mit dem jede menschliche Erkenntnis zu ringen hat, gegeben. Es bleibt dem Juristen ebenso wie dem Mathematiker und überhaupt jedem, von dem Begründungen für seine Thesen verlangt werden, nichts anderes übrig, als an einer Stelle der Ableitungskette abzubrechen und für die letzten Prämissen auf Begründung zu verzichten. Gerade das macht die Prämissen zu Axiomen. Der Hinweis auf diese Schwierigkeit ist also kein Hinweis auf Denk*fehler*, sondern ein Hinweis auf Denk*grenzen*.

4. Die traditionelle Lehre von den Verstößen gegen die Denkgesetze erwähnt als besonders wichtig den Fehler des *proton pseudos, des Grundirrtums.* Das Fehlerhafte liegt hier, wie beispielsweise DREWS[32] ausführt, nicht im Beweisgang, sondern schon in den Beweisprämissen, weil die letztgenannten bereits eine Unwahrheit enthalten. Angewandt auf die axiomatische Methode besagt dies, daß schon in der Auswahl der Axiome, nicht erst in der Ableitung als solcher der Fehler enthalten ist. Indessen ist nicht gemeint, daß die Axiome etwa nicht widerspruchsfrei, vollständig und unabhängig seien. Beim proton pseudos liegt der Fehler vielmehr darin, daß mindestens eins der an sich widerspruchsfreien, vollständigen und unabhängigen Axiome unwahr ist. Man denke beispielsweise an eine Argumentation im tatsächlichen Bereich. Der Fall des proton pseudos würde hier anzunehmen sein, wenn sich unter den Prämissen eine falsche Tatsachenbehauptung, die als wahr vorausgesetzt wurde, befindet. Ein anderes Beispiel wäre die Ableitung einer Entscheidung aus einem falschen, seit einiger Zeit geänderten Gesetzestext. Ebenso wie bei der petitio principii wird hier die formallogische Ableitung als solche nicht beanstandet. Der Fehler des Grundirrtums ist weder ein syntaktischer noch ein semantischer Paralogismus. Es handelt sich nur um einen pragmatischen Argumentationsfehler, der naturgemäß von höchster Bedeutung sein kann. Beweist man zum Bei-

[32] Logik, S. 513.

spiel im deutschen Strafverfahrensrecht etwas aus der Prämisse, jedes Vorgehen der Staatsanwaltschaft gegen ein Presseorgan, das die Strafprozeßordnung erlaube, sei rechtlich zulässig, so ginge man von einem proton pseudos aus, weil nach deutschem Verfassungsrecht das Grundrecht der Pressefreiheit, wie das Bundesverfassungsgericht entschieden hat, zu Einschränkungen des strafverfahrensrechtlich an sich Erlaubten führen kann.[33] Aus dem Gesagten folgt, daß für die logische Struktur des proton pseudos nichts besonderes gilt. Syntaktisch und semantisch wird mit diesem Vorwurf nichts beanstandet.

[33] Vgl. KLUG, Presseschutz im Strafprozeß, 1965, S. 25 und die dort zitierte Rechtsprechung.

Beweisverbote im Strafprozeß

Herr Präsident! Meine Damen und Herren!

Um die vielfältigen und schwierigen Probleme, die mit den Beweisverboten im Strafprozeß zusammenhängen, in den Griff zu bekommen, ist es forderlich, vor der im Abschnitt B dieses Referats in Angriff zu nehmenden Behandlung der Thesen über Beweisverbote zunächst im Abschnitt A eine Skizze für eine Systematik der Beweisverbote zu entwerfen, – wohl wissend, daß dies nur ein erster Schritt auf dem Wege zu einer Lösung sein kann.

A

Bei der Konstruktion der Grundlagen eines solchen Systems kann weitgehend an das angeknüpft werden, was hierzu im Schrifttum früher von *Beling*[1] und in der Gegenwart von *Grünwald*,[2] *Kleinknecht*,[3] *K. Peters*,[4] *Spendel*[5] und anderen entwickelt wurde. Andererseits werden gewisse Abweichungen erforderlich sein.

Die Normen über Beweisverbote gehören zweifellos zu den Beweisregeln im weitesten Sinne. Es kann deshalb von diesem Oberbegriff ausgegangen werden. Die Beweisregeln lassen sich dann in solche Regeln aufgliedern, die als Beweisverbote zu bezeichnen sind und solche, für die das nicht gilt. Zu den zuletzt genannten Beweis-

---

[1] Die Beweisverbote als Grenzen der Wahrheitserforschung im Strafprozeß, Strafr. Abhandl. H. 46, 1903.

[2] Beweisverbote und Verwertungsverbote im Strafverfahren, JZ 1966 S. 489.

[3] Die Beweisverbote im Strafprozeß, NJW 1966 S. 1537.

[4] Beweisverbote im deutschen Strafverfahren (Verhandlungen des 46. Deutschen Juristentages 1966, Band I (Gutachten), Teil 3 A, S. 91–163); ferner rechtsvergleichend im selben Band I (Gutachten): *Andenaes*, Beweisverbote im Strafprozeß nordischer Länder (S. 1–31); O. W. *Mueller*, Beweisverbote im amerikanischen Strafprozeß (S. 33–53); *Nuvolone*, Beweisverbote im Strafverfahren der Länder des romanischen Rechtskreises (S. 55–90); und verfassungsrechtlich: *Rupp*, Beweisverbote im Strafprozeß in verfassungsrechtlicher Sicht, ebenda S. 165–211.

[5] Beweisverbote im Strafprozeß, NJW 1966 S. 1102. – Vgl. ferner aus dem neueren Schrifttum: *Alsberg-Nüse*, Der Beweisantrag im Strafprozeß, 2. Aufl. S. 89. *Dünnebier*, Zur Tagebuchentscheidung des Bundesgerichtshofs, MDR 1964 S. 965. *Kohlhaas*, Beweisverbote im Strafprozeß, DRiZ 1966 S. 286; *Maetzel*, Beweisverbote zwecks Geheimniswahrung, DVBl. 1966 S. 665; *Nüse*, Zu den Beweisverboten im Strafprozeß, JR 1966 S. 281.

regeln gehören beispielsweise auch solche, die lediglich Ordnungsvorschriften sind und deren Verletzung beweisrechtlich unbeachtlich ist.

Bei den Beweisverboten ist zwischen Beweiserhebungs- und Beweisverwertungsverboten zu unterscheiden. Die Beweiserhebungsverbote ihrerseits können Beweisthemen- oder Beweismittel- oder Beweismethodenverbote sein. Bei den Beweisthemenverboten geht es um die Frage: *Was* darf nicht zum Gegenstand einer Beweiserhebung gemacht werden? Beweismittelverbote betreffen die Fragen: *Womit* darf kein Beweis erhoben werden? Und um die Frage, *wie* darf kein Beweis erhoben werden, handelt es sich bei den Beweismethodenverboten.

Zur Erläuterung dieser verschiedenen Beweisregeln sollen sogleich Beispiele genannt werden. Vorerst ist es jedoch zweckmäßig, noch einige weitere systematische Gesichtspunkte zu nennen, um das Gesamtbild der hier vorgeschlagenen Systemskizze zu erhalten.

Stellt man auf die Rechtsfolgen der Beweisverbote ab, so kann man zwischen absoluten und relativen Beweisverboten unterscheiden. Bei den erstgenannten handelt es sich um solche, die keine Ausnahmen kennen. Demgegenüber gelten die relativen Beweisverbote nicht ausnahmslos. Aus der Verletzung eines absoluten Beweiserhebungsverbots folgt stets ein Beweisverwertungsverbot. Die Verletzung eines relativen Beweiserhebungsverbots hat jedoch nicht in allen Fällen ein Beweisverwertungsverbot zur Folge.

Schließlich ist noch zwischen allgemeinen und speziellen Beweisverboten zu unterscheiden. Hier ergibt sich der Unterschied aus den für die Entstehung eines Beweisverbots in Betracht kommenden Verhaltensweisen. Die speziellen Beweisverbote werden nur durch das Verhalten von Strafverfolgungsorganen im weitesten Sinne, also durch Handlungen oder Unterlassungen der Kriminalpolizei, der Staatsanwälte, der Richter oder sonstiger in amtlicher Funktion bei der Strafverfolgung tätiger Personen ausgelöst. Diese Einschränkung gilt nicht für die allgemeinen Beweisverbote. Bei ihnen kann das Beweisverbot auch durch das Verhalten Dritter, also insbesondere privater Personen ausgelöst werden.

Wendet man diese Begriffe auf das geltende Strafprozeßrecht an, so lassen sich für die einzelnen Klassen von *Beweisregeln* die folgenden Beispiele anführen:

Beweisregeln im weitesten Sinne sind u. a. etwa die Bestimmungen über Zeugen, Sachverständige, Augenscheinseinvernahmen, Beschlagnahmen und Durchsuchungen sowie diejenigen über die Vernehmung des Beschuldigten und über die Beweisaufnahme in der Hauptverhandlung. Zahlreiche Regelungen in diesem Umkreis haben mit Beweisverboten nichts zu tun. Als Fälle bloßer Ordnungsvorschriften können beispielsweise die §§ 257 und 257 a StPO über die Befragung des Angeklagten und über die Erklärungsrechte des Staatsanwalts und des Verteidigers genannt werden. Versäumt es das Gericht im Widerspruch zu § 257 StPO, nach der Vernehmung eines Zeugen, Sachverständigen oder Mitangeklagten oder nach der Verlesung eines Schriftstücks den Angeklagten darüber zu befragen, ob er etwas zu erklären habe, so stellt ein solches Verhalten die Verletzung einer Beweisregel im Sinne einer bloßen Ordnungsvorschrift dar. Eine Revision kann mit dieser Verletzung nicht begründet werden, wenn nur das rechtliche Gehör insgesamt während der Hauptverhandlung genügend gewährt wird. Auch ein Beweisverbot entsteht in diesem Falle nicht.

Zur Erläuterung der Beweisverbote in der Form der *Beweiserhebungsverbote* seien die folgenden Beispiele genannt:

Ein absolutes Beweisthemenverbot folgt aus § 190 StGB. In dieser Bestimmung geht es bekanntlich um den Beweis für eine Behauptung über eine angeblich begangene strafbare Handlung. Der Beweis der Wahrheit ist als erbracht anzusehen, wenn der durch die betreffende Behauptung Angegriffene wegen jener Handlung rechtskräftig verurteilt worden ist. Dagegen ist der Beweis der Wahrheit ausgeschlossen, wenn der Beleidigte wegen der Handlung vor der Behauptung rechtskräftig freigesprochen worden ist. Das durch diese gesetzliche Regelung entstehende Beweisverbot gilt absolut. Liegt ein entsprechendes rechtskräftiges Strafurteil vor, darf über die Wahrheit der aufgestellten Behauptung in keinem Falle Beweis erhoben werden. Die Beweiserhebung über dieses Thema ist dem Gericht ein für alle Mal verschlossen. Das gilt selbst für den Fall, daß die rechtskräftige Verurteilung falsch ist. Hier bleibt dann nur die Ingangsetzung eines Wiederaufnahmeverfahrens übrig.

Lediglich zu einem relativen Beweisthemenverbot führt das Rechtsinstitut des richterlichen Beratungsgeheimnisses. Der Inhalt der richterlichen Beratung kann grundsätzlich nicht zum Thema einer Beweiserhebung gemacht werden. Jedoch darf in seltenen Ausnahmefällen das, was innerhalb einer bestimmten richterlichen Beratung geschehen ist, zum Gegenstand der Beweiserhebung gemacht werden.[6] Hier ist etwa daran zu denken, daß über einen Abstimmungsfehler Beweis erhoben werden muß.

Beispiele für relative Beweismittelverbote lassen sich aus den §§ 52 und 53 StPO entnehmen. Angehörige des Angeklagten, Ärzte, Rechtsanwälte, Redakteure usw. dürfen, wenn sie in rechtswirksamer Weise von ihrem Zeugnisverweigerungsrecht Gebrauch machen, nicht als Beweismittel benutzt werden. Da dieses Beweisver-

---

[6] Ebenso *Spendel*, aaO, S. 1105.

bot nur unter den im Gesetz geregelten Voraussetzungen entsteht, gilt es für die genannten Personen nicht ausnahmslos. Es handelt sich bei ihnen also um Beweismittel, für die nur ein relatives Beweismittelverbot besteht.

Absolute Beweismittelverbote scheint es nicht zu geben. Beispielsweise ist sogar das Tonband mit einer heimlich angefertigten Aufnahme nicht in jedem Falle ein unzulässiges Beweismittel. Ist die heimliche Aufnahme z. B. in einer Notstandssituation entstanden, kann das betreffende Tonband ein zulässiges Beweismittel sein.

Absolute Beweismethodenverbote enthalten die §§ 136a StPO und Art. 3 MRK. § 136a StPO nennt in seinem Absatz I diejenigen Beweismethoden, die im Strafprozeß verboten sind. Hierher gehören nach der bekannten Rechtsprechung die Narkoanalyse, der Lügendetektor, die Nonstopvernehmung u. a. mehr. Daß es sich hierbei um ein absolutes, also ausnahmsloses Beweismethodenverbot handelt, geht aus Absatz III des genannten Paragraphen hervor. Denn dort ist gesagt, dieses Verbot gelte ohne Rücksicht auf eine etwaige Einwilligung des Beschuldigten. Und wenn es im Art. 3 MRK heißt, es dürfe niemand der Folter oder unmenschlicher oder erniedrigender Strafe oder Behandlung unterworfen werden, so ist damit ebenfalls ein absolutes Beweismethodenverbot ausgesprochen.[7]

Dagegen enthalten die §§ 250 und 251 StPO nur relative Beweismethodenverbote. § 250 StPO erklärt zwar zunächst ganz allgemein, daß die Vernehmung eines Zeugen nicht durch Verlesung des über eine frühere Vernehmung aufgenommenen Protokolls oder einer schriftlichen Erklärung ersetzt werden darf. § 251 StPO bringt hierzu jedoch verschiedene Ausnahmen. Beispielsweise darf eine Protokollverlesung dann erfolgen, wenn der betreffende Zeuge inzwischen verstorben ist. Die Verlesung eines Vernehmungsprotokolls ist also nicht in allen Fällen eine verbotene Beweismethode.

Die in § 136a StPO und Art. 3 MRK enthaltenen absoluten Beweismethodenverbote dürften nach richtiger Meinung zugleich allgemeine Beweisverbote sein, denn diese Beweisverbote entstehen nicht nur bei einem entsprechenden Verhalten von Personen, die im Rahmen der Strafverfolgung tätig sind. Es sollte sich von selbst verstehen, daß im Rahmen einer Beweiserhebung auch die Ausnutzung von Folterungen und ähnlichen Methoden, die seitens dritter Personen angewandt wurden, verboten ist. Häufig wird allerdings in

---

[7] Allerdings geht die Bedeutung dieser Bestimmung noch weit darüber hinaus, denn Art. 3 MRK gilt nicht etwa nur für Vernehmungen, sondern auch für die Behandlung in der Untersuchungshaft, im Strafvollzug, im Disziplinarrecht der Bundeswehr, im Recht der Sicherungsmaßnahmen (Unterbringung in einer Heil- und Pflegeanstalt) usw., kurz für alle Behandlungen in besonderen Gewaltverhältnissen zwischen dem Einzelnen und dem Staat.

der Ausnützung solcher Methoden gleichzeitig eine Verletzung des Beweisverbots durch ein Strafverfolgungsorgan vorliegen, so daß die Ausdehnung im Sinne eines allgemeinen Beweismethodenverbots selten aktuell werden wird.

Die meisten Beweisverbote sind nicht allgemeine sondern spezielle Beweisverbote. Ein charakteristisches Beispiel hierfür bietet der kurz zuvor erwähnte Fall des § 250 StPO. Das dort geregelte, auf Vernehmungsprotokolle bezügliche Verlesungsverbot kann sich naturgemäß nicht auf dritte Personen beziehen.

Für *Beweisverwertungsverbote* enthält das geltende Strafverfahrensrecht verschiedene Beispiele. So spricht § 136 a Abs. III StPO in seinem zweiten Satz ein absolutes Beweisverwertungsverbot aus. Der Gesetzgeber hat hier ausdrücklich gesagt, daß die unter Verletzung des bereits erwähnten Beweismethodenverbots im Absatz I dieses Paragraphen zustande gekommenen Aussagen selbst dann nicht verwertet werden dürfen, wenn der Beschuldigte einer Verwertung zustimmen sollte.

Nur ein relatives Beweisverwertungsverbot entsteht nach der herrschenden Meinung, wenn ein über sein Zeugnisverweigerungsrecht belehrter Zeuge seinen ursprünglich erklärten Verzicht auf Geltendmachung des Verweigerungsrechts später widerruft (§ 252 StPO). Hier kommt es bekanntlich darauf an, ob der ursprüngliche Verzicht nach Belehrung durch einen Richter erfolgte. Nur unter dieser Voraussetzung entsteht kein Beweisverwertungsverbot. In allen anderen Fällen darf die frühere Aussage jedoch nicht verwertet werden.

Die entscheidende Frage ist es nun, aus welchen *Gründen* Beweisverbote entstehen können. Von ihrer Beantwortung hängt dann die Beantwortung der weiteren Frage nach den jeweiligen Rechtsfolgen der Beweisverbote ab.

Für die Behandlung der Frage nach den Gründen macht es grundsätzlich keinen Unterschied, ob die Beweisverbote im Strafverfahrensrecht bereits ausdrücklich geregelt sind, oder ob sie sich aus ungeschriebenen Strafprozeßprinzipien oder sogar aus Normen – sei es geschriebenen, sei es ungeschriebenen – ergeben, die, wie etwa das Verfassungsrecht, überhaupt nicht zum eigentlichen Strafverfahrensrecht gehören.

Wichtige Gründe für die Entstehung von Beweisverboten, sei es Beweiserhebungs- oder sei es Beweisverwertungsverboten, lassen sich zunächst einmal aus den Grundgedanken der Strafprozeßordnung herleiten. Diese Grundgedanken können wiederum entweder ausdrücklich genannt sein, oder sie können sich mittelbar aus der ratio legis ergeben. Vor allem kommen hier die das Verfahren beherrschenden Prozeßmaximen in Betracht. Unter ihnen ist für die Begründung von Beweisverboten an erster Stelle der Grundsatz der materiellen Wahrheitserforschung zu nennen. Aus ihm folgt, daß Beweisverbote damit begründet sein können, daß sie erforderlich sind, um die Erforschung der wirklichen Wahrheit sicherzustellen. Der klassische Fall eines solchen Beweisverbotes ist das Beweismethodenverbot des § 136 a StPO.

Sodann können sich Beweisverbote aus der Anwendung des Grundsatzes der Unmittelbarkeit der Beweisaufnahme ergeben. Beruht beispielsweise der Beweis einer Tatsache auf der Wahrnehmung einer Person, so ist diese in der Hauptverhandlung zu vernehmen. § 250 StPO verbietet es, die Vernehmung durch Verlesung des über eine frühere Vernehmung aufgenommenen Protokolls oder einer schriftlichen Erklärung zu ersetzen. Da der Grundsatz der Unmittelbarkeit der Beweisaufnahme dem Schutz der Wahrheitserforschung dient, kann auch dieser Schutzzweck unmittelbar zur Begründung des genannten Beweisverbots herangezogen werden.

Zu den aus der Strafprozeßordnung mittelbar herzuleitenden Verfahrensprinzipien gehört auch der Grundsatz, daß niemand verpflichtet ist, an seiner eigenen Überführung mitzuwirken. Dies geht deutlich aus dem Schweigerecht des Beschuldigten (§ 136 Abs. I StPO) und aus dem Auskunftsverweigerungsrecht des Zeugen (§ 55 Abs. I StPO) hervor.

Für das Strafverfahrensrecht gilt aber ferner der weitere Grundsatz, daß unter bestimmten Voraussetzungen die Verpflichtung zur Mitwirkung an der Überführung anderer Personen entfällt. Hauptbeispielsfälle hierfür sind das Zeugnisverweigerungsrecht der Angehörigen nach § 52 StPO sowie das Zeugnisverweigerungsrecht der in § 53 StPO genannten Personen, die zu besonderen Berufsgruppen gehören. Die hier entstehenden Beweisverbote dienen nicht dem Schutz der Wahrheitserforschung, sondern dem Schutz besonderer menschlicher und beruflicher Beziehungen. Für diese Fälle hat der Gesetzgeber zum Ausdruck gebracht, daß er das zuletzt genannte Schutzinteresse dem Wahrheitserforschungsinteresse vorgehen lassen will. Allerdings kann man sagen, daß das Zeugnisverweigerungsrecht der Angehörigen daneben zugleich den Schutz der Wahrheitserforschung anstrebt, weil bei Angehörigen die Gefahr, daß falsche Aussagen zum Schutze des beschuldigten Familienmitglieds gemacht werden, besonders groß ist. Hier, ebenso wie in anderen Fällen bei der Regelung von Beweisverboten, zeigt sich, daß die ein Verbot auslösenden Gründe sehr vielschichtig sein können und nicht immer auf ein einziges Prinzip zurückführbar sein müssen.

Als Begründung für die Entstehung eines Beweisverbots kann ferner die Überlegung herangezogen werden, man könne mit dem betreffenden Verbot – vor allem gilt dies für Beweisverwertungsverbote – erreichen, daß bestimmte Beweismittel oder Beweismethoden künftig nicht mehr benutzt werden, weil sich ihre Verwendung nicht „lohnt". Eine solche Präventionsfunktion spielt vor allem bei den Beweisverboten des anglo-amerikanischen Strafverfahrensrechts eine wichtige Rolle.[8] Man wird aber für das deutsche Strafverfahrensrecht zugeben müssen, daß z. B. das Beweisverwertungsverbot in § 136a Abs. III StPO unter anderem ebenfalls diesem Präventionszweck zu dienen bestimmt ist. Diese Wiederholungsverhütungsaufgabe des genannten Beweisverwertungsverbots fügt sich im übrigen dem weiter gespannten Ziel des Schutzes der Wahrheitsermittlung ein.

In einigen Fällen dient das jeweilige Beweisverbot dem Schutz von ganz bestimmten Rechtsgütern. So soll etwa durch die aus der Regelung der körperlichen Untersuchung des Beschuldigten in § 81 a StPO zu entnehmenden Beweisverbote die körperliche Integrität geschützt werden. Das gleiche gilt für § 81 c StPO, in dem die Untersuchung anderer Personen als des Beschuldigten geregelt ist.

Das Schamgefühl und damit die Intimsphäre der Persönlichkeit schützt § 81 d StPO. Die hier im Gesetz geregelte körperliche Untersuchung von Frauen impliziert entsprechende Beweisverbote, und diese haben somit die genannte Schutzfunktion.

§ 68a StPO verbietet Fragen nach Tatsachen, die dem Zeugen oder einer Person, die im Sinne des § 52 Abs. I StPO sein Angehöriger ist, zur Unehre gereichen können, sofern das Stellen dieser Fragen nicht unerläßlich ist. Durch dieses Beweisthemenverbot soll deutlich das Rechtsgut der Ehre geschützt werden.

Für Richter, Beamte und andere Personen des öffentlichen Dienstes bestimmt § 54 StPO das bereits eingangs erwähnte relative Beweismittelverbot. Geschützt werden hier das Staatsinteresse und sonstige öffentliche Belange. Das ergibt sich für den genannten Personenkreis aus dem stillschweigend vorauszusetzenden Sinn dieser gesetzlichen Bestimmung. Für das Zeugnisverweigerungsrecht des Bundespräsidenten ist dies in § 54 Abs. III StPO jedoch ausdrücklich gesagt, denn es heißt dort, der Bundespräsident könne das Zeugnis verweigern, wenn die Ablegung des Zeugnisses dem Wohl des Bundes oder eines deutschen Landes Nachteile bereiten würde.

Einen Sonderfall bildet das ebenfalls bereits erörterte Beweisthemenverbot des § 190 StGB. Hier ist das geschützte Rechtsgut die Rechtskraft eines strafgerichtlichen Urteils. Damit wird dann unter Hintanstellung des Interesses an der Ermittlung der wirklichen Wahrheit das Interesse an der Herstellung und Aufrechterhaltung des Rechtsfriedens angestrebt. Der letztgenannte wäre erheblich ge-

[8] *Mueller*, aaO, S. 49 ff.

fährdet, wenn die Rechtsordnung es zulassen würde, daß über dasselbe Beweisthema zwei einander widersprechende rechtskräftige gerichtliche Entscheidungen ergehen könnten.

Die genannten Gründe für die Entstehung von Beweisverboten ergaben sich sämtlich aus dem Strafverfahrensrecht. Zu den besonders wichtigen Erkenntnissen für den modernen Strafprozeß gehört die Feststellung, daß es daneben Beweisverbote gibt, die sich aus dem Strafverfahrensrecht vorgeordneten Normen, also etwa aus dem Grundgesetz oder aus der Europäischen Menschenrechtskonvention herleiten.

Wie später noch im einzelnen darzulegen sein wird, ergeben sich Anknüpfungspunkte für Beweisverbote an verschiedenen Stellen des Grundgesetzes. In Betracht kommen hier zunächst die allgemeinen Bestimmungen der Artikel 1 und 2 GG. Verletzen Beweiserhebungen oder Beweisverwertungen die Menschenwürde oder die von der Verfassung garantierten Freiheitsrechte, insbesondere die persönliche Intimsphäre, dann können sich hieraus Beweisverbote ergeben. Zu denken wäre hier etwa an Fragen nach Tatsachen aus der Intimsphäre eines Zeugen, bei denen das Beweisverbot des § 68a StPO nicht eingreift, weil die Offenlegung jener Tatsachen aus der Intimsphäre dem Zeugen nicht zur Unehre gereichen würde. In Fällen dieser Art kann das Beweisverbot nicht mit dem § 68a StPO begründet werden. Als Anknüpfungspunkt kommt allein die Verfassung in Frage.

Die Verletzung einzelner Grundrechte kann die Entstehung von Beweisverboten ebenfalls begründen. Für die Verletzung der Pressefreiheit (Art. 5 GG) ist das in der bekannten bahnbrechenden Rechtsprechung des Bundesverfassungsgerichts bereits anerkannt worden.[9] Für andere Grundrechte gilt entsprechendes. So können für die Begründung von Beweisverboten die Grundrechte der Glaubens- und Bekenntnisfreiheit (Art. 4 GG), des Brief- und Postgeheimnisses (Art. 10), der Unverletzlichkeit der Wohnung (Art. 13 GG) und der Gewährleistung des Eigentums (Art. 14 GG) entscheidend sein.

Aber auch ungeschriebene Verfassungsnormen können in diesem Zusammenhang von Bedeutung werden. Dies gilt vor allem für die Grundsätze der Rechtsstaatlichkeit. Sie sind ohnehin für den gesamten Strafprozeß maßgebend. Beweisverbote können hierbei besonders aus dem Übermaßverbot und dem Güterabwägungsgrundsatz folgen. Beide Gesichtspunkte hängen eng miteinander zusammen. Finden sie Anwendung, dann muß jeweils zwischen dem Strafverfolgungsinteresse und der Intensität des Rechtseingriffs, der

[9] BVerfGE 15, 78 ff., 225 = NJW 1963 S. 147, unter Hinweis auf BVerfGE 7, 208 ff.; 10, 121; 12, 30.

durch das betreffende Beweisverfahren verursacht wird, abgewogen werden. Wohl unbestritten sind solche Auswirkungen auf die strafverfahrensrechtlichen Beweisregeln vor allem im Bereich der körperlichen Untersuchungen sowie bei Beschlagnahmen und Durchsuchungen.

Schließlich sind für eine etwaige Begründung von Beweisverboten auch noch die vorgeordneten Normen der Europäischen Menschenrechtskonvention zu berücksichtigen. Daß sie ebenfalls maßgebend werden können, sollte keinem Zweifel unterliegen, zumal es sich bei den Bestimmungen der Menschenrechtskonvention um geltendes Recht handelt und ihr Inhalt gewisse Mindestrechte des Individuums gerade und vor allem im Strafprozeß garantieren will. Von den in diesem Zusammenhang für die Beweisverbote wichtigen Bestimmungen sind in erster Linie die Art. 3 und 6 MRK zu nennen. Nach Art. 3 MRK darf niemand der Folter oder einer anderen unmenschlichen oder erniedrigenden Behandlung unterworfen werden. Art. 3 MRK deckt sich zum größten Teil mit § 136 a StPO. Es sind jedoch Fälle denkbar, die entweder nur unter § 136 a StPO oder nur unter Art. 3 MRK fallen. So sind z. B. Vernehmungsmethoden denkbar, die weder als eine Folterung noch als eine unmenschliche oder erniedrigende Behandlung anzusehen sind, die aber gleichwohl die Freiheit der Willensentschließung und der Willensbetätigung im Sinne des § 136 a StPO beeinträchtigen. Andererseits sind unmenschliche oder erniedringende Behandlungsweisen denkbar, die unter Art. 3 MRK fallen, ohne daß sie gleichzeitig gegen § 136 a StPO verstoßen, weil die Freiheit der Willensentschließung und der Willensbetätigung des Beschuldigten durch sie nicht beeinträchtigt wird.

Im Art. 6 MRK kommt als Grund für die Entstehung eines Beweisverbots vor allem die Bestimmung des Abs. III d in Betracht. Hier wird angeordnet, daß jeder Angeklagte berechtigt ist, Fragen an die Belastungszeugen zu stellen oder stellen zu lassen und die Ladung und Vernehmung der Entlastungszeugen unter denselben Bedingungen wie die der Belastungszeugen zu erwirken.

Es leuchtet ein, daß eine Verletzung von Art. 3 oder Art. 6 MRK den Anlaß für die Entstehung eines Beweisverbots bilden kann. Würde es anders sein, dann wäre die Garantiefunktion der Menschenrechtskonvention illusorisch.

Im übrigen wäre es gut, sich daran zu erinnern, daß die Europäische Menschenrechtskonvention im Gegensatz zu dem insoweit ergänzungsbedürftigen Grundgesetz wichtige, strafverfahrensrechtlich bedeutsame Rechtsstaatsprinzipien wie den Grundsatz des fairen Prozesses (Art. 6 Abs. I MRK) und die Unschuldsvermutung (Art. 6 Abs. II MRK) ausdrücklich nennt. Da es bei den Beweisverboten im Strafprozeß vielfach um Probleme der Rechtsstaatlichkeit des Verfahrens geht, wirken sich diese Bestimmungen mittelbar ebenfalls auf die Rechtslage bei Beweisverboten aus.

Bevor versucht werden soll, das Gesagte im einzelnen anzuwenden, ist zunächst noch ein kurzer Blick auf diejenigen Gesichtspunkte zu werfen, die sich auf die *Begrenzung* der entstandenen Beweisverbote und ihrer Rechtsfolgen auswirken können. Als solche müssen vor allem die folgenden bedacht werden:

Soweit ein Beweisverbot den Schutz eines bestimmten Rechtsguts bezweckt, führt diese Schutzfunktion gleichzeitig zur Begrenzung der Auswirkungen des betreffenden Beweisverbots. Soweit das jeweils in Rede stehende Rechtsgut hinreichend geschützt ist, kann für ein Beweisverbot keine Notwendigkeit mehr bestehen. Die umstrittene Rechtskreistheorie des Bundesgerichtshofs stellt einen Versuch dar, diesen Rechtsgedanken zu verwirklichen.[10]

Zu einer Begrenzung der Beweisverbote und ihrer Rechtsfolgen kann ferner die Überlegung führen, daß bei Irreparabilität der einmal geschehenen Rechtsverletzung ein Interesse an der Aufrechterhaltung eines Beweisverbots fortfällt. Dies ist ein Begrenzungsgrund, der beispielsweise bei der später noch zu erörternden Zeugenvernehmung eines Beamten (§ 54 StPO) eine Rolle spielt.

Schließlich ist es nicht von der Hand zu weisen, daß bei der Begrenzung von Beweisverboten die Kausalität zwischen der ein Beweisverbot auslösenden Rechtsverletzung einerseits und dem Beweisergebnis andererseits eine Rolle spielen kann. Es gibt sicherlich Fälle, in denen man überlegen muß, ob die Entstehung eines Beweisverwertungsverbots nicht dadurch verhindert wird, daß die unter Verletzung eines Beweiserhebungsverbots erlangten Beweisergebnisse auf ordnungsgemäßem Wege ebenfalls erzielt worden wären, so daß die Kausalität zwischen der Verletzung des Beweiserhebungsverbots und der Erlangung des betreffenden Beweisergebnisses fehlen würde.

Schließlich ist unter den Aspekten, die für eine Begrenzung der Beweisverbote von Bedeutung werden können, noch der bereits bei den Gründen für die Entstehung von Beweisverboten herangezogene Gesichtspunkt der Güterabwägung zu nennen. Ebenso wie sich die Güterabwägung auf die Entstehung von Beweisverboten auszuwirken vermag, kann sie gleichzeitig deren Begrenzung mitbestimmen. Bei beiden Betrachtungsrichtungen kommt es indessen ganz entscheidend auf die konkreten Umstände des Einzelfalles an. Immer ist jedoch die allgemeine Überlegung maßgebend, daß in modernen rechtsstaatlichen Strafverfahren der Satz gilt: Keine Wahrheitserforschung um jeden Preis! Letzten Endes ist die Tatsache, daß

---

[10] BGHSt. 11, 213. Zur Kritik an der Rechtskreistheorie vgl. Eb. *Schmidt*, JZ 1958 S. 596 und *Grünwald*, aaO, S. 490.

man sich heute den Problemen der Beweisverbote mit besonderer Aufmerksamkeit zuwendet, darauf zurückzuführen, daß man das Verhältnis zwischen dem Einzelnen und dem Staat anders wertet. Daneben mag – worauf *Sarstedt* in seinem Referat zutreffend hinweist – das Bemühen, den unerwünschten Folgen der Ausuferung des materiellen Strafrechts mit prozessualen Mitteln entgegenzuwirken, ebenfalls eine Rolle spielen.

B.

Zur Begründung der einzelnen Thesen (abgedruckt auf S. F 62 ff.) sei nunmehr unter Berücksichtigung des bisher Gesagten das folgende ausgeführt:

I. Allgemeiner Teil

Zu These I 1: Das Strafprozeßrecht ist durch eine besondere Formstrenge charakterisiert. Aus Gründen der Rechtssicherheit soll der Verfahrensspielraum für den Richter möglichst eng gehalten sein. Wo immer es möglich ist, soll dem Gericht genau gesagt werden, was es zu tun hat. Es muß deshalb dem Gesetzgeber grundsätzlich vorbehalten sein, Beweisverbote in das Strafverfahrensrecht einzuführen.

Daneben ist aber die Kontrolle des geltenden Strafprozeßrechts durch die vorgeordneten Normensysteme des Grundgesetzes und der Europäischen Menschenrechtskonvention unabdingbar. Das sollte eigentlich keiner besonderen Hervorhebung bedürfen. Für die Strafprozeßordnung gilt insofern dasselbe wie für alle Gesetze. Diese Kontrolle durch vorgeordnete Normen ist teilweise bereits vom Gesetzgeber in ausdrücklichen Regelungen der betreffenden Gesetze – also hier der Strafprozeßordnung – bereits berücksichtigt. Wie die Anwendung der Strafprozeßordnung jedoch während der letzten Jahre gezeigt hat, gilt dies für die Beweisverbote nur teilweise. Die Realisierung jener Kontrolle durch vorgeordnete Normen ist daher eine Aufgabe des Richters. Eine neue Aufgabe ist den Gerichten damit allerdings nicht zugewiesen. Der These *Sarstedts,* wonach das Verhältnis des Richters zum Gesetz in Bezug auf Beweisverbote kein anderes sei als auch sonst im Verfahrensrecht, kann daher in vollem Umfang zugestimmt werden.

Ein Gegenstand der Diskussion sollte die Frage, ob es Beweisverbote gibt, die sich aus vorgeordneten Normen, insbesondere solchen des Grundgesetzes, herleiten, wenn die betreffenden Beweisverbote in der Strafprozeßordnung selbst nicht geregelt sind, nicht mehr sein. Die Möglichkeit der Entstehung von Beweisverboten, die in der Strafprozeßordnung nicht vorgesehen sind, folgt aus der Garantiefunktion der vorgeordneten Normen des Grundgesetzes und der Europäischen Menschenrechtskonvention. An diese Bestimmungen ist der Richter stets gebunden. Darauf, ob die Strafprozeßordnung ihn hierzu ausdrücklich anhält oder ob das nicht der Fall ist, kann es nicht ankommen. Auszugehen ist von der wegweisenden Entscheidung des Bundesverfassungsgerichts, nach der die Feststellung, eine strafverfahrensrechtliche Maßnahme sei nach den Vorschriften der StPO zulässig, für sich allein genommen noch nicht garantiere, daß die Vornahme des betreffenden Eingriffs rechtmäßig sei. Dieser Grundsatz wurde bekanntlich anhand eines Falles entwickelt, in dem es um die Auswirkung des Grundrechts der Pressefreiheit nach Art. 5 GG auf das Beweisrecht der Strafprozeßordnung ging. Es war daher erforderlich, sich mit der Frage auseinanderzusetzen, ob diese unmittelbare Auswirkung des Verfassungsrechts auf das Strafverfahrensrecht nicht dadurch verhindert sei, daß die Verfassung selbst in Art. 5 Abs. II GG erklärt, das Pressefreiheitsrecht und die anderen im ersten Absatz des Art. 5 genannten Rechte fänden ihre Schranken in den Vorschriften der allgemeinen Gesetze. Die Strafprozeßordnung gehört zweifellos zu diesen allgemeinen Gesetzen. Dem Bundesverfassungsgericht ist aber darin zuzustimmen, daß gleichwohl bei jeder strafprozessualen Maßnahme, die in den durch das Grundrecht der Pressefreiheit geschützten Bereich eingreift, eine Abwägung zwischen den Erfordernissen einer freien Presse und denen der Strafverfolgung erforderlich ist. Dies folgt daraus, daß die „allgemeinen Gesetze“ in ihrer das Grundrecht beschränkenden Wirkung ihrerseits wiederum im Lichte der Bedeutung des betreffenden Grundrechts gesehen werden müssen und so auszulegen sind, daß der besondere Wertgehalt dieses Rechts auf jeden Fall gewahrt bleibt. Wegen dieser gegenseitigen Beziehung zwischen Grundrecht und „allgemeinem Gesetz“ muß also jeweils geprüft werden, ob die in Frage stehende Maßnahme, die von der Strafprozeßordnung erlaubt wird, auch unter Berücksichtigung der als Grundrecht gewährleisteten Pressefreiheit zulässig ist.

Diese für das Grundrecht der Pressefreiheit entwickelten Rechtssätze gelten für alle Fälle eines Konflikts zwischen einem Grundrecht und der Strafprozeßordnung. Der Hinweis auf die einschränkende Funktion der „allgemeinen Gesetze“ ändert also nichts daran, daß die Gerichte gezwungen sind, in Fällen dieser oder einer ähnlichen Art anhand einer Rechtsgüterabwägung die Entscheidung zu finden.

Diese Rechtsprechung des Bundesverfassungsgerichts, die für die Beweisverbote im Strafverfahren von fundamentaler Bedeutung ist, wurde in der kürzlich ergangenen Entscheidung über die Verfassungsbeschwerde der Zeitschrift „Der Spiegel" erneut bestätigt, und zwar in einem Teil der Entscheidungsbegründung, der im Gegensatz zu anderen Abschnitten als Auffassung des gesamten Senats gekennzeichnet ist.[11]

Daß hier eine prozessuale Entscheidung auf der Grundlage einer Güterabwägung getroffen werden muß, ist gewiß eine erhebliche Schwierigkeit. Das Zögern der Praktiker, sich dieser Rechtsauffassung in vollem Umfang anzuschließen, ist daher verständlich. Auf den ersten Blick könnte sogar die zuletzt erwähnte „Spiegel"-Entscheidung des Bundesverfassungsgerichts selbst als Beispiel für die Schwierigkeiten bei der Güterabwägung angeführt werden. Das wäre jedoch voreilig. Die ausführlichen Erörterungen zur Güterabwägung zeigen vielmehr, daß ein solches Vorgehen kein Zurückweichen auf unberechtigte irrationale Faktoren ist. Die Entscheidungsgründe zeigen vielmehr deutlich, daß es sich hier um einen rational kontrollierbaren Vorgang handelt. Die Argumente, die bei der Güterabwägung ins Gewicht fallen, werden klar einander gegenübergestellt.

Diese Deutlichkeit ermöglicht Kritik und entspricht daher den Notwendigkeiten rationaler Begründung rechtlicher Entscheidungen. Eine Stelle zur Ausführung der Güterabwägung, die bereits mehrfach kritisiert worden ist, veranschaulicht das eindrucksvoll. Bei der Darstellung „der die Entscheidung tragenden Auffassung" heißt es in der Entscheidung des Bundesverfassungsgerichts:[12] „Wenn die Presse sich in den Bereich militär-technischer Einzelfragen begibt, verschieben sich die Gewichte: Das Informationsbedürfnis der Öffentlichkeit tritt zurück, einmal, weil die Leser mangels zureichender Fachkenntnisse sich ein selbständiges Urteil ohnehin nicht bilden können, zum anderen, weil sie dieser Kenntnisse zu ihrer politischen Urteilsbildung auch nicht bedürfen." Das ist eine Güterabwägungsargumentation, die in ihren Wertungsgrundlagen biedermeierlichem Obrigkeitsdenken deutlich zugeordnet werden kann, und bei der sich der Widerspruch zu der freiheitlichen und auf der verantwortungsbewußten selbständigen Urteilsbildung aufbauenden Regelung des Art. 5 GG durch rational überprüfbare Argumente nachweisen läßt.

Im übrigen darf nicht vergessen werden, daß der Strafrichter ohnehin bei der Notwendigkeit der Güterabwägung nicht vor einem Novum steht. Bei der Anwendung des Rechtfertigungsgrundes des übergesetzlichen Notstandes und bei der Berücksichtigung der Rechtswidrigkeitsdefinitionen in den Nötigungs- und Erpressungs-

[11] BVerfG JZ 1966 S. 568 = NJW 1966 S. 1605.
[12] BVerfG JZ 1966 S. 573 = NJW 1966 S. 1613.

tatbeständen (§§ 240 und 253 StGB) müssen die Strafgerichte schon seit langem nach Güterabwägungsprinzipien entscheiden und ihre Begründungen hierbei so fundieren, daß sie in der Rechtsmittelinstanz überprüfbar sind. Die hierbei in Kauf zu nehmenden Schwierigkeiten dürfen sicherlich nicht unterschätzt werden. Gleichwohl zeigt die Praxis unserer Gerichte seit langem, daß die Hindernisse überwindbar sind.

Zu These I 2: Darüber, daß die Verletzung eines Beweisverbots grundsätzlich nicht von Amts wegen zu berücksichtigen ist, sondern vom Beschwerdeführer gerügt werden muß, besteht Einigkeit. Indessen sollte man es nicht von vornherein ablehnen, in ganz besonders gelagerten Fällen Ausnahmen vorzusehen. Es kann gerade auch dem Gericht nicht zugemutet werden, derartige Verletzungen bei Offensichtlichkeit ignorieren zu müssen. Man denke etwa an den Fall, daß in der Urteilsbegründung eine gegen den Willen des Beschuldigten an ihm vorgenommene in hohem Maße gesundheitsschädliche ärztliche Behandlung als Beweismethode erwähnt wird und die hierbei erzielten Ergebnisse für die Entscheidung von tragender Bedeutung geworden sind.

Ein anderer Fall wäre gegeben, wenn sich aus den Urteilsgründen schwere Verstöße gegen das Grundrecht der Glaubens- und Bekenntnisfreiheit erkennen ließen. In Fällen dieser und ähnlicher Art, wo es sich um ganz erhebliche Verletzungen des Grundgesetzes und der Europäischen Menschenrechtskonvention handelt, sollte dies ausnahmsweise von Amts wegen durch das Revisionsgericht berücksichtigt werden müssen. Eine gesetzliche Regelung dieser ausnahmsweisen Einschränkung des allgemeinen Grundsatzes, daß Verletzungen von Beweisverboten nur auf Rüge des Beschwerdeführers zu beachten sind, sollte empfohlen werden.

Zu These I 3: Die Grundlage dieser These sind die eingangs angestellten Überlegungen über die für die Entstehung von Beweisverboten hauptsächlich in Betracht kommenden Gründe. Ihre Anwendung kann nur für jedes einzelne Beweisverbot gesondert untersucht werden. Auch eine für alle Anwendungsfälle gültige Rangordnung kann nicht aufgestellt werden. Es läßt sich lediglich sagen, daß im allgemeinen die jeweilige Rechtsgüterschutzfunktion und die Güterabwägung als wichtigste Ausprägungen des Rechtsstaatlichkeitsprinzips erheblichere Bedeutung haben als andere Gesichtspunkte.

Zu These I 4: Es ist zuzugeben, daß die Verletzung eines Beweisverbots hinsichtlich des durch die Verletzung erzielten Beweisergebnisses auf jeden Fall im Verfahren psychische Wirkungen hat. Daraus kann aber keine grundsätzliche Ablehnung aller Beweisverwertungsverbote hergeleitet werden. Richter sind immer in einem psychischen Engagement. Das kann größer und kleiner sein. Vermeiden läßt es sich niemals ganz. Indessen ändert das nichts daran, daß die logische Folgerichtigkeit einer Begründung stets soweit objektivierbar ist, daß sie unabhängig von jenen psychischen Bindungen überprüfbar bleibt. Die Frage, ob eine bestimmte Beweisprämisse, die wegen Verletzung eines Beweisverbots nicht verwertet werden darf, bei einer Begründung mitbenutzt wurde oder ob das nicht der Fall ist, kann objektiv geprüft werden. Eine solche rein logische Gedankenoperation ist in der Regel auch dem engagierten Richter möglich.

In dem übrigbleibenden Rest von Fällen, in denen das Engagement des Richters zu stark ist, hilft die von *Dünnebier* und *Grünwald* geforderte Selbstablehnung des Richters weiter.[13] Es ist nicht erforderlich, daß ein neuer Richter ohne jede Kenntnis von dem ein Beweisverbot verletzenden Vorgang gefunden werden muß. Es genügt vielmehr, daß die psychische Bindung eine geringere ist. Sie darf nur nicht so stark sein, daß sie jene Objektivierung, die in der Konzentration auf den logischen Gehalt des Begründungszusammenhangs ihren Ausdruck findet, unmöglich macht. Völlige Unkenntnis der vorangegangenen prozessualen Ereignisse ist nicht erforderlich.

Der Erläuterung der Unterscheidung zwischen absoluten und relativen Beweisverwertungsverboten mögen noch einige Überlegungen dienen, die sich auf die beiden in der These erwähnten §§ 54 und 136 a StPO beziehen:

Eine Verletzung des § 136 a StPO stellt die Rechtsstaatlichkeit des ganzen Beweisverfahrens in Frage. Es ist deshalb folgerichtig, wenn der Gesetzgeber in § 136 a Abs. III Satz 2 StPO ein absolutes Beweisverwertungsverbot ausgesprochen hat. Auf diese gesetzliche Bestimmung kann nicht verzichtet werden, zumal im Hinblick auf den die Unbeachtlichkeit der Zustimmung des Beschuldigten betreffenden Zusatz. Würde die Verwertung der rechtswidrig zustande gekommenen Beweisergebnisse möglich sein, wenn der Beschuldigte der Verwertung zustimmt, dann würde ein neuer Anreiz für illegale Maßnahmen gegeben sein, denn es könnte dann versucht werden, die Zustimmung zu erzwingen.

An § 54 StPO läßt sich deutlich erkennen, daß es sinnvoll sein kann, einem Beweisverbot nur eine relative Bedeutung zu geben. Die Schutzfunktion dieser Bestimmung bezieht sich auf die Interessen des Staates. Wird ein Beamter ohne die erforderliche Genehmigung als Zeuge vernommen, so kann sich nach der bekannten Rechtsprechung des Reichsgerichts, der sich der Bundesgerichtshof angeschlossen hat, der Angeklagte zur Begründung einer Revisions-

[13] *Dünnebier*, aaO, S. 967 Anm. 27; *Grünwald*, aaO, S. 501.

rüge auf diese Verletzung des § 54 StPO nicht berufen, da diese Bestimmung nicht dem Schutz des Angeklagten dient. Die sehr ernst zu nehmende abweichende Meinung von Eb. *Schmidt* stützt sich auf gewiß beachtliche Argumente.[14] Geht man davon aus, daß eine Verletzung des § 54 StPO die Justizförmigkeit der Prozeßführung in Frage stellt, dann ist es in der Tat folgerichtig zu sagen, daß auch der Angeklagte in seinen Interessen verletzt wird, wenn eine Beamtenvernehmung im Widerspruch zu § 54 StPO erfolgt. In der Regel wird man aber wohl davon ausgehen können, daß bei einer solchen Vernehmung nicht ohne weiteres die Justizförmigkeit des Verfahrens berührt wird. Die Relativität des hier entstehenden Beweisverbots kann also wohl nur insoweit eingeschränkt werden, als aus den besonderen Umständen des Einzelfalles zu entnehmen ist, daß die Rechtsverletzung und ihre Auswirkung auf die Beweisführung gegen den Beschuldigten so starken Bedenken unterliegt, daß damit die Justizförmigkeit des Prozesses und insoweit zugleich die Rechtsstaatlichkeit des Verfahrens ernstlich verletzt sind. In diesen Grenzfällen wird man Eb. *Schmidt* rechtgeben und dem Angeklagten ein entsprechendes Rügerecht einräumen müssen.

Meistens übersehen wird im übrigen der umgekehrte Fall, der dann gegeben ist, wenn ein Beamter ohne die nach § 54 StPO erforderliche Genehmigung vernommen wurde und hierbei eine den Angeklagten entlastende Aussage gemacht hat, so daß der Angeklagte an einer Revisionsrüge wegen der Verletzung des § 54 StPO nicht interessiert ist. Eine Rüge der Staatsanwaltschaft wird hier ebenfalls nur in Betracht kommen, wenn die Verletzung des § 54 StPO so erheblich ist, daß die Rechtsstaatlichkeit des gesamten Verfahrens in Frage gestellt ist. Für den Regelfall kommt hier jener eingangs erwähnte Begrenzungsgrund der Irreparabilität der einmal eingetretenen Rechtsverletzung zum Zuge. Diese Nichtheilbarkeit der Verletzung darf dann als Begründung für das Nichtentstehen eines Beweisverbots herangezogen werden, wenn die Verwertung des betreffenden Beweisergebnisses zu keiner Vertiefung der Verletzung des geschützten Rechtsguts – hier also der staatlichen Interessen – führt.

In seiner These I 4b hat *Sarstedt* vorgeschlagen, sich für eine Streichung des § 252 StPO einzusetzen. Hiervon ist m. E. abzuraten. Die gegen diese Bestimmung geltend gemachten Gründe greifen nicht durch. Der Staatsbürger, den das Gericht an seinem früheren Wort und an seiner früher freigegebenen Unterschrift nicht festhält, wird damit nicht wie ein Unmündiger behandelt. Es wird lediglich berücksichtigt, daß der Zeuge sich möglicherweise erst jetzt vor dem

[14] Lehrkommentar zur StPO, Erl. Nr. 10 zu § 54.

Gericht des Ernstes der Lage voll bewußt wird. Außerdem soll verhindert werden, daß eine etwaige frühere Überrumpelung zu schädlichen Folgen führt. Daß der Widerruf in der Hauptverhandlung möglicherweise von egoistischen Motiven getragen wird, ist dabei vom Gesetzgeber ausdrücklich in Kauf genommen. Das gilt in gleicher Weise für viele Fälle der Wahrnehmung von Verfahrensrechten. Die Tatsache, daß Aussagen des gleichen Zeugen, die dieser außerhalb des Verfahrens Dritten gegenüber gemacht hat, verwertbar sind, stellt gegenüber der Regelung des § 252 StPO keinen Widerspruch dar. Die Verwertung jener Aussagen Dritten gegenüber bedeutet für den Zeugen nicht, daß er bei der Überführung eines Angehörigen (§ 52 StPO) oder einer Person, zu der ein besonderes Vertrauensverhältnis besteht (§ 53 StPO), *im Strafprozeß* aktiv mitwirkt. Das ist ein wesentlicher Unterschied. Es sollte also bei dem Verlesungsverbot des geltenden Rechts bleiben.

Eine andere allgemeinere Frage ist es, inwieweit Beweisverwertungsverbote geeignet sind, künftige erneute Verletzungen von Beweiserhebungsverboten zu verhindern. Ein Streit über die Effektivität dieser Präventivfunktion wird sich kaum schlichten lassen, weil weder die Bejahung noch die Verneinung der Präventivwirkung empirisch verifiziert werden kann. Immerhin ist es doch wohl eine allgemeine Erfahrung, daß jedenfalls sicherlich in manchen Fällen die Verletzung eines Beweiserhebungsverbots unterbleiben wird, weil man sich darüber im Klaren ist, daß sich ein solches Vorgehen nicht lohnt, weil eben ein Beweisverwertungsverbot entsteht. Es mag sein, daß eine solche Erwägung oft genug nicht angestellt wird, indessen genügt es, wenn sie wenigstens in manchen anderen Fällen wirksam wird.

Zu These I 5: Die hier vertretene Auffassung wird sicherlich seitens der Praktiker auf Widerstand stoßen. Gleichwohl sollte bedacht werden, daß sich das Beweisverwertungsverbot des § 136 a Abs. III StPO seinem klaren Wortlaut nach nicht als Begründung für eine unterschiedliche Behandlung von unmittelbaren und mittelbaren Beweisergebnissen verwenden läßt. Das Gesetz spricht ohne Einschränkung davon, daß Aussagen, die unter Verletzung des § 136 a Abs. I und II StPO zustande gekommen sind, nicht verwertet werden dürfen. Mittelbare Ergebnisse sind aber ebenfalls Produkte einer Verwertung der Aussage. Die ratio legis ist gerade auch für die Fernwirkung des Beweisverwertungsverbots durchaus einleuchtend: Der Prozeß als ganzer soll integer bleiben.

Das zu § 136 a StPO Gesagte muß ganz allgemein für die Beweisverwertungsverbote gelten. Keine Bedenken bestehen dagegen gegen die Zulassung einer Begrenzung der Beweisverwertungsverbote unter dem Gesichtspunkt der fehlenden Kausalität. Wäre das betreffende Beweisergebnis auch bei ordnungsgemäßem Vorgehen erlangt worden, dann darf es verwertet werden. Gewiß können bei der Prüfung solcher Kausalitätsverhältnisse im Einzelfall Schwierigkeiten entstehen. Die Strafgerichte müssen aber in anderen Zusammenhängen derartige Schwierigkeiten ebenfalls überwinden. Es sei hier nur an die Kausalitätsprüfung im materiellen Strafrecht und an die Prüfung der Frage, ob eine Entscheidung auf einer festgestellten Verfahrensrechtsverletzung beruht, im Prozeßrecht erinnert. Die Frage, wie zu verfahren ist, um diejenigen Tatsachen zu beweisen, aus denen sich ein Beweisverbot ergibt, kann in Übereinstimmung mit *Sarstedt* dahin beantwortet werden, daß hier ein sog. „Frei-Beweis" zulässig ist.

Zu These I 6: Würde man sagen, alle diejenigen Beweisergebnisse, die in rechtswidriger Weise gewonnen wurden, dürfen im Strafverfahren nicht verwertet werden, so hätte man eine einigermaßen klare Prozeßrechtslage. Eine solche Auffassung ginge jedoch zu weit. Wollte man sich ihr anschließen, so würde man übersehen, daß die Beweisverbote sich jedenfalls grundsätzlich nur an die Strafverfolgungsorgane richten. Außerdem kann nicht jeder Rechtsverstoß im Sinne einer Verletzung irgendwelcher Normen der gesamten Rechtsordnung strafverfahrensrechtliche Folgen haben. Man denke nur an die Verletzung privatrechtlicher Normen.

Andererseits ist die weitverbreitete Meinung, Beweisverbote richteten sich nur gegen Strafverfolgungsorgane, zu eng. Man wird nicht bestreiten wollen, daß die Rechtsstaatlichkeit eines ganzen Strafverfahrens berührt wird, wenn Beweisergebnisse in die Hauptverhandlung eingeführt werden, die unter Ausnutzung von schwersten Grundrechtsverletzungen und Straftaten gewonnen wurden. Als Beispiele können folgende Möglichkeiten genannt werden: von privater Seite hergestellte heimliche Tonbandaufnahmen aus der Intimsphäre, „Vernehmungsprotokolle", die ein mit Folterungen arbeitendes „Feme-Gericht" eines Gangsterkollektivs hergestellt hat, u. ä. In Fällen dieser oder ähnlicher Art würde die rechtsstaatliche Integrität des strafgerichtlichen Verfahrens verloren gehen, wenn keine Beweisverwertungsverbote entstehen würden. Andererseits ist zuzugeben, daß die Fälle, in denen Beweisverbote auch dann anzuerkennen sind, wenn die verbotswidrige Handlung von keinem Strafverfolgungsorgan vorgenommen wurde, die Ausnahme bleiben müssen.

Zu den Thesen I 7 und 8: Zur Begründung dieser Thesen mit den Unterthesen I 7a und 7b kann auf das eingangs über den Grundsatz der Verhältnismäßigkeit, das Übermaßverbot und die Güterabwägung Gesagte verwiesen werden. Dem Hinweis von *Sarstedt* (These I 7), Beweisverbote müßten einfach und klar sein, ist selbstverständlich zuzustimmen. Es muß deshalb grundsätzlich die Aufgabe des Gesetzgebers bleiben, Beweisverbote aufzustellen. Ganz ohne übergesetzliche Beweisverbote geht es jedoch nicht. Die Verwirklichung der Verfassungsnormen und der Normen der Europäischen Menschenrechtskonvention kann nicht allein von der mehr oder weniger angemessenen Reaktion des Gesetzgebers abhängig gemacht werden. Durch ein Versagen oder auch nur Nachhinken des Gesetzgebers kann der Richter nicht von der Verpflichtung zur Anwendung der Verfassung und der Europäischen Menschenrechtskonvention entbunden werden. Das Schweigen der Strafprozeßordnung heilt keine Verletzungen des Grundgesetzes und der Europäischen Menschenrechtskonvention!

II. Besonderer Teil

Zu These II 1: Der Begriff der „relativ unzulässigen Beweismethoden" ist mehrdeutig. Nach der hier zugrunde gelegten Systematik der Beweisverbote bedeutet die Einordnung eines Beweisverbots in die Gruppe der relativen Beweisverbote, daß es für das betreffende Beweisverbot Ausnahmen gibt. Andernfalls wäre es ein absolutes Beweisverbot. Der Begriff des relativen Beweisverbots ist sinnvoll. Das hatte sich bereits bei der Erörterung der Beispielsfälle aus den §§ 53, 250 und 251 StPO gezeigt.

Hinsichtlich der Verlesung von früheren Vernehmungsprotokollen kann von relativen Beweismethodenverboten gesprochen werden, weil die Verlesung teils erlaubt, teils verboten ist. Besteht ein Beweismethodenverbot, dann ist die betreffende Beweismethode unzulässig. Eine solche Unzulässigkeit ist endgültig. Die Möglichkeit, eine nur relative Unzulässigkeit anzunehmen, wäre in einer rechtsstaatlichen Strafverfahrensordnung bedenklich. Sie würde dazu führen, daß man gewisse „milde Torturen" für erlaubt halten könnte. Die Einführung des Begriffs der „erlaubten Quälerei", von der nach *Jescheck*[15] im französischen Schrifttum gelegentlich die Rede ist, erschiene dann möglich. Das alles ist selbstverständlich abzulehnen.

Der Angeklagte selbst kann im Strafverfahren als Beweismittel für und gegen sich selbst benutzt werden. Die Verwendung seines freiwilligen Geständnisses im Rahmen der Beweisführung unterliegt grundsätzlich keinen Beschränkungen. Damit ist allerdings nicht gesagt, daß nicht auch das Geständnis ebenso wie jedes andere

---

[15] Beweisverbote im Strafprozeß (Rechtsvergleichendes Generalgutachten für den 46. Deutschen Juristentag) in Verhandlungen des 46. Dt. Juristentages, 1966 Band I (Gutachten) Teil 3 B, S. 34.

zulässige Beweismittel hinsichtlich seines Beweiswertes im Rahmen der Beweiswürdigung vom Gericht zu überprüfen ist.

Andererseits kann der Angeklagte nicht unbeschränkt als Beweismittel im Strafverfahren Verwendung finden. Das zeigt sich dann, wenn der Angeklagte sich entschlossen hat zu schweigen. Unter dieser Voraussetzung entsteht in Bezug auf den Angeklagten ein Beweismittelverbot. Aus dem Schweigen des Angeklagten dürfen keine Schlüsse zu seinem Nachteil gezogen werden. Dieses Beweisverbot gibt der vom Gesetz vorgeschriebenen Belehrung des Angeklagten über sein Schweigerecht die erforderliche Absicherung. Das Schweigerecht und die Belehrung des Angeklagten hierüber wären weitgehend bedeutungslos, wenn der Angeklagte damit rechnen müßte, daß ihm die Inanspruchnahme dieses Rechts häufig zum Nachteil gereichen würde.

Gegen dieses Beweisverbot läßt sich nicht ins Feld führen, daß in § 136 StPO ein solches Beweisverbot im Gegensatz zu § 136a StPO nicht genannt ist. Ein Umkehrschluß aus § 136a Abs. III Satz 2 StPO wäre nur dann möglich, wenn es nur dort Beweisverbote gäbe, wo der Gesetzgeber dies ausdrücklich angeordnet hätte. Gerade dies ist aber nicht richtig, wie bereits eingehend dargelegt wurde.

Ganz selbstverständlich wäre das hier in Rede stehende Beweisverbot allerdings dann, wenn man *Schmidt-Leichner* folgen würde und in jedem Fall einer Nichtbelehrung im Sinne des § 136 StPO zugleich einen Verstoß gegen § 136a Abs. I StPO erblicken würde.[16] In dieser Auffassung steckt ein richtiger Kern. Indessen wird man einschränkend sagen müssen, daß die Nichtbelehrung des Angeklagten eine Verletzung des § 136a StPO sein kann, aber nicht sein muß. Es kommt auf die Umstände des Einzelfalles an.

Zu These II 2: Daß Narkoanalysen und Psychopharmaka im Strafverfahren keine Verwendung finden dürfen, folgt unmittelbar aus dem Wortlaut des § 136a StPO. Dieses Beweismethodenverbot wird vom Gesetzgeber uneingeschränkt ausgesprochen. Die genannten Methoden dürfen deshalb auch nicht zum Zweck der Persönlichkeitserforschung des Beschuldigten eingesetzt werden.

Da nach § 69 Abs. III StPO die Vorschrift des § 136a StPO für die Vernehmung des Zeugen entsprechend gilt, dürfen Narkoanalysen, Psychopharmaka und ähnliche Methoden und Mittel bei Zeugenvernehmungen ebenfalls nicht verwendet werden, und zwar auch nicht zum Zweck der Persönlichkeitserforschung, die beim Zeugen in gleicher Weise wie beim Angeklagten bedeutungsvoll sein kann.

Zu These II 3: Die nach § 81a StPO erlaubten körperlichen Ein-

[16] NJW 1966 S. 1718–1721.

griffe sind eine schwerwiegende Einschränkung der grundrechtlich geschützten körperlichen Integrität des Beschuldigten. Die Begrenzung der gesetzlichen Möglichkeiten durch den Verhältnismäßigkeitsgrundsatz hat hier eine so große Bedeutung, daß der Gesetzgeber um eine nähere Regelung gebeten werden sollte, damit die gleichmäßige Handhabung der vorzunehmenden Güterabwägungen sichergestellt wird.

Zu These II 4: Zur Frage der Beweisverbote, die sich aus dem Zeugnisverweigerungsrecht der Angehörigen gemäß § 52 StPO ergeben, wurde bereits ausführlich Stellung genommen. Vgl. oben unter A. Hierauf kann zur Begründung der These II 4 Bezug genommen werden.

Daß der Gesetzgeber den Angehörigen die freie Entscheidung darüber überlassen hat, ob sie von ihrem Zeugnisverweigerungsrecht Gebrauch machen wollen, ist nicht zu beanstanden. Die freie Widerrufbarkeit eines in einer Vernehmung vor der Hauptverhandlung erklärten Verzichts auf das Zeugnisverweigerungsrecht ist ebenfalls eine wohl überlegte gesetzgeberische Entscheidung. Mit dieser Widerrufsmöglichkeit wird auf die schwere Konfliktslage, in die ein Angehöriger als Zeuge geraten kann, und auf die damit häufig zusammenhängende menschlich verständliche Unsicherheit Rücksicht genommen.

Daß die Belehrungspflicht jetzt auch für die Vernehmung durch Polizeibeamte und Staatsanwälte vorgeschrieben ist, kann die tiefer liegenden Gründe für die unterschiedliche Behandlung der Vernehmungen durch Polizeibeamte und Staatsanwälte einerseits und durch Richter andererseits nicht ernstlich berühren. Die Situation in der möglicherweise überraschenden Vernehmung durch einen Polizeibeamten oder durch einen Staatsanwalt ist nun einmal grundsätzlich eine andere als in der Vernehmung durch einen Richter. Niemand kann über seinen Schatten springen, und es ist begreiflich, daß sich im Klima der polizeilichen oder staatsanwaltlichen Vernehmungen das Interesse am Verfolgungserfolg auswirkt. Man kann sich ohne Schwierigkeiten vorstellen, wie anders sich demgemäß eine Belehrung über ein Zeugnisverweigerungsrecht in den nicht-richterlichen Vernehmungen anhört. Es wäre unrealistisch, das zu übersehen. Niemand wird bestreiten wollen, daß der Gesetzgeber durch die Ausdehnung der Belehrungspflicht den Zeugen nicht schlechter, sondern besser stellen wollte. Würde man aber wegen der Änderung des Gesetzes die unterschiedliche Behandlung zwischen der richterlichen und der nichtrichterlichen Vernehmung fallen lassen, dann wäre eine solche dem klaren Willen des Gesetzgebers widersprechende Schlechterstellung des Zeugen die Folge. Der Zeuge würde dann gezwungen, sich über sein Zeugnisverweigerungsrecht in einem Stadium des Verfahrens endgültig zu entscheiden, in dem er in vielen Fällen die Konsequenzen noch nicht übersehen kann. Die Tatsache, daß erfahrungsgemäß nicht selten in der Hauptverhandlung der ursprüngliche Verzicht auf das Zeugnisverweigerungsrecht rückgängig gemacht wird, beweist deutlich, wie sehr die Einräumung dieser Möglichkeit einem Anliegen des als Zeugen in das Verfahren verwickelten Angehörigen entspricht. Die hierbei ausschlaggebenden Motive – sie mögen lauter oder nicht lauter sein – spielen keine ausschlaggebende Rolle, denn der Gesetzgeber hat sich nun einmal aus wohlerwogenen Gründen für die Bevorzugung eines Zeugen, der Angehöriger des Beschuldigten ist, entschieden.

Zu These II 5 a: Der Vorschlag, den Kreis der nach § 53 StPO mit einem Zeugnisverweigerungsrecht ausgestatteten Berufe auf Psychologen, Psychotherapeuten, Heilpraktiker und selbständige Krankenpfleger auszudehnen, entspricht einem seit langem immer wieder zur Sprache gebrachten Verlangen der Angehörigen der betreffenden Berufsgruppen. Eine solche Erweiterung des § 53 StPO ist gerechtfertigt, denn die gleichen gesetzgeberischen Überlegungen, die zur Einführung des Zeugnisverweigerungsrechts der Ärzte, Zahnärzte, Apotheker, Hebammen und ihrer Gehilfen (§§ 53 Abs. 1 Nr. 3 und 53 a StPO) geführt haben, gelten für die bisher noch nicht berücksichtigten Berufsgruppen. Die hier angesprochenen Vertrauensverhältnisse sind ebenfalls schutzwürdig.

Gelegentlich wird eingewandt, daß die hier in Rede stehenden Berufsgruppen deshalb kein Zeugnisverweigerungsrecht erhalten können, weil es an einer standesrechtlichen Sicherung und Steuerung dieser Berufe bisher fehlt. Dies Argument kann aus zwei Gründen nicht durchgreifen: Erstens gibt es teilweise ein solches Standesrecht bereits. Zweitens kann die Existenz von Standesnormen keine zwingende Voraussetzung für die Gewährung eines Zeugnisverweigerungsrechts im Strafverfahren sein. Das zeigen die Zeugnisverweigerungsrechte der journalistischen Berufe, denn hier ist in § 53 Abs. 1 Nr. 5 und 6 StPO der Kreis der zur Verweigerung des Zeugnisses berechtigten Personen durch generalklauselartige Gesetzesformulierungen soweit ausgedehnt, daß auf jeden Fall auch solche Zeugen mit eingeschlossen sind, für die es kein entsprechendes Standesrecht gibt.

Schließlich spricht der Straftatbestand des § 300 StGB, in dem der Bruch des Berufsgeheimnisses unter Strafdrohung gestellt ist, ebensowenig gegen eine Einbeziehung der Psychologen, Psychotherapeuten, Heilpraktiker und selbständigen Krankenpfleger in den Kreis der zur Verweigerung des Zeugnisses berechtigten Personen, denn der durch den genannten Straftatbestand erfaßte Personenkreis deckt sich ohnehin nicht mit demjenigen der §§ 53 und 53 a StPO.

Es fehlen im § 300 StGB sowohl die journalistischen Berufe als auch die Geistlichen.

Zu These II 5b: Daß die in § 53 Abs. 1 Nr. 2 und 3 StPO genannten Personen – also vor allem die Rechtsanwälte, Verteidiger, Ärzte usw. – das Zeugnis nicht mehr verweigern dürfen, wenn sie durch ihre Mandanten, Patienten usw. von der Verpflichtung zur Verschwiegenheit entbunden sind, ist eine Einschränkung des Zeugnisverweigerungsrechts, der grundsätzlich zugestimmt werden kann. Ein Verstoß gegen Art. 12 GG liegt nicht vor, weil man nicht sagen kann, daß die prinzipiell für jeden geltende Verpflichtung zur Zeugenaussage vor dem Richter die Freiheit der Berufsausübung und die sonstigen in Art. 12 GG geschützten Rechte einschränkt. Eine Aufhebung oder Änderung des § 53 Abs. II StPO braucht daher nicht gefordert zu werden. Andererseits versteht es sich von selbst, daß die hier entstehende Aussagepflicht nicht unbegrenzt gilt. Schranken können sich wiederum auf Grund verfassungskonformer Auslegung ergeben. Eb. *Schmidt* weist mit Recht auf den Fall hin, daß ein Patient seinen Arzt von der Verpflichtung zur Verschwiegenheit entbindet, ohne zu wissen, daß der Arzt bei ihm ein Krebsleiden festgestellt hat. Eb. *Schmidt*[17] hat vollkommen recht, wenn er sagt: „Daß der Arzt wegen ‚Entbindung von der Schweigepflicht' in öffentlicher Verhandlung, womöglich in Gegenwart des Patienten dessen Carcinom zu verraten habe, kann keine Rechtsordnung vom Arzt verlangen."

Zu These II 5c: Nicht leicht zu beantworten ist die Frage, ob bei Verletzung der Schweigepflicht durch einen zur Verweigerung des Zeugnisses nach § 53 StPO berechtigten Zeugen ein Beweisverbot entsteht. Um der Wahrung der rechtsstaatlichen Integrität des Strafverfahrens willen wird man davon ausgehen müssen, daß ein solches Beweisverbot – es wird in der Regel ein Beweisverwertungsverbot sein – entsteht. In Grenzfällen kann jedoch eine Güterabwägung zu dem Ergebnis führen, daß kein Beweisverbot entsteht, weil das Interesse an der Strafverfolgung überwiegt. Die in § 53 StPO vorgesehenen Zeugnisverweigerungsrechte selbst dürfen allerdings unter dem Gesichtspunkt einer entsprechenden Güterabwägung nicht eingeschränkt werden. Dies folgt daraus, daß die Gewährung der Zeugnisverweigerungsrechte als solcher bereits das Ergebnis einer vom Gesetzgeber vorgenommenen und die Gerichte deshalb bindenden Güterabwägung ist.

Zu These II 5d: Eine Einschränkung der Zeugnisverweigerungsrechte aus § 53 StPO ist weder durch die Erfahrungen in der Praxis noch aus systematischen Gründen geboten. Ebenso wie bei § 52 StPO

[17] Nachtragsband 1966, Erl. Nr. 6 zu § 53 StPO.

gelten die Rechte aus § 53 StPO selbst dann, wenn das Strafverfahren schwerste Kriminalität zum Gegenstand hat. Kriminalpolitische Zweckmäßigkeitserwägungen müssen hier wie dort zurücktreten. Das kann durchaus verantwortet werden, weil in der Regel nur aus Bequemlichkeitsgründen an eine Einschränkung der Zeugnisverweigerungsrechte gedacht wird. Im Interesse des Schutzes der in § 53 StPO berücksichtigten Vertrauensverhältnisse müssen die Strafverfolgungsorgane auf andere Überführungsmittel verwiesen werden.

In mancher Hinsicht ist eher an eine Erweiterung der Zeugnisverweigerungsrechte zu denken. Daß beispielsweise die gesetzliche Regelung der Zeugnisverweigerungsrechte, soweit sie die Pressefreiheit und die Freiheit der Berichterstattung durch Rundfunk und Film betrifft, unzureichend ist und den Grundrechten des Art. 5 GG nicht hinreichend entspricht, wird seit der bereits erwähnten wegweisenden Entscheidung des Bundesverfassungsgerichts[18] nicht mehr bestritten.[19] Leider hat der Bundesgesetzgeber sich bisher nicht entschließen können, die gesetzgeberischen Folgerungen zu ziehen. Daß die Landesgesetzgeber tatfreudiger gewesen sind, ist zu begrüßen. Andererseits muß zugegeben werden, daß durch die unterschiedliche landesrechtliche Regelung der Zeugnisverweigerungsrechte eine schwierige Rechtslage entstanden ist. Völlig negieren lassen sich die landesrechtlich eingeführten, über die Möglichkeiten der Strafprozeßordnung hinausgehenden Zeugnisverweigerungsrechte jedoch nicht. Mit dem Argument, daß Landesrecht im Bereich des Strafverfahrensrechts Bundesrecht nicht breche, kommt man hier nicht weiter, denn die landesrechtliche Regelung muß als Positivierung dessen angesehen werden, was im Sinne der Rechtsprechung des Bundesverfassungsgerichts nach dem Grundsatz schon jetzt als ungeschriebenes Bundesrecht gilt. Infolgedessen sind Fälle denkbar, in denen auch der Bundesgerichtshof auf dem Wege über die verfassungskonforme Auslegung der Strafprozeßordnung die Normen der Landesgesetzgeber über Zeugnisverweigerungsrechte anzuwenden hat.

Zu These II 5 e: Die umständliche Bestimmung des § 97 StPO, in der einige Beschlagnahmeverbote für Gegenstände, die sich im Gewahrsam eines zur Zeugnisverweigerung Berechtigten befinden, ausgesprochen sind, bleibt hinter dem verfassungsrechtlich Gebotenen erheblich zurück.[20] *Jescheck*[21] hat die besonders aktuelle Frage auf-

---

18 BVerfGE 15, 78 f., 225. Vgl. oben Anm. 9.

19 Vgl. zum gesamten Fragenkomplex U. *Klug*, Presseschutz im Strafprozeß 1965 und Eb. *Schmidt*, Lehrkommentar zur StPO, Nachtragsband 1966 zu den §§ 53 (Erl. Nr. 5), 97 (Erl. Nr. 21) und 105 (Erl. Nr. 1 und 2).

20 *Klug*, aaO, S. 55, 58–61.

21 AaO (oben Anm. 15) S. 23.

gegriffen, ob sich das Beschlagnahmeverbot hinsichtlich der beim zeugnisverweigerungsberechtigten Arzt befindlichen Patienten-Karteikarten auch auf Karteikarten solcher Patienten erstreckt, die nicht Beschuldigte sind. Die Frage ist zu bejahen, weil nur so die verfassungsrechtliche Stellung des Arztberufes als Institution und die verfassungsrechtlich geschützte Intimsphäre des Patienten die gebührende Berücksichtigung finden.

Zu These II 5 f: Nach § 108 StPO dürfen Gegenstände, die bei Gelegenheit einer Durchsuchung gefunden werden und die in keiner Beziehung zu der betreffenden Untersuchung stehen, dann einstweilen beschlagnahmt werden, wenn diese Gegenstände auf die Verübung einer anderen strafbaren Handlung hindeuten. Eine derart weitgehende, kaum noch zu begrenzende gesetzliche Ermächtigung ist verfassungsrechtlich bedenklich. *Rupp*[22] weist zutreffend darauf hin, daß die Entdeckung und Verwertung eines außerhalb des Beweisthemas und der Beschlagnahmegegenstände liegenden Beweismittels den Makel, sich die rechtsstaatlichen Voraussetzungen des Zugriffs erschlichen zu haben, nicht abstreifen können. Für das geltende Recht hilft man sich damit, daß § 108 StPO nur auf zufällig gefundene Gegenstände angewandt wird. Ein systematisches Suchen nach irgendwelchen Gegenständen, die auf irgendwelche mit dem Anlaß der Durchsuchung nicht im Zusammenhang stehende strafbare Handlungen hindeuten könnten, ist als rechtsstaats- und damit verfassungswidrig auf jeden Fall verboten, obwohl ein solches Vorgehen nach der weiten Fassung des § 108 StPO als formal gedeckt erscheinen könnte.[23]

Aufgabe dieses Referates kann es nicht sein, für die erforderliche Einschränkung des § 108 StPO ausgereifte Formulierungsvorschläge zu unterbreiten. Das muß eingehender Beratung vorbehalten bleiben. Hier war nur auf die Problematik als solche hinzuweisen.

Zu These II 6 a: Durch die Aussagepflicht des Zeugen können für diesen erhebliche rechtliche und tatsächliche Nachteile entstehen. Abgesehen von den eigentlichen Zeugnisverweigerungsrechten hat der Gesetzgeber in der Strafprozeßordnung eine Interessenkollision im wesentlichen nur in zwei Fällen zum Anlaß für eine besondere rechtliche Regelung genommen. Nach § 55 StPO ist jeder Zeuge berechtigt, die Auskunft auf solche Fragen zu verweigern, deren Beantwortung ihm selbst oder einem Angehörigen die Gefahr strafgerichtlicher Verfolgung zuziehen würde. Außerdem sollen nach § 68 a StPO Fragen nach Tatsachen, die dem Zeugen oder einem Angehörigen von ihm zur Unehre gereichen können, nur dann gestellt werden,

---

[22] AaO (oben Anm. 4) S. 182.

[23] Im Ergebnis wie hier: *Schwarz-Kleinknecht*, StPO, 26. Aufl. 1966, Anm. 1 zu § 108.

wenn es unerläßlich ist. Diese Bestimmungen reichen aber nicht aus, um den Zeugen vor der Verletzung wichtiger unabdingbarer Verfassungsrechte zu schützen. So sind beispielsweise Fragen denkbar, die den Intimbereich des Zeugen berühren oder ihn zur Offenlegung religiöser Anschauungen in unzulässiger Weise zwingen, ohne daß eine der beiden genannten Bestimmungen eingreift. Da hier Grundrechte in Frage stehen, kann es m. E. keinem Zweifel unterliegen, daß in Fällen dieser Art, obwohl es an einer Regelung in der Strafprozeßordnung fehlt, ein aus dem Grundgesetz abzuleitendes Frageverbot in Bezug auf den Richter und ein ebenfalls verfassungsrechtlich zu begründendes Auskunftsverweigerungsrecht des Zeugen gibt.[24]

Ein Fall dieser Art läge beispielsweise vor, wenn ein Gericht eine Zeugin, die sich auf ihren Wunsch und im Einverständnis mit ihrem Ehemann von einem Arzt sterilisieren ließ, in dem Strafverfahren gegen den betreffenden Arzt über intime Einzelheiten ihres Ehelebens befragen würde. Obwohl die Beantwortung dieser Fragen weder die Gefahr einer strafrechtlichen Verfolgung der Zeugin oder eines ihrer Angehörigen heraufbeschwören würde, noch der Zeugin zur Unehre gereichen könnte, entsteht hier aus verfassungsrechtlichen Gründen für das Gericht ein Frageverbot und für die Zeugin ein Auskunftsverweigerungsrecht.

Zu These II 6b: Ein Sonderproblem hängt mit § 55 Abs. II StPO zusammen. Es fragt sich nämlich, welche prozeßrechtlichen Folgen entstehen, wenn das Gericht einen Zeugen über sein Recht zur Auskunftsverweigerung wegen der Gefahr strafgerichtlicher Verfolgung entgegen der ausdrücklichen Anordnung in § 55 Abs. II StPO nicht belehrt. In Abänderung der unter These II 6b vertretenen Ansicht wird man mit *Sarstedt* (These II 6b) davon ausgehen müssen, daß hier in der Regel kein Beweisverwertungsverbot entsteht. Den wiederholt geäußerten Bedenken von Eb. *Schmidt*[25] kann und muß allerdings insoweit Rechnung getragen werden, als dieser Grundsatz dann eine Ausnahme erfährt, wenn – ähnlich wie bei § 252 StPO – durch die Unterlassung der Belehrung die Justizförmigkeit und Rechtsstaatlichkeit des Verfahrens als Ganzes in Frage gestellt ist. In besonders gelagerten Ausnahmefällen ist also die Entstehung eines Beweisverwertungsverbots anzunehmen.

Zu These II 7: Nach Art. 10 GG ist das Fernmeldegeheimnis unverletzlich. Es ist also ein geschütztes und vom Verfassungsgeber offensichtlich für besonders wichtig gehaltenes Grundrecht. Be-

[24] Vgl. *Klug*, aaO (oben Anm. 19) S. 54.

[25] Lehrkommentar zur StPO Erl. Nr. 9 zu § 55 und Nachtragsband 1966, Erl. Nr. 2 zu § 55.

schränkungen dürfen nur auf Grund eines Gesetzes angeordnet werden. Nach geltendem Recht ist eine solche Beschränkung, abgesehen von den Vorbehaltsrechten der drei früheren Besatzungsmächte, die in dem Vertrag vom 26. 5. 1952 geregelt sind, lediglich in § 12 des Gesetzes über Fernmeldeanlagen vom 14. 1. 1928 vorgesehen. Diese Bestimmung ermächtigt jedoch nur unter bestimmten Voraussetzungen, von der Post Auskunft über einen bereits stattgefundenen Fernmeldeverkehr zu verlangen. Dagegen erteilt der genannte § 12 FAG keine Erlaubnis zum Abhören erst bevorstehender Telefongespräche. Die in dieser gesetzlichen Regelung zum Ausdruck kommende Grundeinstellung des Gesetzgebers ist anerkennenswert. Den berechtigten Strafverfolgungsinteressen wird allerdings ein so weitgehendes Verbot nicht gerecht. Es sollte deshalb dem Gesetzgeber empfohlen werden, von der Verfassungsermächtigung des Art. 10 Satz 2 GG einen angemessenen Gebrauch zu machen. Unter Einschaltung richterlicher Zuständigkeit sollte der Gesetzgeber das Abhören von Telefongesprächen solcher Personen, bei denen der dringende Verdacht besteht, daß sie ein Verbrechen oder Vergehen begangen haben, ermöglichen.

Zu These II 8: Die Benutzung von elektronischen Abhöranlagen in Beweisverfahren wird in der Regel durch das Beweisverbot des § 136a StPO untersagt sein. Indessen sind Zweifelsfälle denkbar. Da § 136a StPO nur für Vernehmungen gilt, wäre eine unmittelbare Anwendung auf Fälle, in denen elektronische Abhöranlagen außerhalb von Vernehmungen benutzt wurden, nicht möglich. Verfassungsrechtlich wäre die entsprechende Anwendung geboten. Aus Gründen der Rechtssicherheit ist jedoch eine Klarstellung durch den Gesetzgeber wünschenswert. Sie würde im Einklang stehen mit der Tatsache, daß der StGB-Entwurf 1962 in seinem § 183 heimliche Tonbandaufnahmen und ähnliche Verletzungen der Vertraulichkeit des Wortes zu bestrafen beabsichtigt.

Zu These II 9a: Die Umwandlung des Mitbeschuldigten in einen Zeugen durch Trennung der Verfahren ist ein Vorgehen der Strafjustiz, das vor allem in der Praxis immer wieder bedenklich stimmt. Der Gedanke, daß hier aus prozeßtaktischen Gründen manipuliert wird, drängt sich in manchen Fällen auf. Der Wahrheitsfindung wird damit kaum gedient. Es ist eine Verfälschung der objektiven Sachlage, wenn jemand aus der Rolle des Beschuldigten heraus – und in die Rolle des Zeugen hineinschlüpfen darf.[26] Wie *Andenaes* berichtet, trägt die nordische Praxis den Bedenken Rechnung und läßt die Rollenvertauschung nicht mehr zu.[27] Ähnlich ist die Handhabung

---

[26] Ebenso K. *Peters*, aaO (oben Anm. 4) S. 136–138.
[27] AaO (oben Anm. 4) S. 10.

in Frankreich.[28] Auf Grund einer ausdrücklichen Bestimmung im Gesetz (Art. 348 Abs. III C.p.p.) ist diese Rollenvertauschung in Italien verboten.[29] Nach dieser wichtigen italienischen Bestimmung dürfen Beschuldigte nicht als Zeugen vernommen werden, und zwar selbst dann, wenn sie schon freigesprochen oder verurteilt sind. Hiervon gibt es nur eine Ausnahme: Der Beschuldigte darf dann als Zeuge vernommen werden, wenn er deshalb rechtskräftig freigesprochen wurde, weil er die Tat nicht begangen hat, oder weil keine strafbare Handlung vorliegt. Was im italienischen Strafverfahren möglich ist, sollte im deutschen Strafprozeß nicht unmöglich sein.

Zu These II 9 b: Eine doppelte Rollenvertauschung liegt nach K. *Peters* auch vor, wenn ein Strafverfolgungsorgan als Zeuge über einen V-Mann vernommen wird.[30] Ein solches Verfahren wird in der deutschen Strafgerichtspraxis bekanntlich dann benutzt, wenn ein Gewährsmann – V-Mann, Agent, Spitzel u. a. – nicht preisgegeben werden soll. In solchen Fällen halten die Gerichte es für zulässig, daß die Feststellungen des V-Mannes dadurch in das Hauptverfahren eingeführt werden, daß ein Polizeibeamter oder eine sonstige beamtete Mittelsperson als Zeuge auftritt und über den V-Mann und dessen Feststellungen aussagt, ohne gleichzeitig mitzuteilen, wer dieser V-Mann ist. Die Aussage dieses Zeugen erfolgt im Rahmen einer nach § 54 StPO erforderlichen Aussagegenehmigung. Um die Preisgabe der V-Leute zu verhindern, wird diese Genehmigung von der zuständigen Dienststelle nur mit der Maßgabe erteilt, daß der betreffende Zeuge über die Person des Gewährsmannes nichts aussagen darf. Diese Manipulation hat erstaunlicherweise sogar der Bundesgerichtshof[31] für zulässig erklärt. Die Rollenvertauschung ist hier eine doppelte, weil zunächst aus einem Sachaufklärungsorgan, dem Kriminalbeamten, ein Zeuge und dann aus diesem Zeugen praktisch ein Richter wird, dessen Beweiswürdigung an die Stelle der Beweiswürdigung durch das zuständige Gericht tritt, da über die Glaubwürdigkeit des V-Mannes nur der Kriminalbeamte und nicht das Gericht entscheiden kann.

Die Auffassung des Bundesgerichtshofs steht im Widerspruch zum Gesetz. Dabei steht die Frage der Zulässigkeit einer solchen Rollenvertauschung und der Rechtmäßigkeit einer begrenzten Aussagegenehmigung von der geschilderten Art nicht so sehr im Vordergrund. Entscheidend ist vielmehr, daß der klare Wortlaut des Art. 6 Abs. III d der Europäischen Menschenrechtskonvention entgegen-

[28] *Jescheck*, aaO (oben Anm. 15) S. 44.
[29] *Nuvolone*, aaO (oben Anm. 4) S. 66.
[30] AaO (oben Anm. 4) S. 138/139.
[31] BGHSt. 17, 382 = NJW 1962 S. 1876 = JZ 1962 S. 760.

steht. Es heißt dort mit einer Klarheit, die nichts zu wünschen übrig läßt: Jeder Angeklagte hat das Recht, Fragen an die Belastungszeugen zu stellen oder stellen zu lassen. Wenn der Bundesgerichtshof meint, dieses Fragerecht sei dadurch gewährleistet, daß es dem Angeklagten und seinem Verteidiger frei stünde, den im Hauptverfahren als Zeugen auftretenden Beamten zu befragen, so muß dem entgegengehalten werden, daß genau diese Handhabung durch Art. 6 MRK verhindert werden sollte. *Grünwald*[31a] sieht noch nicht einmal alle Gefahren, wenn er von der geradezu beängstigenden Vorstellung spricht, daß es nach der Ansicht des Bundesgerichtshofs zulässig sein müßte, alle Vernehmungen durch eine Verhörsperson außerhalb der Hauptverhandlung durchzuführen und dem Angeklagten später nur diese eine Verhörsperson zu präsentieren. Dieser richtig gesehenen rechtswidrigen Verdunkelung des Weges zur Erforschung der Wahrheit entspricht aber als weitere Möglichkeit – wäre die Auffassung des Bundesgerichtshofs zutreffend – eine potenzierte Verdunkelung durch die Vernehmung einer Person, die ihrerseits die Verhörsperson außerhalb der Hauptverhandlung verhört hat. Man hätte dann „Zeugen vom Hören-Hörensagen" und könnte mit dieser Verschachtelung der Beweismittel, die sich beliebig fortsetzen ließe, unter dem Vorwand, alle diese Mittelspersonen müßten aus nachrichtendienstlichen Gründen „gedeckt" werden, den Angeklagten, seinen Verteidiger und nicht zuletzt auch das Gericht an Verwaltungsinstanzen ausliefern. Wer wollte zweifeln, daß ein solches Vorgehen den Art. 6 Abs. III d MRK verletzt und die Rechtsstaatlichkeit des ganzen Verfahrens beseitigt?

Unstreitig ist, daß diese als Zeugen auftretenden Beamten vom Gericht nicht zur Preisgabe der V-Leute gezwungen werden können. Andererseits entsteht aber umgekehrt für das Gericht in Fällen dieser Art ein Beweiserhebungsverbot. Es darf Beamte mit einer derartigen begrenzten Aussagegenehmigung nicht vernehmen. Sollte es gleichwohl zur Vernehmung gekommen sein, dann entsteht ein Beweisverwertungsverbot. Soll ein V-Mann aus Gründen, die durchaus verständlich sein können, nicht preisgegeben werden können, dann müssen die erforderlichen Beweise in der Hauptverhandlung in anderer Weise geführt werden. Ist das nicht möglich, dann muß man sich damit abfinden, daß in diesen Fällen eine Strafverfolgung unterbleibt. Auf keinen Fall ist aber ein Verfahren zulässig, das sich über tragende rechtsstaatliche Grundsätze sowie über eindeutige Bestimmungen der Europäischen Menschenrechtskonvention hinweggesetzt.[32] Es ist höchste Zeit, daß die Rechtsprechung das erkennt, oder

[31a] AaO (oben Anm. 2) S. 494.

[32] Im Ergebnis ebenso *Sarstedt*, These II 9 b, und im Schrifttum A. *Arndt*, NJW 1963 S. 433; *Grünwald*, JZ 1966 S. 494; *Meilicke*, NJW 1963 S. 425; K. *Peters*, Beweisverbote

daß der Gesetzgeber einschreitet, um einer Entwicklung Einhalt zu gebieten, die gefährliche Assoziationen heraufbeschwört.

Zu These II 10a: Der die Durchsuchung beim Verdächtigen regelnde § 102 StPO gibt weder hinsichtlich der zu durchsuchenden Räume noch bezüglich der gesuchten Beweismittel irgendwelche Grenzen an. Da auch das Strafprozeßrecht dem rechtsstaatlichen Erfordernis der Bestimmtheit gesetzlicher Regelungen genügen muß, sollte dem Gesetzgeber im Interesse der verfassungskonformen Gestaltung des Strafverfahrens empfohlen werden, § 102 StPO in der Weise abzuändern, daß die Individualisierung des gesuchten Gegenstands und der betreffenden Räumlichkeiten sowie die Wahrscheinlichkeit, daß der Gegenstand sich in den betreffenden Räumlichkeiten befindet, zur Voraussetzung gemacht werden.

Zu These II 10b: Wegen des gleichen Bestimmtheitserfordernisses sollte § 98 StPO ebenfalls überprüft werden. Erfahrungen in der Praxis, wobei insbesondere an die Ausuferung der Beschlagnahmen im „Spiegel"-Verfahren zu denken ist, lehren, daß der weitgefaßte Wortlaut des § 98 StPO eine der Verfassung entsprechende Anwendung des Beschlagnahmerechts der Strafprozeßordnung nicht genügend gewährleistet. Es wäre deshalb sehr zu begrüßen, wenn der Gesetzgeber sich entschließen würde, im § 98 StPO das Erfordernis der Konkretisierung des Gegenstandes ausdrücklich zu nennen.

Zu These II 10c: Der gelegentlich geäußerten Ansicht, die in § 97 StPO geregelten – bereits erwähnten – Beweisverbote hinsichtlich derjenigen Gegenstände, die sich im Gewahrsam eines zur Verweigerung des Zeugnisses Berechtigten befinden, sollten bei besonders schweren Straftaten entfallen, kann nicht gefolgt werden. Der Fortfall des Beschlagnahmeverbots würde das korrespondierende Zeugnisverweigerungsrecht weitgehend illusorisch machen. Da aber die Zeugnisverweigerungsrechte mit Recht auch bei schweren Straftaten nicht entfallen, kann für die Beschlagnahmeverbote nichts anderes gelten. Die empfohlene Einschränkung des § 97 StPO würde daher zu einem Widerspruch im Gesetz führen.

Zu These II 10d: Dagegen würde es sich empfehlen, die Regelung der Beschlagnahmeverbote in § 97 StPO dadurch sinnvoller zu gestalten, daß der Gesetzgeber auch die Korrespondenz zwischen Angehörigen des Beschuldigten für beschlagnahmefrei erklärt. Es handelt sich hier um eine Gesetzeslücke, an die der Gesetzgeber wohl nicht gedacht hat. Wenn es aber der deutliche Sinn dieser Bestimmung ist zu verhindern, daß durch Beschlagnahmen bei dem Zeugnisverweigerungsberechtigten das Zeugnisverweigerungsrecht illuso-

---

im deutschen Strafverfahren (oben Anm. 4) S. 108, 138, 139; *Spendel*, JuS 1964 S. 473; a. M. Eb. *Schmidt*, JZ 1962 S. 760; *Tiedemann*, MDR 1963 S. 456 und JuS 1965 S. 14.

risch gemacht wird, dann muß auch die im Gewahrsam eines Zeugnisverweigerungsberechtigten befindliche Korrespondenz zwischen zeugnisverweigerungsberechtigten Angehörigen beschlagnahmefrei sein und nicht nur die Korrespondenz zwischen dem Zeugnisverweigerungsberechtigten und dem Beschuldigten.

Zu These II 11: Bekanntlich nehmen Rechtsprechung und Schrifttum nahezu einhellig an, daß für die heimliche Tonbandaufnahme aus verfassungsrechtlichen und prozeßrechtlichen Gründen sowohl ein Beweiserhebungs- als auch ein Beweisverwertungsverbot besteht.[33] Diese Rechtsauffassung beruht auf wohlerwogenen Gründen. Auf diese Gründe kann im hier gesteckten Rahmen nicht näher eingegangen werden. Es sei lediglich darauf hingewiesen, daß zu den üblicherweise erwähnten Argumenten auch noch ein Argument aus Art. 6 Abs. I MRK hinzukommt, denn die Verwendung heimlicher Tonbandaufnahmen im Strafverfahren würde das „fair trial"-Prinzip verletzen. Es gibt keine theoretischen oder praktischen Gründe, die dafür sprechen könnten, von diesem Beweisverbot abzugehen, oder es auch nur einzuschränken. Für die zwischenmenschlichen Beziehungen in der modernen Gesellschaft und insbesondere für das Verhältnis des Einzelnen gegenüber dem durch die Strafverfolgungsorgane verkörperten Kollektiv würden sich erschreckende Perspektiven ergeben, wenn man hier auch nur einen Schritt zurückweichen würde.

Zu These II 12: Daß in Bezug auf Tagebuchaufzeichnungen, die nicht zur Weitergabe an andere bestimmt sind, kein absolutes Beweiserhebungs- und ebensowenig ein absolutes Beweisverwertungsverbot gilt, kann auch der viel diskutierten Bundesgerichtshofentscheidung[34] entnommen werden. Andererseits wirkt sich der Persönlichkeitsschutz des Grundgesetzes im Strafverfahren so aus, daß Tagebuchaufzeichnungen als Beweismittel im Strafprozeß keineswegs unbeschränkt zur Verfügung stehen. Die Anknüpfung des Bundesgerichtshofs an die Rechtsprechung zur heimlichen Tonbandaufnahme ist grundsätzlich berechtigt. Im Hinblick darauf, daß der Beschuldigte sich im Strafverfahren überhaupt nicht zu äußern braucht, ist es folgerichtig, wenn bei Tagebüchern, in deren Eintragungen der Schreiber seine Meinungen, Gefühle, Erlebnisse und Erfahrungen nur für sich selbst festhält, ohne daß sie zur Kenntnis anderer gelangen sollen, die Frage geprüft wird, inwieweit eine Verwendung als Beweismittel im Strafverfahren verfassungsrechtlich zulässig ist. Eine für alle Fälle gültige Beantwortung dieser Frage ist nicht möglich. Wie in den meisten Fällen, bei denen eine Kollision

[33] Vgl. *Jescheck*, aaO (oben Anm. 15) S. 48 mit Rechtsprechungs- und Schrifttumshinweisen.

[34] BGHSt. 19, 325 = NJW 64 S. 1139.

des Verfassungsrechts mit dem Strafverfahrensrecht auftritt, mündet auch dieses Problem in eine Güterabwägung ein. Der Strafrichter muß unter Berücksichtigung der Umstände des Einzelfalles das persönliche Interesse am Schutz des eigenen Geheimnisbereichs im Lichte des Grundrechts gegen das Interesse des Staates an der Strafverfolgung abwägen.

Bei dieser Abwägung spielt es eine Rolle, was der Tagebuchschreiber getan hat um zu verhindern, daß seine Eintragungen anderen bekannt werden. Es ist *Dünnebier*[35] darin zuzustimmen, daß der verfassungsrechtliche Schutz entfällt, wenn das Tagebuch vom Schreiber weitergegeben wird, mag dies auch nur fahrlässigerweise geschehen sein.

Daß ausländische Rechtsordnungen einen so weit reichenden Schutz des Tagebuchs nicht kennen, vermag an der Richtigkeit der vom Bundesgerichtshof entwickelten Grundsätze nichts zu ändern. Eine andere Frage ist es, ob man K. *Peters*[36] darin folgen soll, daß Beweisverbote in analoger Weise bei Briefen anzunehmen sind, sofern der Briefinhalt die Intimsphäre betrifft. *Kleinknecht*[37] nimmt in seltenen und extremen Fällen Beweisverbote ganz allgemein bei einem Eindringen in die „ureigenste Intimsphäre" an, sofern eine Güterabwägung das Strafverfolgungsinteresse zurücktreten läßt. Dem kann zugestimmt werden. Jene Abwägung wird unter Umständen dazu führen, daß die Strafverfolgungsinteressen überwiegen. Man denke etwa an schwerste Sittlichkeitsverbrechen. Sie kann aber auch das Ergebnis zeitigen, daß der Schutz des Intimbereichs vorzugehen habe. Daß den Gerichten mit diesen Güterabwägungen schwierige, wenn auch nicht unlösbare Aufgaben gestellt sind, solange der Gesetzgeber nicht eingreift, wurde bereits hervorgehoben. (Beifall)

[35] MDR 1964 S. 967.
[36] AaO (oben Anm. 4) S. 155.
[37] NJW 1966 S. 1543.

Rechtliche Probleme der Vorbeugehaft*

Der Haftgrund der Wiederholungsgefahr wurde zum ersten Mal durch das nationalsozialistische Gesetz vom 28. Juni 1935 (Reichsgesetzblatt I S. 844) in die aus dem Jahre 1877 stammende Strafprozeßordnung aufgenommen. Von diesem Zeitpunkt an durfte bis zum Ende der nationalsozialistischen Diktatur im Jahre 1945 ein „Angeschuldigter" gem. § 112 StPO in „Untersuchungshaft" genommen werden, ohne daß Fluchtverdacht oder Verdunkelungsgefahr vorlagen. Allein solche Tatsachen genügten, aus denen geschlossen werden konnte, „daß er die Freiheit zu neuen strafbaren Handlungen mißbrauchen werde".

Bis zur Einführung dieser Regelung bestand der Zweck der Untersuchungshaft darin, die Ermittlungen und ein zu erwartendes Strafverfahren sicherzustellen. Durch das Gesetz vom 28. 6. 35 wurde eine Erweiterung zu einer freiheitsentziehenden Maßnahme bewirkt, die auch zur Verbrechensverhütung herangezogen werden konnte. Damit wurde die Anwendung für einen Zweck möglich, dem ausschließlich die rechtskräftig erkannte Strafe und möglicherweise eine rechtskräftig angeordnete Maßnahme der Sicherung und Besserung nach § 42 a StGB zu dienen haben. So konnte aus der reinen Untersuchungshaft die „Sicherungshaft" werden, die mit dem Untersuchungsinteresse nicht mehr verbunden ist. Dieser Gedanke aus dem Jahre 1935 bildet die Grundlage für Reformvorschläge der Regierungsparteien. Dabei unterscheidet sich der Entwurf der CSU-Fraktion, die Wiederholungsgefahr nicht an bestimmte Straftatbestände, sondern an jedes vorsätzliche Verbrechen oder Vergehen zu knüpfen und als Haftgrund genügen zu lassen, von der nationalsozialistischen Regelung eigentlich nur dadurch, daß die Zulässigkeit der Haftanordnung von einer Mindest-Gefängnisstrafe von 6 Monaten bei dem zu erwartenden Strafverfahren abhängen soll. Diese Rechtslage wird infolge der Dehnbarkeit der Klauseln auch nicht dadurch geändert, daß „bestimmte Tatsachen" für die Wiederholungsgefahr sprechen müssen und daß außerdem die von dem Verdächtigen drohende Gefahr nicht „anders" als durch Inhaftierung „abgewendet werden" kann.

* Vortrag zur Arbeitstagung der Deutschen Kriminologischen Gesellschaft am 14. Juni 1969 in Frankfurt/Main

Der Vorschlag der SPD-Fraktion reicht nicht so weit, da der Haftgrund der Wiederholungsgefahr nur für bestimmte Straftatbestände zugelassen werden soll. Die Anordnung der Vorbeugehaft wird nur dann empfohlen, wenn der dringende Verdacht besteht, daß es sich um Verbrechen wider das Leben (Mord, Totschlag, Völkermord nach §§ 211; 212; 220 a, I Nr. 1 StGB) oder die Sittlichkeit (Blutschande, Unzucht mit Abhängigen, schwere Unzucht zwischen Männern, schwere Unzucht, Notzucht nach §§ 173, I; 174; 175 a; 176; 177 StGB) handelt. Weitere Möglichkeiten der vorbeugenden Inhaftierung sind bei dem Verdacht der gefährlichen oder sonstigen qualifizierten Körperverletzung (§§ 223 a; 226; 227 StGB), des einfachen und schweren Diebstahls (§§ 242; 243 StGB), der Unterschlagung (§ 246 StGB), des Raubes (§§ 249 — 251 StGB); des räuberischen Diebstahls (§ 252 StGB), der Erpressung (§ 253 StGB) und des Betrugs (§ 263 StGB) gegeben, sofern mit einer Freiheitsstrafe von mindestens neun Monaten gerechnet werden kann.

Bei einem Verstoß gegen die Normengruppe, die mit § 223 a StGB beginnt, muß der dringend Tatverdächtige die öffentliche Sicherheit und Ordnung dadurch empfindlich gestört haben, daß er diese Delikte bereits wiederholt begangen hat. Erst dann kann eine Haft wegen Wiederholungsgefahr in Betracht kommen. Die Bedingung der beeinträchtigten Sicherheit und Ordnung braucht dagegen bei den Tötungs- und Sittlichkeitsdelikten nicht erfüllt zu sein.

Die Regelung dieser neuen Haftart soll an die einstweilige, im Interesse der öffentlichen Sicherheit notwendige Unterbringung eines möglicherweise zurechnungsunfähigen oder vermindert zurechnungsfähigen Tatverdächtigen in einer Heil- und Pflegeanstalt gem. § 126 a StPO angeschlossen und die Mitwirkung des Verteidigers nach § 140 StPO für notwendig erklärt werden, wenn die vorbeugende Haft wegen Wiederholungsgefahr in Frage kommt.

Diese Maßnahmen scheinen dem Sicherheitsbedürfnis des Staatsbürgers, dem die Entwicklung der Kriminalität Sorge bereitet, zu entsprechen und geeignet zu sein, ihn zu beruhigen. Es darf jedoch nicht übersehen werden, daß gegen diese Wiedereinführung der Schutzhaft schwerwiegende rechtsstaatliche und damit verfassungsmäßige Bedenken erhoben werden müssen, Bedenken, die die ursprünglichen und die neu vorgelegten Entwürfe zur Vorbeugehaft gleichermaßen betreffen.

Wenn Freiheitsentzug angeordnet wird, ohne daß Flucht- oder Verdunkelungsgefahr vorliegt, handelt es sich in Wirklichkeit um die Verhängung einer Strafe, bei der die Schuld des Verdächtigen vorher nicht rechtskräftig festgestellt wurde. Dadurch wird das Schuldprinzip („keine Strafe ohne Schuld") und mit ihm ein Grundsatz der rechtsstaatlichen Strafjustiz verletzt. Der Verdächtige wird ohne Schuldspruch bestraft, so daß die Vorbeugehaft eine Verdachtsstrafe ist. Gleichzeitig wird gegen das Verbot der vorläufigen Vollstreckung im Strafprozeß, das sich aus dem Schuldgrundsatz ergibt, verstoßen (vgl. § 449 StPO).

Eine weitere Verletzung der Rechtsstaatlichkeit durch die Vorbeugehaft liegt darin, daß die Unschuldsvermutung der Europäischen Menschenrechtskonvention mißachtet wird. Art. 6, II MRK besagt: „Bis zum gesetzlichen Nachweis seiner Schuld wird vermutet, daß der wegen einer strafbaren Handlung Angeklagte unschuldig ist". Auch hieraus ergibt sich das Verbot einer Strafvollstreckung, bevor die Schuld des Verdächtigen rechtskräftig festgestellt ist.

Nach Art. 6, III, b MRK hat der Beschuldigte einen Anspruch darauf, „über ausreichende Zeit und Gelegenheit seiner Verteidigung zu verfügen". Die Einschränkung dieses Rechts durch Inhaftierung ist nur bei Flucht- oder Verdunkelungsgefahr möglich. Die zwangsläufig mit der Inhaftierung verbundenen Erschwernisse der Verteidigungsvorbereitungen werden auch dadurch nicht hinreichend ausgeglichen, daß die notwendige Verteidigung angeordnet wird. Die polizeirechtliche Präventivhaft ist gem. Art. 5 c) bis f) MRK bei Geisteskranken, Alkoholikern, Minderjährigen in Fürsorgeerziehung usw. statthaft. Dabei wird auch in Art. 5 c MRK der Fall erwähnt, in dem jemand inhaftiert werden muß, ohne vorher eine strafbare Handlung begangen zu haben. Die strafbare Handlung soll dadurch vermieden werden. Hier liegt aber der Haftgrund nicht in der Wiederholungsgefahr, sondern im Einschreiten bei konkreter polizeirechtlicher Gefahr.

Besonders deutlich wird die Rechtsstaatswidrigkeit der Vorbeugehaft dann, wenn der Beschuldigte in dem anschließenden Strafverfahren freigesprochen wird. In diesem Fall kann nicht übersehen werden, daß der vorbeugende Freiheitsentzug tatsächlich eine Verdachtsstrafe in Form der unzulässigen vorläufigen Vollstreckung ist. Dabei entstehen zwangsläufig die gleichen Schadensersatzansprüche wie bei unschuldig erlittener Strafe. Eine Entschädigung für „unschuldig erlittene Untersuchungshaft" kommt nicht in Betracht, weil die Inhaftierung keine Untersuchungshaft ist.

Diese Bedenken beziehen sich in ihrer Gesamtheit unterschiedslos auf beide Vorschläge der Regierungsparteien: auf das General-Klausel-Modell der CSU-Fraktion und auf das Tatbestandsanknüpfungsmodell der SPD-Fraktion für die Einführung der Vorbeugehaft.

Auch der Hinweis, daß in § 112, III StPO seit dem Strafprozeßänderungsgesetz vom 19. 12. 64 (BGBl I, 1067) bereits ein Präzedenzfall enthalten sei, ist nicht stichhaltig. Der durch dieses Gesetz eingeführte Haftgrund der Wiederholungsgefahr bei Sittlichkeitsverbrechern wurde schon bald für rechtsstaatlich bedenklich gehalten. In seinem Nachtrag zur Kommentierung der StPO hat Eb. Schmidt in Vorbem. 4 vor § 112 bereits darauf hingewiesen, daß es sich „um eine das System des bisherigen Haftrechts sprengende Sicherungshaft" handelt.

Die außerordentliche kriminalpolitische Bedeutung des Kampfes gegen Sittlichkeitsverbrecher, Schläger, Rocker, Berufsbetrüger usw. muß selbstverständlich anerkannt werden. Trotzdem kann der präventiv-polizeiliche Schutz keine Aufgabe der Strafjustiz sein, zumal die Notwendigkeit des Schutzes gegenüber aller schweren Kriminalität gegeben ist. Die Arbeit der Kriminalpolizei kann und darf nicht auf Kosten des Strafrichters in rechtsstaatlich bedenklicher Weise erleichtert werden. Bei Steigerung der Kriminalität bedarf es besserer Ausstattung der Kriminalpolizei und der Entwicklung neuer Einsatzmethoden. Dafür gibt es im Raum Düsseldorf und Essen gute Beispiele. Dort hat die Polizei mit Erfolg besondere Methoden in der Behandlung von Rockerbanden entwickelt. Das ist der rechtsstaatlich korrekte Weg, präventiv von seiten der Polizei vorzugehen. Diese Art und Weise des Vorgehens macht die makabre Vorbeugehaft auch vom Zweck her überflüssig.

Die Rechtsstaatswidrigkeit steht bei der Entlastung der Polizei durch die Vorbeugehaft nicht nur auf dem Papier. Wegen der erheblichen Mißbrauchsmöglichkeiten ist diese Einrichtung besonders bedenklich. Das wird schon dadurch deutlich, daß der Tatbestand des § 223 a StGB bereits dann verwirklicht ist, wenn eine leichte Körperverletzung von „mehreren gemeinschaftlich" begangen wird. Daraus ergeben sich bedrohliche Manipulationsmöglichkeiten gegenüber politischen Gegnern, denn bei Demonstrationen kann es sehr schnell zur gemeinschaftlich begangenen Körperverletzung kommen. Allein die Entstehungsgeschichte läßt den dringenden Verdacht zu, daß die Vorbeugehaft besonders gegen unliebsame Demonstranten gedacht ist, weil bereits die erwähnte gemeinsam begangene Körperverletzung als Haftgrund ausreicht. Diese Vermutung wird gerade dadurch unterstrichen, daß der Gedanke der Vorbeugehaft ausgerechnet in Berlin und Hamburg nachdrücklich verfolgt wird.

Auch bei den Tatbeständen des Sittlichkeitsstrafrechts gibt es Mißbrauchsmöglichkeiten, die bisher nicht genügend beachtet wurden. Als Beispiel mag hier § 174 StGB gelten. Wegen sogen. „Unzucht mit Abhängigen" macht sich z. B. ein Beamter strafbar, der einen anderen — etwa seine volljährige Sekretärin — „unter Ausnutzung seiner Amtsstellung zur Unzucht mißbraucht". Der Generaldirektor einer Aktiengesellschaft macht sich bei gleicher Sachlage nicht strafbar, weil er kein Beamter ist. Es gibt in diesem Fall tatsächlich kein schutzwürdiges, rational begründbares Rechtsgut. Folglich wurde dieser Tatbestand (§ 174 Nr. 2, 1. Alternative) im Alternativentwurf für ein neues Strafgesetzbuch ersatzlos gestrichen. Dagegen soll nach den Vorschlägen für die Vorbeugehaft dieses Delikt als Anknüpfungsgesichtspunkt für die Inhaftierung wegen Wiederholungsgefahr ausreichen.

Der mögliche Mißbrauch der Vorbeugehaft wird auch nicht dadurch ausgeschlossen, daß das Vorliegen von mindestens einer rechtskräftigen Verurteilung verlangt wird. In diesem Fall kann der zeitliche Zwischenraum sehr gering sein und die Möglichkeit ist gegeben, daß sich die vorhergehende rechtskräftige Verurteilung auf dieselbe oder doch eine unmittelbar vorhergehende andere strafbare Handlung bezieht.

Daran ändert auch der Vorschlag nichts, die gemeingefährliche Brandstiftung mit zu den Vorbeugehaft-Gründen zu rechnen. Auch hier taucht wieder die Gefahr der vordergründigen Anwendung der Vorbeugehaft gegen politische Gegner auf, denn andere gemeingefährliche Verbrechen wie erpresserische Kindesentführung nach § 239 a StGB oder Münzverbrechen werden nicht in den Katalog der Delikte aufgenommen, bei deren möglicher Begehung Vorbeugehaft erlaubt ist. Die Befürchtung, daß sich daraus ein Trend zum politischen Strafrecht ergeben könnte, erhält auf diese Weise neue Nahrung.

Die Vorbeugehaft ist als Untersuchungshaft keine Strafhaft. Es handelt sich also um eine besondere Haft, bei der Wiederholungsverdächtige in gesonderten Abteilungen konzentriert werden müssen. Das heißt: zunächst werden KZ-Abteilungen und dann bei zunehmender Anwendung der Vorbeugehaft wieder KZ-Lager eingerichtet. Das wäre die Konsequenz aus der Vorbeugehaft und man sollte sich nicht scheuen, auf diese Gefahr deutlich hinzuweisen.

Am Rande sei noch bemerkt, daß das Bewachungspersonal in den Anstalten, in denen die Vorbeugehäftlinge konzentriert sind, in Gewissenskonflikte geraten kann. Das wird besonders dann der Fall sein, wenn ein Inhaftierter später freigesprochen wird, denn dann zeigt sich die Rechtswidrigkeit der Unterbringung in verstärktem Maße.

Dabei darf ein weiterer Gedanke nicht unberücksichtigt bleiben, der sich aus dem Freispruch eines in Vorbeugehaft Genommenen ergibt: wegen der außerordentlich weitreichenden Konsequenzen, die ein Freispruch nach Vorbeugehaft mit sich bringt, können die Gerichte möglicherweise dazu verführt werden, in Zweifelsfällen eher zur Verurteilung als zum Freispruch zu neigen.

Die vorstellbare Annahme eines Kriminellen, weitere Straftaten würden auch nicht schwerer bestraft und führten zu einer Art „Rabatt", ist falsch und daher nicht geeignet, die Vorbeugehaft zu befürworten. Das Gesetz läßt bei Wiederholungen wesentliche Strafverschärfungen zu. Im Falle eines neuen Einbruchs zwischen der Entlassung aus der Untersuchungshaft und der Hauptverhandlung kann z. B. auf eine Gesamtstrafe von 15 Jahren Zuchthaus für beide Einbrüche erkannt werden. Außerdem kann bei einem Täter, der vorher mehrere Einbrüche begangen hat, bereits nach einer einzigen weiteren Wiederholungstat Sicherungsverwahrung angeordnet werden. Das ist die schwerste Sanktion, die unser Strafrecht kennt, denn sie ist von unbestimmter Dauer.

Zusammenfassend ist festzustellen, daß die Einführung der Vorbeugehaft den Weg zur rechtsstaatswidrigen Ausuferung des Haftrechts ebnet. Unter dem Deckmantel der kriminalpolizeilichen Zweckmäßigkeit wird der verfassungsrechtlich so wesentliche Freiheitsschutz eingeschränkt, indem man an nationalsozialistisches Gedankengut anknüpft. Vorbeugehaft ist Sicherungshaft. In zynischer Perversion nannte man das vor 1945 „Schutzhaft". Die sich aufdrängenden Assoziationen nehmen hier sehr bedrohliche Ausmaße an.

Presseschutz im Strafprozeß

Ein Rechtsgutachten im »Spiegel«-Verfahren

Vorbemerkung

Sicherlich ist es. kein übereilter Vorgriff schon heute zu sagen, die »Spiegel«-Affäre habe neben ihrer politischen und im allgemeinen Sinne historischen, nicht zuletzt auch rechtsgeschichtliche Bedeutung. Durch das im Oktober 1962 eingeleitete Verfahren gegen Herausgeber und Mitarbeiter der Zeitschrift »Der Spiegel« sind Rechtsfragen aufgeworfen worden, die in mancherlei Hinsicht völlig neu sind. Das gilt ebenso für das Strafrecht wie für das Strafverfahrensrecht.

Ein besonders wichtiger Teil der aktuell gewordenen Rechtsprobleme betrifft die bei dieser Gelegenheit mit Schärfe hervorgetretenen Konflikte zwischen Strafprozeßrechtsbestimmungen und Normen des Verfassungsrechts. Mit diesem Fragenkreis befassen sich die hier folgenden Untersuchungen. Sie geben eine Stellungnahme wieder, die als ein im Auftrag der Spiegel-Verlag Rudolf Augstein GmbH u. Co erstattetes Rechtsgutachten dem Bundesverfassungsgericht am 25. Mai 1964 im Rahmen des Verfassungsbeschwerdeverfahrens vorgelegt wurde.

Gleichzeitig ist das Gutachten beim 3. Strafsenat des Bundesgerichtshofs eingereicht worden im Verfahren wegen der Beschwerden gegen Durchsuchungs- und Beschlagnahmebeschlüsse der Ermittlungs- und Untersuchungsrichter.

Nachträglich hinzugefügt ist nur diese Vorbemerkung. Sie war erforderlich, um den gedanklichen Zusammenhang der in den einzelnen Abschnitten behandelten Probleme dem Leser, dem Einzelheiten des Verfahrens nicht bekannt sein können, zu verdeutlichen. Außerdem wurden einige Anmerkungen beigegeben, die Hinweise auf weiteres rechtswissenschaftliches Schrifttum und auf höchstrichterliche Entscheidungen enthalten, deren Nennung den Gerichten gegenüber unnötig war, die aber für ein besseres Verständnis nützlich sein können. Ferner sind aus dem gleichen Grunde die Anlagen um einige Dokumentationen erweitert worden.

Die Seitenzahlen der Originalpublikation wurden ab Seite 9 unverändert übernommen.

In der beim Bundesverfassungsgericht anhängigen Verfassungsbeschwerde und in dem erwähnten Verfahren vor dem Bundesgerichtshof wurde geltend gemacht, daß verschiedene im Ermittlungsverfahren ergriffene Maßnahmen verfassungswidrig seien. Vor allem beziehen sich die Beanstandungen auf Beschlagnahmen und Durchsuchungen. Diese fanden zum Teil bei Personen, die einer Straftat verdächtigt wurden, und zum Teil bei anderen Personen statt. In den zuletzt genannten Fällen ist das Beschlagnahme- und Durchsuchungsrecht in Redaktionsräumen, bei Redakteuren, Verlegern usw. eng mit dem der Sicherung des Redaktionsgeheimnisses dienenden Zeugnisverweigerungsrecht dieser Personen verknüpft, denn dort, wo ein solches Zeugnisverweigerungsrecht besteht, sind die Beschlagnahme- und Durchsuchungsrechte eingeschränkt. Demgemäß erstrecken sich die Ausführungen im Gutachten zunächst im Abschnitt A auf die Frage der Verfassungsmäßigkeit von Beschlagnahmen und Durchsuchungen bei Zeugen und sonstigen Dritten. Da der Gesetzestext viele Fragen offenläßt, mußte für die genauere Auslegung des geltenden Rechts zunächst auf die rechtsgeschichtliche Entwicklung des Verhältnisses von Pressefreiheit und Strafprozeßrecht eingegangen werden.

Im Abschnitt B wird dann die Frage der Verfassungsmäßigkeit von Beschlagnahmen und Durchsuchungen bei Tatverdächtigen, die in der Presse tätig sind, untersucht. Dabei ergeben sich Spezialprobleme bezüglich der Dauer der Rechtswirksamkeit eines Durchsuchungs- und Beschlagnahmebeschlusses (Abschnitt C), hinsichtlich der Heilung verfassungswidriger Durchsuchungen und Beschlagnahmen bei Beschuldigten und bei Zeugen (Abschnitt D), in bezug auf die Genauigkeit des Verzeichnisses der beschlagnahmten Gegenstände (Abschnitt E) und schließlich wegen der Verwertbarkeit von Beweismitteln, die gelegentlich einer Durchsuchung in anderer Sache gefunden wurden (Abschnitt F).

Die im Verlaufe der Ermittlungen angewandten Vernehmungsmethoden machten es sodann erforderlich, das seit längerem umstrittene Problem der Belehrungspflicht über ein bestehendes Zeugnisverweigerungsrecht zu behandeln (Abschnitt G).

Bis hierhin sind die erwähnten Fragenkreise von allgemeinerer Bedeutung, denn sie hängen mit der Tatsache, daß im Falle des »Spiegel« wegen des Verdachts des publizistischen Landesverrats ermittelt wurde, kaum zusammen. Das ist bei den letzten drei Abschnitten anders. Die Bundesanwaltschaft hat sich vor der Einleitung der eigentlichen Ermittlungsmaßnahmen ein Sachverständigengutachten durch einen Beamten des Bundesverteidigungsministeriums anfertigen lassen. Dieses oft kritisierte Vorgehen mußte rechtlich besonders gewürdigt werden. Das ist im Abschnitt H geschehen.

Da ein Ermittlungsverfahren nach dem Gesetz nur dann eingeleitet werden darf, wenn der Verdacht einer strafbaren Handlung vorliegt, und hierfür nicht jeder Verdacht, sondern nur ein entsprechend konkretisierter genügt, spielt die Frage der Verdachtsbegründung eine wichtige Rolle. Geht es wie bei der »Spiegel«-Affäre um den Verdacht des publizistischen Landesverrats, dann müssen sich höchstrichterliche Auffassungen über die Frage, wann ein Geheimnisverrat vorliegt, notwendigerweise schon bei der Verdachtsbegründung im Ermittlungsverfahren auswirken. Die hier gerade für den Verdacht des publizistischen Landesverrats entstehenden Sonderprobleme sind Gegenstand der Erörterungen im Abschnitt I.

Schließlich gab das in Rede stehende Verfahren noch Veranlassung, im Abschnitt J, dem letzten Abschnitt des Gutachtens, die Sonderfrage zu prüfen, ob sich ein auf den Verdacht des Verrats von Staatsgeheimnissen gestützter Durchsuchungsbefehl von selbst auf Durchsuchungen wegen des Verdachts der Ausspähung von Staatsgeheimnissen erstreckt.

Es versteht sich von selbst, daß die Schlußfolgerungen eines Rechtsgutachtens von den Ergebnissen des Verfahrens, das den Anlaß für die rechtlichen Analysen bildet, höchstens in der Weise abhängig sind, in der jede rechtswissenschaftliche Stellungnahme von der Auffassung anderer Juristen und insbesondere der Gerichte abhängig ist: Allein auf die besseren Argumente kommt es an. Im übrigen gilt es zu bedenken, daß die Entscheidungen des Bundesverfassungsgerichts und des Bundesgerichtshofs, wie immer sie ausfallen mögen, Entscheidungen von historischer Bedeutung sein werden.*

* Für Mitarbeit – vor allem bei der Zusammenstellung des historischen Materials und beim Lesen der Korrekturen – ist der Verf. seinem Assistenten Assessor Dr. *Kohlmann* zu Dank verpflichtet.

Inhaltsverzeichnis

A) Zur Frage der Verfassungsmäßigkeit von Beschlagnahmen und Durchsuchungen im Hinblick auf die §§ 53 Abs. 1 Nr. 5, 97 Abs. 5 und 103 StPO

B) Zur Frage der Verfassungsmäßigkeit von Beschlagnahmen und Durchsuchungen im Hinblick auf die §§ 94 und 102 StPO

C) Zur Frage der Dauer der Rechtswirksamkeit eines Durchsuchungs- und Beschlagnahmebeschlusses

D) Zur Frage der Heilung verfassungswidriger Durchsuchungen und Beschlagnahmen bei Beschuldigten und bei Zeugen

F) Zur Frage der Verwertbarkeit von Beweismitteln, die gelegentlich einer Durchsuchung in anderer Sache gefunden wurden

G) Zur Frage der Belehrungspflicht über ein Zeugnisverweigerungsrecht aus § 53 Abs. 1 Nr. 5 StPO

A) Zur Frage der Verfassungsmäßigkeit von Beschlagnahmen und Durchsuchungen im Hinblick auf die §§ 53 Abs. 1 Nr. 5, 97 Abs. 5 und 103 StPO

I. Problemstand

1. Daß die Vorschriften des Strafverfahrensrechts ebenso wie alle anderen gesetzlichen Bestimmungen verfassungskonform auszulegen und anzuwenden sind, ist im Rechtssystem eines modernen Rechtsstaats eine Selbstverständlichkeit. Erst bei der Auswirkung dieses Grundsatzes ergeben sich, wie die Interpretation und die Anwendung der geltenden Strafprozeßordnung besonders deutlich zeigen, Zweifelsfragen. Indessen ist der Einfluß des Grundgesetzes auf die StPO nicht überall von der gleichen Nachdrücklichkeit. Der dem Gesetzgeber für die Regelung des Strafverfahrensrechts zur Verfügung gestellte Spielraum ist von unterschiedlicher Größe. Man wird deshalb zwischen solchen Vorschriften, die in engster Beziehung zum Verfassungsrecht stehen, und anderen, für die das nicht gilt, unterscheiden müssen. Demgemäß kann von *verfassungsunmittelbaren* und *verfassungsmittelbaren* StPO-Normen gesprochen werden. Die meisten Strafverfahrensregeln dürften eine verfassungsmittelbare Struktur haben. Die Grenzen sind flüssig. Dort jedoch, wo die StPO-Vorschrift entweder durch die geregelte Materie – wie etwa bei § 136 a, der von verbotenen Vernehmungsmethoden und den sich daraus ergebenden Folgen handelt – die Grundrechte unmittelbar berührt, oder dort, wo die betreffende StPO-Norm, wie beispielsweise bei § 114 c in Verbindung mit Art. 104 GG, einen ausdrücklichen Befehl der Verfassung ausführt, handelt es sich auf jeden Fall um verfassungsunmittelbare StPO-Normen. Während sich bei verfassungsmittelbaren Vorschriften, wie z. B. bei den Bestimmungen über die Rechtsmittel, zahlreiche verschiedene verfassungskonforme Lösungen der jeweils zu regelnden Rechtsverhältnisse denken lassen, ist der Spielraum für die Übereinstimmung mit dem Verfassungsrecht bei den verfassungsunmittelbaren Vorschriften eng. »Verfassungsfreie«, *verfassungsdistrahierte* StPO-Normen sind kaum denkbar.

Daß der 8. Abschnitt des Ersten Buches der StPO, in dem die Beschlagnahme und die Durchsuchung geregelt werden, verfassungsunmittelbare Vorschriften enthält, kann nicht bezweifelt werden. Der

Gesetzgeber hat hier prozessuale Zwangsmaßnahmen normiert, bei denen es um tiefe und einschneidende Eingriffe in wichtigste von der Verfassung garantierte Rechte geht. Auslegung und Anwendung der §§ 94–131 StPO sind deshalb nur in engster Verbindung mit dem Grundgesetz möglich. Die hier für das Strafverfahren zugelassenen Zwangsmaßnahmen werden nur dann zutreffend interpretiert und richtig angewendet, wenn ihr besonderer Ausnahmecharakter gegenüber den allgemeinen verfassungsrechtlichen Grundsätzen stets berücksichtigt wird. Insbesondere stellen die Grundrechte der Verfassung, wie *Eberhard Schmidt* mit einem nicht zu überhörenden Akzent der Warnung bereits betont hat, »immer die Regel, die Vorschriften der StPO über Zwangsmaßnahmen immer die Ausnahme dar«.[1]

Ganz allgemein wird man sagen müssen: Aus der Verfassungsunmittelbarkeit einer StPO-Norm folgt, daß in Zweifelsfällen diejenige Auslegung und Anwendung richtig ist, die der Verwirklichung des in Betracht kommenden Verfassungsrechts am ehesten dient. Falsch wäre es dagegen, wollte man folgern, es müßten verfassungsunmittelbare Vorschriften der StPO stets besonders eng oder stets besonders weit ausgelegt werden. Ein derartiger abstrakter Auslegungs- und Anwendungsmaßstab wäre der Vielschichtigkeit der hier in Betracht kommenden Probleme nicht gewachsen. Maßgebend ist die ratio legis in ihrem Verhältnis zum Sinn des Grundgesetzes, zur ratio constitutionis.

2. Daß verfassungsunmittelbare Vorschriften der StPO dem Grundgesetz widersprechen, ist trotz des Alters dieses Gesetzes kaum zu erwarten. Daß sie jedoch Lücken aufweisen, versteht sich schon aus rechtstheoretischen Gründen im Hinblick auf die notwendige Allgemeinheit rechtlicher Regelungen nahezu von selbst – von der unvermeidbaren »Kurzsichtigkeit« eines jeden Gesetzgebers ganz abgesehen. Derartige Lücken sind bei verfassungsunmittelbaren Bestimmungen naturgemäß besonders gefährlich. Sie können leicht zu einer verfassungswidrigen Auslegung und Anwendung der betreffenden Vorschriften führen. Es wird im folgenden zu zeigen sein, daß die strafverfahrensrechtliche Regelung der Beschlagnahmen und Durchsuchungen in der Tat eine beträchtliche Anzahl derartiger Lücken enthält, sofern sie Gegenstandsbereiche betreffen, die mit dem Grundrecht der Pressefreiheit in mehr oder weniger enger Berührung stehen.

Fragt man zunächst einmal, wo der Gesetzgeber in der Strafprozeßordnung bei der Regelung der Durchsuchungen und Beschlagnahmen die Berücksichtigung des Grundrechts der Pressefreiheit aus Art. 5 GG

1 *Eb. Schmidt*, Lehrkommentar, Vorb. 8 zum 8. u. 9. Abschnitt.

ausdrücklich angeordnet hat, so muß die Antwort überraschend dürftig ausfallen. Bei den Bestimmungen über Durchsuchungen (§§ 102–111 StPO) findet sich überhaupt keine ausdrückliche Berücksichtigung des Grundrechts der Pressefreiheit. Hier bleibt vielmehr alles der Praxis und ihrer Kontrolle durch die Rechtsprechung überlassen. Bei den Vorschriften über Beschlagnahmen (§§ 94–101 a StPO) findet sich eine Berücksichtigung des Grundrechts der Pressefreiheit nur an einer einzigen Stelle, nämlich bei § 97 StPO. Dort ist im Abs. 5 bekanntlich angeordnet, daß die Beschlagnahme von Schriftstücken zu dem Zweck, die Person des Verfassers, Einsenders oder Gewährsmanns einer Veröffentlichung oder Sendung strafbaren Inhalts zu ermitteln, unzulässig ist, falls die betreffenden Schriftstücke sich im Gewahrsam von Personen befinden, die nach § 53 StPO als Redakteure, Verleger, Herausgeber usw. zur Verweigerung des Zeugnisses berechtigt sind.[2] Hier im Abs. 5 des § 97 StPO hat der Gesetzgeber, ebenso wie auch in den übrigen Absätzen dieser Bestimmung, ausdrücklich anerkannt, daß es *Interessen* gibt, denen *vor* dem Interesse an der *Wahrheitsermittlung* im Strafverfahren und damit zugleich *vor* dem Interesse an der *Ahndung strafbaren Verhaltens* der Vorrang eingeräumt werden muß. Insbesondere hat der Gesetzgeber damit anerkannt, daß unter bestimmten Voraussetzungen auch das Redaktionsgeheimnis zu jenen Interessenbereichen gehört, denen der Vorrang gebührt. Das ist gewiß eine bedeutungsvolle Anerkennung des Grundrechts der Pressefreiheit.

Indessen wird der unvoreingenommene Betrachter der geltenden Regelung des so einschneidenden Rechts der Durchsuchungen und Beschlagnahmen mit Recht fragen, ob das denn alles sei. Es ist also zu untersuchen, ob das geltende Strafprozeßrecht bezüglich der Durchsuchungen und Beschlagnahmen im Hinblick auf das Grundrecht der Pressefreiheit Lücken enthält und, falls dem so ist, ob diese Lücken schon nach Maßgabe des geltenden Rechts geschlossen werden können.

3. Daß vor allem die Vorschriften über Durchsuchungen im Hinblick auf die Beachtung der Pressefreiheit und des Redaktionsgeheimnisses lückenhaft sind, wurde schon lange erkannt. So ist es unbestritten, daß *§ 103 StPO*, der die Voraussetzungen für Durchsuchungen bei anderen Personen als dem Beschuldigten enthält, im Hinblick auf die gesetzlich anerkannten Zeugnisverweigerungsrechte *berichtigend ausgelegt* werden muß. Danach wird eine Durchsuchung im Sinne des § 103 StPO unzulässig, wenn sie der Auffindung von solchen Schriftstücken dient, deren Beschlagnahme im Interesse der Wahrung des

2 Vgl. den genauen Text in Anlage 2 unter Buchst. E.

Redaktionsgeheimnisses gemäß § 97 Abs. 5 StPO verboten ist.[3] Eine im Gegensatz hierzu vorgenommene Durchsuchung wäre rechtswidrig – woraus sich beispielsweise für den Straftatbestand des Widerstandes gegen Vollstreckungsbeamte (§ 113 StGB) wichtige Folgen ergäben. Die etwa aufgespürten Schriftstücke wären als Beweismittel unverwertbar.[4]

4. Eine grundsätzliche Klärung des Lückenproblems bei den hier interessierenden strafverfahrensrechtlichen Vorschriften muß von § 53 Abs. 1 Nr. 5 StPO[5] ausgehen. Dies hängt mit dem vom Gesetzgeber gewählten systematischen Aufbau der einschlägigen Bestimmungen zusammen. Der normenlogische Zusammenhang ist derart, daß, vom Grundrecht der Pressefreiheit des Art. 5 GG ausgehend, zunächst das Zeugnisverweigerungsrecht des § 53 Abs. 1 Nr. 5 StPO abgeleitet ist. Sodann ist aus diesem Zeugnisverweigerungsrecht seinerseits das Beschlagnahmeverbot des § 97 Abs. 5 StPO hergeleitet. Aus diesem Beschlagnahmeverbot schließlich wird dann das Durchsuchungsverbot im Rahmen des § 103 StPO gefolgert. Die Implikationen vom Grundrecht- zum Zeugnisverweigerungsrecht und von diesem zum Beschlagnahmeverbot hat der Gesetzgeber selbst ausdrücklich formuliert. Dagegen ist die Implikation vom Beschlagnahme- zum Durchsuchungsverbot schon nicht mehr im Gesetzestext berücksichtigt, sondern ist erst, wie oben bereits dargestellt wurde, im Laufe der Anwendung der StPO entwickelt worden.

Wegen dieses systematischen Zusammenhangs müssen also zunächst Reichweite und Grenzen des Zeugnisverweigerungsrechts nach § 53 Abs. 1 Nr. 5 StPO genauer bestimmt werden. Erst dann lassen sich Reichweite und Grenzen der Beschlagnahme- und darauf aufbauend schließlich der Durchsuchungsbefugnisse der Strafverfolgungsbehörden angeben.

Vergleicht man die in § 53 StPO vorgesehenen Zeugnisverweigerungsrechte miteinander, so fällt eine zum Nachteil des Grundrechts der Pressefreiheit sehr unterschiedliche Behandlung der einzelnen Berechtigten auf. Während etwa Rechtsanwälte, Patentanwälte, Notare, Wirtschaftsprüfer, vereidigte Buchprüfer, vereidigte Bücherrevisoren und Steuerberater uneingeschränkt ohne weitere vom Gesetz normierte Voraussetzungen zur Verweigerung des Zeugnisses über alles das, was ihnen

3 Vgl. *Eb. Schmidt*, Lehrkommentar, Anm. 11 zu § 103; ebenso *Schwarz-Kleinknecht*, Anm. 2 zu § 103.

4 *Eb. Schmidt* aaO.

5 Vgl. den genauen Text der Vorschrift in Anlage 1 unter Buchst. L.

in ihrer beruflichen Eigenschaft anvertraut worden oder sonst bekannt geworden ist, berechtigt sind, gilt das Zeugnisverweigerungsrecht der Redakteure, Verleger, Herausgeber, Drucker und anderer, die bei der Herstellung oder Veröffentlichung einer periodischen Druckschrift mitgewirkt haben, nur in einem sehr eingeschränkten Umfange. Sie sind lediglich berechtigt, eine Aussage über die Person des Verfassers, Einsenders oder Gewährsmanns einer Veröffentlichung zu verweigern, und auch dies nur unter der Voraussetzung, daß die betreffende Veröffentlichung einen *strafbaren Inhalt* hatte und daß außerdem ein Redakteur der Druckschrift wegen dieser Veröffentlichung bestraft ist oder seiner Bestrafung jedenfalls keine Hindernisse entgegenstehen. Nach dem Wortlaut des Gesetzes besteht also anscheinend kein Zeugnisverweigerungsrecht, wenn die betreffende Veröffentlichung keinen strafbaren Inhalt hat und demzufolge ein Redakteur der Druckschrift wegen dieser Veröffentlichung nicht bestraft worden ist und seiner Bestrafung das »Hindernis«, daß er sich gar nicht strafbar gemacht hat, entgegensteht. Nach dem Gesetzestext ist also davon auszugehen, daß beispielsweise der Verfasser eines Artikels nur dann den Schutz des Redaktionsgeheimnisses genießt, wenn sein Artikel einen strafbaren Inhalt hatte. Letzten Endes läuft dies darauf hinaus, daß der *Mißbrauch der Pressefreiheit geschützt und der korrekte Gebrauch dieses Grundrechts nicht geschützt* wird (privilegium miserabile). Der verleumderische Verfasser, Einsender oder Gewährsmann eines Artikels darf sich in Sicherheit wiegen. Das ist eine zumindest *paradoxe Konsequenz* aus dem gesetzgeberischen Versuch, das für die Verwirklichung der Pressefreiheit so wesentliche Redaktionsgeheimnis im Strafverfahrensrecht angemessen zu berücksichtigen. Auf diesen Mißstand ist schon mehrfach nachdrücklich hingewiesen worden.[6] Es kann keinem Zweifel unterliegen, daß eine solche strafverfahrensrechtliche Regelung den Erfordernissen, die sich aus dem Grundrecht der Pressefreiheit ergeben, nicht genügt. Schon die *grundlegende Regelung des Zeugnisverweigerungsrechts* ist *unvollständig*. Auf die Frage, ob diese Lücke bereits nach dem geltenden Recht ausgefüllt werden kann, wird später zurückzukommen sein. Für eine Darstellung des Problemstandes ist zunächst noch auf weitere Unvollständigkeiten der strafverfahrensrechtlichen Regelung einzugehen.

5. Das Zeugnisverweigerungsrecht des § 53 Abs. 1 Nr. 5 StPO setzt voraus, daß eine Veröffentlichung bereits vorliegt. Der Gesetzestext

6 *Kohlhaas*, NJW 1958, 42; *Löffler*, NJW 1958, 1217; *Jagusch*, NJW 1963, 179/180; und mit weiteren Schrifttumshinweisen *Leinveber*, Der Journalist, 1963, 286.

berücksichtigt nicht den Fall, daß ein Artikel bereits geschrieben, aber noch nicht veröffentlicht ist. Nicht publizierte Artikel, die sich noch auf dem Schreibtisch des Redakteurs befinden, werden vom Gesetzestext nicht erfaßt, und zwar selbst dann nicht, wenn ihre Veröffentlichung unmittelbar bevorsteht. Erst recht gilt das gleiche für solche Artikel, über deren Veröffentlichung die Redaktion noch nicht entschieden hat, und gar für solche, deren Veröffentlichung schon abgelehnt worden ist. Der Unterschied des Zeugnisverweigerungsrechts der Redakteure beispielsweise zu demjenigen der Rechtsanwälte wird bei diesem Punkt besonders deutlich. Der Wert des Grundrechts der Pressefreiheit scheint vom Gesetzgeber bei der Formulierung des § 53 Abs. 1 Nr. 5 StPO nicht hoch veranschlagt worden zu sein.

6. Daß unter diesen Umständen im Rahmen des § 53 Abs. 1 Nr. 5 StPO ein Zeugnisverweigerungsrecht gegenüber Fragen nach dem Verfasser, Einsender oder Gewährsmann sonstiger redaktioneller Unterlagen wie Notizen, Briefwechsel, Fotos, Filme, Tonbänder usw. – gleichgültig, ob diese Unterlagen einen strafbaren oder nichtstrafbaren Inhalt haben – nicht genannt ist, nimmt nach dem Gesagten nicht wunder.

7. Auffällig ist ferner, daß § 53 Abs. 1 Nr. 5 StPO das Zeugnisverweigerungsrecht unter den bereits erörterten engen Voraussetzungen nur den Redakteuren, Verlegern, Herausgebern, Druckern und anderen Personen, »die bei der Herstellung oder Veröffentlichung einer periodischen Druckschrift mitgewirkt haben«, einräumt. Diese Formulierung hat in der Praxis zu Zweifeln geführt. So wird beispielsweise die Ansicht vertreten, daß Korrespondenten und Journalisten, die nicht selbst Redakteure sind, kein Zeugnisverweigerungsrecht haben, obwohl sie »durch Meldungen oder sonstige geistige Beiträge zum Inhalt der Schrift an deren Zustandekommen mitwirken«.[7] Ist diese Auffassung richtig, dann hat man es insoweit anscheinend wiederum mit einer Fall-Lage zu tun, bei der das Grundrecht der Pressefreiheit nicht berücksichtigt ist und hinter dem Strafverfolgungsinteresse zurückstehen muß.

8. Da die StPO die Frage, welche Gegenstände nicht beschlagnahmt werden dürfen, im *§ 97 StPO* von dem Bestehen eines Zeugnisverweigerungsrechts abhängig macht, müssen sich bei dieser Bestimmung hinsichtlich der Berücksichtigung des Art. 5 GG Lücken zeigen, die denjenigen, die bei § 53 Abs. 1 Nr. 5 StPO bestehen, analog sind.

a) § 97 Abs. 5 spricht nur davon, daß eine Beschlagnahme unzulässig sei, wenn sie zu dem Zweck erfolge, die Person des Verfassers, Ein-

7 *Schwarz-Kleinknecht*, Anm. 8 B zu § 53.

senders oder Gewährsmanns einer Veröffentlichung strafbaren Inhalts zu ermitteln. Betrachtet man diesen Gesetzestext isoliert, hat es den Anschein, als ob wiederum nur der Mißbrauch der Pressefreiheit privilegiert sein soll, denn Veröffentlichungen mit *nichtstrafbarem* Inhalt erwähnt das Gesetz an dieser Stelle nicht.

b) Ebenso wie § 53 Abs. 1 Nr. 5 StPO spricht auch § 97 Abs. 5 nur davon, daß für ein Inkrafttreten des Beschlagnahmeverbots eine bereits erfolgte Veröffentlichung Voraussetzung ist. Den Fall, daß nach dem Verfasser, Einsender oder Gewährsmann eines der Redaktion vorliegenden, aber *nicht veröffentlichten* Artikels geforscht wird, hat der Gesetzgeber in § 97 Abs. 5 StPO ebenfalls nicht berücksichtigt.

c) Das gleiche gilt für *vorbereitendes Material, Notizen und sonstige Unterlagen* redaktioneller Art.

d) Zu diesen unter a)–c) erwähnten Lücken, die in strenger Analogie zu denjenigen des § 53 Abs. 1 Nr. 5 StPO stehen, kommt noch folgendes hinzu: Die Beschlagnahmefreiheit bezieht sich im Rahmen des § 97 Abs. 5 StPO nach dem Wortlaut des Gesetzes nur auf Schriftstücke. Es sieht daher so aus, als würden *andere Gegenstände* wie z. B. Tonbänder, Platten, Fotos usw. in keinem Falle dem Beschlagnahmeverbot unterliegen können, und zwar selbst dann nicht, wenn alle übrigen Voraussetzungen des § 97 Abs. 5 StPO erfüllt wären. Daß diese Lücke, wenn sie bestehen bliebe und nicht durch andere rechtliche Erwägungen ausgefüllt werden könnte, für ein modernes Presseunternehmen von einschneidender Bedeutung wäre, bedarf keiner besonderen Begründung.

e) Nach dem Wortlaut des § 97 Abs. 5 StPO besteht die Beschlagnahmefreiheit nur dann, wenn die Beschlagnahme »zu dem Zweck« erfolgt, die Person des Verfassers, Einsenders oder Gewährsmanns einer Veröffentlichung mit strafbarem Inhalt zu ermitteln. Für andere Zwecke darf folglich beschlagnahmt werden, falls man den Gesetzestext für sich allein als maßgebend ansieht. Das Redaktionsgeheimnis scheint dann also dem Gesetzgeber nicht mehr schutzwürdig zu sein, obwohl es, abgesehen von der Frage, wer Verfasser, Einsender oder Gewährsmann einer Veröffentlichung ist, sicher noch zahlreiche andere Sachverhalte gibt, an deren vertraulicher Behandlung eine Redaktion wegen der Pressefreiheit ein nachdrückliches Interesse haben kann. Zu denken wäre etwa an den gesamten Schriftwechsel zwischen dem bereits bekannten Gewährsmann und einem Redakteur.

f) Die Beschlagnahmefreiheit nach § 97 Abs. 5 StPO setzt schließlich noch voraus, daß sich die Gegenstände, deren Beschlagnahme unzulässig ist, im *Gewahrsam* der nach § 53 Abs. 1 Nr. 5 StPO zur Verweigerung des Zeugnisses Berechtigten befinden. Da der Gesetzeswortlaut nicht zwischen Alleingewahrsam und Mitgewahrsam unterscheidet, entstehen *im Falle des Mitgewahrsams* des Zeugnisverweigerungsberechtigten *Zweifel hinsichtlich der Reichweite des Beschlagnahmeschutzes.* Es fragt sich nämlich, ob das Grundrecht der Pressefreiheit ausreichend geschützt ist, wenn die Beschlagnahmefreiheit entfällt, falls der Zeugnisverweigerungsberechtigte an dem in Rede stehenden Objekt nur Mitgewahrsam, nicht Alleingewahrsam hat. Besonders aktuell wird diese Frage vor allem dort, wo der andere Mitgewahrsamsinhaber ein Beschuldigter ist.

9. Wie bereits ausgeführt wurde, fehlt im § 103 StPO eine ausdrückliche Berücksichtigung des Redaktionsgeheimnisses und des Grundrechts der Pressefreiheit für die Regelung von Durchsuchungen bei Personen, die nicht als Täter oder Teilnehmer einer strafbaren Handlung verdächtig sind. Gleichwohl ist es unbestritten, daß Durchsuchungen jedenfalls insoweit unzulässig sind, als sie der Ermittlung von Gegenständen dienen, für die ein Beschlagnahmeverbot nach § 97 StPO besteht. Hieraus folgt, daß alle die Lücken, die bei § 97 Abs. 5 in Verbindung mit § 53 Abs. 1 Nr. 5 StPO festgestellt wurden, in entsprechender Weise auch beim Durchsuchungsrecht im Sinne des § 103 StPO bestehen. Beim Durchsuchungsrecht würde daher ebenfalls nur der Mißbrauch der Pressefreiheit zu einem dem Zeugnisverweigerungsrecht und dem Beschlagnahmeverbot entsprechenden Durchsuchungsverbot führen. Denn bei isolierter Betrachtung der hier herangezogenen Vorschriften des Strafverfahrensrechts hat es den Anschein, als würde ein Presseorgan im Interesse der Wahrung des Redaktionsgeheimnisses nur dort vor Durchsuchungen geschützt, wo eine strafbare Veröffentlichung vorliegt.

II. Lösungswege

Die Erkenntnis, daß eine isolierte wörtliche Auslegung der genannten strafverfahrensrechtlichen Bestimmung einerseits dem hohen Rechtswert der Pressefreiheit nicht Genüge zu leisten vermag, aber andererseits wegen der Formenstrenge strafprozessualer Regelungen nahezu unvermeidlich ist und daß deshalb ein Eingreifen des Gesetzgebers abgewartet werden muß, wäre eine unzulässige Resignation, denn der Gesetzgeber hat bereits mit aller nur wünschenswerten Deutlichkeit dadurch gesprochen, daß er den Grundsatz der Pressefreiheit zu einem Grundrecht erhob. Es kann also nur eine Frage der Auslegung und Anwendung des Verfassungsrechts und des Strafverfahrensrechts sein, die angemessenen Entscheidungen zu finden.

Den Weg hierfür hat das Bundesverfassungsgericht in seinen bekannten Entscheidungen über das Verhältnis zwischen den Grundrechten und den sie einschränkenden »allgemeinen Gesetzen« bereits vorgezeichnet. Bei jeder strafprozessualen Maßnahme, die in den durch das Grundrecht der Pressefreiheit geschützten Bereich eingreift, ist eine Abwägung zwischen den Erfordernissen einer freien Presse und denen der Strafverfolgung erforderlich. Daß eine strafverfahrensrechtliche Maßnahme nach den Vorschriften der StPO zulässig ist, garantiert für sich allein genommen noch nicht, daß die Vornahme des betreffenden Eingriffs rechtmäßig ist. Es muß vielmehr jeweils geprüft werden, ob die in Frage stehende Maßnahme auch unter Berücksichtigung der als Grundrecht gewährleisteten Pressefreiheit zulässig ist.[8] Diese *Rechtsgüterabwägung* – im materiellen Strafrecht seit langem als übergesetzlicher Rechtfertigungsgrundsatz bekannt, in das Strafprozeßrecht jedoch in dieser allgemeinen und ausdrücklichen Form erst durch die Rechtsprechung des Bundesverfassungsgerichts eingeführt – wird nicht überall im Strafverfahrensrecht akut.

»Einbruchsstellen« für Grundrechte sind in der StPO vor allem die verfassungsunmittelbaren Vorschriften und die Gesetzeslücken. Daß die Bestimmungen über die Beschlagnahme und die Durchsuchung sowie die mit diesen zusammenhängende Bestimmung über das Zeugnisverweigerungsrecht der Presse – im Gegensatz etwa zu den Vorschriften über die Rechtsmittelfristen – verfassungsunmittelbare Bestimmungen sind, kann – wie gesagt – keinem Zweifel unterliegen. Außerdem zeigte sich im vorangehenden, daß gerade im Bereich dieser strafverfahrensrechtlichen Regelungen erhebliche Gesetzeslücken bestehen. Der Güterabwägung kommt also hier ausschlaggebende Bedeutung zu.

Um konkrete Anhaltspunkte für eine solche Güterabwägung zu gewinnen, wird es erforderlich sein, folgendermaßen vorzugehen:

Da das Grundgesetz in Art. 5 zunächst einmal selbst auf die allgemeinen Gesetze, hier also auf die StPO, verweist, muß als erstes aus dem Sinn und Zweck der strafverfahrensrechtlichen Bestimmung selbst argumentiert werden.

Die hierbei zu ermittelnde und entsprechend zu berücksichtigende

8 BVerfG NJW 1963, 147; BVerfGE 7, 198 = NJW 1958, 257; BVerfGE 10, 118 = NJW 1960, 29; BVerfGE 12, 113 = NJW 1961, 819; BVerfG NJW 1962, 2243.

ratio legis bedarf aber alsbald der Einfügung in den größeren Zusammenhang des Verfassungsrechts und seiner objektiven Wertordnung, denn erst an Hand der ratio constitutionis läßt sich die ratio legis zutreffend ermitteln.

Andererseits ist es für die Erhellung von Sinn und Zweck der einschlägigen verfassungsrechtlichen Vorschriften und ihr Verhältnis zum Sinn und Zweck der hier in Frage stehenden Strafprozeßrechtsbestimmungen erforderlich, den *rechtshistorischen Zusammenhang zu berücksichtigen.* Für die Analyse der ratio constitutionis wird mithin die Ermittlung der Rechtsentwicklungstendenz, der ratio evolutionis iuris, notwendig sein. Berücksichtigt man schrittweise diesen Sachzusammenhang, so ergeben sich als Grundlage für die Einzelüberlegungen folgende Hauptthesen:

1. Dadurch, daß die StPO Beschränkungen des Beschlagnahme- und Durchsuchungsrechts im Interesse der Wahrung des Redaktionsgeheimnisses vorsieht, läßt sich als ratio legis erkennen, daß in wichtigen Fällen die Wahrung der Pressefreiheit dem Interesse an der Strafverfolgung vorzugehen hat. *Im Gesetz selbst ist also die Abwägung dieses Interessenkonflikts bereits weitgehend festgelegt.* Das besonders Bedeutungsvolle dieser Festlegung besteht nun darin, daß der Gesetzgeber die Beschlagnahme- und Durchsuchungsfreiheit sogar dann gewährt, wenn es um die Ermittlung des Verfassers, Einsenders oder Gewährsmannes einer Veröffentlichung mit strafbarem Inhalt geht. Dies zwingt zu einem grundsätzlichen Schluß von der weitergehenden Regelung auf die weniger weitreichende (argumentum a maiore ad minus). Im vorliegenden Fall besagt dies: Wenn die Beschlagnahme- und Durchsuchungsfreiheit sogar in dem schwerwiegenden Fall gilt, daß die Person des Verfassers, Einsenders oder Gewährsmanns einer Veröffentlichung mit strafbarem Inhalt gesucht wird, dann muß dies erst recht für den weniger schwerwiegenden Fall, daß nach dem Verfasser, Einsender oder Gewährsmann einer Veröffentlichung nichtstrafbaren Inhalts ermittelt wird, gelten. Insoweit ergibt sich also schon aus dem System des geltenden Strafverfahrensrechts selbst etwas anderes, als bisher im allgemeinen angenommen wurde.

2. Unterstützt wird dieses Argument durch die Berücksichtigung des Verfassungsrechts. Die Pressefreiheit ist ein Grundrecht.[9] Sie gehört

9 Vgl. BVerfGE 10, 118 (121); Bonner Kommentar, Anm. II 1e zu Art. 5 GG; *Hamann*, Anm. B 6 zu Art. 5 GG; *v. Mangoldt-Klein*, Anm. VI 1 zu Art. 5 GG; zur dogmatischen Einordnung der Pressefreiheit im Rahmen der drei status libertatis ausführlich *Schneider*, Rechtsgutachten, S. 8 ff.

also der höchsten Gruppe von Rechten an, die unsere Rechtsordnung kennt. Daraus ergibt sich für jede Güterabwägung das hohe Interesse an der Wahrung der Pressefreiheit, das deshalb nur in seltenen dringlichen Ausnahmefällen zurückgedrängt werden kann. Andererseits ist das Strafverfolgungsinteresse ebenfalls verfassungsrechtlich verankert. Für die erforderliche Güterabwägung kommt es daher auch wesentlich darauf an, in welchem Verhältnis das Grundrecht der Pressefreiheit zu den anderen Grundrechten steht, deren Schutz die Strafjustiz dient. Es muß deshalb der Argumentation aus der ratio legis der StPO die Argumentation aus der *ratio constitutionis* gegenübergestellt werden.

3. Für die ratio der Verfassung und damit zugleich für deren Auswirkungen auf die ratio der in Rede stehenden strafverfahrensrechtlichen Bestimmungen können *Anhaltspunkte aus der Rechtsentwicklung*, als deren Ergebnis die verfassungsrechtliche Verankerung und die strafprozeßrechtliche Berücksichtigung der Pressefreiheit zu erkennen sind, gewonnen werden. Die Begrenzung strafprozessualer Möglichkeiten durch die Beachtung des Pressefreiheitsrechts und des Redaktionsgeheimnisses im Strafverfahrensrecht ist das Ergebnis eines lange währenden Kampfes. Aus seinem Verlauf läßt sich eine Entwicklungsrichtung, eine *ratio evolutionis iuris*, ablesen. Sie gibt Anhaltspunkte für die Verteilung der Gewichte bei der Abwägung zwischen dem Grundrecht der Pressefreiheit und dem Strafverfolgungsinteresse.

4. Bleiben nach der Berücksichtigung der vorgenannten verschiedenen Gesichtspunkte noch Zweifel übrig, weil die miteinander in Konflikt stehenden Rechtsgüter sich die Waage halten, so ist nach der Freiheitsvermutung[10] zugunsten der Pressefreiheit und gegen das Strafverfolgungsinteresse zu entscheiden. Das bedeutet, daß der Satz *in dubio pro libertate* hier die spezielle Form annimmt: *in dubio pro constitutione*.

Da der zuletzt genannte Lösungsweg nur für den Grenzfall des Gleichgewichts der miteinander abzuwägenden Rechtsgüter in Betracht kommt und ratio legis wie ratio constitutionis sich nur dann genauer bestimmen lassen, wenn der rechtshistorische Zusammenhang beachtet wird, ist zunächst auf die Entwicklungsgeschichte des Kampfes um die Berücksichtigung des Pressefreiheitsrechts im Strafverfahren einzugehen.

10 BVerfGE 7, 198.

III. Das Verhältnis zwischen dem Pressefreiheitsrecht und den §§ 53, 97, 103 StPO in der rechtsgeschichtlichen Entwicklung[11]

1. Der Konflikt zwischen Pressefreiheit und Strafjustiz ist im abendländischen Bereich so alt wie die Buchdruckerkunst. Schon im 15. Jahrhundert fühlte sich die weltliche und geistliche Obrigkeit verpflichtet, gegen die als Folge der neuen technischen Errungenschaft sich entwikkelnde Flut von Streitschriften, die in die politische und konfessionelle Diskussion eingriffen, vorzugehen. Das ist entwicklungsgeschichtlich kennzeichnend. Man dachte zunächst seitens der Obrigkeit nicht an die Einräumung von Rechten, sondern an die Auferlegung von Pflichten und Beschränkungen. Die ersten Pressestraftatbestände werden von den Gesetzgebern formuliert. Auch vorbeugende Eingriffe lassen nicht lange auf sich warten. Schon durch die Reichstagsabschiede von Nürnberg, Speyer und Augsburg (1524, 1529 und 1530) wurde für das Reich die Präventivzensur eingeführt. Als weitere prophylaktische Maßnahme fügte man den Konzessionszwang für das Druckergewerbe bald hinzu. Infolge der rechtseinschränkenden Tendenz dieser Entwicklung war es nicht erforderlich, im Strafverfahrensrecht die Pressefreiheit irgendwie zu berücksichtigen. Noch für längere Zeit sind in diesem Rechtsbereich keine nennenswerten Auswirkungen der neuen Entwicklung zu beobachten. Erst als der aus der Aufklärung stammende Gedanke, daß die Pressefreiheit ein hohes Rechtsgut sei, sich durchzusetzen begann, konnte es zu dem hier interessierenden Konflikt zwischen Pressefreiheit und Strafjustiz kommen. Erst jetzt zeichnet sich allmählich ein Einfluß des Gedankens der Pressefreiheit auf das Strafverfahrensrecht ab.

Die strafprozessuale Einbruchsstelle dieses Einflusses war zunächst das Zeugenrecht. Folgerungen für das Beschlagnahme- und Durchsuchungsrecht konnten sich erst später und auch dann nur langsam entwickeln. Noch in der *Kriminalordnung für die preußischen Staaten vom 11. Dezember 1805* war keine Sonderregelung für das Zeugnis von Redakteuren, Druckern, Verlegern usw. vorgesehen. Wie jedermann, so unterlagen auch diejenigen, die unmittelbar oder mittelbar für oder in der Presse tätig waren, der *allgemeinen Zeugnispflicht*, die der Gesetzgeber in § 7 des genannten Gesetzes festgelegt hatte. Diese Vorschrift lautete:

»Jedermann im Staat ohne Unterschied des Standes ist schuldig, dem

11 Vgl. zum folgenden die Übersicht auf den Anlagen 1 und 2.

Richter auf Erfordern bei Vermeidung einer angemessenen Ahndung alles dasjenige mitzuteilen, was ihm in Beziehung auf ein zu untersuchendes Verbrechen oder den Täter bekannt ist.«[12]

Es hieß zwar in § 12 der Kriminalordnung, die Vorschriften fänden nur auf alle Arten von *Kriminal*untersuchungen Anwendung. Jedoch ließ man diese Einschränkung nicht gelten, sondern erklärte den in § 7 und anderen Paragraphen der Kriminalordnung ausgesprochenen Grundsatz für einen allgemein geltenden und bezog ihn unbedenklich zugleich auf solche Fälle, in denen es sich keineswegs um Kriminaluntersuchungen handelte.[13] Man griff vielmehr auf § 311 zurück, in dem angeordnet war, daß jedermann im Staate ohne Unterschied des Standes schuldig sei, sich als Zeuge vernehmen zu lassen und auf Aufforderung des untersuchenden Richters vor diesem zu erscheinen. Über § 312 hatte man bei dieser ausdehnenden Auslegung des Gesetzes sodann die Möglichkeit, Zwangsmaßnahmen zu verhängen, denn in § 312 hieß es:

> »Weigert sich jemand als Zeuge, sich vernehmen zu lassen, so soll er dazu von seinem ordentlichen Richter durch Geld- oder Gefängnisstrafen angehalten werden.«[14]

Ergänzend wurde ferner § 337 herangezogen, der wie folgt lautete:

> »Gegen diejenigen, welche in den nicht ausgenommenen Fällen die körperliche Leistung des Zeugeneids beharrlich verweigern, muß ebenso verfahren werden als gegen diejenigen, welche sich der Ablegung des Zeugnisses gänzlich entziehen wollen.«[15]

Die weite Auslegung dieser Bestimmungen führte schließlich dazu, daß kaum noch ein Fall der für die Presse irgendwie bedeutsamen Zeugenvernehmungen und Auskundungen als nicht unter diese strengen Vorschriften fallend angesehen werden konnte. Die in der Kriminalordnung und anderen preußischen Gesetzen vorgesehenen Ausnahmen von der Zeugnispflicht galten jedenfalls nicht für in der Presse tätige Personen.

Das war die ungünstige Ausgangslage, als der nicht nur platonische, sondern allmählich konkreter werdende Kampf um die Berücksichtigung der Pressefreiheit im Strafprozeßrecht begann.

2. Dieses provozierende Zeugniszwangsrecht wurde im Anschluß an die Ereignisse der Jahre 1848 und 1849 zu einem wichtigen Ansatzpunkt für neue Entwicklungen. Zunächst wurde in Preußen und in anderen deutschen Ländern die Zensur aufgehoben. So bestimmte bei-

12 Zitiert nach *Giesen*, S. 12.
13 So *Giesen*, S. 12.
14 Zitiert nach *Giesen*, S. 12.
15 Zitiert nach *Giesen*, S. 12.

spielsweise Art. 24 der *Verliehenen Preußischen Verfassung vom 5. Dezember 1848:*

»Jeder hat das Recht, durch Wort, Schrift, Druck und bildliche Darstellung seine Gedanken frei zu äußern. Die Pressefreiheit darf unter keinen Umständen und in keiner Weise namentlich weder durch Zensur noch Konzessionen und Sicherheitsbestellungen, weder durch Staatsauflagen noch durch Beschränkungen der Druckereien und des Buchhandels, noch endlich durch Postverbote und gleichmäßigen Postsatz oder durch andere Hemmungen des freien Verkehrs beschränkt, suspendiert oder aufgehoben werden.«

Diese die materielle und formelle Pressefreiheit verkündende Vorschrift fand unverändert Eingang in die neue *Reichsverfassung vom 28. 4. 1849.* Ungeachtet der politischen Rückschläge, die in Österreich und Preußen auf den Zusammenbruch der Bewegung von 1848 folgten, war es unmöglich, zur Zensur offen zurückzukehren. Die Pressefreiheitsidee setzte sich mehr und mehr durch. Gleichwohl versuchten die Regierungen, die Freiheit der Presse auf indirektem Wege einzuschränken. Man griff zum Mittel des Konzessionszwangs. Demgemäß unterwarf der *Bundesbeschluß vom 6. 7. 1854* das gesamte Pressegewerbe einer Konzessions- und Kautionspflicht sowie verschärften Strafbestimmungen. Außerdem kehrte man zum Strafrechtsinstitut des Zeugniszwangs als eines Mittels der Einflußnahme gegen die Presse zurück.

Allerdings läßt sich der Fortgang der Entwicklung nur schwer anhalten oder gar rückgängig machen. Die Presse leistet Widerstand, und dies führt allmählich zur Änderung des Rechts. Aus der Zahl der Konfliktsfälle zwischen Presse und Obrigkeitsstaat seien zwei herausgegriffen, die geeignet sind, die historische Situation zu kennzeichnen.

Der erste dieser Fälle betrifft die Problematik des Zeugniszwangs. Das allgemeine Aufsehen, das er erregte, förderte die Entwicklung zum Zeugnisverweigerungsrecht. Er ereignete sich 1850 in Coburg. Das »Coburger Tageblatt« hatte eine Mitteilung gebracht, die *strafrechtlich nicht verfolgbar* war. Eine Verwaltungsbehörde vermutete jedoch, daß die Kenntnisse der Redaktion, die zu dem betreffenden Artikel führten, auf einer Indiskretion eines Beamten beruhen könnten. Im Zuge der alsbald eingeleiteten »politischen Generaluntersuchung« wurde der zuständige Redakteur unter Verhängung wiederholter, stets gesteigerter und sofort zwangsweise beigetriebener Geldstrafen aufgefordert, den Namen des Einsenders zu nennen. Als der Befragte sich immer wieder weigerte, diesem Ersuchen Folge zu leisten, wurde ihm eröffnet, daß er bis zur Nennung des Namens in Haft genommen werde. Als selbst diese Drohung nichts ausrichtete, wurde der Redakteur in der Tat inhaftiert. Erst nach sechs Monaten vergeblicher Haft ließ man den Betreffenden wieder frei.[16]

Ein anderer Fall, der im hiesigen Zusammenhang von Interesse ist, spielte sich etwa ein Jahrzehnt später in Hessen ab. In der Frankfurter Zeitung vom 15. Mai 1861 war ein Artikel aus Alzey erschienen, in dem Ordonnanzen des Ministeriums Dalwigk gegen die Pressefreiheit sowie eine Verordnung besprochen wurden. Die Veröffentlichung dieses Artikels war für das hessische Ministerium unangenehm. Es wurde deshalb durch Beschluß des Alzeyer Kreisgerichts eine Untersuchung »wegen Verletzung des amtlichen Vertrauens respective des Dienstgeheimnisses« eingeleitet. Der Untersuchungsrichter bat alsbald den Frankfurter Oberstaatsanwalt, durch eine Haussuchung bei der Redaktion sowie durch Vernehmung des Redakteurs die Person des Einsenders des Artikels zu ermitteln. Der Frankfurter Oberstaatsanwalt befürwortete diese Maßnahmen, doch lehnte der Frankfurter Untersuchungsrichter die Haussuchung bei der Redaktion lediglich mit dem Hinweis ab, daß es sich hier um ein Disziplinaruntersuchungsverfahren wegen des Verdachts einer Indiskretion durch einen Beamten handele und daß die Gesetze im Rahmen einer Disziplinaruntersuchung keine Haussuchung vorsähen.[17]

Ähnliche Fälle häuften sich. Nachdem das preußische Obertribunal in einer die Magdeburgische Zeitung betreffenden Sache eine besonders pressefeindliche Einstellung zu erkennen gegeben hatte[18], sah sich eine Gruppe von Redakteuren veranlaßt, dem preußischen Abgeordnetenhaus eine Petition einzureichen, in welcher sie die Abänderung des preußischen Pressegesetzes vom 12. Mai 1851 verlangte. Es wurde eine Kommission bestellt, die die Petition prüfen sollte. Sie legte dann einen Gesetzentwurf vor, in dem erstmalig ein Zeugnisverweigerungsrecht für die Presse anerkannt wurde. Danach sollten Drucker, Verleger und Kommissionsverleger nicht durch Zwangsmaßregeln angehalten werden dürfen, die Verfasser und Herausgeber von anonymen Druckschriften, Artikeln oder Inseraten namhaft zu machen.[19] In der

16 Vgl. *Giesen*, S. 24 f.; siehe jetzt auch *Möbl*, S. 23.

17 Näheres zu diesem auch sonst noch bemerkenswerten Fall vgl. bei *Giesen*, S. 30 f. Weitere interessante Zeugniszwangs-Fälle sind dargestellt in »Geschichte der Frankfurter Zeitung«, Volksausgabe, hrsg. v. Verlag der Frankfurter Zeitung, Frankfurt 1911, insbesondere S. 394 ff., 405 ff., 624 ff., 802 ff. und 814 ff.

18 Vgl. Goltdammers Archiv 10, 127 ff.

19 *Keller*, S. 21; siehe jetzt auch *Möbl*, S. 23.

Plenarversammlung vom 6. 8. 1862 nahm das Abgeordnetenhaus den Kommissionsvorschlag in folgender Fassung an:

»Drucker, Verleger, Kommissionsverleger und Redakteure dürfen nicht durch Zwangsregeln angehalten werden, über die Verfasser oder Herausgeber von Druckschriften, Artikeln oder Inseraten oder über den Ursprung der in solchen enthaltenen Mitteilungen Zeugnis abzulegen.«

Bemerkenswert an diesem Vorschlag war, daß hier ein Zeugnisverweigerungsrecht vorgeschlagen wurde, ohne daß dabei verlangt werden sollte, es müsse sich jeweils um die Befragung nach einem Verfasser usw. eines Artikels mit strafbarem Inhalt handeln. Dies war verständlich, denn die Vorfälle, welche zur Petition führten, betrafen in der Mehrzahl gerade solche Presseveröffentlichungen, die nicht strafbar waren. Erwartungsgemäß lehnten jedoch das Herrenhaus und die Regierung den von der Plenarversammlung angenommenen Kommissionsvorschlag ab.[20] Damit war der erste Versuch, im Interesse der Pressefreiheit ein allgemeines Zeugnisverweigerungsrecht des Redakteurs einzuführen, in Preußen gescheitert.

In einzelnen süddeutschen Ländern war man in der Folgezeit weniger pressefeindlich. So räumte die *Württembergische Strafprozeßordnung vom 17. 4. 1868*[21] immerhin in Art. 143 ein beschränktes Zeugnisverweigerungsrecht ein. Diese Bestimmung lautete:

»Verweigern können das Zeugnis: Drucker, Verleger und Redakteure in Beziehung auf die Person des Verfassers, Herausgebers oder Einsenders von anonymen Druckschriften oder sonstigen Veröffentlichungen durch die Presse, soweit sie die Verantwortung bezüglich des durch die Veröffentlichung begangenen Vergehens nach dem Gesetz übernehmen.«

Hier findet sich, soweit ersichtlich, zum ersten Mal die Bezugnahme auf strafbare Publikationen. Mutiger war der badische Gesetzgeber. Er hatte im Pressegesetz von 1868 in § 14 ein allgemeines Zeugnisverweigerungsrecht eingeräumt.[22] § 14 besagte:

»Keine der oben bezeichneten Personen kann als Zeuge gezwungen werden, den Verfasser einer Druckschrift zu benennen.«

Unter den oben bezeichneten Personen waren nach § 13 die Herausgeber, Redakteure, Verleger und Drucker zu verstehen.

Trotz dieser in einigen deutschen Ländern eingetretenen Besserung

20 *Keller*, S. 12.

21 Zitiert nach *Keller*, S. 5.

22 Erzherzoglich Badisches Regierungsblatt, Jhrg. 1868, Nr. XXIII.

der Rechtslage für die Presse blieb die Situation in den meisten Fällen unerfreulich. So konnte die »National-Zeitung« unter dem 13.11.1869 schreiben:

»Bei uns leidet die Presse an einer Vielheit von Übelständen, welche nicht leicht durch ein zusammenfassendes Kennzeichen sich ausdrücken läßt. Die Polizei bevormundet sie, der Finanzminister belegt sie mit schweren Kontributionen, der Staatsanwalt ist ihr Meister, und die biegsamen Gesetze unterwerfen sie dem schwankenden Urteile rechtsgelehrter Männer, denen weder das Studium noch die Praxis besondere Befähigung für diesen Zweig der Rechtsübung verleiht, noch die Vorschrift der Gesetze einen brauchbaren Maßstab in die Hand gibt. Alle diese Maßregeln haben von Hause aus das gemeinsame Ziel verfolgt, der Presse den Zaum anzulegen.«[23]

3. Im Zuge der durch die Gründung des Deutschen Reiches im Jahre 1871 notwendig gewordenen gesetzgeberischen Maßnahmen lag es nahe, den Versuch zu machen, das Zeugnisverweigerungsrecht der Redakteure nunmehr allgemein durchzusetzen. Anläßlich der Vorarbeiten für das *Reichsgesetz über die Presse von 1874* gelang es dann auch, einen § 24 mit folgendem Wortlaut in den Gesetzentwurf einzufügen:

»Der Redakteur, Verleger und Drucker sind berechtigt, das Zeugnis über die Person des Verfassers, Herausgebers und Einsenders zu verweigern.«

Zur Begründung wies der Abgeordnete *Schwarze* darauf hin, daß die vorgeschlagene Bestimmung über die Berechtigung, das Zeugnis abzulehnen, mit der erforderlichen Anonymität der Presse in Verbindung stehe. Ohne Anonymität der Mitarbeiter würde ein wesentlicher Teil der Wirksamkeit der periodischen Presse entfallen. Im Anschluß an diese allgemeinen Bemerkungen brachte der genannte Abgeordnete eine Einschränkung, die erheblich hinter die bereits in Baden erreichte Lösung zurückführte. Er erklärte nämlich, daß »natürlicherweise« im Gesetz nur von derjenigen Zeugnisverweigerung die Rede sein könne, bei der es sich um die Verantwortlichkeit für die durch die Presse begangenen strafbaren Handlungen handele. Keinesfalls seien solche Fälle gemeint, bei denen die strafbare Handlung nicht durch die Presse selbst verwirklicht werde, sondern durch die der Presseveröffentlichung zugrunde liegende Mitteilung.[24]

Schwarze schloß seine Ausführungen mit folgenden Worten:

23 Zitiert nach *Berner*, S. 141.

24 Vgl. Reichstagsverhandlungen, Stenographische Berichte, 2. Legislaturperiode, 1. Session 1874, 1. Band, S. 470/71.

»Man hat soviel von der Gefährlichkeit der Presse gesprochen und dieses sogenannte Gefährlichkeitsmoment in Beziehung auf die Verantwortlichkeit des Redakteurs ebenfalls verwertet. Die Gefahr liegt lediglich in der großen Macht und in dem Einfluß der Presse auf die öffentliche Meinung, welche durch die Presse beherrscht, ja oft von der Presse auch gemacht wird. Wie wir nun aber glauben, daß die Aufgabe der Presse vorzugsweise dahin gerichtet ist, mitzuwirken, daß Gesittung und Bildung im Volke verbreitet, der Gehorsam gegen das Gesetz gestärkt und das Gefühl für Recht und Ehre im Volke befestigt, ebenso aber das Ansehen der Familie und der übrigen Grundlagen des Staates geschützt werde, so glaubt auch die Kommission, daß durch den Paragraphen, wie sie denselben vorgeschlagen hat, der schlechten Presse ein Zaum und Zügel angelegt wird, die jetzt zum Teil, bewußt oder unbewußt, darauf hinaus geht, alle diejenigen Momente, die ich soeben vorgeführt habe, abzuschwächen und namentlich die Grundlagen aller staatlichen Ordnung ohne Unterschied der Verfassung zu benagen und zu erschüttern. Wir glauben, daß diese Bestimmung ausreichend sein wird, der guten Presse einen Halt zu geben und der schlechten Presse einen Riegel vorzuschieben.«

Obwohl diese Vorschrift bereits in 1. und 2. Lesung angenommen war, gab die Mehrheit des Reichstags in der 3. Lesung ihren Standpunkt wieder auf, weil der Präsident des Reichskanzleramtes erklärt hatte, daß das Gesetz mit dieser Bestimmung für die verbündeten Regierungen unannehmbar sei.[25] Die Vorschrift wurde nach den Wünschen der Regierung gestrichen. Man stellte lediglich eine Neubehandlung dieser Frage bei den bevorstehenden Beratungen über die Strafprozeßordnung in Aussicht.

Nachdem der Versuch, in das Reichspressegesetz eine Bestimmung über das Zeugnisverweigerungsrecht der Redakteure, Verleger und Drucker einzubauen, mißlungen war, mußten sich die Journalisten zunächst mit bloßen Proklamationen begnügen. Schon *1875*, also nur ein Jahr später, stellte der *Deutsche Journalistentag* in Bremen die Forderung auf, jeden Zeugniszwang wegfallen zu lassen, sobald der Redakteur nach § 20 Abs. II Reichspressegesetz strafrechtlich haftbar sei. Darüber hinaus wurde gefordert, daß bei Strafverfolgung wegen eines Bruchs des Amtsgeheimnisses ein Zeugniszwang erst dann stattfinden solle, wenn die Verletzung des Amtsgeheimnisses durch eine

25 Reichstagsverhandlungen, Sten. Ber., II. Leg., I. Sess. 1874, II. Bd., S. 1103; vgl. auch *Keller*, S. 24.

richterliche Instanz oder durch eine Disziplinarbehörde festgestellt sei. Außerdem verlangte man, daß das Maß des Zeugniszwangs in einem angemessenen Verhältnis zu der Strafe stehe, die den wegen Bruchs des Amtsgeheimnisses Beschuldigten treffe. Dieser letzte Zusatz war besonders bemerkenswert, denn er enthält, soweit ersichtlich, zum ersten Mal in diesem Zusammenhang das *Verbot des Übermaßes.* Im einzelnen lautete diese bedeutsame Resolution des Journalistentags wie folgt:

»Der deutsche Journalistentag erklärt die Anonymität der Presse für ein durch die höchsten Aufgaben derselben zugunsten rückhaltloser Wahrheit, zugunsten der wahren Förderung aller Kulturinteressen gebotenes Recht, dessen sich die Presse nur selbst freiwillig zu entäußern das Recht hat, oder welches sie nur in denjenigen Ausnahmefällen aufzugeben gezwungen werden kann, in denen durch die Anonymität die Straflosigkeit eines Verbrechens begünstigt würde. Der deutsche Journalistentag beauftragt seinen ständigen Ausschuß, bei den Faktoren der Reichsgesetzgebung unverweilt Schritte zu tun, um dem im Interesse der Tagespresse begründeten Prinzip der Anonymität rechtliche Geltung zu verschaffen, daß sobald nach § 20 des Reichspressegesetzes der Redakteur haftbar ist, jede zwangsweise Ermittlung eines anderen Schuldigen wegfällt, also auch kein bei Herstellung oder Verbreitung eines Presseerzeugnisses Beteiligter zum Zeugnis über Verfasser oder Einsender desselben genötigt werden kann. Der deutsche Journalistentag beauftragt seinen ständigen Ausschuß, unverweilt bei der Justizkommission des Reichstags und später bei letzterem selbst Schritte zu tun, damit in der Strafprozeßordnung

a) durch klare und unzweideutige Bestimmungen festgestellt werde, daß eine Zeugnispflicht zur Namhaftmachung des Einsenders einer Mitteilung, welche als Bruch des Amtsgeheimnisses betrachtet wird, und also auch ein Zeugniszwang erst dann Platz greife, wenn entweder durch eine ordentliche richterliche Behörde oder durch eine nach richterlichen Formen verfahrende Disziplinarbehörde der Charakter der fraglichen Handlung als eines entweder nach dem Strafgesetz oder nach positiven Vorschriften eines Disziplinargesetzes (Staatsdiener- oder Beamtengesetzes) strafbaren Bruchs des Amtsgeheimnisses konstatiert ist;

b) das Maß der zur Erzwingung des Zeugnisses anzuwendenden Strafmittel so normiert werde, daß es im Verhältnis stehe zu der den Beschuldigten selbst mutmaßlich treffenden Strafe.«

Der im gleichen Jahre *1875* wenige Tage später stattfindende *XII. Deutsche Juristentag* hat das Zeugnisverweigerungsrecht ebenfalls beraten. Einstimmig wurde hierzu vom Juristentag folgender Beschluß gefaßt:

»Die vor dem Richter in Strafsachen bestehende Zeugnispflicht wird wirksam, wenn auch die Untersuchung noch keine Richtung gegen eine bestimmte Person genommen hat. Wenn bei einem durch eine periodische Druckschrift begangenen Delikte der verantwortliche Redakteur haftet, entfällt jede Zeugnispflicht. Ist dies nicht der Fall, oder ist ein durch eine nichtperiodische Druckschrift begangenes Delikt in Frage, so sind der verantwortliche Redakteur bzw. der Verleger, Drucker oder Verbreiter berechtigt, das Zeugnis zu verweigern.«[26]

Die Formulierungen sind nicht in jeder Hinsicht eindeutig und klar. Erkennbar ist aber, daß sich sowohl die Resolution des Journalistentages als auch der Beschluß des Juristentages bemühen, von der engen Formulierung des oben erwähnten Entwurfs zum Reichspressegesetz fortzukommen. Andererseits spürt man deutlich die Rücksichtnahme auf die wenig pressefreundliche Einstellung der Regierung und das Streben nach einem Vermittlungsvorschlag, dessen Verwirklichung nicht von vornherein ausgeschlossen ist.

4. Bald darauf kam es anläßlich der Beratungen über die neue *Reichsstrafprozeßordnung* in den Jahren 1876 bis 1877 zu erneuter eingehender Erörterung der Frage des Zeugnisverweigerungsrechts der Presse. Man legte die bei der Schaffung des Reichspressegesetzes angestellten Erwägungen zugrunde und versuchte wiederum, die Presse von den Überresten veralteter Anschauungen zu befreien, die man im Zeugniszwang verkörpert sah. Dabei konnte es in dieser Phase der Entwicklung nicht darum gehen, den Versuch zu machen, ein uneingeschränktes allgemeines Pressezeugnisverweigerungsrecht durchzusetzen, denn bisher gab es im neuen Reichsrecht überhaupt noch kein Zeugnisverweigerungsrecht für die Redakteure, Verleger und Drucker. Nachdem die Bemühungen mit der sehr eingeschränkten Fassung einer das Zeugnisverweigerungsrecht behandelnden Bestimmung im Reichspressegesetz seinerzeit gescheitert waren, konnte man jetzt äußersten Falles hoffen, die gleiche Regelung in der Strafprozeßordnung unterzubringen. Der Kommission lagen vier Anträge zur Beratung und Beschlußfassung vor.

26 Verhandlungen des XII. Deutschen Juristentages, S. 160 f.

Der Antrag des Abgeordneten *Hauck* zum Zeugnisverweigerungsrecht hatte folgenden Wortlaut:

»Notare, Ärzte und Hebammen können das Zeugnis in Ansehung desjenigen verweigern, was ihnen bei Ausübung ihres Berufes unter dem Siegel der Verschwiegenheit mitgeteilt wurde.

Die im § 21 Abs. 1 des Pressegesetzes genannten Personen sind in allen jenen Fällen das Zeugnis zu verweigern berechtigt, in welchen der Redakteur nach dem Pressegesetz als Täter haftbar ist oder diese Haftung übernimmt.«[27]

Im Verlaufe der Debatte änderte *Hauck* seinen Antrag dahin, statt »die im § 21 des Pressegesetzes genannten Personen« zu setzen: »Redakteure, Verleger und Drucker periodischer Zeitschriften.«[28]

Weiterhin stand zur Debatte der Antrag des Abgeordneten *Zinn*, in dem ein Zeugnisverweigerungsrecht für die Presse nicht anerkannt war. *Zinn* wollte § 43 Abs. 2 des Kommissionsentwurfs wie folgt fassen:

»Dasselbe gilt von dem Verteidiger des Beschuldigten, von öffentlichen Anwälten, Notaren, Ärzten und Hebammen in Ansehung der Tatsachen, welche denselben in dieser ihrer Eigenschaft bei Ausübung ihres Berufes anvertraut sind, und deren Geheimhaltung durch die Natur derselben oder durch gesetzliche Vorschrift geboten ist.«[29]

Der Antrag *Zinn* wurde nach eingehender Debatte ganz abgelehnt[30], während der Antrag *Hauck* in seinem Absatz 2 der Ablehnung verfiel.[31]

Von größerer Bedeutung für die Presse waren die Anträge *Struckmann* und *Marquardsen. Struckmann* wollte das Zeugnisverweigerungsrecht der Presse in einem § 43 a verankert sehen, der folgenden Wortlaut haben sollte:

»Verantwortliche Redakteure, Verleger und Drucker sind in bezug auf die Person des Verfassers, Einsenders oder Herausgebers eines anonymen Presseerzeugnisses das Zeugnis zu verweigern berechtigt, soweit sie die Verantwortlichkeit hinsichtlich der durch die Veröffentlichung begangenen strafbaren Handlung nach den gesetzlichen Vorschriften trifft«[32]

27 Vgl. Materialien, S. 584.
28 Vgl. Materialien, S. 589.
29 Vgl. Materialien, S. 584.
30 Vgl. Materialien, S. 585.
31 Vgl. Materialien, S. 585 und S. 589.
32 Materialien, S. 584.

Marquardsen schlug dagegen folgende engere Fassung vor:

»Bildet der Inhalt eines veröffentlichten Presseerzeugnisses den Gegenstand einer Strafverfolgung, so sind der Redakteur, Verleger und Drucker berechtigt, das Zeugnis über die Person des Verfassers, Herausgebers und Einsenders zu verweigern.«[33]

Obwohl der Antrag *Marquardsen* in erster Lesung angenommen worden war, beantragte ein anderer Abgeordneter bei den erneuten Kommissionsberatungen, den entsprechenden § 44 a des Entwurfs zu streichen.[34] Daraufhin wiederholte *Marquardsen* seinen Antrag in der folgenden abgeänderten Form:

»Wird der Gegenstand einer Strafverfolgung durch den Inhalt einer periodischen Druckschrift gebildet, wofür nach § 20 Abs. 2 des Gesetzes über die Presse vom 7. Mai 1874 der verantwortliche Redakteur als Täter haftet, so sind Verleger, Redakteur und Drucker sowie deren zur Herstellung der Druckschrift verwendetes Hilfspersonal berechtigt, das Zeugnis über die Person des Verfassers und des Einsenders zu verweigern.«[35]

Dieser eingeschränkte Antrag *Marquardsen* wurde trotz erheblichen Widerstandes der Regierung mit großer Mehrheit von der Kommission angenommen.

Die weitere Entwicklung war dramatisch. Der abgeänderte Antrag wurde trotz der von der Regierungsseite vorgebrachten Bedenken in 2. Lesung angenommen[36] und dem Kommissionsbericht zugrunde gelegt.[37] Der Bundesrat blieb jedoch ablehnend und machte die Annahme des ganzen Gesetzes von der Streichung dieser und einiger anderer Bestimmungen abhängig[38]. Diese handfeste Drohung bewirkte, daß ein großer Teil der Abgeordneten umschwenkte und nunmehr in der Beratung vom 20. 12. 1876 für die beantragte Streichung der betreffenden Vorschrift stimmte. Diese Streichung wurde mit 186 gegen 120 Stimmen bei 3 Stimmenthaltungen beschlossen.[39] Das war die zweite entscheidende Niederlage nach der Reichsgründung im Jahre 1871. Nach wie vor gab es also keinerlei Zeugnisverweigerungsrecht für die Presse. Weder das Reichspressegesetz noch die nunmehr erlassene neue Reichsstrafprozeßordnung enthielten eine solche Bestimmung.

33 Materialien, S. 584.
34 Materialien, S. 1215.
35 Materialien, S. 1215.
36 Materialien, S. 1220.
37 Materialien, S. 1521.
38 *Keller*, S. 27.
39 Materialien, S. 2056.

5. Dem nicht mehr aufzuhaltenden Zuge der Entwicklung folgend, wurde der Kampf um das für die Pressefreiheit so wesentliche Zeugnisverweigerungsrecht gleichwohl fortgesetzt. Ein neuer Anlaß, sich um eine Umstimmung des Gesetzgebers zu bemühen, ergab sich im Jahr *1895* bei den Beratungen über den Entwurf eines Gesetzes betreffend Abänderungen und Ergänzungen des Gerichtsverfassungsgesetzes und der Strafprozeßordnung. In diesen Entwurf sollte auch auf Antrag der Abgeordneten *Lenzmann* und *Munckel* als § 55 a eine Vorschrift folgenden Wortlauts eingefügt werden:

»Begründet der Inhalt einer periodischen Druckschrift den Tatbestand einer strafbaren Handlung, für welche nach § 20 Abs. 2 des Gesetzes über die Presse vom 7. Mai 1874 der verantwortliche Redakteur als Täter haftet, so sind Verleger, Redakteur und Drucker sowie deren zur Herstellung der Druckschrift verwandtes Hilfspersonal berechtigt, das Zeugnis über die Person des Verfassers und Einsenders zu verweigern.«[40]

In der 3. Lesung des Entwurfs wurde diese Vorschrift jedoch mit 15 gegen 4 Stimmen gestrichen.[41] Die nochmalige Stellung des Antrags im Jahre 1896 führte infolge der Schließung des Reichstags zu keinem Ergebnis. 1899 wurde der Antrag schließlich wieder fallengelassen, obwohl in der Zwischenzeit – nämlich im Jahre 1897 – auf Antrag des Frankfurter Journalisten- und Schriftstellervereins von dem in Leipzig tagenden *Journalisten- und Schriftstellertag* folgende Forderung aufgestellt worden war:

»Damit die Presse ihre Pflichten im Dienste der Allgemeinheit ordentlich und ohne den durch das heutige Zeugniszwangsverfahren bewirkten verwerflichen Gewissenszwang erfüllen kann, ist es unbedingt nötig, allen bei Herstellung periodischer Druckschriften Beteiligten das Recht zu geben, ihr Zeugnis über die ihnen bei Ausübung ihres Berufs anvertrauten und bekannt gewordenen Tatsachen zu verweigern, und zwar sowohl im ordentlichen Strafverfahren wie auch im Disziplinarverfahren und sonstigen Verfahrensarten.«[42]

1900 stellten jedoch dieselben Abgeordneten *Lenzmann* und *Munckel* ihren Antrag von neuem.[43] Indessen hatten sie auch diesmal keinen Erfolg.

40 Reichstagsverhandlungen, IX. Legisl.-Periode, IV. Sess. 1895/97, 3. Bd., Anlagen Nr. 294, S. 1578 f.

41 *Keller*, S. 28.

42 Zitiert nach *Giesen*, S. 92.

43 Reichstagsverhandlungen, Bd. 189, S. 289.

Die Bemühungen gingen gleichwohl weiter. Gelegentlich der Beratungen über den Reichsjustizetat im Februar 1902 kam es im Plenum zu erneuter Aussprache über den Zeugniszwang. Der Abgeordnete *Beckh-Coburg*[44] führte aus, man habe in der Kommission zur Strafprozeßreform zugestanden, daß es eine moderne Tortur sei, jemanden so lange einzusperren, bis er eine unehrenhafte Handlung begehe. Auch in der bayerischen Kammer habe man den Zeugniszwang verurteilt. Ihm pflichtete der Abgeordnete *Oertel* bei.[45] Es sei zugegeben, daß die Ermittlung des Verfassers vom Standpunkt der Polizei wünschenswert wäre. Aber die jetzige Handhabung des Zeugniszwangs könne damit niemals verteidigt werden. Wenn ein Redakteur einen Artikel veröffentliche, so übernehme er dafür die volle Verantwortlichkeit. Man erziele durch die jetzige Form des Zeugniszwangsverfahrens eine wenig vornehme und wenig anständige Gesinnung. Es sei Pflicht eines jeden Redakteurs, daß er das Versprechen der Diskretion unter allen Umständen halte, und wenn man ihn dazu verführe, dieses Versprechen zu brechen durch Strafmittel aller Art, so sei dies ungemein bedenklich, und man solle darauf besser verzichten.

Im gleichen Jahr wandte sich der Verband Deutscher Journalisten und Schriftstellervereine mit einer auf Aufhebung des Zeugniszwangs gerichteten Petition an den Reichstag.[46] Er forderte für alle Beteiligten im ordentlichen Straf- wie im Disziplinarverfahren ein Zeugnisverweigerungsrecht. Eine Verletzung des Redaktionsgeheimnisses ziehe die Mißachtung der Kollegen und des anständigen Publikums nach sich. Es sei eine Härte, neben der Strafe der §§ 20, 21 des Pressegesetzes auch noch mit Zwangsstrafen belegt zu werden. Die Petition blieb ohne Erfolg.

Das gleiche Schicksal widerfuhr im Jahre 1903/1904 einer Interpellation der Abgeordneten *Dr. Jänecke* und *Dr. Böttger*, die folgenden Wortlaut hatte:

»Aus welchen Gründen hat der Herr Reichskanzler es seither unterlassen, einen Gesetzentwurf vorzulegen, durch welchen gegen die bei Herstellung und Veröffentlichung einer periodischen Druckschrift beteiligten Personen der Zeugniszwang zur Ermittlung der für ihren Inhalt strafrechtlich verantwortlichen Personen ausgeschlossen wird?«[47]

44 Reichstagsverhandlungen, X. Legisl.-Periode, II. Sess. 1900/1903, 5. Bd., S. 4090/4091.

45 Reichstagsverhandlungen, X. Legisl.-Periode, II. Sess. 1900/1903, 5. Bd., S. 4115.

46 99. Bericht der Petitionskommission, X. Legisl.-Periode, II. Sess. 1902/03, Drucksache Nr. 700.

47 Vgl. Reichtagsdrucksache Nr. 148 der XI. Legislaturperiode, I. Session 1903/1904.

Jänecke faßte im Reichstag nochmals die Argumente zusammen, die gegen den Zeugniszwang sprächen und betonte, die Presse wolle keineswegs gemeine Verbrechen vertuschen, sondern vielmehr auf ihre Aufdeckung hinwirken.[48] Den Vergleich mit dem Zeugnisverweigerungsrecht des Arztes oder des Geistlichen könne man nicht damit zurückweisen, daß ihnen etwas anvertraut werde, was sie für sich behalten sollten. Dies treffe deswegen nicht zu, weil der Arzt aus dem ihm Mitgeteilten einen interessanten Fall, der Geistliche es für seine Predigt verwerten könne.

Der Staatssekretär im Reichsjustizamt, der die Interpellation beantwortete, lehnte eine Sonderregelung für die Presse ab, stellte aber eine Behandlung im Rahmen der Strafprozeßreform in Aussicht. Im übrigen betrachtete er die ganze Angelegenheit als nicht eilig.[49]

Trotz allem ließ in den folgenden Jahren der Druck der Öffentlichkeit, der Presse und verschiedener Abgeordneter auf die Regierung nicht nach. So reichten die Abgeordneten *Brandys* und Genossen[50] und *Bassermann*[51] in den Jahren 1906/1907 noch dringende Anträge auf Einschränkung des Zeugniszwangs ein. Nach dem Antrag *Brandys* sollte hinter Nummer 3 des geltenden § 52 StPO eine Nummer 4 folgenden Inhalts eingeschaltet werden:

(Zur Verweigerung des Zeugnisses sind ferner berechtigt:)

4. Verleger, Redakteure und Drucker sowie deren zur Herstellung einer periodischen Druckschrift verwendetes Hilfspersonal, sofern der Gegenstand der Strafverfolgung durch den Inhalt dieser Druckschrift gebildet wird, für welche nach § 20 Abs. 2 des Gesetzes über die Presse vom 7. Mai 1874 der verantwortliche Redakteur als Täter haftet.

Unter diesem allgemeinen Druck richtete dann der Reichskanzler *von Bülow* unter dem 9. 12. 1907 folgendes Schreiben an die Regierungen der Bundesländer:

»Die Tatsache, daß in Strafverfahren von der Befugnis, zur Erzwingung des Zeugnisses die Haft anzuordnen, mitunter in Fällen Gebrauch gemacht wird, in denen die Anwendung des Zeugniszwangs nach der Lage des Einzelfalles weder zu der Bedeutung der Sache noch zu dem voraussichtlichen Ergebnis der Maßnahmen in

48 Reichstagsverhandlungen, Stenographische Berichte, XI. Legisl.-Periode, I. Session 1903/1904, 1. Band, S. 299 ff.

49 Vgl. Reichstagsverhandlungen, Stenographische Berichte, XI. Legisl.-Periode, I. Session 1903/1904, 1. Band, S. 305 f.

50 Reichstagsverhandlungen, XII. Legisl.-Periode, I. Sess., 240. Bd., Drucksache Nr. 157.

51 Reichstagsverhandlungen, XII. Legisl.-Periode, I. Sess., Bd. 240, Drucksache Nr. 545.

dem richtigen Verhältnis steht, hat schon öfters zu unliebsamen Erörterungen Anlaß gegeben. Daß die Gerichte in solchen Fällen die Grenzen der ihnen übertragenen Befugnisse formell einhalten, kann zur Rechtfertigung des Verfahrens nicht dienen, denn die Gerichte sind durch die gesetzlichen Vorschriften nicht genötigt, das Zwangsmittel in jedem Fall zur Anwendung zu bringen. Das Gesetz überläßt alles ihrem verständigen Ermessen. Es liegt daher ganz im Sinne des Gesetzes, wenn die Gerichte von ihrer Befugnis nur da Gebrauch machen, wo es nach den Umständen des einzelnen Falles unerläßlich erscheint.«[52]

Bemerkenswert an diesem Schreiben ist die ausdrückliche Bezugnahme auf den *Gedanken der Verhältnismäßigkeit*. Hierauf wird später zurückzukommen sein. Im übrigen versprach der Reichskanzler gesetzgeberische Abhilfe, die in dem darauffolgenden Jahre 1908 erfolgen sollte. In der Novelle zur StPO schlug die Regierung einen neuen § 49 folgenden Inhalts vor:

»Redakteure, Verleger und Drucker einer periodischen Druckschrift sowie die bei der technischen Herstellung der Druckschrift beteiligten Personen dürfen die Auskunft über die Person des Verfassers oder Einsenders eines Artikels strafbaren Inhalts verweigern, wenn ein Redakteur der Druckschrift als Täter bestraft ist oder seiner Bestrafung kein Hindernis entgegensteht.

Diese Vorschrift findet keine Anwendung, wenn der Inhalt des Artikels den Tatbestand eines Verbrechens begründet.«[53]

In der Begründung zu diesem neuen Paragraphen[54] wird zugegeben, daß die gerichtliche Praxis beim Gebrauch der Zwangsmaßregeln gegenüber der Presse öfter des richtigen Augenmaßes entbehrt habe und daß die gegen den Zeugnispflichtigen zuweilen angewandten Zwangsmittel in keinem angemessenen Verhältnis zu der Bedeutung der Strafsache gestanden hätten. Außerdem enthält die Begründung den wichtigen Grundgedanken – der in so deutlicher und zugespitzter Form bisher offiziell noch nicht zum Ausdruck gebracht worden war –, daß die Wahrung des Redaktionsgeheimnisses einem Interesse entspringe, gegenüber welchem das Interesse des Staates und der Gesellschaft an der Ermittlung des Verfassers und Einsenders unter Umständen zurücktreten müsse. Die Ausnahme für Verbrechen, so heißt

52 Zitiert nach *Badewitz*, S. 25.

53 Reichstagsverhandlungen, Bd. 254, Nr. 1310, Seite 32.

54 Reichstagsverhandlungen, Bd. 270, Nr. 7, S. 28 bzw. Sonderbeilage der DJZ, Entwurf einer StPO und Novelle zum GVG nebst Begründung, Berlin 1908, S. 159.

es weiter, rechtfertige sich dagegen durch die Erwägung, daß hier das Interesse einer Wahrheitsermittlung überwiegen müsse, wie dies auch von Vertretern der Presse zugestanden worden sei. Das gelte insbesondere bei Unternehmungen gegen die Existenz des Staates selbst.

Diesem neuerlichen Versuch, den Zeugniszwang gegen die Presse zu beseitigen, ist trotz der Regierungsinitiative ebenfalls kein Erfolg beschieden gewesen. Zwar ist der Regierungsentwurf noch im Jahre 1909 dem Reichstag vorgelegt worden, jedoch scheiterte die Reform an einer ganz anderen mit dem Zeugniszwang nicht im Zusammenhang stehenden Frage. Bis zum Ende des Weltkriegs ergab sich dann keine neue Chance mehr für eine Reform.

6. Daß in der eben gegründeten jungen Republik ein neuer Vorstoß versucht werden würde, war zu erwarten. Er erfolgte im sog. *»Entwurf Schiffer«* schon in den Jahren 1919/20. Man knüpfte an den letzten Reformversuch vor dem Kriege an und schlug den damaligen § 49 nunmehr als § 65 für die StPO-Novelle vor, und zwar mit folgendem Text:

> »Redakteūre, Verleger und Drucker einer periodischen Druckschrift sowie die bei der technischen Herstellung der Druckschrift beschäftigten Personen dürfen die Auskunft über die Person des Verfassers oder Einsenders eines Artikels strafbaren Inhalts verweigern, wenn ein Redakteur der Druckschrift als Täter bestraft ist oder seiner Bestrafung kein Hindernis entgegensteht.«[55]

Konnte man bei dem seinerzeitigen Vorschlag des § 49 von einer Formulierung sprechen, die den obrigkeitsstaatlichen Wünschen am weitesten entgegenkam, so war der nunmehr vorgeschlagene neue § 65 eine Bestimmung, die den berechtigten Wünschen an möglichst weitgehender Sicherung des Pressefreiheitsrechts mehr entsprach, denn die Streichung der Ausnahmeregelung für Verbrechenstatbestände bedeutete eine wesentliche Stärkung des Zeugnisverweigerungsrechts. Indessen teilte dieser Reformvorschlag das Schicksal des ganzen Entwurfs für eine neue StPO. Der Entwurf enthielt nicht nur im Hinblick auf das Zeugnisverweigerungsrecht der Presse, sondern auch bei sonstigen Gesetzesmaterien einschneidende Änderungsvorschläge. Diese riefen so starken Widerspruch hervor, daß der gesamte Entwurf für die neue StPO nicht verabschiedet werden konnte.

7. Endlich, im Jahre 1926, hatten die fast 80jährigen Bemühungen einen Erfolg. Zur Beratung einer StPO-Novelle, der sogenannten *»Haftnovelle«*, setzte der Rechtsausschuß des Reichstags im Jahre 1926

55 *Löwe*, S. 5 des Nachtrags.

einen Unterausschuß ein, der u. a. auch das Zeugnisverweigerungsrecht der Presse eingehend erörterte. Er schlug vor, wie bei § 65 der Novelle zur StPO von 1919/1920 die noch in § 49 des Entwurfs einer StPO von 1908 vorgesehene Einschränkung, daß das Zeugnisverweigerungsrecht dann keine Anwendung finden solle, wenn der Inhalt des Artikels den Tatbestand eines Verbrechens begründe, zu streichen. Außerdem empfahl er die Einschränkung, daß der Redakteur als Täter bestraft sein müsse oder bestraft werden könne, ebenfalls zu beseitigen.[56] Das war ein bahnbrechender Vorschlag. Indessen war die Zeit noch nicht reif. Im Gegensatz zu der Ansicht seines Unterausschusses wollte der Rechtsausschuß die zuletzt genannte Einschränkung beibehalten. Das Zeugnisverweigerungsrecht als solches aber nahm der Rechtsausschuß in seinen Entwurf auf. In seiner Sitzung vom 30. 11. 1926 verabschiedete er dann diesen Entwurf zur Änderung der StPO. Diesen nahm der Reichstag im Plenum am 17. Dezember 1926 ohne Debatte an. Die neu eingefügte Nr. 4 des § 53 Abs. 1 StPO lautete:

> »Zur Verweigerung des Zeugnisses sind berechtigt: Redakteure, Verleger und Drucker einer periodischen Druckschrift sowie die bei der technischen Herstellung der Druckschrift beschäftigten Personen über die Person des Verfassers oder Einsenders einer Veröffentlichung strafbaren Inhalts, wenn ein Redakteur der Druckschrift als Täter bestraft ist oder seiner Bestrafung kein rechtliches Hindernis entgegensteht.«

Das Gesetz wurde am 27. 12. 1926 vollzogen und im Reichsgesetzblatt[57] veröffentlicht, trat also am 13. Januar 1927 in Kraft. Eine amtliche Begründung zu der neuen Vorschrift wurde nicht gegeben. Offenbar waren die vorangegangenen Erwägungen die gleichen wie bei den früheren Entwürfen, insbesondere wie bei dem Entwurf vom Jahre 1919. Abänderungen sind nur insofern getroffen worden, als bei der Möglichkeit einer Bestrafung des Redakteurs zwischen rechtlichen und tatsächlichen Hindernissen unterschieden wird und an die Stelle des Ausdrucks »Artikel« das allgemeinere Wort »Veröffentlichung« getreten ist.

8. Schon sechs Jahre später gab es in Deutschland keine Pressefreiheit mehr. Immerhin blieb § 53 Abs. 1 Nr. 4 StPO auch nach dem 30. Januar 1933 in Kraft. Das nationalsozialistische *Schriftleitergesetz vom 4. 10. 1933* hat hieran formell nichts geändert. Insbesondere be-

56 Vgl. W. *Rosenberg*, Die Novelle zum Gerichtsverfassungsgesetz und zur Strafprozeßordnung, JW 1926, 2718.

57 RGBl. 1926 I, Nr. 70, S. 529.

deutete die in § 20 Abs. 3c dieses Gesetzes vorgesehene Auskunftspflicht keine Einschränkung des Zeugnisverweigerungsrechts nach § 53 Abs. 1 Nr. 4 StPO. In der amtlichen Begründung des Entwurfs eines Schriftleitergesetzes hieß es sogar, daß der Schriftleiter nach wie vor als Zeuge seine Aussage über die Person des Verfassers oder Einsenders einer Veröffentlichung strafbaren Inhalts zu verweigern berechtigt wäre, falls ein Redakteur bestraft sei oder bestraft werden könne.[58] Es versteht sich von selbst, daß die Praxis anders aussah. Durch das Schriftleitergesetz wurde das formell noch bestehende Zeugnisverweigerungsrecht ebenso wie die Anonymität der Presse als solche weitgehend ausgehöhlt. Verweigerte ein Redakteur unter den Voraussetzungen des § 53 Abs. 1 Nr. 4 StPO das Zeugnis, so riskierte er, daß er nach den Bestimmungen des Schriftleitergesetzes seine Stellung verlor.[59]

9. *Nach dem Ende des 2. Weltkrieges* war § 53 Abs. 1 Nr. 4 StPO gebietsweise durch alliierte Vorschriften aufgehoben worden. Aber bereits durch das Gesetz zur Wiederherstellung der Rechtseinheit vom 12. September 1950 wurde er im ganzen Bundesgebiet wieder eingeführt. Durch das 3. Strafrechtsänderungsgesetz vom 4. 8. 1953 erhielt die in Rede stehende Vorschrift die heute noch gültige Fassung.

Die Entwicklung ist allerdings noch nicht abgeschlossen. Schon unter dem 3. 10. 1949 wurde im Bayerischen Gesetz über die Presse[60] im § 12 ein Zeugnisverweigerungsrecht vorgesehen, das wesentlich weiter reicht als die Regelung in der Strafprozeßordnung. Dieser § 12 lautet:

»Verantwortliche Redakteure, Verleger oder Herausgeber und Drukker können über die Person des Verfassers, Einsenders und Gewährsmanns einer Veröffentlichung im redaktionellen Teil eines Druckwerks das Zeugnis verweigern.«

10. Die Gesamttendenz, die an Hand dieses notwendigerweise kurzen Überblicks über die Entwicklung während eines Zeitraums von mehr als 100 Jahren erkennbar wird, ist deutlich.

Bevor jedoch einige Schlußfolgerungen hieraus gezogen werden, bedarf es noch einer Betrachtung der historischen Entwicklung des korrespondierenden *§ 97 StPO*. Schon beim Erlaß der StPO mußte der Gesetzgeber ein Beschlagnahmeverbot zugunsten zeugnisverweigerungsberechtigter Personen vorsehen, denn bekanntlich waren von Anfang an Geistliche, Verteidiger, Rechtsanwälte und Ärzte zur Verweigerung

58 Vgl. amtliche Begründung, S. 287.

59 Vgl. hierzu sowie zu der Frage der weitgehenden Einschränkung der Anonymität der Presse durch das Schriftleitergesetz: *Badewitz*, S. 30 f.

60 Bayerisches Gesetz- und Verordnungsblatt Nr. 23/1949, S. 243 f.

des Zeugnisses berechtigt. Aber auch das Zeugnisverweigerungsrecht von Angehörigen (§ 52 StPO) machte ein Beschlagnahmeverbot erforderlich, denn nur so konnte eine Umgehung des Zeugnisverweigerungsrechts einigermaßen wirksam verhindert werden. Der Gesetzgeber faßte die Regelung des Beschlagnahmeverbots zugunsten aller zeugnisverweigerungsberechtigten Personen, zu denen – wie gesagt – die Redakteure usw. damals nicht zählten, in einer Bestimmung, nämlich in eben diesem § 97 StPO, zusammen. Sie lautete:

»Schriftliche Mitteilungen zwischen dem Beschuldigten und denjenigen Personen, die wegen ihres Verhältnisses zu ihm nach §§ 51, 52 zur Verweigerung des Zeugnisses berechtigt sind, unterliegen der Beschlagnahme nicht, falls sie sich in den Händen der letzteren Personen befinden und diese nicht einer Teilnahme, Begünstigung oder Hehlerei verdächtig sind.«

An dieser Fassung wurde, von redaktionellen Berichtigungen im Jahre 1924 abgesehen, bis zum Jahre 1953 nichts geändert. Selbst die neue Fassung des § 53 und die damit vollzogene Einführung des Zeugnisverweigerungsrechts der Presse im Jahre 1926 gab dem Gesetzgeber keine hinreichende Veranlassung zur Änderung der Vorschriften über das Beschlagnahmeverbot. Erst zusammen mit der Neufassung des § 53 StPO durch das Dritte Strafrechtsänderungsgesetz von 1953 wurde auch § 97 neu gefaßt. Dem Beschlagnahmeverbot, soweit es sich auf das Zeugnisverweigerungsrecht der Redakteure usw. bezieht, widmete der Gesetzgeber nunmehr einen eigenen Absatz. Es ist dies der noch heute gültige Absatz 5 des § 97 StPO.

Auch die Änderungsvorschläge, die in den Entwürfen für eine neue Strafprozeßordnung in den Jahren 1908, 1909 und 1920 gemacht wurden, sind rechtsgeschichtlich im hiesigen Zusammenhang uninteressant, denn sie enthalten keine neuen Vorschläge für eine besondere Regelung des Beschlagnahmeverbots im Interesse des Schutzes der Pressefreiheit. Bemerkenswert ist an dieser »Entwicklungslosigkeit« des § 97 StPO allenfalls die Tatsache, daß man bis zum Dritten Strafrechtsänderungsgesetz vom 4. 8. 1953 keine Notwendigkeit sah, die aus den Zeugnisverweigerungsrechten abgeleiteten Beschlagnahmeverbote für die einzelnen Gruppen von Verweigerungsberechtigten unterschiedlich zu regeln. Man hielt also auch eine Sonderregelung für Redakteure usw. nach der Einführung des Zeugnisverweigerungsrechts der Presse im Jahre 1927 für nicht erforderlich.

Die Neufassung des § 97 StPO durch das Dritte Strafrechtsänderungsgesetz vom 4. 8. 1953 bedeutete nicht, wie bisher meist angenommen wurde, lediglich eine redaktionelle Klarstellung dessen, was bisher schon rechtens war. Der neue Abs. 5 des § 97 StPO brachte vielmehr nicht unwesentliche Einengungen gegenüber der alten Fassung. Nach der alten Fassung erstreckte sich nämlich das Beschlagnahmeverbot auf sämtliche schriftliche Mitteilungen zwischen dem Beschuldigten und dem zeugnisverweigerungsberechtigten Redakteur, Verleger usw. Ob man den Verfasser, Einsender oder Gewährsmann der Veröffentlichung mit strafbarem Inhalt bereits kannte oder nicht, war belanglos. Wie beim Rechtsanwalt, Arzt usw. war die gesamte Korrespondenz mit dem Zeugnisverweigerungsberechtigten vor einer Beschlagnahme geschützt, falls sich die betreffenden schriftlichen Mitteilungen in den Händen des zuletzt Genannten befanden und der Betreffende nicht selbst einer Teilnahme, Begünstigung oder Hehlerei verdächtig war. Diese Auffassung über die Reichweite des Beschlagnahmeverbots aus § 97 alter Fassung, die den Redakteur, Verleger usw. mit dem Zeugnisverweigerungsberechtigten insoweit gleichstellte, war, soweit ersichtlich, unbestritten.[61]

Erstaunlicherweise hat der Gesetzgeber unter der Geltung des Art. 5 GG diese Regelung im Dritten Strafrechtsänderungsgesetz vom 4. 8. 1953 aber noch unter einem weiteren Gesichtspunkt eingeschränkt. Nach dem Wortlaut des Gesetzes gilt das Beschlagnahmeverbot jetzt nur für diejenigen Fälle, in denen der Verfasser, Einsender oder Gewährsmann des inkriminierten Artikels noch nicht bekannt ist, denn Abs. 5 des neuen § 97 StPO sagt, daß die Beschlagnahme von Schriftstücken »zu dem Zweck, die Person des Verfassers, Einsenders oder Gewährsmanns einer Veröffentlichung (oder Sendung) strafbaren Inhalts zu ermitteln«, unzulässig ist. Kennt man also die Person des Verfassers, Einsenders oder Gewährsmanns und soll die Beschlagnahme daher zu anderen Zwecken erfolgen – also vor allem, um den Verfasser, Einsender oder Gewährsmann strafrechtlich zu überführen –, dann ist die Beschlagnahme, wenn man nur den Text der StPO allein für sich betrachtet, zulässig.

11. Daß sich das Zeugnisverweigerungsrecht und das Beschlagnahmeverbot auf das Recht zur Durchsuchung beim Unverdächtigen auswirke, war und ist unbestritten. Gehört der Rauminhaber zum Kreise der zeugnisverweigerungsberechtigten Personen der §§ 52, 53 StPO, so sind bei ihm solche Durchsuchungen, für die im übrigen § 103 StPO gelten würde, unzulässig, die zum Zweck der Auffindung von Gegenständen

61 *Eb. Schmidt*, Lehrkommentar, Anm. 6 zu § 97 a. F. StPO; *Löwe-Rosenberg*, Anm. 11 zu § 97 a. F. StPO.

erfolgen, die nach § 97 StPO beschlagnahmefrei bleiben müssen.[62] Waren die dem Beschlagnahmeverbot des § 97 StPO unterliegenden Gegenstände zunächst nicht als solche zu erkennen, so müssen sie bei der Durchsicht nach § 110 StPO sogleich ausgesondert werden.[63] Diese Auswirkungen sind die Folge des eingangs erörterten Zusammenhangs zwischen den §§ 53, 97 und 103 StPO. Gleichwohl hat der Gesetzgeber es von 1877 bis heute nicht für erforderlich gehalten, diese Auswirkungen in § 103 StPO für das Durchsuchungsrecht beim Unverdächtigen näher festzulegen. Dies hat die Folge gehabt, daß man stets der, soweit ersichtlich, unbestrittenen Auffassung war, Durchsuchungen nach Maßgabe des § 103 StPO seien auch bei Personen, die zur Verweigerung des Zeugnisses berechtigt sind, zulässig.[64] Es darf eben die Durchsuchung, wie gesagt, nicht zu dem Zweck der Auffindung gerade solcher Gegenstände erfolgen, für die nach § 97 StPO ein Beschlagnahmeverbot besteht. Die Änderungsvorschläge in den Entwürfen 1908 (§ 98) und 1919 (§ 119) betrafen andere Punkte, die im vorstehenden Zusammenhang ohne Belang sind.

Überschaut man die Prozeßrechtsgeschichte der §§ 53, 97 und 103 StPO, so ergibt sich ein eigentümliches Bild: Die grundlegende, der Sicherung des Redaktionsgeheimnisses und damit der Verwirklichung des Pressefreiheitsprinzips dienende Bestimmung des § 53 Abs. 1 Nr. 5 StPO hat eine lebhafte Vorgeschichte. Demgegenüber hat das mit diesem Zeugnisverweigerungsrecht eng verknüpfte Beschlagnahmeverbot des § 97 StPO eine kaum noch nennenswerte rechtshistorische Entwicklung zu verzeichnen. Der § 103 StPO schließlich, der die Durchsuchung beim Unverdächtigen regelt und der deshalb für die Zeugnisverweigerungsberechtigten von großer Bedeutung ist, blieb seit dem Erlaß der StPO gewissermaßen geschichtslos. Diese Unterschiede sind um so erstaunlicher, als es den bereits mehrfach erwähnten geschlossenen rechtslogischen Zusammenhang zwischen Pressefreiheit, Redaktionsgeheimnis, Zeugnisverweigerungsrecht, Beschlagnahmeverbot und Durchsuchungsverbot gibt.

62 *Eb. Schmidt*, Lehrkommentar, Anm. 11 zu § 103 StPO; *Dünnebier* in *Löwe-Rosenberg*, Anm. 4 b zu § 103 StPO; *Kleinknecht-Müller*, Anm. 12 zu § 103 StPO; *Schwarz-Kleinknecht*, Anm. 2 zu § 103 StPO.

63 *Dünnebier* in *Löwe-Rosenberg*, Anm. 4 b zu § 103 StPO.

64 *Dünnebier* in *Löwe-Rosenberg*, Anm. 1 a zu § 103 StPO.

IV. Folgerungen aus der rechtsgeschichtlichen Entwicklung für die Auslegung der §§ 53, 97 und 103 StPO

1. Im Laufe der historischen Entwicklung der hier in Rede stehenden strafverfahrensrechtlichen Bestimmungen sind sehr *verschiedene Lösungsmodelle für die Regelung des Zeugnisverweigerungsrechts der Presse* vorgeschlagen worden.[65] Da die Beschlagnahme- und Durchsuchungsverbote an das Zeugnisverweigerungsrecht anknüpfen, sind sie von ausschlaggebender Bedeutung. In ihnen spiegeln sich Erfolg oder Mißerfolg des Kampfes um die strafprozeßrechtliche Berücksichtigung des Rechts der Pressefreiheit. Die verschiedenen Konstruktionen lassen sich danach einordnen, wie günstig oder ungünstig sie jeweils für die Wahrung des Redaktionsgeheimnisses und damit der Pressefreiheit sind.

a) Der günstigste Fall wäre die völlige Gleichstellung der Redakteure, Verleger, Journalisten usw. hinsichtlich ihres Zeugnisverweigerungsrechts mit den Rechtsanwälten, Wirtschaftsprüfern, Ärzten usw. Eine solche Regelung ist im Strafverfahrensrecht bisher noch nicht erfolgt. Nur unter den Voraussetzungen des § 383 Abs. 1 Nr. 5 ZPO kennt die Rechtsordnung eine derartige Gleichstellung. Sie gilt allerdings nur für den Zivilprozeß und unterliegt auch sonst besonderen Bedingungen.

b) Eine annähernde Gleichstellung enthält der § 23 des Schleswig-Holsteinischen Entwurfs für ein Landespressegesetz von 1963.[66] Die Einschränkung gegenüber § 53 Abs. 1 Nr. 5 StPO besteht lediglich darin, daß Redakteure usw. das Zeugnis nur über die ihnen *anver-*

65 Vgl. im Anhang die Anlage 1.

66 Vgl. Schleswig-Holsteinischer Landtag, 5. Wahlperiode 1962, Drucksache Nr. 117. § 23 lautet:

»*Zeugnisverweigerungsrecht und Beschlagnahmeverbot*

(1) Wer bei der Herstellung, Veröffentlichung oder Verbreitung eines periodischen Druckwerks mitgewirkt hat, kann über die Person des Verfassers, Einsenders oder Gewährsmannes einer Veröffentlichung dieses Druckwerks sowie über die ihm anvertrauten Tatsachen das Zeugnis verweigern.

(2) Die Beschlagnahme von Schriftstücken und Unterlagen, die sich im Besitz der nach Abs. 1 zur Verweigerung des Zeugnisses berechtigten Personen oder der Redaktion, des Verlages oder der Druckerei, der sie angehören, befinden, ist nicht zulässig, wenn sie zu dem Zweck erfolgt, die Person des Verfassers, Einsenders oder Gewährsmannes einer Veröffentlichung eines Druckwerkes nachzuweisen oder zu ermitteln. Eine Durchsuchung bei den nach Abs. 1 zur Verweigerung des Zeugnisses berechtigten Personen oder der Redaktion, des Verlages oder der Druckerei, der sie angehören, ist aus den gleichen Gründen nicht zulässig.

(3) Die Beschränkungen der Beschlagnahme und der Durchsuchung gelten nicht, wenn der zur Verweigerung des Zeugnisses berechtigte als Täter oder als Teilnehmer einer strafbaren Handlung dringend verdächtigt ist.«

trauten Tatsachen verweigern dürfen. Demgegenüber dürfen Rechtsanwälte usw. hierüber hinaus das Zeugnis auch hinsichtlich solcher Tatsachen verweigern, die ihnen in ihrer Berufseigenschaft *sonst bekannt geworden* sind. Bei Rechtsanwälten usw. ist es also nicht erforderlich, daß ihnen die betreffenden Tatsachen ausdrücklich anvertraut wurden.

c) Geht man stufenweise von dieser günstigsten Möglichkeit für das Pressezeugnisverweigerungsrecht zu den weniger günstigen Modellen hinab, so zeigt sich, daß zunächst der Kommissionsvorschlag im Preußischen Abgeordnetenhaus vom 6. 8. 1862 zu nennen ist.[67] Gegenüber der vorstehenden Konstruktion b) enthält diese eine erhebliche Einschränkung dadurch, daß sich das Zeugnisverweigerungsrecht nur auf Aussagen über die *Verfasser oder Herausgeber* von Druckschriften, Artikeln oder Inseraten oder *über den Ursprung* der in solchen enthaltenen Mitteilungen erstreckt.

d) Streicht man bei der Lösung c) die Möglichkeit, das Zeugnis zu verweigern in bezug auf Fragen nach dem Ursprung der Mitteilungen, die in den entsprechenden Artikeln usw. enthalten sind, so erhält man diejenige Lösung, die in § 14 des Badischen Pressegesetzes von 1868 verwirklicht war.[68] Außerdem entsprach diesem Modell der § 24 des Entwurfs für ein Reichspressegesetz von 1874. Hier darf also der Redakteur usw. das Zeugnis nur verweigern, wenn er nach dem *Verfasser* usw. einer Presseveröffentlichung gefragt wird. Diese Zeugnisverweigerung steht ihm dann allerdings uneingeschränkt zu.

e) Die folgenden Lösungsmöglichkeiten enthalten alle das unter d) genannte Zeugnisverweigerungsrecht, bringen jedoch schrittweise weitere Beschränkungen. Eine solche Einengung der Zeugnisverweigerungsmöglichkeiten kann sich daraus ergeben, daß man das Zeugnisverweigerungsrecht *fortfallen* läßt, wenn der Gegenstand des Strafverfahrens, in dem das Zeugnis verlangt wird, ein *Verbrechen* ist.[69]

f) Noch weiter geht die Einschränkung, die dadurch hervorgerufen wird, daß ein Zeugnisverweigerungsrecht nur hinsichtlich des Verfassers usw. einer Veröffentlichung *mit strafbarem Inhalt* eingeräumt wird. Dies ist nun die Konstruktion der Anträge *Marquardsen* aus den Beratungen für eine neue Reichsstrafprozeßordnung im Jahre 1877.[70]

g) Fügt man nun noch die zusätzliche Einschränkung hinzu, daß das

67 Vgl. Anlage 1 unter Buchst. A.

68 Vgl. Anlage 1 unter Buchst. C.

69 Eine solche Lösung liegt beispielsweise der Empfehlung des Rechtsausschusses des Bundesrats vom 17. 10. 1963 (Drucksache 347/1/63) zugrunde.

70 Vgl. Anlage 1 unter Buchst. F und G.

Zeugnisverweigerungsrecht nur dann gewährt wird, wenn für jene Veröffentlichung mit strafbarem Inhalt ein *Redakteur bestraft ist oder seiner Bestrafung zumindest kein Hindernis entgegensteht,* so kommt man zu der noch heute gültigen Lösung aus der StPO-Novelle vom 27. 12. 1926.[71]

h) Eine für die Wahrung des Redaktionsgeheimnisses noch ungünstigere Lösung stellte die Konstruktion des § 49 im Entwurf für eine StPO von 1908 dar.[72] Hier war neben den im vorstehenden genannten Einschränkungen zusätzlich vorgesehen, daß das Zeugnisverweigerungsrecht wegfallen sollte, wenn der *Inhalt des Artikels* den Tatbestand eines *Verbrechens* erfüllt.

2. Vergleicht man nun diese Skala der teils nur vorgeschlagenen, teils verwirklichten Konstruktionsmodelle für das Zeugnisverweigerungsrecht der Presse mit dem historischen Ablauf der Ereignisse, so ergibt sich für eine Analyse der Entwicklungstendenzen folgendes: Der Kampf um die Berücksichtigung des Pressefreiheitsrechts im Strafprozeßrecht während der letzten 115 Jahre beginnt mit den Anregungen aus den Ereignissen der Jahre 1848/49, die in dem Preußischen Kommissionsvorschlag von 1862 und in dem § 14 des Badischen Pressegesetzes von 1868 ihre verhältnismäßig günstigste Verwirklichung fanden. Im Zuge der Reichsgründung verschlechterte sich die Lage. Die Verfechter der Pressefreiheit wurden trotz energischer Bemühungen um die Reform des Presse- und Strafverfahrensrechts immer wieder zurückgedrängt. Ein Tiefpunkt dieser Entwicklung ist der bereits mehrfach erwähnte § 49 des Entwurfs einer StPO von 1908. Die in den Kommissionsberatungen beantragten Abänderungen des § 49, mit denen angestrebt wurde, das Zeugnisverweigerungsrecht auch hinsichtlich derjenigen Veröffentlichungen zu gewähren, die *keinen strafbaren Inhalt* haben und bei denen deshalb nicht verlangt werden konnte, daß ein Zeugnisverweigerungsrecht nur gewährt werde, falls ein Redakteur bestraft sei oder seiner Bestrafung zumindest kein Hindernis im Wege stehe, wurden auf Drängen der Regierungsvertreter strikt abgelehnt.[73] Die Lage ändert sich erst mit der Gründung der Weimarer Republik. Allerdings sind die hemmenden Kräfte immer noch stark genug, um zu bewirken, daß die gesetzliche *Regelung von 1926* nur eine *Kompromißlösung* bringen konnte. Infolge des Rechtsniedergangs von 1933

71 Damals unter § 53 Abs. 1 Nr. 4 StPO.

72 Vgl. Anlage 1 unter Buchst. I.

73 Vgl. Verhandlungen des Reichstags, XII. Legisl.-Periode, II. Session, Bd. 277, Anlagen zu den Stenographischen Berichten, Berlin 1911, S. 3190.

bis 1945 stockt die weitere Entwicklung. Erst nach 1945 wird an die alten Bemühungen wieder angeknüpft, und es ist bezeichnend, daß die Lösung im *§ 12 des Bayerischen Pressegesetzes von 1949* fast genau der Konstruktion des § 14 des Badischen Gesetzes von 1868 entspricht. Erst jetzt ist der Bogen geschlossen und neuen Entwicklungsmöglichkeiten die Ausgangsbasis gegeben.

3. Aus dem Gesagten lassen sich bereits einige allgemeine Folgerungen für die nach der heutigen Rechtslage im Konfliktfalle erforderliche Rechtsgüterabwägung ziehen. Die Ermittlung allgemeiner Prinzipien für eine Rechtsgüterabwägung steht mit der Tatsache, daß Rechtsgüterabwägungen an die Einzelheiten der konkreten Konfliktlage anknüpfen müssen, nicht im Widerspruch, denn für die Entscheidung des Einzelfalles lassen sich für bestimmte sich wiederholende Konfliktsituationen generelle Hinweise geben. Dies bedeutet für den Konflikt zwischen dem Interesse an der Erhaltung und Verwirklichung der Pressefreiheit einerseits und den Strafverfolgungsinteressen andererseits:

a) Man mag über Einzelheiten der rechtsgeschichtlichen Entwicklung streiten. Die ratio evolutionis iuris ist jedoch insofern eindeutig, als eine Steigerung des Wertes der Pressefreiheit deutlich erkennbar ist. Ihr hat der Gesetzgeber, wenn auch – aus obrigkeitsstaatlichen Erwägungen heraus – nur zögernd, nachgegeben. Außerdem zeigt die Gegenwart, daß mit einer weiteren Verbesserung der strafprozessualen Berücksichtigung des Grundrechts der Pressefreiheit zu rechnen ist. Hieraus muß man schließen, daß es im Zuge der Zeit liegt, daß das Interesse an der Strafverfolgung hinter dem Interesse an der Wahrung der Pressefreiheit immer mehr zurücktritt. Das ist keine überspannte und einseitige Auffassung, wenn man bedenkt, daß beispielsweise die höchst subjektiven und individuell begrenzten Interessen aus einer Verschwägerung im zweiten Grade selbst dann, wenn die Ehe, durch welche die Schwägerschaft begründet ist, nicht mehr besteht, nach § 52 Abs. 1 Nr. 3 StPO *jedem* Strafverfolgungsinteresse mit *absoluter* Wirkung vorgehen. Vergleicht man hiermit die hohen allgemeinen und unter Umständen die gesamte Öffentlichkeit berührenden Aufgaben und Interessen der Presse, dann wirkt es nahezu als Selbstverständlichkeit, wenn man in der Wertskala der Schweigerechte die Redakteure usw. den Rechtsanwälten, Wirtschaftsprüfern usw. gleich- oder doch annähernd gleichstellt. Für die Rechtsgüterabwägung besagt dies, daß grundsätzlich die Strafverfolgungsinteressen hinter der Wahrung der Pressefreiheit und damit hinter dem Schutz des Redaktionsgeheimnisses zurückstehen müssen. Nur ganz ausnahmsweise darf bei besonders dringenden und schwerwiegenden Fällen ein Überwiegen des Strafverfolgungsinteresses angenommen werden.

b) Eine abstrakte Regel, wonach bei Verbrechen ganz allgemein oder zumindest bei besonders schweren Verbrechen das Strafverfolgungsinteresse *stets* zu überwiegen hätte, wäre falsch. Sie würde dem Rechtsgedanken der Güterabwägung widersprechen, weil dieser gerade dazu dient, die Besonderheiten des Einzelfalles zu berücksichtigen. Es muß möglich bleiben, daß ebenso wie bei § 53 Abs. 1 Nr. 3 StPO selbst bei schwerster Kriminalität das Strafverfolgungsinteresse zurücksteht.

c) Insbesondere muß es möglich bleiben, daß bei solchen Delikten, die einen vorwiegend politischen Akzent haben – selbst wenn sie Verbrechenscharakter tragen –, im Hinblick auf größere, die Allgemeinheit betreffende Zusammenhänge das Überwiegen des Rechtsguts der Pressefreiheit festgestellt wird.

d) Vor allem muß das Gesagte so lange gelten, bis nicht der Nachweis im einzelnen Fall erbracht ist, daß es keinen anderen Weg zur Ermittlung des Täters gibt. Es müssen also auf jeden Fall alle anderen Möglichkeiten – auch ferner liegende! – ausgeschöpft sein, bevor daran gedacht werden kann, dem Strafverfolgungsinteresse den Vorzug zu geben. Auf gar keinen Fall darf die Verletzung des Redaktionsgeheimnisses als der bequemere Weg in Kauf genommen werden.

e) Da es hier um einen Konflikt zwischen den Belangen einer freien Presse und den Erfordernissen für die Strafverfolgung geht, spielt die Frage eine wichtige Rolle, welcher Verdachtsgrad ausreicht, um Eingriffe der Ermittlungsbehörden in die Pressesphäre zu rechtfertigen. Mit Rücksicht auf das oben Gesagte muß gefordert werden, daß, wenn überhaupt, dann nur ein besonders dringender und im einzelnen bereits weitgehend bestimmter Verdacht ausreichend sein kann. Auch insoweit muß mehr verlangt werden, als dies sonst üblich wäre. Dabei kann es nicht zweifelhaft sein, daß ein Verdacht, der sich nur auf schon rechtlich so fragwürdige Auffassungen, wie sie in der sogenannten Mosaik- und in der Bestätigungstheorie in der Rechtsprechung des Bundesgerichtshofs entwickelt wurden, nicht hinreicht.[74]

f) Grundsätzlich kann man sagen, daß die Nichtbeachtung der vorstehenden Prinzipien im Rahmen der Rechtsgüterabwägung die Vermutung begründet, daß ein Verstoß gegen das *Übermaßverbot* vorliegt. Daß die mit dem Zeugnisverweigerungsrecht der Presse zusammen-

74 Vgl. hierzu das Nähere unten unter I.

hängenden Probleme mit dem Grundsatz der Verhältnismäßigkeit[75] und dem Übermaßverbot aufs engste zusammenhängen, zeigte sich bereits beim Überblick über die historische Entwicklung. So hat schon der Juristentag im Jahre 1875[76] sehr deutlich auf diese Problematik Bezug genommen. Schließlich wurde sogar seitens der Reichsregierung die Notwendigkeit der Beachtung des Verhältnismäßigkeitsgrundsatzes zugegeben, wie der oben III 4 zitierte Brief des Reichskanzlers *von Bülow* an die Regierungen der Bundesländer vom 9. 12. 1907 zeigt. Die Rechtsprechung des Bundesverfassungsgerichts stellt also hinsichtlich der Heranziehung der Rechtsgedanken der Verhältnismäßigkeit und des Übermaßverbots die folgerichtige Fortentwicklung dieser ersten Ansätze in der rechtshistorischen Tradition dar.

g) Für die *strafprozeßrechtliche Konstruktion*, mit deren Hilfe sich die vorangehenden Überlegungen in das geltende Recht der StPO einfügen lassen, ergeben sich Möglichkeiten, bei denen an den Hinweis des Bundesverfassungsgerichts in seinem Beschluß vom 18. 12. 1962[77] angeknüpft werden kann, wonach aus strafprozessualer noch nicht die verfassungsrechtliche Zulässigkeit folgt. Da es einen numerus clausus von Zeugnisverweigerungsrechten gibt, wird man nicht davon ausgehen können, daß sich § 53 Abs. 1 Nr. 5 StPO unter dem Gedanken der Rechtsgüterabwägung ausdehnen läßt. Ein neues Zeugnisverweigerungsrecht kann im geltenden Strafprozeßrecht nicht konstruiert werden. Es läßt sich aber beim richterlichen Fragerecht für eine neue Lösung ansetzen.

Die Zulässigkeit von richterlichen Fragen an Redakteure usw. wird durch Art. 5 GG im Wege der Rechtsgüterabwägung begrenzt. In entsprechender Anwendung des § 68 a StPO[78] führt dies zu dem Ergebnis, daß dem Gericht bei verfassungskonformer Auslegung Befragungen, die das Redaktionsgeheimnis und damit Art. 5 GG berühren, nur erlaubt sind, wenn sie nach Maßgabe der hier in Betracht kommenden Rechts-

75 Dieser Grundsatz ist heute allgemein anerkannt. Vgl. aus der Rechtsprechung BVerfGE 7, 198 (212); 7, 377 (405/407/408); 10, 89 (103); 10, 141 (173); 10, 354 (369). Siehe auch *Schneider*, Rechtsgutachten S. 64 f., insbesondere S. 68 und 78.

76 Vgl. oben III 4.

77 NJW 1963, 147.

78 Die Vorschrift hat folgenden Wortlaut:

»Fragen nach Tatsachen, die dem Zeugen oder einer Person, die im Sinne des § 52 Abs. 1 sein Angehöriger ist, zur Unehre gereichen können, sollen nur gestellt werden, wenn es unerläßlich ist.

Der Zeuge soll nach Vorstrafen nur gefragt werden, wenn ihre Feststellung wichtig ist, um über das Vorliegen der Voraussetzungen des § 60 Nr. 2 oder 3 zu entscheiden oder um seine Glaubwürdigkeit zu beurteilen.«

güterabwägung als unerläßlich erscheinen. Das Frageverbot für das Gericht entsteht hier prozeßrechtlich in der gleichen Weise wie bei § 68 a StPO hinsichtlich der Fragen nach Tatsachen, die dem Zeugen oder einem seiner Angehörigen zur Unehre gereichen können. § 68 a StPO ist eine verfassungsunmittelbare Norm und stellt eine Auswirkung der Grundrechte dar. Eine entsprechende Anwendung dieser Bestimmung auf die hier in Rede stehenden Fälle ist unbedenklich, weil es keinen geschlossenen Kreis von Frageverboten gibt. Die sich aus den Grundrechten ergebenden Einschränkungen sind vom Strafgericht immer zu berücksichtigen, also auch dann, wenn sie nicht ausdrücklich im Strafprozeßrecht in Bezug genommen sind. Im übrigen wird die Heranziehung des in § 68 a StPO enthaltenen Rechtsgedankens durch die historische Entwicklung der Bemühungen um die Berücksichtigung der Pressefreiheit im Strafverfahrensrecht nahegelegt. Wie oben gezeigt wurde, gingen die Impulse zu Reformbestrebungen vor allem von Vorfällen aus, bei denen es sich darum handelte, daß der Zeugniszwang bei Redakteuren im Zusammenhang mit Veröffentlichungen, deren Inhalt gerade *nicht* strafbar war, angewandt wurde. In den Diskussionen um das Zeugnisverweigerungsrecht der Presse wurde deshalb immer wieder das Argument gebracht, daß die Strafjustiz von den Redakteuren ein unehrenhaftes Verhalten verlange, wenn sie diese zur Aussage zwinge. Es geht also sowohl bei der unmittelbaren als auch bei der entsprechenden Anwendung des § 68 a StPO im Grunde um einen Schutz der Ehre des Zeugen, dessen Zusammenhang mit Art. 1 GG offenkundig ist.

4. Für die Beantwortung der hier interessierenden Fragen mag es dahingestellt bleiben, ob dem Frageverbot, das dem Gericht auferlegt ist, ein prozeßrechtlicher Anspruch des Zeugen gegenüber dem Gericht entspricht. Die Prozeßrechtslage ist hier die gleiche wie bei dem Verbot der in § 136 a StPO genannten Vernehmungsmethoden. *Auf jeden Fall führt das Frageverbot zu einem korrespondierenden Beschlagnahme- und Durchsuchungsverbot.* Wiederum steht der Wortlaut der Strafprozeßordnung nicht entgegen. Daß eine Beschlagnahme nach § 97 StPO als zulässig erscheint, weil die darin enthaltenen Beschlagnahmeverbote nach ihren Voraussetzungen nicht eingreifen, besagt noch nichts darüber, ob die betreffende Beschlagnahme nicht aus anderen Gesichtspunkten heraus unzulässig ist. Das gleiche gilt für Durchsuchungen nach § 103 StPO. Die Güterabwägung zwischen den Erfordernissen der Pressefreiheit und den Erfordernissen der Strafverfolgung vermag sich auch hier in vollem Umfang auszuwirken. Dem Implikationszu-

sammenhang zwischen Zeugnisverweigerungsrecht, Beschlagnahmeverbot und Durchsuchungseinschränkung entspricht ein ebensolcher Implikationszusammenhang zwischen dem Frageverbot und den Verboten bei Beschlagnahmen und Durchsuchungen. Erst wenn beide Gesichtspunkte beachtet werden, kann von wirklich verfassungskonformer Auslegung der strafprozeßrechtlichen Bestimmungen über Beschlagnahmen und Durchsuchungen gesprochen werden. Genau dies war es, was im über hundertjährigen Kampf um die Sicherung der Pressefreiheit im Strafprozeßrecht angestrebt wurde und wohin die Entwicklung trotz aller Hemmnisse langsam, aber allmählich immer sicherer tendierte und auch weiterhin tendieren wird.

5. Obwohl jede Rechtsgüterabwägung, wie gesagt, erst dann endgültig entschieden werden kann, wenn alle maßgeblichen Sachverhalte des jeweiligen Einzelfalles berücksichtigt sind, lassen sich aus den obigen allgemeinen Erwägungen für die speziellen Lückenprobleme beim Beschlagnahme- und Durchsuchungsrecht in Verbindung mit dem Zeugnisverweigerungsrecht der Presse[79] schon jetzt einige grundsätzliche Gesichtspunkte für die Lösung gewinnen. Auszugehen ist hierbei wieder von der Schlüsselbestimmung des § 53 Abs. 1 Nr. 5 StPO, um dann später die Möglichkeiten für die §§ 97 und 103 StPO erörtern zu können.

a) Nach § 53 Abs. 1 Nr. 5 StPO besteht ein Zeugnisverweigerungsrecht des Redakteurs usw. nur dann, wenn – abgesehen von den übrigen Voraussetzungen – eine Veröffentlichung mit strafbarem Inhalt vorliegt. Bei Veröffentlichungen *ohne* strafbaren Inhalt muß nun nach dem oben über die hier erforderliche Rechtsgüterabwägung Gesagten grundsätzlich ein Frageverbot für das Gericht und dementsprechend für die Ermittlungsbehörden angenommen werden. Daraus, daß der pathologische Fall des Mißbrauchs der Pressefreiheit durch die Veröffentlichung eines Artikels mit strafbarem Inhalt im Zeugnisverweigerungsrecht privilegiert ist, folgt nach dem bereits eingangs erwähnten argumentum a maiore ad minus, daß bei einer Güterabwägung grundsätzlich von einem Frageverbot ausgegangen werden muß. Das in juristischen Begründungen oft mißbrauchte »erst recht« kommt hier einmal sinnvoll zum Zuge. Aus dem Schweigerecht bei strafbaren Veröffentlichungen muß zumindest ein Frageverbot bei nichtstrafbaren Veröffentlichungen gefolgert werden. Insoweit ist die Rechtsgüterabwägung im Konflikt zwischen Pressefreiheit und Strafverfolgungsinteresse bereits präjudiziert.

79 Vgl. oben I., Nr. 4 bis 9.

b) § 53 Abs. 1 Nr. 5 StPO sieht kein Zeugnisverweigerungsrecht des Redakteurs usw. vor, falls die Ermittlungen mit einem noch nicht publizierten Artikel zusammenhängen. Hierbei ist es gleichgültig, ob die Veröffentlichung unmittelbar bevorsteht oder ob die Veröffentlichung von der Redaktion nicht beabsichtigt ist oder ob über die Veröffentlichung oder Nicht-Veröffentlichung noch nicht entschieden wurde. Auch ist es belanglos, ob der nicht-veröffentlichte Artikel einen strafbaren Inhalt hat oder ob das nicht der Fall ist. Unabhängig von den für die Rechtsgüterabwägung maßgeblichen einzelnen Gesichtspunkten des konkreten Falles muß hier ebenfalls schon ein grundsätzliches Frageverbot für das Gericht angenommen werden. Dies folgt daraus, daß Fälle der hier in Rede stehenden Art weniger schwerwiegend sind als diejenigen, in denen die Veröffentlichung bereits erfolgt ist. Den Erfordernissen des Schutzes des Grundrechts der Pressefreiheit kann also bei dieser Sachlage das Übergewicht gegenüber den Erfordernissen der Strafverfolgung noch eher zugebilligt werden.

c) Erst recht muß das Frageverbot angenommen werden, wenn die vorbereitenden Aufzeichnungen und das sonstige Pressematerial (Fotos, Tonbänder, Filme usw.) noch nicht zu einem Artikel oder einer sonstigen Veröffentlichung verarbeitet sind. Gegenüber den das Frageverbot auslösenden Fall-Lagen ist die hier in Rede stehende wiederum ein Minus. Das Strafverfolgungsinteresse muß also dem Interesse an der Pressefreiheit noch früher weichen.

d) Zu besonderen Überlegungen gibt die Rechtslage der Korrespondenten und Journalisten im Strafprozeß Anlaß. Bei diesen Personen ist es durchaus zweifelhaft, ob ihnen nicht schon nach dem Wortlaut des § 53 Abs. 1 Nr. 5 StPO ein Zeugnisverweigerungsrecht zusteht. Das wird man bejahen müssen. In der Regel zählen sie zu solchen Personen, »die bei der Herstellung oder Veröffentlichung einer periodischen Druckschrift mitgewirkt haben«. Die abweichende Auffassung, wie sie etwa von *Schwarz-Kleinknecht*[80] vertreten wird, widerlegt sich selbst durch die benutzte Formulierung, daß Korrespondenten und Journalisten am Zustandekommen einer periodischen Druckschrift »mitwirken«. Genau hierauf aber kommt es für die Anwendung des § 53 Abs. 1 Nr. 5 StPO an. Korrespondenten und Journalisten sind eben »andere, die bei der Herstellung usw. mitgewirkt haben«. Kann man somit ein Zeugnisverweigerungsrecht schon aus dem Wortlaut des § 53 StPO herleiten, so wird man jedenfalls unabhängig von der Entscheidung dieser Streitfrage aus dem Grundrecht der Pressefreiheit

80 Anm. 8 B zu § 53 StPO.

mindestens ein Frageverbot für das Gericht gegenüber Korrespondenten und Journalisten, die »mitgewirkt« haben, folgern müssen. Insoweit ist also wie bei den übrigen im vorstehenden erörterten Fällen die Güterabwägung hier ebenfalls unter den genannten Gesichtspunkten als prinzipiell vorentschieden anzusehen.

Nur dies entspricht dem Sinnzusammenhang zwischen der in der Rechtsgeschichte deutlich erkennbaren Rechtsentwicklungsrichtung einerseits und dem Sinn des Grundrechts der Pressefreiheit sowie der sich auch in den Begrenzungen verfahrensrechtlicher Möglichkeiten auswirkenden ratio legis der StPO andererseits. Aus der Entwicklungstendenz zur Verstärkung des Presseschutzes im Strafprozeß und der ratio des Art. 5 GG folgt, daß die strafverfahrensrechtlichen Auswirkungen der Pressefreiheit nicht vor Korrespondenten und Journalisten haltmachen können. Und die gesetzlichen Formulierungen beim Zeugnisverweigerungsrecht der Presse in § 53 Abs. 1 Nr. 5 StPO zeigen durch ihre auf andere Mitwirkende verweisende Generalklauselstruktur, daß eine solche Ausdehnung zugleich dem Sinn der StPO entspricht. So führt das dreistufige Ineinanderspielen von ratio evolutionis iuris, ratio constitutionis und ratio legis deutlich zur Ausdehnung des Frageverbots auf Korrespondenten und Journalisten. Nur ganz ausnahmsweise kann die Güterabwägung zur Aufhebung dieses Frageverbots führen, wobei immer noch zu berücksichtigen bleibt, daß bei Zweifeln über das Ergebnis der Abwägung nach der Freiheitsvermutung zugunsten des Frageverbots entschieden werden muß.

6. Für die Begrenzung des Beschlagnahmerechts im Sinne des § 97 Abs. 5 StPO ergeben sich aus den bisherigen Feststellungen nun folgende besondere Folgerungen:

a) Zur Verhinderung von Umgehungen des Zeugnisverweigerungsrechts sind in der Strafprozeßordnung für gewisse Gegenstände, die sich im Gewahrsam des Zeugnisverweigerungsberechtigten befinden, Beschlagnahmeverbote vorgesehen. Inwieweit Frageverbote die Beschlagnahmemöglichkeit eingrenzen, sagt die StPO nicht. Das gilt bereits für das Frageverbot aus § 68 a StPO. Mit Rücksicht darauf, daß § 68 a StPO der Verwirklichung des Art. 1 GG dient, muß jedoch von dem Grundsatz ausgegangen werden, daß jedem Frageverbot ein Beschlagnahmeverbot entspricht, und zwar hinsichtlich solcher Gegenstände, deren Beschlagnahme das betreffende Frageverbot illusorisch machen würde. Das gilt hinsichtlich des ausdrücklich im Gesetz geregelten Frageverbots des § 68 a StPO und muß ebenso Gültigkeit haben für Frageverbote, die sich aus der Heranziehung von

Grundrechten für die Auslegung der Strafprozeßnormen im Rahmen einer Rechtsgüterabwägung ergeben. Die Tatsache, daß in der StPO nur bestimmte Beschlagnahmeverbote vorgesehen sind, steht dem nicht entgegen, denn hier gilt ebenso wie in den anderen bereits erörterten Fällen der vom Bundesverfassungsgericht entwickelte Grundsatz, daß aus der Zulässigkeit einer Maßnahme nach den strafverfahrensrechtlichen Bestimmungen noch nicht ihre Zulässigkeit im Sinne des vorgeordneten Verfassungsrechts zu folgern ist. Demnach bleibt prozeßrechtlich genügend Raum für den *Grundsatz, daß jedem Frageverbot ein Beschlagnahmeverbot entspricht*.

b) Geht man von diesem Grundsatz aus, so ergibt sich zunächst, daß die Entscheidung der Frage, ob ein Beschlagnahmeverbot besteht, nicht davon abhängig sein kann, daß die Veröffentlichung, die den Anlaß für die Einleitung eines Strafverfahrens bildet, einen strafbaren Inhalt hat. Dem oben erörterten Frageverbot entspricht demnach ein Beschlagnahmeverbot, das selbst dann wirksam wird, wenn die entsprechende Veröffentlichung *keinen strafbaren* Inhalt hat.

c) Ebenso stehen in genauer Entsprechung zu den oben behandelten Frageverboten die Beschlagnahmeverbote unter der Voraussetzung, daß nach dem Verfasser, Einsender oder Gewährsmann eines der Redaktion zwar vorliegenden, aber nicht veröffentlichten Artikels geforscht wird. Darüber hinaus kann es nicht anders sein, daß ein Beschlagnahmeverbot in der gleichen Weise entsteht, wenn nach dem Verfasser, Einsender oder Gewährsmann von vorbereitendem Material, von Notizen und von sonstigen Unterlagen redaktioneller Art gesucht wird.

d) Schon das Zeugnisverweigerungsrecht aus § 53 Abs. 1 Nr. 5 StPO kann durch die Beschlagnahme anderer Gegenstände als Schriftstücke umgangen werden. Demgemäß mußte schon für § 97 Abs. 5 StPO eine Ausdehnung des dort geregelten Beschlagnahmeverbots auf andere Gegenstände als Schriftstücke angenommen werden. Für das dem Frageverbot entsprechende Beschlagnahmeverbot muß das gleiche gelten. Besteht ein aus dem Grundrecht der Pressefreiheit hergeleitetes Frageverbot, dann dürfen Tonbänder, Platten, Fotos usw. ebenfalls nicht beschlagnahmt werden.

e) In § 97 Abs. 5 StPO ist bekanntlich nur der Fall geregelt, daß beschlagnahmt werden soll, um die Person des Verfassers, Einsenders oder Gewährsmanns einer Veröffentlichung zu ermitteln. Ist der Verfasser usw. dagegen bekannt, greift § 97 Abs. 5 StPO seinem Wortlaut nach nicht ein. Bei verfassungskonformer Auslegung muß jedoch aus den oben bereits dargestellten Gründen die Entstehung eines Frageverbots angenommen werden. Diesem Frageverbot folgt dann ein Beschlagnahmeverbot, das selbst dann wirksam wird, wenn der Verfasser usw. bereits bekannt ist. Auch die anderen Zwecken dienende Beschlagnahme ist in Verwirklichung des Art. 5 GG grundsätzlich verboten.

f) Daß die Beschlagnahmeverbote, soweit sie aus Frageverboten des Gerichts hergeleitet werden, in der gleichen Weise wie bei den aus dem Zeugnisverweigerungsrecht abgeleiteten Beschlagnahmeverboten grundsätzlich auf den Sachherrschaftsbereich des Berechtigten begrenzt werden müssen, versteht sich von selbst. Andererseits kann es nicht zweifelhaft sein, daß nicht nur die im Alleingewahrsam desjenigen, dem gegenüber das Frageverbot des Gerichts gilt, befindlichen Gegenstände beschlagnahmefrei sind. Auch wenn nur Mitgewahrsam besteht, kommen Beschlagnahmeverbote in Frage. Das ist beispielsweise im Gesetz so geregelt für den Beschlagnahmeschutz bei Ärzten, Zahnärzten usw. hinsichtlich derjenigen Gegenstände, die sich im Gewahrsam einer Krankenanstalt befinden (§ 97 Abs. 2 StPO). Dementsprechend wird von *Dünnebier*[81] mit Recht angenommen, daß die Beschlagnahmeverbote des *§ 97* StPO sich ganz allgemein *nicht nur auf die Fälle des Alleingewahrsams* des Zeugnisverweigerungsberechtigten beschränken. Mitgewahrsam genügt. *Dünnebier* führt als Beispiel den Fall an, daß die in Betracht kommenden Gegenstände sich in einem Schließfach befinden, das nur gemeinsam mit dem Vermieter des Fachs, etwa einer Bank, geöffnet werden kann. Aus der ratio legis muß entnommen werden, daß Mitgewahrsam an dem Beschlagnahmeverbot jedenfalls dann nichts ändert, wenn der den Mitgewahrsam innehabende Dritte nicht der Beschuldigte ist. Ob der andere Mitgewahrsamsinhaber selbst zeugnisverweigerungsberechtigt ist, bleibt unbeachtlich. Zweifelhaft kann nur der Fall sein, daß der Beschuldigte der beteiligte andere Mitgewahrsamsinhaber ist. Hier muß in allen Fällen des § 97 StPO eine Güterabwägung stattfinden.

Die gleiche Rechtslage besteht für die Beschlagnahmeverbote, die aus den Frageverboten abzuleiten sind. Die Tatsache, daß ein Dritter Mitgewahrsam hat, schadet auf keinen Fall, wenn dieser Dritte nicht der Beschuldigte ist. Sind die für eine Beschlagnahme in Frage kommenden Gegenstände dagegen im Mitgewahrsam des unter dem Schutz eines Frageverbots stehenden Zeugen einerseits und des Beschuldigten andererseits, so muß die für die Einschränkung der strafprozessualen Möglichkeiten maßgebliche Güterabwägung auf die hier entstehende Interessenkollision ausgedehnt werden.

81 In *Löwe-Rosenberg*, Anm. 4 a zu § 97 StPO.

Dazu läßt sich grundsätzlich immerhin so viel sagen, daß diese Güterabwägung mit Rücksicht auf die besondere Bedeutung des Grundrechts der Pressefreiheit unter dem Prinzip des grundsätzlichen Übergewichts der Erfordernisse der Pressefreiheit steht. Nur so kann verhindert werden, daß die Beschlagnahmeverbote praktisch wirkungslos werden, denn in einem modernen Presseunternehmen wird der Fall des Mitgewahrsams von Zeugen und Beschuldigten nahezu der Regelfall sein.

Zu berücksichtigen ist ferner bei komplizierten Mitgewahrsamsfällen, daß man nicht selten zwischen verschiedenen Intensitätsgraden des Sachherrschaftsverhältnisses wird unterscheiden können. Nach der Lebensanschauung kann in vielen Fällen unbedenklich gesagt werden, es liege das Schwergewicht der Gewahrsamsverteilung bei dem einen oder bei dem anderen Mitgewahrsamsinhaber. In ähnlichem Sinne kann davon gesprochen werden, daß ein Mitgewahrsam lediglich mehr oder weniger formalen Charakter habe. Hier ist beispielsweise an den stark abstrahierten Mitgewahrsam eines Unternehmensinhabers an weit gestreuten Gegenständen seiner Firma zu denken.[82] Derartige Überlegungen müssen dazu führen, daß dort, wo die Mitgewahrsamsposition des Zeugen deutlich und erheblich überwiegt, der Mitgewahrsam des Beschuldigten das Entstehen des Beschlagnahmeverbots nicht hindert.

7. Da der Gesetzgeber, wie bereits erwähnt wurde, die Frage der Auswirkungen der Beschlagnahmeverbote auf das Recht der Durchsuchungen nicht geregelt hat, wurde bekanntlich schon seither angenommen, daß Durchsuchungen jedenfalls insoweit unzulässig sind, als sie der Ermittlung von Gegenständen dienen, für die ein Beschlagnahmeverbot nach § 97 StPO besteht. In entsprechender Anwendung dieses Rechtsgedankens ergibt sich zwingend, daß Durchsuchungen im Rahmen des § 103 StPO in gleicher Weise unzulässig sind, soweit sie der Ermittlung von Gegenständen dienen, für die ein Beschlagnahmeverbot besteht, das sich aus einem Frageverbot des Gerichts herleitet. Aus den im vorstehenden genannten Beschlagnahmeverboten ergeben sich somit die nachstehenden Durchsuchungsverbote im Rahmen des § 103 StPO:

Durchsuchungen sind bei einem unter dem Schutz des Frageverbots stehenden Redakteur, Verleger usw. nicht nur dann rechtswidrig, wenn die Strafverfolgung an eine Veröffentlichung mit strafbarem Inhalt

82 Vgl. weiter RGSt. 30, 89 (Sachen in der Wohnung eines vorübergehend Abwesenden); BGH in NJW 61, 2266 (Pflug auf dem Feld); OLG Köln in GA 58, 284 (an bekannter Stelle zurückgelassene Reste eines ausgebrannten Wagens).

anknüpft, sondern ebenso dann, wenn sie durch eine Veröffentlichung, deren Inhalt nicht strafbar ist, veranlaßt wurden. Sie sind ferner dann rechtswidrig, wenn sie bei einem unter dem Schutz des Frageverbots stehenden Redakteur usw. erfolgen und an einen nichtveröffentlichten Artikel oder an sonstiges vorbereitendes Material, an redaktionelle Notizen usw. anknüpfen. Und schließlich sind Durchsuchungen gemäß § 103 StPO unzulässig, wenn sie der Ermittlung von Gegenständen dienen, für die eine Beschlagnahmefreiheit nach Maßgabe der übrigen oben unter IV 6 d)–f) erwähnten Beschlagnahmeverbote besteht.

V. *Anwendungen*

Wendet man diese hier entwickelten Grundsätze auf Beschlagnahmen, Sicherstellungen, Durchsuchungen und Zeugenvernehmungen bei Ermittlungen wegen des Verdachts eines publizistischen Landesverrats an, so ergibt sich:

1. Hinsichtlich des *Beschlagnahmerechts:*

a) Selbst wenn man davon ausgeht, daß ein inkriminierter Artikel einen strafbaren Inhalt hatte, ist die Beschlagnahme von *Schriftstücken* unzulässig, die sich im Alleingewahrsam von nicht-beschuldigten Redakteuren oder sonstigen anderen Personen, die bei der Herstellung oder Veröffentlichung des Artikels mitgewirkt haben, befanden. Dies folgt schon unmittelbar aus § 97 Abs. 5 StPO. Alleingewahrsam liegt vor, wenn jede Sachherrschaft eines anderen ausgeschlossen ist, wie etwa bei allein benutzten Arbeitszimmern, bei verschlossenen Schreibtischen des Zeugnisverweigerungsberechtigten usw.[83]

b) In entsprechender durch Art. 5 GG gebotener Anwendung des § 97 Abs. 5 StPO ergibt sich unter den im übrigen gleichen Voraussetzungen, daß die Beschlagnahme von *anderen Gegenständen* als Schriftstücken zu dem Zweck, die Person des Verfassers, Einsenders oder Gewährsmanns des inkriminierten Artikels zu ermitteln, ebenfalls unzulässig ist.

c) Ebenso folgt aus entsprechender Anwendung des § 97 Abs. 5 StPO nach Maßgabe des Art. 5 GG, daß die unter im übrigen gleichen Voraussetzungen erfolgende Beschlagnahme von Schriftstücken oder anderen Gegenständen unzulässig ist, soweit sie sich zwar nicht im Alleingewahrsam des Zeugnisverweigerungsberechtigten, wohl aber in

83 Vgl. weiter RGSt. 56, 116 (selbständiger Frachtführer); BGHSt. 2, 318 (Fahrer einer Transportfirma).

einem *Mitgewahrsamsverhältnis* mit dem Beschuldigten befanden, bei welchem die *Sachherrschaft* des Zeugnisverweigerungsberechtigten *überwog*.

d) Sollten die Ermittlungsbehörden Schriftstücke und andere Gegenstände, die sich im Alleingewahrsam oder im überwiegenden Mitgewahrsam eines Zeugnisverweigerungsberechtigten befinden, *zu anderen Zwecken* als zur Ermittlung der Person des Verfassers, Einsenders oder Gewährsmanns des Artikels beschlagnahmen, so wäre diese Beschlagnahme in durch Art. 5 GG gebotener entsprechender Anwendung des § 97 Abs. 5 StPO unzulässig.

e) Während die im vorstehenden unter a)–d) erörterten Beschlagnahmeverbote an ein bestehendes Zeugnisverweigerungsrecht nach § 53 Abs. 1 Nr. 5 StPO anknüpften, ist das bei den folgenden unter e) und f) behandelten Beschlagnahmeverboten nicht der Fall. Dieser Unterschied ergibt sich daraus, daß die zunächst genannten Beschlagnahmeverbote unter der Hypothese, der Artikel habe einen strafbaren Inhalt, standen. Es bleibt aber die wichtigere Frage zu prüfen, welche Rechtsfolgen sich hinsichtlich der Beschlagnahmen unter der Voraussetzung ergeben, daß der inkriminierte Artikel keinen strafbaren Inhalt hatte und daß es demzufolge keinen Redakteur gibt, der wegen dieser Veröffentlichung bestraft ist oder von dem man zumindest sagen könnte, daß seiner Bestrafung keine Hindernisse entgegenstehen. An die Stelle des Zeugnisverweigerungsrechts treten also hier und im folgenden die sich bei verfassungskonformer Auslegung unter Berücksichtigung der ratio evolutionis iuris ergebenden Frageverbote für das Gericht. Daraus folgt zunächst, daß die unter a)–d) genannten Beschlagnahmeverbote in der gleichen Weise bei einer Veröffentlichung *ohne strafbaren Inhalt* eingreifen. Rechtswidrig sind demzufolge Beschlagnahmen von Schriftstücken und anderen Gegenständen aus dem redaktionellen Material sowohl dann, wenn sie sich im Alleingewahrsam, als auch dann, wenn sie sich im überwiegenden Mitgewahrsam des unter dem Schutz des Frageverbots Stehenden befanden. Dabei ist es ohne rechtliche Bedeutung, ob diese Beschlagnahmen erfolgten, um den Gewährsmann der Veröffentlichung zu ermitteln, oder ob die Beschlagnahmen einem anderen Zweck dienen sollten.

f) Wie bereits unter IV 5 d dargelegt wurde, bestehen die aus Art. 5 GG herzuleitenden Frageverbote auch gegenüber Korrespondenten und sonstigen Journalisten. Demgemäß ist davon auszugehen, daß auch solche Beschlagnahmen unzulässig sind, die etwa gegenüber Korrespondenten und sonstigen Journalisten vorgenommen werden, welche nicht zu dem in § 53 Abs. 1 Nr. 5 StPO ausdrücklich genannten Personenkreis zählen.

2. Nach § 94 StPO ist zwischen einer *Sicherstellung* und einer Beschlagnahme zu unterscheiden.[84] Aus dieser Unterscheidung ergeben sich in dem hier in Betracht kommenden Zusammenhang keine unterschiedlichen Rechtsfolgen. Denn diejenigen Gegenstände, deren Beschlagnahme nicht erlaubt ist, dürfen auch nicht sichergestellt werden. Infolgedessen entstehen unter den gleichen Voraussetzungen, die zu Beschlagnahmeverboten führen, *Sicherstellungsverbote*. Es kann deshalb auf das soeben unter 1 Gesagte verwiesen werden. Ein Unterschied kann sich höchstens dann ergeben, wenn bei der Durchführung von Ermittlungsmaßnahmen nicht gleich festgestellt werden kann, ob ein Gegenstand einem Beschlagnahmeverbot unterliegt. In der Regel wird allerdings in solchen Zweifelsfällen ebenfalls die Sicherstellung unterbleiben müssen, wenn es sich um einen Eingriff in das Recht der Pressefreiheit handelt, denn auch bei vorläufigen Entscheidungen muß nach der Freiheitsvermutung, hier also nach dem Grundsatz in dubio pro constitutione, zugunsten der Pressefreiheit entschieden werden. Andernfalls könnte das verfassungsrechtlich verankerte Beschlagnahmeverbot mit Hilfe von Sicherstellungen umgangen werden. Dies gilt vor allem deshalb, weil es eine Illusion wäre zu glauben, bloße Sicherstellungen würden die Pressefreiheit noch nicht berühren.

3. Da *Durchsuchungen*, die dem Zweck dienen, nach Gegenständen zu fahnden, die einem Beschlagnahmeverbot unterliegen, unzulässig sind, ist davon auszugehen, daß im vorliegenden Fall überall dort, wo Beschlagnahmeverbote bestehen, Durchsuchungen gleichfalls verboten sind. Das gilt insbesondere also für alle Durchsuchungen von Räumen, Schränken, Schreibtischen usw., die sich im Alleingewahrsam oder im überwiegenden Mitgewahrsam eines Zeugnisverweigerungsberechtigten oder eines unter dem Schutz eines Frageverbots Stehenden befinden.

4. Von Bedeutung ist schließlich noch eine Reflexwirkung, die sich bei der Anwendung der oben entwickelten Grundsätze auf den hier in Rede stehenden Fall für die *Zeugenvernehmungen* im Ermittlungsverfahren ergibt, und zwar dann, wenn die Zeugen von den Vernehmenden nicht auf das Zeugnisverweigerungsrecht hingewiesen worden sind. Eine Belehrungspflicht wird zwar im allgemeinen verneint.[85] Mit Recht

84 Zum Begriff der Sicherstellung i. S. des § 94 StPO vgl. *Dalcke-Fuhrmann-Schäfer*, Anm. 6 zu § 94; *Kleinknecht-Müller*, Anm. 5 zu § 94.

85 Vgl. *Kohlhaas* in *Löwe-Rosenberg*, Anm. 1 zu § 53 StPO, und *Schwarz-Kleinknecht*, Anm. 1 zu § 53 StPO.

wird dies daraus hergeleitet, daß es ein Eingriff in die freie Entscheidungsbefugnis des Zeugen wäre, wenn ihn das Gericht über seine Berufspflichten und die Standesethik belehren wollte. Hierfür wäre das Gericht nicht zuständig. Und es könnte leicht der Eindruck einer unzulässigen Beeinflussung der Entscheidung des Zeugen über die Wahrnehmung seines Zeugnisverweigerungsrechts entstehen.[86]

Etwas ganz anderes ist es aber, ob der Vernehmende den Zeugen darüber belehren kann und muß, *daß ihm kraft seines Berufes ein Zeugnisverweigerungsrecht überhaupt zusteht.* Hier geht es nicht um eine Belehrung bei der Ausübung des Zeugnisverweigerungsrechts, sondern lediglich um einen Hinweis auf das Bestehen einer solchen strafprozessualen Möglichkeit. Hierüber schweigt die Strafprozeßordnung. Aus allgemeinen rechtsstaatlichen Erwägungen und insbesondere aus Art. 6 der Europäischen Konvention zum Schutze der Menschenrechte und Grundfreiheiten[87], in dem der Grundsatz des fair trial zum Ausdruck gebracht ist, folgt jedoch zwingend, daß der Vernehmende eine Unkenntnis hinsichtlich des Zeugnisverweigerungsrechts der Presse nicht ausnutzen darf, sondern vielmehr verpflichtet ist, den Vernommenen auf seine Rechte hinzuweisen. Aus dem allgemeinen Rechtsstaatsgedanken in Verbindung mit Art. 6 der Menschenrechtskonvention muß entnommen werden, daß der Grundsatz des fairen Prozesses und die Beachtung der verfahrensrechtlichen »Waffengleichheit« für das ganze Strafverfahren Gültigkeit hat[88] und sich infolgedessen auch auf das Ermittlungsverfahren erstreckt. Von fairer Behandlung der Strafsache und von einer Beachtung des Waffengleichheitsgrundsatzes kann aber dort nicht die Rede sein, wo der Ermittlungsbeamte die ihm erkennbare Unkenntnis des Vernommenen über seine dem Schutz der Pressefreiheit dienenden Rechte dadurch ausnutzt, daß er die Vernommenen, also etwa Redakteure, Sekretärinnen usw. eines Presseunternehmens, über ihr Zeugnisverweigerungsrecht im unklaren läßt. Zeugenaussagen, die in dieser Weise durch die Verletzung tragender rechtsstaatlicher Strafprozeßrechtsprinzipien zustande gekommen sind, dürfen in entsprechender Anwendung des in § 136a Abs. 3 Satz 2 StPO zum Ausdruck kommenden Rechtsgedankens in dem betreffenden Strafverfahren nicht verwertet werden.

86 Besonders deutlich in diesem Sinne *Eb. Schmidt*, Lehrkommentar, Anm. 26 zu § 53 StPO.

87 Zu Art. 6 MRK siehe u. a. *Jescheck*, NJW 54, 783; *v. Weber*, ZStW 65, 334 und MDR 55, 386.

88 *Schwarz-Kleinknecht*, Anm. 4 zu Art. 6 MRK.

Soweit kein Zeugnisverweigerungsrecht nach § 53 Abs. 1 Nr. 5 StPO, sondern ein aus Art. 5 GG herzuleitendes Frageverbot besteht, ist die Rechtslage naturgemäß insofern anders, als hier keine Aufklärungspflicht angenommen werden kann. Wohl aber sind die Rechtsfolgen aus der Verletzung des Frageverbots die gleichen, denn hier greift der Rechtsgedanke aus § 136 a Abs. 3 Satz 2 StPO ebenfalls ein. Aussagen, die unter Verletzung des Frageverbots zustande gekommen sind, dürfen nicht verwertet werden.

Da beide Verwertungsverbote sowohl beim Zeugnisverweigerungsrecht als auch beim Frageverbot auf der Anwendung des Art. 5 GG im Strafverfahrensrecht beruhen, bedeutet eine den Verwertungsverboten widersprechende Auswertung der betreffenden Aussagen eine Verfassungsverletzung.

B) Zur Frage der Verfassungsmäßigkeit von Beschlagnahmen und Durchsuchungen im Hinblick auf die §§ 94 und 102 StPO

I. Wenn auf Grund eines richterlichen Durchsuchungs- und Beschlagnahmebeschlusses umfangreiche Durchsuchungen und Beschlagnahmen in Redaktionsräumen erfolgen, ist zu fragen, welchen rechtlichen Anforderungen ein solcher Beschluß genügen muß, damit er den aus dem Grundgesetz herzuleitenden Forderungen an ein rechtsstaatliches Durchsuchungs- und Beschlagnahmeverfahren entspricht. Die für die Entscheidung dieser Frage maßgeblichen Normen können wiederum wie oben im Abschnitt A nicht alle unmittelbar aus den verfassungs- und strafprozeßrechtlichen Bestimmungen abgeleitet werden. Maßgeblich ist auch hier die an Hand der Einzelumstände des Falles vorzunehmende Güterabwägung zwischen den Erfordernissen der Pressefreiheit einerseits und den Erfordernissen des Strafverfahrens andererseits. Daß auch strafverfahrensrechtliche Formalakte wie richterliche Beschlüsse der genannten Art verfassungsrechtlicher Kontrolle unterworfen sind, bedarf keiner näheren Begründung, denn selbstverständlich steht, wie *Baumann*[89] im Anschluß an *Peters*[90] zutreffend ausführt, »das *gesamte* Strafprozeßrecht im Spannungsverhältnis zwischen möglichst vollständiger Durchsetzung des materiellen Rechts und der möglichst vollständigen Freiheit des einzelnen von Eingriffen der Strafverfolgungsorgane. Alle Vorschriften des Strafprozeßrechts dienen der Ausbalancierung dieser widerstreitenden Interessen«. Für die hier vorzunehmende Rechtsgüterabwägung lassen sich unter Berücksichtigung des oben unter A dargestellten Sinns der Rechtsentwicklung an Hand des Ineinandergreifens von ratio der Verfassung und ratio der Strafprozeßordnung einige allgemeine Grundsätze erkennen. Hierfür ist es erforderlich, zunächst die beiden Hauptbestimmungen des Strafverfahrensrechts – die §§ 94 und 102 StPO –, näher zu prüfen.

II. In *§ 94 StPO* ist in allgemeiner Form erklärt, daß Gegenstände, die als Beweismittel für die Untersuchung von Bedeutung sein können oder der Einziehung unterliegen, in Verwahrung zu nehmen oder in anderer Weise sicherzustellen sind. Die Fassung des Gesetzes ist außerordentlich weit. Denn es werden durch sie alle Gegenstände, die irgend-

89 S. 525 ff. (528).
90 S. 66 ff.

wie als Beweismittel für die Untersuchung von Bedeutung *sein können*, erfaßt. Da sich nicht von vornherein ausschließen läßt, was alles für die betreffenden Ermittlungen von Bedeutung sein *könnte*, genügt ein sehr loser Zusammenhang. § 94 StPO hat mithin generalklauselartigen Charakter. Diese *Generalklauselstruktur des § 94 StPO* führt zu zwei Überlegungen über verfassungsrechtliche Grenzen der strafverfahrensrechtlichen Beschlagnahmeregelung. Erstens ist zu prüfen, ob die Fassung des § 94 StPO dem Bestimmtheitserfordernis aus Art. 103 Abs. 2 GG widerspricht, und zweitens ist zu untersuchen, ob § 94 StPO mit Art. 14 GG in Einklang gebracht werden kann.

Was zunächst die Auswirkungen des Art. 103 Abs. 2 GG auf § 94 StPO anlangt, so ist vorab zu fragen, ob Art. 103 Abs. 2 GG, auf Grund dessen dem Gesetzgeber vorgeschrieben ist, den Tatbeständen des materiellen Strafrechts die erforderliche Bestimmtheit zu geben, sich auf das Strafverfahrensrecht ebenfalls anwenden läßt. Das Bundesverfassungsgericht[91] hat ausgesprochen, daß es nicht angehe, Art. 103 Abs. 2 GG, der sich ausdrücklich nur auf Strafgesetze beziehe, analog auf eine für den einzelnen Steuerzahler verhältnismäßig belanglose steuerrechtliche Bestimmung wie § 27 Abs. 2 des Hamburgischen Hundesteuergesetzes vom 9. 11. 1950 anzuwenden. Aus dieser Formulierung kann nicht mit letzter Sicherheit entnommen werden, ob das Bundesverfassungsgericht eine analoge Anwendung der Norm schlechthin oder nur für »verhältnismäßig belanglose« Bestimmungen ablehnt. Indessen wird aus der Diskussion um die Anwendbarkeit des Art. 103 Abs. 2 GG auf Disziplinarstrafen[92], Beugestrafen, Maßregeln der Sicherung und Besserung sowie Auflagen[93] die wohl zutreffende Tendenz sichtbar, entsprechend dem Wortlaut des Artikels, der nur auf die Strafbarkeit als solche, d. h. also auf das sachliche Strafrecht, hinweist, einer einschränkenden Auslegung den Vorzug zu geben, so daß eine entsprechende Anwendung der Vorschrift auf strafverfahrensrechtliche Eingriffsbestimmungen ausscheiden dürfte.

Gleichwohl erhält Art. 103 Abs. 2 GG auch für strafverfahrensrechtliche Bestimmungen insofern eine Bedeutung, als er ein allgemeines rechtsstaatliches Prinzip erkennen läßt, wonach Eingriffe in den durch die Grundrechte bestimmten Rechtskreis des in einem Strafverfahren Beschuldigten auf die unabdingbar notwendigen Fälle beschränkt bleiben müssen, daß außerdem eine genaue und einschränkend auszu-

91 E 7, 89 (95).
92 *Holtkotten* in Bonner Kommentar zu Art. 103, Anm. II 3 b.
93 Vgl. *Maunz-Dürig*, zu Art. 103 Abs. 2, Rdnr. 115.

legende gesetzliche Ermächtigung notwendig ist und daß die betreffenden Eingriffe nicht weitergehen dürfen, als es nach dem Zweck sachlich geboten ist. Dieses Prinzip gilt auf Grund seiner allgemeinen Natur nicht nur für das materielle Strafrecht, wo dies durch Art. 103 Abs. 2 GG vom Gesetzgeber ausdrücklich bestimmt ist, sondern es gilt zugleich für das formelle Strafrecht.[94] Aus dem Gesagten folgt indessen nicht, daß § 94 StPO wegen seiner weiten Wortfassung verfassungswidrig wäre. Es kann dem Gesetzgeber nicht verwehrt sein, in gewissem Umfang Generalklauseln und unbestimmte Rechtsbegriffe zu verwenden.[95] Andernfalls wäre die Praktikabilität der Rechtsanwendung in Frage gestellt. Außerdem würde eine Gesetzeskasuistik erforderlich, die letzten Endes auf Kosten der materiellen Gerechtigkeit ginge.

Andererseits folgt aber aus dem Gesagten, daß gesetzliche Bestimmungen mit generalklauselartiger Struktur wie § 94 StPO grundsätzlich eng ausgelegt werden müssen. Das bedeutet beispielsweise, daß nach § 94 StPO nur solche Gegenstände beschlagnahmt oder eingezogen werden dürfen, hinsichtlich derer nach den bisherigen Ermittlungen der begründete Verdacht besteht, daß sie für den weiteren Fortgang des Verfahrens von wesentlichem Belang sein werden. Außerdem legt die Notwendigkeit einer einschränkenden Auslegung die Folgerung nahe, daß Beschlagnahmen nur so lange aufrechterhalten werden dürfen, wie es zur Sicherung des Beweises und aus Gründen der Aufklärung der Tat geboten ist.

Die Probleme der verfassungskonformen Auslegung des § 94 StPO führen aber nicht nur zu Art. 103 Abs. 2 GG, sondern zugleich zu Art. 14 Abs. 1 GG, denn es kann nicht geleugnet werden, daß eine Beschlagnahme nach § 94 StPO eine prozessuale Zwangsmaßnahme ist, die »in das verfassungsrechtlich garantierte Eigentum (Art. 14 Abs. 1 GG) und damit in die vermögensrechtliche Grundlage freier Persönlichkeitsentfaltung der Betroffenen eingreift.[96] Gleichwohl wird der Wesensgehalt des Art. 14 Abs. 1 GG durch Beschlagnahmen nach § 94 StPO nicht berührt. § 94 StPO ist vielmehr eine den Erfordernissen der Strafverfolgung entsprechende gesetzlich geregelte sinnvolle Beschränkung des Art. 14 Abs. 1 GG. Derartige Schranken des Gesetzes sieht auch dieses Grundrecht vor. Indessen wird über § 94 StPO das Eigentum des Beschuldigten in einem sehr weitreichenden Umfang zur Disposition der Ermittlungsbehörden gestellt. Die bereits oben er-

94 Vgl. auch *Schneider*, Rechtsgutachten, S. 83.
95 Vgl. BVerfGE 8, 326.
96 *Sax*, S. 909 f. (982).

örterte außergewöhnlich weite Fassung dieser strafverfahrensrechtlichen Bestimmung führt infolgedessen sehr nahe an eine Verletzung des Wesensgehalts des Art. 14 Abs. 1 GG heran. Hierdurch wird die Notwendigkeit einer engen Auslegung des § 94 StPO noch einmal verstärkt.

III. *§ 102 StPO* ist ebenfalls eine verfassungsunmittelbare Strafverfahrensnorm. Die Ermächtigung, bei dem, welcher als Täter oder Teilnehmer einer strafbaren Handlung oder als Begünstiger oder Hehler verdächtig ist, eine *Durchsuchung* der Wohnung und anderer Räume sowie eine Durchsuchung seiner Person und der ihm gehörenden Sachen sowohl zum Zweck der Ergreifung als auch dann vornehmen zu dürfen, »wenn zu vermuten ist, daß die Durchsuchung zur Auffindung von Beweismitteln führen werde«, berührt sowohl das Grundrecht der Unverletzlichkeit der Wohnung (Art. 13 GG) als auch das Grundrecht der Unantastbarkeit und Würde der Person (Art. 1 und 2 GG). Daß diese Eingriffe in die genannten grundrechtlich geschützten Rechte schon bei einer bloßen Vermutung erfolgen dürfen, ist eine sehr weitreichende Einschränkung der Grundrechte. Immerhin sieht Art. 13 Abs. 2 GG Möglichkeiten dieser Art vor, und es ist mit dem Bundesverfassungsgericht[97] davon auszugehen, daß sich aus dem im Abs. 2 des Art. 13 GG nach dem Wortlaut sowohl als auch nach dem Sinnzusammenhang zum Ausdruck gekommenen objektivierten Willen des Verfassungsgebers entnehmen läßt, daß unter Durchsuchungen im Sinne dieses Absatzes gerade solche nach den §§ 102 bis 107 StPO gemeint sind.

Wenn somit § 102 StPO sicherlich nicht verfassungswidrig ist, so ergibt sich gleichwohl ebenso wie oben bei § 94 StPO aus der grundrechtsbeschränkenden Funktion dieser Bestimmung die Notwendigkeit einschränkender Interpretation. Andernfalls würde die nahezu uferlos weite Fassung des § 102 StPO zu einer ernsten Grundrechtsgefährdung werden können. Für § 102 StPO müssen daher gleichfalls strenge Anforderungen hinsichtlich der Intensität des Verdachts verlangt werden.

IV. Die für eine verfassungskonforme *Anwendung* der §§ 94 und 102 StPO erforderliche Güterabwägung muß im Einzelfall im Hinblick auf das Gesagte mit den von den Grundrechten geforderten Einschränkungen Ernst machen. Das bedeutet grundsätzlich:

97 E 1, 299 (312).

1. Die Beschlagnahmen müssen wegen der oben dargelegten von der Verfassung geforderten einschränkenden Auslegung des § 94 StPO auf die unerläßlich notwendigen Fälle beschränkt werden. Sie dürfen sich nur auf solche Gegenstände erstrecken, für die ein begründeter und konkreter Verdacht besteht, daß sie für den Gegenstand der Ermittlungen von wesentlichem Belang sein könnten. Diese Voraussetzungen können jedoch, falls ein Zeitungsartikel mit strafbarem Inhalt den Anlaß für die Ermittlungen bildet, nur insoweit erfüllt sein, als es sich um die Beschlagnahme von Gegenständen handelt, die in unmittelbarer Beziehung zu dem inkriminierten Artikel stehen.

Diese sich aus der Ermittlungsaufgabe klar und eindeutig ergebende Grenzziehung würde hinfällig, wenn es zulässig wäre, den Kreis der zu beschlagnahmenden Gegenstände dadurch zu erweitern, daß eine etwaige Bedeutung der betreffenden Gegenstände für die Ermittlung der subjektiven Strafbarkeitsvoraussetzungen als Beschlagnahmeanlaß in Anspruch genommen wird. Das wäre eine Gesetzesumgehung, es sei denn, daß ein begründeter und konkreter Verdacht für eine *unmittelbare* Rückschlußmöglichkeit von dem betreffenden Gegenstand auf die betreffenden subjektiven Strafbarkeitsvoraussetzungen besteht. Allgemeine Vermutungen reichen hier nicht aus. Insbesondere genügt es nicht, wenn die Gegenstände beschlagnahmt werden, um eine grundsätzliche innere Einstellung des Verdächtigen in ideologischer und sonstiger Hinsicht zu erforschen, und zwar mit dem Ziel, lediglich dafür Anhaltspunkte zu gewinnen, ob dem Verdächtigten die Tat zuzutrauen sei. Mit dieser oder einer ähnlichen Begründung ließe sich der Wirkungsbereich des § 94 StPO überhaupt nicht mehr in der verfassungsrechtlich geforderten Weise eingrenzen.

Ferner folgt aus dem oben Gesagten, daß bei der Anwendung des § 94 StPO auch *zeitliche* Schranken berücksichtigt werden müssen. Nur so lange dürfen die Beschlagnahmen aufrechterhalten werden, wie dies für den Ermittlungszweck unerläßlich ist. Handelt es sich bei den beschlagnahmten Gegenständen um Redaktionsmaterial, dann müssen die zeitlichen Grenzen wegen des grundsätzlichen Schutzes der Presse ganz besonders eng gezogen werden.

2. Entsprechendes gilt für die Durchsuchungen. Die unvermeidlichen Einschränkungen der Grundrechte aus Art. 1, 2 und 13 GG müssen in räumlicher und zeitlicher Hinsicht auf ein Mindestmaß beschränkt werden. Nur dann kann von verfassungskonformer Anwendung die Rede sein. Insbesondere dürfen Durchsuchungen im Rahmen einer Ermittlung, die sich lediglich auf einen einzigen Zeitschriftenartikel

erstreckt, keinesfalls die gesamte weitere Tätigkeit des betreffenden Presseorgans gefährden. Auch insoweit sind die Ermittlungsbehörden gehalten, zwischen den widerstreitenden Interessen abzuwägen.

3. Um sicherzustellen, daß die vorstehenden Grundsätze im Einzelfall eingehalten werden, ist es besonders wichtig, daß bereits der die Beschlagnahme und Durchsuchung anordnende Gerichtsbeschluß allen rechtlichen Erfordernissen entspricht. Insbesondere muß er begründet sein (§ 34 i. V. m. § 304 StPO). Zwar ist es richtig, daß für die Begründung von Beschlüssen der hier in Rede stehenden Art regelmäßig kurze Feststellungen genügen.[98] Dies darf aber nicht dazu führen, daß sich das Gericht mit einer formelhaften Wiedergabe der Beschlagnahmevorschriften des Gesetzes begnügt. Wenn auch im Interesse der Praktikabilität des Verfahrens die Erfordernisse für die Beschlußbegründung nicht überspannt werden dürfen, so müssen doch wenigstens gewisse Mindesterfordernisse erfüllt sein. Hierzu gehört u. a. eine genaue Angabe der Beschuldigung, wobei es nicht ausreicht, lediglich die in Betracht kommende Strafvorschrift zu nennen. Der Beschuldigte kann bei einem überhaupt nicht oder nur ganz unzureichend begründeten Beschluß nicht entscheiden, ob ein Rechtsmittel gegen diese Entscheidung Aussicht auf Erfolg verspricht. Es fehlt unter diesen Umständen an der erforderlichen Rechtssicherheit für den Beschuldigten. Das widerspricht den in der Verfassung enthaltenen rechtsstaatlichen Grundsätzen. Die gesetzeswidrige Beschlußbegründung ist damit zugleich verfassungswidrig.

Ebenso verhält es sich insbesondere auch mit der Begründung für die *Erforderlichkeit* der angeordneten Durchsuchung. Strafverfahrensrechtlich zulässig ist eine Durchsuchung selbstverständlich immer nur dann, wenn sie erforderlich ist. Erforderlich ist sie aber nur, wenn vermutet werden kann, daß sie zur Auffindung von Beweismitteln führt, die für die Untersuchung von Bedeutung sind.[99] Das ist eine allgemeine strafprozessuale Überlegung. Die bloße Wiederholung dieses allgemeinen Rechtsgedankens vermag einen Durchsuchungsbeschluß naturgemäß nicht hinreichend zu begründen. Erst wenn diese Formel inhaltlich ausgefüllt würde, wäre der Beschluß begründet.

Wenn in einem Beschluß, der die Durchsuchung von Redaktionsräumen anordnet, ohne weitere Begründung die Durchsuchung auch zur *Nachtzeit* für zulässig erklärt wird, so ist das besonders bedenk-

98 Vgl. *Dünnebier* in *Löwe-Rosenberg*, Anm. II 6 a aa zu § 98 StPO.

99 *Dünnebier* in *Löwe-Rosenberg*, Anm. 4 b zu § 102 StPO; *Kleinknecht-Müller*, Anm. 4 zu § 102 StPO.

lich, und zwar um so mehr, als nächtliche Durchsuchungen von Redaktionsräumen naturgemäß besonders schwerwiegende Eingriffe in die grundrechtlich geschützte Arbeit der Presse darstellen. Hinzu kommt, daß gemäß § 104 StPO Geschäftsräume usw. zur Nachtzeit u. a. nur bei Gefahr im Verzug durchsucht werden dürfen. Das Gesetz trägt insoweit dem Art. 13 GG Rechnung. Eine solche Gefahr wird dann als gegeben anzusehen sein, wenn das Abwarten der Tageszeit den Durchsuchungserfolg in Frage stellen würde.[100] Es muß also Eile geboten sein. Nur dann läßt das Gesetz ein derartiges Eingreifen der Ermittlungsbehörden zur Nachtzeit zu. Eine abstrakte Erlaubnis zur Durchsuchung während der Nachtzeit kann es nach dem Sinn und Zweck der Bestimmung des § 104 StPO überhaupt nicht geben. Das Gesetz setzt eine konkrete Gefahr im Verzug voraus. Sie kann nicht in einem Beschluß, sondern nur von Fall zu Fall an Ort und Stelle festgestellt werden. Eine abstrakte Erlaubnis im Beschluß ist sogar besonders gefährlich. Sie kann nämlich dazu führen, daß die Ermittlungsbehörden irrtümlich annehmen, es sei eine Befreiung von dem gesetzlichen Erfordernis der Gefahr im Verzuge erfolgt. Eine solche Befreiung wäre in jedem Falle unzulässig. Sie würde sowohl gegen das Strafprozeßrecht als auch gegen das Verfassungsrecht verstoßen. Für das Verfassungsrecht folgt das daraus, daß durch die allgemeine und abstrakte Genehmigung zur nächtlichen Durchsuchung die verfassungskonform eng begrenzten Möglichkeiten des § 104 StPO in verfassungswidriger Weise ausgedehnt würden. Art. 13 GG wäre verletzt.

100 Vgl. *Eb. Schmidt*, Lehrkommentar, Anm. 3 zu § 104 StPO.

C) Zur Frage der Dauer der Rechtswirksamkeit eines richterlichen Durchsuchungs- und Beschlagnahmebeschlusses

I. Über die Dauer der Rechtswirksamkeit eines Beschlusses, in dem der Richter die Durchsuchung und Beschlagnahme anordnet, äußert sich die Strafprozeßordnung nicht. Das Gesetz ordnet weder eine bestimmte Höchstdauer an, noch fordert es den Richter auf, die Wirksamkeitsdauer im Beschluß selbst zu regeln. Die StPO ist an dieser Stelle lückenhaft. Inwieweit das vom Gesetzgeber beabsichtigt ist, mag dahingestellt bleiben. Auf jeden Fall zeigt die Praxis, daß die Frage gestellt werden muß, ob ein einmal erlassener gerichtlicher Durchsuchungs- und Beschlagnahmebeschluß mehrfach und womöglich in größeren Zeitabständen benutzt werden darf.

II. Da Durchsuchung und Beschlagnahme strafprozessuale Zwangsmaßnahmen und als solche Einschränkungen von Grundrechten sind, ist die Wirkungsdauer auf dem Wege der verfassungskonformen Lückenausfüllung des Strafprozeßrechts zu bestimmen. Wegen des Eingriffs in verfassungsrechtlich geschützte Bereiche können Durchsuchungen und Beschlagnahmen sowie demzufolge die diese Eingriffe anordnenden richterlichen Beschlüsse nur Ausnahmeerscheinungen sein.

Dieser Ausnahmecharakter verlangt eine restriktive Ergänzung des gesetzlich geregelten Verfahrensrechts. Infolgedessen wird man davon ausgehen müssen, daß die Dauer der Rechtswirksamkeit sich grundsätzlich nur auf eine einheitliche Durchsuchung und die in ihrem Rahmen in Betracht kommenden, in dem Beschluß genau zu umgrenzenden Beschlagnahmen erstrecken kann. Daraus folgt jedoch nicht, daß es nicht möglich wäre, in ein und demselben richterlichen Beschluß mehrere Durchsuchungen und Beschlagnahmen, insbesondere in bezug auf verschiedene Räumlichkeiten und verschiedene Zeitpunkte anzuordnen. Im Interesse rechtsstaatlicher Sicherheit muß aber verlangt werden, daß diese mehreren Anordnungen genau bestimmt und umgrenzt werden. Ordnet aber der Beschluß nur eine Durchsuchung mit den dazugehörigen Beschlagnahmen an, so muß es dabei bleiben, daß sich die Rechtswirksamkeit dieses Beschlusses allein auf eine einheitliche Durchsuchung beziehen kann und sich nach deren Abschluß erschöpft. Eine Wiederbelebung durch die ausführenden Organe ist unzulässig.

III. Erfordert eine Durchsuchung aus besonderen Gründen einen größeren Zeitraum, so steht dem grundsätzlich nichts im Wege, diese Durchsuchung über mehrere Tage zu erstrecken und in ihrem Rahmen während dieses Zeitraums die angeordneten Beschlagnahmen vorzunehmen. Es muß indessen in einem solchen Sonderfall eine deutlich erkennbare *Kontinuität* der Durchsuchungs- und Beschlagnahmehandlungen gewahrt werden. Eine einmal beendete Durchsuchung kann nicht plötzlich auf Grund des ursprünglichen richterlichen Beschlusses wiederholt werden.

1. Die Gründe für dieses Kontinuitätserfordernis ergeben sich vor allem aus folgenden rechtsstaatlichen Erwägungen: Justiz und Exekutive haben die vom Gesetzgeber verfassungsrechtlich garantierte Rechtssicherheit zu beachten. Infolgedessen darf jedermann vermuten, daß grundsätzlich niemand in den Bestand seiner Grundrechte eingreifen wird. Er darf auf den Integritätsschutz im Rechtsstaat vertrauen. Aus den besonders schwerwiegenden Gründen des Strafverfolgungsinteresses darf dieses Vertrauen ausnahmsweise durchbrochen werden. Nach der Beendigung dieses Eingriffs lebt die Rechtsfriedensvermutung jedoch sogleich wieder auf. Der Bürger im Rechtsstaat darf sich nunmehr darauf verlassen, daß nur auf Grund neuer richterlicher Anordnung durchsucht und beschlagnahmt werden darf, sofern nicht der Sonderfall einer Gefahr im Verzuge gegeben ist. Hinzu kommen Folgerungen aus dem Grundsatz des fairen Prozesses (Art. 6 MRK). Die nach diesem allgemeinen rechtsstaatlichen Prozeßrechtsprinzip grundsätzlich einzuhaltende Waffengleichheit gebietet es, daß der bei der Strafverfolgung angegriffene einzelne sich im allgemeinen – von Ausnahmen abgesehen – auf die Erkennbarkeit und Nicht-Heimlichkeit des gegen ihn gerichteten Angriffs der Gesellschaft verlassen darf. Dies zeigt sich beispielsweise daran, daß nach § 104 StPO Wohnungen, Geschäftsräume und das befriedete Besitztum zur Nachtzeit grundsätzlich nur ganz ausnahmsweise durchsucht werden dürfen, nämlich nur bei Verfolgung auf frischer Tat oder bei Gefahr im Verzug oder dann, wenn es sich um die Wiederergreifung eines entwichenen Gefangenen handelt. Diese kriminalpolitisch nachteilige Privilegierung erhält nur aus den genannten rechtsstaatlichen Gründen ihren Sinn. Der Gesetzgeber will dem Angegriffenen eine faire Verteidigungschance, etwa durch die Möglichkeit, einen Rechtsbeistand heranzuholen, gewähren. Die Beendigung des Eingriffs muß deshalb eine definitive sein. Schickt der Betroffene beispielsweise seinen herbeigeholten Rechtsbeistand nach der Beendigung der Durchsuchung wieder fort, so muß er sich darauf

verlassen dürfen, daß die Verfolgungsbehörden die nunmehr eingetretene Schutzlosigkeit nicht für eine erneute Durchsuchung ausnutzen. Ein gegenteiliges Verhalten wäre ein eklatanter Verstoß gegen die Maxime vom fairen Prozeß. Entsprechendes würde zu gelten haben, wenn die Verfolgungsbeamten durch mehrfache Wiederholung scheinbar schon abgeschlossener Durchsuchungen Ermüdungs- und Überraschungserscheinungen beim Betroffenen ausnutzten. Hier wirken sich die gleichen aus der Verfassung herzuleitenden Rechtsgedanken aus, deren analoge strafprozessuale Ausformung § 136 a StPO ist. Rechtswidrig wären demgemäß »Schocktherapien«, »Katze-und-Maus-Spiele« und »Freiwild-Attacken« auf der Grundlage von wiederholt benutzten einmaligen Durchsuchungsanordnungen des Gerichts. All dies macht deutlich, daß die Wahrung der Kontinuität der Durchsuchungs- und Beschlagnahmehandlungen von entscheidender Bedeutung für eine verfassungskonforme Anwendung des Strafverfahrensrechts ist.

2. Nach dem oben Gesagten kommt der Ermittlung des Endzeitpunkts einer Durchsuchung eine erhebliche prozessuale Bedeutung zu. Wann eine Durchsuchung als beendet anzusehen ist, ergeben die Umstände des Einzelfalles. Einer besonderen Beendigungserklärung der durchsuchenden Beamten bedarf es nicht. Es genügen schlüssige Verhaltensweisen. Soll die angeordnete Durchsuchung nur für einige Zeit unterbrochen und dann wieder fortgesetzt werden, soll also die Kontinuität erhalten bleiben, so müssen dies die untersuchenden Beamten deutlich zum Ausdruck bringen. Auch insoweit sind strenge Maßstäbe anzulegen, da sonst die Wirksamkeit wichtiger Grundrechtsbestimmungen der Verfassung, wie z. B. der Art. 2 und 13 GG, in Frage gestellt ist. Bestehen Zweifel, ob ein Durchsuchungsabschluß eine endgültige Beendigung oder nur eine vorübergehende Unterbrechung ist, dann muß angenommen werden, daß es sich um eine definitive Beendigung handelt. Hierauf muß sich der Betroffene verlassen können. Unklare Verhaltensweisen der Beamten und ihre einseitige Auslegung als nur vorübergehende Unterbrechung der Durchsuchungen würden eine Umgehung des Grundrechts des Art. 13 GG bedeuten. Der ursprüngliche Durchsuchungs- und Beschlagnahmebeschluß würde ein solches Vorgehen nicht mehr decken. Die Rechtswirksamkeit des Beschlusses wäre für die neuen Maßnahmen verbraucht. All dies hängt damit zusammen, daß die mehrfache Verwendung eines für eine einmalige Durchsuchung erlassenen Gerichtsbeschlusses diesen zu einem gefährlichen »Jagdschein« machen und damit rechtsstaats- und verfassungswidriger unkontrollierter Willkür Vorschub leisten würde.

D) Zur Frage der Heilung verfassungswidriger Durchsuchungen und Beschlagnahmen bei Beschuldigten und bei Zeugen

I. Verfassungswidrige Durchsuchungen

Die in Art. 13 Abs. 2 GG erlaubten Einschränkungen des Grundrechts der Unverletzlichkeit der Wohnung werden für das Strafverfahrensrecht durch die §§ 102 bis 107 StPO näher geregelt. In diesen verfassungsunmittelbaren Normen wird vor allem der Grundsatz wiederholt, daß Durchsuchungen nur durch den Richter angeordnet werden dürfen. Lediglich bei Gefahr im Verzug sollen die Staatsanwaltschaft und ihre Hilfsbeamten im Sinne des § 152 GVG berechtigt sein, Durchsuchungen ebenfalls anzuordnen. Das gilt sowohl für Durchsuchungen beim Beschuldigten (§ 102 StPO) als auch für Durchsuchungen bei anderen Personen (§ 103 StPO). Diese Regelung dürfte verfassungsrechtlich unbedenklich sein.

Durchsuchungen, die sich nicht in den genannten Grenzen halten, sind nicht nur rechtswidrig im Sinne des Strafverfahrensrechts, sondern darüber hinaus wegen der Verletzung des Art. 13 GG zugleich verfassungswidrig. Es fragt sich jedoch, ob die Verfassungswidrigkeit von Durchsuchungen, die ohne Erfüllung der in Art. 13 GG und in den §§ 102–107 StPO genannten Voraussetzungen vorgenommen wurden, bei denen insbesondere die richterliche Anordnung fehlte und keine Gefahr im Verzug vorlag, nachträglich geheilt werden können. Das Gesetz schweigt hierüber. Da die Durchsuchungsbestimmungen in unmittelbarem Zusammenhang mit dem Grundrecht des Art. 13 Abs. 1 GG stehen, ist eine verfassungskonforme Ausfüllung dieser Lücke besonders wichtig. Grundsätzlich denkbar wäre eine Heilung entweder durch richterliche Bestätigung oder durch Einwilligung des Betroffenen oder durch Ermittlungserfolge.

1. Eine *richterliche Bestätigung* einer Durchsuchungsanordnung, die ein Staatsanwalt oder einer seiner Hilfsbeamten getroffen hat, ist im Gesetz nicht vorgesehen. Hier besteht ein auffälliger Unterschied zu der Regelung bei Beschlagnahmen, denn dort ist nach § 98 Abs. 2 StPO ausdrücklich angeordnet, daß Beschlagnahmen, die ohne richterliche Anordnung erfolgten, unter bestimmten, hier nicht näher interessierenden Voraussetzungen der richterlichen Bestätigung bedürfen. Nach der wohl herrschenden Auffassung wäre eine solche richterliche Be-

stätigung bei Durchsuchungen, die ohne richterliche Anordnung erfolgten, nur dann sinnvoll, wenn die Versagung der Bestätigung zu einem Beweisverbot für die Verwertung der anläßlich jener Durchsuchung aufgefundenen Gegenstände führte.[101] Hieraus wird dann – logisch nicht zwingend – »gefolgert«, daß eine Verletzung der Vorschriften des § 105 StPO zu keinem Beweisverbot führe. Dies gelte schon deshalb, weil die StPO keinen Hinweis für ein derartiges Verbot enthalte. Gegen ein Verbot, zulässige Beweismittel zu verwerten, wenn sie unter Verletzung von Formvorschriften erlangt worden seien, spreche außerdem die Überlegung, daß bei richtiger Handhabung grundsätzlich das gleiche Ergebnis erzielt wäre.[102]

Die vorstehende Auffassung kann jedoch in dieser allgemeinen Form nicht aufrechterhalten werden, denn sie hätte zur Folge, daß die Verletzung von Strafverfahrensnormen, die der Sicherung von Verfassungsrecht dienen, im Strafprozeß keine nennenswerten Auswirkungen hätten. Das kann nicht richtig sein.

a) In der Tat ist schon die Folgerung aus dem Fehlen der Möglichkeit einer richterlichen Bestätigung von staatsanwaltlichen oder polizeilichen Durchsuchungsanordnungen auf die Nichtentstehung eines *Beweisverbots* verfehlt. Die Berücksichtigung des engen Zusammenhangs zwischen der Verfassung und den hier in Rede stehenden Strafverfahrensvorschriften gebietet vielmehr die Vornahme einer Güterabwägung. Unter Berücksichtigung der Umstände des Einzelfalles muß zwischen den Erfordernissen der Strafverfolgung und dem Interesse am Schutz der jeweils berührten Grundrechte abgewogen werden. Hierbei können sich Beweisverbote ergeben. Allenfalls ließe sich sagen, das Grundrecht der Unverletzlichkeit der Wohnung müsse in der Regel hinter dem berechtigten Interesse der Justiz an der Strafverfolgung zurückstehen. Dies kann in der Mehrzahl der Fälle in Kauf genommen werden, da rechtswidrig vorgehende Beamte unter Umständen wegen Hausfriedensbruchs im Amt (§ 342 StGB) strafrechtlich zur Verantwortung gezogen werden können. Die Rechtslage ändert sich aber sogleich, wenn neben dem genannten Grundrecht der Unverletzlichkeit der Wohnung noch ein weiteres Grundrecht, wie etwa das der Pressefreiheit, durch die rechtswidrige Durchsuchung verletzt wird. Jetzt verschiebt sich die Gleichgewichtslage bei der Güterabwägung. Bei ernster Gefährdung der Pressefreiheit entsteht nunmehr aus Art. 5 GG ein Beweisverbot. Wie an anderen Stellen des Strafprozeßrechts –

101 Vgl. *Dünnebier* in *Löwe-Rosenberg*, Anm. I 4 zu § 107 StPO.
102 Vgl. *Dünnebier* in *Löwe-Rosenberg*, Anm. 3 d vor § 94 StPO.

man denke etwa an § 136 a StPO in Verbindung mit dem Folterverbot des Art. 3 MRK –, so hat dann auch hier das Strafverfolgungsinteresse hinter dem sich in konkreter, an den Fall gebundener Rechtsgüterabwägung als höherrangig erweisenden Interesse am Schutz der Grundrechte zurückzustehen. Daß dieses Beweisverbot nicht unmittelbar aus den Vorschriften der StPO, sondern aus den Bestimmungen des Grundgesetzes hergeleitet wird, ist nichts grundsätzlich Neues. Das zeigt der bereits erwähnte § 136 a StPO. Diese Bestimmung, die eine Anwendung und Ausformung des Art. 1 Abs. 1 GG ist[103], bezieht sich nach ihrem Wortlaut und nach ihrer Stellung im Gesetz auf Vernehmungen des Beschuldigten. § 69 Abs. 3 StPO dehnt ihre Wirkung auf die Vernehmung des Zeugen aus. Rechtswidriger Zwang kann aber auch bei anderen Prozeßhandlungen eine Rolle spielen. Hier ist an die Abgabe von Erklärungen, die Stellung von Anträgen, die Aufstellung von Behauptungen, die Einlegung von Rechtsmitteln, die Hinnahme von Fernseh- und Filmaufnahmen usw. zu denken. Es ist üblich, für diese Fälle anzunehmen, daß § 136 a StPO, insbesondere sein Absatz 3, hinsichtlich der prozessualen Folgen unzulässigen Zwangs auch dem Schutz der Willensentschließungs- und Willensbetätigungsfreiheit bei anderen prozessualen Verhaltensweisen und nicht nur bei Vernehmungen des Beschuldigten und der Zeugen dient.[104] Das ist im Ergebnis richtig. Für die Begründung ist aber zu beachten, daß man nicht über den engen Wortlaut der §§ 136 a und 69 StPO hinwegkommt. In Wahrheit handelt es sich darum, daß die strafverfahrensrechtlichen Folgerungen aus den Normen des Verfassungsrechts für den Fall der Vernehmung von Beschuldigten und Zeugen in der StPO ausdrücklich geregelt sind, daß aber die *gleiche Wirkung für die übrigen Fälle unmittelbar aus dem Verfassungsrecht* abzuleiten ist. Für die Annahme des Beweisverbots bedarf es nicht des zweifelhaften Umwegs über eine analoge Anwendung der §§ 136 a und 69 StPO.

Hinzu kommt, daß grundrechtswidrige Behandlungsweisen im Strafprozeß denkbar sind, welche die Freiheit der Willensentschließung und der Willensbetätigung des Beschuldigten oder des Zeugen unberührt lassen. Gleichwohl müssen auch für diese Fälle Beweisverbote angenommen werden. Als Beispiel kämen etwa in Betracht: heimliche Tonbandaufnahmen, ohne daß ihre Herstellung und Verwendung im Prozeß gegen § 136 a StPO verstößt, moralische Diffamierungen, Fra-

103 BGHSt. 5, 333.

104 Vgl. *Eb. Schmidt*, Lehrkommentar, Anm. 5 zu § 136 a StPO; *Kleinknecht-Müller*, Anm. 8 zu § 136 a StPO; a. *A. Sarstedt* in *Löwe-Rosenberg*, Anm. 9 zu § 136 a StPO.

gen an Zeugen, die, ohne ehrverletzend zu sein, in die Intimsphäre eindringen usw. Vor allem zählen hierher alle diejenigen Maßnahmen und Verhaltensweisen, die dem Prinzip des fair trial widersprechen. Ihre Verfassungswidrigkeit ergibt sich aus dem Rechtsstaatsgedanken. Art. 6 MRK nimmt den Grundsatz des fairen Prozesses nicht aus dem Verfassungsrecht heraus, sondern ist nur eine Positivierung des ungeschriebenen allgemeinen Verfassungsprinzips.

b) Das Entstehen von Beweisverboten ist somit unabhängig von der Frage, ob es eine richterliche Bestätigung von Durchsuchungen gibt. Andererseits muß für das geltende Recht davon ausgegangen werden, daß die StPO bei Durchsuchungen keine Bestätigung durch den Richter kennt. Eine prozeßrechts- und verfassungswidrige Durchsuchung kann daher *durch richterliche Bestätigung nicht geheilt* werden. So bleibt beispielsweise eine Durchsuchung zur Nachtzeit, bei der keine Gefahr im Verzug bestand und für die keine der sonstigen rechtfertigenden Voraussetzungen des § 104 StPO gegeben war, verfassungswidrig. Hieran würde sich im übrigen selbst dann nichts ändern, wenn der Gesetzgeber eine richterliche Bestätigung vorgesehen hätte, und ebensowenig dann, wenn es diese Bestätigung auf gewohnheitsrechtlicher Grundlage gäbe, denn die Frage, ob eine verfassungswidrige Handlung nachträglich geheilt werden kann, ist dem Dispositionsrecht der Gerichte entzogen.

2. Es fragt sich ferner, ob die Rechtswidrigkeit einer Durchsuchung durch die *Einwilligung* des Betroffenen geheilt werden kann. Als ein die Rechtswidrigkeit beseitigender Gesichtspunkt ist die Einwilligung des Betroffenen in erster Linie aus dem materiellen Strafrecht bekannt.[105] Daß die Einwilligung aber auch geeignet ist, strafverfahrensrechtliche Mängel zu beheben, ist unbestritten und geht zudem u. a. daraus hervor, daß der Gesetzgeber es als erforderlich ansah, die rechtfertigende Wirkung der Einwilligung des Betroffenen bei der Anwendung verbotener Vernehmungsmittel in § 136 a Abs. 3 StPO ausdrücklich auszuschließen. Die prozeßrechtliche Möglichkeit einer Heilung rechtswidriger Maßnahmen wird also vom Gesetzgeber grundsätzlich angenommen. Sie ist jedoch an eine Reihe von Voraussetzungen geknüpft.

a) Zunächst einmal kann eine Einwilligung nur dort eine die Rechtswidrigkeit heilende Wirkung entfalten, wo der einwilligende Betroffene *über das verletzte Rechtsgut verfügen darf*. Bei der Durchsuchung von Redaktionsräumen, Arbeitsräumen von Redakteuren usw. sind das

105 *Maurach* AT, § 30 I; *Schönke-Schröder*, Vorb. 33 ff., vor § 51; Welzel, § 14 VII.

Grundrecht der Unverletzlichkeit der Wohnung und das Grundrecht der Pressefreiheit betroffen. Daß über das erstgenannte Grundrecht vom Berechtigten durch Verzicht auf den verfassungsrechtlichen Schutz grundsätzlich verfügt werden darf, kann als unstreitig vorausgesetzt werden. Dagegen kann die gleiche Verfügungsfreiheit in denjenigen Fällen, in denen außerdem das Grundrecht der Pressefreiheit verletzt ist, nicht ohne weiteres angenommen werden. Das hängt damit zusammen, daß die rechtswidrige Durchsuchung hier nicht nur ein persönliches Rechtsgut – wie beim Grundrecht der Unverletzlichkeit der Wohnung – verletzt, sondern zugleich ein Rechtsgut angreift, an dessen Schutz nicht nur der einzelne, sondern zugleich die Allgemeinheit interessiert ist. Die Rechtslage gleicht hier derjenigen bei dem Straftatbestand der Freiheitsberaubung im Amt (§ 341 StGB). Dort wirkt die Einwilligung des durch die Freiheitsentziehung Betroffenen im Gegensatz zur einfachen Freiheitsberaubung nach § 239 StGB nicht rechtfertigend, weil dort ebenfalls nicht nur die Interessen des einzelnen, sondern darüber hinaus zugleich die Interessen der Allgemeinheit betroffen sind. Einen Hinweis darauf, daß über das Grundrecht der Pressefreiheit auch seitens des Berechtigten nicht uneingeschränkt verfügt werden darf, enthält zudem § 53 Abs. 2 StPO. Nach dieser Bestimmung dürfen Redakteure, Verleger usw. im Gegensatz etwa zu Rechtsanwälten und Ärzten das Zeugnis selbst dann verweigern, wenn sie von der Verpflichtung zur Verschwiegenheit entbunden sind (argumentum e contrario). Diese unterschiedliche Regelung hat nur dann einen Sinn, wenn davon ausgegangen wird, daß beim Grundrecht der Pressefreiheit mehr als nur individuelle Interessen auf dem Spiel stehen. Allein hierdurch wird es verständlich, daß den Redakteuren, Verlegern usw. ein stärkeres Zeugnisverweigerungsrecht als den Rechtsanwälten und Ärzten zusteht, obwohl die letztgenannten im Gegensatz zu jenen einer sogar strafrechtlich geschützten Geheimhaltungspflicht (§ 300 StGB) unterworfen sind. Die überindividuellen Interessen, die hier wegen der Pressefreiheit auf dem Spiel stehen, sind der Grund dafür, daß der Gesetzgeber die Redakteure, Verleger usw. im Abs. 2 des § 53 StPO den Geistlichen und den Parlamentsabgeordneten hinsichtlich des Fortbestandes des Zeugnisverweigerungsrechts trotz Freistellung seitens desjenigen, der durch die Geheimhaltung geschützt wird, gleichstellt.

Hinzu kommt ein weiteres: Selbst beim Berufsgeheimnis des Arztes oder des Rechtsanwalts ist anerkannt, daß die individuellen Interessen nicht stets ausschlaggebend sein können. Im Zusammenhang mit dem

106 Lehrkommentar, Anm. 11 zu § 97 StPO – S. 1351 des Kommentars.

erst später näher zu erörternden Beschlagnahmeverbot führt beispielsweise *Eb. Schmidt*[106] grundsätzlich und überzeugend aus, daß die strafprozeßrechtlichen Sonderbestimmungen, in denen das Berufsgeheimnis berücksichtigt werde, »nicht einem individuellen Interesse des Berufsträgers oder des Beschuldigten, sondern dem auf der Sozialwertebene liegenden allgemeinen Interesse an Erhaltung der mit bestimmten Berufen notwendig verbundenen Vertrauensmöglichkeit« dienten. Für das Beschlagnahmeverbot des § 97 Abs. 1 StPO wird hieraus dann gefolgert, daß dieses Verbot selbst dann nicht entfällt, wenn der Beschuldigte der Beschlagnahme zustimmt.[107] Die Verfügungsmöglichkeiten sind also beim anwaltlichen und ärztlichen Berufsgeheimnis beschränkt. Das gleiche muß dann aber hinsichtlich des Redaktionsgeheimnisses ebenfalls gelten, zumal der verfahrensrechtliche Schutz, wie § 53 Abs. 2 StPO zeigt, bei diesem weiter reicht als bei jenem. Über den für die Wahrung der Pressefreiheit so wesentlichen Anonymitätsschutz können die Beteiligten nicht mehr zu Lasten der Gewährsleute usw. frei verfügen. Ihre Einwilligung in eine rechtswidrige Durchsuchung mit dem Zweck eines Angriffs auf diesen Anonymitätsschutz vermag daher die Rechtswidrigkeit der Durchsuchung nicht zu heilen. Da es sich hier um einen aus dem Grundrecht der Pressefreiheit herzuleitenden Rechtsschutz Dritter handelt, gilt das Gesagte sowohl für den Beschuldigten als auch für andere Personen, sofern sie von einer rechtswidrigen Durchsuchung betroffen sind.

Mit der Verneinung der Verfügungsfreiheit ist die Frage, ob rechtswidrige Durchsuchungen, die das Grundrecht der Pressefreiheit verletzen, durch die Einwilligung des Betroffenen geheilt werden können, an sich eindeutig verneinend beantwortet. Für den Fall jedoch, daß man ausnahmsweise nach Maßgabe einer entsprechend ausfallenden Güterabwägung in Grenzfällen die Disponibilität bejahen möchte, ist im nachstehenden noch auf die weiteren Voraussetzungen für eine rechtswirksame Einwilligung einzugehen.

b) Falls überhaupt eine heilende Rechtswirkung der Einwilligung in Betracht kommt, muß es sich um eine Einwilligung handeln, die nicht nur ein abstraktes Einverständnis zum Ausdruck bringt, sondern um eine solche, bei der sich das Einverständnis auf die *besondere Art und Weise des Angriffs* auf das Rechtsgut, also auf die näheren Modalitäten der rechtswidrigen Durchsuchungen erstreckt. Hat sich beispielsweise die Einwilligung nur auf eine beschränkte, an ein bestimmtes

107 Ebenso *Kleinknecht-Müller*, Anm. 8 zu § 97 StPO.

Ziel gebundene Durchsuchung, nicht aber auf eine totale Ausforschung sämtlicher Redaktions- und Arbeitsräume bezogen, so kommt eine Heilung der rechtswidrigen Durchsuchung wegen Inkongruenz zwischen der Einwilligungsreichweite und der Durchsuchungserstreckung nicht in Betracht.

c) In der Regel kann eine Einwilligung in eine rechtswidrige Verhaltensweise die Rechtfertigung nur dann herbeiführen, wenn diese Einwilligung – abgesehen von den übrigen Voraussetzungen, die erfüllt sein müssen – *vorher* erklärt wurde. Das ist für das materielle Strafrecht eine unabdingbare Voraussetzung. Die *nachträgliche Einwilligung* ist dort unerheblich.[108] Das gilt im Strafverfahrensrecht grundsätzlich ebenso. Allenfalls kann eine nachträgliche Einwilligung als ein Rechtsmittelverzicht ausgelegt werden, dies aber nur dann, wenn die konkreten Umstände des Einzelfalles eine solche Interpretation zulassen. Im Zweifel muß die Auslegung zugunsten des »Einwilligenden« erfolgen. Sie darf also im Zweifelsfalle nicht als Rechtsmittelverzicht angesehen werden.

d) Das im vorstehenden Gesagte leitet zu dem Rechtsgedanken über, daß eine Einwilligung nur dann rechtswirksam sein kann, wenn der Einwilligende sich der vollen *Tragweite der rechtlichen* Folgen seines Verzichts bewußt ist. Dieser Gesichtspunkt unterscheidet sich von dem oben unter b) behandelten Problem der Inkongruenz zwischen Reichweite der Einwilligung und Erstreckung der rechtswidrigen Durchsuchungen. Hier handelt es sich darum, daß die dort fehlende Kongruenz zwar gegeben ist, der Einwilligende dies jedoch nicht erkennt. Dieses Wissen um die Tragweite des Rechtsverzichts ist für die Frage nach dem Heilungseffekt der Einwilligung von ganz besonderer Bedeutung. Eine Einwilligung ohne diese volle Kenntnis vermag auf keinen Fall eine rechtfertigende Wirkung zu erzeugen. Das hängt mit dem Grundgedanken zusammen, auf dem die rechtfertigende Wirkung der Einwilligung beruht. Nur wer weiß, wie weit er die Grenzen seines rechtlichen Schutzbereichs zurücksteckt, gibt dem in die Rechtssphäre Eindringenden das Recht zur Vorverlegung des rechtlichen Wirkungsfeldes. Hieraus folgt, daß Einwilligungserklärungen von Nichtjuristen, die sich der rechtlichen Tragweite auch nicht in einer Art von »Parallelwertung in der Laiensphäre« bewußt sind, eine Rechtfertigung nur selten, und wenn überhaupt, dann nur in sehr begrenztem Umfang herbeizuführen geeignet sind. Das müssen die Ermittlungsbeamten der Strafverfolgungsbehörde berücksichtigen. Unerwünschte Rechtsfolgen

108 BGHSt. 7, 295.

können sie deshalb nur dann vermeiden, wenn sie es an entsprechenden Belehrungen gegenüber den Betroffenen nicht fehlen lassen.

e) Eine *auf Willensmängeln beruhende Einwilligung* ist für die Rechtfertigung rechtswidriger Durchsuchungen bedeutungslos. Eine erschlichene oder etwa auf einem wesentlichen Irtum beruhende Einwilligung ist im Strafverfahrensrecht ebenso irrelevant für die Rechtfertigung wie im materiellen Strafrecht.[109] Einer befristeten oder unbefristeten Anfechtung bedarf es nicht, da die Rechtmäßigkeit strafprozessualer Handlungen in jeder Phase des Verfahrens von Amts wegen zu prüfen ist.

f) Sind die im vorstehenden aufgeführten Voraussetzungen für die rechtfertigende Wirkung der Einwilligung erfüllt, so kann die Rechtswidrigkeit desjenigen Verhaltens, in das der Betroffene eingewilligt hat, gleichwohl bestehenbleiben. Dies ist dann der Fall, wenn die betreffende Maßnahme *trotz der Einwilligung gegen die guten Sitten verstößt.* Dieser Rechtsgedanke ist wiederum zunächst im materiellen Strafrecht entwickelt worden und hat dort insbesondere im § 226 a StGB seine spezielle Ausformung gefunden. Indessen ist er der Ausdruck eines allgemeinen Rechtsgedankens, der in gleicher Weise für das Strafverfahrensrecht Gültigkeit hat. Angewandt auf das Problem der Heilung rechtswidriger Durchsuchungen bedeutet dies, daß die Rechtswidrigkeit bestehenbleibt, wenn zwar die Einwilligung als solche nicht anstößig ist, wohl aber die Durchsuchung trotz jener Einwilligung aus sozialethischen Gründen, die von dem Vorliegen einer Einwilligung unabhängig sind, als sittenwidrig erscheint. Dies kommt vor allem bei quantitativ und qualitativ übermäßigen Durchsuchungen in Frage. Der Durchsuchungs*exzeß* bleibt unter diesen Umständen rechtswidrig und insbesondere verfassungswidrig, selbst wenn die Einwilligung unbedenklich wäre.

3. Abwegig wäre der Gedanke, der *Ermittlungserfolg*, der bei einer verfassungswidrigen Durchsuchung erzielt wurde, könnte die Verfassungsverletzung heilen. Das Auffinden von Beweismitteln ist in einem solchen Falle strafverfahrensrechtlich zwar nicht wirkungslos, falls kein Beweisverbot entstanden ist, es kann aber den Verfassungsrechtsbruch als solchen weder ungeschehen machen noch sonst in irgendeiner Weise heilen. Das ist ebensowenig möglich wie bei sonstigen Verfassungsverletzungen im Ermittlungsverfahren. So kann etwa der Erfolg einer Folterung selbstverständlich niemals deren Verfassungswidrigkeit heilen.

109 *Sarstedt* in *Löwe-Rosenberg*, Anm. 9 zu § 136 a StPO schlägt eine Lösung mit Hilfe entsprechender Anwendung des § 123 BGB vor.

II. *Verfassungswidrige Beschlagnahmen*

1. Ebenso wie Durchsuchungen können Beschlagnahmen sowohl aus strafverfahrensrechtlichen als auch unmittelbar aus verfassungsrechtlichen Gründen rechtswidrig sein. Bei der rechtlichen Würdigung ist daher von folgenden zwei Hauptgruppen von Fällen rechtswidriger Beschlagnahmen auszugehen, die mittelbar oder unmittelbar Verfassungsrecht verletzen:

a) Im Vordergrund stehen zunächst die in der *StPO* selbst geregelten Fälle rechtswidriger Beschlagnahmen.

Ausdrückliche Beschlagnahmeverbote nennt § 97 StPO. Sie hängen mit dem Zeugnisverweigerungsrecht der §§ 52 und 53 StPO zusammen und sollen diese vor Umgehungen schützen. Beschlagnahmen, die diesen Vorschriften widersprechen, sind rechtswidrig, gleichgültig ob sie mit oder ohne richterliche Anordnung erfolgten.

Ferner sind Beschlagnahmen rechtswidrig, die nicht durch einen Richter, sondern nur durch die Staatsanwaltschaft oder ihre Hilfsbeamten angeordnet wurden, ohne daß Gefahr im Verzug vorlag (§ 98 Abs. 1 StPO).[110]

Weitere Fälle von schon nach der StPO rechtswidrigen Beschlagnahmen können sich dann ergeben, wenn die Beschlagnahmen gegen sonstige strafverfahrensrechtliche Verbote verstoßen. Zu denken wäre etwa an Beschlagnahmen, die sich als Umgehungen der in § 136 a Abs. 3 und § 69 Abs. 3 StPO geregelten Beweisverbote erweisen würden.

b) Nach dem bereits mehrfach erwähnten, vom Bundesverfassungsgericht herausgearbeiteten Grundsatz, wonach aus der strafprozessualen Zulässigkeit einer Maßnahme noch nicht folge, daß sie nicht aus verfassungsrechtlichen Gründen unzulässig sein könne, ist es möglich, daß Beschlagnahmen rechtswidrig sind, weil sie dem *Grundgesetz* widersprechen, obwohl sie mit den Strafprozeßnormen in Einklang stehen. Dies ist dann der Fall, wenn die bei derartigen Konfliktfällen erforderliche Güterabwägung ein Überwiegen der verfassungsrechtlich geschützten Interessen ergibt. Hierher gehören Beschlagnahmen, die gegen Grundrechte verstoßen, die das Übermaßverbot verletzen, die der Umgehung von Frageverboten, die sich aus Grundrechten herleiten[111], dienen, usw.

2. Im Gegensatz zum Verfahrensrecht bei Durchsuchungen kennt

110 Vgl. auch § 100 Abs. 1 StPO.
111 Vgl. oben A IV 3 g.

die Strafprozeßordnung *bei Beschlagnahmen* eine nachträgliche *Bestätigung durch den Richter.* Es fragt sich, ob und inwieweit diese richterliche Bestätigung geeignet ist, eine Heilung der oben genannten verschiedenen Arten verfassungswidriger Beschlagnahmen herbeizuführen.

a) Vorab ist die Frage zu erörtern, welche Auswirkungen es auf die Rechtslage hat, wenn sich richterliche Bestätigungsbeschlüsse auf Beschlagnahmen erstrecken, die bereits richterlich angeordnet waren. Hier entstehen bei der Anwendung des Gesetzes Schwierigkeiten, weil sich die vom Gesetz in § 98 Abs. 2 StPO geregelte richterliche Bestätigung nur auf solche Beschlagnahmen bezieht, die *ohne* eine vorherige richterliche Anordnung erfolgt sind. Ob § 98 Abs. 2 StPO auch angewandt werden kann, wenn die zu bestätigende Beschlagnahme bereits auf Grund einer richterlichen Anordnung geschah, ist der Vorschrift unmittelbar nicht zu entnehmen. Das einschlägige Schrifttum äußert sich zu dieser Frage nicht, und bislang ist – soweit ersichtlich – auch in der Rechtsprechung kein Fall dieser Art behandelt worden. Man wird jedoch davon ausgehen können, daß eine sinngemäße Anwendung des § 98 Abs. 2 StPO zulässig und geboten ist. Die in Rede stehende Bestimmung will dem von der Beschlagnahme Betroffenen ein Höchstmaß an rechtlicher Sicherheit gewähren. Das Gesetz geht davon aus, daß dies bei einer nichtrichterlich angeordneten Beschlagnahme nicht erreicht ist, und räumt darum die Möglichkeit einer nachträglichen richterlichen Bestätigung ein. Dort, wo die Beschlagnahme richterlich angeordnet war, besteht an und für sich kein Bedürfnis für eine solche nachträgliche Bestätigung. Andererseits ist aber auch kein zwingender Grund zu erkennen, der für die Ausschließung einer solchen Bestätigung sprechen würde. Im Gegenteil, es kann nicht schaden und entspricht rechtsstaatlichem Verfahren, wenn richterlich angeordnete Beschlagnahmen nachträglich noch einmal überprüft und bestätigt werden. Der Betroffene ist durch diese doppelte Kontrolle nicht schlechter, sondern besser gestellt. Im vorliegenden Falle braucht daher bei den weiteren rechtlichen Überlegungen auf die Besonderheit der richterlichen Bestätigung einer richterlich angeordneten Beschlagnahme nicht mehr eingegangen zu werden.

b) Die prozeßrechtliche Bedeutung der richterlichen Bestätigung von Beschlagnahmen wird im allgemeinen negativ charakterisiert. Sie ist keine Bedingung für den rechtlichen Bestand und die prozessuale Beachtlichkeit der bereits erfolgten Beschlagnahme, »denn für die Einholung der richterlichen Bestätigung besteht nur eine instruktionelle

Sollvorschrift«.[112] Kommt der die Beschlagnahme vornehmende Beamte seiner Verpflichtung, die richterliche Entscheidung nachzusuchen, nicht oder nicht rechtzeitig nach, so tritt die Beschlagnahme nicht von selbst außer Kraft.[113] Ein Verstoß gegen § 98 Abs. 2 StPO macht die Beschlagnahme somit nicht unwirksam.[114] Es kann daher als unbestritten herrschende Meinung gelten, daß die richterliche Bestätigung die Frage der Rechtmäßigkeit oder Rechtswidrigkeit der vorher erfolgten Beschlagnahme unberührt läßt. Die richterliche Bestätigung kann infolgedessen auch keine rechtswidrige Beschlagnahme mit ex-tunc-Wirkung zu einer rechtmäßigen machen. Sie vermag die Rechtmäßigkeit der Beschlagnahme lediglich vom Zeitpunkt der Bestätigung an herzustellen. Aber auch diese ex-nunc-Wirkung tritt nicht automatisch ein, sondern hängt insbesondere davon ab, ob die richterliche Bestätigung zugleich verfassungsrechtlich Bestand hat. Hinsichtlich der vorausgegangenen Beschlagnahme mag die richterliche Bestätigung allenfalls ein Indiz für die Entscheidung der Frage nach der Rechtmäßigkeit sein. War dagegen die Beschlagnahme vor der richterlichen Bestätigung rechtswidrig, so bleibt sie es zumindest bis zum Zeitpunkt eben dieser richterlichen Bestätigung. Von einer Heilung der ursprünglichen rechtswidrigen Beschlagnahme kann also selbst dann nicht die Rede sein, wenn die richterliche Bestätigung die Beschlagnahme vom Zeitpunkt der richterlichen Entscheidung an rechtmäßig macht.

Im einzelnen sind die Rechtsfolgen für die verschiedenen oben erwähnten Fälle von rechtswidrigen Beschlagnahmen unterschiedlich zu beurteilen.

c) Verstieß die Beschlagnahme gegen die Beschlagnahmeverbote des § 97 StPO, lag also insbesondere eine Verletzung des dem Schutz der Pressefreiheit dienenden Abs. 5 vor, so kann eine richterliche Bestätigung überhaupt keine die Rechtswidrigkeit heilende Kraft entfalten. Für die Zeit bis zur richterlichen Bestätigung kann sie es nicht, weil diese Bestätigung, wie gesagt, in keinem Fall eine rückwirkende Kraft hat. Und für die Zeit von der richterlichen Bestätigung an kommt eine Heilung deshalb nicht in Frage, weil die Beschlagnahmeverbote des § 97 StPO uneingeschränkte Geltung haben. Das aus § 97 StPO herzuleitende absolute Beweisverbot tritt selbst dann ein, wenn eine im

112 So wörtlich *Eb. Schmidt*, Lehrkommentar, Anm. 6 zu § 98 StPO; ebenso schon früher *Bennecke-Beling*, S. 166, Anm. 10.

113 *Dünnebier* in *Löwe-Rosenberg*, Anm. II 5 a zu § 98 StPO unter Bezugnahme auf Sächs. OLG 7, 309.

114 *Schwarz-Kleinknecht*, Anm. 5 zu § 98 StPO.

Widerspruch zu § 97 StPO erfolgte Beschlagnahme richterlich bestätigt sein sollte.

d) Beruhte die Rechtswidrigkeit einer Beschlagnahme darauf, daß sie nicht richterlich angeordnet worden war und daß die Voraussetzungen der Gefahr im Verzug nicht vorlagen, so kann eine richterliche Bestätigung die ursprüngliche Rechtswidrigkeit der Beschlagnahme zwar nicht nachträglich aufheben, sie kann aber, falls sie rechtlichen Bestand hat, vom Zeitpunkt der Bestätigung an die Beschlagnahme zu einer rechtmäßigen machen. Einschränkend wirken allerdings auch hier die Normen des Grundgesetzes. Im übrigen versteht es sich von selbst, daß die legalisierende Wirkung der richterlichen Bestätigung, da sie, wie gesagt, ohnehin keine rückwirkende Kraft haben kann, an der Tatsache nichts ändert, daß dort, wo bei Vornahme der Beschlagnahmehandlungen keine Gefahr im Verzug vorlag, diese Gefahrenlage nicht nachträglich unterschoben wird. So wenig wie von einer rechtlichen kann auch von einer irgendwie gearteten tatsächlichen Rückwirkung der nachträglichen richterlichen Bestätigung die Rede sein. Andererseits entsteht bei der hier vorausgesetzten Fall-Lage kein Verbot, die beschlagnahmten Gegenstände zur Beweisführung im Prozeß zu verwenden, denn vom Zeitpunkt der Bestätigung an ist die Beschlagnahme rechtmäßig. Ein Beweisverbot könnte lediglich dann entstehen, wenn die strafprozessuale Rechtmäßigkeit der richterlichen Bestätigung aus verfassungsrechtlichen Gründen wieder fortfällt.

e) Beruht die Rechtswidrigkeit der Beschlagnahme auf anderen strafprozessualen Gründen, insbesondere etwa darauf, daß die Beschlagnahme der Gesetzesumgehung dient, dann sind die Rechtsfolgen die gleichen wie bei denjenigen Beschlagnahmen, die wegen der Verletzung des § 97 StPO rechtswidrig sind. Die richterliche Bestätigung kann hier ebenso wie für die Vergangenheit, so auch für die Zukunft an der Rechtswidrigkeit der Beschlagnahme nichts ändern. Sie verhindert auch nicht das Entstehen des Beweisverbots.

f) Sind die Beschlagnahmen strafverfahrensrechtlich in Ordnung, ergibt sich aber ihre Rechtswidrigkeit aus den Normen des Verfassungsrechts, weil die Güterabwägung an Hand der Bedingungen des einzelnen Falles ein Zurückstehen der Strafverfolgungsinteressen hinter den grundgesetzlich geschützten und durch die Beschlagnahme verletzten Interessen ergibt, dann sind die Rechtsfolgen wiederum die gleichen wie bei den Verstößen gegen die Beschlagnahmeverbote des § 97 StPO. Zu denken ist hier an die oben A IV 3–7 und A V behandelten Frageverbote mit den mit ihnen korrespondierenden Beschlagnahmeverboten und an sonstige Fälle, bei denen verfassungsrechtlich geschützte Interessen, wie etwa bei übermäßigen Eigentumseinschränkungen u. ä., auf dem Spiel stehen. Eine rückwirkende Heilung der Rechtswidrigkeit ist hier ebenfalls unmöglich, weil die richterliche Bestätigung diese ex-tunc-Wirkung in keinem Fall haben kann. Die Rechtswidrigkeit kann aber auch nicht vom Augenblick des Ergehens des richterlichen Bestätigungsbeschlusses an fortfallen, weil die hier maßgebende Verfassungsrechtslage von der Entscheidung des Richters unabhängig ist. Auch das hier etwa entstehende Beweisverbot kann durch die richterliche Bestätigung nicht aufgehoben werden.

3. Es bleibt noch zu prüfen, ob rechtswidrige Beschlagnahmen durch die *Einwilligung des Betroffenen* geheilt werden können. Die Rechtslage entspricht hier derjenigen bei rechtswidrigen Durchsuchungen.

a) Von entscheidender Bedeutung ist es auch hier, daß die Verfügungsfreiheit hinsichtlich des geschützten Rechtsguts nicht uneingeschränkt besteht. Sobald mehr als individuelle Interessen auf dem Spiel stehen, kann die Einwilligung nur noch ausnahmsweise zur Rechtfertigung führen. Dies gilt besonders dann, wenn das Grundrecht der Pressefreiheit berührt wird. In Anwendung des oben bereits erwähnten Gedankens von *Eb. Schmidt*[115], mit dem die Aufhebung des Beschlagnahmeverbots durch die Einwilligung des Beschuldigten verneint wurde, ist davon auszugehen, daß eine Verfügungsfreiheit trotz Einwilligung des Betroffenen in der Regel nicht besteht, weil das allgemeine Interesse am Schutz des Redaktionsgeheimnisses als der Vertrauensgrundlage des Funktionierens der Presse überwiegt.[116]

b) In den wenigen Ausnahmefällen, in denen eine Verfügungsfreiheit besteht und infolgedessen eine Einwilligung grundsätzlich rechtswirksam werden kann, müssen die gleichen Voraussetzungen erfüllt sein, die oben bei der Behandlung der Einwilligung in rechtswidrige Durchsuchungen erörtert wurden. Das bedeutet: Eine nachträgliche Einwilligung in die bereits erfolgte Beschlagnahme kann keine rechtfertigende Wirkung haben.[117] Die Einwilligung muß in voller Kenntnis der Tragweite des Rechtsverzichts erklärt worden sein.[118] Die Einwilligung darf nicht mit Willensmängeln behaftet sein, insbesondere darf sie nicht auf einem wesentlichen Irrtum beruhen.[119] Sind alle diese Voraussetzungen erfüllt, so ist eine rechtfertigende Wirkung der Ein-

115 Lehrkommentar, Anm. 11 zu § 97 StPO.
116 Für weitere Einzelheiten vgl. oben D I 2 a.
117 Vgl. oben D I 2 c.
118 Oben D I 2 d.
119 Oben D I 2 e.

willigung gleichwohl nicht möglich, wenn die Beschlagnahmen als solche trotz der erteilten Einwilligung wegen Verletzung höherer Normen, sei es des Sittengesetzes, sei es des Verfassungsrechts, unzulässig sind.[120]

4. Was die *Rechtswirkung des Ermittlungserfolgs* anlangt, so gilt hier für die Beschlagnahmen das gleiche wie für die Durchsuchungen.[121] Strafverfahrensrechtliche Wirkungen können eintreten. Sie werden hier allerdings besonders selten sein, weil die Unzulässigkeit der Beschlagnahmen meistens mit Beweisverboten zusammenhängt und die Beweiseignung der Hauptfall der verfahrensrechtlichen Wirkung ist. Immerhin mögen Fälle erlaubter Verwendung der verfassungswidrig beschlagnahmten Gegenstände denkbar sein. Keinesfalls aber vermag ein solcher Erfolg die geschehene Verfassungsverletzung als solche zu heilen. Sie bleibt trotz des Ermittlungserfolgs bestehen und kann mit der Verfassungsbeschwerde gerügt werden.

120 Oben D I 2 f.
121 Vgl. oben D I 3.

E) Zur Frage der Genauigkeit des Beschlagnahmeverzeichnisses

I. § 109 StPO ordnet an, daß die in Verwahrung oder in Beschlag genommenen Gegenstände genau zu verzeichnen und zur Verhütung von Verwechslungen durch amtliche Siegel oder in sonst geeigneter Weise kenntlich zu machen sind. Über die Art und Weise der Ausgestaltung der Verwahrungs- und Beschlagnahmeverzeichnisse ist im Gesetz nichts Näheres gesagt. Es ist nur ganz allgemein verlangt, daß die Verzeichnisse genau sein sollen. Der Genauigkeitsgrad als solcher ergibt sich daraus, daß die Verzeichnisse mindestens die Verwechslungsgefahr bannen müssen. Es versteht sich von selbst, daß die Erfordernisse nicht überspannt werden dürfen, sondern sich im Rahmen des Praktikablen zu halten haben. Andererseits sind die Verwahrungs- und Beschlagnahmeverzeichnisse von so erheblicher Bedeutung, daß die Eindeutigkeit der Angaben selbst bei noch so umfangreichen Beschlagnahmen nicht relativiert werden darf. Die einzelnen Gegenstände müssen an Hand der Verzeichnisse jederzeit wieder feststellbar sein. Über die Verwahrung oder Beschlagnahme einerseits und die Rückgabe oder Rückbehaltung andererseits dürfen keine Zweifel entstehen können.

II. Für die Frage, welche rechtlichen Folgen sich aus einer Verletzung des § 109 StPO ergeben, ist die Rechtsnatur dieser Bestimmung von entscheidender Bedeutung.

1. Nach *Dünnebier*[122] ist die Bestimmung lediglich eine Ordnungsvorschrift. Ihre Verletzung soll daher prozessual keine Folgen haben, sondern sich höchstens bei Schadensersatzforderungen auswirken. Eigentlich würde sie nach dieser Ansicht besser als in die StPO in die Richtlinien für das Strafverfahren oder in die Aktenordnung passen. *Eb. Schmidt*[123] mißt dagegen dem § 109 StPO größere Bedeutung bei. Er weist darauf hin, daß diese Vorschrift der öffentlich-rechtlichen Pflicht zur pfleglichen Verwahrung und Behandlung beschlagnahmter Gegenstände Ausdruck verleihe und daß bei Schadensverursachung neben der staatlichen Schadenshaftung aus § 839 BGB in Verbindung mit Art. 34 GG zugleich eine staatliche Haftung aus dem öffentlichrechtlichen Verwahrungsverhältnis begründet werde.

122 In *Löwe-Rosenberg*, Anm. 2 zu § 109 StPO.
123 Im Lehrkommentar, Anm. 3 zu § 109 StPO.

2. Verfassungskonforme Auslegung des § 109 StPO zeigt, daß diese Vorschrift mehr als eine bloße Ordnungsbestimmung ist. *Eb. Schmidts* Hinweis auf die öffentlich-rechtliche Funktion dieser Vorschrift führt auf den richtigen Weg. Da Beschlagnahmen erhebliche Eingriffe in verfassungsrechtlich geschützte Bereiche sind, kommt dem Verzeichnis als einem Mittel für die rechtliche Kontrolle große Bedeutung zu. Die Bestimmung ist deshalb eine zwingende Vorschrift. Sie unterliegt dem Prinzip der Formenstrenge des Strafprozesses. Das Verlangen nach Genauigkeit des Verzeichnisses ist mehr als ein Ausdruck eines bloßen prozessualen Ordnungsbedürfnisses. Es ist eine Konsequenz aus der im Rechtsstaat nicht nur für das materielle, sondern auch für das formelle Strafrecht notwendigen Bestimmtheit. Die Genauigkeit des Verzeichnisses soll Kontrollen ermöglichen und damit Willkür verhindern. Die Verletzung des § 109 StPO ist in jedem Falle eine Verletzung der Rechtsstaatlichkeit und der Eigentumsgarantie des Grundgesetzes. Weitere Grundrechte können bei entsprechender Fallgestaltung ebenfalls verletzt sein. Dies gilt vor allem hinsichtlich des Grundrechts der Pressefreiheit für Verzeichnisse über Beschlagnahmen in Redaktionsräumen usw. Es zeigt sich somit, wie wichtig eine Vorschrift, die zunächst nur technische Bedeutung zu haben scheint, im Hinblick auf wesentliche Verfassungsrechte werden kann. § 109 StPO ist keine bloße Ordnungsvorschrift, sondern muß als substantielle Verfahrensnorm angesehen werden.

III. Aus dem Gesagten ergeben sich nachstehende Rechtsfolgen: Die Einhaltung des § 109 StPO ist für die Rechtswirksamkeit einer Beschlagnahme konstitutiv. Das zeigt sich besonders deutlich daran, daß eine Beschlagnahme, die nach § 98 StPO der richterlichen Bestätigung bedarf, bei Verletzung des § 109 StPO nicht rechtswirksam werden kann, weil die richterliche Bestätigung ihrerseits nur dort rechtswirksam zu werden vermag, wo sie sich auf bestimmte beschlagnahmte Gegenstände bezieht. Es muß also entweder vor der richterlichen Bestätigung bereits eine den Erfordernissen des § 109 StPO entsprechende Liste der beschlagnahmten Gegenstände vorliegen, oder es muß spätestens in der richterlichen Bestätigung selbst dieses vom Gesetz vorgeschriebene Verzeichnis enthalten sein. Eine Verletzung des § 109 StPO führt also zur Rechtswidrigkeit der Beschlagnahme. Kann die Herstellung eines ordnungsgemäßen Verzeichnisses nicht nachgeholt werden, so folgt hieraus eine Herausgabepflicht und aus dieser wiederum ein Beweisverbot in bezug auf die betreffenden herauszugebenden Gegenstände, weil diese rechtswidrig erlangt waren. Im einzelnen kommen vor allem folgende Fälle in Betracht: Liegt überhaupt kein Verzeichnis vor, sind naturgemäß sämtliche Gegenstände wieder herauszugeben. Wurde jedoch ein Verzeichnis angefertigt, sind in diesem aber einzelne beschlagnahmte Objekte überhaupt nicht genannt, so gelten die vorerwähnten Rechtsfolgen für diese betreffenden Gegenstände. Sind beschlagnahmte Gegenstände zwar im Verzeichnis erwähnt, liegt gleichwohl ein Verstoß gegen § 109 StPO vor, wenn jene Anführung so ungenau ist, daß eine Identifizierung unmöglich wird. Genau in diesem Sinne liegt beispielsweise eine Verletzung des § 109 StPO vor bei Hinweisen auf beschlagnahmte Schriftstücke, für die weder das Datum noch der Verfasser oder eine sonstige eindeutige Charakterisierung angegeben ist. In allen diesen Fällen ist nicht nur das Strafprozeßrecht, sondern darüber hinaus unter den oben angegebenen Gesichtspunkten – Bestimmtheitserfordernis und Rechtsstaatlichkeit – das Verfassungsrecht verletzt.

F) Zur Frage der Verwertbarkeit von Beweismitteln, die gelegentlich einer Durchsuchung in anderer Sache gefunden wurden

Werden bei einer Durchsuchung von Redaktionsräumen Schriftstücke beschlagnahmt, die erkennbar mit dem Ermittlungszweck in keinem Zusammenhang stehen, so könnte zur Rechtfertigung dieser Beschlagnahmen § 108 StPO herangezogen werden. Diese Bestimmung zeigt jedoch bei Anwendung auf Fälle von der hier in Rede stehenden Art, daß sie infolge ihrer generalklauselartigen Struktur dringend der Ergänzung durch verfassungskonforme Auslegung bedarf.

I. Allgemeine Grundsätze

1. § 108 StPO gibt dem durchsuchenden Beamten bekanntlich das Recht, auch solche Gegenstände einstweilen in Beschlag zu nehmen, die nur *zufällig* bei einer Durchsuchung gefunden wurden, ohne daß sie in einer Beziehung zum Gegenstand der Ermittlung stehen. Voraussetzung für die einstweilige Beschlagnahme derartiger »Zufallsfunde« ist lediglich, daß die betreffenden Gegenstände auf die Verübung einer anderen strafbaren Handlung hindeuten. Daß hier eine richterliche Anordnung der Beschlagnahme nicht vorausgesetzt werden kann, versteht sich bei dieser Sachlage von selbst. Anders als in § 98 Abs. 1 StPO braucht hier das Vorliegen einer Gefahr im Verzug nicht nachgewiesen zu werden. Ihr Vorliegen kann vermutet werden, weil der von der Durchsuchung Betroffene durch eben diese Durchsuchung gewarnt ist.[124] Mit Rücksicht darauf, daß derartige Beschlagnahmen einen erheblichen Eingriff in den verfassungsrechtlich geschützten Einflußbereich des Betroffenen bilden, muß im konkreten Einzelfall die Möglichkeit berücksichtigt werden, daß jene Vermutung über das Vorliegen der Gefahr im Verzug durch die Umstände widerlegt sein kann. Derartige Fälle werden selten vorkommen. Undenkbar sind sie jedoch nicht. Das wurde bisher im Schrifttum zu § 108 StPO übersehen. Die Auffassung, daß § 108 StPO einstweilige Beschlagnahmen auch dann erlaubt, wenn keine Gefahr im Verzug vorliegt[125], läßt sich in dieser allgemeinen Form jedenfalls nicht aufrechterhalten. Im übrigen müssen bei der Anwendung

124 *Dünnebier* in *Löwe-Rosenberg*, Anm. 4 zu § 108 StPO.
125 *Schwarz-Kleinknecht*, Anm. 1 zu § 108 StPO.

des § 108 StPO die allgemeinen Voraussetzungen des § 94 StPO erfüllt sein. Außerdem ist die richterliche Bestätigung nach Maßgabe des § 98 Abs. 2 StPO erforderlich.

2. Im übrigen wird die *Beschlagnahme* von Zufallsfunden *gemäß § 108 StPO durch Beschlagnahmeverbote* in der gleichen Weise *begrenzt* wie die regelmäßigen Beschlagnahmearten.

a) Das gilt vor allem für die Beschlagnahmeverbote aus § 97 StPO. Ist bei einem Zufallsfund erkennbar, daß der betreffende Gegenstand, der auf eine andere strafbare Handlung hindeutet, in einem auf die betreffende Straftat bezüglichen Verfahren durch § 97 StPO geschützt ist, darf er nicht beschlagnahmt werden. Wird er trotzdem beschlagnahmt, so entsteht ein Beweisverbot. Dies gilt insbesondere für Beschlagnahmen in Redaktionsräumen (§ 97 Abs. 5 StPO). Das Entstehen dieser Beschlagnahme- und Beweisverbote ist unabhängig davon, ob die Durchsuchung, bei der die Zufallsfunde gemacht wurden, rechtmäßig oder rechtswidrig gewesen ist.

b) Die Beschlagnahmebefugnis aus § 108 StPO wird ferner durch die sich aus den oben erörterten Frageverboten[126] auf Grund des Güterabwägungsprinzips ergebenden Beschlagnahmeverbote beschränkt. Der Verwertung der im Widerspruch hierzu beschlagnahmten Gegenstände steht ebenfalls ein Beweisverbot entgegen. Die Frage nach der Rechtmäßigkeit der Durchsuchungen, anläßlich deren die betreffenden Gegenstände gefunden wurden, ist hier ebenso irrelevant wie bei dem Vorliegen der Voraussetzung des § 97 StPO.

II. Eine *Anwendung auf Beschlagnahmen in Redaktionsräumen* ergibt für die gelegentlich der Durchsuchung der Räume beschlagnahmten Schriftstücke, bei denen für die Durchsuchungsbeamten ohne besondere Vorkenntnisse erkennbar ist, daß sie mit dem Gegenstand der Ermittlungen in keinerlei Zusammenhang stehen, folgendes:

1. Soweit diese Gegenstände als Beweismittel für die Untersuchung ohne Bedeutung sind und diese Objekte auch nicht der Einziehung unterliegen, fehlt es an den Beschlagnahme-Voraussetzungen des *§ 94 StPO*. Diese Beschlagnahmen waren daher rechtswidrig und – da § 94 StPO eine den Art. 14 GG begrenzende verfassungsunmittelbare Strafverfahrensvorschrift ist – insbesondere verfassungswidrig. Befanden sich diese Gegenstände außerdem noch im Gewahrsam einer nach § 53 Abs. 1 Nr. 5 StPO zur Verweigerung des Zeugnisses berechtigten Person und waren ferner die übrigen Voraussetzungen des § 97 Abs. 5

126 Vgl. A IV 3–7 und A V.

StPO erfüllt, dann kommt noch der Verstoß gegen ein Beschlagnahmeverbot zu der ohnehin schon bestehenden Rechtswidrigkeit hinzu. Es durfte nicht einmal eine Durchsicht der beschlagnahmten Papiere stattfinden.[127] Die Unrechtslage ist insofern eindeutig und unproblematisch.

2. Wurden die betreffenden Gegenstände jedoch als Zufallsfunde unter Bezugnahme auf § 108 StPO beschlagnahmt, so sind vor allem zwei Fälle denkbar. Es kann sein, daß die Zufallsfunde in dem Verfahren wegen der anderen strafbaren Handlung einem Beschlagnahmeverbot unterliegen, und es kann sein, daß ein solches Verbot nicht eingreift.

a) Sollten die beschlagnahmten Gegenstände in einem anderen Strafverfahren verwertet werden, so folgt aus dem gegebenenfalls dort zu berücksichtigenden Zeugnisverweigerungsrecht der Redakteure usw. nach § 53 Abs. 1 Nr. 5 StPO, daß die Beschlagnahmeverbote aus § 97 Abs. 5 StPO *schon hier* hinsichtlich der Zufallsfunde rechtswirksam wurden. Ihre Durchsicht war dann verboten. Es muß mit allen nur denkbaren Mitteln dafür Sorge getragen werden, daß die Kenntnis aus der unzulässigen Durchsicht in keiner Weise verwertet wird. Wie ernst diese Forderung zu nehmen ist, zeigt der zutreffende Hinweis von *Dünnebier*[128] auf die Notwendigkeit, daß ein erkennender Richter, der die widerrechtlich beschlagnahmten Schriftstücke durchgesehen hat, gegebenenfalls nach § 30 StPO verfahren muß. Für die aus den oben unter A IV 3–7 und A V erwähnten Frageverboten herzuleitenden Beschlagnahmeverbote gilt das entsprechende.

b) Die Anwendung des § 108 StPO auf einen die Pressefreiheit betreffenden Sachverhalt zeigt aber ferner deutlich, daß auch dort, wo keine Beschlagnahmeverbote eingreifen, eine verfassungskonforme Auslegung dieses Paragraphen notwendig zur Forderung nach einer eng begrenzten Anwendung dieser Vorschrift führt, wenn eine Umgehung und Aushöhlung der Bestimmungen des Grundgesetzes verhindert werden soll. § 53 Abs. 1 Nr. 5 StPO wird weitgehend illusorisch, wenn die Anwendung des § 108 StPO nicht an strenge Voraussetzungen geknüpft wird. Es muß deshalb verlangt werden, daß eine allgemeine *Möglichkeit* der Hindeutung auf eine andere strafbare Handlung nicht genügt. Je weiter der Eingriff in die grundgesetzlich geschützte Tätigkeit der Presse reicht, desto bestimmter und konkreter muß die Hindeutung auf eine strafbare Handlung sein, wenn sie eine einstweilige Beschlagnahme nach § 108 StPO rechtfertigen soll. Dies

127 Vgl. W. *Niese*, S. 141.

128 In *Löwe-Rosenberg*, Anm. 5 b zu § 97 StPO.

muß unabhängig von der Schwere der vermuteten Straftat verlangt werden. Nur bei einer derartigen restriktiven Interpretation des § 108 StPO kann verhindert werden, daß diese strafprozessualen Zweckmäßigkeitserwägungen Raum gebende Bestimmung ein so wesentliches Grundrecht wie das des Art. 5 Abs. 1 Satz 2 GG unangemessen einschränkt.

G) Zur Frage der Belehrungspflicht über ein Zeugnisverweigerungsrecht aus § 53 Abs. 1 Nr. 5 StPO

I. Die Rechtslage bei den Zeugnisverweigerungsrechten im allgemeinen:

1. Die Strafprozeßordnung enthält keine Bestimmungen, in denen ausdrücklich angeordnet wird, daß die Staatsanwaltschaft oder die Polizei bei ihren Vernehmungen Zeugen, denen ein Zeugnisverweigerungsrecht zusteht, über das Bestehen dieses Zeugnisverweigerungsrechts zu belehren haben. Von einer Belehrungspflicht über ein Zeugnisverweigerungsrecht sprechen überhaupt nur die §§ 52 Abs. 2 und 55 Abs. 2 StPO. In beiden Fällen ist jedoch vom Gesetzgeber nicht gesagt worden, für wen diese Belehrungspflicht besteht. Der Wortlaut läßt dies offen. Gleichwohl wird im allgemeinen angenommen, daß die genannten Belehrungspflichten sich nur auf den Richter beziehen.[129] Diese Auffassung ist aus strafprozeß- und verfassungsrechtlichen Gründen unzutreffend.

2. Bevor die Frage geprüft werden kann, ob die Belehrungspflicht auch bei Vernehmungen durch die Staatsanwaltschaft oder durch die Polizei besteht, muß die Vorfrage geklärt werden, ob sich die Zeugnisverweigerungsrechte nur auf die Vernehmungen durch den Richter oder ob sie sich auch zugleich auf staatsanwaltschaftliche und polizeiliche Vernehmungen erstrecken. Die Frage ist vorbehaltlos im zuletzt genannten Sinne zu beantworten. Dabei spielen folgende Erwägungen eine Rolle:

a) Ein Umkehrschluß kann aus den Vorschriften über die Zeugnisverweigerungsrechte nicht gezogen werden, denn dort ist nirgends gesagt, daß sie nur für Richter Gültigkeit hätten.

b) Wo sich die Bestimmungen des 6. Abschnitts nur auf die Richter beziehen, hat dies der Gesetzgeber deutlich zum Ausdruck gebracht. Daß nur dem Richter die Zwangsmittel aus den §§ 51 Abs. 3 und 70 Abs. 3 StPO zur Verfügung stehen und daß nur der Richter für die Vereidigung des Zeugen zuständig ist (§§ 66 c, 67 und 61 StPO), kann aus den genannten Vorschriften unmittelbar entnommen werden. Es ist deshalb der Umkehrschluß zulässig, daß überall da, wo sich diese Beschränkung auf den Richter nicht aus dem Gesetz entnehmen läßt, die

129 Vgl. u. a. *Kohlhaas* in *Löwe-Rosenberg*, Anm. 4 a zu § 52 StPO, und *Schwarz-Kleinknecht*, Anm. 9 zu § 52 StPO.

betreffenden Bestimmungen auch auf die Staatsanwaltschaft und die Polizei Anwendung finden müssen.

c) Hinzu kommt noch, daß, wie *Eb. Schmidt*[130] mit Recht bemerkt, nicht einzusehen wäre, warum etwa so wesentliche Vorschriften wie die der §§ 58 Abs. 1, 68, 68a und 69 StPO für Polizei und Staatsanwaltschaft nicht maßgebend sein sollten. Wenn der Anwendungsbereich dieser Bestimmungen aber nicht nur auf den Richter beschränkt ist, ohne daß das Gesetz diese Geltungsreichweite ausdrücklich erwähnt, dann muß das gleiche für die übrigen Vorschriften dieses Abschnitts gelten, falls nicht, wie in den oben erwähnten Fällen, die Beschränkung auf den Richter zum Ausdruck gebracht ist.

d) Dafür, daß das Zeugnisverweigerungsrecht in allen Strafverfahrensabschnitten gilt, spricht im übrigen die Tatsache, daß Staatsanwaltschaft und Polizei nur Vorbereitungsarbeit für die richterliche Entscheidung leisten.[131] Es kann und muß deshalb für die weiteren Überlegungen davon ausgegangen werden, daß die Zeugnisverweigerungsrechte für die staatsanwaltschaftlichen und polizeilichen Vernehmungen in der gleichen Weise wie für die richterlichen gelten.[132]

3. Erstaunlicherweise wird nun, abgesehen von *Eb. Schmidt*[133], allgemein angenommen, daß sich die im Gesetz in den §§ 52 Abs. 2 und 55 Abs. 2 StPO angeordnete Belehrungspflicht nur an den Richter wende, nicht aber für die Staatsanwaltschaft und die Polizei gelte.[134] Das ist deshalb überraschend, weil der Wortlaut des Gesetzes eine solche Einschränkung in keiner Weise zum Ausdruck bringt und die Stellung der §§ 52 und 55 StPO im Gesetz unter den im 1. Buch der StPO zusammengefaßten *allgemeinen* Bestimmungen gegen diese Einschränkung spricht. Zudem ist unbestritten, daß die Zeugnisverweigerungsrechte für alle Vernehmungen – also auch für die polizeilichen und die staatsanwaltschaftlichen – gelten, so daß die herrschende Meinung sich in einen unnötigen Widerspruch zwischen den Auffassungen über die Reichweite der Absätze 1 und 2 verwickelt.

Die in diesem Zusammenhang zitierte Rechtsprechung enthält keine zwingenden Argumente, die eine solche einschränkende Auslegung stützen könnten. Die Entscheidung RGSt. 70, 7 ist ganz unergiebig, denn dort wird ohne Angabe von Gründen einfach behauptet, § 52

130 Lehrkommentar, Anm. 16 vor § 48 StPO.

131 *Kleinknecht-Müller*, Anm. 1 g zu § 52 StPO.

132 Ebenso *Kohlhaas* in *Löwe-Rosenberg*, Anm. 1 zu § 52 StPO.

133 Lehrkommentar, Anm. 15 zu § 52 StPO.

134 Vgl. *Kleinknecht-Müller*, Anm. 3 a zu § 52 StPO; *Kohlhaas* in *Löwe-Rosenberg*, Anm. 4 a zu § 52 StPO.

Abs. 2 StPO finde auf Vernehmungen durch Polizeibeamte keine Anwendung. Das gleiche gilt für OGHSt. 1, 302. Ohne Begründung wird apodiktisch erklärt, das Gesetz sehe eine Belehrungspflicht für die polizeiliche Vernehmung nicht vor. Wie das aus dem Gesetz, das sich ganz uneingeschränkt äußert, hervorgehen soll, wird nicht einmal angedeutet. Es wird lediglich darauf hingewiesen, daß Reformbestrebungen, die eine solche Belehrungspflicht einführen wollen, bestünden. Außerdem wird eine überflüssige und rechtsstaatlich bedenkliche kriminalpolitische Bemerkung über die angebliche Unzweckmäßigkeit einer solchen Belehrungspflicht eingeflochten, ohne daß dies für die Entscheidung irgendwie von Bedeutung wäre. Ebenso im Stich gelassen wird man von der Entscheidung BGHSt. 2, 99, wo die Frage der Belehrungspflicht zweimal (S. 104 und 106) kurz behandelt wird. Auch dort ist die Belehrungspflicht abweichend vom Gesetzeswortlaut auf den Richter beschränkt. Von der gelegentlich herangezogenen Entscheidung des Reichsgerichts[135] ist nur der Leitsatz veröffentlicht. Es ist deshalb nicht zu erkennen, worauf die Meinung, § 52 Abs. 2 StPO gelte für den Staatsanwalt nicht, gestützt werden soll. Somit kann zunächst einmal festgestellt werden, daß sich keine prozeßrechtlichen Gründe, die *gegen* eine Anwendung der Vorschriften über die Belehrungspflicht auf die Vernehmungen durch Staatsanwalt und Polizei sprechen, erkennen lassen. *Für* eine Anwendung sprechen aber die folgenden Erwägungen:

a) Die Vertreter der aus dem Gesetz nicht herzuleitenden Einschränkung der Belehrungspflicht auf die richterlichen Vernehmungen sind mit ihrer Auslegung offenbar selbst nicht ganz zufrieden. Sie betonen, es sei immerhin »anzustreben«, daß Staatsanwaltschaft und Polizei ebenfalls belehrten, zumal die Rechtsprechung zu § 252 StPO die Vernehmungen ohne solche Belehrungen vielfach illusorisch mache.[136] In »geeigneten« Fällen solle es der Staatsanwaltschaft und den Polizeibeamten ebenfalls obliegen, Zeugen über ihr Verweigerungsrecht zu belehren. Um eine Rechtspflicht soll es sich dabei allerdings nicht handeln. Andererseits wird nicht gesagt, welche Fälle geeignet und – was noch aufschlußreicher wäre – welche Fälle für eine Aufklärung über das gesetzliche Zeugnisverweigerungsrecht nicht geeignet sein sollten.[137] Immerhin hat sich die *herrschende Meinung* insoweit schon gewandelt, als *wenigstens* eine *Belehrungsempfehlung* ausgesprochen wird. Diese

135 JW 1936, 3008.
136 *Kohlhaas* in *Löwe-Rosenberg*, Anm. 4 a zu § 52.
137 Vgl. *Kleinknecht-Müller*, Anm. 3 a zu § 52 StPO.

Empfehlung ist zulässig, weil jedenfalls unstreitig ein Belehrungs*recht* besteht.

b) Im Hinblick darauf, daß § 52 Abs. 2 StPO eine weder dem Wortlaut noch der Stellung im Gesetz nach eingeschränkte allgemeine Verfahrensanweisung enthält, muß jedoch mit *Eb. Schmidt*[138] eine Belehrungs*pflicht* auch für die staatsanwaltschaftliche und für die polizeiliche Vernehmung angenommen werden.[138a] Mit Recht weist *Eb. Schmidt* darauf hin, daß die Staatsanwaltschaft zu einer Belehrung nicht weniger geeignet sei als der Richter. Und was die Polizei anlange, so habe diese unter der Leitung der Staatsanwaltschaft zu arbeiten. Daß sie dabei prozeßrechtliche Vorschriften anwenden und einhalten müsse, sei nichts Neues. Daß die Polizei in den §§ 161 Abs. 2 und 163 Abs. 2 StPO ausdrücklich erwähnt werde, berechtige nicht zu einem Umkehrschluß, denn diese Bestimmungen hätten ihre jetzige Fassung erst nachträglich wegen des erst später eingeführten § 136 a StPO erhalten. Im übrigen sei unbestritten, daß auch sonstige Bestimmungen des 1. Buches der StPO, in denen die Polizei nicht erwähnt worden sei, für diese ebenfalls zu gelten hätten. Insbesondere – und darauf kann nicht nachdrücklich genug hingewiesen werden – ist dies ja gerade für den Abs. 1 der §§ 52 und 55 StPO ganz unbestritten anerkannt, obwohl dort ebenfalls weder die Staatsanwaltschaft noch die Polizei erwähnt ist.

c) *Eb. Schmidt* ist aber auch darin zu folgen, daß sich aus § 38 OwiG ein weiteres Argument für die Anwendung der Vorschriften über die Belehrungspflicht auf Staatsanwaltschaft und Polizei herleiten läßt. Dort ist die Belehrungspflicht für Zeugenvernehmungen im Bußgeldverfahren eingeführt, ohne daß es darauf ankommt, ob die Vernehmung von der Verwaltungsbehörde (§ 35 Abs. 1 OwiG) oder von der Polizei (§ 35 Abs. 2 OwiG) durchgeführt wird. »Was aber für das Bußgeldverfahren notwendig und möglich ist, sollte erst recht im Strafverfahren unentbehrlich sein.«[139]

d) Über das Gesagte hinaus wird die Erstreckung der Belehrungspflicht auf Zeugenvernehmungen durch die Staatsanwaltschaft und die Polizei zwingend, wenn die in Rede stehenden Bestimmungen verfas-

138 Lehrkommentar, Anm. 15 zu § 52 StPO.

138 a Diese Forderung ist inzwischen Gesetz geworden. Durch das am 1. 4. 1965 in Kraft getretene Strafprozeßänderungsgesetz vom 19. 12. 1964 (BGBl. I S. 1067) wurde in die StPO § 163 a eingefügt, dessen Absatz 5 folgenden Wortlaut hat:
Bei der Vernehmung eines Zeugen oder Sachverständigen durch die Staatsanwaltschaft oder durch Beamte des Polizeidienstes sind § 52 Absatz 2, § 55 Absatz 2 und § 136 a entsprechend anzuwenden.

139 *Eb. Schmidt* aaO.

sungskonform ausgelegt werden. Die Prinzipien rechtsstaatlichen Prozeßrechts und insbesondere des fairen Prozesses lassen keine andere Auslegung zu. Der Gesetzgeber würde sich in einen rechtsstaatswidrigen Widerspruch verstricken, wenn er die verfahrensrechtlichen Sicherheiten, die er für die Vernehmung durch den Richter zur Verfügung stellt, dem Zeugen bei der polizeilichen und bei der staatsanwaltschaftlichen Vernehmung nicht gewährte. Sicherlich gibt es wenig Fälle, wo in so eindeutiger Weise davon gesprochen werden kann, daß die Ausnutzung der verfahrensrechtlichen Unkenntnis des Vernommenen ein unfaires Manipulieren mit wichtigen prozessualen Schutzrechten ist. Über § 252 StPO läßt sich der einmal verursachte Schaden nur in wenigen Fällen wirksam beheben. Vor allem nützt diese Vorschrift dann nichts mehr, wenn auf Grund der früheren durch unfaire Unterlassung der Belehrung über das bestehende Zeugnisverweigerungsrecht erschlichenen Aussagen andere Beweismöglichkeiten ermittelt wurden. Die durch die Einräumung von Zeugnisverweigerungsrechten vom Gesetzgeber gefällte rechtsstaatliche Wertentscheidung über das Verhältnis zwischen dem Strafverfolgungsinteresse der Allgemeinheit und dem Interesse des Individuums an der Bewahrung vor den hier in Betracht kommenden schwerwiegenden Gewissenskonflikten wird überspielt, wenn den Vernehmungsbeamten der Staatsanwaltschaft und der Polizei nicht die gleichen Pflichten auferlegt werden wie dem Richter. Die Unterlassung der Belehrung wird damit zum verfassungswidrigen Verhalten.

e) Aus dem Gesagten ergibt sich: *Sämtliche Zeugnisverweigerungsrechte* und die in den §§ 52 Abs. 2 und 55 Abs. 2 StPO angeordneten Belehrungspflichten gelten nicht nur für die richterliche, sondern auch für die staatsanwaltschaftliche und die polizeiliche Zeugenvernehmung.

II. Es fragt sich nunmehr, wie sich das Gesagte auf diejenigen Zeugnisverweigerungsrechte auswirkt, für die im Gesetz keine Belehrungspflicht ausdrücklich vorgeschrieben ist. Vor allem ist im vorliegenden Zusammenhang zu prüfen, wie es sich mit der Belehrungspflicht beim Zeugnisverweigerungsrecht der Presse (§ 53 Abs. 1 Nr. 5 StPO) mit der Pflicht zur Belehrung des Zeugen verhält.

1. Daß ein Belehrungs*recht* besteht, ist unbestritten.[140] Auch *Eb. Schmidt*[141] vertritt für die Belehrung der Zeugen, sofern sie nicht mehr besagt, als daß dem Zeugen eine Entscheidung über ein Zeugnisver-

140 Vgl. *Kleinknecht-Müller*, Anm. 5 zu § 53 StPO.
141 Lehrkommentar, Anm. 26 zu § 53 StPO.

weigerungsrecht zusteht, keine andere Auffassung. Er will aaO lediglich betonen, daß über diese neutrale Belehrung hinaus nichts Weiteres gesagt werden dürfe, damit der Zeuge allein nach pflichtgemäßem Ermessen entscheiden könne. Der Zeuge soll seitens der Vernehmenden in keiner Weise für oder gegen eine Inanspruchnahme des ihm zustehenden Zeugnisverweigerungsrechts beeinflußt werden. Daß ein Belehrungsrecht im Sinne eines einfachen und wertneutralen Hinweises auf das Bestehen eines Zeugnisverweigerungsrechts nach § 53 StPO angenommen werden muß, ist somit unstrittig.

Das Aussageverweigerungsrecht aus den §§ 52 und 55 StPO steht dem Zeugen, wie oben dargelegt wurde, sowohl bei richterlichen als auch bei staatsanwaltschaftlichen und polizeilichen Vernehmungen zu. Für die Zeugnisverweigerungsrechte aus § 53 StPO gilt das gleiche. Auch das ist unstrittig. Demgemäß steht das Belehrungsrecht über die Möglichkeiten aus § 53 StPO nicht nur dem Richter, sondern auch dem Staatsanwalt und der Polizei zu.

2. Zweifelhaft könnte es sein, ob diesem Belehrungs*recht* zugleich eine Belehrungs*pflicht* entspricht. *Eb. Schmidt*[142] meint, es stünde »unweigerlich« fest, daß es eine solche Pflicht nicht gäbe. Das ist sicher richtig, wenn die Vorschriften der StPO nur für sich betrachtet werden, denn es ist offensichtlich, daß der Gesetzgeber einen die Belehrungspflicht enthaltenden Absatz bei § 53 StPO bewußt weggelassen hat. Die Gegenüberstellung mit den benachbarten §§ 52 und 55 StPO zeigt das deutlich. Die Unterlassung der Belehrung ist strafverfahrensrechtlich daher anscheinend keine Rechtspflichtverletzung. Zweifel tauchen indessen schon dann auf, wenn an die richterliche Aufklärungspflicht erinnert wird, die für den Zivilprozeß in § 139 ZPO ausdrücklich angeordnet ist, die aber gleichermaßen für den Richter im Strafverfahren besteht.[143] Obwohl es nahegelegen hätte, auf dieser prozeßrechtlichen Grundlage schon früher wenigstens für richterliche Vernehmungen eine Belehrungspflicht anzunehmen, muß diese Pflicht jedenfalls bei Heranziehung des Verfassungsrechts, und zwar nicht nur für den Richter, sondern auch für den Staatsanwalt und die Polizei bejaht werden. Bei verfassungskonformer Auslegung des § 53 StPO wird die verfahrensrechtlich zulässige Unterlassung des Hinweises auf das Zeugnisverweigerungsrecht zu einer dem Grundgesetz widersprechenden und daher unzulässigen prozessualen Verhaltensweise. Die Unterlassung der Be-

142 Lehrkommentar, Anm. 28 zu § 53 StPO, unter Bezugnahme auf RGSt. 57, 63 (65) und RGSt. 71, 23.

143 Vgl. *Kleinknecht-Müller*, Anm. 5 zu § 53 StPO.

lehrung widerspricht dem Rechtsstaatsprinzip, weil sie unfaire Prozeßführung und Verletzung des Waffengleichheitsgedankens ist. Die darin liegende Verfassungsverletzung wird beim Unterlassen der Belehrung über das Bestehen eines Zeugnisverweigerungsrechts aus § 53 Abs. 1 Nr. 5 StPO durch die Verletzung des Grundrechts der Pressefreiheit intensiviert. Die gesetzgeberischen Motive für die Unterlassung der Anordnung einer Belehrungspflicht mögen sehr verschiedenartige sein. Sowohl kriminalpolitische als auch verfahrensökonomische Erwägungen können eine Rolle gespielt haben. Sie alle und etwaige weitere Gründe für die Ausgestaltung des Strafprozeßrechts in diesem Punkt dienen letzten Endes dem Interesse der Allgemeinheit an der Strafverfolgung. Bei den Zeugnisverweigerungsrechten hat der Gesetzgeber jedoch eine Wertentscheidung getroffen. Hier soll in einem verhältnismäßig engen Rahmen das Strafverfolgungsinteresse hinter anderen schutzwürdigen Interessen zurücktreten. Die Frage des Bestehens oder Nichtbestehens einer Belehrungspflicht ist somit kein Problem der Güterabwägung im Einzelfall. Vielmehr ist diese Güterabwägung hier bereits durch den Gesetzgeber entschieden. Das ergibt sich aus der Zusammenschau des Strafprozeßrechts mit den Grundrechten, deren Schutz und strafprozessualer Ausformung das betreffende Zeugnisverweigerungsrecht dient. Für die Ausnutzung rechtlicher Unkenntnis ist insbesondere beim Pressezeugnisverweigerungsrecht kein Raum. Sie verletzt durch kurzsichtige Handhabung des Prozeßrechts das in diesem Fall stets vorgehende Grundrecht der Pressefreiheit und enthält eine Umgehung des Verfassungsrechts. Die solchermaßen verfassungsrechtlich implizierte Belehrungspflicht über das Zeugnisverweigerungsrecht erstreckt sich sowohl auf die richterlichen als auch auf die staatsanwaltschaftlichen und polizeilichen Vernehmungen. Eine unterschiedliche Behandlung der verschiedenen Vernehmungsarten ließe sich allenfalls prozeßrechtlich rechtfertigen. Aus verfassungsrechtlicher Sicht kann eine verschiedene Behandlungsweise nicht legitimiert werden. Die Rechtsordnung würde sonst das, was für die richterliche Vernehmung gewährt wird, durch die Regelung der staatsanwaltschaftlichen und polizeilichen Vernehmung wieder illusorisch machen.

3. Aus den dargelegten Gründen ist somit eine Nichtbelehrung der Zeugen über ihr Aussageverweigerungsrecht durch die vernehmenden Beamten der Staatsanwaltschaft und der Kriminalpolizei eine Verletzung des Verfassungsrechts. Wenn im Einzelfall die Vernommenen darüber hinaus im unklaren gelassen wurden, ob sie als Zeugen oder Beschuldigte verhört werden, so ist dies eine Steigerung der Verletzung

des Grundgesetzes. Ein solches über die berechtigten Schutzinteressen des Individuums hinweggehendes, allein nach kriminalpolitischen Zweckmäßigkeitsgesichtspunkten ausgerichtetes Verhalten der Strafverfolgungsbehörden ist rechtsstaatswidrig und verstößt insbesondere gegen die Prinzipien des fairen Prozesses.

H) Verfassungsrechtliche Grenzen bei der Verwendung von Sachverständigengutachten im Ermittlungsverfahren

I. Allgemeine Grundsätze

1. Daß die Staatsanwaltschaft im Ermittlungsverfahren zur Herbeiziehung von Sachverständigengutachten berechtigt und, sofern die Ermittlungsaufgabe dies als erforderlich erscheinen läßt, sogar verpflichtet ist, kann nicht bezweifelt werden. Es folgt dies ohne weiteres daraus, daß sie im Ermittlungsverfahren den Sachverhalt zu erforschen hat (§ 160 Abs. 1 StPO), und insbesondere daraus, daß es ihre Aufgabe ist, diese Erforschung des Sachverhalts sowohl auf die belastenden als auch auf die entlastenden Umstände zu erstrecken (§ 160 Abs. 2 StPO). Sie muß hierbei so sorgfältig wie möglich vorgehen. Es wäre deshalb sinnwidrig, die Herbeiziehung von Sachverständigengutachten erst dann vorzusehen, wenn das Gericht in der betreffenden Sache tätig wird. Infolgedessen heben die Richtlinien für das Strafverfahren vom 1. August 1953 unter Nr. 3 im letzten Satz richtig hervor, daß es schon bei Beginn der Ermittlungen geboten sein kann, einen Sachverständigen hinzuzuziehen. Allerdings soll ein Sachverständiger nach Nr. 53 der genannten Richtlinien nur dann hinzugezogen werden, wenn sein Gutachten für die vollständige Aufklärung des Sachverhalts unentbehrlich ist.

Für die Auswahl des Sachverständigen und für die tunlichste Beschleunigung bei der Einholung der Gutachten enthalten Nr. 54 und Nr. 55 der Richtlinien nähere Hinweise.

Über die Notwendigkeit der Einholung eines Sachverständigengutachtens schon im Ermittlungsverfahren entscheidet die Staatsanwaltschaft nach pflichtgemäßem Ermessen. Es entspricht dies der objektiven Funktion der Staatsanwaltschaft im modernen rechtsstaatlichen Strafverfahren. Wenn es in § 73 Abs. 1 StPO heißt, daß die Auswahl der Sachverständigen und die Bestimmung ihrer Anzahl durch den Richter erfolgt, so widerspricht dies nicht dem Grundsatz, daß schon die Staatsanwaltschaft im Ermittlungsverfahren Sachverständige heranziehen darf und gegebenenfalls sogar muß. Es ist unbestritten, daß diese Vorschrift nicht so zu verstehen ist, als müsse die Staatsanwaltschaft – und das gleiche gilt für die Polizei –, wenn sie im vorbereitenden Verfahren einen Sachverständigen in Anspruch nehmen will, dessen Auswahl beim Richter beantragen.[144]

2. Ebensowenig wie die Strafprozeßordnung sich über die Zulässigkeit der Heranziehung von Sachverständigen im Ermittlungsverfahren äußert, enthält sie Bestimmungen darüber, in welcher Art und Weise Sachverständigengutachten von der Staatsanwaltschaft im Ermittlungsverfahren herbeigeholt und eingesetzt werden sollen. Aus der Aufgabe und der rechtlichen Stellung der Staatsanwaltschaft im Strafverfahren ist jedoch zu folgern, daß *die Bestimmungen über die Heranziehung von Sachverständigen durch das Gericht auf die Heranziehung von Sachverständigen durch die Staatsanwaltschaft entsprechend anzuwenden sind.*

a) Hierfür spricht die in vielen Hinsichten richterähnliche Stellung der Staatsanwaltschaft; sie hat historische als auch rechtsstaatliche, namentlich mit der Gewaltentrennung zusammenhängende Gründe.

aa) Die Einrichtung der Staatsanwaltschaft wurde nach französischem Vorbild vor allem zur Beseitigung des Inquisitionsprozesses eingeführt. Bekanntlich gehört zu den wesentlichen Merkmalen des Inquisitionsverfahrens der Umstand, daß die Untersuchungsführung und das Fällen des Urteils in der Hand des Richters vereinigt waren. Dadurch, daß die Untersuchung zur Aufgabe des Staatsanwalts gemacht wurde, konnte man erwarten, daß nunmehr der Richter den Angeklagten unvoreingenommener gegenüberstand. Daraus, daß die Staatsanwaltschaft ihre Entstehung einer Teilung von richterlichen Funktionen zu verdanken hat, folgt andererseits, daß auch sie selbst zur Objektivität verpflichtet sein soll. Darauf hat man schon früh besonderen Wert gelegt. Bereits in dem Promemoria der Preußischen Justizminister *von Savigny* und *Uhden* vom 23. 3. 1846 heißt es über den Staatsanwalt, er solle »als Wächter des Gesetzes befugt sein, bei dem Verfahren gegen den Angeklagten von Anfang an dahin zu wirken, daß überall dem Gesetz ein Genüge geschehe«. Er sollte »ebensosehr zum Schutze des Angeklagten als zu einem Auftreten wider denselben verpflichtet« sein. Vor allem wurde hervorgehoben, daß die Staatsanwaltschaft ihre Aufgaben »als Wächter der Gesetze nicht erst mit der Überweisung des Angeklagten an die Gerichte, sondern schon bei den vorhergehenden Operationen der Polizeibehörden« aufzunehmen habe.[145] Es ist *Eb. Schmidt* beizupflichten, wenn er aaO ausführt, es

144 Vgl. *Sarstedt* in *Löwe-Rosenberg*, Anm. 3 zu § 73 StPO, und *Eb. Schmidt*, Lehrkommentar, Anm. 1 zu § 73 StPO.

145 *Eb. Schmidt*, Einführung S. 323.

müsse den schiefen und verfehlten Urteilen gegenüber, die nach 1933 hinsichtlich der mit der Einführung der Staatsanwaltschaft vor hundert Jahren verbundenen Zielsetzung um sich gegriffen hätten, betont werden, daß es sich nicht darum gehandelt habe, die Strafgewalt aufzugliedern und sie in zwei Behörden sich äußern zu lassen, um diese dann gegeneinander auszuspielen und sie wechselseitig Hemmungen und Kontrollen zu unterwerfen. Die Staatsanwaltschaft wurde in Deutschland eingeführt, »um die Rechtsidee im Strafprozeß zu aktivieren«.[146] Im hier interessierenden Zusammenhang ist also festzuhalten, daß das Amt des Staatsanwalts durch Teilung der Funktionen aus dem Richteramt erwachsen ist.[147]

bb) Die Staatsanwaltschaft war somit von vornherein eine »Institution rechtsstaatlichen Denkens und Handelns«.[148] Sie war von Anfang an, worauf *Bader*[149] hinweist, ein echter Bestandteil der Dritten Gewalt. Daraus ergibt sich, daß neben historischen Gründen auch verfassungsrechtliche Überlegungen für die entsprechende Anwendung der Bestimmungen über die Heranziehung von Sachverständigen durch das Gericht auf die Heranziehung von Sachverständigen durch die Staatsanwaltschaft sprechen. Daß die Staatsanwaltschaft der rechtsprechenden und nicht der vollziehenden Gewalt zuzurechnen ist, dürfte heute überwiegende Meinung sein.[150] Daß diese Auffassung nicht immer herrschte, hängt nicht zuletzt damit zusammen, daß man die sogenannte Weisungsgebundenheit der Staatsanwaltschaft zu sehr in den Vordergrund der Betrachtung gedrängt hatte. Die entscheidende Bedeutung der Tatsache, daß das Weisungsrecht seine Schranken am Legalitätsprinzip findet, wurde dabei vielfach übersehen. Keine Anweisung eines Vorgesetzten kann den Staatsanwalt von der Verpflichtung befreien, Schuldige zu verfolgen und sich jeder Verfolgung von Unschuldigen zu enthalten (vgl. §§ 346, 344 StGB). Die Bedeutung der Weisungsgebundenheit des Staatsanwalts ist infolgedessen allenthalben im Schrifttum auf das richtige Maß beschränkt worden.[151] Da der Staatsanwalt, gebunden an das Legalitätsprinzip, durch seine Tätigkeit an der Herbeiführung eines gerechten Urteils im Rahmen der

146 *Eb. Schmidt* aaO.

147 Vgl. auch die Denkschrift des Deutschen Richterbundes zur Frage der Einbeziehung der Staatsanwälte in das Richtergesetz in DRiZ 55, 254 f.

148 *Eb. Schmidt* in MDR 51, 1 (3) unter Berufung auf *Bader* in NJW 49, 738.

149 JZ 56, 4 (5).

150 Vgl. hierzu außer den Genannten auch noch *Güde* in »Die Justiz«, 1957, S. 301 f. sowie die Ausführungen von *Eb. Schmidt* in Kohlrausch-Festschrift, S. 264 f.

151 *Bader* in DRiZ 54, 238; *Görcke* in ZStW 73, 561; *Wagner* in NJW 63, 8.

Dritten Gewalt mitwirken muß, hat er überall dort, wo es um die Wahrheit des Sachverhalts und um das auf ihn anzuwendende Recht geht, gleich einem Richter nur nach seiner Überzeugung zu votieren. Für dieses Votum zur Tat- und Rechtsfrage kommt dem Staatsanwalt sachliche Unabhängigkeit zu.[152] Infolge dieser aus dem verfassungsrechtlichen Grundsatz der Gewaltentrennung herzuleitenden Teilhabe der Staatsanwaltschaft an der rechtsprechenden Gewalt folgt, daß die Staatsanwaltschaft, soweit dies möglich und sinnvoll ist, die Regeln beachtet und anwendet, die der andere Teil der rechtsprechenden Gewalt – das Gericht – zu befolgen hat. Die Anwendung der hier in Rede stehenden Vorschriften der §§ 72 f. StPO auf die Beiziehung von Sachverständigen durch den Staatsanwalt ist möglich und sinnvoll. Sie ist daher geboten.

b) Hieraus folgt zunächst, daß die Staatsanwaltschaft streng darauf zu achten hat, daß der Sachverständige nicht nur besondere fachliche Eignung aufweist, sondern vor allem, daß er zugleich unparteilich ist. Bei der zuletzt genannten Eigenschaft spielt insbesondere die Unabhängigkeit des Sachverständigen eine wesentliche Rolle. Welche Qualifikationen ein Sachverständiger aufweisen muß, um als unparteilich gelten zu können, läßt sich dem Gesetz nur mittelbar entnehmen. Während positive Angaben über die erforderlichen Eigenschaften fehlen, enthält die Strafprozeßordnung einen wichtigen negativen Hinweis, denn bekanntlich kann ein Sachverständiger nach § 74 StPO aus denselben Gründen, die zur Ablehnung eines Richters berechtigen, abgelehnt werden. Daraus folgt, daß jedenfalls grundsätzlich solche Personen nicht als Sachverständige berufen werden sollen, bei denen die Gefahr der Ablehnung besteht.[153] Als Ablehnungsgründe kommen die in § 22 StPO unter Nr. 1–4 genannten Fälle in Betracht. Ein Ablehnungsgrund wäre es somit, wenn der Sachverständige *selbst* durch die in Rede stehende strafbare Handlung *verletzt* worden wäre. Auch die Staatsanwaltschaft würde unter diesen Umständen den Sachverständigen nicht bestellen dürfen.

Zu den in § 22 Nr. 1–4 StPO genannten Ablehnungsgründen kommt als weiterer Ablehnungsgesichtspunkt die *Besorgnis der Befangenheit* nach § 24 Abs. 2 StPO hinzu.[154] Eine solche Besorgnis der Befangenheit muß dann bejaht werden, wenn ein Grund vorliegt, der geeignet

152 *Güde* in »Die Justiz« 1957, S. 301 f.

153 So hinsichtlich des vom Richter zu bestellenden Sachverständigen *Sarstedt* in *Löwe-Rosenberg*, Anm. 2 b zu § 73 StPO.

154 *Eb. Schmidt*, Lehrkommentar, Anm. 4 zu § 74 StPO.

ist, Mißtrauen gegen die Unparteilichkeit des Sachverständigen zu rechtfertigen. Da die Besorgnis der Befangenheit ein Rechtsbegriff ist, kommt es beim Sachverständigen ebenso wie beim Richter nicht darauf an, ob er wirklich befangen ist, sondern lediglich, ob vom Standpunkt des Ablehnenden aus vernünftigerweise ein Mißtrauen gegen die Unparteilichkeit des Sachverständigen als gerechtfertigt anzusehen ist.[155]

Gefahr für die Unparteilichkeit besteht vor allem dann, wenn der Sachverständige nicht unabhängig ist. Diese Unabhängigkeit fehlt in der Regel sowohl dann, wenn der Sachverständige zum Geschädigten im Angestelltenverhältnis steht, als auch dann, wenn der Sachverständige ein Beamter und der Geschädigte die vorgesetzte Behörde dieses Beamten ist. Eine Auffassung, die insoweit zwischen dem Angestellten- und dem Beamtenverhältnis grundsätzliche Unterschiede zu erkennen glaubt, würde den tatsächlichen Verhältnissen nicht gerecht. Selbst bei wohlmeinendster Auslegung der gesetzlichen Bestimmungen über die Rechtsstellung des Beamten ist an der Tatsache nicht vorbeizukommen, daß ein Beamter in der Regel überfordert ist, wenn er zu einem Angriff auf seine vorgesetzte Behörde neutral Stellung nehmen soll – zumal ein solcher Angriff den behördenangehörigen Beamten mittelbar selbst verletzt. Hier müssen die nicht wegzudiskutierenden soziologischen und psychologischen Erfahrungsgesetze berücksichtigt werden. Im übrigen kommt es, wie bereits ausgeführt wurde, gar nicht darauf an, ob der Beamte als Sachverständiger im konkreten Einzelfall einmal wirklich unabhängig und unparteilich ist. Für die Ablehnung genügt die Besorgnis der Befangenheit. Sie ist auf jeden Fall bei einem Beamten, dessen vorgesetzte Behörde angegriffen ist, gegeben, denn hier läßt sich mit Recht sagen, daß vom Standpunkt des Ablehnenden sehr wohl vernünftigerweise ein Mißtrauen gegen die Unparteilichkeit des Sachverständigen als gerechtfertigt anzusehen ist. Gerade weil der Ablehnungsgrund der Besorgnis der Befangenheit objektiviert ist, besteht er hier zu Recht. Wenn dem aber so ist, dann darf die Staatsanwaltschaft einen in die Hierarchie einer angegriffenen Behörde gehörigen Beamten gar nicht erst zum Sachverständigen im Ermittlungsverfahren bestellen. Tut sie es doch, dann verletzt sie Verfassungsrecht, weil sie rechtsstaatswidrig vorgeht, denn die Sorge für die Unparteilichkeit des Sachverständigen ist ebenso wie das Erfordernis des unparteilichen Richters ein wesentliches rechtsstaatliches Anliegen.

c) Im rechtsstaatlichen Ermittlungsverfahren kommt es außerdem nicht nur auf die Unabhängigkeit des Sachverständigen gegenüber

155 *Sarstedt* in *Löwe-Rosenberg*, Anm. 4 zu § 74.

Dritten, sondern zugleich auf die *Unabhängigkeit der Staatsanwaltschaft gegenüber dem Sachverständigen* an. Die Anklagebehörde, die einen Sachverständigen heranzieht, darf sich diesem nicht ausliefern, denn dann ist sie nicht mehr in der Lage, im Sinne des § 160 Abs. 2 StPO das Für und Wider objektiv zu ermitteln. Auf keinen Fall darf sie die Rechtsfrage an den Sachverständigen richten. Insbesondere ist es ein schwerer Verstoß gegen ihre Pflichten als Rechtspflegeorgan, wenn sie dem Sachverständigen etwa die Frage vorlegt, ob dieser den Straftatbestand oder einzelne Tatbestandsmerkmale für verwirklicht hält. Ein Rückzug auf versehentliche mißverständliche Fragestellungen kann hier die Rechtswidrigkeit dieses Vorgehens nicht nachträglich aufheben. Dafür ist der Rechtsverstoß zu schwerwiegend. Ist der Sachverständige in einem derartigen Falle ein Beamter und gehört er zur vollziehenden Gewalt, dann ist nicht nur die rechtsstaatliche Verfassung im allgemeinen, sondern zugleich der Grundsatz der Gewaltentrennung (Art. 20 Abs. 2 GG) verletzt.[156]

II. Sonderfragen

Dadurch, daß beim Tatbestand des publizistischen Landesverrats stets das Grundrecht der Pressefreiheit berührt wird und außerdem der Staat in seinen militärischen Dienststellen und Funktionen verletzt ist, ergeben sich für das im vorstehenden Ausgeführte noch besondere Modifikationen:

1. Bei Landesverratsverfahren gegen Journalisten darf zunächst einmal nicht daran vorbeigegangen werden, daß Militär und Presse in der Bundesrepublik im Hinblick auf die historischen Erfahrungen von 1918 bis 1945 auch heute noch in einem besonderen Spannungsverhältnis zueinander stehen. Diese Situation hat *Jescheck*[157] anschaulich geschildert: »Wenn auch die in der Weimarer Republik einst bestehende Todfeindschaft zwischen den Gutachtern aus dem Kreise hoher Offiziere und den Presseleuten aus dem Kreise linksgerichteter Pazifisten heute bei der allgemeinen nüchternen Betrachtung der Wehrprobleme keine Rolle mehr spielen dürfte, so ist doch der Einwand nicht von der Hand zu weisen, daß Gutachter aus dem Ministerium nicht die unabhängigen und unvoreingenommenen Gehilfen der Justiz sein kön-

156 Ähnlich, wenn auch mit anderer Begründung, *Maihofer*, S. 111, und *Pitzer*, NJW 1962, 2235/6.

157 S. 32/33.

nen, die sich die Prozeßordnung vorgestellt hat, sondern daß sie Untergebene ihrer Vorgesetzten sind mit der typischen Neigung der Militärbürokratie zur Geheimniskrämerei.« Die hieraus resultierende Gefahr für die Unparteilichkeit und Unabhängigkeit des Sachverständigen ist vor allem von Praktikern nicht verkannt worden.[158]

2. Dieses Spannungsverhältnis zwischen Militär und Presse bei Landesverratsverfahren gegen Journalisten wird noch gesteigert, wenn es sich darum handelt, daß die betreffenden Journalisten an einer schon längere Zeit währenden oppositionellen Pressekampagne gegen den Verteidigungsminister beteiligt sind. Hierdurch wird die Gefahr für die Unparteilichkeit des Sachverständigen, sofern er ein militärischer Beamter oder ein Offizier ist, erheblich gesteigert. Damit vergrößert sich die Besorgnis der Befangenheit. Um so dringlicher wird das Verbot, einen solchen Sachverständigen, dessen Ablehnung mit einer an Sicherheit grenzenden Wahrscheinlichkeit erwartet werden muß, zu bestellen.

3. Gleichwohl scheint manches für die Zulässigkeit der Bestellung eines Beamten aus dem Verteidigungsministerium zum Sachverständigen zu sprechen. Hier fällt in erster Linie die Zwangslage, in der sich die Anklagebehörde befindet, ins Gewicht. Es dürfte schwerlich jemand zu finden sein, der bessere Sachkenntnisse als jener aufweisen würde. Ferner wird darauf hingewiesen, daß es sich bei den Bedenken gegen die Gutachtertätigkeit von Angehörigen des Ministeriums im Landesverratsprozeß um ein ganz allgemeines Problem handelt und nicht nur um eine Spezialfrage, die lediglich bei den Staatsschutzsachen auftritt.[159] So gibt es beispielsweise auch bei medizinischen Gutachten aus Kliniken oder bei Baugutachten von Ministerialbehörden die Möglichkeit persönlicher Abhängigkeit und fachlicher Überspitzung. Diese Risiken lassen sich nach *Jescheck* im weiteren Strafverfahren auffangen, denn der erfahrene Richter kenne diese Gefahren und halte sie durch die Leitung der Sachverständigentätigkeit (§ 78 StPO) und die Abnahme des Sachverständigeneides (§ 79 StPO) in Grenzen. Außerdem sei das Gericht nicht bloß auf die Gutachten der Ministerialbürokratie angewiesen. Die Verteidigung könne jederzeit andere Gutachten präsentieren. Und was die Abhängigkeit des Richters von der Fachkunde des Sachverständigen anlange, so sei sie bei medizinischen oder technischen Gutachten gewiß nicht geringer als bei militärischen. In jedem Falle gehöre es zu den vornehmsten Richterpflichten,

158 Vgl. *Güde*, Geheimsphäre, S. 14.
159 *Jescheck*, S. 33.

sich in eine fremde Materie einzuarbeiten und zu einem eigenen Urteil auch in schwierigen Fachfragen zu gelangen.[160]

4. Diesen Argumenten ist entgegenzuhalten: Zunächst einmal handelt es sich zumindest insofern um kein ganz allgemeines Problem, als die Ausschließlichkeit der Sachkenntnisse bei militärischen Gutachten wesentlich größer ist als etwa bei medizinischen Gutachten aus Kliniken und bei Baugutachten von Ministerialbehörden. Es ist kaum denkbar, daß in diesen Beispielsfällen nicht Gutachten von anderer neutraler Seite unschwer beigebracht werden könnten. Man wird also zugeben müssen, daß es sich bei den militärischen Gutachten auf jeden Fall um ein Sonderproblem handelt. Die Gefahren für die Unparteilichkeit sind demnach in diesem Bereich besonders groß, und es fragt sich, wie sie gebannt werden können. Der sicher zutreffende Hinweis auf die Möglichkeiten der Begrenzung dieser Gefahren durch die richterliche Leitung der Sachverständigentätigkeit, durch die Abnahme des Sachverständigeneides und durch die der Verteidigung gegebene Möglichkeit, andere Gutachter zu präsentieren, hilft für das hier in Rede stehende *Ermittlungsverfahren* nicht weiter. Und was die Richterpflicht anlangt, sich in eine fremde Materie einarbeiten und zu einem eigenen Urteil auch in schwierigen Fachfragen kommen zu müssen, so ist aus dieser Überlegung gerade durch eine entsprechende Anwendung auf die Pflichten der Anklagebehörde zu folgern, daß die Staatsanwaltschaft sich nicht auf die Herbeiziehung eines Sachverständigen im Ermittlungsverfahren beschränken darf, für den aus den genannten Gründen die dringende Besorgnis der Befangenheit besteht.

Zieht man aus dem Gesagten die Schlußfolgerungen, so ergibt sich:

a) Die Berücksichtigung der unleugbaren *Befangenheits*besorgnis bei einem Ministerialbeamten, dessen Behörde in einem Artikel angegriffen wurde, ist *unabdingbar*. Weder Zeitnot noch die aus dem militärischen Sachbereich resultierenden Beweisschwierigkeiten können von der Beachtung des rechtsstaatlichen Prinzips der Unparteilichkeit des Gutachters befreien.

b) Unter diesen Umständen darf ein dem Ministerium angehöriger Beamter oder Offizier *nur als Zeuge* vernommen werden. Der Betreffende ist dann prozeßrechtlich allenfalls ein sachverständiger Zeuge, aber kein Sachverständiger. Die Besorgnis der Befangenheit hindert die Heranziehung des Beamten oder Offiziers nicht mehr, denn stets kann im Strafverfahren auch der Verletzte oder ein sonstiger an der Strafverfolgung Interessierter als Zeuge vernommen werden. Seine

160 *Jescheck*, S. 33, unter Bezugnahme auf BGHSt. 8, 118.

Aussage wird dann aber dementsprechend gewertet. Das innere und äußere Engagement des Zeugen wird zwangsläufig besser berücksichtigt. Die Gefahr, daß die Richtergehilfen-Stellung des Sachverständigen mißbraucht wird, ist vermieden.

c) Bei dieser Handhabung versteht es sich dann von selbst, daß die Entscheidung der Frage, ob der Tatverdacht für die Vornahme von Durchsuchungen und Beschlagnahmen, die das Grundrecht der Pressefreiheit gefährden, ausreicht, nicht allein mit dem Ergebnis jener notwendig einseitigen Zeugenvernehmungen begründet werden darf. Es muß vielmehr nach einer anderen neutraleren Absicherung Ausschau gehalten werden. Erst an dieser Stelle bietet sich die Einholung eines Sachverständigengutachtens an. Als *Gutachter* kommen jedoch *nur Persönlichkeiten* in Frage, die *außerhalb des angegriffenen Ministeriums* tätig sind. Für die Frage der Vorveröffentlichungen wäre beispielsweise an ein zeitungswissenschaftliches Institut einer Universität zu denken, und für die militärischen Fragen im engeren Sinn müßte auf einen Experten zurückgegriffen werden, der in seiner militärischen Stellung – etwa als Truppengeneral – von dem Einfluß der Hierarchie des Ministeriums so frei wie möglich ist. Am sichersten würde es sein, wenn er bereits pensioniert wäre. Betrifft der inkriminierte Artikel NATO-Manöver, wäre es naheliegend, einen NATO-Offizier zu beauftragen. Die Überlegungen, die hier von der Anklagebehörde schon bei der Einleitung des Ermittlungsverfahrens angestellt werden müssen, sind nicht einfach. Das muß aber in Kauf genommen werden, wenn schwerwiegende Eingriffe in verfassungsrechtlich geschützte Bereiche bevorstehen. Die Nichtberücksichtigung des Erfordernisses der Unparteilichkeit des Sachverständigen – wobei es wie gesagt allein darauf ankommt, ob wegen des Gutachters die Besorgnis der Befangenheit berechtigt ist, und nicht darauf, ob der Betreffende tatsächlich befangen ist – stellt in jedem Fall eine ernste Verletzung des Verfassungsrechts dar, bei welcher im Fall des publizistischen Landesverrats der Verstoß gegen die Grundsätze des Rechtsstaats durch die Verletzung des Grundrechts der Pressefreiheit noch gesteigert wird.

I) Zur Frage der Verdachtsbegründung im Ermittlungsverfahren wegen publizistischen Landesverrats auf der Grundlage der Mosaik- oder der Bestätigungstheorie

Für die Einleitung eines Ermittlungsverfahrens ist nach § 160 Abs. 1 StPO der Verdacht einer strafbaren Handlung Voraussetzung. Nicht jeder Verdacht genügt, sondern nur ein solcher, für den zureichende tatsächliche Anhaltspunkte vorliegen (§ 152 Abs. 2 StPO).

Der Verdacht muß durch diese tatsächlichen Anhaltspunkte konkretisiert sein.[161] Fehlt es hieran, darf kein Ermittlungsverfahren eingeleitet werden. Dies soll unter anderem der Straftatbestand des § 344 StGB sicherstellen. Finden im Rahmen des Ermittlungsverfahrens Beschlagnahmen und Durchsuchungen statt, so muß wegen der Schwere der Eingriffe mit unter Umständen irreparablen Folgen ein bereits stärker konkretisierter Verdacht vorliegen, als nach den §§ 152 Abs. 2 und 160 Abs. 1 StPO.[162] Wird neben den durch Beschlagnahme und Durchsuchungen in der Regel betroffenen Grundrechten außerdem noch das Grundrecht der Pressefreiheit berührt, steigert sich der erforderliche Verdachtsgrad grundsätzlich noch einmal. Diese dreistufige Verdachtskonkretisierung ist bei der Frage der Verhältnismäßigkeit der von der Staatsanwaltschaft für die Erforschung des Sachverhalts zu ergreifenden Maßnahmen abwägend zu berücksichtigen.

Beim Tatbestand des publizistischen Landesverrats ist demnach im Hinblick auf Art. 5 GG besonders sorgfältig zu prüfen, ob der Verdacht im Einzelfall genügend konkretisiert ist. Dabei wird die Anklagebehörde ihr Augenmerk vor allem darauf richten müssen, ob zureichende tatsächliche Anhaltspunkte dafür vorliegen, daß durch die inkriminierte Veröffentlichung ein Geheimnis offenbart wird. Die Möglichkeit, daß Vorveröffentlichungen erfolgt sind, liegt bei einem Presseartikel nahe. Sie muß von Anfang an beachtet werden. Auf eine gründliche Überprüfung darf nicht verzichtet werden, insbesondere nicht mit der Hilfserwägung, daß selbst dann, wenn einschlägige frühere Publikationen vorliegen, der neue Artikel gleichwohl nach der von der Rechtsprechung entwickelten sog. Mosaiktheorie oder nach der ebenfalls von der Judikatur aufgestellten sogenannten Bestätigungstheorie die Veröffentlichung eines Geheimnisses sein kann.

161 *Schwarz-Kleinknecht*, Anm. 1 zu § 160 StPO.
162 *Schwarz-Kleinknecht*, Anm. 4 A zu § 94 StPO.

Diese Argumentation wäre aus zwei Gründen falsch: Erstens könnten Mosaik- oder Bestätigungstheorie, falls überhaupt, so höchstens dann zur Anwendung kommen, wenn der Inhalt der Presseveröffentlichung entweder eine neuartige Zusammenstellung oder eine Wiederholung *schon bekannt gewordener* Tatsachen, Erkenntnisse usw. wäre. Das aber hängt maßgeblich gerade davon ab, ob Vorveröffentlichungen erfolgt sind. Hinzu kommt zweitens, daß die Anwendung der bekannten Theorien beim Tatbestand des *publizistischen* Landesverrats auf grundsätzliche Bedenken stößt und daher prinzipiell ausgeschlossen ist.

I. Das ergibt sich für die *Mosaiktheorie* aus folgenden Erwägungen:

1. Schon im Jahre 1893 hat das *Reichsgericht*[163] für die Zusammenstellung eines Gesamtbildes der deutschen Küste, das in seinen einzelnen Teilen jedermann zugänglich war, den Geheimnischarakter bejaht, denn

»Dinge, die an und für sich wenig verfänglich zu sein scheinen, gewinnen einen ganz anderen Charakter, wenn sie aus diesem Gesichtspunkte (scl. unter dem Aspekt des Gesamtbildes des Küstenschutzes) betrachtet und zueinander in Beziehung gebracht werden.«[164]

Etwas anders begründet das Reichsgericht in späteren Entscheidungen seine Auffassung damit, daß Mitteilungen über jedermann zugängliche Dinge als geheim anzusehen sind, weil die Übermittlung von einem besonders geschulten Beobachter vorgenommen war, der über das Sichtbare hinaus wesentliche Zusammenhänge erkennen konnte.[165] In einer nur als Leitsatz veröffentlichten Entscheidung aus dem Jahre 1924 findet sich dann die bekannte grundlegende allgemeine Fassung der Mosaiktheorie:

»Die Zusammenstellung bereits bekannter Einzelheiten kann nur dann die Eigenschaft einer geheimen Nachricht annehmen, wenn dadurch bisher unbekannte Beziehungen aufgedeckt oder die Einzelheiten sonst in ein anderes Licht gerückt werden derart, daß die Zusammenstellung eine von den bereits bekannten Einzelheiten verschiedene neue und geheime Nachricht ergibt.«[166]

163 RGSt. 25, 45.

164 RGSt. aaO, S. 50.

165 Vgl. hierzu RGSt. vom 25. 8. 1915 und 15. 10. 1915, zitiert bei *Freiesleben* in ZStW 45, 249.

166 RGSt. vom 19. 5. 1924 in DRiZ 1924, Sp. 391/392.

2. Der Bundesgerichtshof ist der Rechtsprechung des Reichsgerichts unbedenklich gefolgt. In einem Urteil vom 27. 1. 1955[167] ging es darum, daß der Angeklagte im Auftrag eines fremden Nachrichtendienstes dritte Personen beauftragt hatte, u. a. den Verlauf der Straße zwischen zwei Orten mit allen Einzelheiten (Brücken, Material und Tragfähigkeit derselben, Möglichkeiten für den Einbau von Sprengkammern usw.) zu ermitteln. Die Verteidigung hatte gegen die Anwendung des § 99 StGB eingewandt, daß alle Einzelheiten der Straße und ihres Verlaufs jedermann ohne weiteres zugänglich und deshalb nicht geheim seien. Wenn solche Einzelheiten zusammengetragen würden, so könne diese Zusammenstellung nicht selbst zu einem Staatsgeheimnis werden. Der Bundesgerichtshof hat diese Auffassung für unzutreffend erklärt:

»Denn es leuchtet ohne weiteres ein, daß diese Zusammenstellung nicht nur eine tagelange Arbeit voraussetzt, sondern vor allem eine große Sorgfalt in der Beobachtung mit Blick für das Wesentliche, und daß die Einzelheiten dabei in einen inneren Zusammenhang gebracht werden müssen. Für sich gesehen mögen die Einzelheiten jedermann leicht zugänglich sein; die militärisch wesentliche Zusammenfassung ist es nicht. Daß das Staatsgeheimnis auf diese Weise auf Grund von Einzelerkundungen gleichsam erst geschaffen wird und die Möglichkeit einer solchen Zusammenfassung an sich ohne Überwindung besonderer Hindernisse besteht, schließt die Anwendung des § 99 StGB nicht aus.«[168]

Von besonderer Bedeutung für die hier zu behandelnde Problematik des *publizistischen* Landesverrats ist sodann eine Entscheidung vom 22. 7. 1960 [169], obwohl es hier um den Straftatbestand des nicht-publizistischen Landesverrats ging. Der Angeklagte hatte in diesem Fall Mitteilungen über das Gesamtbild des Rüstungspotentials der Bundesrepublik an einen fremden Nachrichtendienst gelangen lassen. Hierzu hat der Bundesgerichtshof ausgeführt:

»Die Geheimhaltung dieses vom Angeklagten erarbeiteten Gesamtbildes vor einer fremden Regierung war für das Wohl der Bundesrepublik erforderlich. Die Einzelheiten, aus denen sich das Gesamtbild zusammensetzte, mögen dem Fachmann überwiegend aus der Fachliteratur zugänglich gewesen sein. Die Zusammenfassung war dagegen das Ergebnis langer, gründlicher, aus vielen Quellen schöp-

167 BGHSt. 7, 234 f.
168 BGHSt. aaO, S. 235.
169 BGHSt 15, 17.

fender wissenschaftlicher Arbeit, bei der die Einzelheiten mit Sorgfalt gesammelt und mit fachlichem Können gewertet werden mußten. Eine so erarbeitete Zusammenstellung ist eine von den vielen Einzeldaten verschiedene neue Erkenntnis, die Außenstehende nicht hatten, die vor einer fremden Regierung geheimgehalten werden konnte und angesichts ihrer Bedeutung für die Verteidigung der Bundesrepublik geheimgehalten werden mußte, somit ein Staatsgeheimnis darstellte (vgl. BGHSt 7, 234). Dem steht nicht entgegen, daß dieses Gesamtbild nach den Regeln und Methoden der Dokumentation gewonnen wurde. Die Dokumentation genießt in dieser Hinsicht kein Sonderrecht. Ebenso ist es ohne Bedeutung, daß dieses Gesamtbild zum ganz überwiegenden Teil aus Zeitungen, Zeitschriften, Tagungsberichten, Werbeschriften, also nicht nur aus offenen Tatsachen, sondern sogar aus zur öffentlichen Kenntnisnahme bestimmten Quellen gewonnen wurde. Das erarbeitete Gesamtbild ist eben etwas von den Quellen Verschiedenes, etwas Neues, das selbständig unter dem Gesichtspunkt des Staatsgeheimnisses zu beurteilen ist.«

3. Gegen diese Argumente hat *A. Arndt*[170] eingewandt: Es sei richtig, daß die geistige Verarbeitung eines Stoffes etwas Neues hervorbringen könne. Es frage sich aber, ob sie auch etwas Geheimes zu produzieren in der Lage sei.

»Sind Tatsachen, um die es sich beim Staatsgeheimnis handeln muß, durch Zugänglichkeit bekannt – wie können sie sich durch die Urteilskraft, die dem Angeklagten aus eigenem zu Gebote stand, in Unbekanntes verwandeln?«

Nach *Arndt* entstehen hier *Gefahren für die Presse.*

»Wie kann ein Publizist, dessen Veröffentlichungen jeder fremden Regierung vor Augen kommen, noch die Grenze finden, von der ab seine Schlußfolgerungen aus zugänglichem Tatsachenmaterial zum strafrechtlich geschützten Geheimnis einer ›Erkenntnis‹ werden? Darf ein ausländischer Fachschriftsteller den Stoff, den er in der Literatur vorfindet, nur auf das Wagnis hin geistig verarbeiten und wissenschaftlich zu einem Gesamtbild gestalten, daß er wegen Landesverrats belangt wird, dessen sich ja auch der Angehörige eines fremden Staates schuldig machen kann? Hier erscheint der Konflikt zwischen der legitimen Publizistik, die zuzulassen zum Wesen eines freiheitlichen Staates gehört, und der durch besondere Merkmale namentlich von subjektiven Unrechtselementen bestimmten Agententätigkeit noch nicht befriedigend gelöst.«

170 NJW 1960, S. 2040/2041.

4. Ähnlich äußert sich *Jescheck*[171], der die Mosaiktheorie an sich nicht für in jeder Hinsicht verfehlt hält. In Anlehnung an die amerikanische Rechtsprechung zur Problematik der Mosaiktheorie[172] empfiehlt er, eine grundsätzliche Unterscheidung zu machen, und meint, daß im Gegensatz zu sonstigen Materialkombinationen jedenfalls *Zusammenstellungen und Ausarbeitungen auf Grund von publiziertem Material straffrei* bleiben müßten, zumal für die Presse eine andere Art der Sammeltätigkeit legitimerweise kaum in Betracht kommen könne.

5. Diese kritischen Äußerungen stimmen mit dem überein, was *Ehmke* zur Begründung der Verfassungsbeschwerde der »Spiegel«-Verlag Rudolf Augstein GmbH & Co. KG im Schriftsatz vom 1. 5. 1963 auf S. 83 vorgetragen hat. Zutreffend bemerkt *Ehmke*, daß es gerade das *Wesen und die Aufgabe der Presse* ausmache, Informationen aller Art aufzugreifen, ihnen nachzugehen, sie zu kommentieren und in größere Zusammenhänge zu stellen.

6. *Strafrechtsdogmatisch ist der Streit um die Mosaiktheorie innerhalb der Tatbestandslehre einzuordnen.* Die in der Diskussion zu Tage getretenen Schwierigkeiten hängen damit zusammen, daß es bisher noch nicht gelungen ist, das Tatbestandsmerkmal des Geheimnisses in befriedigender Weise zu definieren. Die in der Mosaiktheorie anzutreffende Kopplung des Geheimnisbegriffs mit dem Begriff der Neuheit dürfte kaum weiterführen, weil sie ohne geeignete Zusätze zu einer uferlosen Ausdehnung des Tatbestandsmerkmals führt und damit gegen das verfassungsrechtlich vorgeschriebene Bestimmtheitserfordernis bei gesetzlichen Strafdrohungen verstößt. Die zwangsläufige Begriffsausuferung läßt sich daran erkennen, daß der Begriff des Neuen im philosophischen Sinne auf jedes Objekt, das in der kontinuierlichen Fortentwicklung der Wirklichkeit steht, bezogen werden kann. In jeder neuen »Weltsekunde« ist jeder Gegenstand der Wirklichkeit neu, denn mit der Veränderung der Weltkonstellation hat sich alles in der Welt Seiende mitverändert. Alles Spätere ist insofern gegenüber allem Früheren ein »Geheimnis«. Jedes Offenbarwerden einer Veränderung ist daher insofern das Offenbarwerden eines Geheimnisses. Der objektive Begriff des Neuen ist daher für die Bestimmung des Geheimnisbegriffs unzureichend.

Neben *objektiven Kriterien* müssen für die Verwendung des Geheimnisbegriffs im Rahmen strafrechtlicher Tatbestände *subjektive*

171 S. 25.
172 Circuit Court of Appeals New York, US v. Heine (1945) 151 F 2 d 813; ebenso Supreme Court, Gorin v. US, 312 US 19.

Merkmale hinzugezogen werden. Demgemäß kann von einem Geheimnis im strafrechtlich relevanten Sinne nur dort gesprochen werden, wo ein *Geheimhaltungswille* vorliegt. Dieser ist ungeschriebenes Tatbestandsmerkmal der §§ 99, 100 StGB. Er findet seine objektive Begrenzung in der *Geheimhaltungsmöglichkeit.* Nur wenn beides, der Geheimhaltungswille und die Geheimhaltungsmöglichkeit, vorliegt, kann, sofern auch noch die übrigen Merkmale verwirklicht sind, von einem Geheimnis i. S. des § 99 StGB die Rede sein. Die mosaikartige Kombination offenkundiger Einzelheiten zu einem Ganzen kann daher nur ausnahmsweise das Tatbestandsmerkmal des Geheimnisses erfüllen. Für die Kombination von Landschaftsfotos kommt die Annahme eines Staatsgeheimnisses beispielsweise nur dann in Frage, wenn etwa in bestimmten landschaftlichen Bereichen das Fotografieren verboten ist (Geheimhaltungswille) und dieses Verbot in geeigneter Weise überwacht wird (Geheimhaltungsmöglichkeit). Eine Kombination eines Gesamtlandschaftsbildes aus einzelnen Ansichtskarten, die jedermann erwerben kann, vermag infolgedessen das Tatbestandsmerkmal des Staatsgeheimnisses in keinem Falle zu verwirklichen. Die betreffende Gesamtansicht kann durchaus neue, bisher noch nicht gewonnene Erkenntnisse vermitteln. Ein Geheimnis im strafrechtlichen Sinne ist sie nicht, weil es sowohl am Geheimhaltungswillen als auch an der Geheimhaltungsmöglichkeit bei jenen Ansichtskarten fehlt. Gleiches muß für die Erarbeitung einer Analyse aus zahlreichen Einzelveröffentlichungen in Zeitungen, Zeitschriften und sonstigen Publikationen gelten, die grundsätzlich von jedermann erworben werden können. Hier fehlt es ebenfalls am Geheimhaltungswillen und an der Geheimhaltungsmöglichkeit.

7. Erst recht muß das Gesagte für die Tätigkeit der Presse gelten. In der Tat bildet gerade die Ermittlung eines Gesamtbildes in kultureller, politischer, wirtschaftlicher, militärischer oder sonstiger Hinsicht aus zahlreichen Einzelheiten den Schwerpunkt der Pressetätigkeit. Man kann geradezu sagen, daß Presseorgane von überdurchschnittlichem Niveau ständig an der Herstellung derartiger »Mosaikbilder« arbeiten. Beim Tatbestand des *publizistischen* Landesverrats kann infolgedessen eine Verwirklichung des Tatbestandsmerkmals des Geheimnisses auf der Basis der Mosaiktheorie in keinem Falle angenommen werden. Die strafrechtsdogmatische Begründung hierfür kann aus dem Tatbestandsausschließungsgrund der Sozialkongruenz hergeleitet werden.[173] Die Presse ist zu einem Vorgehen, das formal die Voraussetzun-

173 Vgl. *Klug*, Sozialkongruenz, S. 249 f.

gen der Mosaiktheorie erfüllen würde, nicht nur berechtigt, sondern, wenn sie ihren wichtigen Kontrollfunktionen in der modernen rechtsstaatlichen Demokratie wirklich entsprechen will, sogar verpflichtet. Ein die Voraussetzungen der von der höchstrichterlichen Rechtsprechung entwickelten Mosaiktheorie erfüllendes Verhalten der Presse ist somit nicht etwa nur gerechtfertigt, sondern es ist von vornherein schon *nicht tatbestandsmäßig.*[174] Es greift also nicht nur der Rechtfertigungsgrund der Sozialadäquanz ein, sondern schon der Tatbestandsausschließungsgrund der Sozialkongruenz des Verhaltens der Presse. Den aus sozialethischen Prinzipien herzuleitenden Tatbestandsausschließungsgrund der Sozialkongruenz setzt das Strafrecht – wenn auch unausgesprochenermaßen – an verschiedenen Stellen voraus. Es braucht hier nur an den Begriff der kunstgerechten ärztlichen Heilbehandlung[175] oder an die sog. Aufklärungsanzeige zu § 164 StGB[176] oder an den Tatbestand der aktienrechtlichen Untreue in § 294 AktG erinnert zu werden. An dem zu weit gefaßten Tatbestand des zuletzt erwähnten § 294 AktG zeigt sich die Notwendigkeit des Tatbestandsausschließungsgrunds der Sozialkongruenz besonders deutlich.[177] Aber auch innerhalb der Staatsschutz-Straftatbestände ist dieser Rechtsgedanke nicht unbekannt. So muß die Ausnahmeklausel des Abs. 1 Satz 2 des § 96 a StGB als ein Tatbestandsausschließungsgrund, für den der Rechtsgedanke der Sozialkongruenz die Basis bildet, angesehen werden.[178] – Lediglich einen Rechtfertigungsgrund unter dem Gesichtspunkt bloßer Sozialadäquanz nehmen dagegen *Kohlrausch-Lange*[179] sowie *Schwarz-Dreher*[180] an. – Die Nichtanerkennung des Tatbestandsausschlusses durch Sozialkongruenz bei einem Verhalten der Presse, das der Mosaiktheorie gemäß ist, würde Art. 5 GG widersprechen und infolgedessen eine Verletzung des Verfassungsrechts sein, denn ohne »Mosaikgestaltung« ist freie und sinnvolle Pressetätigkeit überhaupt nicht denkbar.

II. Aus ähnlich liegenden Gründen ist aber auch die Mitanwendung der *Bestätigungstheorie* auf Fälle des publizistischen Landesverrats ausgeschlossen. Bekanntlich handelt es sich bei der sog. Bestätigungs-

174 Vgl. *Klug* in *Ruge*, S. 11 f.
175 Vgl. jetzt § 161 StGB-Entwurf 1962.
176 Vgl. *Bockelmann*, NJW 1959, 1849 f.
177 Vgl. hierzu *Klug*, Aktienstrafrecht, Anm. 42–45 zu § 294.
178 Im Ergebnis ebenso *Schönke-Schröder*, Anm. III zu § 96 a StGB.
179 Anm. VI zu § 96 a StGB.
180 Anm. 2 E zu § 96 a StGB.

theorie ebenfalls um einen in der höchstrichterlichen Rechtsprechung entwickelten Versuch zur genaueren Bestimmung des Tatbestandsmerkmals des Staatsgeheimnisses. Nach dieser Auffassung sind auch solche Tatsachen als geheim anzusehen, die zwar der fremden Nachrichtenstelle bereits bekannt sind, jedoch noch einer Bestätigung oder einer laufenden Überprüfung bedürfen.[181] Weite Bereiche der Tätigkeit der aktuellen Presse würden nahezu lahmgelegt, wenn die betreffenden Journalisten damit zu rechnen hätten, daß die in ihren Organen veröffentlichten Nachrichten möglicherweise eine Bestätigung im Sinne der erwähnten Rechtsprechung seien. Die Inkaufnahme dieses Risikos ist für die Presse geboten, sofern sie ihre Aufgabe erfüllen will. Zugleich ist dieses Risiko für die Presse aber auch unvermeidbar, denn selbst wenn schon mehrfache Vorveröffentlichungen vorlägen, könnte die erneute Publikation der betreffenden Nachricht eine Bestätigung sein, weil auch die »Bestätigung der Bestätigung« – also gewissermaßen eine Bestätigung zweiten oder höheren Grades – immer noch eine Bestätigung im strafrechtlich relevanten Sinne sein könnte, da sie grundsätzlich stets geeignet ist, die voraufgegangenen Bestätigungen ihrerseits zu erhärten und zu bestätigen. Die Kette der bestätigenden Bestätigungen muß daher schon aus logischen Gründen als unabschließbar gedacht werden. Dies mag bei laufend tätig werdenden Agenten hinzunehmen sein. Anders liegt es aber beim publizistischen Landesverrat. Hier gerät die formale Tatbestandsverwirklichung mit den Rechten und Pflichten der Presse in Konflikt. Es muß deshalb hier in der gleichen Weise wie bei der oben erörterten Mosaiktheorie ein Tatbestandsausschließungsgrund unter dem Gesichtspunkt der Sozialkongruenz angenommen werden, der dazu führt, daß beim Tatbestand des publizistischen Landesverrats mit der Bestätigungstheorie nicht argumentiert werden darf. Der rechtliche Anknüpfungspunkt ist hier wiederum Art. 5 GG, so daß eine Anwendung der Bestätigungstheorie auf den Tatbestand des publizistischen Landesverrats verfassungswidrig wäre.

III. Zusammenfassend ist also festzustellen: Beim publizistischen Landesverrat darf die Einleitung eines Ermittlungsverfahrens und die Vornahme der damit zusammenhängenden Durchsuchungen und Beschlagnahmen in keinem Fall auf den Verdacht gestützt werden, daß bei Anwendung der Mosaik- oder der Bestätigungstheorie eine strafbare Handlung vorliegen könnte. Obwohl es zu diesen Rechtsfragen

181 Vgl. Urteil des KG vom 21. 7. 1955 zitiert bei *Wagner*, GA 1961, S. 129 unter Nr. 5. Ähnlich KG vom 30. 6. 1955, *Wagner*, S. 129 unter Nr. 4.

noch keine einschlägige Rechtsprechung gibt, kann die Anklagebehörde dies bei sorgfältiger Besinnung auf Wesen und Funktion der Presse sowie bei gebotener Berücksichtigung des Art. 5 GG von vornherein unschwer erkennen. Entgegenstehendes Verhalten verletzt Art. 5 GG. Anders wäre es nur, wenn keine Vorveröffentlichungen vorgelegen hätten, denn dann würde ein Zurückgreifen auf die beim publizistischen Landesverrat ausgeschlossenen beiden Theorien nicht erforderlich werden. Die Frage, ob Vorveröffentlichungen vorliegen, ist daher für die Frage, ob für den die Einleitung eines Ermittlungsverfahrens rechtfertigenden Verdacht zureichende tatsächliche Anhaltspunkte vorliegen, von entscheidender Bedeutung. Hieraus und aus dem oben Gesagten folgt: Unterläßt es die Anklagebehörde, gründlich zu prüfen, ob Vorveröffentlichungen vorliegen, oder unterläßt sie es zu prüfen, ob ein eingeschalteter Sachverständiger die Frage der Vorveröffentlichungen mit der erforderlichen Sorgfalt untersucht hat, so verletzt sie damit nicht nur Strafprozeßrecht, sondern gleichzeitig Verfassungsrecht.

J) Zur Frage der Erstreckung eines auf den Verdacht des Geheimnisverrats (§ 100 Abs. 1 StGB) gestützten Durchsuchungsbefehls auf Durchsuchungen wegen des Verdachts der Geheimnisausspähung (§ 100 Abs. 2 StGB)

I. Erwähnt ein von einem Ermittlungsrichter ausgestellter Durchsuchungsbefehl nur den Verdacht eines Verbrechens nach § 100 *Abs. 1* StGB, so stellt sich die Frage, ob die Auffassung vertreten werden kann, daß sich dieser Durchsuchungsbefehl nicht nur auf den Verdacht des Verrats von Staatsgeheimnissen (Abs. 1 des § 100 StGB), sondern gewissermaßen automatisch zugleich auf den nicht erwähnten Verdacht der Ausspähung von Staatsgeheimnissen (Abs. 2 des § 100 StGB) erstrecke. Die Antwort hängt von dem Verhältnis der beiden Tatbestände zueinander ab. Nach der ständigen Rechtsprechung des Bundesgerichtshofs[182] wird die vollendete oder versuchte Ausspähung von Staatsgeheimnissen (§ 100 Abs. 2 StGB) durch den vollendeten oder versuchten Verrat von Staatsgeheimnissen (§ 100 Abs. 1 StGB) zwar nicht spezialisiert, aber doch konsumiert. Aus dieser Auffassung des Bundesgerichtshofs, der zugestimmt werden kann, darf nicht der Schluß gezogen werden, daß mit der Nennung des § 100 Abs. 1 StGB zugleich der darin konsumierte Tatbestand des § 100 Abs. 2 StGB als Gegenstand der Durchsuchung bezeichnet worden sei.

II. Das Gesagte folgt aus rechtslogischen Gründen.[183]

1. Es ist richtig, daß zwischen Abs. 1 und Abs. 2 das Verhältnis der Konsumtion und nicht das der *Spezialität* vorliegt. Die begriffslogische Struktur der Spezialität ist die Subordination. Das besagt, daß der Anwendungsbereich des speziellen Gesetzes in dem des allgemeinen liegt. Will man sich dieses Verhältnis geometrisch zur Anschauung bringen, so hat man sich den Anwendungsbereich des speziellen Gesetzes als einen kleineren Kreis zu denken, der von dem größeren Kreis als dem Bild des allgemeineren Gesetzes vollkommen eingeschlossen wird. Ein Beispiel hierfür wäre etwa das Verhältnis zwischen § 243 und § 242 StGB. Liegt Spezialität vor, dann ist jeder Fall, der den Tatbestand des spezielleren Gesetzes erfüllt, stets auch ein Fall, der

182 Vgl. vor allem die grundlegende Entscheidung BGHSt. 6, 385 (390).

183 Vgl. zum folgenden *Klug*, Zum Begriff der Gesetzeskonkurrenz, ZStW 68, 399 f.

den Tatbestand des allgemeinen Gesetzes verwirklicht. So ist etwa jeder Einbruchsfall (§ 243 Abs. 1 Nr. 2 StGB) stets ein Diebstahlsfall (§ 242 StGB). Verrat und Ausspähung von Staatsgeheimnissen stehen aber gerade nicht in dieser Beziehung zueinander, denn nicht jeder Fall der Ausspähung (§ 100 Abs. 2 StGB) ist stets ein Fall des Verrats (§ 100 Abs. 1 StGB). Und auch das Umgekehrte gilt nicht.

2. Es ist infolgedessen richtig, wenn statt Spezialität *Konsumtion* angenommen wird. Die begriffslogische Struktur der Komsumtion ist die Interferenz, d. h. die Überschneidung und Kreuzung der Anwendungsbereiche.[184] In der geometrischen Darstellung überschneiden sich hier die beiden Kreise, die den Anwendungsbereich der Gesetze darstellen.[185] Stehen somit zwei gesetzliche Tatbestände zueinander im Verhältnis der Konsumtion, dann ist es nicht so, daß einer von den beiden Tatbeständen *stets* mitverwirklicht ist, wenn der andere erfüllt wurde. Es mag zwar sein, daß bei der Verwirklichung des einen Tatbestands *regelmäßig* zugleich der andere mitverwirklicht ist. Der entscheidende Unterschied zur Spezialität liegt jedoch darin, daß diese Mitverwirklichung bei der Spezialität stets erfolgt, während bei der Konsumtion auch andere Fälle, also die getrennte Verwirklichung der jeweiligen Tatbestände, denkbar sind. In diesem Sinne ist es beispielsweise üblich, zwischen Einbruchsdiebstahl und Sachbeschädigung Konsumtion anzunehmen. Spezialität kann hier nicht vorliegen, da ein Einbruchsdiebstahl auch ohne Sachbeschädigung begangen werden kann.[186] Entsprechend liegt es bei dem Verhältnis zwischen Verrat und Ausspähung von Staatsgeheimnissen. Jeder dieser beiden Tatbestände kann verwirklicht werden, ohne daß damit zugleich der andere miterfüllt ist. Andererseits können sie zusammentreffen, und zwar hauptsächlich in der Weise, daß die Ausspähung die Vorbereitungshandlung oder der Anfang der Ausführung zu einem gleichfalls begangenen, versuchten oder vollendeten Verrat von Staatsgeheimnissen ist. Bei diesem Zusammentreffen »zehrt«, wie der Bundesgerichtshof sich ausdrückt, der Verrat die Ausspähung auf. § 100 Abs. 1 StGB konsumiert somit § 100 Abs. 2 StGB. Rechtslogisch ist dieses »Aufzehren« ein Fall der stillschweigenden – d. h. vom Gesetz nicht ausdrücklich erwähnten – Subsidiarität.

184 *Klug*, ZStW 68, 404 und 406 f.

185 Zur genauen formallogischen Analyse von Konsumtion und Spezialität vgl. *Klug*, Juristische Logik, § 6.

186 *Mezger*, BT § 47, 2 b; *Mezger-Blei*, AT § 97, 2 und *Schwarz-Dreher*, Vorbemerkung 2 A c vor § 73 StGB.

III. Aus diesem Verhältnis der Konsumtion kann jedoch keinesfalls gefolgert werden, daß die Behauptung, jemand stehe im Verdacht, Staatsgeheimnisse verraten zu haben (§ 100 Abs. 1 StGB), die weitere Behauptung impliziere, daß der Betreffende auch im Verdacht stünde, Staatsgeheimnisse ausgespäht zu haben (§ 100 Abs. 2 StGB). Bei einer derartigen Auffassung wird übersehen, daß zwischen den beiden in Rede stehenden Tatbeständen gerade *nicht* das Verhältnis der Spezialität besteht, daß also durchaus nicht der eine Anwendungsbereich vom anderen eingeschlossen wird. Die behauptete Implikation ist ebenso falsch, als würde man sagen, wenn jemand des Einbruchs verdächtigt wird, sei er ohne weiteres gleichzeitig der Sachbeschädigung verdächtig, ohne daß dies besonders gesagt, geschweige denn besonders begründet zu werden brauche. Mit anderen Worten: Es ist also ein Denkfehler, wenn in Verkennung der auf Begriffsüberschneidung beruhenden logischen Struktur der Konsumtion behauptet wird, daß mit der Nennung des Verdachts aus § 100 Abs. 1 StGB zugleich der § 100 Abs. 2 StGB mitbezeichnet sei. Es ist daher unzulässig, einen Durchsuchungsbefehl des Ermittlungsrichters, in dem nur § 100 Abs. 1 StGB genannt wird, in der Weise auszulegen, daß der Verdacht des Geheimnisverrats sich zugleich auf den Verdacht der Geheimnisausspähung erstrecke.

Schrifttumsverzeichnis

Arndt, Das Geheimnis im Recht, NJW 1960, 2040.

Bader, Zur Stellung des Staatsanwalts in der heutigen Strafrechtspflege, NJW 1949, 738.

Können die Schattenseiten der Weisungsgebundenheit des Staatsanwalts wirksam beseitigt werden? DRiZ 1954, 238.

Staatsanwaltschaft und Rechtspflege, JZ 1956, 4.

Badewitz, Der Zeugniszwang gegen die Presse, München 1952.

Baumann, Die Bedeutung des Art. 2 GG für die Freiheitsbeschränkungen im Strafprozeß, in Festschrift für *Eb. Schmidt,* Göttingen 1961, S. 545.

Bennecke-Beling, Lehrbuch des Deutschen Reichsstrafprozeßrechts, Breslau 1900.

Berner, Lehrbuch des deutschen Preßrechts, Leipzig 1876.

Bockelmann, Zur Auslegung des § 164 Abs. 5 StGB, NJW 1959, 1849.

Bonner Kommentar, red. Bearbeitung von *Wernicke,* weitergeführt von *Holtkotten,* Hamburg 1954 ff.

Dalcke-Fuhrmann-Schäfer, Strafrecht und Strafverfahren, 37. Aufl., Berlin 1961.

Freiesleben, Einzelne Fragen aus dem Gebiete des Landesverrats und der Spionage, ZStW 45, 237.

Giesen, Der Zeugniszwang gegen die Presse, Frankfurt 1906.

Görcke, Weisungsgebundenheit und Grundgesetz, ZStW 73, 561.

Güde, Die Geheimsphäre des Staates und die Pressefreiheit, Vortrag, Frankfurt 1959.

Die Stellung des Staatsanwalts im heutigen Recht, »Die Justiz«, Amtsblatt des Justizministeriums Baden-Württemberg 1957, S. 301 f.

Hahn, Die gesamten Materialien zur StPO und dem Einführungsgesetz zu derselben vom 1. 2. 1877, auf Veranlassung des Kaiserlichen Reichsjustizamts hrsg. von *C. Hahn,* Berlin 1880/81.

Hamann, Das Grundgesetz, ein Kommentar für Wissenschaft und Praxis, 2. Aufl., 1961.

Jagusch, Pressefreiheit, Redaktionsgeheimnis, Bekanntmachen von Staatsgeheimnissen, NJW 1963, 179.

Jescheck, Pressefreiheit und militärisches Geheimnis, Berlin 1964.

Keller, Die Haftung für Pressedelikte, insbesondere der Zeugniszwang gegen den verantwortlichen Redakteur, Luzern 1913.

Kleinknecht-Müller, Kommentar zur Strafprozeßordnung und zum Gerichtsverfassungsgesetz, 4. Aufl., Darmstadt 1958.
Klug, Sozialkongruenz und Sozialadäquanz im Strafrecht, in Festschrift für *Eb. Schmidt*, Göttingen 1961, S. 249 f., zitiert: Sozialkongruenz.
Aktienstrafrecht, Berlin 1964, zitiert: Aktienstrafrecht.
Zum Begriff der Gesetzeskonkurrenz, ZStW 68, 399 f.
Juristische Logik, 2. Aufl., Berlin/Göttingen/Heidelberg 1958 (3. Aufl. ist im Erscheinen begriffen), zitiert: Juristische Logik.
Kohlhaas, Das Zeugnisverweigerungsrecht der Journalisten, NJW 1958, 41.
Kohlrausch-Lange, Strafgesetzbuch, 43. Aufl., Berlin 1961.
Leinveber, Das Grundgesetz und die Zeugnisverweigerung, »Der Journalist«, 1963, 286.
Löffler, Der Zeugniszwang gegen Presse u. Rundfunk, NJW 1958, 1215.
Löwe, Die Strafprozeßordnung für das Deutsche Reich, bearbeitet von *W. Rosenberg*, 17. Aufl., Berlin und Leipzig 1927.
Löwe-Rosenberg, Die Strafprozeßordnung für das Deutsche Reich, bearbeitet von *Gündel*, *Hartung*, *Lingemann* und *Niethammer*, 19. Aufl., Berlin und Leipzig 1934.
Löwe-Rosenberg, Die Strafprozeßordnung und das Gerichtsverfassungsgesetz, Großkommentar, bearbeitet von *Dünnebier*, *Wilh. Geier*, *Jagusch*, *Kohlhaas*, *Sarstedt*, *Karl Schäfer*, 21. Aufl., Berlin 1962, 1. Bd. Lieferung 1, Einleitung, §§ 1–111 a StPO, zitiert: *Dünnebier* usw. in *Löwe-Rosenberg*.
Maihofer, Pressefreiheit und Landesverrat, Blätter für deutsche und internationale Politik, 1963, S. 26 f. und S. 107 f.
v. Mangoldt-Klein, Das Bonner Grundgesetz, Bd. I, 2. Aufl., Berlin und Frankfurt 1957.
Materialien, siehe oben unter *Hahn*.
Maunz-Dürig, Kommentar zum Grundgesetz, München und Berlin 1958 f.
Maurach, Deutsches Strafrecht, Allgemeiner Teil, Karlsruhe 1954, zitiert: *Maurach* AT.
Mezger, Strafrecht, II, Besonderer Teil, 7. Aufl., München und Berlin 1960, zitiert: *Mezger* BT.
Mezger-Blei, Strafrecht, I, Allg. Teil, 10. neu bearbeitete Aufl., München und Berlin 1963, zitiert: *Mezger-Blei* AT.
Möhl, Das Zeugnisverweigerungsrecht der Presse im Straf- und Disziplinarverfahren, Diss. Kiel 1960.

Niese, Doppelfunktionelle Prozeßhandlungen, Göttingen 1950.
Peters, Strafprozeß, Ein Lehrbuch, Karlruhe 1952.
Pitzer, Zur Verfassungsmäßigkeit von Regierungsgutachten im Landesverratsverfahren, NJW 1962, 2235/2236.
Rosenberg, Die Novelle zum Gerichtsverfassungsgesetz und zur Strafprozeßordnung, JW 26, 2718.
Ruge, Landesverrat und Pressefreiheit, Ein Protokoll, Köln und Berlin 1963, hrsg. von *Gerd Ruge*.
Sax, Grundsätze der Strafrechtspflege, in *Bettermann-Nipperdey-Scheuner*, Die Grundrechte, Bd. III/2, S. 909.
Schmidt, Eb., Lehrkommentar zur Strafprozeßordnung und zum Gerichtsverfassungsgesetz, Teil II, Erläuterungen, Göttingen 1957, zitiert: Lehrkommentar.
Einführung in die Geschichte der deutschen Strafrechtspflege, 2. Aufl., Göttingen 1951, zitiert: Einführung.
Staatsanwalt und Gericht, in Festschrift für *Kohlrausch*, Berlin 1944, S. 263, zitiert: *Kohlrausch-Festschrift*.
Die Rechtsstellung des Staatsanwalts, MDR 1951, 1.
Schneider, Peter, Rechtsgutachten zur Frage der Auslegung des Art. 5 Abs. 1 GG, insbesondere zur Stellung der Presse im Strafverfahren, erstattet im Auftrag der Spiegel-Verlag Rudolf Augstein GmbH & Co, Hamburg 1, Speersort 1, für das Verfassungsbeschwerdeverfahren, zitiert: Rechtsgutachten.
Schönke-Schröder, Strafgesetzbuch, Kommentar, 11. Aufl., München und Berlin 1963.
Schwarz-Dreher, Strafgesetzbuch mit Nebengesetzen und Verordnungen, 25. Aufl., München und Berlin 1963.
Schwarz-Kleinknecht, Strafprozeßordnung mit Gerichtsverfassungsgesetz und Nebengesetzen, 24. Aufl., München und Berlin 1963.
Wagner, Aus der Rechtsprechung in Staatsschutzsachen, GA 1961, 129 f (1. Teil), Zur Weisungsgebundenheit der Staatsanwälte, NJW 1963, 8.
Welzel, Das deutsche Strafrecht, Eine systematische Darstellung, 7. Aufl., Berlin 1960.

Anlage 1

A	B	C
Kommissionsvorschlag im Preußischen Abgeordnetenhaus vom 6. 8. 1862	Art. 143 der Württembergischen StPO vom 17. 4. 1868	Badisches Gesetz von 1868 die Presse betreffend
Drucker, Verleger, Kommissionsverleger und Redakteure dürfen nicht durch Zwangsmaßregeln angehalten werden, über die Verfasser oder Herausgeber von Druckschriften, Artikeln oder Inseraten oder über den Ursprung der in solchen enthaltenen Mitteilungen Zeugnis abzulegen.	Verweigern können das Zeugnis: Drucker, Verleger und Redakteure in Beziehung auf die Person des Verfassers, Herausgebers oder Einsenders von anonymen Druckschriften oder sonstigen Veröffentlichungen durch die Presse, soweit sie die Verantwortung bezüglich des durch die Veröffentlichung begangenen Vergehens nach dem Gesetz übernehmen.	§ 13 I. Die dem Urheber eines Pressevergehens gedrohte Strafe trifft auch folgende bei dem Erscheinen der Druckschrift beteiligte Personen: 1. den Herausgeber (Redakteur), 2. den Verleger oder, wenn er das Geschäft nicht selbst betreibt, dessen Geschäftsführer, 3. den Drucker (§ 4). II. . . . III. . . . IV. . . . V. . . . VI. . . . § 14 Keine der obenbezeichneten Personen kann als Zeuge gezwungen werden, den Verfasser einer Druckschrift zu benennen.
Stenogr. Berichte über die Verhandlungen der durch die Allerhöchste VO v. 6. 5. 1862 einberufenen beiden Häuser des Landtags, 1. Bd., 33. Sitzung v. 6. 8. 1862.	Die gesamten Materialien zur StPO und dem Einführungsgesetz zu derselben v. 1. 2. 1877 hrsg. v. C. *Hahn*, Berlin 1880/81, Seite 102.	Erzherzoglich Badisches Regierungsblatt, Jhrg. 1868, Nr. XXIII.

D

§ 24 Entwurf eines Reichspressegesetzes von 1874.

Der Redakteur, Verleger und Drucker sind berechtigt, das Zeugnis über die Person des Verfassers, Herausgebers und Einsenders zu verweigern.

Reichstagsverhandlungen, II. Leg., I. Sess. 1874, 3. Bd., Anlagen, S. 261.

E

Beratungen einer neuen Reichsstrafprozeßordnung 1877. Antrag *Struckmann*.

Verantwortliche Redakteure, Verleger und Drucker sind in bezug auf die Person des Verfassers, Einsenders oder Herausgebers eines anonymen Presseerzeugnisses das Zeugnis zu verweigern berechtigt, soweit sie die Verantwortlichkeit hinsichtlich der durch die Veröffentlichung begangenen strafbaren Handlung nach den gesetzlichen Vorschriften trifft.

Hahn a. a. O. Seite 584.

F

Beratungen einer neuen Reichsstrafprozeßordnung 1877. Antrag *Marquardsen*.

Bildet der Inhalt eines veröffentlichten Presseerzeugnisses den Gegenstand einer Strafverfolgung, so sind der Redakteur, Verleger und Drucker berechtigt, das Zeugnis über die Person des Verfassers, Herausgebers und Einsenders zu verweigern.

Hahn a. a. O. Seite 584.

G

Abgeänderter Antrag *Marquardsen* 1877.

Wird der Gegenstand einer Strafverfolgung durch den Inhalt einer periodischen Druckschrift gebildet, wofür nach § 20 Abs. 2 des Gesetzes über die Presse vom 7. Mai 1874 der verantwortliche Redakteur als Täter haftet, so sind Verleger, Redakteure und Drucker sowie deren zur Herstellung der Druckschrift verwendetes Hilfspersonal berechtigt, das Zeugnis über die Person des Verfassers und des Einsenders zu verweigern.

Hahn a. a. O. Seite 1215.

H

§ 55 a Entwurf eines Gesetzes betreffend Abänderungen und Ergänzungen des GVG und der StPO vom Jahre 1895.
Antrag *Lenzmann-Munckel*. (Vgl. *Löwe-Rosenberg*, 19. Aufl. 1934, Anm. 21 zu § 53.)

Begründet der Inhalt einer periodischen Druckschrift den Tatbestand einer strafbaren Handlung, für welche nach § 20 Abs. 2 des Gesetzes über die Presse vom 7. Mai 1874 der verantwortliche Redakteur als Täter haftet, so sind Verleger, Redakteur und Drucker sowie deren zur Herstellung der Druckschrift verwandtes Hilfspersonal berechtigt, das Zeugnis über die Person des Verfassers und Einsenders zu verweigern.

Reichstagsdrucksache Nr. 30 v. 1900/1901, Seite 289.

I

§ 49 Entwurf einer StPO v. 1908.

Redakteure, Verleger und Drucker einer periodischen Druckschrift sowie die bei der technischen Herstellung der Druckschrift beschäftigten Personen dürfen die Auskunft über die Person des Verfassers oder Einsenders eines Artikels strafbaren Inhalts verweigern, wenn ein Redakteur der Druckschrift als Täter bestraft ist oder seiner Bestrafung kein Hindernis entgegensteht. Diese Vorschrift findet keine Anwendung, wenn der Inhalt des Artikels den Tatbestand eines Verbrechens begründet.

Reichstagsverhandlungen Bd. 254, Nr. 1310, Seite 32.

J

§ 65 Entwurf für eine Novelle zur StPO v. 1919/20.

Redakteure, Verleger und Drucker einer periodischen Druckschrift sowie die bei der technischen Herstellung der Druckschrift beschäftigten Personen dürfen die Auskunft über die Person des Verfassers oder Einsenders eines Artikels strafbaren Inhalts verweigern, wenn ein Redakteur der Druckschrift als Täter bestraft ist oder seiner Bestrafung kein Hindernis entgegensteht.

Entwurf eines Gesetzes zur Änderung des GVG und Entwurf eines Gesetzes über den Rechtsgang in Strafsachen nebst Begründung; veröffentlicht auf Anordnung des Reichsjustizministeriums, Berlin 1920.

K

§ 53 Nr. 4 StPO, eingef. durch das Gesetz vom 27. 12. 1926, RGBl. I, 529.

(Zur Verweigerung des Zeugnisses sind ferner berechtigt): Redakteure, Verleger und Drucker einer periodischen Druckschrift sowie die bei der technischen Herstellung der Druckschrift beschäftigten Personen über die Person des Verfassers oder Einsenders einer Veröffentlichung strafbaren Inhalts, wenn ein Redakteur der Druckschrift als Täter bestraft ist oder seiner Bestrafung kein rechtliches Hindernis entgegensteht.

L

§ 53 Abs. 1 Nr. 5 StPO, eingef. durch das 3. Strafrechtsänderungsgesetz vom 4. 8. 1953, BGBl. I, 735.

(Zur Verweigerung des Zeugnisses sind ferner berechtigt): Redakteure, Verleger, Herausgeber, Drucker und andere, die bei der Herstellung oder Veröffentlichung einer periodischen Druckschrift mitgewirkt haben, über die Person des Verfassers, Einsenders oder Gewährsmanns einer Veröffentlichung strafbaren Inhalts, wenn ein Redakteur der Druckschrift wegen dieser Veröffentlichung bestraft ist oder seiner Bestrafung keine Hindernisse entgegenstehen.

M

Bayerisches Gesetz über die Presse vom 3. Oktober 1949 (Bayerisches Gesetz- und Verordnungsblatt Nr. 23/1949, S. 243 f.)

§ 12

Verantwortliche Redakteure, Verleger oder Herausgeber und Drucker können über die Person des Verfassers, Einsenders oder Gewährsmannes einer Veröffentlichung im redaktionellen Teil eines Druckwerkes das Zeugnis verweigern.

Anlage 2

A	B	C
§ 97 StPO vom 1. 2. 1877, RGBl. S. 253 ff.	§ 88 Entwurf einer Strafprozeßordnung von 1908. (Reichstagsverhandlungen Bd. 254, Nr. 1310.)	§ 109 Entwurf eines Gesetzes über den Rechtsgang in Strafsachen. Veröffentlicht auf Anordnung des Reichsjustizministeriums. Berlin 1920.
Schriftliche Mitteilungen zwischen dem Beschuldigten und denjenigen Personen, die wegen ihres Verhältnisses zu ihm nach §§ 51, 52 zur Verweigerung des Zeugnisses berechtigt sind, unterliegen der Beschlagnahme nicht, falls sie sich in den Händen der letzteren Personen befinden und diese nicht einer Teilnahme, Begünstigung oder Hehlerei verdächtig sind.	Gegen Personen, die als Zeugen nicht vernommen werden dürfen oder zur Verweigerung des Zeugnisses berechtigt sind, dürfen die im § 67 vorgesehenen Maßregeln nicht verhängt werden. Schriftliche Mitteilungen zwischen solchen Personen und dem Verdächtigen sowie ihre Aufzeichnungen über Mitteilungen des Verdächtigen dürfen auch nicht zwangsweise in Beschlag genommen werden, sofern sich die Papiere in ihrem Gewahrsam befinden und sie nicht selbst der Täterschaft, Teilnahme, Begünstigung oder Hehlerei verdächtig sind. (Inhaltlich übereinstimmend mit § 88 Entwurf einer Strafprozeßordnung von 1909.)	Gegen Personen, die nicht als Zeugen vernommen werden dürfen oder zur Verweigerung des Zeugnisses berechtigt sind, dürfen die Maßregeln des § 73 nicht angewendet werden. Schriftliche Mitteilungen zwischen solchen Personen und dem Beschuldigten sowie ihre Aufzeichnungen über Mitteilungen des Beschuldigten und gegenseitige schriftliche Mitteilungen solcher Personen dürfen auch nicht zwangsweise in Beschlag genommen werden, wenn sich die Papiere in ihrem Gewahrsam befinden und sie nicht selbst verdächtig sind, an der Tat als Täter, Teilnehmer, Begünstiger oder Hehler beteiligt zu sein. Das gleiche gilt von anderen Aufzeichnungen, die sich Rechtsanwälte, Ärzte oder ihre Gehilfen bei Ausübung ihres Berufs über den Beschuldigten gemacht haben.

D	E
§ 97 StPO i. d. F. der Bekanntmachung vom 22. 3. 1924 (RGBl. I, 331).	§ 97 Abs. 5 StPO, eingef. durch das 3. Strafrechtsänderungsgesetz vom 4. 8. 1953 (BGBl. I, 735).
Schriftliche Mitteilungen zwischen dem Beschuldigten und den Personen, die wegen ihres Verhältnisses zu ihm nach §§ 52, 53 zur Verweigerung des Zeugnisses berechtigt sind, unterliegen der Beschlagnahme nicht, falls sie sich in den Händen der letzteren Personen befinden und diese nicht einer Teilnahme, Begünstigung oder Hehlerei verdächtig sind.	Zu dem Zweck, die Person des Verfassers, Einsenders oder Gewährsmanns einer Veröffentlichung oder Sendung strafbaren Inhalts zu ermitteln, ist die Beschlagnahme von Schriftstücken unzulässig, die sich im Gewahrsam der nach § 53 Abs. 1 Nr. 5 und 6 zur Verweigerung des Zeugnisses Berechtigten befinden.

Anlage 3

Der Ermittlungsrichter des
Bundesgerichtshofs
– 6 BJs 469/62 –

z. Z. Bad Godesberg, den
23. Oktober 1962

Beschluß

In dem Ermittlungsverfahren gegen den Verlagsleiter Rudolf Augstein, Hamburg 1, Speersort 1,

wegen Verdachts des Landesverrats

wird auf Antrag des Generalbundesanwalts beim Bundesgerichtshof die

Durchsuchung

der Person, der Wohnung und der sonstigen Räume des Beschuldigten sowie sämtlicher Geschäftsräume in Hamburg und Bonn und seines Archivs und die

Beschlagnahme

der bei dieser Durchsuchung vorgefundenen Beweismittel und Gegenstände, die der Einziehung unterliegen, angeordnet.

Die Durchsuchung ist auch zur Nachtzeit zulässig.

– §§ 94, 98, 102, 104, 105, 168 a StPO –

Der Beschuldigte ist eines Verbrechens nach § 100 Abs. 1 StGB dringend verdächtig. Er ist ferner verdächtig, sich nach § 333 StGB strafbar gemacht zu haben, da die von ihm verratenen Staatsgeheimnisse von Beamten oder Mitgliedern der bewaffneten Macht stammen dürften, die von ihm oder seinen Beauftragten durch Geldgeschenke oder die Gewährung anderer Vorteile zur Verletzung ihrer Amts- und Dienstpflichten bestimmt worden sind.

Die angeordnete Durchsuchung ist erforderlich, da zu vermuten ist, daß sie zur Auffindung von Beweismitteln führen wird, die für die Untersuchung von Bedeutung sind oder der Einziehung unterliegen.

gez. Unterschrift
Oberlandesgerichtsrat
LS

Ausgefertigt
gez. Unterschrift
Justizangestellte als stellvertretende
Urkundsbeamtin der Geschäftsstelle
des Bundesgerichtshofs

Anlage 4

Ausfertigung

Bundesverfassungsgericht
– 1 BvR 586/62 –
Verkündet
am 9. November 1962
. . . .
Regierungshauptsekretär
als Urkundsbeamter der
Geschäftsstelle

Im Namen des Volkes

In dem Verfahren
über
die Verfassungsbeschwerde

der *Spiegel*-Verlag Rudolf Augstein GmbH u. Co KG, Hamburg 1, Speersort 1, vertreten durch die Rudolf Augstein GmbH als persönlich haftende Gesellschafterin, diese vertreten durch ihren Geschäftsführer Hans Detlev Becker, wohnhaft ebenda,
Prozeßbevollmächtigter: Rechtsanwalt Freiherr v. Stackelberg, Karlsruhe-Durlach, Im Rosengärtle 20,
hat das Bundesverfassungsgericht – Erster Senat – unter Mitwirkung
des Präsidenten . . .
und der Richter . . .
auf die mündliche Verhandlung vom 8. November 1962 durch

Urteil

für Recht erkannt:

Der Antrag, eine einstweilige Anordnung zu erlassen, wird abgelehnt.

Gründe:

In einem strafrechtlichen Ermittlungsverfahren hat der Ermittlungsrichter des Bundesgerichtshofs – neben mehreren Haftbefehlen – einen Durchsuchungsbefehl gegen den Herausgeber des Nachrichten-Magazins »Der Spiegel« erlassen, der u. a. dessen Geschäftsräume und Archiv betrifft. Der Verlag, eine Kommanditgesellschaft, hat Verfassungsbeschwerde erhoben, die sich nicht gegen den Durchsuchungsbefehl, sondern nur gegen die Art und Weise seiner Durchführung wendet. Die Geschäftsräume seien verschlossen und versiegelt worden und würden dem Verlag und der Redaktion teilweise immer noch weiter vorenthalten. Alle Unterlagen würden vor der Wiederfreigabe durchgesehen, ein Teil werde sichergestellt oder beschlagnahmt, darunter sogar Schriftstücke, die mit dem Verfahrenszweck offensichtlich nichts zu tun hätten. Außerdem habe vor Erscheinen der Nr. 44 des »Spiegel« eine Vorzensur stattgefunden. Die Tätigkeit der Redaktion und des Verlages werde insgesamt auf das Schwerste beeinträchtigt. Gerügt wird eine Verletzung der Grundrechte aus Art. 5 Abs. 1 Satz 2 und 3, Art. 12, Art. 13 Abs. 1 und Art. 14 GG.

In diesem Verfahren wird beantragt, durch einstweilige Anordnung zu verfügen, daß

a) die noch vorenthaltenen Geschäftsräume freigegeben werden,
b) gegenüber den künftigen Nummern des »Spiegel« eine Vorzensur nicht stattfinden darf,
c) alle bei der Durchsuchung sichergestellten Schriftstücke sofort zurückgegeben werden.

In der mündlichen Verhandlung über den Antrag auf Erlaß einer einstweiligen Anordnung waren neben der Antragstellerin der Bundesminister der Justiz und der Generalbundesanwalt vertreten. Das Gericht hat Auskunftspersonen gehört, die von der Antragstellerin und dem Generalbundesanwalt gestellt waren.

Obwohl Abhilfe auf dem Rechtsweg hätte gesucht werden können, der im vorliegenden Falle nach der Rechtsordnung zum Bundesgerichtshof führt (§ 304 StPO, § 134 Abs. 3 GVG, Art. 19 Abs. 4 GG), hat das Bundesverfassungsgericht im Hinblick auf die besondere verfassungsrechtliche Bedeutung der Pressefreiheit und die Dringlichkeit der Sache den Antrag auf Erlaß einer einstweiligen Anordnung als zulässig angesehen.

Die Antragstellerin stützt ihre Anträge auf die prinzipielle Rechtsmeinung, daß die verfassungsrechtliche Garantie der Pressefreiheit die strafprozessualen Eingriffe, gegen die sich ihre Anträge richten, schlechthin verbiete. Gegen diese Rechtsauffassung bestehen Bedenken, über die aber nicht im Rahmen eines Verfahrens über den Erlaß einer einstweiligen Anordnung befunden werden kann; damit wäre die Entscheidung über die Hauptsache vorweggenommen, und dies bei einer Verfassungsbeschwerde, deren Zulässigkeit noch zu prüfen ist. Geht man aber im Sinne der grundsätzlichen Rechtsprechung des Senats (BVerfGE 7, 198 [208 f]; 10, 118 [121]; 12, 113 [130]) davon aus, daß zwischen den Erfordernissen einer freien Presse und denen der Strafverfolgung abzuwägen ist, so ist das Bundesverfassungsgericht verpflichtet, zunächst zu klären, welche Eingriffe in den Betrieb der Antragstellerin derzeit noch vorliegen und welche Folgen sie für den »Spiegel« und gegebenenfalls für die Freiheit der Presse im allgemeinen haben, andererseits welche Straftaten in Betracht kommen und welche strafprozessualen Maßnahmen zu ihrer Aufklärung erforderlich sind.

Die Antragstellerin sah sich jedoch – entsprechend ihrem grundsätzlichen Rechtsstandpunkt – außerstande, die für die gebotene Abwägung unerläßlichen konkreten Angaben über die Einschränkungen ihres Betriebs zu machen. Schon hiernach war die gebotene Abwägung unmöglich. Deshalb konnte das Bundesverfassungsgericht auch in eine genaue Prüfung der im vorliegenden Falle erforderlichen strafprozessualen Maßnahmen nicht eintreten.

Die Antragstellerin hat auch nicht dargelegt, welche ihrem Anliegen wenigstens teilweise entsprechende einstweilige Anordnung das Bundesverfassungsgericht von Amts wegen erlassen könnte. Bei dieser Sachlage findet auch das Gericht keine solche Möglichkeit, die nicht eine umfassende Abwägung der in Betracht kommenden Rechtsgüter voraussetzen würde. Im übrigen hat der Generalbundesanwalt erklärt, daß trotz des Umfangs und der Bedeutung des strafrechtlichen Komplexes, der aufzuklären sei – Landesverrat und Bestechung –, und trotz der Menge des zu sichtenden Materials den laufenden Bedürfnissen der Redaktion und des Verlags auch künftig soweit irgend möglich Rechnung getragen werde. Die noch entzogenen Räume und die nicht benötigten Schriftstücke würden laufend freigegeben. Die Verlags- und Redaktionsarbeit solle möglichst wenig behindert werden.

Unter diesen Umständen ist eine einstweilige Anordnung im Sinne der Anträge zu a) und c) nicht dringend geboten (§ 32 Abs. 1 BVerfGG). Der Antrag zu b) ist dadurch erledigt, daß schon beim Erscheinen der Nr. 45 ähnliche Maßnahmen wie bei der Nr. 44 des »Spiegel« unterblieben sind und keine Wiederholungsgefahr besteht; denn der Bundesminister der Justiz hat erklärt, daß weder der Ermittlungsrichter noch die Bundesanwaltschaft die Absicht haben oder auch nur erwägen, die Abfassung, Herstellung oder Verbreitung einer künftigen Ausgabe des »Spiegel« von einer Vorprüfung ihres Inhalts abhängig zu machen.

Eine einstweilige Anordnung kann auch nicht deshalb ergehen, weil, wie die Antragstellerin vorträgt, der Gefahr vorgebeugt werden müsse, daß schon die jetzigen Eingriffe beim »Spiegel« zu einer allgemeinen Zerstörung der Pressefreiheit führten; denn für diese sei die Unantastbarkeit des Apparates ihrer Gewährsmänner schlechthin unerläßlich; deshalb dürfe der Schriftwechsel der Presse nicht einmal einer Durchsicht unterzogen werden. Dies werde durch das strafprozessuale Zeugnisverweigerungsrecht und das damit zusammenhängende Beschlagnahmeverbot (§ 53 Abs. 1 Nr. 5, § 97 Abs. 5 StPO) nur bestätigt. Auch insoweit handelt es sich um grundsätzliche Rechtsprobleme, über die im Verfahren über eine einstweilige Anordnung, das nur einer vorläufigen tatsächlichen Regelung zu dienen bestimmt ist, nicht entschieden werden kann.

gez. Unterschriften

Ausgefertigt
Karlsruhe, den 12. November 1962
gez. Unterschrift
Regierungshauptsekretär
als Urkundsbeamter der Geschäftsstelle des
Bundesverfassungsgerichts

Siegel

Namenverzeichnis

Die in den Anmerkungen vorkommenden Namen sind hier nicht genannt.

Sachverzeichnis

Siehe auch das ausführliche Inhaltsverzeichnis auf Seite 9–16

Quellenverzeichnis

Rechtfertigung oder Abschaffung des Strafrechts?
In: Erziehung und Recht im Vollzug der Freiheitsstrafe. Wuppertaler Beiträge zur Straffälligenpädagogik, Delinquenzprophylaxe und Rehabilitation (WBS), Band 1, Hrsg. G. Deimling, J. M. Häußling, S. 13–25. Wuppertal: Hammer 1974

Die zentrale Bedeutung des Schutzgedankens für den Zweck der Strafe
Beiheft 35 zum Archiv für Rechts- und Sozialphilosophie, Berlin 1938

Abschied von Kant und Hegel
In: Programm für ein neues Strafgesetzbuch, Hrsg. J. Baumann, S. 36–41. Frankfurt a. M.-Hamburg: Fischer Bücherei 1968

Der Handlungsbegriff des Finalismus als methodologisches Problem
In: Philosophie und Recht; Festschrift zum 70. Geburtstag von Carl August Emge, Hrsg. U. Klug, S. 33–50. Wiesbaden: Steiner 1960

Rechtsphilosophische und rechtspolitische Probleme des Sexualstrafrechts
In: Sexualität und Verbrechen, Hrsg. F. Bauer, H. Bürger-Prinz, H. Giese, H. Jäger, S. 27–47. Frankfurt a. M.-Hamburg: Fischer Bücherei 1963

Sozialkongruenz und Sozialadäquanz im Strafrechtssystem
In: Festschrift für Eberhard Schmidt, Hrsg. P. Bockelmann, W. Gallas, S. 249–265. Göttingen: Vandenhoek & Ruprecht 1961

Anarchistenterror gegen Strafrechtsreform
In: Knast oder Galgen?, Hrsg. W. Höfer, S. 218–232. Percha: Schulz 1975

Zum Begriff der Gesetzeskonkurrenz
Zeitschrift für die gesamte Strafrechtswissenschaft, Bd. 68, H. 3, S. 399–416, 1956

Die Verpflichtung des Rechtsstaats zur Verjährungsverlängerung
Juristenzeitung, Nr. 5/6, S.149–153, 1965

Der neue Straftatbestand des Friedensverrates
In: Mißlingt die Strafrechtsreform?, Hrsg. J. Baumann (Luchterhand Texte 12), S. 162–170. Neuwied-Berlin: Luchterhand 1969

Ungeschriebene Tatbestandsmerkmale beim Staatsgeheimnisbegriff
In: Festschrift für Karl Engisch zum 70. Geburtstag, Hrsg. P. Bockelmann, A. Kaufmann, U. Klug, S. 570–583. Frankfurt a. M.: Klostermann 1969

Strafrechtliche Abwehr des Neo-Nationalsozialismus
Tribüne, 17. Jg., H. 67, S. 72–82, 1978

Der Anwendungs- und Zumessungsbankrott bei der Bestrafung von Schwangerschaftsunterbrechungen – 5 DM für eine Abtreibung?
In: Das Abtreibungsverbot des § 218, Hrsg. J. Baumann, 2. Aufl., S. 160–166. Darmstadt-Neuwied: Luchterhand 1972

Probleme der Strafzumessung bei Diebstahl, Einbruch und Raub
In: Diebstahl, Einbruch und Raub, Hrsg. Bundeskriminalamt, S. 291–298. Wiesbaden: Bundeskriminalamt 1958

Psychologische Vereinfachungen und strafrechtliche Folgerungen bei der Auslegung der Bestechungstatbestände
Juristenzeitung, S. 724–727, 1960

Der Eigentumsvorbehalt bei der Waren- und Wertpapierverschleuderung im Konkursstrafrecht
Juristenzeitung, S. 462–465, 1957

Aktuelle Probleme des Konkursstrafrechts
Konkurs-, Treuhand- und Schiedsgerichtswesen, H. 2, S. 65–74, 1962

Zur Strafbarkeit irreführender Werbeangaben
Gewerblicher Rechtsschutz und Urheberrecht, H. 5, S. 217–229, H. 6, S. 289–297, 1975

Die Verletzung von Denkgesetzen als Revisionsgrund
In: Festschrift für Philipp Möhring, S. 363–384. München-Berlin: Beck 1965

Beweisverbote im Strafprozeß
In: Beweisverbote im Strafprozeß. Verhandlungen des 46. Deutschen Juristentages, Bd. II, S. F30–F61. München-Berlin: Beck 1967

Rechtliche Probleme der Vorbeugehaft
In: Tagungsberichte der Deutschen Kriminologischen Gesellschaft 1969 und 1979; Kriminologische Schriftenreihe, Bd. 54; S. 115–119. Heidelberg: Kriminalistik Verlag 1971
(Nahezu gleichlautend mit: Rechtsstaatswidrige Vorbeugehaft, In: 1) Wie frei ist unsere Justiz?, Hrsg. U. Sonnemann, S. 167–171; München: Kindler 1969. 2) Zeitschrift für Rechtspolitik, H. 1, S. 1–2, 1969)

Presseschutz im Strafprozeß
147 S., Berlin-Neuwied: Luchterhand 1965

J. Rödig

Schriften zur juristischen Logik

Herausgeber: E. Bund, B. Schmiedel, G. Thieler-Mevissen

Mit einem Geleitwort von U. Klug

1980. 4 Abbildungen, 12 Tabellen.
VIII, 356 Seiten
Gebunden DM 78,–. ISBN 3-540-09586-1

Inhaltsübersicht: Rechtstheoretische Grundgedanken. – Deduktives und formalisiertes Rechtsdenken. – Konsequenzen für die Rechtsdogmatik. – Gesetzgebungstheorie. – Quellenverzeichnis.

Der Band vereinigt die an verschiedenen Stellen veröffentlichten kleineren Schriften Jürgen Rödigs, die seine bahnbrechenden selbständigen Veröffentlichungen auf dem Gebiet der juristischen Logik **(Die Denkform der Alternative in der Jurisprudenz,** 1969, und **Die Theorie des gerichtlichen Erkenntnisverfahrens,** 1973,) ergänzen und abrunden. Ein Teil der Schriften befaßt sich mit der Anwendung axiomatischen Denkens in der Jurisprudenz, ein anderer mit der Entwicklung eines zur Diskussion juristischer Probleme tauglichen Kalküls. Rödig fand ihn im Prädikatenkalkül erster Stufe, den er zu einem leistungsfähigen Werkzeug der Deduktion und Darstellung aufbaute. Bei der Axiomatisierung der Rechtsanwendung bleibt Rödig nicht stehen. In einem weiteren Teil seiner Schriften bemüht er sich um eine Gesetzgebungsmethode, die eine deduktive und sichere Anwendung des Gesetzes in optimalem Grade erst ermöglicht.

Springer-Verlag
Berlin
Heidelberg
New York

GPSR Compliance

The European Union's (EU) General Product Safety Regulation (GPSR) is a set of rules that requires consumer products to be safe and our obligations to ensure this.

If you have any concerns about our products, you can contact us on ProductSafety@springernature.com

In case Publisher is established outside the EU, the EU authorized representative is:

Springer Nature Customer Service Center GmbH
Europaplatz 3
69115 Heidelberg, Germany

Batch number: 10682411

Printed by Printforce, the Netherlands